D1699213

Sigm. Freud (1920)

SIGM. FREUD

GESAMMELTE WERKE

CHRONOLOGISCH GEORDNET

ELFTER BAND

VORLESUNGEN ZUR EINFÜHRUNG
IN DIE PSYCHOANALYSE

FISCHER TASCHENBUCH VERLAG

Unter Mitwirkung von Marie Bonaparte,
Prinzessin Georg von Griechenland
herausgegeben von
Anna Freud
E. Bibring   W. Hoffer   E. Kris   O. Isakower

Veröffentlicht im Fischer Taschenbuch Verlag GmbH
Frankfurt am Main 1999, November 1999

Druck und Bindung: Clausen & Bosse, Leck
Printed in Germany
ISBN 3-596-50300-0 (Kassette)

VORLESUNGEN
ZUR EINFÜHRUNG IN DIE
PSYCHOANALYSE

VORWORT

Was ich hier als „Einführung in die Psychoanalyse" der Öffentlichkeit übergebe, will auf keine Weise in Wettbewerb mit den bereits vorliegenden Gesamtdarstellungen dieses Wissensgebietes treten. (Hitschmann, Freuds Neurosenlehre, 2. Aufl., 1913; Pfister, Die psychoanalytische Methode, 1913; Leo Kaplan, Grundzüge der Psychoanalyse, 1914; Régis et Hesnard, La Psychoanalyse des névroses et des psychoses, Paris 1914; Adolf F. Meijer, De Behandeling van Zenuwzieken door Psycho-Analyse, Amsterdam 1915.) Es ist die getreue Wiedergabe von Vorlesungen, die ich in den zwei Wintersemestern 1915/6 und 1916/7 vor einer aus Ärzten und Laien und aus beiden Geschlechtern gemischten Zuhörerschaft gehalten habe.

Alle Eigentümlichkeiten, durch welche diese Arbeit den Lesern des Buches auffallen wird, erklären sich aus den Bedingungen ihrer Entstehung. Es war nicht möglich, in der Darstellung die kühle Ruhe einer wissenschaftlichen Abhandlung zu wahren; vielmehr mußte sich der Redner zur Aufgabe machen, die Aufmerksamkeit der Zuhörer während eines fast zweistündigen Vortrags nicht erlahmen zu lassen. Die Rücksicht auf die momentane Wirkung machte es unvermeidlich, daß derselbe Gegenstand eine wiederholte Behandlung fand, z. B. das eine Mal im Zusammenhang der Traumdeutung und dann später in dem der Neurosenprobleme. Die Anordnung des Stoffes brachte es auch mit sich, daß manche wichtige Themen, wie z. B. das des Unbewußten, nicht an einer einzigen Stelle erschöpfend gewürdigt werden konnten, sondern zu wiederholten Malen aufgenommen und wieder fallen gelassen wurden, bis sich eine neue Gelegenheit ergab, etwas zu ihrer Kenntnis hinzuzufügen.

Wer mit der psychoanalytischen Literatur vertraut ist, wird in dieser „Einführung" wenig finden, was ihm nicht aus anderen, weit ausführlicheren Veröffentlichungen bekannt sein könnte. Doch hat das Bedürfnis nach Abrundung und Zusammenfassung des Stoffes den Verfasser genötigt, in einzelnen Abschnitten (bei der Ätiologie der Angst, den hysterischen Phantasien) auch bisher zurückgehaltenes Material heranzuziehen.

Wien, im Frühjahr 1917

FREUD

ERSTER TEIL

DIE FEHLLEISTUNGEN

EINLEITUNG

Meine Damen und Herren! Ich weiß nicht, wieviel die einzelnen von Ihnen aus ihrer Lektüre oder vom Hörensagen über die Psychoanalyse wissen. Ich bin aber durch den Wortlaut meiner Ankündigung — Elementare Einführung in die Psychoanalyse — verpflichtet, Sie so zu behandeln, als wüßten Sie nichts und bedürften einer ersten Unterweisung.

Soviel darf ich allerdings voraussetzen, daß Sie wissen, die Psychoanalyse sei ein Verfahren, wie man nervös Kranke ärztlich behandelt, und da kann ich Ihnen gleich ein Beispiel dafür geben, wie auf diesem Gebiet so manches anders, oft geradezu verkehrt, vor sich geht als sonst in der Medizin. Wenn wir sonst einen Kranken einer ihm neuen ärztlichen Technik unterziehen, so werden wir in der Regel die Beschwerden derselben vor ihm herabsetzen und ihm zuversichtliche Versprechungen wegen des Erfolges der Behandlung geben. Ich meine, wir sind berechtigt dazu, denn wir steigern durch solches Benehmen die Wahrscheinlichkeit des Erfolges. Wenn wir aber einen Neurotiker in psychoanalytische Behandlung nehmen, so verfahren wir anders. Wir halten ihm die Schwierigkeiten der Methode vor, ihre Zeitdauer, die Anstrengungen und die Opfer, die sie kostet, und was den Erfolg anbelangt, so sagen wir, wir können ihn nicht sicher versprechen, er hänge von seinem Benehmen ab, von seinem Verständnis, seiner Gefügigkeit, seiner Ausdauer. Wir haben natürlich

gute Motive für ein anscheinend so verkehrtes Benehmen, in welche
Sie vielleicht später einmal Einsicht gewinnen werden.

Seien Sie nun nicht böse, wenn ich Sie zunächst ähnlich behandle wie
diese neurotischen Kranken. Ich rate Ihnen eigentlich ab, mich ein
zweites Mal anzuhören. Ich werde Ihnen in dieser Absicht vorführen,
welche Unvollkommenheiten notwendigerweise dem Unterricht in der
Psychoanalyse anhaften, und welche Schwierigkeiten der Erwerbung
eines eigenen Urteils entgegenstehen. Ich werde Ihnen zeigen, wie die
ganze Richtung Ihrer Vorbildung und alle Ihre Denkgewohnheiten
Sie unvermeidlich zu Gegnern der Psychoanalyse machen müßten,
und wieviel Sie in sich zu überwinden hätten, um dieser instinktiven
Gegnerschaft Herr zu werden. Was Sie an Verständnis für die Psychoanalyse aus meinen Mitteilungen gewinnen werden, kann ich Ihnen
natürlich nicht vorhersagen, aber soviel kann ich Ihnen versprechen, daß
Sie durch das Anhören derselben nicht erlernt haben werden, eine
psychoanalytische Untersuchung vorzunehmen oder eine solche Behandlung durchzuführen. Sollte sich aber gar jemand unter Ihnen finden, der sich nicht durch eine flüchtige Bekanntschaft mit der Psychoanalyse befriedigt fühlte, sondern in eine dauernde Beziehung zu ihr
treten möchte, so werde ich ihm nicht nur abraten, sondern ihn direkt
davor warnen. Wie die Dinge derzeit stehen, würde er sich durch eine
solche Berufswahl jede Möglichkeit eines Erfolges an einer Universität
zerstören, und wenn er als ausübender Arzt ins Leben geht, wird er sich
in einer Gesellschaft finden, welche seine Bestrebungen nicht versteht,
ihn mißtrauisch und feindselig betrachtet und alle bösen, in ihr lauern-
den Geister gegen ihn losläßt. Vielleicht können Sie gerade aus den
Begleiterscheinungen des heute in Europa wütenden Krieges eine un-
gefähre Schätzung ableiten, wieviele Legionen das sein mögen.

Es gibt immerhin Personen genug, für welche etwas, was ein
neues Stück Erkenntnis werden kann, trotz solcher Unbequemlich-
keiten seine Anziehung behält. Sollten einige von Ihnen von dieser Art
sein und mit Hinwegsetzung über meine Abmahnungen das nächste
Mal hier wieder erscheinen, so werden Sie mir willkommen sein.

Sie haben aber alle ein Anrecht darauf zu erfahren, welches die angedeuteten Schwierigkeiten der Psychoanalyse sind.

Zunächst die der Unterweisung, des Unterrichts in der Psychoanalyse. Sie sind im medizinischen Unterricht daran gewöhnt worden zu sehen. Sie sehen das anatomische Präparat, den Niederschlag bei der chemischen Reaktion, die Verkürzung des Muskels als Erfolg der Reizung seiner Nerven. Später zeigt man Ihren Sinnen den Kranken, die Symptome seines Leidens, die Produkte des krankhaften Prozesses, ja in zahlreichen Fällen die Erreger der Krankheit in isoliertem Zustande. In den chirurgischen Fächern werden Sie Zeugen der Eingriffe, durch welche man dem Kranken Hilfe leistet, und dürfen die Ausführung derselben selbst versuchen. Selbst in der Psychiatrie führt Ihnen die Demonstration des Kranken an seinem veränderten Mienenspiel, seiner Redeweise und seinem Benehmen eine Fülle von Beobachtungen zu, die Ihnen tiefgehende Eindrücke hinterlassen. So spielt der medizinische Lehrer vorwiegend die Rolle eines Führers und Erklärers, der Sie durch ein Museum begleitet, während Sie eine unmittelbare Beziehung zu den Objekten gewinnen und sich durch eigene Wahrnehmung von der Existenz der neuen Tatsachen überzeugt zu haben glauben.

Das ist leider alles anders in der Psychoanalyse. In der analytischen Behandlung geht nichts anderes vor als ein Austausch von Worten zwischen dem Analysierten und dem Arzt. Der Patient spricht, erzählt von vergangenen Erlebnissen und gegenwärtigen Eindrücken, klagt, bekennt seine Wünsche und Gefühlsregungen. Der Arzt hört zu, sucht die Gedankengänge des Patienten zu dirigieren, mahnt, drängt seine Aufmerksamkeit nach gewissen Richtungen, gibt ihm Aufklärungen und beobachtet die Reaktionen von Verständnis oder von Ablehnung, welche er so beim Kranken hervorruft. Die ungebildeten Angehörigen unserer Kranken — denen nur Sichtbares und Greifbares imponiert, am liebsten Handlungen, wie man sie im Kinotheater sieht — versäumen es auch nie, ihre Zweifel zu äußern wie man „durch bloße Reden etwas gegen die Krankheit ausrichten kann". Das ist natürlich ebenso kurzsinnig wie inkonsequent gedacht. Es sind ja dieselben Leute, die so sicher wissen, daß sich die Kranken ihre Symptome „bloß einbilden". Worte waren ursprünglich Zauber und das Wort hat noch heute viel von seiner alten Zauberkraft bewahrt. Durch Worte kann ein Mensch den anderen selig machen oder zur Verzweiflung treiben, durch Worte überträgt der Lehrer sein Wissen auf die Schüler, durch Worte reißt der Redner die Versammlung der Zuhörer mit sich fort und bestimmt ihre Urteile und Entscheidungen. Worte rufen Affekte hervor und sind das allgemeine Mittel zur Beeinflussung der Menschen untereinander. Wir werde also die Verwendung der Worte in der Psychotherapie nicht geringschätzen und werden zufrieden sein, wenn wir Zuhörer der Worte sein können, die zwischen dem Analytiker und seinem Patienten gewechselt werden.

Aber auch das können wir nicht. Das Gespräch, in dem die psychoanalytische Behandlung besteht, verträgt keinen Zuhörer; es läßt sich nicht demonstrieren. Man kann natürlich auch einen Neurastheniker oder Hysteriker in einer psychiatrischen Vorlesung den Lernenden vorstellen. Er erzählt dann von seinen Klagen und Symptomen, aber auch von nichts anderem. Die Mitteilungen, deren die Analyse bedarf, macht er nur unter der Bedingung einer besonderen Gefühlsbindung an den Arzt; er würde verstummen, sobald er einen einzigen, ihm indifferenten Zeugen bemerkte. Denn diese Mitteilungen betreffen das Intimste seines Seelenlebens, alles was er als sozial selbständige Person vor anderen verbergen muß, und im weiteren alles, was er als einheitliche Persönlichkeit sich selbst nicht eingestehen will.

Sie können also eine psychoanalytische Behandlung nicht mitanhören. Sie können nur von ihr hören und werden die Psychoanalyse im strengsten Sinne des Wortes nur vom Hörensagen kennen lernen. Durch diese Unterweisung gleichsam aus zweiter Hand kommen Sie in ganz ungewohnte Bedingungen für eine Urteilbildung. Es hängt offenbar das meiste davon ab, welchen Glauben Sie dem Gewährsmann schenken können.

Nehmen Sie einmal an, Sie wären nicht in eine psychiatrische, sondern in eine historische Vorlesung gegangen, und der Vortragende erzählte Ihnen vom Leben und von den Kriegstaten Alexanders des Großen. Was für Motive hätten Sie, an die Wahrhaftigkeit seiner Mitteilungen zu glauben? Zunächst scheint die Sachlage noch ungünstiger zu sein als im Falle der Psychoanalyse, denn der Geschichtsprofessor war so wenig Teilnehmer an den Kriegszügen Alexanders wie Sie; der Psychoanalytiker berichtet Ihnen doch wenigstens von Dingen, bei denen er selbst eine Rolle gespielt hat. Aber dann kommt die Reihe an das, was den Historiker beglaubigt. Er kann Sie auf die Berichte von alten Schriftstellern verweisen, die entweder selbst zeitgenössisch waren oder den fraglichen Ereignissen doch näher standen, also auf die Bücher des Diodor, Plutarch, Arrian u. a.; er kann Ihnen Abbildungen der erhaltenen Münzen und Statuen des Königs vorlegen und eine Photographie des pompejanischen Mosaiks der Schlacht bei Issos durch Ihre Reihen gehen lassen. Strenge genommen beweisen alle diese Dokumente doch nur, daß schon frühere Generationen an die Existenz Alexanders und an die Realität seiner Taten geglaubt haben, und Ihre Kritik dürfte hier von neuem einsetzen. Sie wird dann finden, daß nicht alles über Alexander Berichtete glaubwürdig oder in seinen Einzelheiten sicherzustellen ist, aber ich kann doch nicht annehmen, daß Sie den Vorlesungssaal als Zweifler an der Realität Alexanders des Großen verlassen werden. Ihre Entscheidung wird hauptsächlich durch zwei Erwägungen bestimmt werden, erstens, daß der Vortragende kein denkbares Motiv hat, etwas vor Ihnen als real auszugeben, was er nicht selbst dafür hält, und zweitens, daß alle erreichbaren Geschichtsbücher die Ereignisse in ungefähr ähnlicher Art darstellen. Wenn Sie dann auf die Prüfung der älteren Quellen eingehen, werden Sie dieselben Momente berücksichtigen, die möglichen Motive der Gewährsmänner und die Übereinstimmung der Zeugnisse untereinander. Das Ergebnis der Prüfung wird im Falle Alexanders sicherlich beruhigend sein, wahrscheinlich anders ausfallen, wenn es sich um Persönlichkeiten wie Moses oder Nimrod handelt.

Welche Zweifel Sie aber gegen die Glaubwürdigkeit des psychoanalytischen Berichterstatters erheben können, werden Sie bei späteren Anlässen deutlich genug erkennen.

Nun werden Sie ein Recht zu der Frage haben: Wenn es keine objektive Beglaubigung der Psychoanalyse gibt und keine Möglichkeit, sie zu demonstrieren, wie kann man überhaupt Psychoanalyse erlernen und sich von der Wahrheit ihrer Behauptungen überzeugen? Dies Erlernen ist wirklich nicht leicht, und es haben auch nicht viele Menschen die Psychoanalyse ordentlich gelernt, aber es gibt natürlich doch einen gangbaren Weg. Psychoanalyse erlernt man zunächst am eigenen Leib, durch das Studium der eigenen Persönlichkeit. Es ist das nicht ganz, was man Selbstbeobachtung heißt, aber man kann es ihr zur Not subsumieren. Es gibt eine ganze Reihe von sehr häufigen und allgemein bekannten seelischen Phänomenen, die man nach einiger Unterweisung in der Technik an sich selbst zu Gegenständen der Analyse machen kann. Dabei holt man sich die gesuchte Überzeugung von der Realität der Vorgänge, welche die Psychoanalyse beschreibt, und von der Richtigkeit ihrer Auffassungen. Allerdings sind dem Fortschritte auf diesem Wege bestimmte Grenzen gesetzt. Man kommt viel weiter, wenn man sich selbst von einem kundigen Analytiker analysieren läßt, die Wirkungen der Analyse am eigenen Ich erlebt und dabei die Gelegenheit benützt, dem anderen die feinere Technik des Verfahrens abzulauschen. Dieser ausgezeichnete Weg ist natürlich immer nur für eine einzelne Person, niemals für ein ganzes Kolleg auf einmal gangbar.

Für eine zweite Schwierigkeit in Ihrem Verhältnis zur Psychoanalyse kann ich nicht mehr diese, muß ich Sie selbst, meine Hörer, verantwortlich machen, wenigstens insoweit Sie bisher medizinische Studien betrieben haben. Ihre Vorbildung hat Ihrer Denktätigkeit eine bestimmte Richtung gegeben, die weit von der Psychoanalyse abführt. Sie sind darin geschult worden, die Funktionen des Organismus und ihre Störungen anatomisch zu begründen, chemisch und physikalisch zu erklären und biologisch zu erfassen, aber kein Anteil

Ihres Interesses ist auf das psychische Leben gelenkt worden, in dem doch die Leistung dieses wunderbar komplizierten Organismus gipfelt. Darum ist Ihnen eine psychologische Denkweise fremd geblieben, und Sie haben sich gewöhnt eine solche mißtrauisch zu betrachten, ihr den Charakter der Wissenschaftlichkeit abzusprechen und sie den Laien, Dichtern, Naturphilosophen und Mystikern zu überlassen. Diese Einschränkung ist gewiß ein Schaden für Ihre ärztliche Tätigkeit, denn der Kranke wird Ihnen, wie es bei allen menschlichen Beziehungen Regel ist, zunächst seine seelische Fassade entgegenbringen, und ich fürchte, Sie werden zur Strafe genötigt sein, einen Anteil des therapeutischen Einflusses, den sie anstreben, den von Ihnen so verachteten Laienärzten, Naturheilkünstlern und Mystikern zu überlassen.

Ich verkenne nicht, welche Entschuldigung man für diesen Mangel Ihrer Vorbildung gelten lassen muß. Es fehlt die philosophische Hilfswissenschaft, welche für Ihre ärztlichen Absichten dienstbar gemacht werden könnte. Weder die spekulative Philosophie noch die deskriptive Psychologie oder die an die Sinnesphysiologie anschließende sogenannte experimentelle Psychologie, wie sie in den Schulen gelehrt werden, sind imstande, Ihnen über die Beziehung zwischen dem Körperlichen und Seelischen etwas Brauchbares zu sagen und Ihnen die Schlüssel zum Verständnis einer möglichen Störung der seelischen Funktionen in die Hand zu geben. Innerhalb der Medizin beschäftigt sich zwar die Psychiatrie damit, die beobachteten Seelenstörungen zu beschreiben und zu klinischen Krankheitsbildern zusammenzustellen, aber in guten Stunden zweifeln die Psychiater selbst daran, ob ihre rein deskriptiven Aufstellungen den Namen einer Wissenschaft verdienen. Die Symptome, welche diese Krankheitsbilder zusammensetzen, sind nach ihrer Herkunft, ihrem Mechanismus und in ihrer gegenseitigen Verknüpfung unerkannt; es entsprechen ihnen entweder keine nachweisbaren Veränderungen des anatomischen Organs der Seele, oder solche, aus denen sie eine Aufklärung nicht finden können. Einer therapeutischen Beeinflussung sind diese Seelenstörungen nur dann zugänglich, wenn sie sich als Nebenwirkungen einer sonstigen organischen Affektion erkennen lassen.

Hier ist die Lücke, welche die Psychoanalyse auszufüllen bestrebt ist. Sie will der Psychiatrie die vermißte psychologische Grundlage geben, sie hofft, den gemeinsamen Boden aufzudecken, von dem aus das Zusammentreffen körperlicher mit seelischer Störung verständlich wird. Zu diesem Zweck muß sie sich von jeder ihr fremden Voraussetzung anatomischer, chemischer oder physiologischer Natur frei halten, durchaus mit rein psychologischen Hilfsbegriffen arbeiten, und gerade darum, fürchte ich, wird sie Ihnen zunächst fremdartig erscheinen.

An der nächsten Schwierigkeit will ich Sie, Ihre Vorbildung oder Einstellung, nicht mitschuldig machen. Mit zweien ihrer Aufstellungen beleidigt die Psychoanalyse die ganze Welt und zieht sich deren Abneigung zu; die eine davon verstößt gegen ein intellektuelles, die andere gegen ein ästhetisch-moralisches Vorurteil. Lassen Sie uns nicht zu gering von diesen Vorurteilen denken; es sind machtvolle Dinge, Niederschläge von nützlichen, ja notwendigen Entwicklungen der Menschheit. Sie werden durch affektive Kräfte festgehalten und der Kampf gegen sie ist ein schwerer.

Die erste dieser unliebsamen Behauptungen der Psychoanalyse besagt, daß die seelischen Vorgänge an und für sich unbewußt sind und die bewußten bloß einzelne Akte und Anteile des ganzen Seelenlebens. Erinnern Sie sich, daß wir im Gegenteile gewöhnt sind, Psychisches und Bewußtes zu identifizieren. Das Bewußtsein gilt uns geradezu als der definierende Charakter des Psychischen, Psychologie als die Lehre von den Inhalten des Bewußtseins. Ja, so selbstverständlich erscheint uns diese Gleichstellung, daß wir einen Widerspruch gegen sie als offenkundigen Widersinn zu empfinden glauben, und doch kann die Psychoanalyse nicht umhin, diesen Widerspruch zu erheben, sie kann die Identität von Bewußtem und Seelischem nicht annehmen. Ihre Definition des Seelischen lautet, es seien Vorgänge von der Art des Fühlens, Denkens, Wollens, und sie muß vertreten,

daß es unbewußtes Denken und ungewußtes Wollen gibt. Damit
hat sie aber von vornherein die Sympathie aller Freunde nüchterner
Wissenschaftlichkeit verscherzt und sich in den Verdacht einer phantastischen Geheimlehre gebracht, die im Dunkeln bauen, im Trüben
fischen möchte. Sie aber, meine Hörer, können natürlich noch nicht
verstehen, mit welchem Recht ich einen Satz von so abstrakter Natur
wie: „Das Seelische ist das Bewußte" für ein Vorurteil ausgeben
kann, können auch nicht erraten, welche Entwicklung zur Verleugnung des Unbewußten geführt haben kann, wenn ein solches existieren sollte, und welcher Vorteil sich bei dieser Verleugnung ergeben haben mag. Es klingt wie ein leerer Wortstreit, ob man das
Psychische mit dem Bewußten zusammenfallen lassen oder es darüber
hinaus erstrecken soll, und doch kann ich Ihnen versichern, daß mit
der Annahme unbewußter Seelenvorgänge eine entscheidende Neu-
orientierung in Welt und Wissenschaft angebahnt ist.

Ebensowenig können Sie ahnen, ein wie inniger Zusammenhang
diese erste Kühnheit der Psychoanalyse mit der nun zu erwähnenden zweiten verknüpft. Dieser andere Satz, den die Psychoanalyse
als eines ihrer Ergebnisse verkündet, enthält nämlich die Behauptung, daß Triebregungen, welche man nur als sexuelle im engeren
wie im weiteren Sinn bezeichnen kann, eine ungemein große und
bisher nie genug gewürdigte Rolle in der Verursachung der Nerven-
und Geisteskrankheiten spielen. Ja noch mehr, daß dieselben sexuellen Regungen auch mit nicht zu unterschätzenden Beiträgen an
den höchsten kulturellen, künstlerischen und sozialen Schöpfungen
des Menschengeistes beteiligt sind.

Nach meiner Erfahrung ist die Abneigung gegen dieses Resultat
der psychoanalytischen Forschung die bedeutsamste Quelle des Widerstandes, auf den sie gestoßen ist. Wollen Sie wissen, wie wir uns das
erklären? Wir glauben, die Kultur ist unter dem Antrieb der Lebensnot auf Kosten der Triebbefriedigung geschaffen worden, und sie
wird zum großen Teil immer wieder von neuem erschaffen, indem
der Einzelne, der neu in die menschliche Gemeinschaft eintritt, die

Opfer an Triebbefriedigung zu Gunsten des Ganzen wiederholt. Unter den so verwendeten Triebkräften spielen die der Sexualregungen eine bedeutsame Rolle; sie werden dabei sublimiert, d. h. von ihren sexuellen Zielen abgelenkt und auf sozial höherstehende, nicht mehr sexuelle, gerichtet. Dieser Aufbau ist aber labil, die Sexualtriebe sind schlecht gebändigt, es besteht bei jedem Einzelnen, der sich dem Kulturwerk anschließen soll, die Gefahr, daß sich seine Sexualtriebe dieser Verwendung weigern. Die Gesellschaft glaubt an keine stärkere Bedrohung ihrer Kultur, als ihr durch die Befreiung der Sexualtriebe und deren Wiederkehr zu ihren ursprünglichen Zielen erwachsen würde. Die Gesellschaft liebt es also nicht, an dieses heikle Stück ihrer Begründung gemahnt zu werden, sie hat gar kein Interesse daran, daß die Stärke der Sexualtriebe anerkannt und die Bedeutung des Sexuallebens für den Einzelnen klargelegt werde, sie hat vielmehr in erziehlicher Absicht den Weg eingeschlagen, die Aufmerksamkeit von diesem ganzen Gebiet abzulenken. Darum verträgt sie das genannte Forschungsresultat der Psychoanalyse nicht, möchte es am liebsten als ästhetisch abstoßend, moralisch verwerflich oder als gefährlich brandmarken. Aber mit solchen Einwürfen kann man einem angeblich objektiven Ergebnis wissenschaftlicher Arbeit nichts anhaben. Der Widerspruch muß aufs intellektuelle Gebiet übersetzt werden, wenn er laut werden soll. Nun liegt es in der menschlichen Natur, daß man geneigt ist, etwas für unrichtig zu halten, wenn man es· nicht mag, und dann ist es leicht, Argumente dagegen zu finden. Die Gesellschaft macht also das Unliebsame zum Unrichtigen, bestreitet die Wahrheiten der Psychoanalyse mit logischen und sachlichen Argumenten, aber aus affektiven Quellen, und hält diese Einwendungen als Vorurteile gegen alle Versuche der Widerlegung fest.

Wir aber dürfen behaupten, meine Damen und Herren, daß wir bei der Aufstellung jenes beanständeten Satzes überhaupt keine Tendenz verfolgt haben. Wir wollten nur einer Tatsächlichkeit Ausdruck geben, die wir in mühseliger Arbeit erkannt zu haben glaubten. Wir nehmen auch jetzt das Recht in Anspruch, die Einmengung solcher praktischer Rücksichten in die wissenschaftliche Arbeit unbedingt zurückzuweisen, auch ehe wir untersucht haben, ob die Befürchtung, welche uns diese Rücksichten diktieren will, berechtigt ist oder nicht. Das wären nun einige der Schwierigkeiten, welche Ihrer Beschäftigung mit der Psychoanalyse entgegenstehen. Es ist vielleicht mehr als genug für den Anfang. Wenn Sie deren Eindruck überwinden können, wollen wir fortsetzen.

DIE FEHLLEISTUNGEN

Meine Damen und Herren! Wir beginnen nicht mit Voraussetzungen, sondern mit einer Untersuchung. Zu deren Objekt wählen wir gewisse Phänomene, die sehr häufig, sehr bekannt und sehr wenig gewürdigt sind, die insofern nichts mit Krankheiten zu tun haben, als sie bei jedem Gesunden beobachtet werden können. Es sind dies die sogenannten Fehlleistungen des Menschen, wie wenn jemand etwas sagen will und dafür ein anderes Wort sagt, das Versprechen, oder ihm dasselbe beim Schreiben geschieht, was er entweder bemerken kann oder nicht; oder wenn jemand im Druck oder in der Schrift etwas anderes liest, als was da zu lesen ist, das Verlesen; ebenso wenn er etwas falsch hört, was zu ihm gesagt wird, das Verhören, natürlich ohne daß eine organische Störung seines Hörvermögens dabei in Betracht kommt. Eine andere Reihe solcher Erscheinungen hat ein Vergessen zur Grundlage, aber kein dauerndes, sondern ein nur zeitweiliges, z. B. wenn jemand einen Namen nicht finden kann, den er doch kennt und regelmäßig wiedererkennt, oder wenn er einen Vorsatz auszuführen vergißt, den er doch später erinnert, also nur für einen gewissen Zeitpunkt vergessen hatte. In einer dritten Reihe entfällt diese Bedingung des nur Zeitweiligen, z. B. beim Verlegen, wenn jemand einen Gegenstand irgendwo unterbringt und ihn nicht mehr aufzufinden weiß, oder beim ganz analogen Verlieren. Es liegt da ein Vergessen vor, welches man anders behandelt als anderes Vergessen, über das man sich wundert oder ärgert, anstatt es begreiflich zu finden. Daran schließen sich gewisse **Irrtümer**, bei denen wieder die Zeitweiligkeit zum Vorschein kommt, indem man eine Zeitlang etwas glaubt, wovon man doch vorher und später weiß, daß es anders ist, und eine Anzahl von ähnlichen Erscheinungen unter verschiedenen Namen.

Es sind das alles Vorfälle, deren innere Verwandtschaft durch die gleiche Bezeichnung mit der Vorsilbe „ver-" zum Ausdruck kommt, fast alle von unwichtiger Natur, meist von sehr flüchtigem Bestand, ohne viel Bedeutung im Leben der Menschen. Nur selten erhebt sich eines davon wie das Verlieren von Gegenständen zu einer gewissen praktischen Wichtigkeit. Sie finden darum auch nicht viel Aufmerksamkeit, erregen nur schwache Affekte usw.

Für diese Phänomene will ich also jetzt Ihre Aufmerksamkeit in Anspruch nehmen. Sie aber werden mir unmutig entgegenhalten: „Es gibt soviel großartige Rätsel in der Welt wie in der engeren des Seelenlebens, so viele Wunder auf dem Gebiet der Seelenstörungen, die Aufklärung fordern und verdienen, daß es wirklich mutwillig scheint, Arbeit und Interesse an solche Kleinigkeiten zu vergeuden. Wenn Sie uns verständlich machen könnten, wieso ein Mensch mit gesunden Augen und Ohren bei lichtem Tag Dinge sehen und hören kann, die es nicht gibt, warum ein anderer sich plötzlich von denen verfolgt glaubt, die ihm bisher die Liebsten waren, oder mit der scharfsinnigsten Begründung Wahngebilde vertritt, die jedem Kinde als unsinnig erscheinen müssen, dann würden wir etwas von der Psychoanalyse halten, aber wenn sie nichts anderes kann als uns damit zu beschäftigen, warum ein Festredner einmal ein Wort für ein anderes sagt, oder warum eine Hausfrau ihre Schlüssel verlegt hat und ähnliche Nichtigkeiten, dann werden auch wir mit unserer Zeit und unserem Interesse etwas Besseres anzufangen wissen."

Ich würde Ihnen antworten: Geduld, meine Damen und Herren! Ich meine, Ihre Kritik ist nicht auf der richtigen Spur. Es ist wahr, die Psychoanalyse kann nicht von sich rühmen, daß sie sich nie mit Kleinigkeiten abgegeben hat. Im Gegenteil, ihren Beobachtungsstoff bilden gewöhnlich jene unscheinbaren Vorkommnisse, die von den anderen Wissenschaften als allzu geringfügig bei Seite geworfen werden, sozusagen der Abhub der Erscheinungswelt. Aber verwechseln Sie in Ihrer Kritik nicht die Großartigkeit der Probleme mit der Auffälligkeit der Anzeichen? Gibt es nicht sehr bedeutungsvolle Dinge, die sich unter gewissen Bedingungen und zu gewissen Zeiten nur durch ganz schwache Anzeichen verraten können? Ich könnte Ihnen mit Leichtigkeit mehrere solche Situationen anführen. Aus welchen geringfügigen Anzeichen schließen Sie, die jungen Männer unter Ihnen, daß Sie die Neigung einer Dame gewonnen haben? Warten Sie dafür eine ausdrückliche Liebeserklärung, eine stürmische Umarmung ab, oder reicht Ihnen nicht ein von anderen kaum bemerkter Blick, eine flüchtige Bewegung, eine Verlängerung des Händedrucks um eine Sekunde aus? Und wenn Sie als Kriminalbeamter an der Untersuchung einer Mordtat beteiligt sind, erwarten Sie dann wirklich zu finden, daß der Mörder seine Photographie samt beigefügter Adresse an dem Tatorte zurückgelassen hat, oder werden Sie sich nicht notwendigerweise mit schwächeren und undeutlicheren Spuren der gesuchten Persönlichkeit begnügen? Lassen Sie uns also die kleinen Anzeichen nicht unterschätzen; vielleicht gelingt es, von ihnen aus Größerem auf die Spur zu kommen. Und dann, ich denke wie Sie, daß die großen Probleme in Welt und Wissenschaft das erste Anrecht an unser Interesse haben. Aber es nützt meistens nur sehr wenig, wenn man den lauten Vorsatz faßt, sich jetzt der Erforschung dieses oder jenes großen Problems zuzuwenden. Man weiß dann oft nicht, wohin man den nächsten Schritt richten soll. In der wissenschaftlichen Arbeit ist es aussichtsreicher, das anzugreifen, was man gerade vor sich hat und zu dessen Erforschung sich ein Weg ergibt. Macht man das recht gründlich, voraussetzungs- und erwartungslos und hat man Glück, so kann sich infolge des Zusammenhanges, der alles mit allem verknüpft, auch das Kleine mit dem Großen, auch aus so an-

spruchsloser Arbeit ein Zugang zum Studium der großen Probleme
ergeben.

So würde ich also sprechen, um Ihr Interesse bei der Behandlung
der anscheinend so nichtigen Fehlleistungen der Gesunden festzuhalten. Wir wollen jetzt irgend jemanden, dem die Psychoanalyse
fremd ist, heranziehen und ihn fragen, wie er sich das Vorkommen
solcher Dinge erklärt.

Er wird gewiß zuerst antworten: O, das ist keiner Erklärung wert;
das sind kleine Zufälligkeiten. Was meint der Mann damit? Will er
behaupten, daß es noch so kleine Geschehnisse gibt, die aus der Verkettung des Weltgeschehens herausfallen, die ebensogut nicht sein
könnten, wie sie sind? Wenn jemand so den natürlichen Determinismus an einer einzigen Stelle durchbricht, hat er die ganze wissenschaftliche Weltanschauung über den Haufen geworfen. Man darf ihm
dann vorhalten, um wie vieles konsequenter sich selbst die religiöse
Weltanschauung benimmt, wenn sie nachdrücklich versichert, es falle
kein Sperling vom Dach ohne Gottes besonderen Willen. Ich meine,
unser Freund wird die Konsequenz aus seiner ersten Antwort nicht
ziehen wollen, er wird einlenken und sagen, wenn er diese Dinge
studiere, finde er allerdings Erklärungen für sie. Es handle sich um
kleine Entgleisungen der Funktion, Ungenauigkeiten der seelischen
Leistung, deren Bedingungen sich angeben ließen. Ein Mensch, der
sonst richtig sprechen kann, mag sich in der Rede versprechen, 1. wenn
er leicht unwohl und ermüdet ist, 2. wenn er aufgeregt, 3. wenn er
von anderen Dingen überstark in Anspruch genommen ist. Es ist
leicht, diese Angaben zu bestätigen. Das Versprechen tritt wirklich
besonders häufig auf, wenn man ermüdet ist, Kopfschmerzen hat oder
vor einer Migräne steht. Unter denselben Umständen ereignet sich
leicht das Vergessen von Eigennamen. Manche Personen sind daran
gewöhnt, an diesem Entfallen der Eigennamen die herannahende
Migräne zu erkennen. Auch in der Aufregung verwechselt man oft
die Worte, aber auch die Dinge, man „vergreift sich", und das Vergessen von Vorsätzen, sowie eine Menge von anderen unbeabsichtigten

Handlungen wird auffällig, wenn man zerstreut, d. h. eigentlich auf etwas anderes konzentriert ist. Ein bekanntes Beispiel solcher Zerstreutheit ist der Professor der „Fliegenden Blätter", der seinen Schirm stehen läßt und seinen Hut verwechselt, weil er an die Probleme denkt, die er in seinem nächsten Buch behandeln wird. Beispiele dafür, wie man Vorsätze, die man gefaßt, Versprechungen, die man gemacht hat, vergessen kann, weil man inzwischen etwas erlebt hat, wovon man stark in Anspruch genommen wurde, kennt jeder von uns aus eigener Erfahrung.

Das klingt so ganz verständig und scheint auch gegen Widerspruch gefeit zu sein. Es ist vielleicht nicht sehr interessant, nicht so, wie wir es erwartet haben. Fassen wir diese Erklärungen der Fehlleistungen näher ins Auge. Die Bedingungen, die für das Zustandekommen dieser Phänomene angegeben werden, sind unter sich nicht gleichartig. Unwohlsein und Zirkulationsstörung geben eine physiologische Begründung für die Beeinträchtigung der normalen Funktion; Erregung, Ermüdung, Ablenkung sind Momente anderer Art, die man psychophysiologische nennen könnte. Diese letzteren lassen sich leicht in Theorie übersetzen. Sowohl durch die Ermüdung wie durch die Ablenkung, vielleicht auch durch die allgemeine Erregung, wird eine Verteilung der Aufmerksamkeit hervorgerufen, die zur Folge haben kann, daß sich der betreffenden Leistung zu wenig Aufmerksamkeit zuwendet. Diese Leistung kann dann besonders leicht gestört, ungenau ausgeführt werden. Leichtes Kranksein, Abänderungen der Blutversorgung im nervösen Zentralorgan können dieselbe Wirkung haben, indem sie das maßgebende Moment, die Verteilung der Aufmerksamkeit in ähnlicher Weise beeinflussen. Es würde sich also in allen Fällen um die Effekte einer Aufmerksamkeitsstörung handeln, entweder aus organischen oder aus psychischen Ursachen.

Dabei scheint nicht viel für unser psychoanalytisches Interesse herauszuschauen. Wir könnten uns versucht fühlen, das Thema wieder aufzugeben. Allerdings, wenn wir näher auf die Beobachtungen eingehen, stimmt nicht alles zu dieser Aufmerksamkeitstheorie der Fehlleistungen oder leitet sich wenigstens nicht natürlich aus ihr ab. Wir machen die Erfahrung, daß solche Fehlhandlungen und solches Vergessen auch bei Personen vorkommen, die nicht ermüdet, zerstreut oder aufgeregt sind, sondern sich nach jeder Richtung in ihrem Normalzustand befinden, es sei denn, man wolle den Betreffenden gerade wegen der Fehlleistung nachträglich eine Aufgeregtheit zuschreiben, zu welcher sie sich aber selbst nicht bekennen. Es kann auch nicht so einfach zugehen, daß eine Leistung durch die Steigerung der auf sie gerichteten Aufmerksamkeit garantiert, durch die Herabsetzung derselben gefährdet wird. Es gibt eine große Menge von Verrichtungen, die man rein automatisch, mit sehr geringer Aufmerksamkeit vollzieht, und dabei doch ganz sicher ausführt. Der Spaziergänger, der kaum weiß, wo er geht, hält doch den richtigen Weg ein und macht am Ziele halt, ohne sich vergangen zu haben. Wenigstens in der Regel trifft er es so. Der geübte Klavierspieler greift, ohne daran zu denken, die richtigen Tasten. Er kann sich natürlich auch einmal vergreifen, aber wenn das automatische Spielen die Gefahr des Vergreifens steigerte, müßte gerade der Virtuose, dessen Spiel durch große Übung ganz und gar automatisch geworden ist, dieser Gefahr am meisten ausgesetzt sein. Wir sehen im Gegenteil, daß viele Verrichtungen ganz besonders sicher geraten, wenn sie nicht Gegenstand einer besonders hohen Aufmerksamkeit sind, und daß das Mißgeschick der Fehlleistung gerade dann auftreten kann, wenn an der richtigen Leistung besonders viel gelegen ist, eine Ablenkung der nötigen Aufmerksamkeit also sicherlich nicht stattfindet. Man kann dann sagen, das sei der Effekt der „Aufregung", aber wir verstehen nicht, warum die Aufregung die Zuwendung der Aufmerksamkeit zu dem mit soviel Interesse Beabsichtigten nicht vielmehr steigert. Wenn jemand in einer wichtigen Rede oder mündlichen Verhandlung durch ein Versprechen das Gegenteil von dem sagt, was er zu sagen beabsichtigt, so ist das nach der psycho-physiologischen oder Aufmerksamkeitstheorie kaum zu erklären.

Es gibt auch bei den Fehlleistungen so viele kleine Nebenerscheinungen, die man nicht versteht, und die uns durch die bisherigen Aufklärungen nicht näher gebracht werden. Wenn man z. B. einen Namen zeitweilig vergessen hat, so ärgert man sich darüber, will ihn durchaus erinnern und kann von der Aufgabe nicht ablassen. Warum gelingt es dem Geärgerten so überaus selten, seine Aufmerksamkeit, wie er doch möchte, auf das Wort zu lenken, das ihm, wie er sagt, „auf der Zunge liegt", und das er sofort erkennt, wenn es vor ihm ausgesprochen wird? Oder: es kommen Fälle vor, in denen die Fehlleistungen sich vervielfältigen, sich miteinander verketten, einander ersetzen. Das erste Mal hatte man ein Rendezvous vergessen; das nächste Mal, für das man den Vorsatz, ja nicht zu vergessen, gefaßt hat, stellt es sich heraus, daß man sich irrtümlich eine andere Stunde gemerkt hat. Man sucht sich auf Umwegen auf ein vergessenes Wort zu besinnen, dabei entfällt einem ein zweiter Name, der beim Aufsuchen des ersten hätte behilflich sein können. Geht man jetzt diesem zweiten Namen nach, so entzieht sich ein dritter usw. Dasselbe kann sich bekanntlich auch bei Druckfehlern ereignen, die ja als Fehlleistungen des Setzers aufzufassen sind. Ein solcher hartnäckiger Druckfehler soll sich einmal in ein sozialdemokratisches Blatt eingeschlichen haben. In dem Berichte über eine gewisse Festlichkeit war zu lesen: Unter den Anwesenden bemerkte man auch seine Hoheit, den Kornprinzen. Am nächsten Tag wurde eine Korrektur versucht. Das Blatt entschuldigte sich und schrieb: Es hätte natürlich heißen sollen: den Knorprinzen. Man spricht in solchen Fällen gerne vom Druckfehlerteufel, vom Kobold des Setzkastens und dergleichen, Ausdrücke, die jedenfalls über eine psycho-physiologische Theorie des Druckfehlers hinausgehen.

Ich weiß auch nicht, ob Ihnen bekannt ist, daß man das Versprechen provozieren, sozusagen durch Suggestion hervorrufen kann. Eine Anekdote berichtet hiezu: Als einmal ein Neuling auf der Bühne mit der wichtigen Rolle betraut war, in der „Jungfrau von Orleans" dem König zu melden, daß der Connétable sein Schwert zurückschickt, machte sich ein Heldendarsteller den Scherz, während der Probe dem schüchternen Anfänger wiederholt anstatt dieses Textes vorzusagen: Der Komfortabel schickt sein Pferd zurück, und er erreichte seine Absicht. In der Vorstellung debütierte der Unglückliche wirklich mit dieser abgeänderten Meldung, obwohl er genug gewarnt war oder vielleicht gerade darum.

Alle diese kleinen Züge der Fehlleistungen werden durch die Theorie der Aufmerksamkeitsentziehung nicht gerade aufgeklärt. Aber darum braucht diese Theorie noch nicht falsch zu sein. Es fehlt ihr vielleicht an etwas, an einer Ergänzung, damit sie voll befriedigend werde. Aber auch manche der Fehlleistungen selbst können noch von einer anderen Seite betrachtet werden.

Greifen wir als die für unsere Absichten geeignetste unter den Fehlleistungen das Versprechen heraus. Wir könnten ebensogut das Verschreiben oder Verlesen wählen. Da müssen wir uns denn einmal sagen, daß wir bisher nur danach gefragt haben, wann, unter welchen Bedingungen man sich verspricht, und auch nur darauf eine Antwort bekommen haben. Man kann aber auch sein Interesse anders richten und wissen wollen, warum man sich gerade in dieser Weise verspricht und in keiner anderen; man kann das in Betracht ziehen, was beim Versprechen herauskommt. Sie sehen ein, solange man nicht diese Frage beantwortet, den Effekt des Versprechens aufklärt, bleibt das Phänomen nach seiner psychologischen Seite eine Zufälligkeit, mag es auch eine physiologische Erklärung gefunden haben. Wenn sich mir ein Versprechen ereignet, könnte ich mich offenbar in unendlich vielen Weisen versprechen, für das eine richtige Wort eines von tausend anderen sagen, ungezählt viele Entstellungen an dem richtigen Wort vornehmen. Gibt es nun irgend etwas, was mir im besonderen Falle von allen möglichen gerade die eine Weise des Versprechens aufdrängt, oder bleibt das Zufall, Willkür und läßt sich zu dieser Frage vielleicht überhaupt nichts Vernünftiges vorbringen?

Zwei Autoren, Meringer und Mayer (ein Philologe und ein Psychiater), haben denn auch im Jahre 1895 den Versuch gemacht, die

Frage des Versprechens von dieser Seite her anzugreifen. Sie haben
Beispiele gesammelt und zunächst nach rein deskriptiven Gesichtspunkten beschrieben. Das gibt natürlich noch keine Erklärung, kann
aber den Weg zu ihr finden lassen. Sie unterscheiden die Entstellungen, welche die intendierte Rede durch das Versprechen erfährt,
als: Vertauschungen, Vorklänge, Nachklänge, Vermengungen (Kon-
taminationen) und Ersetzungen (Substitutionen). Ich werde Ihnen
von diesen Hauptgruppen der beiden Autoren Beispiele vorführen.
Ein Fall von Vertauschung ist es, wenn jemand sagt: Die Milo von
Venus anstatt: Die Venus von Milo (Vertauschung in der Reihenfolge der Worte); ein Vorklang: Es war mir auf der Schwest...
auf der Brust so schwer; ein Nachklang wäre der bekannte verunglückte Toast: Ich fordere Sie auf, auf das Wohl unseres Chefs aufzustoßen. Diese drei Formen des Versprechens sind nicht gerade
häufig. Weit zahlreicher werden Sie die Beobachtung finden, in denen
das Versprechen durch eine Zusammenziehung oder Vermengung
entsteht, z. B. wenn ein Herr eine Dame auf der Straße mit den
Worten anspricht: Wenn Sie gestatten, mein Fräulein, möchte ich
Sie gerne begleit—digen. In dem Mischwort steckt außer dem Begleiten offenbar auch das Beleidigen. (Nebenbei, der junge Mann
wird bei der Dame nicht viel Erfolg gehabt haben.) Als eine Ersetzung führen M. und M. den Fall an, daß einer sagt: Ich gebe die
Präparate in den Briefkasten anstatt Brütkasten u. dgl.

Der Erklärungsversuch, den die beiden Autoren auf ihre Sammlung von Beispielen gründen, ist ganz besonders unzulänglich. Sie
meinen, daß die Laute und Silben eines Wortes verschiedene Wertigkeit haben, und daß die Innervation des hochwertigen Elements die
der minderwertigen störend beeinflussen kann. Dabei fußen sie offenbar auf den an sich gar nicht so häufigen Vor- und Nachklängen;
für andere Erfolge des Versprechens kommen diese Lautbevorzu-
gungen, wenn sie überhaupt existieren, gar nicht in Betracht. Am
häufigsten verspricht man sich doch, indem man anstatt eines Wortes
ein anderes, ihm sehr ähnliches sagt, und diese Ähnlichkeit genügt

vielen zur Erklärung des Versprechens. Zum Beispiel ein Professor in seiner Antrittsrede: Ich bin nicht ge neigt (geeignet), die Verdienste meines sehr geschätzten Vorgängers zu würdigen. Oder ein anderer Professor: Beim weiblichen Genitale hat man trotz vieler Versuchungen ... Pardon: Versuche ...

Die gewöhnlichste und auch die auffälligste Art des Versprechens ist aber die zum genauen Gegenteil dessen, was man zu sagen beabsichtigt. Dabei kommt man natürlich von den Lautbeziehungen und Ähnlichkeitswirkungen weit ab und kann sich zum Ersatz dafür darauf berufen, daß Gegensätze eine starke begriffliche Verwandtschaft miteinander haben und einander in der psychologischen Assoziation besonders nahestehen. Es gibt historische Beispiele dieser Art: Ein Präsident unseres Abgeordnetenhauses eröffnete einmal die Sitzung mit den Worten: Meine Herren, ich konstatiere die Anwesenheit von ... Mitgliedern und erkläre somit die Sitzung für geschlossen.

Ähnlich verführerisch wie die Gegensatzbeziehung wirkt dann irgendeine andere geläufige Assoziation, die unter Umständen recht unpassend auftauchen kann. So wird z. B. erzählt, daß bei einer Festlichkeit zu Ehren der Heirat eines Kindes von H. Helmholtz mit einem Kinde des bekannten Entdeckers und Großindustriellen W. Siemens der berühmte Physiologe Dubois-Reymond die Festrede zu halten hatte. Er schloß seinen sicherlich glänzenden Toast mit den Worten: Also es lebe die neue Firma: Siemens und — Halske! Das war natürlich der Namen der alten Firma. Die Zusammenstellung der beiden Namen mußte dem Berliner ebenso geläufig sein wie etwa dem Wiener die: Riedel und Beutel.

So müssen wir also zu den Lautbeziehungen und zur Wortähnlichkeit noch den Einfluß der Wortassoziationen hinzunehmen. Aber damit nicht genug. In einer Reihe von Fällen scheint die Aufklärung des beobachteten Versprechens nicht eher zu gelingen, als bis wir mit in Betracht gezogen haben, was einen Satz vorher gesprochen oder auch nur gedacht wurde. Also wiederum ein Fall von Nachklingen, wie der von Meringer betonte, nur von größerer Ferne her. — Ich muß gestehen, ich habe im ganzen den Eindruck, als wären wir jetzt einem Verständnis der Fehlleistung des Versprechens ferner gerückt denn je! Indes, ich hoffe nicht irre zu gehen, wenn ich es ausspreche, daß wir alle während der eben angestellten Untersuchung einen neuen Eindruck von den Beispielen des Versprechens bekommen haben, bei dem zu verweilen sich doch lohnen könnte. Wir hatten die Bedingungen untersucht, unter denen ein Versprechen überhaupt zustande kom*nt, dann die Einflüsse, welche die Art der Entstellung durch das Versprechen bestimmen, aber den Effekt des Versprechens für sich allein, ohne Rücksicht auf seine Entstehung, haben wir noch gar nicht ins Auge gefaßt. Entschließen wir uns auch dazu, so müssen wir endlich den Mut finden zu sagen: In einigen der Beispiele hat ja auch das einen Sinn, was beim Versprechen zustande gekommen ist. Was heißt das, es hat einen Sinn? Nun, es will sagen, daß der Effekt des Versprechens vielleicht ein Recht darauf hat, selbst als ein vollgültiger psychischer Akt, der auch sein eigenes Ziel verfolgt, als eine Äußerung von Inhalt und Bedeutung aufgefaßt zu werden. Wir haben bisher immer von Fehlhandlungen gesprochen, aber jetzt scheint es, als ob manchmal die Fehlhandlung selbst eine ganz ordentliche Handlung wäre, die sich nur an die Stelle der anderen, erwarteten oder beabsichtigten Handlung gesetzt hat.

Dieser eigene Sinn der Fehlhandlung scheint ja in einzelnen Fällen greifbar und unverkennbar zu sein. Wenn der Präsident die Sitzung des Abgeordnetenhauses mit den ersten Worten schließt, anstatt sie zu eröffnen, so sind wir infolge unserer Kenntnis der Verhältnisse, unter denen sich dies Versprechen vollzog, geneigt, diese Fehlhandlung sinnvoll zu finden. Er erwartet sich nichts Gutes von der Sitzung und wäre froh, sie sofort wieder abbrechen zu können. Das Aufzeigen dieses Sinnes, also die Deutung dieses Versprechens macht uns gar keine Schwierigkeiten. Oder wenn eine Dame anscheinend anerkennend eine andere fragt: Diesen reizenden neuen Hut haben Sie sich wohl selbst aufgepatzt? — so wird keine Wissenschaftlichkeit der Welt uns abhalten können, aus diesem Versprechen eine Äußerung herauszuhören: Dieser Hut ist eine Patzerei. Oder wenn eine als energisch bekannte Dame erzählt: Mein Mann hat den Doktor gefragt, welche Diät er einhalten soll. Der Doktor hat aber gesagt, er braucht keine Diät, er kann essen und trinken, was ich will, so ist dies Versprechen doch anderseits der unverkennbare Ausdruck eines konsequenten Programms.

Meine Damen und Herren, wenn es sich herausstellen sollte, daß nicht nur einige wenige Fälle von Versprechen und von Fehlleistungen überhaupt einen Sinn haben, sondern eine größere Anzahl von ihnen, so wird unvermeidlich dieser Sinn der Fehlleistungen, von dem bisher noch nicht die Rede war, für uns das Interessanteste werden und alle anderen Gesichtspunkte mit Recht in den Hintergrund drängen. Wir können dann alle physiologischen oder psycho-physiologischen Momente bei Seite lassen und dürfen uns rein psychologischen Untersuchungen über den Sinn, d. i. die Bedeutung, die Absicht der Fehlleistung hingeben. Wir werden es also nicht verabsäumen, demnächst ein größeres Beobachtungsmaterial auf diese Erwartung zu prüfen.

Ehe wir aber diesen Vorsatz ausführen, möchte ich Sie einladen, mit mir eine andere Spur zu verfolgen. Es ist wiederholt vorgekommen, daß ein Dichter sich des Versprechens oder einer anderen Fehlleistung als Mittels der dichterischen Darstellung bedient hat. Diese Tatsache muß uns für sich allein beweisen, daß er die Fehlleistung, das Versprechen z. B., für etwas Sinnvolles hält, denn er produziert es ja absichtlich. Es geht doch nicht so vor, daß der Dichter sich zufällig verschreibt und dann sein Verschreiben bei seiner Figur als ein Versprechen bestehen läßt. Er will uns durch das Versprechen etwas zum Verständnis bringen, und wir können ja nachsehen, was das sein mag, ob er uns etwa andeuten will, daß die betreffende Person zerstreut und ermüdet ist oder eine Migräne zu erwarten hat. Natürlich wollen wir es nicht überschätzen, wenn das Versprechen vom Dichter als sinnvoll gebraucht wird. Es könnte doch in Wirklichkeit sinnlos sein, eine psychische Zufälligkeit oder nur in ganz seltenen

Fällen sinnreich, und der Dichter behielte das Recht, es durch die
Ausstattung mit Sinn zu vergeistigen, um es für seine Zwecke zu
gebrauchen. Zu verwundern wäre es aber auch nicht, wenn wir über
das Versprechen vom Dichter mehr zu erfahren hätten als vom Philo-
logen und vom Psychiater.

Ein solches Beispiel von Versprechen findet sich in Wallenstein
(Piccolomini, erster Aufzug, fünfter Auftritt). Max Piccolomini hat
in der vorhergehenden Szene aufs leidenschaftlichste für den Herzog
Partei genommen und dabei von den Segnungen des Friedens ge-
schwärmt, die sich ihm auf seiner Reise enthüllt, während er die
Tochter Wallensteins ins Lager begleitete. Er läßt seinen Vater und
den Abgesandten des Hofes, Questenberg, in voller Bestürzung zurück.
Und nun geht der fünfte Auftritt weiter:

> QUESTENBERG: O weh uns! Steht es so?
> Freund, und wir lassen ihn in diesem Wahn
> Dahingehn, rufen ihn nicht gleich
> Zurück, daß wir die Augen auf der Stelle
> Ihm öffnen?
> OCTAVIO *(aus einem tiefen Nachdenken zu sich kommend)*:
> Mir hat er sie jetzt geöffnet,
> Und mehr erblick ich, als mich freut.
> QUESTENBERG: Was ist es, Freund?
> OCTAVIO: Fluch über diese Reise!
> QUESTENBERG: Wieso? Was ist es?
> OCTAVIO: Kommen Sie — Ich muß
> Sogleich die unglückselige Spur verfolgen,
> Mit meinen Augen sehen — kommen Sie
>   *(will ihn fortführen)*
> QUESTENBERG: Was denn? Wohin?
> OCTAVIO *(pressiert):* Zu ihr!
> QUESTENBERG: Zu —
> OCTAVIO *(korrigiert sich):* Zum Herzog! Gehen wir
>   usw.

Octavio wollte sagen „zu ihm", zum Herzog, verspricht sich aber
und verrät durch seine Worte „zu ihr" uns wenigstens, daß er den

Einfluß, welcher den jungen Kriegshelden für den Frieden schwärmen macht, sehr wohl erkannt hat.

Ein noch eindrucksvolleres Beispiel hat O. Rank bei Shakespeare entdeckt. Es findet sich im „Kaufmann von Venedig" in der berühmten Szene der Wahl des glücklichen Liebhabers zwischen den drei Kästchen, und ich kann vielleicht nichts Besseres tun, als Ihnen die kurze Darstellung von Rank hier vorlesen.

„Ein dichterisch überaus fein motiviertes und technisch glänzend verwertetes Versprechen, welches wie das von Freud im Wallenstein aufgezeigte verrät, daß die Dichter Mechanismus und Sinn dieser Fehlleistung wohl kennen und deren Verständnis auch beim Zuhörer voraussetzen, findet sich in Shakespeares „Kaufmann von Venedig" (dritter Aufzug, zweite Szene). Die durch den Willen ihres Vaters an die Wahl eines Gatten durch das Los gefesselte Porzia ist bisher allen ihren unliebsamen Freiern durch das Glück des Zufalls entronnen. Da sie endlich in Bassanio den Bewerber gefunden hat, dem sie wirklich zugetan ist, muß sie fürchten, daß auch er das falsche Los ziehen werde. Sie möchte ihm nun am liebsten sagen, daß er auch in diesem Falle ihrer Liebe sicher sein könne, ist aber durch ihr Gelübde daran gehindert. In diesem inneren Zwiespalte läßt sie der Dichter zu dem willkommenen Freier sagen:

> Ich bitt Euch, wartet; ein, zwei Tage noch,
> Bevor Ihr wagt: denn wählt Ihr falsch, so büße
> Ich Euern Umgang ein; darum verzieht.
> Ein Etwas sagt mir (doch es ist nicht Liebe),
> Ich möcht Euch nicht verlieren; — — —
> — — — Ich könnt Euch leiten
> Zur rechten Wahl, dann bräch ich meinen Eid;
> Das will ich nicht; so könnt Ihr mich verfehlen.
> Doch wenn Ihr's tut, macht Ihr mich sündlich wünschen,
> Ich hätt' ihn nur gebrochen. O, der Augen,
> Die mich so übersehn und mich geteilt!
> Halb bin ich Euer, die andre Hälfte Euer —
> Mein wollt ich sagen; doch wenn mein, dann Euer,
> Und so ganz Euer. *(Nach der Übersetzung von Schlegel und Tieck.)*

Gerade das, was sie ihm also bloß leise andeuten möchte, weil sie es eigentlich ihm überhaupt verschweigen sollte, daß sie nämlich schon vor der Wahl ganz die Seine sei und ihn liebe, das läßt der Dichter mit bewundernswertem psychologischen Feingefühl in dem Versprechen sich offen durchdrängen und weiß durch diesen Kunstgriff die unerträgliche Ungewißheit des Liebenden sowie die gleichgestimmte Spannung des Zuhörers über den Ausgang der Wahl zu beruhigen."

Wollen Sie noch bemerken, wie fein Porzia zwischen den beiden Aussagen, die in dem Versprechen enthalten sind, am Ende vermittelt, wie sie den zwischen ihnen bestehenden Widerspruch aufhebt und schließlich doch dem Versprechen Recht gibt:

> Doch, wenn mein, dann Euer,
> Und so ganz Euer.

Gelegentlich hat auch ein der Medizin fernestehender Denker den Sinn einer Fehlleistung mit einer Bemerkung aufgedeckt und uns die Bemühung um deren Aufklärung vorweggenommen. Sie kennen alle den geistreichen Satiriker Lichtenberg (1742—1799), von dem Goethe gesagt hat: Wo er einen Spaß macht, liegt ein Problem verborgen. Nun gelegentlich kommt durch den Spaß auch die Lösung des Problems zu Tage. Lichtenberg notiert in seinen witzigen und satirischen Einfällen den Satz: Er las immer Agamemnon anstatt „angenommen", so sehr hatte er den Homer gelesen. Das ist wirklich die Theorie des Verlesens.

Das nächstemal wollen wir prüfen, ob wir in der Auffassung der Fehlleistungen mit den Dichtern gehen können.

———

DIE FEHLLEISTUNGEN
(Fortsetzung)

Meine Damen und Herren! Wir sind das vorigemal auf den Einfall gekommen, die Fehlleistung nicht im Verhältnis zu der von ihr gestörten, beabsichtigten Leistung zu betrachten, sondern an und für sich, haben den Eindruck empfangen, daß sie in einzelnen Fällen ihren eigenen Sinn zu verraten scheint, und haben uns gesagt, wenn es in größerem Umfange zu bestätigen wäre, daß die Fehlleistung einen Sinn hat, so würde uns dieser Sinn bald interessanter werden als die Untersuchung der Umstände, unter denen die Fehlleistung zustande kommt.

Einigen wir uns noch einmal darüber, was wir unter dem „Sinn" eines psychischen Vorganges verstehen wollen. Nichts anderes als die Absicht, der er dient, und seine Stellung in einer psychischen Reihe. Für die meisten unserer Untersuchungen können wir „Sinn" auch durch „Absicht", „Tendenz" ersetzen. War es also nur ein täuschender Schein oder eine poetische Erhöhung der Fehlleistung, wenn wir in ihr eine Absicht zu erkennen glaubten?

Bleiben wir den Beispielen des Versprechens treu und überblicken eine größere Anzahl solcher Beobachtungen. Da finden wir denn ganze Kategorien von Fällen, in denen die Absicht, der Sinn des Versprechens klar zu Tage liegt. Vor allem die, in denen das Gegenteil an die Stelle des Beabsichtigten tritt. Der Präsident sagt in der Er-

öffnungsrede: „Ich erkläre die Sitzung für geschlossen". Das ist doch
unzweideutig. Sinn und Absicht seiner Fehlrede ist, daß er die Sitzung schließen will. „Er sagt es ja selbst", möchte man dazu zitieren;
wir brauchen ihn ja nur beim Wort zu nehmen. Stören Sie mich
jetzt nicht mit der Einrede, daß dies nicht möglich ist, daß wir ja
wissen, er wollte die Sitzung nicht schließen, sondern eröffnen, und
daß er selbst, den wir eben als oberste Instanz anerkannt haben, bestätigen kann, daß er eröffnen wollte. Sie vergessen dabei, daß wir
übereingekommen sind, die Fehlleistung zunächst an und für sich zu
betrachten; ihr Verhältnis zur Intention, die sie stört, soll erst später
zur Sprache kommen. Sie machen sich sonst eines logischen Fehlers
schuldig, durch den Sie das in Behandlung stehende Problem glatt
wegeskamotieren, was im Englischen *begging the question* heißt.

In anderen Fällen, wo man sich nicht gerade zum Gegenteil versprochen hat, kann doch durch das Versprechen ein gegensätzlicher
Sinn zum Ausdruck kommen. „Ich bin nicht geneigt, die Verdienste
meines Vorgängers zu würdigen." Geneigt ist nicht das Gegenteil
von geeignet, aber es ist ein offenes Geständnis, in scharfem Gegensatz zur Situation, in welcher der Redner sprechen soll.

In noch anderen Fällen fügt das Versprechen zu dem beabsichtigten Sinne einfach einen zweiten hinzu. Der Satz hört sich dann an
wie eine Zusammenziehung, Verkürzung, Verdichtung aus mehreren
Sätzen. So die energische Dame: Er kann essen und trinken, was ich
will. Das ist gerade so, als ob sie erzählt hätte: Er kann essen und
trinken, was er will; aber was hat er denn zu wollen? An seiner statt
will ich. Die Versprechen machen oft den Eindruck solcher Verkürzungen, z. B. wenn ein Anatomieprofessor nach seinem Vortrag über
die Nasenhöhle fragt, ob die Hörer es auch verstanden haben, und
ob der allgemeinen Bejahung fortsetzt: Ich glaube kaum, denn die
Leute, welche die Nasenhöhle verstehen, kann man selbst in einer
Millionenstadt an einem Finger ... Pardon, an den Fingern einer
Hand abzählen. Die verkürzte Rede hat auch ihren Sinn; sie sagt,
es gibt nur einen Menschen, der das versteht.

Diesen Gruppen von Fällen, in denen die Fehlleistung ihren Sinn selbst zum Vorschein bringt, stehen andere gegenüber, in denen das Versprechen nichts an sich Sinnreiches geliefert hat, die also unseren Erwartungen energisch widersprechen. Wenn jemand durch Versprechen einen Eigennamen verdreht oder ungebräuchliche Lautfolgen zusammenstellt, so scheint durch diese sehr häufigen Vorkommnisse die Frage, ob alle Fehlhandlungen etwas Sinnreiches leisten, bereits im ablehnenden Sinne entschieden zu sein. Allein bei näherem Eingehen auf solche Beispiele zeigt es sich, daß ein Verständnis dieser Entstellungen leicht möglich wird, ja daß der Unterschied zwischen diesen dunkleren und früheren klaren Fällen gar nicht so groß ist.

Ein Herr, nach dem Befinden seines Pferdes befragt, antwortet: Ja, das draut ... Das dauert vielleicht noch einen Monat. Befragt, was er eigentlich sagen wollte, erklärt er, er habe gedacht, das sei eine traurige Geschichte, der Zusammenstoß von „dauert" und „traurig" habe jenes „draut" ergeben. (Meringer und Mayer.)

Ein anderer erzählt von irgendwelchen Vorgängen, die er beanständet, und setzt fort: Dann aber sind Tatsachen zum Vorschwein gekommen ... Auf Anfragen bestätigt er, daß er diese Vorgänge als Schweinereien bezeichnen wollte. „Vorschein" und „Schweinerei" haben mitsammen das sonderbare „Vorschwein" entstehen lassen. (M. u. M.)

Erinnern Sie sich an den Fall des jungen Mannes, der die ihm unbekannte Dame begleitdigen wollte. Wir hatten uns die Freiheit genommen, diese Wortbildung in begleiten und beleidigen zu zerlegen, und fühlten uns dieser Deutung sicher, ohne für sie Bestätigung zu fordern. Sie ersehen aus diesen Beispielen, daß auch diese dunkleren Fälle des Versprechens sich durch das Zusammentreffen, die Interferenz, zweier verschiedener Redeabsichten erklären lassen; die Unterschiede entstehen nur dadurch, daß einmal die eine Absicht die andere völlig ersetzt (substituiert), so bei den Versprechen zum Gegenteil, während sie sich ein andermal damit be-

gnügen muß, sie zu entstellen oder zu modifizieren, so daß Mischbildungen zustandekommen, die an sich mehr oder minder sinnreich
erscheinen.

Wir glauben jetzt das Geheimnis einer großen Anzahl von Versprechen erfaßt zu haben. Halten wir an dieser Einsicht fest, so
werden wir noch andere bisher rätselhafte Gruppen verstehen können. Beim Namenentstellen können wir z. B. nicht annehmen, daß
es sich immer um die Konkurrenz zweier ähnlicher und doch verschiedener Namen handelt. Aber die zweite Absicht ist doch unschwer zu erraten. Die Entstellung eines Namens kommt außerhalb
des Versprechens häufig genug vor; sie versucht den Namen übel-
klingend oder an etwas Niedriges anklingend zu machen und ist eine
bekannte Art oder Unart der Schmähung, auf die der gebildete Mensch
bald verzichten lernt, aber nicht gerne verzichtet. Er gestattet sich
dieselbe noch oft als „Witz" von allerdings sehr geringer Würde.
Um nur ein grelles und häßliches Beispiel dieser Namensentstellung
anzuführen, erwähne ich, daß man den Namen des Präsidenten der
französischen Republik, Poincaré, in diesen Zeiten in „Schweins-
karré" umgewandelt hat. Es liegt also nahe, auch beim Versprechen
eine solche schmähende Absicht anzunehmen, die sich in der Entstellung des Namens durchsetzt. Ähnliche Aufklärungen drängen sich
uns in Fortführung unserer Auffassung für gewisse Fälle des Versprechens mit komischem oder absurdem Effekt auf. „Ich fordere Sie
auf, auf das Wohl unseres Chefs aufzustoßen." Hier wird eine feier-
liche Stimmung unerwarteterweise durch das Eindringen eines Wortes
gestört, das eine unappetitliche Vorstellung erweckt, und wir können
nach dem Vorbild gewisser Schimpf- und Trutzreden kaum anderes
vermuten, als daß sich eine Tendenz zum Ausdruck bringen will, die
der vorgeschobenen Verehrung energisch widerspricht und etwa sagen
will: Glaubt doch nicht daran, das ist nicht mein Ernst, ich pfeif' auf
den Kerl u. dgl. Ganz Ähnliches gilt für Versprechen, die aus harmlosen Worten unanständige und obszöne machen, wie Apopos für
Apropos, oder Eischeißweibchen für Eiweißscheibchen. (M. u. M.)

Wir kennen bei vielen Menschen eine solche Tendenz, einem gewissen Lustgewinn zuliebe harmlose Worte absichtlich in obszöne
zu entstellen; sie gilt für witzig, und in Wirklichkeit müssen wir
bei einem Menschen, von dem wir solches hören, erst erkunden, ob
er es absichtlich als Witz geäußert hat, oder ob es ihm als Versprechen
passiert ist.

Nun, da hätten wir ja mit verhältnismäßig geringer Mühe das
Rätsel der Fehlleistungen gelöst! Sie sind nicht Zufälligkeiten, sondern ernsthafte seelische Akte, sie haben ihren Sinn, sie entstehen
durch das Zusammenwirken — vielleicht besser: Gegeneinanderwir-
ken zweier verschiedener Absichten. Aber nun kann ich auch verstehen, daß Sie mich mit einer Fülle von Fragen und Zweifeln über-
schütten wollen, die zu beantworten und zu erledigen sind, ehe wir
uns dieses ersten Resultats unserer Arbeit freuen dürfen. Ich will Sie
gewiß nicht zu voreiligen Entscheidungen antreiben. Lassen Sie uns
alles der Reihe nach, eines nach dem anderen, in kühle Erwägung
ziehen.

Was wollen Sie mir wohl sagen? Ob ich meine, daß diese Aufklärung für alle Fälle von Versprechen gilt oder nur für eine gewisse
Anzahl? Ob man dieselbe Auffassung auch auf die vielen anderen
Arten von Fehlleistungen ausdehnen darf, auf das Verlesen, Verschreiben, Vergessen, Vergreifen, Verlegen usw.? Was denn die Momente der Ermüdung, Erregung, Zerstreutheit, die Aufmerksamkeitsstörung angesichts der psychischen Natur der Fehlleistungen noch
zu bedeuten haben? Ferner, man sieht ja wohl, daß von den beiden
konkurrierenden Tendenzen der Fehlleistungen die eine immer offenkundig ist, die andere aber nicht immer. Was man dann tut, um
diese letztere zu erraten, und wenn man glaubt, sie erraten zu haben,
wie man den Nachweis führt, daß sie nicht bloß wahrscheinlich, sondern die einzig richtige ist? Haben Sie noch etwas zu fragen? Wenn
nicht, so setze ich selbst fort. Ich erinnere Sie daran, daß uns eigentlich an den Fehlleistungen selbst nicht viel gelegen ist, daß wir aus
ihrem Studium nur etwas für die Psychoanalyse Verwertbares lernen

wollten. Darum stelle ich die Frage auf: was sind das für Absichten oder Tendenzen, die andere in solcher Weise stören können, und welche Beziehungen bestehen zwischen den störenden Tendenzen und den gestörten? So fängt unsere Arbeit erst nach der Lösung des Problems von neuem an.

Also, ob dies die Aufklärung aller Fälle von Versprechen ist? Ich bin sehr geneigt, dies zu glauben, und zwar darum, weil sich jedesmal, so oft man einen Fall von Versprechen untersucht, eine derartige Auflösung finden läßt. Aber es läßt sich auch nicht beweisen, daß ein Versprechen ohne solchen Mechanismus nicht vorfallen kann. Es mag so sein; für uns ist es theoretisch gleichgültig, denn die Schlüsse, welche wir für die Einführung in die Psychoanalyse ziehen wollen, bleiben bestehen, wenn auch nur, was gewiß nicht der Fall ist, eine Minderzahl von Fällen des Versprechens unserer Auffassung unterliegen sollte. Die nächste Frage, ob wir auf die anderen Arten der Fehlleistungen das ausdehnen dürfen, was sich uns für das Versprechen ergeben hat, will ich vorgreifend mit ja beantworten. Sie werden sich selbst davon überzeugen, wenn wir uns dazu wenden, Beispiele des Verschreibens, Vergreifens usw. in Untersuchung zu ziehen. Ich schlage Ihnen aber aus technischen Gründen vor, diese Arbeit aufzuschieben, bis wir das Versprechen selbst noch gründlicher behandelt haben.

Die Frage, was die von den Autoren in den Vordergrund gerückten Momente der Zirkulationsstörung, Ermüdung, Erregung, Zerstreutheit, die Theorie der Aufmerksamkeitsstörung uns noch bedeuten können, wenn wir den beschriebenen psychischen Mechanismus des Versprechens annehmen, verdient eine eingehendere Beantwortung. Bemerken Sie wohl, wir bestreiten diese Momente nicht. Es kommt überhaupt nicht so häufig vor, daß die Psychoanalyse etwas bestreitet, was von anderer Seite behauptet wird; sie fügt in der Regel nur etwas Neues hinzu, und gelegentlich trifft es sich freilich, daß dies bisher Übersehene und nun neu Dazugekommene gerade das Wesentliche ist. Der Einfluß der physiologischen Dispositionen, die durch

leichtes Unwohlsein, Zirkulationsstörungen, Erschöpfungszustände
gegeben werden, ist für das Zustandekommen des Versprechens ohne
weiteres anzuerkennen; tägliche und persönliche Erfahrung kann Sie
davon überzeugen. Aber wie wenig ist damit erklärt! Vor allem sind
es nicht notwendige Bedingungen der Fehlleistung. Das Versprechen
ist ebensowohl bei voller Gesundheit und normalem Befinden möglich. Diese körperlichen Momente haben also nur den Wert von Er-
leichterungen und Begünstigungen für den eigentümlichen seelischen
Mechanismus des Versprechens. Ich habe für diese Beziehung einmal
ein Gleichnis gebraucht, das ich nun wiederholen werde, weil ich es
durch kein besseres zu ersetzen weiß. Nehmen Sie an, ich ginge in
dunkler Nachtstunde an einem einsamen Orte, würde dort von einem
Strolch überfallen, der mir Uhr und Börse wegnimmt, und trüge
dann, weil ich das Gesicht des Räubers nicht deutlich gesehen habe,
meine Klage auf der nächsten Polizeistation mit den Worten vor:
Einsamkeit und Dunkelheit haben mich soeben meiner Kostbarkeiten
beraubt. Der Polizeikommissär kann mir darauf sagen: Sie scheinen
da mit Unrecht einer extrem mechanistischen Auffassung zu hul-
digen. Stellen wir den Sachverhalt lieber so dar: Unter dem Schutz
der Dunkelheit, von der Einsamkeit begünstigt, hat Ihnen ein unbekannter Räuber Ihre Wertsachen entrissen. Die wesentliche Aufgabe an Ihrem Falle scheint mir zu sein, daß wir den Räuber aus-
findig machen. Vielleicht können wir ihm dann den Raub wieder
abnehmen.

Die psychophysiologischen Momente wie Aufregung, Zerstreutheit, Aufmerksamkeitsstörung leisten uns offenbar sehr wenig für die
Zwecke der Erklärung. Es sind nur Redensarten, spanische Wände,
hinter welche zu gucken wir uns nicht abhalten lassen sollen. Es
fragt sich vielmehr, was hier die Erregung, die besondere Ablenkung
der Aufmerksamkeit hervorgerufen hat. Die Lauteinflüsse, Wort-
ähnlichkeiten und die von den Worten auslaufenden gebräuchlichen
Assoziationen sind wiederum als bedeutsam anzuerkennen. Sie erleichtern das Versprechen, indem sie ihm die Wege weisen, die es

wandeln kann. Aber wenn ich einen Weg vor mir habe, ist damit auch wie selbstverständlich entschieden, daß ich ihn gehen werde? Es bedarf noch eines Motivs, damit ich mich zu ihm entschließe, und überdies einer Kraft, die mich auf diesem Wege vorwärts bringt. Diese Laut- und Wortbeziehungen sind also auch nur wie die körperlichen Dispositionen Begünstigungen des Versprechens und können seine eigentliche Aufklärung nicht geben. Denken Sie doch daran, in einer ungeheuern Überzahl von Fällen wird meine Rede nicht durch den Umstand gestört, daß die von mir gebrauchten Worte durch Klangähnlichkeit an andere erinnern, daß sie mit ihren Gegenteilen innig verknüpft sind, oder daß gebräuchliche Assoziationen von ihnen ausgehen. Man könnte noch mit dem Philosophen Wundt die Auskunft finden, daß das Versprechen zustande kommt, wenn infolge von körperlicher Erschöpfung die Assoziationsneigungen die Oberhand über die sonstige Redeintention gewinnen. Das ließe sich sehr gut hören, wenn dem nicht die Erfahrung widerspräche, nach deren Zeugnis in einer Reihe von Fällen die körperlichen, in einer anderen die Assoziationsbegünstigungen des Versprechens vermißt werden.

Besonders interessant ist mir aber Ihre nächste Frage, auf welche Weise man die beiden miteinander in Interferenz tretenden Tendenzen feststellt. Sie ahnen wahrscheinlich nicht, wie folgenschwer sie ist. Nicht wahr, die eine der beiden, die gestörte Tendenz, ist immer unzweifelhaft: die Person, welche die Fehlleistung begeht, kennt sie und bekennt sich zu ihr. Anlaß zu Zweifeln und Bedenken kann nur die andere, die störende, geben. Nun wir haben schon gehört und Sie haben es gewiß nicht vergessen, daß in einer Reihe von Fällen diese andere Tendenz ebenso deutlich ist. Sie wird durch den Effekt des Versprechens angezeigt, wenn wir nur den Mut haben, diesen Effekt für sich gelten zu lassen. Der Präsident, der sich zum Gegenteil verspricht — es ist klar, er will die Sitzung eröffnen, aber ebenso klar, er möchte sie auch schließen. Das ist so deutlich, daß zum Deuten nichts übrig bleibt. Aber die anderen Fälle, in denen die störende

Tendenz die ursprüngliche nur entstellt, ohne sich selbst ganz zum Ausdruck zu bringen, wie errät man bei ihnen die störende Tendenz aus der Entstellung?

In einer ersten Reihe von Fällen auf sehr einfache und sichere Weise, auf dieselbe Weise nämlich, wie man die gestörte Tendenz feststellt. Diese läßt man sich ja vom Redner unmittelbar mitteilen; nach dem Versprechen stellt er den ursprünglich beabsichtigten Wortlaut sofort wieder her. „Das draut, nein, das dauert vielleicht noch einen Monat." Nun, die entstellende Tendenz läßt man gleichfalls von ihm aussprechen. Man fragt ihn: Ja, warum haben Sie denn zuerst „draut" gesagt? Er antwortet: Ich wollte sagen: Das ist eine traurige Geschichte, und im anderen Falle, beim Versprechen „Vorschwein", bestätigt er Ihnen ebenso, daß er zuerst sagen wollte: Das ist eine Schweinerei, sich aber dann mäßigte und in eine andere Aussage einlenkte. Die Feststellung der entstellenden Tendenz ist hier also ebenso sicher gelungen wie die der entstellten. Ich habe auch nicht ohne Absicht hier Beispiele herangezogen, deren Mitteilung und Auflösung weder von mir noch von einem meiner Anhänger herrühren. Doch war in diesen beiden Fällen ein gewisser Eingriff notwendig, um die Lösung zu fördern. Man mußte den Redner fragen, warum er sich so versprochen habe, was er zu dem Versprechen zu sagen wisse. Sonst wäre er vielleicht an seinem Versprechen vorbeigegangen, ohne es aufklären zu wollen. Befragt, gab er aber die Erklärung mit dem ersten Einfall, der ihm kam. Und nun sehen Sie, dieser kleine Eingriff und sein Erfolg, das ist bereits eine Psychoanalyse und das Vorbild jeder psychoanalytischen Untersuchung, die wir im weiteren anstellen werden.

Bin ich nun zu mißtrauisch, wenn ich vermute, daß in demselben Moment, da die Psychoanalyse vor Ihnen auftaucht, auch der Widerstand gegen sie bei Ihnen sein Haupt erhebt? Haben Sie nicht Lust, mir einzuwenden, daß die Auskunft der befragten Person, die das Versprechen geleistet, nicht völlig beweiskräftig sei? Er habe natürlich das Bestreben, meinen Sie, der Aufforderung zu folgen, das Ver-

sprechen zu erklären, und da sage er eben das erste beste, was ihm
einfalle, wenn es ihm zu einer solchen Erklärung tauglich erscheine.
Ein Beweis, daß das Versprechen wirklich so zugegangen, sei damit
nicht gegeben. Ja es könne so sein, aber ebensowohl auch anders. Es
hätte ihm auch etwas anderes einfallen können, was ebenso gut und
vielleicht besser gepaßt hätte.

Es ist merkwürdig, wie wenig Respekt Sie im Grunde vor einer
psychischen Tatsache haben! Denken Sie sich, jemand habe die che-
mische Analyse einer gewissen Substanz vorgenommen und von einem
Bestandteil derselben ein gewisses Gewicht, so und soviel Milligramm,
gewonnen. Aus dieser Gewichtsmenge lassen sich bestimmte Schlüsse
ziehen. Glauben Sie nun, daß es je einem Chemiker einfallen wird,
diese Schlüsse mit der Motivierung zu bemängeln: die isolierte Substanz hätte auch ein anderes Gewicht haben können? Jeder beugt
sich vor der Tatsache, daß es eben dies Gewicht und kein anderes
war, und baut auf ihr zuversichtlich seine weiteren Schlüsse auf.
Nur wenn die psychische Tatsache vorliegt, daß dem Befragten ein
bestimmter Einfall gekommen ist, dann lassen Sie das nicht gelten
und sagen, es hätte ihm auch etwas anderes einfallen können! Sie
haben eben die Illusion einer psychischen Freiheit in sich und mögen
auf sie nicht verzichten. Es tut mir leid, daß ich mich hierin in schärf-
stem Widerspruch zu Ihnen befinde.

Nun werden Sie hier abbrechen, aber nur um den Widerstand an
einer anderen Stelle wiederaufzunehmen. Sie fahren fort: Wir verstehen, daß es die besondere Technik der Psychoanalyse ist, sich die
Lösung ihrer Probleme von den Analysierten selbst sagen zu lassen.
Nun nehmen wir ein anderes Beispiel her, jenes, in dem der Festredner die Versammlung auffordert, auf das Wohl des Chefs aufzustoßen. Sie sagen, die störende Intention ist in diesem Falle die der
Schmähung: sie ist es, die sich dem Ausdruck der Verehrung widersetzt. Aber das ist bloße Deutung von Ihrer Seite, gestützt auf Beobachtungen außerhalb des Versprechens. Wenn Sie in diesem Falle
den Urheber des Versprechens befragen, wird er Ihnen nicht bestä-

tigen, daß er eine Schmähung beabsichtigte; er wird es vielmehr energisch in Abrede stellen. Warum geben Sie Ihre unbeweisbare Deutung nicht gegen diesen klaren Einspruch auf?

Ja, diesmal haben Sie etwas Starkes herausgefunden. Ich stelle mir den unbekannten Festredner vor; er ist wahrscheinlich ein Assistent des gefeierten Chefs, vielleicht schon Privatdozent, ein junger Mann mit den besten Lebenschancen. Ich will in ihn drängen, ob er nicht doch etwas verspürt hat, was sich der Aufforderung zur Verehrung des Chefs widersetzt haben mag. Da komme ich aber schön an. Er wird ungeduldig und fährt plötzlich auf mich los: „Sie, jetzt hören's einmal auf mit Ihrer Ausfragerei, sonst werd' ich ungemütlich. Sie verderben mir noch die ganze Karriere durch Ihre Verdächtigungen. Ich hab' einfach aufstoßen anstatt anstoßen gesagt, weil ich im selben Satz schon zweimal vorher auf· ausgesprochen habe. Das ist das, was der Meringer einen Nachklang heißt, und weiter ist daran nichts zu deuten. Verstehen Sie mich? Basta." Hm, das ist eine überraschende Reaktion, eine wirklich energische Ablehnung. Ich sehe, bei dem jungen Mann ist nichts auszurichten, denke mir aber auch, er verrät ein starkes persönliches Interesse daran, daß seine Fehlleistung keinen Sinn haben soll. Sie werden vielleicht auch finden, es ist nicht recht, daß er gleich so grob wird bei einer rein theoretischen Untersuchung, aber schließlich, werden Sie meinen, muß er doch eigentlich wissen, was er sagen wollte und was nicht.

So, muß er das? Das wäre vielleicht noch die Frage.

Jetzt glauben Sie mich aber in der Hand zu haben. Das ist also Ihre Technik, höre ich Sie sagen. Wenn der Betreffende, der ein Versprechen von sich gegeben hat, etwas dazu sagt, was Ihnen paßt, dann erklären Sie ihn für die letzte entscheidende Autorität darüber. „Er sagt es ja selbst!" Wenn Ihnen aber das, was er sagt, nicht in Ihren Kram paßt, dann behaupten Sie auf einmal, der gilt nichts, dem braucht man nicht zu glauben.

Das stimmt allerdings. Ich kann Ihnen aber einen ähnlichen Fall vorstellen, in dem es ebenso ungeheuerlich zugeht. Wenn ein Angeklagter vor dem Richter sich zu einer Tat bekennt, so glaubt der Richter dem Geständnis; wenn er aber leugnet, so glaubt ihm der Richter nicht. Wäre es anders, so gäbe es keine Rechtspflege, und trotz gelegentlicher Irrtümer müssen Sie dieses System doch wohl gelten lassen.

Ja, sind Sie denn der Richter, und der, welcher ein Versprechen begangen hat, ein vor Ihnen Angeklagter? Ist denn ein Versprechen ein Vergehen?

Vielleicht brauchen wir selbst diesen Vergleich nicht abzulehnen. Aber sehen Sie nur, zu welchen tiefgreifenden Differenzen wir bei einiger Vertiefung in die scheinbar so harmlosen Probleme der Fehlleistungen gekommen sind. Differenzen, die wir derzeit noch gar nicht auszugleichen verstehen. Ich biete Ihnen ein vorläufiges Kompromiß an auf Grund des Gleichnisses vom Richter und vom Angeklagten. Sie sollen mir zugeben, daß der Sinn einer Fehlleistung keinen Zweifel zuläßt, wenn der Analysierte ihn selbst zugibt. Ich will Ihnen dafür zugestehen, daß ein direkter Beweis des vermuteten Sinnes nicht zu erreichen ist, wenn der Analysierte die Auskunft verweigert, natürlich ebenso, wenn er nicht zur Hand ist, um uns Auskunft zu geben. Wir sind dann, wie im Falle der Rechtspflege, auf Indizien angewiesen, welche uns eine Entscheidung einmal mehr, ein andermal weniger wahrscheinlich machen können. Bei Gericht muß man aus praktischen Gründen auch auf Indizienbeweise hin schuldig sprechen. Für uns besteht eine solche Nötigung nicht; wir sind aber auch nicht gezwungen, auf die Verwertung solcher Indizien zu verzichten. Es wäre ein Irrtum zu glauben, daß eine Wissenschaft aus lauter streng bewiesenen Lehrsätzen besteht, und ein Unrecht, solches zu fordern. Diese Forderung erhebt nur ein autoritätsüchtiges Gemüt, welches das Bedürfnis hat, seinen religiösen Katechismus durch einen anderen, wenn auch wissenschaftlichen, zu ersetzen. Die Wissenschaft hat in ihrem Katechismus nur wenige apodiktische Sätze, sonst Behauptungen, die sie bis zu gewissen Stufengraden von Wahrscheinlichkeit gefördert hat. Es ist geradezu ein Zeichen von wissenschaftlicher Denkungsart, wenn man an diesen Annäherungen an die Gewißheit sein Genüge finden und die konstruktive Arbeit trotz der mangelnden letzten Bekräftigungen fortsetzen kann.

Woher nehmen wir aber die Anhaltspunkte für unsere Deutungen, die Indizien für unseren Beweis im Falle, daß die Aussage des Analysierten den Sinn der Fehlleistung nicht selbst aufklärt? Von verschiedenen Seiten her. Zunächst aus der Analogie mit Phänomenen außerhalb der Fehlleistungen, z. B. wenn wir behaupten, daß das Namenentstellen als Versprechen denselben schmähenden Sinn hat wie das absichtliche Namenverdrehen. Sodann aber aus der psychischen Situation, in welcher sich die Fehlleistung ereignet, aus unserer Kenntnis des Charakters der Person, welche die Fehlhandlung begeht, und der Eindrücke, welche diese Person vor der Fehlleistung betroffen haben, auf die sie möglicherweise mit dieser Fehlleistung reagiert. In der Regel geht es so vor sich, daß wir nach allgemeinen Grundsätzen die Deutung der Fehlleistung vollziehen, die also zunächst nur eine Vermutung, ein Vorschlag zur Deutung ist, und uns dann die Bestätigung aus der Untersuchung der psychischen Situation holen. Manchmal müssen wir auch kommende Ereignisse abwarten, welche sich durch die Fehlleistung gleichsam angekündigt haben, um unsere Vermutung bekräftigt zu finden.

Ich kann Ihnen die Belege hiezu nicht leicht erbringen, wenn ich mich auf das Gebiet des Versprechens einschränken soll, obwohl sich auch hier einzelne gute Beispiele ergeben. Der junge Mann, der eine Dame begleitdigen möchte, ist gewiß ein Schüchterner; die Dame, deren Mann essen und trinken darf, was sie will, kenne ich als eine der energischen Frauen, die das Regiment im Hause zu führen verstehen. Oder nehmen Sie folgenden Fall: In einer Generalversammlung der „Concordia" hält ein junges Mitglied eine heftige Oppositionsrede, in deren Verlauf er die Vereinsleitung als die Herren „Vorschußmitglieder" anredet, was aus Vorstand und Ausschuß zusammengesetzt erscheint. Wir werden vermuten, daß sich bei ihm eine störende Tendenz gegen seine Opposition regte, die sich auf etwas, was mit einem Vorschuß zu tun hatte, stützen konnte. In der Tat erfahren wir von unserem Gewährsmann, daß der Redner in steten Geldnöten war und gerade damals ein Darlehensgesuch eingebracht hatte. Als störende Intention ist also wirklich der Gedanke einzusetzen: mäßige dich in deiner Opposition; es sind dieselben Leute, die dir den Vorschuß bewilligen sollen.

Ich kann Ihnen aber eine reiche Auswahl solcher Indizienbeweise vorlegen, wenn ich auf das weite Gebiet der anderen Fehlleistungen übergreife.

Wenn jemand einen ihm sonst vertrauten Eigennamen vergißt oder ihn trotz aller Mühe nur schwer behalten kann, so liegt uns die Annahme nahe, daß er etwas gegen den Träger dieses Namens hat, so daß er nicht gerne an ihn denken mag; nehmen Sie die nachstehenden Aufdeckungen der psychischen Situation, in welcher diese Fehlleistung eintrat, hinzu:

„Ein Herr Y verliebte sich erfolglos in eine Dame, welche bald darauf einen Herrn X heiratete. Trotzdem nun Herr Y den Herrn X schon seit geraumer Zeit kennt und sogar in geschäftlichen Verbindungen mit ihm steht, vergißt er immer und immer wieder dessen Namen, so daß er sich mehrere Male bei anderen Leuten danach erkundigen mußte, als er mit Herrn X korrespondieren wollte." [1]

Herr Y will offenbar nichts von seinem glücklichen Rivalen wissen. „Nicht gedacht soll seiner werden."

Oder: Eine Dame erkundigt sich bei dem Arzt nach einer gemeinsamen Bekannten, nennt sie aber bei ihrem Mädchennamen. Den in der Heirat angenommenen Namen hat sie vergessen. Sie gesteht dann zu, daß sie mit dieser Heirat sehr unzufrieden war und den Mann dieser Freundin nicht leiden mochte. [2]

Wir werden vom Namenvergessen noch in anderen Hinsichten manches zu sagen haben; jetzt interessiert uns vorwiegend die psychische Situation, in welche das Vergessen fällt.

---

1) Nach C. G. Jung.
2) Nach A. A. Brill.

Das Vergessen von Vorsätzen läßt sich ganz allgemein auf eine gegensätzliche Strömung zurückführen, welche den Vorsatz nicht ausführen will. So denken aber nicht nur wir in der Psychoanalyse, sondern es ist die allgemeine Auffassung der Menschen, der sie im Leben alle anhängen, die sie erst in der Theorie verleugnen. Der Gönner, der sich vor seinem Schützling entschuldigt, er habe dessen Bitte vergessen, ist vor ihm nicht gerechtfertigt. Der Schützling denkt sofort: Dem liegt nichts daran; er hat es zwar versprochen, aber er will es eigentlich nicht tun. In gewissen Beziehungen ist daher auch im Leben das Vergessen verpönt, die Differenz zwischen der populären und der psychoanalytischen Auffassung dieser Fehlleistungen scheint aufgehoben. Stellen Sie sich eine Hausfrau vor, die den Gast mit den Worten empfängt: Was, heute kommen Sie? Ich habe ja ganz vergessen, daß ich Sie für heute eingeladen hatte. Oder den jungen Mann, welcher der Geliebten gestehen sollte, daß er vergessen hatte, das letztbesprochene Rendezvous einzuhalten. Er wird es gewiß nicht gestehen, lieber aus dem Stegreife die unwahrscheinlichsten Hindernisse erfinden, die ihn damals abgehalten haben zu kommen, und es ihm seither unmöglich gemacht haben, davon Nachricht zu geben. Daß in militärischen Dingen die Entschuldigung, etwas vergessen zu haben, nichts nützt und vor keiner Strafe schützt, wissen wir alle und müssen es berechtigt finden. Hier sind mit einem Male alle Menschen darin einig, daß eine bestimmte Fehlhandlung sinnreich ist, und welchen Sinn sie hat. Warum sind sie nicht konsequent genug, diese Einsicht auf die anderen Fehlleistungen auszudehnen und sich voll zu ihr zu bekennen? Es gibt natürlich auch hierauf eine Antwort.

Wenn der Sinn dieses Vergessens von Vorsätzen auch den Laien so wenig zweifelhaft ist, so werden Sie um so weniger überrascht sein zu finden, daß Dichter diese Fehlleistung in demselben Sinne verwerten. Wer von Ihnen „Cäsar und Kleopatra" von B. Shaw gesehen oder gelesen hat, wird sich erinnern, daß der scheidende Cäsar in der letzten Szene von der Idee verfolgt wird, er habe sich noch etwas vorgenommen, was er aber jetzt vergessen habe. Endlich stellt sich heraus, was das ist: von der Kleopatra Abschied zu nehmen. Diese kleine Veranstaltung des Dichters will dem großen Cäsär eine Überlegenheit zuschreiben, die er nicht besaß und nach der er gar nicht strebte. Sie können aus den geschichtlichen Quellen erfahren, daß Cäsar die Kleopatra nach Rom nachkommen ließ, und daß sie dort mit ihrem kleinen Cäsarion weilte, als Cäsar ermordet wurde, worauf sie flüchtend die Stadt verließ.

Die Fälle des Vergessens von Vorsätzen sind im allgemeinen so klar, daß sie für unsere Absicht, Indizien für den Sinn der Fehlleistung aus der psychischen Situation abzuleiten, wenig brauchbar sind. Wenden wir uns darum zu einer besonders vieldeutigen und undurchsichtigen Fehlhandlung, zum Verlieren und Verlegen. Daß beim Verlieren, einer oft so schmerzlich empfundenen Zufälligkeit, wir selbst mit einer Absicht beteiligt sein sollten, werden Sie gewiß nicht glaubwürdig finden. Aber es gibt reichlich Beobachtungen wie diese: Ein junger Mann verliert seinen Crayon, der ihm sehr lieb gewesen war. Tags zuvor hatte er einen Brief von seinem Schwager erhalten, der mit den Worten schloß: Ich habe vorläufig weder Lust noch Zeit, Deinen Leichtsinn und Deine Faulheit zu unterstützen.' Der Bleistift war aber gerade ein Geschenk dieses Schwagers. Ohne dieses Zusammentreffen könnten wir natürlich nicht behaupten, daß an diesem Verlieren die Absicht beteiligt war, sich der Sache zu entledigen. Ähnliche Fälle sind sehr häufig. Man verliert Gegenstände, wenn man sich mit dem Geber derselben verfeindet hat und nicht mehr an ihn erinnert werden will, oder auch, wenn man sie selbst nicht mehr mag und sich einen Vorwand schaffen will, sie durch andere und bessere zu ersetzen. Derselben Absicht gegen einen Gegenstand dient natürlich auch das Fallenlassen, Zerbrechen, Zerschlagen. Kann man es für zufällig halten, wenn ein Schulkind gerade vor seinem Geburtstag seine Gebrauchsgegenstände verliert, ruiniert, zerbricht, z. B. seine Schultasche und seine Taschenuhr?

---

1) Nach B. Dattner.

Wer genug oft die Pein erlebt hat, etwas nicht auffinden zu können, was er selbst weggelegt hat, wird auch an die Absicht beim Verlegen nicht glauben wollen. Und doch sind die Beispiele gar nicht selten, in denen die Begleitumstände des Verlegens auf eine Tendenz hinweisen, den Gegenstand zeitweilig oder dauernd zu beseitigen. Vielleicht das schönste Beispiel dieser Art ist folgendes:

Ein jüngerer Mann erzählt mir: „Es gab vor einigen Jahren Mißverständnisse in meiner Ehe, ich fand meine Frau zu kühl, und obwohl ich ihre vortrefflichen Eigenschaften gerne anerkannte, lebten wir ohne Zärtlichkeit nebeneinander. Eines Tages brachte sie mir von einem Spaziergange ein Buch mit, das sie gekauft hatte, weil es mich interessieren dürfte. Ich dankte für dieses Zeichen von „Aufmerksamkeit", versprach das Buch zu lesen, legte es mir zurecht und fand es nicht wieder. Monate vergingen so, in denen ich mich gelegentlich an dies verschollene Buch erinnerte und es auch vergeblich aufzufinden versuchte. Etwa ein halbes Jahr später erkrankte meine, getrennt von uns wohnende, geliebte Mutter. Meine Frau verließ das Haus, um ihre Schwiegermutter zu pflegen. Der Zustand der Kranken wurde ernst und gab meiner Frau Gelegenheit, sich von ihren besten Seiten zu zeigen. Eines Abends komme ich begeistert von der Leistung meiner Frau und dankerfüllt gegen sie nach Hause. Ich trete zu meinem Schreibtisch, öffne ohne bestimmte Absicht, aber wie mit somnambuler Sicherheit eine bestimmte Lade desselben, und zu oberst in ihr finde ich das so lange vermißte, das verlegte Buch."

Mit dem Erlöschen des Motivs fand auch das Verlegtsein des Gegenstandes ein Ende.

Meine Damen und Herren! Ich könnte diese Sammlung von Beispielen ins Ungemessene vermehren. Ich will es aber hier nicht tun. In meiner „Psychopathologie des Alltagslebens" (1901 zuerst erschienen) finden Sie ohnedies eine überreiche Kasuistik zum Studium der Fehlleistungen.[1] Alle diese Beispiele ergeben immer wieder das näm-

---

1) Ebenso in den Sammlungen von A. M a e d e r (franz.), A. A. B r i l l (engl.), E. J o n e s (engl.), J. S t ä r c k e (holländ.) u. a.

liche; sie machen Ihnen wahrscheinlich, daß Fehlleistungen einen
Sinn haben, und zeigen Ihnen, wie man diesen Sinn aus den Begleit-
umständen errät oder bestätigt. Ich fasse mich heute kürzer, weil wir
uns ja auf die Absicht eingeschränkt haben, aus dem Studium dieser
Phänomene Gewinn für eine Vorbereitung zur Psychoanalyse zu
ziehen. Nur auf zwei Gruppen von Beobachtungen muß ich hier noch
eingehen, auf die gehäuften und kombinierten Fehlleistungen und
auf die Bestätigung unserer Deutungen durch später eintreffende
Ereignisse.

Die gehäuften und kombinierten Fehlleistungen sind gewiß die
höchste Blüte ihrer Gattung. Käme es uns nur darauf an, zu beweisen,
daß Fehlleistungen einen Sinn haben können, so hätten wir uns von
vornherein auf sie beschränkt, denn bei ihnen ist der Sinn selbst für
eine stumpfe Einsicht unverkennbar und weiß sich dem kritischesten
Urteil aufzudrängen. Die Häufung der Äußerungen verrät eine Hart-
näckigkeit, wie sie dem Zufall fast niemals zukommt, aber dem Vorsatz gut ansteht. Endlich die Vertauschung der einzelnen Arten von
Fehlleistung miteinander zeigt uns, was das Wichtige und Wesentliche der Fehlleistung ist: nicht die Form derselben oder die Mittel,
deren sie sich bedient, sondern die Absicht, der sie selbst dient und
die auf den verschiedensten Wegen erreicht werden soll. So will ich
Ihnen einen Fall von wiederholtem Vergessen vorführen: E. Jones
erzählt, daß er einmal aus ihm unbekannten Motiven einen Brief
mehrere Tage lang auf seinem Schreibtisch hatte liegen lassen. Endlich entschloß er sich dazu, ihn aufzugeben, erhielt ihn aber vom
„Dead letter office" zurück, denn er hatte vergessen, die Adresse zu
schreiben. Nachdem er ihn adressiert hatte, brachte er ihn zur Post,
aber diesmal ohne Briefmarke. Und nun mußte er sich die Abneigung,
den Brief überhaupt abzusenden, endlich eingestehen.

In einem anderen Falle kombiniert sich ein Vergreifen mit einem
Verlegen. Eine Dame reist mit ihrem Schwager, einem berühmten
Künstler, nach Rom. Der Besucher wird von den in Rom lebenden
Deutschen sehr gefeiert und erhält unter anderem eine goldene Me-

daille antiker Herkunft zum Geschenk. Die Dame kränkt sich darüber, daß ihr Schwager das schöne Stück nicht genug zu schätzen
weiß. Nachdem sie, von ihrer Schwester abgelöst, wieder zu Hause
angelangt ist, entdeckt sie beim Auspacken, daß sie die Medaille —
sie weiß nicht wie — mitgenommen hat. Sie teilt es sofort dem Schwager brieflich mit und kündigt ihm an, daß sie das Entführte am
nächsten Tage nach Rom zurückschicken wird. Am nächsten Tage
aber ist die Medaille so geschickt verlegt, daß sie unauffindbar und
unabsendbar ist, und dann dämmert der Dame, was ihre „Zerstreutheit" bedeute, nämlich, daß sie das Stück für sich selbst behalten wolle.[1]

Ich habe Ihnen schon früher ein Beispiel der Kombination eines
Vergessens mit einem Irrtum berichtet, wie jemand ein erstesmal ein
Rendezvous vergißt und das zweitemal mit dem Vorsatz, gewiß nicht
zu vergessen, zu einer anderen als der verabredeten Stunde erscheint.
Einen ganz analogen Fall hat mir aus seinem eigenen Erleben ein
Freund erzählt, der außer wissenschaftlichen auch literarische Interessen verfolgt. Er sagt: „Ich habe vor einigen Jahren die Wahl in
den Ausschuß einer bestimmten literarischen Vereinigung angenommen, weil ich vermutete, die Gesellschaft könnte mir einmal behilflich sein, eine Aufführung meines Dramas durchzusetzen, und nahm
regelmäßig, wenn auch ohne viel Interesse, an den jeden Freitag statt-
findenden Sitzungen teil. Vor einigen Monaten erhielt ich nun die
Zusicherung einer Aufführung am Theater in F. und seither passierte
es mir regelmäßig, daß ich die Sitzungen jenes Vereins v e r g a ß.
Als ich Ihre Schrift über diese Dinge las, schämte ich mich meines
Vergessens, machte mir Vorwürfe, es sei doch eine Gemeinheit, daß
ich jetzt ausbleibe, nachdem ich die Leute nicht mehr brauche, und
beschloß, nächsten Freitag gewiß nicht zu vergessen. Ich erinnerte
mich an diesen Vorsatz immer wieder, bis ich ihn ausführte und vor
der Tür des Sitzungssaales stand. Zu meinem Erstaunen war sie geschlossen, die Sitzung war schon vorüber; ich hatte mich nämlich im
Tage geirrt: es war schon Samstag!"

1) Nach R. R e i t l e r.

Es wäre reizvoll genug, ähnliche Beobachtungen zu sammeln, aber ich gehe weiter; ich will Sie einen Blick auf jene Fälle werfen lassen, in denen unsere Deutung auf Bestätigung durch die Zukunft warten muß. Die Hauptbedingung dieser Fälle ist begreiflicherweise, daß die gegenwärtige psychische Situation uns unbekannt oder unserer Erkundigung unzugänglich ist. Dann hat unsere Deutung nur den Wert einer Vermutung, der wir selbst nicht zuviel Gewicht beilegen wollen. Später ereignet sich aber etwas, was uns zeigt, wie berechtigt unsere Deutung schon damals war. Einst war ich als Gast bei einem jungverheirateten Paare und hörte die junge Frau lachend ihr letztes Erlebnis erzählen, wie sie am Tage nach der Rückkehr von der Reise wieder ihre ledige Schwester aufgesucht habe, um mit ihr, wie in früheren Zeiten, Einkäufe zu machen, während der Ehemann seinen Geschäften nachging. Plötzlich sei ihr ein Herr auf der anderen Seite der Straße aufgefallen und sie habe, ihre Schwester anstoßend, gerufen: Schau, dort geht ja der Herr L. Sie hatte vergessen, daß dieser Herr seit einigen Wochen ihr Ehegemahl war. Mich schauerte bei dieser Erzählung, aber ich getraute mich der Folgerung nicht. Die kleine Geschichte fiel mir erst Jahre später wieder ein, nachdem diese Ehe den unglücklichsten Ausgang genommen hatte.

A. Maeder erzählt von einer Dame, die am Tage vor ihrer Hochzeit ihr Hochzeitskleid zu probieren vergessen hatte und sich zur Verzweiflung der Schneiderin erst spät abends daran erinnerte. Er bringt es in Zusammenhang mit diesem Vergessen, daß sie bald nachher von ihrem Manne geschieden war. — Ich kenne eine jetzt von ihrem Manne geschiedene Dame, die bei der Verwaltung ihres Vermögens Dokumente häufig mit ihrem Mädchennamen unterzeichnet hat, viele Jahre vorher, ehe sie diesen wirklich annahm. — Ich weiß von anderen Frauen, die auf der Hochzeitsreise ihren Ehering verloren haben, und weiß auch, daß der Verlauf der Ehe diesem Zufall Sinn verliehen hat. Und nun noch ein grelles Beispiel mit besserem Ausgang. Man erzählt von einem berühmten deutschen Chemiker, daß seine Ehe darum nicht zustande kam, weil er die Stunde der Trauung vergessen hatte und anstatt in die Kirche ins Laboratorium gegangen war. Er war so klug, es bei dem einen Versuch bewenden zu lassen, und starb unverehelicht in hohem Alter.

Vielleicht ist Ihnen auch der Einfall gekommen, daß in diesen Beispielen die Fehlhandlungen an die Stelle der Omina oder Vorzeichen der Alten getreten sind. Und wirklich, ein Teil der Omina waren nichts anderes als Fehlleistungen, z. B. wenn jemand stolperte oder niederfiel. Ein anderer Teil trug allerdings die Charaktere des objektiven Geschehens, nicht die des subjektiven Tuns. Aber Sie würden nicht glauben, wie schwer es manchmal wird, bei einem bestimmten Vorkommnis zu entscheiden, ob es zu der einen oder zu der anderen Gruppe gehört. Das Tun versteht es so häufig, sich als ein passives Erleben zu maskieren.

Jeder von uns, der auf längere Lebenserfahrung zurückblicken kann, wird sich wahrscheinlich sagen, daß er sich viele Enttäuschungen und schmerzliche Überraschungen erspart hätte, wenn er den Mut und Entschluß gefunden, die kleinen Fehlhandlungen im Verkehr der Menschen als Vorzeichen zu deuten und als Anzeichen ihrer noch geheimgehaltenen Absichten zu verwerten. Man wagt es meist nicht; man käme sich so vor, als würde man auf dem Umwege über die Wissenschaft wieder abergläubisch werden. Es treffen ja auch nicht alle Vorzeichen ein, und Sie werden aus unseren Theorien verstehen, daß sie nicht alle einzutreffen brauchen.

———————

DIE FEHLLEISTUNGEN

(Schluß)

Meine Damen und Herren! Daß die Fehlleistungen einen Sinn haben, dürfen wir doch als das Ergebnis unserer bisherigen Bemühungen hinstellen und zur Grundlage unserer weiteren Untersuchungen nehmen. Nochmals sei betont, daß wir nicht behaupten, — und für unsere Zwecke der Behauptung nicht bedürfen, — daß jede einzelne vorkommende Fehlleistung sinnreich sei, wiewohl ich das für wahrscheinlich halte. Es genügt uns, wenn wir einen solchen Sinn relativ häufig bei den verschiedenen Formen der Fehlleistung nachweisen. Diese verschiedenen Formen verhalten sich übrigens in dieser Hinsicht verschieden. Beim Versprechen, Verschreiben usw. mögen Fälle mit rein physiologischer Begründung vorkommen, bei den auf Vergessen beruhenden Arten (Namen und Vorsatzvergessen, Verlegen usw.) kann ich an solche nicht glauben, ein Verlieren gibt es sehr wahrscheinlich, das als unbeabsichtigt zu erkennen ist; die im Leben vorfallenden Irrtümer sind überhaupt nur zu einem gewissen Anteil unseren Gesichtspunkten unterworfen. Diese Einschränkungen wollen Sie im Auge behalten, wenn wir fortan davon ausgehen, daß Fehlleistungen psychische Akte sind und durch die Interferenz zweier Absichten entstehen.

Es ist dies das erste Resultat der Psychoanalyse. Von dem Vorkommen solcher Interferenzen und der Möglichkeit, daß dieselben derartige

Erscheinungen zur Folge haben, hat die Psychologie bisher nichts
gewußt. Wir haben das Gebiet der psychischen Erscheinungswelt um
ein ganz ansehnliches Stück erweitert und Phänomene für die Psychologie erobert, die ihr früher nicht zugerechnet wurden.

Verweilen wir noch einen Moment bei der Behauptung, die Fehlleistungen seien „psychische Akte". Enthält sie mehr als unsere sonstige
Aussage, sie hätten einen Sinn? Ich glaube nicht; sie ist vielmehr eher
unbestimmter und mißverständlicher. Alles, was man am Seelenleben
beobachten kann, wird man gelegentlich als seelisches Phänomen bezeichnen. Es wird bald darauf ankommen, ob die einzelne seelische
Äußerung direkt aus körperlichen, organischen, materiellen Einwirkungen hervorgegangen ist, in welchem Falle ihre Untersuchung
nicht der Psychologie zufällt, oder ob sie sich zunächst aus anderen
seelischen Vorgängen ableitet, hinter denen dann irgendwo die Reihe
der organischen Einwirkungen anfängt. Den letzteren Sachverhalt
haben wir im Auge, wenn wir eine Erscheinung als einen seelischen
Vorgang bezeichnen, und darum ist es zweckmäßiger, unsere Aussage
in die Form zu kleiden: die Erscheinung sei sinnreich, habe einen
Sinn. Unter Sinn verstehen wir Bedeutung, Absicht, Tendenz und
Stellung in einer Reihe psychischer Zusammenhänge.

Es gibt eine Anzahl anderer Erscheinungen, welche den Fehlleistungen sehr nahestehen, auf welche aber dieser Name nicht mehr
paßt. Wir nennen sie Zufalls- und Symptomhandlungen. Sie
haben gleichfalls den Charakter des Unmotivierten, Unscheinbaren
und Unwichtigen, überdies aber deutlicher den des Überflüssigen.
Von den Fehlhandlungen unterscheidet sie der Wegfall einer anderen
Intention, mit der sie zusammenstoßen und die durch sie gestört wird.
Sie übergehen andererseits ohne Grenze in die Gesten und Bewegungen,
welche wir zum Ausdruck der Gemütsbewegungen rechnen. Zu diesen
Zufallshandlungen gehören alle wie spielend ausgeführten, anscheinend
zwecklosen Verrichtungen an unserer Kleidung, Teilen unseres Körpers,
an Gegenständen, die uns erreichbar sind, sowie die Unterlassungen
derselben, ferner die Melodien, die wir vor uns hinsummen. Ich ver-

trete vor Ihnen die Behauptung, daß alle diese Phänomene sinnreich und deutbar sind in derselben Weise wie die Fehlhandlungen, kleine Anzeichen von anderen wichtigeren seelischen Vorgängen, vollgültige psychische Akte. Aber ich gedenke bei dieser neuen Erweiterung des Gebiets seelischer Erscheinungen nicht zu verweilen, sondern zu den Fehlleistungen zurückzukehren, an denen sich die für die Psychoanalyse wichtigen Fragestellungen mit weit größerer Deutlichkeit herausarbeiten lassen.

Die interessantesten Fragen, die wir bei den Fehlleistungen gestellt und noch nicht beantwortet haben, sind wohl die folgenden: Wir haben gesagt, daß die Fehlleistungen Ergebnisse der Interferenz von zwei verschiedenen Intentionen sind, von denen die eine die gestörte, die andere die störende heißen kann. Die gestörten Intentionen geben zu weiteren Fragen keinen Anlaß, aber von den anderen wollen wir wissen, erstens, was sind das für Intentionen, die als Störung anderer auftreten, und zweitens, wie verhalten sich die störenden zu den gestörten?

Gestatten Sie, daß ich wiederum das Versprechen zum Repräsentanten der ganzen Gattung nehme, und daß ich die zweite Frage eher beantworte als die erste.

Die störende Intention beim Versprechen kann in inhaltlicher Beziehung zur gestörten stehen, dann enthält sie einen Widerspruch gegen sie, eine Berichtigung oder Ergänzung zu ihr. Oder, der dunklere und interessantere Fall, die störende Intention hat inhaltlich nichts mit der gestörten zu tun.

Belege für die erstere der beiden Beziehungen können wir in den uns bereits bekannten und in ähnlichen Beispielen mühelos finden. Fast in allen Fällen von Versprechen zum Gegenteil drückt die störende Intention den Gegensatz zur gestörten aus, ist die Fehlleistung die Darstellung des Konflikts zwischen zwei unvereinbaren Strebungen. *Ich erkläre die Sitzung für eröffnet, möchte sie aber lieber schon geschlossen haben,* ist der Sinn des Versprechens des Präsidenten. Eine politische Zeitung, die der Bestechlichkeit beschuldigt worden ist, verteidigt sich in einem Artikel, der in den Worten gipfeln soll: Unsere Leser werden uns das Zeugnis ausstellen, daß wir immer in uneigennützigster Weise für das Wohl der Allgemeinheit eingetreten sind. Der mit der Abfassung der Verteidigung betraute Redakteur schreibt aber: in eigennützigster Weise. Das heißt, er denkt: So muß ich zwar schreiben, aber ich weiß es anders. Ein Volksvertreter, der dazu auffordert, dem Kaiser rückhaltlos die Wahrheit zu sagen, muß eine Stimme in seinem Innern anhören, die ob seiner Kühnheit erschrickt, und durch ein Versprechen das rückhaltlos in rückgratlos verwandelt.[1]

In den Ihnen bekannten Beispielen, die den Eindruck von Zusammenziehungen und Verkürzungen machen, handelt es sich um Berichtigungen, Zusätze oder Fortsetzungen, mit denen sich eine zweite Tendenz neben der ersten zur Geltung bringt. Es sind da Dinge zum Vorschein gekommen, aber sag' es lieber gerad' heraus, es waren Schweinereien; also: es sind Dinge zum Vorschwein gekommen. — Die Leute, die das verstehen, kann man an den Fingern einer Hand abzählen; aber nein, es gibt doch eigentlich nur einen, der das versteht, also: an einem Finger abzählen. — Oder, mein Mann kann essen und trinken, was er will. Aber Sie wissen ja, ich dulde es überhaupt nicht, daß er etwas will; also: er darf essen und trinken, was ich will. In all diesen Fällen geht also das Versprechen aus dem Inhalt der gestörten Intention selbst hervor oder es knüpft an ihn an.

Die andere Art der Beziehung zwischen den beiden interferierenden Intentionen wirkt befremdend. Wenn die störende Intention nichts mit dem Inhalt der gestörten zu tun hat, woher kommt sie denn und woher rührt es, daß sie sich gerade an solcher Stelle als Störung bemerkbar macht? Die Beobachtung, die hier allein Antwort geben kann, läßt erkennen, daß die Störung von einem Gedankengang herrührt, der die betreffende Person kurz vorher beschäftigt hatte, und der nun in solcher Weise nachwirkt, gleichgültig ob er bereits Ausdruck in der Rede gefunden hat oder nicht. Sie ist also wirklich als Nachklang zu bezeichnen, aber nicht notwendig als Nachklang von gesprochenen

---

1) Im deutschen Reichstag, Nov. 1908.

Worten. Es fehlt auch hier nicht an einem assoziativen Zusammenhang zwischen dem Störenden und dem Gestörten, aber er ist nicht
im Inhalt gegeben, sondern künstlich, oft auf sehr gezwungenen Ver-
bindungswegen hergestellt.

Hören Sie ein einfaches Beispiel hiefür an, das ich selbst beobachtet
habe. Ich treffe einmal in unseren schönen Dolomiten mit zwei Wiener
Damen zusammen, die als Touristinnen verkleidet sind. Ich begleite
sie ein Stück weit und wir besprechen die Genüsse, aber auch die
Beschwerden der touristischen Lebensweise. Die eine der Damen gibt
zu, daß diese Art den Tag zu verbringen manches Unbequeme hat.
Es ist wahr, sagt sie, daß es gar nicht angenehm ist, wenn man so
in der Sonne den ganzen Tag marschiert ist, und Bluse und Hemd
ganz durchgeschwitzt sind. In diesem Satze hat sie einmal eine kleine
Stockung zu überwinden. Dann setzt sie fort: Wenn man aber dann
nach Hose kommt und sich umkleiden kann ... Wir haben dies
Versprechen nicht analysiert, aber ich meine, Sie können es leicht
verstehen. Die Dame hatte die Absicht gehabt, die Aufzählung vollständiger zu halten und zu sagen: Bluse, Hemd und Hose. Aus Motiven der Wohlanständigkeit war die Erwähnung der Hose unterblieben, aber in dem nächsten, inhaltlich ganz unabhängigen Satz
kam das nicht ausgesprochene Wort als Verunstaltung des ähnlich
lautenden „nach Hause" zum Vorschein.

Nun können wir uns aber der lange aufgesparten Hauptfrage zuwenden, was für Intentionen es sind, die sich in ungewöhnlicher
Weise als Störungen anderer zum Ausdruck bringen. Nun selbstverständlich sehr verschieden, in denen wir aber das Gemeinsame finden
wollen. Untersuchen wir eine Reihe von Beispielen daraufhin, so
werden sie sich uns alsbald in drei Gruppen sondern. Zur ersten
Gruppe gehören die Fälle, in denen die störende Tendenz dem Redner
bekannt ist, überdies aber vor dem Versprechen von ihm verspürt
wurde. So gibt beim Versprechen „Vorschwein" der Sprecher nicht
nur zu, daß er das Urteil „Schweinereien" über die betreffenden
Vorgänge gefällt hat, sondern auch, daß er die Absicht hatte, von der

er später zurücktrat, ihm auch wörtlichen Ausdruck zu geben. Eine zweite Gruppe bilden andere Fälle, in denen die störende Tendenz vom Sprecher gleichfalls als die seinige anerkannt wird, aber er weiß nichts davon, daß sie gerade vor dem Versprechen bei ihm aktiv war. Er akzeptiert also unsere Deutung seines Versprechens, bleibt aber doch in gewissem Maße verwundert über sie. Beispiele für dieses Verhalten lassen sich von anderen Fehlleistungen vielleicht leichter geben als gerade vom Versprechen. In einer dritten Gruppe wird die Deutung der störenden Intention vom Sprecher energisch abgelehnt; er bestreitet nicht nur, daß sie sich vor dem Versprechen in ihm geregt, sondern er will behaupten, daß sie ihm überhaupt völlig fremd ist. Erinnern Sie sich an das Beispiel vom „Aufstoßen" und an die geradezu unhöfliche Abweisung, die ich mir durch die Aufdeckung der störenden Intention von diesem Sprecher geholt habe. Sie wissen, daß wir in der Auffassung dieser Fälle noch keine Einigung erzielt haben. Ich würde mir aus dem Widerspruch des Toastredners nichts machen und unbeirrbar an meiner Deutung festhalten, während Sie, meine ich, doch unter dem Eindrucke seines Sträubens stehen und in Erwägung ziehen, ob man nicht auf die Deutung solcher Fehlleistungen verzichten und sie als rein physiologische Akte im voranalytischen Sinne gelten lassen soll. Ich kann mir denken, was Sie abschreckt. Meine Deutung schließt die Annahme ein, daß sich bei dem Sprecher Intentionen äußern können, von denen er selbst nichts weiß, die ich aber aus Indizien erschließen kann. Vor einer so neuartigen und folgenschweren Annahme machen Sie halt. Ich verstehe das und gebe Ihnen insoweit recht. Aber stellen wir das eine fest: Wenn Sie die an so vielen Beispielen erhärtete Auffassung der Fehlleistungen konsequent durchführen wollen, müssen Sie sich zu der genannten befremdenden Annahme entschließen. Können Sie das nicht, so müssen Sie auf das kaum erworbene Verständnis der Fehlleistungen wiederum verzichten.

Verweilen wir noch bei dem, was die drei Gruppen einigt, was den drei Mechanismen des Versprechens gemeinsam ist. Das ist zum

Glück unverkennbar. In den beiden ersten Gruppen wird die störende Tendenz vom Sprecher anerkannt; in der ersten kommt noch hinzu, daß sie sich unmittelbar vor dem Versprechen gemeldet hat. In beiden Fällen ist sie aber zurückgedrängt worden. Der Sprecher hat sich entschlossen, sie nicht in Rede umzusetzen, und dann passiert ihm das Versprechen, d. h. dann setzt sich die zurückgedrängte Tendenz gegen seinen Willen in eine Äußerung um, indem sie den Ausdruck der von ihm zugelassenen Intention abändert, sich mit ihm vermengt oder sich geradezu an seine Stelle setzt. Dies ist also der Mechanismus des Versprechens.

Ich kann von meinem Standpunkt auch den Vorgang in unserer dritten Gruppe in den schönsten Einklang mit dem hier beschriebenen Mechanismus bringen. Ich brauche nur anzunehmen, daß diese drei Gruppen durch die verschieden weit reichende Zurückdrängung einer Intention unterschieden werden. In der ersten ist die Intention vorhanden und macht sich vor der Äußerung des Sprechers ihm bemerkbar; erst dann erfährt sie die Zurückweisung, für welche sie sich im Versprechen entschädigt. In der zweiten Gruppe reicht die Zurückweisung weiter; die Intention wird bereits vor der Redeäußerung nicht mehr bemerkbar. Merkwürdig, daß sie dadurch keineswegs abgehalten wird, sich an der Verursachung des Versprechens zu beteiligen! Durch dies Verhalten wird uns aber die Erklärung für den Vorgang bei der dritten Gruppe erleichtert. Ich werde so kühn sein, anzunehmen, daß sich in der Fehlleistung auch noch eine Tendenz äußern kann, welche seit längerer Zeit, vielleicht seit sehr langer Zeit, zurückgedrängt ist, nicht bemerkt wird und darum vom Sprecher direkt verleugnet werden kann. Aber lassen Sie selbst das Problem der dritten Gruppe beiseite; Sie müssen aus den Beobachtungen an den anderen Fällen den Schluß ziehen, daß die Unterdrückung der vorhandenen Absicht, etwas zu sagen, die unerläßliche Bedingung dafür ist, daß ein Versprechen zustande kommt.

Wir dürfen nun behaupten, daß wir im Verständnis der Fehlleistungen weitere Fortschritte gemacht haben. Wir wissen nicht nur, daß sie seelische Akte sind, an denen man Sinn und Absicht erkennen kann, nicht nur, daß sie durch die Interferenz von zwei verschiedenen Intentionen entstehen, sondern außerdem noch, daß die eine dieser Intentionen eine gewisse Zurückdrängung von der Ausführung erfahren haben muß, um sich durch die Störung der anderen äußern zu können. Sie muß selbst erst gestört worden sein, ehe sie zur störenden werden kann. Eine vollständige Erklärung der Phänomene, die wir Fehlleistungen nennen, ist damit natürlich noch nicht gewonnen. Wir sehen sofort weitere Fragen auftauchen und ahnen überhaupt, daß sich um so mehr Anlässe zu neuen Fragen ergeben werden, je weiter wir im Verständnis kommen. Wir können z. B. fragen, warum es nicht viel einfacher zugeht. Wenn die Absicht besteht, eine gewisse Tendenz zurückzudrängen anstatt sie auszuführen, so sollte diese Zurückdrängung so gelingen, daß eben nichts von jener zum Ausdruck kommt, oder sie könnte auch mißlingen, so daß die zurückgedrängte Tendenz sich vollen Ausdruck schafft. Die Fehlleistungen sind aber Kompromißergebnisse, sie bedeuten ein halbes Gelingen und ein halbes Mißlingen für jede der beiden Absichten, die gefährdete Intention wird weder ganz unterdrückt, noch setzt sie sich — von Einzelfällen abgesehen — ganz unversehrt durch. Wir können uns denken, daß besondere Bedingungen für das Zustandekommen solcher Interferenz- oder Kompromißergebnisse vorhanden sein müssen, aber wir können auch nicht einmal ahnen, welcher Art sie sein können. Ich glaube auch nicht, daß wir diese uns unbekannten Verhältnisse durch weitere Vertiefung in das Studium der Fehlleistungen aufdecken könnten. Es wird vielmehr notwendig sein, vorher noch andere dunkle Gebiete des Seelenlebens zu durchforschen; erst die Analogien, die uns dort begegnen, können uns den Mut geben, jene Annahmen aufzustellen, die für eine tiefer reichende Aufklärung der Fehlleistungen erforderlich sind. Und noch eines! Auch das Arbeiten mit kleinen Anzeichen, wie wir es auf diesem Gebiete beständig üben, bringt seine Gefahren

mit sich. Es gibt eine seelische Erkrankung, die kombinatorische Paranoia, bei welcher die Verwertung solcher kleiner Anzeichen in un-
eingeschränkter Weise betrieben wird, und ich werde mich natürlich nicht dafür einsetzen, daß die auf dieser Grundlage aufgebauten
Schlüsse durchwegs richtig sind. Vor solchen Gefahren kann uns nur
die breite Basis unserer Beobachtungen bewahren, die Wiederholung
ähnlicher Eindrücke aus den verschiedensten Gebieten des Seelenlebens. Wir werden also die Analyse der Fehlleistungen hier verlassen.
An eines darf ich Sie aber noch mahnen; wollen Sie die Art, wie wir
diese Phänomene behandelt haben, als vorbildlich im Gedächtnis behalten. Sie können an diesem Beispiel ersehen, welches die Absichten
unserer Psychologie sind. Wir wollen die Erscheinungen nicht bloß
beschreiben und klassifizieren, sondern sie als Anzeichen eines Kräfte-
spiels in der Seele begreifen, als Äußerung von zielstrebigen Tendenzen, die zusammen oder gegeneinander arbeiten. Wir bemühen
uns um eine dynamische Auffassung der seelischen Erscheinungen. Die wahrgenommenen Phänomene müssen in unserer Auffassung gegen die nur angenommenen Strebungen zurücktreten.

Wir wollen also bei den Fehlleistungen nicht weiter in die Tiefe
gehen, aber wir können noch einen Streifzug durch die Breite dieses
Gebiets unternehmen, auf dem wir Bekanntes wiederfinden und einiges
Neue aufspüren werden. Wir halten uns dabei an die Einteilung in
die bereits eingangs aufgestellten drei Gruppen des Versprechens mit
den beigeordneten Formen des Verschreibens, Verlesens, Verhörens,
des Vergessens mit seinen Unterteilungen je nach dem vergessenen
Objekte (Eigennamen, Fremdworten, Vorsätzen, Eindrücken) und des
Vergreifens, Verlegens, Verlierens. Die Irrtümer, soweit sie für uns
in Betracht kommen, schließen sich teils dem Vergessen, teils dem
Vergreifen an.

Vom Versprechen haben wir bereits so eingehend gehandelt und
doch noch einiges hinzuzufügen. Es knüpfen sich an das Versprechen
kleinere affektive Phänomene, die nicht ganz ohne Interesse sind. Es

will niemand sich gerne versprochen haben; man überhört auch oft das eigene Versprechen, niemals das eines anderen. Das Versprechen ist auch in gewissem Sinne ansteckend; es ist gar nicht leicht, über das Versprechen zu reden, ohne dabei selbst in Versprechen zu verfallen. Die geringfügigsten Formen des Versprechens, die gerade keine besonderen Aufklärungen über versteckte seelische Vorgänge zu geben haben, sind doch in ihrer Motivierung unschwer zu durchschauen. Wenn jemand z. B. einen langen Vokal kurz gesprochen hat infolge einer beliebig motivierten, bei diesem Wort eingetretenen Störung, so dehnt er dafür einen bald darauf folgenden kurzen Vokal und begeht ein neues Versprechen, indem er das frühere kompensiert. Dasselbe, wenn er einen Doppelvokal unrein und nachlässig ausgesprochen hat, z. B. ein *eu* oder *oi* wie *ei*; er sucht es gutzumachen, indem er ein nachfolgendes *ei* zu *eu* oder *oi* verändert. Dabei scheint eine Rücksicht auf den Zuhörer maßgebend zu sein, der nicht glauben soll, es sei dem Redner gleichgültig, wie er die Muttersprache behandle. Die zweite kompensierende Entstellung hat geradezu die Absicht, den Hörer auf die erste aufmerksam zu machen und ihm zu versichern, daß sie auch dem Redner nicht entgangen ist. Die häufigsten, einfachsten und geringfügigsten Fälle des Versprechens bestehen in Zusammenziehungen und Vorklängen, die sich an unscheinbaren Redeteilen äußern. Man verspricht sich in einem längeren Satz z. B. derart, daß das letzte Wort der beabsichtigten Redeintention vorklingt. Das macht den Eindruck einer gewissen Ungeduld, mit dem Satze fertig zu werden, und bezeugt im allgemeinen ein gewisses Widerstreben gegen die Mitteilung dieses Satzes oder gegen die Rede überhaupt. Wir kommen so zu Grenzfällen, in denen sich die Unterschiede zwischen der psychoanalytischen und der gemeinen physiologischen Auffassung des Versprechens vermischen. Wir nehmen an, daß in diesen Fällen eine die Redeintention störende Tendenz vorhanden ist; sie kann aber nur anzeigen, daß sie vorhanden ist, und nicht, was sie selbst beabsichtigt. Die Störung, die sie hervorruft, folgt dann irgendwelchen Lautbeeinflussungen oder Assoziationsanziehungen und kann als Ablenkung der Aufmerksamkeit von der Redeintention aufgefaßt werden. Aber weder diese Aufmerksamkeitsstörung noch die wirksam gewordenen Assoziationsneigungen treffen das Wesen des Vorgangs. Dies bleibt doch der Hinweis auf die Existenz einer die Redeabsicht störenden Intention, deren Natur nur diesmal nicht aus ihren Wirkungen erraten werden kann, wie es in allen besser ausgeprägten Fällen des Versprechens möglich ist.

Das Verschreiben, zu dem ich nun übergehe, stimmt mit dem Versprechen soweit überein, daß wir keine neuen Gesichtspunkte zu erwarten haben. Vielleicht wird uns eine kleine Nachlese beschieden sein. Die so verbreiteten kleinen Verschreibungen, Zusammenziehungen, Vorwegnahmen späterer, besonders der letzten Worte deuten wiederum auf eine allgemeine Schreibunlust und Ungeduld fertig zu werden; ausgeprägtere Effekte des Verschreibens lassen Natur und Absicht der störenden Tendenz erkennen. Im allgemeinen weiß man, wenn man in einem Brief ein Verschreiben findet, daß beim Schreiber nicht alles in Ordnung war; was sich bei ihm geregt hat, kann man nicht immer feststellen. Das Verschreiben wird häufig von dem, der es begeht, ebensowenig bemerkt wie das Versprechen. Auffällig ist dann folgende Beobachtung: Es gibt ja Menschen, welche die Gewohnheit üben, jeden Brief, den sie geschrieben haben, vor der Absendung nochmals durchzulesen. Andere pflegen dies nicht; wenn sie es aber ausnahmsweise einmal tun, haben sie dann immer Gelegenheit, ein auffälliges Verschreiben aufzufinden und zu korrigieren. Wie ist das zu erklären? Das sieht so aus, als wüßten diese Leute doch, daß sie sich bei der Abfassung des Briefes verschrieben haben. Sollen wir das wirklich glauben?

An die praktische Bedeutung des Verschreibens knüpft sich ein interessantes Problem. Sie erinnern sich vielleicht an den Fall eines Mörders H., der sich Kulturen von höchst gefährlichen Krankheitserregern von wissenschaftlichen Instituten zu verschaffen wußte, indem er sich für einen Bakterienforscher ausgab, der aber diese Kulturen dazu gebrauchte, um ihm nahestehende Personen auf diese

modernste Weise aus dem Wege zu räumen. Dieser Mann beklagte
sich nun einmal bei der Leitung eines solchen Instituts über die Un-
wirksamkeit der ihm geschickten Kulturen, verschrieb sich aber dabei, und an Stelle der Worte „bei meinen Versuchen an Mäusen oder
Meerschweinchen" stand deutlich zu lesen, „bei meinen Versuchen
an Menschen." Dies Verschreiben fiel auch den Ärzten des Instituts
auf; sie zogen aber, soviel ich weiß, keine Konsequenzen daraus. Nun,
was meinen Sie? Hätten die Ärzte nicht vielmehr das Verschreiben
als Geständnis annehmen und eine Untersuchung anregen müssen,
durch welche dem Mörder rechtzeitig das Handwerk gelegt worden
wäre? Ist in diesem Falle nicht die Unkenntnis unserer Auffassung
der Fehlleistungen die Ursache eines praktisch bedeutsamen Versäum-
nisses geworden? Nun, ich meine, ein solches Verschreiben erschiene
mir gewiß als sehr verdächtig, aber seiner Verwendung als Geständnis steht etwas sehr Gewichtiges im Wege. So einfach ist die Sache
nicht. Das Verschreiben ist sicherlich ein Indizium, aber für sich allein
hätte es zur Einleitung einer Untersuchung nicht hingereicht. Daß
der Mann von dem Gedanken beschäftigt ist, Menschen zu infizieren,
das sagt das Verschreiben allerdings, aber es läßt nicht entscheiden,
ob dieser Gedanke den Wert eines klaren schädlichen Vorsatzes oder
den einer praktisch belanglosen Phantasie hat. Es ist sogar möglich,
daß der Mensch, der sich so verschrieben hat, mit der besten subjektiven Berechtigung diese Phantasie verleugnen und sie als etwas ihm
gänzlich Fremdes von sich weisen wird. Wenn wir später den Unterschied zwischen psychischer und materieller Realität ins Auge fassen,
werden Sie diese Möglichkeiten noch besser verstehen können. Es
ist dies aber wieder ein Fall, in dem eine Fehlleistung nachträglich
zu ungeahnter Bedeutung gekommen ist.

Beim Verlesen treffen wir auf eine psychische Situation, die sich
von der des Versprechens und Verschreibens deutlich unterscheidet.
Die eine der beiden miteinander konkurrierenden Tendenzen ist hier
durch eine sensorische Anregung ersetzt und vielleicht darum weniger
resistent. Was man zu lesen hat, ist ja nicht eine Produktion des

eigenen Seelenlebens wie etwas, was man zu schreiben vorhat. In einer großen Mehrzahl besteht daher das Verlesen in einer vollen Substitution. Man ersetzt das zu lesende Wort durch ein anderes, ohne daß eine inhaltliche Beziehung zwischen dem Text und dem Effekt des Verlesens zu bestehen braucht, in der Regel in Anlehnung an eine Wortähnlichkeit. Lichtenbergs Beispiel: Agamemnon anstatt angenommen ist das beste dieser Gruppe. Will man die störende, das Verlesen erzeugende Tendenz kennenlernen, so darf man den verlesenen Text ganz beiseite lassen und kann die analytische Untersuchung mit den beiden Fragen einleiten, welcher Einfall sich als der nächste zum Effekt des Verlesens ergibt und in welcher Situation das Verlesen vorgefallen ist. Mitunter reicht die Kenntnis der letzteren für sich allein zur Aufklärung des Verlesens hin, z. B. wenn jemand in gewissen Nöten in einer ihm fremden Stadt herumwandert und auf einer großen Tafel eines ersten Stockes das Wort Klosethaus liest. Er hat gerade noch Zeit, sich darüber zu verwundern, daß die Tafel so hoch angebracht ist, ehe er entdeckt, daß dort streng genommen Korsethaus zu lesen steht. In anderen Fällen bedarf gerade das vom Inhalt des Textes unabhängige Verlesen einer eingehenden Analyse, die ohne Übung in der psychoanalytischen Technik und ohne Zutrauen zu ihr nicht durchzuführen ist. Meist ist es aber leichter, sich die Aufklärung eines Verlesens zu schaffen. Das substituierte Wort verrät nach dem Beispiel Agamemnon ohne weiteres den Gedankenkreis, aus welchem die Störung hervorgeht. In diesen Kriegszeiten ist es z. B. sehr gewöhnlich, daß man die Namen der Städte und Heerführer und die militärischen Ausdrücke, die einen beständig umschwirren, überall hineinliest, wo einem ein ähnliches Wortbild entgegenkommt. Was einen interessiert und beschäftigt, das setzt sich so an Stelle des Fremden und noch Uninteressanten. Die Nachbilder der Gedanken trüben die neue Wahrnehmung.

Es fehlt auch beim Verlesen nicht an Fällen von anderer Art, in denen der Text des Gelesenen selbst die störende Tendenz erweckt, durch welche er dann meist in sein Gegenteil verwandelt wird. Man sollte etwas Unerwünschtes lesen und überzeugt sich durch die Analyse, daß ein intensiver Wunsch zur Ablehnung des Gelesenen für dessen Abänderung verantwortlich zu machen ist.

Bei den ersterwähnten häufigeren Fällen des Verlesens kommen zwei Momente zu kurz, denen wir im Mechanismus der Fehlleistungen eine wichtige Rolle zugeteilt haben: der Konflikt zweier Tendenzen und die Zurückdrängung der einen, die sich durch den Effekt der Fehlleistung entschädigt. Nicht daß beim Verlesen etwas dem Gegensätzliches aufzufinden wäre, aber die Vordringlichkeit des zum Verlesen führenden Gedankeninhalts ist doch weit auffälliger als die Zurückdrängung, die dieser vorher erfahren haben mag. Gerade diese beiden Momente treten uns bei den verschiedenen Situationen der Fehlleistung durch Vergessen am greifbarsten entgegen.

Das Vergessen von Vorsätzen ist geradezu eindeutig, seine Deutung wird, wie wir gehört haben, auch vom Laien nicht bestritten. Die den Vorsatz störende Tendenz ist jedesmal eine Gegenabsicht, ein Nichtwollen, von dem uns nur zu wissen erübrigt, warum es sich nicht anders und nicht unverhüllter zum Ausdruck bringt. Aber das Vorhandensein dieses Gegenwillens ist unzweifelhaft. Manchmal gelingt es auch, etwas von den Motiven zu erraten, die diesen Gegenwillen nötigen sich zu verbergen, und allemal hat er durch die Fehlleistung aus dem Verborgenen seine Absicht erreicht, während ihm die Abweisung sicher wäre, wenn er als offener Widerspruch aufträte. Wenn zwischen dem Vorsatz und seiner Ausführung eine wichtige Veränderung der psychischen Situation eingetreten ist, derzufolge die Ausführung des Vorsatzes nicht in Frage käme, dann tritt das Vergessen des Vorsatzes aus dem Rahmen der Fehlleistung heraus. Man wundert sich nicht mehr darüber und sieht ein, daß es überflüssig gewesen wäre, den Vorsatz zu erinnern; er war dann dauernd oder zeitweilig erloschen. Eine Fehlleistung kann das Vergessen des Vorsatzes nur dann heißen, wenn wir an eine solche Unterbrechung desselben nicht glauben können.

Die Fälle von Vorsatzvergessen sind im allgemeinen so einförmig und durchsichtig, daß sie eben darum für unsere Untersuchung kein Interesse haben. An zwei Stellen können wir aber doch aus dem Studium dieser Fehlleistung etwas Neues lernen. Wir haben gesagt, das Vergessen, also Nichtausführen eines Vorsatzes, weist auf einen ihm feindlichen Gegenwillen hin. Das bleibt wohl bestehen, aber der Gegenwille kann nach der Aussage unserer Untersuchungen von zweierlei Art sein, ein direkter oder ein vermittelter. Was unter dem letzteren gemeint ist, läßt sich am besten an ein oder zwei Beispielen erläutern. Wenn der Gönner vergißt, bei einer dritten Person ein Fürwort für seinen Schützling einzulegen, so kann dies geschehen, weil er sich für den Schützling eigentlich nicht sehr interessiert und darum auch zur Fürsprache keine große Lust hat. In diesem Sinne wird jedenfalls der Schützling das Vergessen des Gönners verstehen. Es kann aber auch komplizierter zugehen. Der Gegenwille gegen die Ausführung des Vorsatzes kann beim Gönner von anderer Seite kommen und an ganz anderer Stelle angreifen. Er braucht mit dem Schützling nichts zu tun zu haben, sondern richtet sich etwa gegen die dritte Person, bei welcher die Fürsprache erfolgen soll. Sie sehen also, welche Bedenken auch hier der praktischen Verwendung unserer Deutungen entgegenstehen. Der Schützling gerät trotz der richtigen Deutung des Vergessens in Gefahr, allzu mißtrauisch zu werden und seinem Gönner schweres Unrecht zu tun. Oder: wenn jemand das Rendezvous vergißt, das einzuhalten er dem anderen versprochen und sich selbst vorgenommen hat, so wird die häufigste Begründung wohl die direkte Abneigung gegen das Zusammentreffen mit dieser Person sein. Aber die Analyse könnte hier den Nachweis erbringen, daß die störende Tendenz nicht der Person gilt, sondern sich gegen den Platz richtet, an welchem das Zusammentreffen stattfinden soll, und der infolge einer an ihn geknüpften peinlichen Erinnerung gemieden wird. Oder: wenn jemand einen Brief aufzugeben vergißt, so kann sich die Gegentendenz auf den Inhalt des Briefes selbst stützen; es ist aber keineswegs ausgeschlossen, daß der Brief an sich harmlos ist und der Gegentendenz nur darum verfällt, weil irgend etwas an ihm an einen anderen, früher einmal geschriebenen Brief erinnert, der dem Gegenwillen allerdings einen direkten Angriffspunkt geboten hat. Man kann dann sagen, der Gegenwille hat sich hier von jenem früheren Brief, wo er berechtigt war, auf den gegenwärtigen übertragen, bei dem er eigentlich nichts zu wollen hat. Sie sehen also, daß man bei der Verwertung unserer berechtigten Deutungen doch Zurückhaltung und Vorsicht üben muß; was psychologisch gleichwertig ist, kann praktisch doch recht vieldeutig sein.

Phänomene wie diese werden Ihnen sehr ungewöhnlich erscheinen. Vielleicht sind Sie geneigt anzunehmen, daß der „indirekte" Gegenwille den Vorgang als einen bereits pathologischen charakterisiert. Ich kann Ihnen aber versichern, daß er auch im Rahmen der Norm und der Gesundheit vorkommt. Mißverstehen Sie mich übrigens nicht. Ich will keineswegs selbst die Unzuverlässigkeit unserer analytischen Deutungen zugestehen. Die besprochene Vieldeutigkeit des Vorsatzvergessens besteht ja nur, solange wir keine Analyse des Falles vorgenommen haben und nur auf Grund unserer allgemeinen Voraussetzungen deuten. Wenn wir die Analyse mit der betreffenden Person ausführen, erfahren wir jedesmal mit genügender Sicherheit, ob es ein direkter Gegenwille ist, oder woher er sonst rührt.

Ein zweiter Punkt ist der folgende: Wenn wir in einer Überzahl von Fällen bestätigt finden, daß das Vergessen eines Vorsatzes auf einen Gegenwillen zurückgeht, so bekommen wir Mut, diese Lösung auch auf eine andere Reihe von Fällen auszudehnen, in denen die analysierte Person den von uns erschlossenen Gegenwillen nicht bestätigt, sondern verleugnet. Nehmen Sie als Beispiele hierfür die überaus häufigen Vorkommnisse, daß man vergißt, Bücher, die man entlehnt hat, zurückzustellen, Rechnungen oder Schulden zu bezahlen. Wir werden so kühn sein, dem Betreffenden vorzuhalten, daß bei ihm die Absicht besteht, die Bücher zu behalten und die Schulden nicht zu bezahlen, während er diese Absicht leugnen, aber nicht imstande sein wird, uns für sein Benehmen eine andere Erklärung zu geben. Daraufhin setzen wir fort, er habe die Absicht, nur wisse er nichts von ihr; es genüge uns aber, daß sie sich durch den Effekt des Vergessens bei ihm verrate. Jener kann uns wiederholen, er habe eben vergessen. Sie erkennen jetzt die Situation als eine, in welcher wir uns bereits früher einmal befunden haben. Wenn wir unsere so vielfältig als berechtigt erwiesenen Deutungen der Fehlleistungen konsequent fortführen wollen, werden wir unausweichlich zu der Annahme gedrängt, daß es Tendenzen beim Menschen gibt, welche wirksam werden können, ohne daß er von ihnen weiß. Damit setzen wir uns aber in Widerspruch zu allen das Leben und die Psychologie beherrschenden Anschauungen.

Das Vergessen von Eigen- und Fremdnamen sowie Fremdworten läßt sich in gleicher Weise auf eine Gegenabsicht zurückführen, welche sich entweder direkt oder indirekt gegen den betreffenden Namen richtet. Von solcher direkter Abneigung habe ich Ihnen bereits früher einmal mehrere Beispiele vorgeführt. Die indirekte Verursachung ist aber hier besonders häufig und erfordert meist sorgfältige Analysen zu ihrer Feststellung. So z. B. hat in dieser Kriegszeit, die uns gezwungen hat, so viele unserer früheren Neigungen aufzugeben, auch die Verfügung über das Erinnern von Eigennamen infolge der sonderbarsten Verknüpfungen sehr gelitten. Vor kurzem ist es mir geschehen, daß ich den Namen der harmlosen mährischen Stadt B i s e n z nicht reproduzieren konnte, und die Analyse ergab, daß keine direkte Verfeindung Schuld daran trug, sondern der Anklang an den Namen des Palazzo B i s e n z i in Orvieto, in dem ich sonst zu wiederholten Malen gerne gewohnt hatte. Als Motiv der gegen dies Namenerinnern gerichteten Tendenz tritt uns hier zum erstenmal ein Prinzip entgegen, welches uns später seine ganze großartige Bedeutung für die Verursachung neurotischer Symptome enthüllen wird: die Abneigung des Gedächtnisses, etwas zu erinnern, was mit Unlustempfindungen verknüpft war und bei der Reproduktion diese Unlust erneuern würde. Diese Absicht zur Vermeidung von Unlust aus der Erinnerung oder anderen psychischen Akten, die psychische Flucht vor der Unlust, dürfen wir als das letzte wirksame Motiv nicht nur fürs Namenvergessen, sondern auch für viele andere Fehlleistungen, wie Unterlassungen, Irrtümer u. a. anerkennen.

Das Namenvergessen scheint aber psycho-physiologisch besonders erleichtert zu sein und stellt sich daher auch in Fällen ein, welche die Einmengung eines Unlustmotivs nicht bestätigen lassen. Wenn einer einmal zum Namenvergessen neigt, so können Sie bei ihm durch analytische Untersuchung feststellen, daß ihm nicht nur darum Namen entfallen, weil er sie selbst nicht mag oder weil sie ihn an Unliebsames mahnen, sondern auch darum, weil derselbe Name bei ihm einem anderen Assoziationskreis angehört, zu dem er innigere Beziehungen hat. Der Name wird dort gleichsam festgehalten und den anderen momentan aktivierten Assoziationen verweigert. Wenn Sie sich an die Kunststücke der Mnemotechnik erinnern, so werden Sie mit einigem Befremden feststellen, daß man Namen infolge derselben Zusammenhänge vergißt, die man sonst absichtlich herstellt, um sie vor dem Vergessen zu schützen. Das auffälligste Beispiel hierfür geben Eigennamen von Personen, die begreiflicherweise für verschiedene Leute ganz verschiedene psychische Wertigkeit besitzen müssen. Nehmen Sie z. B. einen Vornamen wie Theodor. Dem einen von Ihnen wird er nichts Besonderes bedeuten; für den anderen ist es der Name seines Vaters, Bruders, Freundes oder der eigene. Die analytische Erfahrung wird Ihnen dann zeigen, daß der erstere nicht in Gefahr ist zu vergessen, daß eine gewisse fremde Person diesen Namen führt, während die anderen beständig geneigt sein werden, dem Fremden einen Namen vorzuenthalten, der ihnen für intime Beziehungen reserviert erscheint. Nehmen Sie nun an, daß diese assoziative Hemmung mit der Wirkung des Unlustprinzips und überdies mit einem indirekten Mechanismus zusammentreffen kann, so werden Sie erst imstande sein, sich von der Komplikation der Verursachung des zeitweiligen Namenvergessens eine zutreffende Vorstellung zu machen. Eine sachgerechte Analyse deckt Ihnen aber alle diese Verwicklungen restlos auf.

Das Vergessen von Eindrücken und Erlebnissen zeigt die Wirkung der Tendenz, Unangenehmes von der Erinnerung fernzuhalten, noch viel deutlicher und ausschließlicher als das Namenvergessen. Es gehört natürlich nicht in seinem vollen Umfang zu den Fehlleistungen, sondern nur insoferne es uns, am Maßstabe unserer gewohnten Erfahrung gemessen, auffällig und unberechtigt erscheint, also z. B. wenn das Vergessen zu frische oder zu wichtige Eindrücke betrifft oder solche, deren Ausfall eine Lücke in einen sonst gut erinnerten Zusammenhang reißt. Warum und wieso wir überhaupt vergessen können, darunter Erlebnisse, welche uns gewiß den tiefsten Eindruck hinterlassen haben, wie die Ereignisse unserer ersten Kindheitsjahre, das ist ein ganz anderes Problem, bei welchem die Abwehr gegen Unlustregungen eine gewisse Rolle spielt, aber lange nicht alles erklärt. Daß unangenehme Eindrücke leicht vergessen werden, ist eine nicht zu bezweifelnde Tatsache. Verschiedene Psychologen haben sie bemerkt und der große D a r w i n empfing einen so starken Eindruck von ihr, daß er sich die „goldene Regel" aufstellte, Beobachtungen, welche seiner Theorie ungünstig schienen, mit besonderer Sorgfalt zu notieren, da er sich überzeugt hatte, daß gerade sie in seinem Gedächtnisse nicht haften wollten.

Wer von diesem Prinzip der Abwehr gegen die Erinnerungsunlust durch das Vergessen zuerst hört, versäumt selten den Einwand zu erheben, daß er vielmehr die Erfahrung gemacht hat, daß gerade Peinliches schwer zu vergessen ist, indem es gegen den Willen der Person immer wiederkehrt, um sie zu quälen, z. B. die Erinnerung an Kränkungen und Demütigungen. Auch diese Tatsache ist richtig, aber der Einwand trifft nicht zu. Es ist wichtig, daß man rechtzeitig beginne mit der Tatsache zu rechnen, das Seelenleben sei ein Kampf- und Tummelplatz entgegengesetzter Tendenzen, oder nicht dynamisch ausgedrückt, es bestehe aus Widersprüchen und Gegensatzpaaren. Der Nachweis einer bestimmten Tendenz leistet nichts für den Ausschluß einer ihr gegensätzlichen; es ist Raum für beide vorhanden. Es kommt nur darauf an, wie sich die Gegensätze zueinander stellen, welche Wirkungen von dem einen und welche von dem anderen ausgehen.

Das Verlieren und Verlegen sind uns besonders interessant durch ihre Vieldeutigkeit, also durch die Mannigfaltigkeit der Tendenzen, in deren Dienst diese Fehlleistungen treten können. Allen Fällen gemeinsam ist, daß man etwas verlieren wollte, verschieden aber, aus welchem Grund und zu welchem Zweck. Man verliert eine Sache, wenn sie schadhaft geworden ist, wenn man die Absicht hat, sie durch eine bessere zu ersetzen, wenn sie aufgehört hat einem lieb zu sein, wenn sie von einer Person herrührt, zu der sich die Beziehungen verschlechtert haben, oder wenn sie unter Umständen erworben wurde, deren man nicht mehr gedenken will. Demselben Zweck kann auch das Fallenlassen, Beschädigen, Zerbrechen der Sache dienen. Im Leben der Gesellschaft soll die Erfahrung gemacht worden sein, daß aufgezwungene und uneheliche Kinder weit hinfälliger sind als die rechtmäßig empfangenen. Es bedarf für dies Ergebnis nicht der groben Technik der sogenannten Engelmacherinnen; ein gewisser Nachlaß in der Sorgfalt der Kinderpflege soll voll ausreichen. Mit der Bewahrung der Dinge könnte es ebenso zugehen wie mit der der Kinder.

Dann aber können Dinge zum Verlieren bestimmt werden, ohne daß sie etwas an ihrem Wert eingebüßt haben, wenn nämlich die Absicht besteht, etwas dem Schicksal zu opfern, um einen anderen gefürchteten Verlust abzuwehren. Solche Schicksalsbeschwörungen sind nach der Aussage der Analyse unter uns noch sehr häufig, unser Verlieren ist darum oft ein freiwilliges Opfern. Ebenso kann sich das Verlieren in den Dienst des Trotzes und der Selbstbestrafung stellen; kurz, die entfernteren Motivierungen der Tendenz, ein Ding durch Verlieren von sich zu tun, sind unübersehbar.

Das Vergreifen wird wie andere Irrtümer häufig dazu benützt, um Wünsche zu erfüllen, die man sich versagen soll. Die Absicht maskiert sich dabei als glücklicher Zufall. So z. B. wenn man, wie es einem unserer Freunde geschah, unter deutlichem Gegenwillen einen Besuch mit der Eisenbahn in der Nähe der Stadt machen soll und dann in der Umsteigestation irrtümlich in den Zug einsteigt, der einen wieder zur Stadt zurückführt, oder wenn man auf der Reise durchaus einen längeren Aufenthalt in einer Zwischenstation nehmen möchte, aber wegen bestimmter Verpflichtungen nicht nehmen soll und man dann einen gewissen Anschluß übersieht oder versäumt, sò daß man zu der gewünschten Unterbrechung gezwungen ist. Oder wie es bei einem meiner Patienten zuging, dem ich untersagt hatte, seine Geliebte telephonisch anzurufen, der aber „irrtümlich", „in Gedanken", eine falsche Nummer aussprach, als er mit mir telephonieren wollte, so daß er plötzlich mit seiner Geliebten verbunden war. Ein hübsches, auch praktisch bedeutsames Beispiel von direktem Fehlgreifen bringt die Beobachtung eines Ingenieurs zur Vorgeschichte einer Sachbeschädigung:

„Vor einiger Zeit arbeitete ich mit mehreren Kollegen im Laboratorium der Hochschule an einer Reihe komplizierter Elastizitätsversuche, eine Arbeit, die wir freiwillig übernommen hatten, die aber begann, mehr Zeit zu beanspruchen, als wir erwartet hatten. Als ich eines Tages wieder mit meinem Kollegen F. ins Laboratorium ging, äußerte dieser, wie unangenehm es ihm gerade heute sei, so viel Zeit zu verlieren, er hätte zu Hause so viel anderes zu tun; ich konnte ihm nur beistimmen und äußerte noch halb scherzhaft, auf einen Vorfall der vergangenen Woche anspielend: ‚Hoffentlich wird wieder die Maschine versagen, so daß wir die Arbeit abbrechen und früher weggehen können!'

Bei der Arbeitsteilung trifft es sich, daß Kollege F. das Ventil der Presse zu steuern bekommt, d. h., er hat die Druckflüssigkeit aus dem Akkumulator durch vorsichtiges Öffnen des Ventils langsam in den Zylinder der hydraulischen Presse einzulassen; der Leiter des Versuches steht beim Manometer und ruft, wenn der richtige Druck erreicht ist, ein lautes ‚Halt'. Auf dieses Kommando faßt F. das Ventil und dreht es mit aller Kraft — nach links (alle Ventile werden ausnahmslos nach rechts geschlossen!). Dadurch wird plötzlich der volle Druck des Akkumulators in der Presse wirksam, worauf die Rohrleitung nicht eingerichtet ist, so daß sofort eine Rohrverbindung platzt — ein ganz harmloser Maschinendefekt, der uns jedoch zwingt, für heute die Arbeit einzustellen und nach Hause zu gehen.

Charakteristisch ist übrigens, daß einige Zeit nachher, als wir diesen Vorfall besprachen, Freund F. sich an meine von mir mit Sicherheit erinnerte Äußerung absolut nicht erinnern wollte."

Von hier können Sie auf die Vermutung kommen, daß es nicht immer der harmlose Zufall ist, der die Hände Ihres Dienstpersonals zu so gefährlichen Feinden Ihres Hausbesitzes macht. Sie können aber auch die Frage aufwerfen, ob es jedesmal Zufall ist, wenn man sich selbst beschädigt und seine eigene Integrität in Gefahr bringt. Anregungen, die Sie gelegentlich an der Hand der Analyse von Beobachtungen auf ihren Wert prüfen mögen.

Meine geehrten Zuhörer! Das ist lange nicht alles, was über die Fehlleistungen zu sagen wäre. Es gibt da noch viel zu erforschen und zu diskutieren. Aber ich bin zufrieden, wenn Sie aus unseren bisherigen Erörterungen darüber eine gewisse Erschütterung Ihrer bisherigen Anschauungen und einen Grad von Bereitschaft für die Annahme neuer gewonnen haben. Im übrigen bescheide ich mich, Sie vor einer ungeklärten Sachlage zu belassen. Wir können aus dem Studium der Fehlleistungen nicht alle unsere Lehrsätze beweisen und sind auch mit keinem Beweis auf dieses Material allein angewiesen. Der große Wert der Fehlleistungen für unsere Zwecke liegt darin, daß es sehr häufige, auch an der eigenen Person leicht zu beobachtende Erscheinungen sind, deren Zustandekommen das Kranksein durchaus nicht zur Voraussetzung hat. Nur eine Ihrer unbeantworteten Fragen möchte ich am Schlusse noch zu Worte kommen lassen: Wenn die Menschen sich, wie wir's an vielen Beispielen gesehen haben, dem Verständnis der Fehlleistungen so sehr annähern und sich oft so benehmen, als ob sie deren Sinn durchschauen würden, wie ist es möglich, daß sie dieselben Phänomene doch ganz allgemein als zufällig, sinn- und bedeutungslos hinstellen und der psychoanalytischen Aufklärung derselben so energisch widerstreben können?

Sie haben recht, das ist auffällig und fordert eine Erklärung. Aber ich werde sie Ihnen nicht geben, sondern Sie langsam zu den Zusammenhängen hinführen, aus denen sich Ihnen die Erklärung ohne mein Dazutun aufdrängen wird.

ZWEITER TEIL

DER TRAUM

V. VORLESUNG

SCHWIERIGKEITEN UND ERSTE
ANNÄHERUNGEN

Meine Damen und Herren! Eines Tages machte man die Entdeckung, daß die Leidenssymptone gewisser Nervöser einen Sinn haben.[1] Daraufhin wurde das psychoanalytische Heilverfahren begründet. In dieser Behandlung ereignete es sich, daß die Kranken an Stelle ihrer Symptome auch Träume vorbrachten. Somit entstand die Vermutung, daß auch diese Träume einen Sinn haben.

Wir werden aber nicht diesen historischen Weg gehen, sondern den umgekehrten einschlagen. Wir wollen den Sinn der Träume nachweisen, als Vorbereitung zum Studium der Neurosen. Diese Verkehrung ist gerechtfertigt, denn das Studium des Traumes ist nicht nur die beste Vorbereitung für das der Neurosen, der Traum selbst ist auch ein neurotisches Symptom, und zwar eines, das den für uns unschätzbaren Vorteil hat, bei allen Gesunden vorzukommen. Ja, wenn alle Menschen gesund wären und nur träumen würden, so könnten wir aus ihren Träumen fast alle die Einsichten gewinnen, zu denen die Untersuchung der Neurosen geführt hat.

So wird also der Traum zum Objekt der psychoanalytischen Forschung. Wieder ein gewöhnliches, gering geschätztes Phänomen, scheinbar ohne praktischen Wert wie die Fehlleistungen, mit denen

---

1) Josef B r e u e r in den Jahren 1880—1882. Vgl. hiezu meine in Amerika 1909 gehaltenen Vorlesungen „Über Psychoanalyse" und „Zur Geschichte der psychoanalytischen Bewegung". (Band VIII und X dieser Gesamtausgabe.)

er ja das Vorkommen bei Gesunden gemein hat. Aber sonst sind die Bedingungen für unsere Arbeit eher ungünstiger. Die Fehlleistungen waren nur von der Wissenschaft vernachlässigt worden, man hatte sich wenig um sie bekümmert; aber schließlich war es keine Schande, sich mit ihnen zu beschäftigen. Man sagte, es gibt zwar Wichtigeres, aber vielleicht kann auch dabei etwas herauskommen. Die Beschäftigung mit dem Traum ist aber nicht bloß unpraktisch und überflüssig, sondern direkt schimpflich; sie bringt das Odium der Unwissenschaftlichkeit mit sich, weckt den Verdacht einer persönlichen Hinneigung zum Mystizismus. Daß ein Mediziner sich mit dem Traume abgeben sollte, wo es selbst in der Neuropathologie und Psychiatrie soviel Ernsthafteres gibt: Tumoren bis zu Apfelgröße, die das Organ des Seelenlebens komprimieren, Blutergüsse, chronische Entzündungen, bei denen man die Veränderungen der Gewebsteile unter dem Mikroskop demonstrieren kann! Nein, der Traum ist ein allzu geringfügiges und der Erforschung unwürdiges Objekt.

Noch dazu eines, dessen Beschaffenheit selbst allen Anforderungen exakter Forschung trotzt. Man ist ja in der Traumforschung nicht einmal des Objekts sicher. Eine Wahnidee z. B. tritt einem klar und bestimmt umrissen entgegen. Ich bin der Kaiser von China, sagt der Kranke laut. Aber der Traum? Er ist meist überhaupt nicht zu erzählen. Wenn jemand einen Traum erzählt, hat er eine Garantie, daß er ihn richtig erzählt hat, und nicht vielmehr während der Erzählung verändert, etwas dazu erfindet, durch die Unbestimmtheit seiner Erinnerung gezwungen? Die meisten Träume können überhaupt nicht erinnert werden, sind bis auf kleine Fragmente vergessen. Und auf die Deutung dieses Materials soll eine wissenschaftliche Psychologie oder eine Methode der Behandlung von Kranken begründet werden?

Ein gewisses Übermaß in einer Beurteilung darf uns mißtrauisch machen. Die Einwendungen gegen den Traum als Objekt der Forschung gehen offenbar zu weit. Mit der Unwichtigkeit haben wir schon bei den Fehlleistungen zu tun gehabt. Wir haben uns gesagt, große Dinge können sich auch in kleinen Anzeichen äußern. Was die Unbestimmtheit des Traumes betrifft, so ist sie eben ein Charakter wie ein anderer; man kann den Dingen ihren Charakter nicht vorschreiben. Es gibt übrigens auch klare und bestimmte Träume. Es gibt auch andere Objekte der psychiatrischen Forschung, die an demselben Charakter der Unbestimmtheit leiden, z. B. in vielen Fällen die Zwangsvorstellungen, mit denen sich doch respektable, angesehene Psychiater beschäftigt haben. Ich will mich an den letzten Fall erinnern, der in meiner ärztlichen Tätigkeit vorgekommen ist. Die Kranke stellte sich mir mit den Worten vor: Ich habe ein gewisses Gefühl, als ob ich ein lebendes Wesen — ein Kind? — doch nicht, eher einen Hund — beschädigt hätte oder beschädigen gewollt hätte, vielleicht es von einer Brücke heruntergestoßen — oder etwas anderes. Dem Schaden der unsicheren Erinnerung an den Traum können wir abhelfen, wenn wir festsetzen, eben das, was der Träumer erzählt, habe als sein Traum zu gelten, ohne Rücksicht auf alles, was er vergessen oder in der Erinnerung verändert haben mag. Endlich kann man nicht einmal so allgemein behaupten, daß der Traum etwas Unwichtiges sei. Es ist uns aus eigener Erfahrung bekannt, daß die Stimmung, in der man aus einem Traum erwacht, sich über den ganzen Tag fortsetzen kann; es sind Fälle von den Ärzten beobachtet worden, in denen eine Geisteskrankheit mit einem Traum beginnt und eine aus diesem Traum stammende Wahnidee festhält; es wird von historischen Personen berichtet, daß sie die Anregung zu wichtigen Taten aus Träumen geschöpft haben. Wir werden darum fragen, woher kommt eigentlich die Verachtung der wissenschaftlichen Kreise für den Traum?

Ich meine, sie ist die Reaktion auf die Überschätzung früherer Zeiten. Die Rekonstruktion der Vergangenheit ist bekanntlich nicht leicht, aber dies dürfen wir mit Sicherheit annehmen, — gestatten Sie mir den Scherz — daß bereits unsere Vorfahren vor 3000 Jahren und mehr in ähnlicher Weise wie wir geträumt haben. Soviel wir wissen, haben die alten Völker alle den Träumen große Bedeutung beigelegt und sie für praktisch verwertbar gehalten. Sie haben ihnen

Anzeichen für die Zukunft entnommen, Vorbedeutungen in ihnen gesucht. Für die Griechen und andere Orientalen mag zuzeiten ein Feldzug ohne Traumdeuter so unmöglich gewesen sein wie heutzutage ohne Fliegeraufklärer. Als Alexander der Große seinen Eroberungszug unternahm, befanden sich die berühmtesten Traumdeuter in seinem Gefolge. Die Stadt Tyrus, die damals noch auf einer Insel lag, leistete dem König so heftigen Widerstand, daß er sich mit dem Gedanken trug, ihre Belagerung aufzugeben. Da träumte er eines Nachts einen wie im Triumph tanzenden Satyrn, und als er diesen Traum seinen Traumdeutern vortrug, erhielt er den Bescheid, es sei ihm der Sieg über die Stadt verkündet worden. Er befahl den Angriff und nahm Tyrus ein. Bei Etruskern und Römern waren andere Methoden zur Erkundung der Zukunft in Gebrauch, aber die Traumdeutung wurde während der ganzen hellenistisch-römischen Zeit gepflegt und hochgehalten. Von der damit beschäftigten Literatur ist uns wenigstens das Hauptwerk erhalten, das Buch des A r t e m i d o r o s aus D a l d i s, den man in die Lebenszeit des Kaisers Hadrian versetzt. Wie es dann kam, daß die Kunst der Traumdeutung verfiel und der Traum in Mißkredit geriet, weiß ich Ihnen nicht zu sagen. Die Aufklärung kann nicht viel Anteil daran gehabt haben, denn das dunkle Mittelalter hat weit absurdere Dinge als die antike Traumdeutung getreu bewahrt. Tatsache ist es, daß das Interesse am Traum allmählich zum Aberglauben herabsank und sich nur bei den Ungebildeten behaupten konnte. Der letzte Mißbrauch der Traumdeutung noch in unseren Tagen sucht aus den Träumen die Zahlen zu erfahren, die zur Ziehung im kleinen Lotto prädestiniert sind. Dagegen hat die exakte Wissenschaft der Jetztzeit sich wiederholt mit dem Traume beschäftigt, aber immer nur in der Absicht, ihre physiologischen Theorien auf ihn anzuwenden. Den Ärzten galt der Traum natürlich als ein nicht psychischer Akt, als die Äußerung somatischer Reize im Seelenleben. Binz erklärt 1876 den Traum „für einen körperlichen, in allen Fällen unnützen, in vielen Fällen geradezu krankhaften Vorgang, über welchem Weltseele und Un-

sterblichkeit so hoch erhaben stehen, wie der blaue Äther über einer
unkrautbewachsenen Sandfläche in tiefster Niederung" Maury vergleicht ihn mit den ungeordneten Zuckungen des Veitstanzes im
Gegensatz zu den koordinierten Bewegungen des normalen Menschen;
ein alter Vergleich setzt den Inhalt des Traumes in Parallele zu den
Tönen, welche „die zehn Finger eines der Musik unkundigen Menschen, die über die Tasten des Instrumentes hinlaufen", hervor-
bringen würden.

Deuten heißt einen verborgenen Sinn finden; davon kann bei dieser
Einschätzung der Traumleistung natürlich keine Rede sein. Sehen
Sie die Beschreibung des Traumes bei Wundt, Jodl und anderen
neueren Philosophen nach; sie begnügt sich mit der Aufzählung der
Abweichungen des Traumlebens vom wachen Denken in einer den
Traum herabsetzenden Absicht, hebt den Zerfall der Assoziationen,
die Aufhebung der Kritik, die Ausschaltung alles Wissens und andere
Zeichen geminderter Leistung hervor. Der einzig wertvolle Beitrag
zur Kenntnis des Traumes, den wir der exakten Wissenschaft verdanken, bezieht sich auf den Einfluß körperlicher, während des Schlafes
einwirkender Reize auf den Trauminhalt. Wir besitzen von einem
kürzlich verstorbenen norwegischen Autor J. Mourly Vold zwei
dicke Bände experimentaler Traumforschungen (1910 und 1912 ins
Deutsche übersetzt), welche sich fast nur mit den Erfolgen der Stel-
lungsveränderungen der Gliedmaßen beschäftigen. Sie werden uns
als Vorbilder der exakten Traumforschung angepriesen. Können Sie
sich nun denken, was die exakte Wissenschaft dazu sagen würde,
wenn sie erführe, daß wir den Versuch machen wollen, den Sinn
der Träume zu finden? Vielleicht, daß sie es sogar schon gesagt
hat. Aber wir wollen uns nicht abschrecken lassen. Wenn die Fehlleistungen Sinn haben konnten, kann es der Traum auch, und die
Fehlleistungen haben in sehr vielen Fällen einen Sinn, der der exakten Forschung entgangen ist. Bekennen wir uns nur zum Vorurteil
der Alten und des Volkes und treten wir in die Fußstapfen der antiken
Traumdeuter.

Vor allem müssen wir uns über unsere Aufgabe orientieren, im Gebiet der Träume Umschau halten. Was ist denn ein Traum? Es ist schwer, dies in einem Satz zu sagen. Wir wollen aber doch keine Definition versuchen, wo der Hinweis auf den jedermann bekannten Stoff genügt. Aber wir sollten das Wesentliche des Traumes herausheben. Wo ist das zu finden? Es gibt so ungeheure Verschiedenheiten innerhalb des Rahmens, der unser Gebiet umschließt, Verschiedenheiten nach jeder Richtung. Wesentlich wird wohl sein, was wir als allen Träumen gemeinsam aufzeigen können.

Ja, das erste allen Träumen Gemeinsame wäre, daß wir dabei schlafen. Das Träumen ist offenbar das Seelenleben während des Schlafes, das mit dem des Wachens gewisse Ähnlichkeiten hat und sich durch große Unterschiede dagegen absetzt. Das war schon die Definition des Aristoteles. Vielleicht bestehen zwischen Traum und Schlaf noch nähere Beziehungen. Man kann durch einen Traum geweckt werden, man hat sehr oft einen Traum, wenn man spontan erwacht oder wenn man gewaltsam aus dem Schlafe gestört wird. Der Traum scheint also ein Zwischenzustand zwischen Schlafen und Wachen zu sein. So werden wir auf den Schlaf hingewiesen. Was ist nun der Schlaf?

Das ist ein physiologisches oder biologisches Problem, an dem noch vieles strittig ist. Wir können da nichts entscheiden, aber ich meine, wir dürfen eine psychologische Charakteristik des Schlafes versuchen. Der Schlaf ist ein Zustand, in welchem ich nichts von der äußeren Welt wissen will, mein Interesse von ihr abgezogen habe. Ich versetze mich in den Schlaf, indem ich mich von ihr zurückziehe und ihre Reize von mir abhalte. Ich schlafe auch ein, wenn ich von ihr ermüdet bin. Beim Einschlafen sage ich also zur Außenwelt: Laß mich in Ruhe, denn ich will schlafen. Umgekehrt sagt das Kind: Ich geh' noch nicht schlafen, ich bin nicht müde, will noch etwas erleben. Die biologische Tendenz des Schlafes scheint also die Erholung zu sein, sein psychologischer Charakter das Aussetzen des Interesses an der Welt. Unser Verhältnis zur Welt, in die wir so ungern gekommen sind, scheint es mit sich zu bringen, daß wir sie nicht ohne Unter-

brechung aushalten. Wir ziehen uns darum zeitweise in den vorwelt-
lichen Zustand zurück, in die Mutterleibsexistenz also. Wir schaffen
uns wenigstens ganz ähnliche Verhältnisse, wie sie damals bestanden:
warm, dunkel und reizlos. Einige von uns rollen sich noch zu einem
engen Paket zusammen und nehmen zum Schlafen eine ähnliche
Körperhaltung wie im Mutterleibe ein. Es sieht so aus, als hätte die
Welt auch uns Erwachsene nicht ganz, nur zu zwei Dritteilen; zu
einem Drittel sind wir überhaupt noch ungeboren. Jedes Erwachen
am Morgen ist dann wie eine neue Geburt. Wir sprechen auch vom
Zustand nach dem Schlaf mit den Worten: wir sind wie neugeboren,
wobei wir über das Allgemeingefühl des Neugeborenen eine wahrscheinlich sehr falsche Voraussetzung machen. Es ist anzunehmen,
daß dieser sich vielmehr sehr unbehaglich fühlt. Wir sagen auch vom
Geborenwerden: das Licht der Welt erblicken.

Wenn das der Schlaf ist, so steht der Traum überhaupt nicht auf
seinem Programm, scheint vielmehr eine unwillkommene Zutat. Wir
meinen auch, daß der traumlose Schlaf der beste, der einzig richtige
ist. Es soll keine seelische Tätigkeit im Schlaf geben; rührt sich diese
doch, so ist uns eben die Herstellung des fötalen Ruhezustandes nicht
gelungen; Reste von Seelentätigkeit haben sich nicht ganz vermeiden
lassen. Diese Reste, das wäre das Träumen. Dann scheint es aber
wirklich, daß der Traum keinen Sinn zu haben braucht. Bei den Fehlleistungen lag es anders; es waren doch Tätigkeiten während des
Wachens. Aber wenn ich schlafe, die seelische Tätigkeit ganz eingestellt habe und nur gewisse Reste derselben nicht unterdrücken
konnte, so ist es gar nicht notwendig, daß diese Reste einen Sinn
haben. Ich kann diesen Sinn sogar nicht brauchen, da ja das übrige
meines Seelenlebens schläft. Es kann sich da wirklich nur um
zuckungsartige Reaktionen handeln, nur um solche seelische Phänomene, die direkt auf somatischen Anreiz hin erfolgen. Die Träume
wären also die den Schlaf störenden Reste der seelischen Tätigkeit
des Wachens, und wir dürfen den Vorsatz fassen, das für die Psychoanalyse ungeeignete Thema alsbald wieder zu verlassen.

Indes, wenn der Traum auch überflüssig ist, er existiert doch, und wir können versuchen, uns von dieser Existenz Rechenschaft zu geben. Warum schläft das Seelenleben nicht ein? Wahrscheinlich, weil etwas der Seele keine Ruhe läßt. Es wirken Reize auf sie ein, und sie muß darauf reagieren. Der Traum ist also die Art, wie die Seele auf die im Schlafzustand einwirkenden Reize reagiert. Wir merken hier einen Zugang zum Verständnis des Traumes. Wir können nun bei verschiedenen Träumen danach suchen, welches die Reize sind, die den Schlaf stören wollen und auf die mit Träumen reagiert wird. Soweit hätten wir das erste Gemeinsame aller Träume aufgearbeitet.

Gibt es noch ein anderes Gemeinsames? Ja, es ist unverkennbar, aber viel schwieriger zu erfassen und zu beschreiben. Die seelischen Vorgänge im Schlaf haben auch einen ganz anderen Charakter als die des Wachens. Man erlebt vielerlei im Traum und glaubt daran, während man doch nichts erlebt als vielleicht den einen störenden Reiz. Man erlebt es vorwiegend in visuellen Bildern; es können auch Gefühle dabei sein, auch Gedanken mittendurch, es können auch die anderen Sinne etwas erleben, aber vorwiegend sind es doch Bilder. Ein Teil der Schwierigkeit des Traumerzählens kommt daher, daß wir diese Bilder in Worte zu übersetzen haben. Ich könnte es zeichnen, sagt uns der Träumer oft, aber ich weiß nicht, wie ich es sagen soll. Das ist nun eigentlich keine reduzierte seelische Tätigkeit wie die des Schwachsinnigen im Vergleich zum Genialen; es ist etwas qualitativ anderes, aber schwer zu sagen, worin der Unterschied liegt. G. Th. Fechner äußert einmal die Vermutung, der Schauplatz, auf dem sich die Träume (in der Seele) abspielen, sei ein anderer als der des wachen Vorstellungslebens. Das verstehen wir zwar nicht, wissen nicht, was wir uns dabei denken sollen, aber den Eindruck der Fremdartigkeit, den uns die meisten Träume machen, gibt es wirklich wieder. Auch der Vergleich der Traumtätigkeit mit den Leistungen einer unmusikalischen Hand versagt hier. Das Klavier wird doch jedenfalls mit denselben Tönen antworten, wenn auch nicht mit Melodien, sobald der Zufall über seine Tasten fährt. Diese zweite Gemeinsamkeit aller Träume wollen wir, wenn sie auch unverstanden sein mag, sorgtältig im Auge behalten. Gibt es noch weitere Gemeinsamkeiten? Ich finde keine, sehe überall nur Verschiedenheiten, und zwar in allen Hinsichten. Sowohl was die scheinbare Dauer, als auch was die Deutlichkeit, die Affektbeteiligung, die Haltbarkeit u. a. betrifft. Das alles ist eigentlich nicht so, wie wir es bei der notgedrungenen, dürftigen, zuckungsartigen Abwehr eines Reizes erwarten könnten. Was die Dimension der Träume anbelangt, so gibt es sehr kurze, die nur ein Bild oder wenige, einen Gedanken, ja nur ein Wort enthalten; andere, die ungemein reich an Inhalt sind, ganze Romane aufführen und lange zu dauern scheinen. Es gibt Träume, die so deutlich sind wie das Erleben, so deutlich, daß wir sie eine Zeitlang nach dem Erwachen noch nicht als Träume erkennen; andere, die unsäglich schwach sind, schattenhaft und verschwommen; ja in einem und demselben Traum können die überstarken und die kaum faßbar undeutlichen Partien miteinander abwechseln. Träume können ganz sinnvoll sein oder wenigstens kohärent, ja sogar geistreich, phantastisch schön; andere wiederum sind verworren, wie schwachsinnig, absurd, oft geradezu toll. Es gibt Träume, die uns ganz kalt lassen, andere, in denen alle Affekte laut werden, ein Schmerz bis zum Weinen, eine Angst bis zum Erwachen, Verwunderung, Entzücken usw. Träume werden meist nach dem Erwachen rasch vergessen, oder sie halten sich einen Tag lang in der Weise, daß sie bis zum Abend immer mehr blaß und lückenhaft erinnert werden; andere erhalten sich so gut, z. B. Kindheitsträume, daß sie 30 Jahre später wie frisches Erleben vor dem Gedächtnis stehen. Träume können wie die Individuen ein einziges Mal auftreten, niemals wieder, oder sie wiederholen sich bei derselben Person unverändert oder mit kleinen Abweichungen. Kurz, dies bißchen nächtliche Seelentätigkeit verfügt über ein riesiges Repertoire, kann eigentlich noch alles, was die Seele bei Tag schafft, aber es ist doch nie dasselbe.

Man könnte versuchen, von diesen Mannigfaltigkeiten des Traumes Rechenschaft zu geben, indem man annimmt, sie entsprechen verschiedenen Zwischenstadien zwischen dem Schlafen und dem Wachen, verschiedenen Stufen des unvollständigen Schlafes. Ja, aber dann müßte mit Wert, Inhalt und Deutlichkeit der Traumleistung auch die Klarheit, daß es ein Traum ist, zunehmen, da sich die Seele bei solchem Träumen dem Erwachen nähert, und es dürfte nicht vorkommen, daß unmittelbar neben ein deutliches und vernünftiges Traumstückchen ein unsinniges oder undeutliches gesetzt wird, worauf dann wieder ein gutes Stück Arbeit folgt. So rasch könnte die Seele ihre Schlaftiefe gewiß nicht wechseln. Diese Erklärung leistet also nichts; es geht überhaupt nicht kurzerhand.

Wir wollen vorläufig auf den „Sinn" des Traumes verzichten und dafür versuchen, uns von dem Gemeinsamen der Träume aus einen Weg zum besseren Verständnis derselben zu bahnen. Aus der Beziehung der Träume zum Schlafzustand haben wir geschlossen, daß der Traum die Reaktion auf einen den Schlaf störenden Reiz ist. Wie wir gehört haben, ist dies auch der einzige Punkt, an dem uns die exakte experimentelle Psychologie zu Hilfe kommen kann; sie erbringt den Nachweis, daß während des Schlafes zugeführte Reize im Traume erscheinen. Es sind viele solche Untersuchungen bis auf die des bereits genannten Mourly Vold angestellt worden; jeder von uns ist auch wohl selbst in die Lage gekommen, dies Ergebnis durch gelegentliche persönliche Beobachtung zu bestätigen. Ich will zur Mitteilung einige ältere Experimente auswählen. Maury ließ solche Versuche an seiner eigenen Person ausführen. Man ließ ihn im Traum Kölnerwasser riechen. Er träumte, daß er in Kairo im Laden von Johann Maria Farina sei, und daran schlossen sich weitere tolle Abenteuer. Oder: man kneifte ihn leicht in den Nacken; er träumte von einem aufgelegten Blasenpflaster und von einem Arzt, der ihn in seiner Kindheit behandelt hatte. Oder: man goß ihm einen Tropfen Wasser auf die Stirne. Er war dann in Italien, schwitzte heftig und trank den weißen Wein von Orvieto.

Was uns an diesen experimentell erzeugten Träumen auffällt, werden wir vielleicht noch deutlicher an einer anderen Reihe von Reizträumen erfassen können. Es sind drei Träume, von einem geistreichen Beobachter, Hildebrandt, mitgeteilt, sämtlich Reaktionen auf den Lärm eines Weckers:

„Also ich gehe an einem Frühlingsmorgen spazieren und schlendre durch die grünenden Felder weiter bis zu einem benachbarten Dorfe, dort sehe ich die Bewohner in Feierkleidern, das Gesangbuch unter dem Arme, zahlreich der Kirche zuwandern. Richtig! es ist ja Sonntag und der Frühgottesdienst wird bald beginnen. Ich beschließe, an diesem teilzunehmen, zuvor aber, weil ich etwas echauffiert bin, auf dem die Kirche umgebenden Friedhofe mich abzukühlen. Während ich hier verschiedene Grabschriften lese, höre ich den Glöckner den Turm hinansteigen und sehe nun in der Höhe des letzteren die kleine Dorfglocke, die das Zeichen zum Beginn der Andacht geben wird. Noch eine ganze Weile hängt sie bewegungslos da, dann fängt sie an zu schwingen — und plötzlich ertönen ihre Schläge hell und durchdringend — so hell und durchdringend, daß sie meinem Schlafe ein Ende machen. Die Glockentöne aber kommen von dem Wecker."

„Eine zweite Kombination. Es ist heller Wintertag; die Straßen sind hoch mit Schnee bedeckt. Ich habe meine Teilnahme an einer Schlittenfahrt zugesagt, muß aber lange warten, bis die Meldung erfolgt, der Schlitten stehe vor der Tür. Jetzt erfolgen die Vorbereitungen zum Einsteigen — der Pelz wird angelegt, der Fußsack hervorgeholt — und endlich sitze ich auf meinem Platze. Aber noch verzögert sich die Abfahrt, bis die Zügel den harrenden Rossen das fühlbare Zeichen geben. Nun ziehen diese an; die kräftig geschüttelten Schellen beginnen ihre wohlbekannte Janitscharenmusik mit einer Mächtigkeit, die augenblicklich das Spinngewebe des Traumes zerreißt. Wieder ist's nichts anderes als der schrille Ton der Weckerglocke."

„Noch das dritte Beispiel! Ich sehe ein Küchenmädchen mit einigen Dutzend aufgetürmter Teller den Korridor entlang zum·Speisezimmer schreiten. Die Porzellansäule in ihren Armen scheint mir in Gefahr, das Gleichgewicht zu verlieren. ‚Nimm dich in acht,' warne ich, ‚die ganze Ladung wird zur Erde fallen.' Natürlich bleibt der obligate Widerspruch nicht aus: man sei dergleichen schon gewohnt usw., währenddessen ich immer noch mit Blicken der Besorgnis die Wandelnde begleite. Richtig, an der Türschwelle erfolgt ein Straucheln — das zerbrechliche Geschirr fällt und rasselt und prasselt in hundert Scherben auf dem Fußboden umher. Aber — das endlos sich fortsetzende Getön ist doch, wie ich bald merke, kein eigentliches Rasseln, sondern ein richtiges Klingeln; — und mit diesem Klingeln hat, wie nunmehr der Erwachende erkennt, nur der Wecker seine Schuldigkeit getan."

Diese Träume sind recht hübsch, ganz sinnvoll, gar nicht so inkohärent, wie Träume sonst zu sein pflegen. Wir wollen sie deswegen nicht beanständen. Das Gemeinsame an ihnen ist, daß die Situation jedesmal in einen Lärm ausgeht, den man beim Erwachen als den des Weckers agnosziert. Wir sehen also hier, wie ein Traum erzeugt wird, abef erfahren auch noch etwas anderes. Der Traum erkennt den Wecker nicht, — dieser kommt auch im Traum nicht vor —, sondern er ersetzt das Weckergeräusch durch ein anderes, er deutet den Reiz, der den Schlaf aufhebt, deutet ihn aber jedesmal in einer anderen Weise. Warum das? Darauf gibt es keine Antwort, das scheint willkürlich zu sein. Den Traum verstehen, hieße aber angeben können, warum er gerade diesen Lärm und keinen anderen zur Deutung des Weckerreizes gewählt hat. In ganz analoger Weise muß man gegen die Maury schen Experimente einwenden, man sehe wohl, daß der zugeführte Reiz im Traume auftritt, aber warum gerade in dieser Form, das erfahre man nicht, und das scheint aus der Natur des schlafstörenden Reizes gar nicht zu folgen. Auch schließt in den Maury - schen Versuchen an den direkten Reizerfolg meist eine Unmenge von anderem Traummaterial an, z. B. die tollen Abenteuer im Kölnerwassertraum, für die man keine Rechenschaft zu geben weiß.

Nun wollen Sie bedenken, daß die Weckträume noch die besten Chancen bieten, den Einfluß äußerer schlafstörender Reize festzustellen. In den meisten anderen Fällen wird es schwieriger werden. Man wacht nicht aus allen Träumen auf, und wenn man des Morgens einen Traum der Nacht erinnert, wie soll man dann einen störenden

Reiz auffinden, der vielleicht zur Nachtzeit eingewirkt hat? Mir gelang es einmal, einen solchen Schallreiz nachträglich zu konstatieren,
natürlich nur infolge besonderer Umstände. Ich erwachte eines Morgens in einem Tiroler Höhenort mit dem Wissen, ich habe geträumt,
der Papst sei gestorben. Ich konnte mir den Traum nicht erklären,
aber dann fragte mich meine Frau: Hast du heute gegen Morgen das
entsetzliche Glockengeläute gehört, das von allen Kirchen und Ka-
pellen losgelassen wurde? Nein, ich hatte nichts gehört, mein Schlaf
ist resistenter, aber ich verstand dank dieser Mitteilung meinen Traum.
Wie oft mögen solche Reizungen den Schläfer zum Träumen anregen,
ohne daß er nachträgliche Kunde von ihnen erhält? Vielleicht sehr
oft, vielleicht auch nicht. Wenn der Reiz nicht mehr nachweisbar
ist, läßt sich auch keine Überzeugung davon gewinnen. Wir sind
ohnedies von der Schätzung der schlafstörenden äußeren Reize zurückgekommen, seitdem wir wissen, daß sie uns nur ein Stückchen des
Traumes und nicht die ganze Traumreaktion erklären können.

Wir brauchen darum diese Theorie nicht ganz aufzugeben. Sie ist
außerdem einer Fortsetzung fähig Es ist offenbar gleichgültig, wodurch der Schlaf gestört und die Seele zum Träumen angeregt werden
soll. Wenn es nicht jedesmal ein von außen kommender Sinnesreiz
sein kann, so mag dafür ein von den inneren Organen ausgehender,
sogenannter Leibreiz eintreten. Diese Vermutung liegt sehr nahe,
sie entspricht auch der populärsten Ansicht über die Entstehung der
Träume. Träume kommen vom Magen, hört man oft sagen. Leider
wird auch hier der Fall als häufig zu vermuten sein, daß ein Leibreiz,
der zur Nachtzeit eingewirkt hat, nach dem Erwachen nicht mehr
nachweisbar und somit unbeweisbar geworden ist. Aber wir wollen
nicht übersehen, wieviel gute Erfahrungen die Ableitung der Träume
vom Leibreiz unterstützen. Es ist im allgemeinen unzweifelhaft, daß
der Zustand der inneren Organe den Traum beeinflussen kann. Die
Beziehung manches Trauminhalts zu einer Überfüllung der Harn-
blase oder zu einem Erregungszustand der Geschlechtsorgane ist so
deutlich, daß sie nicht verkannt werden kann. Von diesen durch-

sichtigen Fällen her kommt man zu anderen, in denen sich aus dem
Inhalt der Träume wenigstens eine berechtigte Vermutung ableiten
läßt, daß solche Leibreize eingewirkt haben, indem sich in diesem
Inhalt etwas findet, was als Verarbeitung, Darstellung, Deutung dieser
Reize aufgefaßt werden kann. Der Traumforscher S c h e r n e r (1861)
hat die Herleitung des Traumes von Organreizen besonders nachdrücklich vertreten und einige schöne Beispiele für sie erbracht. Wenn
er z. B. in einem Traum „zwei Reihen schöner Knaben blonden Haares
und zarter Gesichtsfarbe, in Kampflust einander gegenüberstehen, aufeinander losgehen, sich gegenseitig greifen, voneinander wieder los-
lassen, die alte Stellung wieder einnehmen und den ganzen Vorgang
von neuem machen" sieht, so ist die Deutung dieser Knabenreihen
als der Zähne an und für sich ansprechend, und sie scheint ihre volle
Bekräftigung zu finden, wenn nach dieser Szene der Träumer „sich
einen langen Zahn aus dem Kiefer herauszieht". Auch die Deutung
von „langen, schmalen, gewundenen Gängen" auf Darmreiz scheint
stichhaltig und bestätigt die Aufstellung von S c h e r n e r, daß der
Traum vor allem das den Reiz ausschickende Organ durch ihm ähnliche Gegenstände darzustellen sucht.

Wir müssen also bereit sein zuzugeben, daß innere Reize für den
Traum dieselbe Rolle spielen können wie äußere. Leider unterliegt
ihre Schätzung auch denselben Einwendungen. In einer großen Anzahl von Fällen bleibt die Deutung auf Leibreiz unsicher oder unbeweisbar; nicht alle Träume, sondern nur ein gewisser Anteil derselben erweckt den Verdacht, daß innere Organreize bei ihrer Entstehung beteiligt waren, und endlich wird der innere Leibreiz so
wenig wie der äußere Sinnesreiz imstande sein, vom Traum mehr
zu erklären, als was der direkten Reaktion auf den Reiz entspricht.
Woher dann das übrige des Traumes kommt, bleibt dunkel.

Merken wir uns aber eine Eigentümlichkeit des Traumlebens,
die bei dem Studium dieser Reizeinwirkungen zum Vorschein kommt.
Der Traum bringt den Reiz nicht einfach wieder, sondern er verar-
beitet ihn, er spielt auf ihn an, reiht ihn in einen Zusammenhang

ein, ersetzt ihn durch etwas anderes. Das ist eine Seite der Traumarbeit, die uns interessieren muß, weil sie vielleicht näher an das
Wesen des Traumes heranführt: Wenn jemand auf eine Anregung
hin etwas macht, so braucht diese Anregung darum das Werk nicht
zu erschöpfen. Der Macbeth Shakespeares z. B. ist ein Gelegen-
heitsstück, zur Thronbesteigung des Königs gedichtet, der zuerst die
Kronen der drei Länder auf seinem Haupt vereinigte. Aber deckt
diese historische Veranlassung den Inhalt des Dramas, erklärt sie uns
dessen Größen und Rätsel? Vielleicht sind die auf den Schlafenden
wirkenden Außen- und Innenreize auch nur die Anreger des Traumes,
von dessen Wesen uns damit nichts verraten wird.

Das andere Gemeinsame des Traumes, seine psychische Besonder-
heit, ist einerseits schwer faßbar und gibt anderseits keinen Anhalts-
punkt zur weiteren Verfolgung. Im Traum erleben wir zumeist etwas
in visuellen Formen. Können dafür die Reize einen Aufschluß geben?
Ist es in Wirklichkeit der Reiz, den wir erleben? Warum ist dann
das Erleben visuell, wenn Augenreizung nur in den seltensten Fällen
den Traum angeregt hat? Oder läßt sich, wenn wir Reden träumen,
nachweisen, daß während des Schlafes ein Gespräch oder ihm ähnliche Geräusche an unser Ohr gedrungen sind? Diese Möglichkeit
getraue ich mich mit Entschiedenheit abzuweisen.

Wenn wir von den Gemeinsamkeiten der Träume nicht weiter
kommen, so wollen wir's vielleicht mit ihren Verschiedenheiten versuchen. Die Träume sind ja oft sinnlos, verworren, absurd; aber es
gibt sinnvolle, nüchterne, vernünftige. Sehen wir zu, ob uns die
letzteren, sinnvollen, etwas Aufschluß über die unsinnigen geben
können. Ich teile Ihnen den letzten vernünftigen Traum mit, der mir
erzählt worden ist, den Traum eines jungen Mannes: „Ich bin in der
Kärntnerstraße spazieren gegangen, habe dort den Herrn X. getroffen,
dem ich mich für eine Weile angeschlossen habe, dann bin ich ins
Restaurant gegangen. Zwei Damen und ein Herr haben sich an meinen
Tisch gesetzt. Ich habe mich zuerst darüber geärgert und wollte sie
nicht anschauen. Dann habe ich hingeschaut und gefunden, daß sie

ganz nett sind." Der Träumer bemerkt dazu, daß er am Abend vor
dem Traum wirklich in der Kärntnerstraße gegangen, was sein ge-
wohnter Weg ist, und dort den Herrn X. getroffen hat. Der andere
Teil des Traumes ist keine direkte Reminiszenz, sondern hat nur eine
gewisse Ähnlichkeit mit einem Erlebnis vor längerer Zeit. Oder ein
anderer nüchterner Traum, der einer Dame: „Ihr Mann fragt: Soll
man das Klavier nicht stimmen lassen? Sie: Es lohnt nicht, es muß
ohnedies neu beledert werden." Dieser Traum wiederholt ein Gespräch, welches sich ohne viel Veränderung am Tage vor dem Traum
zwischen ihrem Mann und ihr abgespielt hat. Was lernen wir aus
diesen beiden nüchternen Träumen? Nichts anderes, als daß sich
Wiederholungen aus dem Leben des Tages oder Anknüpfungen an
dasselbe in ihnen finden. Das wäre schon etwas, wenn es sich von
den Träumen allgemein aussagen ließe. Aber davon ist keine Rede,
auch dies gilt nur für eine Minderzahl; in den meisten Träumen ist
von einer Anknüpfung an den Vortag nichts zu finden, und auf die
unsinnigen und absurden Träume fällt von hier aus kein Licht.
Wir wissen nur, daß wir auf eine neue Aufgabe gestoßen sind. Wir
wollen nicht nur wissen, was ein Traum sagt, sondern wenn er es,
wie in unseren Beispielen, deutlich sagt, wollen wir auch wissen,
warum und wozu man dies Bekannte, erst kürzlich Erlebte, im Traum
wiederholt.

Ich glaube, Sie werden wie ich müde sein, Versuche wie unsere
bisherigen fortzusetzen. Wir sehen eben, alles Interesse für ein Problem ist unzureichend, wenn man nicht auch einen Weg kennt, den
man einschlagen kann, daß er zur Lösung hinführe. Wir haben diesen
Weg bis jetzt nicht. Die experimentelle Psychologie hat uns nichts
gebracht als einige sehr schätzbare Angaben über die Bedeutung der
Reize als Traumanreger. Von der Philosophie haben wir nichts zu
erwarten, als daß sie uns neuerdings hochmütig die intellektuelle
Minderwertigkeit unseres Objekts vorhalte; bei den okkulten Wissenschaften wollen wir doch keine Anleihe machen. Geschichte und
Volksmeinung sagen uns, der Traum sei sinnreich und bedeutungsvoll,

er blicke in die Zukunft; das ist doch schwer anzunehmen und gewiß nicht beweisbar. So läuft unsere erste Bemühung in volle Ratlosigkeit aus.

Unerwarteterweise kommt uns ein Wink von einer Seite zu, nach der wir bisher nicht geblickt haben. Der Sprachgebrauch, der ja nichts Zufälliges, sondern der Niederschlag alter Erkenntnis ist, der freilich nicht ohne Vorsicht verwertet werden darf — unsere Sprache also kennt etwas, was sie merkwürdigerweise „Tagträumen" heißt. Tagträume sind Phantasien (Produktionen der Phantasie); es sind sehr allgemeine Phänomene, wiederum bei Gesunden ebenso zu beobachten wie bei Kranken und bei der eigenen Person dem Studium leicht zugänglich. Das Auffälligste an diesen phantastischen Bildungen ist, daß sie den Namen „Tagträume" erhalten haben, denn von beiden Gemeinsamen der Träume haben sie nichts an sich. Der Beziehung zum Schlafzustande widerspricht schon ihr Name, und was das zweite Gemeinsame betrifft, so erlebt, halluziniert man in ihnen nichts, sondern stellt sich etwas vor; man weiß, daß man phantasiert, sieht nicht, sondern denkt. Diese Tagträume treten in der Vorpubertät, oft schon in der späteren Kinderzeit auf, halten bis in die Jahre der Reife an, werden dann entweder aufgegeben oder bis ins späteste Alter festgehalten. Der Inhalt dieser Phantasien wird von einer sehr durchsichtigen Motivierung beherrscht. Es sind Szenen und Begebenheiten, in denen die egoistischen, Ehrgeiz- und Machtbedürfnisse, oder die erotischen Wünsche der Person Befriedigung finden. Bei jungen Männern stehen meist die ehrgeizigen Phantasien voran, bei den Frauen, die ihren Ehrgeiz auf Liebeserfolge geworfen haben, die erotischen. Aber oft genug zeigt sich auch bei den Männern die erotische Bedürftigkeit im Hintergrunde; alle Heldentaten und Erfolge sollen doch nur um die Bewunderung und Gunst der Frauen werben. Sonst sind diese Tagträume sehr mannigfaltig und erfahren wechselvolle Schicksale. Sie werden entweder, ein jeder von ihnen, nach kurzer Zeit fallen gelassen und durch einen neuen ersetzt, oder sie werden festgehalten, zu langen Geschichten ausgesponnen und passen sich den Veränderungen der Lebensverhältnisse an. Sie gehen sozusagen mit der Zeit und empfangen von ihr eine „Zeitmarke", die den Einfluß der neuen Situation bezeugt. Sie sind das Rohmaterial der poetischen Produktion, denn aus seinen Tagträumen macht der Dichter durch gewisse Umformungen, Verkleidungen und Verzichte die Situationen, die er in seine Novellen, Romane, Theaterstücke einsetzt. Der Held der Tagträume ist aber immer die eigene Person, entweder direkt oder in einer durchsichtigen Identifizierung mit einem anderen.

Vielleicht tragen die Tagträume diesen Namen wegen der gleichen Beziehung zur Wirklichkeit, um anzudeuten, daß ihr Inhalt ebensowenig real zu nehmen sei wie der der Träume. Vielleicht aber ruht diese Namensgemeinschaft doch auf einem uns noch unbekannten psychischen Charakter des Traumes, einem der von uns gesuchten. Es ist auch möglich, daß wir überhaupt unrecht tun, wenn wir diese Gleichheit der Bezeichnung als bedeutungsvoll verwerten wollen. Das kann ja erst später geklärt werden.

VORAUSSETZUNGEN UND TECHNIK
DER DEUTUNG

Meine Damen und Herren! Also wir bedürfen eines neuen Weges, einer Methode, um in der Erforschung des Traumes von der Stelle zu kommen. Ich mache Ihnen nun einen naheliegenden Vorschlag. Nehmen wir als Voraussetzung für alles Weitere an, daß der Traum kein somatisches, sondern ein psychisches Phänomen ist. Was das bedeutet, wissen Sie, aber was berechtigt uns zu dieser Annahme? Nichts, aber wir sind auch nicht gehindert, sie zu machen. Die Sache liegt so: Wenn der Traum ein somatisches Phänomen ist, geht er uns nichts an; er kann uns nur unter der Voraussetzung, daß er ein seelisches Phänomen ist, interessieren. Wir arbeiten also unter der Voraussetzung, er sei es wirklich, um zu sehen, was dabei herauskommt. Das Ergebnis unserer Arbeit wird darüber entscheiden, ob wir an der Annahme festhalten und sie nun ihrerseits als ein Resultat vertreten dürfen. Was wollen wir denn eigentlich erreichen, wozu arbeiten wir? Wir wollen, was man in der Wissenschaft überhaupt anstrebt, ein Verständnis der Phänomene, die Herstellung eines Zusammenhanges zwischen ihnen, und in letzter Ferne, wo es möglich ist, eine Erweiterung unserer Macht über sie.

Wir setzen also die Arbeit unter der Annahme fort, daß der Traum ein psychisches Phänomen ist. Dann ist er eine Leistung und Äußerung des Träumers, aber eine solche, die uns nichts sagt, die wir nicht verstehen. Was tun Sie nun in dem Falle, daß ich eine Ihnen unverständliche Äußerung von mir gebe? Mich fragen, nicht wahr? Warum sollen wir nicht dasselbe tun dürfen, den Träumer be- fragen, was sein Traum bedeutet? Erinnern Sie sich, wir befanden uns schon einmal in dieser Situa- tion. Es war bei der Untersuchung gewisser Fehlleistungen, eines Falles von Versprechen. Jemand hatte gesagt: Da sind Dinge zum Vorschwein gekommen, und darauf fragten wir — nein, zum Glück nicht wir, sondern andere, die der Psychoanalyse ganz fernstehen, da fragten ihn diese anderen, was er mit dieser unverständlichen Rede wolle. Er antwortete sofort, daß er die Absicht gehabt hatte zu sagen: das waren Schweinereien, daß er aber diese Absicht zurückgedrängt gegen die andere, gemilderte: da sind Dinge zum Vorschein gekommen. Ich erklärte Ihnen schon damals, diese Erkundigung sei das Vorbild jeder psychoanalytischen Untersuchung, und Sie verstehen jetzt, daß die Psychoanalyse die Technik befolgt, sich soweit es nur angeht die Lösung ihrer Rätsel von den Untersuchten selbst sagen zu lassen. So soll uns auch der Träumer selbst sagen, was sein Traum bedeutet.

Aber so einfach geht das bekanntlich beim Traum nicht. Bei den Fehlleistungen ging es in einer Anzahl von Fällen; dann kamen wir zu anderen, in denen der Befragte nichts sagen wollte, ja sogar die Antwort, die wir ihm nahelegten, entrüstet zurückwies. Beim Traum fehlen uns die Fälle der ersten Art völlig; der Träumer sagt immer, er weiß nichts. Zurückweisen kann er unsere Deutung nicht, da wir ihm keine vorzulegen haben. So sollten wir also unseren Versuch wieder aufgeben? Da er nichts weiß und wir nichts wissen und ein Dritter erst recht nichts wissen kann, gibt's wohl keine Aussicht, es zu erfahren. Ja, wenn Sie wollen, geben Sie den Versuch auf. Wenn Sie aber anders wollen, so können Sie den Weg mit mir fortsetzen. Ich sage Ihnen nämlich, es ist doch sehr wohl möglich, ja sehr wahr- scheinlich, daß der Träumer es doch weiß, was sein Traum bedeutet, nur weiß er nicht, daß er es weiß, und glaubt darum, daß er es nicht weiß.

Sie werden mich aufmerksam machen, daß ich da wiederum eine Annahme einführe, schon die zweite in diesem kurzen Zusammenhange, und den Anspruch meines Verfahrens auf Glaubwürdigkeit enorm herabsetze. Unter der Voraussetzung, daß der Traum ein psychisches Phänomen ist, unter der weiteren Voraussetzung, daß es seelische Dinge im Menschen gibt, die er weiß, ohne zu wissen, daß er sie weiß, usw. Dann braucht man nur die innere Unwahrscheinlichkeit jeder dieser beiden Voraussetzungen ins Auge zu fassen, um beruhigt sein Interesse von den Schlüssen aus ihnen abzuwenden.

Ja, meine Damen und Herren, ich habe Sie nicht hieher kommen lassen, um Ihnen etwas vorzuspiegeln oder zu verhehlen. Ich habe zwar „Elementare Vorlesungen zur Einführung in die Psychoanalyse" angekündigt, aber damit habe ich keine Darstellung in usum delphini beabsichtigt, die Ihnen einen glatten Zusammenhang zeigen soll mit sorgfältigem Verstecken aller Schwierigkeiten, Ausfüllung der Lücken, Übermalen der Zweifel, damit Sie ruhigen Gemüts glauben sollen, Sie haben etwas Neues gelernt. Nein, gerade darum, weil Sie Anfänger sind, wollte ich Ihnen unsere Wissenschaft zeigen, wie sie ist, mit ihren Unebenheiten und Härten, Anforderungen und Bedenken. Ich weiß nämlich, daß es in keiner Wissenschaft anders ist und besonders in ihren Anfängen gar nicht anders sein kann. Ich weiß auch, daß der Unterricht sich sonst bemüht, diese Schwierigkeiten und Unvollkommenheiten dem Lernenden zunächst zu verbergen. Aber das geht bei der Psychoanalyse nicht. Ich habe also wirklich zwei Voraussetzungen gemacht, die eine innerhalb der anderen, und wem das Ganze zu mühselig und zu unsicher ist, oder wer an höhere Sicherheiten und elegantere Ableitungen gewöhnt ist, der braucht nicht weiter mitzugehen. Ich meine nur, der soll psychologische Probleme überhaupt in Ruhe lassen, denn es ist zu besorgen, daß er die exakten und sicheren Wege, die er zu begehen bereit ist, hier nicht gangbar findet. Es ist auch ganz überflüssig, daß eine Wissenschaft, die etwas zu bieten hat, um Gehör und um Anhänger werbe. Ihre Ergebnisse müssen für sie Stimmung machen, und sie kann abwarten, bis diese sich Aufmerksamkeit erzwungen haben.

Diejenigen von Ihnen aber, die bei der Sache verbleiben wollen, kann ich daran mahnen, daß meine beiden Annahmen nicht gleichwertig sind. Die erste, der Traum sei ein seelisches Phänomen, ist die Voraussetzung, die wir durch den Erfolg unserer Arbeit erweisen wollen; die andere ist bereits auf einem anderen Gebiete erwiesen, und ich nehme mir bloß die Freiheit, sie von dorther auf unsere Probleme zu übertragen.

Wo, auf welchem Gebiet sollte der Beweis erbracht worden sein, daß es ein Wissen gibt, von dem der Mensch doch nichts weiß, wie wir es hier für den Träumer annehmen wollen? Das wäre doch eine merkwürdige, überraschende, unsere Auffassung des Seelenlebens verändernde Tatsache, die sich nicht zu verbergen brauchte. Nebenbei eine Tatsache, die sich in ihrer Benennung selbst aufhebt und doch etwas Wirkliches sein will, eine contradictio in adjecto. Nun, sie verbirgt sich auch gar nicht. Es liegt nicht an ihr, wenn man nichts von ihr weiß oder sich nicht genügend um sie kümmert. So wenig, wie es unsere Schuld ist, daß alle diese psychologischen Probleme von Personen abgeurteilt werden, die sich von all den hiefür entscheidenden Beobachtungen und Erfahrungen ferngehalten haben.

Der Beweis ist auf dem Gebiet der hypnotischen Erscheinungen erbracht worden. Als ich im Jahre 1889 die ungemein eindrucksvollen Demonstrationen von Liébault und Bernheim in Nancy mitansah, war ich auch Zeuge des folgenden Versuches. Wenn man einen Mann in den somnambulen Zustand versetzt hatte, ihn in diesem alles mögliche halluzinatorisch erleben ließ und ihn dann aufweckte, so schien er zunächst von den Vorgängen während seines hypnotischen Schlafes nichts zu wissen. Bernheim forderte ihn dann direkt auf zu erzählen, was sich mit ihm während der Hypnose zugetragen. Er behauptete, er wisse sich an nichts zu erinnern. Aber Bernheim bestand darauf, er drang in den Mann, versicherte ihm, er wisse es, müsse sich daran erinnern, und siehe da, der Mann wurde schwankend, begann sich zu besinnen, erinnerte zuerst wie schattenhaft eines der ihm suggerierten Erlebnisse, dann ein anderes Stück, die Erinnerung wurde immer deutlicher, immer vollständiger und endlich war sie lückenlos zu Tage gefördert. Da er es aber nachher wußte und inzwischen von keiner anderen Seite etwas erfahren hatte, ist der Schluß berechtigt, daß er um diese Erinnerungen auch vorher gewußt hat. Sie waren ihm nur unzugänglich, er wußte nicht, daß er sie wisse, er glaubte, daß er sie nicht wisse. Also ganz der Fall, den wir beim Träumer vermuten.

Ich hoffe, Sie werden von der Feststellung dieser Tatsache überrascht sein und mich fragen: Warum haben Sie sich auf diesen Beweis nicht schon früher, bei den Fehlleistungen berufen, als wir dazu kamen, dem Mann, der sich versprochen hatte, Redeabsichten zuzuschreiben, von denen er nichts wußte und die er verleugnete? Wenn jemand von Erlebnissen nichts zu wissen glaubt, deren Erinnerung er doch in sich trägt, so ist es nicht mehr so unwahrscheinlich, daß er auch von anderen seelischen Vorgängen in seinem Innern nichts weiß. Dies Argument hätte uns gewiß Eindruck gemacht und uns im Verständnis der Fehlleistungen gefördert. Gewiß hätte ich mich schon damals darauf berufen können, aber ich sparte es auf bis zu einer anderen Stelle, an der es notwendiger wäre. Die Fehlleistungen haben sich zum Teil selbst aufgeklärt, zum anderen Teil hinterließen sie uns die Mahnung, dem Zusammenhang der Erscheinungen zuliebe die Existenz solcher seelischer Vorgänge, von denen man nichts weiß, doch anzunehmen. Beim Traum sind wir gezwungen, Erklärungen von anderswoher heranzuziehen, und überdies rechne ich damit, daß Sie hier eine Übertragung von der Hypnose her leichter zulassen werden. Der Zustand, in dem wir eine Fehlleistung vollziehen, muß Ihnen als der normale erscheinen, er hat mit dem hypnotischen keine Ähnlichkeit. Dagegen besteht eine deutliche Verwandtschaft zwischen dem hypnotischen Zustand und dem Schlafzustand, welcher die Bedingung des Träumens ist. Die Hypnose heißt ja ein künstlicher Schlaf;

wir sagen der Person, die wir hypnotisieren: schlafen Sie, und die
Suggestionen, die wir erteilen, sind den Träumen des natürlichen
Schlafes vergleichbar. Die psychischen Situationen sind in beiden
Fällen wirklich analoge. Im natürlichen Schlaf ziehen wir unser Interesse von der ganzen Außenwelt zurück, im hypnotischen wiederum
von der ganzen Welt, aber mit Ausnahme der einen Person, die uns
hypnotisiert hat, mit welcher wir im Rapport bleiben. Übrigens ist
der sogenannte Ammenschlaf, bei dem die Amme im Rapport mit
dem Kind bleibt und nur von diesem zu erwecken ist, ein normales
Seitenstück zum hypnotischen. Die Übertragung eines Verhältnisses
von der Hypnose auf den natürlichen Schlaf scheint also kein so kühnes
Wagnis. Die Annahme, daß auch beim Träumer ein Wissen um seinen
Traum vorhanden ist, das ihm nur unzugänglich ist, so daß er es
selbst nicht glaubt, ist nicht völlig aus der Luft gegriffen. Merken
wir uns übrigens, daß sich an dieser Stelle ein dritter Zugang zum
Studium des Traumes eröffnet; von den schlafstörenden Reizen aus,
von den Tagträumen und jetzt noch von den suggerierten Träumen
des hypnotischen Zustandes.

Nun kehren wir vielleicht mit gesteigertem Zutrauen zu unserer
Aufgabe zurück. Es ist also sehr wahrscheinlich, daß der Träumer
um seinen Traum weiß; es handelt sich nur darum, ihm möglich zu
machen, daß er sein Wissen auffindet und es uns mitteilt. Wir verlangen nicht, daß er uns sofort den Sinn seines Traumes sage, aber
die Herkunft desselben, den Gedanken- und Interessenkreis, aus dem
er stammt, wird er auffinden können. Im Falle der Fehlleistung, erinnern Sie sich, wurde er gefragt, wie er zu dem Fehlwort „Vorschwein" gekommen war, und sein nächster Einfall gab uns die Aufklärung. Unsere Technik beim Traume ist nun eine sehr einfache,
diesem Beispiel nachgeahmte. Wir werden ihn wiederum fragen,
wie er zu dem Traume gekommen ist und seine nächste Aussage soll
wieder als Aufklärung angesehen werden. Wir setzen uns also über
den Unterschied, ob er etwas zu wissen glaubt oder nicht glaubt,
hinaus und behandeln beide Fälle wie einen einzigen.

Diese Technik ist gewiß sehr einfach, aber ich fürchte, sie wird Ihre schärfste Opposition hervorrufen. Sie werden sagen: Eine neue Annahme, die dritte! Und die unwahrscheinlichste von allen! Wenn ich den Träumer frage, was ihm zum Traum einfällt, soll gerade sein nächster Einfall die gewünschte Aufklärung bringen? Aber es braucht ihm ja gar nichts einzufallen, oder es kann ihm Gott weiß was einfallen. Wir können nicht einsehen, worauf sich eine solche Erwartung stützt. Das heißt wirklich zuviel Gottvertrauen zeigen an einer Stelle, wo etwas mehr Kritik besser passen würde. Überdies ist ja ein Traum nicht ein einzelnes Fehlwort, sondern besteht aus vielen Elementen. An welchen Einfall soll man sich da halten?

Sie haben in allem Nebensächlichen recht. Ein Traum unterscheidet sich von einem Versprechen auch in der Vielheit seiner Elemente. Dem muß die Technik Rechnung tragen. Ich schlage Ihnen also vor, daß wir den Traum in seine Elemente zerteilen und die Untersuchung für jedes Element gesondert anstellen; dann ist die Analogie mit dem Versprechen wieder hergestellt. Auch darin haben Sie recht, daß der zu den einzelnen Traumelementen Befragte antworten kann, es falle ihm nichts ein. Es gibt Fälle, in denen wir diese Antwort gelten lassen, und Sie werden später hören, welche. Es sind bemerkenswerterweise solche Fälle, in denen wir selbst bestimmte Einfälle haben können. Aber im allgemeinen werden wir dem Träumer, wenn er keinen Einfall zu haben behauptet, widersprechen, wir werden in ihn drängen, werden ihm versichern, daß er einen Einfall haben müsse und — werden Recht bekommen. Er wird einen Einfall dazu bringen, irgendeinen, uns gleichgültig, welchen. Gewisse Auskünfte, die man historische nennen kann, wird er besonders leicht erteilen. Er wird sagen: Das ist etwas, was gestern vorgefallen ist (wie in den beiden uns bekannt gewordenen „nüchternen Träumen"), oder: Das erinnert mich an etwas, was sich vor kurzer Zeit ereignet hat — und auf diese Art werden wir bemerken, daß die Anknüpfungen der Träume an Eindrücke der letzten Tage weit häufiger sind, als wir zuerst geglaubt haben. Endlich wird er sich auch vom Traum aus an ferner liegende, eventuell sogar an weit zurückliegende Begebenheiten erinnern.

In der Hauptsache aber haben Sie unrecht. Wenn Sie meinen, es sei willkürlich anzunehmen, daß der nächste Einfall des Träumers gerade das Gesuchte bringen oder zu ihm führen müsse, der Einfall könne vielmehr ganz beliebig und außer Zusammenhang mit dem Gesuchten sein, es sei nur eine Äußerung meines Gottvertrauens, wenn ich es anders erwarte, so irren Sie groß. Ich habe mir schon einmal die Freiheit genommen, Ihnen vorzuhalten, daß ein tief wurzelnder Glaube an psychische Freiheit und Willkürlichkeit in Ihnen steckt, der aber ganz unwissenschaftlich ist und vor der Anforderung eines auch das Seelenleben beherrschenden Determinismus die Segel streichen muß. Ich bitte Sie, es als eine Tatsache zu respektieren, daß dem Gefragten dies eingefallen ist und nichts anderes. Aber ich setze nicht dem einen Glauben einen anderen entgegen. Es läßt sich beweisen, daß der Einfall, den der Gefragte produziert, nicht willkürlich, nicht unbestimmbar ist, nicht außer Zusammenhang mit dem von uns Gesuchten steht. Ja, ich habe unlängst erfahren — ohne übrigens zuviel Wert darauf zu legen —, daß auch die experimentelle Psychologie solche Beweise vorgebracht hat.

Bei der Bedeutung des Gegenstandes bitte ich um Ihre besondere Aufmerksamkeit. Wenn ich jemand auffordere zu sagen, was ihm zu einem bestimmten Element des Traumes einfällt, so verlange ich von ihm, daß er sich der freien Assoziation unter Festhaltung einer Ausgangsvorstellung überlasse. Dies erfordert eine besondere Einstellung der Aufmerksamkeit, die ganz anders ist als beim Nachdenken und das Nachdenken ausschließt. Manche treffen eine solche Einstellung leicht; andere zeigen bei dem Versuch ein unglaublich hohes Maß von Ungeschicklichkeit. Es gibt nun einen höheren Grad von Freiheit der Assoziation, wenn ich nämlich auch diese Ausgangsvorstellung fallen lasse und etwa nur Art und Gattung des Einfalles festlege, z. B. bestimme, daß man sich einen Eigennamen oder eine Zahl frei einfallen lassen solle. Dieser Einfall müßte noch willkürlicher, noch unberechenbarer sein als der bei unserer Technik verwendete. Es läßt sich aber zeigen, daß er jedesmal strenge determiniert wird durch wichtige innere Einstellungen, die im Moment, da sie wirken, uns nicht bekannt sind, ebensowenig bekannt wie die störenden Tendenzen der Fehlleistungen und die provozierenden der Zufallshandlungen.

Ich und viele andere nach mir haben wiederholt solche Untersuchungen für Namen und Zahlen, die man sich ohne jeden Anhalt einfallen läßt, angestellt, einige derselben auch veröffentlicht. Man verfährt dabei in der Weise, daß man zu dem aufgetauchten Namen fortlaufende Assoziationen weckt, die also nicht mehr ganz frei, sondern wie die Einfälle zu den Traumelementen einmal gebunden sind, und dies so lange, bis man den Antrieb dazu erschöpft findet. Dann hat man aber auch Motivierung und Bedeutung des freien Nameneinfalls aufgeklärt. Die Versuche ergeben immer wieder das nämliche, ihre Mitteilung erstreckt sich oft über reiches Material und macht weitläufige Ausführungen notwendig. Die Assoziationen der frei aufgetauchten Zahlen sind vielleicht die beweisendsten; sie laufen so schnell ab und gehen mit so unbegreiflicher Sicherheit auf ein verhülltes Ziel los, daß sie wirklich verblüffend wirken. Ich will Ihnen nur ein Beispiel einer solchen Namenanalyse mitteilen, weil es sich günstigerweise mit wenig Material erledigen läßt.

Im Laufe der Behandlung eines jungen Mannes komme ich auf dieses Thema zu sprechen und erwähne den Satz, daß man sich trotz der anscheinenden Willkür doch keinen Namen einfallen lassen kann, der sich nicht als enge bedingt durch die nächstliegenden Verhältnisse, die Eigentümlichkeiten der Versuchsperson und ihre momentane Situation erwiese. Da er zweifelt, schlage ich ihm vor, ohne Aufschub selbst einen solchen Versuch zu machen. Ich weiß, daß er besonders zahlreiche Beziehungen jeder Art zu Frauen und Mädchen unterhält, und meine darum, er werde eine besonders große Auswahl haben, wenn er sich gerade einen Frauennamen einfallen lasse. Er ist damit einverstanden. Zu meinem, oder vielleicht zu seinem Erstaunen, bricht aber jetzt keineswegs eine Lawine von Frauennamen über mich los, sondern er bleibt eine Weile stumm und gesteht dann, daß ihm ein einziger Name in den Sinn gekommen sei, kein anderer daneben: Albine. — Wie merkwürdig, aber was knüpft sich für Sie an diesen Namen? Wieviel Albinen kennen Sie? Sonderbar, er kannte keine Albine, und es fiel ihm zu diesem Namen auch weiter nichts ein. So konnte man annehmen, die Analyse sei mißlungen; aber nein, sie war nur bereits vollendet, es war kein weiterer Einfall erforderlich. Der Mann hatte selbst ungewöhnlich helle Farben, in den Gesprächen der Kur hatte ich ihn wiederholt scherzhaft einen Albino genannt; wir waren eben damit beschäftigt, den weiblichen Anteil an seiner Konstitution festzustellen. Er war also selbst diese Albine, das derzeit interessanteste Frauenzimmer.

Ebenso erweisen sich Melodien, die einem unvermittelt einfallen, als bedingt durch und zugehörig zu einem Gedankenzug, der ein Recht hat, einen zu beschäftigen, ohne daß man um diese Aktivität weiß. Es ist dann leicht zu zeigen, daß die Beziehung zur Melodie an deren Text oder an ihre Herkunft anknüpft; ich muß aber so vorsichtig sein, diese Behauptung nicht auf wirklich musikalische Menschen auszudehnen, über die ich zufällig keine Erfahrung habe. Bei solchen mag der musikalische Gehalt der Melodie für ihr Auftauchen maßgebend sein. Häufiger ist gewiß der erstere Fall. So weiß ich von einem jungen Manne, der von der allerdings reizenden Melodie des Parisliedes aus der „Schönen Helena" eine Zeitlang geradezu verfolgt wurde, bis ihn die Analyse auf die derzeitige Konkurrenz einer „Ida" mit einer „Helene" in seinem Interesse aufmerksam machte.

Wenn also die ganz frei auftauchenden Einfälle in solcher Weise bedingt und in einen bestimmten Zusammenhang eingeordnet sind, so werden wir wohl mit Recht schließen, daß Einfälle mit einer einzigen Gebundenheit, der an eine Ausgangsvorstellung, nicht minder bedingt sein können. Die Untersuchung zeigt wirklich, das sie außer der Gebundenheit, die wir ihnen durch die Ausgangsvorstellung mitgegeben haben, eine zweite Abhängigkeit von affektmächtigen Gedanken- und Interessenkreisen, K o m p l e x e n, erkennen lassen, deren Mitwirkung im Moment nicht bekannt, also unbewußt ist.

Einfälle von solcher Gebundenheit sind Gegenstand sehr lehrreicher experimenteller Untersuchungen gewesen, die in der Geschichte der Psychoanalyse eine bemerkenswerte Rolle gespielt haben. Die W u n d t sche Schule hatte das sogenannte Assoziationsexperiment angegeben, bei welchem der Versuchsperson der Auftrag erteilt wird, auf ein ihr zugerufenes R e i z w o r t möglichst rasch mit einer beliebigen R e a k t i o n zu antworten. Man kann dann das Intervall studieren, das zwischen Reiz und Reaktion verläuft, die Natur der als Reaktion gegebenen Antwort, den etwaigen Irrtum bei einer späteren Wiederholung desselben Versuches und ähnliches. Die Züricher Schule unter der Führung von B l e u l e r und J u n g hat die Erklärung der beim Assoziationsexperiment erfolgenden Reaktionen gegeben, indem sie die Versuchsperson aufforderte, die von ihr erhaltenen Reaktionen durch nachträgliche Assoziationen zu erläutern, wenn sie etwas Auffälliges an sich trugen. Es stellte sich dann heraus, daß diese auffälligen Reaktionen in der schärfsten Weise durch die Komplexe der Versuchsperson determiniert waren. B l e u l e r und J u n g hatten damit die erste Brücke von der Experimentalpsychologie zur Psychoanalyse geschlagen.

In solcher Weise belehrt, werden Sie sagen können: Wir anerkennen jetzt, daß freie Einfälle determiniert sind, nicht willkürlich, wie wir geglaubt haben. Wir geben dies auch für die Einfälle zu den Elementen des Traumes zu. Aber das ist es ja nicht, worauf es uns ankommt. Sie behaupten ja, daß der Einfall zum Traumelement durch den uns nicht bekannten psychischen Hintergrund eben dieses Elements determiniert sein wird. Das scheint uns nicht erwiesen. Wir erwarten schon, daß sich der Einfall zum Traumelement durch einen der Komplexe des Träumers bestimmt zeigen wird, aber was nützt uns das? Das führt uns nicht zum Verständnis des Traumes, sondern wie das Assoziationsexperiment zur Kenntnis dieser sogenannten Komplexe. Was haben diese aber mit dem Traum zu tun?

Sie haben recht, aber Sie übersehen ein Moment. Übrigens gerade jenes, wegen dessen ich das Assoziationsexperiment nicht zum Ausgangspunkt für diese Darstellung gewählt habe. Bei diesem Experiment wird die eine Determinante der Reaktion, nämlich das Reizwort, von uns willkürlich gewählt. Die Reaktion ist dann eine Vermittlung zwischen diesem Reizwort und dem eben geweckten Komplex der Versuchsperson. Beim Traum ist das Reizwort ersetzt durch etwas, was selbst aus dem Seelenleben des Träumers, aus ihm unbekannten Quellen, stammt, also sehr leicht selbst ein „Komplexabkömmling" sein könnte. Es ist darum die Erwartung nicht gerade phantastisch, daß auch die an die Traumelemente angeknüpften weiteren Einfälle durch keinen anderen Komplex als den des Elements selbst bestimmt sein und auch zu dessen Aufdeckung führen werden.

Lassen Sie mich an einem anderen Falle zeigen, daß es tatsächlich so ist, wie wir es für unseren Fall erwarten. Das Entfallen von Eigennamen ist eigentlich ein ausgezeichnetes Vorbild für den Fall der Traumanalyse; nur ist hier in einer Person beisammen, was bei der Traumdeutung auf zwei Personen verteilt ist. Wenn ich einen Namen zeitweilig vergessen habe, so habe ich doch die Sicherheit in mir, daß ich den Namen weiß; jene Sicherheit, die wir uns für den Träumer erst auf dem Umwege über das B e r n h e i m sche Experiment aneignen konnten. Der vergessene und doch gewußte Name ist mir aber nicht zugänglich. Nachdenken, wenn auch noch so angestrengtes, hilft dabei nichts, das sagt mir bald die Erfahrung. Ich kann mir aber jedesmal an Stelle des vergessenen Namens einen oder mehrere Ersatznamen einfallen lassen. Wenn mir ein solcher Ersatzname spontan eingefallen ist, dann wird erst die Übereinstimmung dieser Situation mit der der Traumanalyse evident. Das Traumelement ist ja auch nicht das Richtige, nur ein Ersatz für etwas anderes, für das Eigentliche, das ich nicht kenne und durch die Traumanalyse auffinden soll. Der Unterschied liegt wiederum nur darin, daß ich beim Namenvergessen den Ersatz unbedenklich als das Uneigentliche erkenne, während wir diese Auffassung für das Traumelement erst mühselig erwerben müßten. Nun gibt es auch beim Namenvergessen einen Weg, vom Ersatz zum unbewußten Eigentlichen, zum vergessenen Namen zu kommen. Wenn ich meine Aufmerksamkeit auf diese Ersatznamen richte und weitere Einfälle zu ihnen kommen lasse, so gelange ich nach kürzeren oder längeren Umwegen zum vergessenen Namen und finde dabei, daß die spontanen Ersatznamen wie die von mir hervorgerufenen mit dem vergessenen in Beziehung standen, durch ihn determiniert waren.

Ich will Ihnen eine Analyse dieser Art vorführen: Eines Tages bemerke ich, daß ich über den Namen jenes Ländchens an der Riviera, dessen Hauptort Monte Carlo ist, nicht verfüge. Es ist zu ärgerlich, aber es ist so. Ich versenke mich in all mein Wissen um dieses Land, denke an den Fürsten Albert aus dem Hause Lusignan, an seine Ehen, seine Vorliebe für Tiefseeforschungen, und was ich sonst zusammentragen kann, aber es hilft mir nichts. Ich gebe also das Nachdenken auf und lasse mir an Stelle des verlorenen Ersatznamen einfallen Sie kommen rasch. Monte Carlo selbst, dann Piemont, Albanien, Montevideo, Colico. Albanien fällt mir in dieser Reihe zuerst auf, es ersetzt sich alsbald durch Montenegro, wohl nach dem Gegensatze von Weiß und Schwarz. Dann sehe ich, daß vier dieser Ersatznamen die nämliche Silbe mon enthalten; ich habe plötzlich das vergessene Wort und rufe laut: Monaco. Die Ersatznamen sind also wirklich vom vergessenen ausgegangen, die vier ersten von der ersten Silbe, der letzte bringt die Silbenfolge und die ganze Endsilbe wieder. Nebenbei kann ich auch leicht finden, was mir den Namen für eine Zeit weggenommen hat. Monaco gehört auch zu München als dessen italienischer Name; diese Stadt hat den hemmenden Einfluß ausgeübt.

Das Beispiel ist gewiß schön, aber zu einfach. In anderen Fällen müßte man zu den ersten Ersatznamen eine größere Reihe von Einfällen nehmen, dann wäre die Analogie mit der Traumanalyse deutlicher. Ich habe auch solche Erfahrungen gemacht. Als mich einmal ein Fremder einlud, italienischen Wein mit ihm zu trinken, ergab es sich im Wirtshause, daß er den Namen jenes Weines vergessen hatte, den er, weil er ihm im besten Gedenken geblieben war, zu bestellen beabsichtigte. Aus einer Fülle von disparaten Ersatzeinfällen, die dem Anderen an Stelle des vergessenen Namens kamen, konnte ich den Schluß ziehen, daß die Rücksicht auf irgend eine Hedwig ihm den Namen des Weines weggenommen hatte, und wirklich bestätigte er nicht nur, daß er diesen Wein zuerst in Gesellschaft einer Hedwig verkostet, sondern fand auch durch diese Aufdeckung seinen Namen wieder. Er war zu der Zeit glücklich verheiratet, und jene Hedwig gehörte früheren, nicht gerne erinnerten Zeiten an.

Was beim Namenvergessen möglich ist, muß auch in der Traumdeutung gelingen können, vom Ersatz aus durch anknüpfende Assoziationen das verhaltene Eigentliche zugänglich zu machen. Von den Assoziationen zum Traumelement dürfen wir nach dem Beispiel des Namenvergessens annehmen, daß sie sowohl durch das Traumelement als durch das unbewußte Eigentliche desselben determiniert sein werden. Somit hätten wir einiges zur Rechtfertigung unserer Technik vorgebracht.

MANIFESTER TRAUMINHALT
UND LATENTE TRAUMGEDANKEN

Meine Damen und Herren! Sie sehen, wir haben die Fehlleistungen nicht ohne Nutzen studiert. Dank diesen Bemühungen haben wir — unter den Ihnen bekannten Voraussetzungen — zweierlei erworben, eine Auffassung des Traumelements und eine Technik der Traumdeutung. Die Auffassung des Traumelements geht dahin, es sei ein Uneigentliches, ein Ersatz für etwas anderes, dem Träumer Unbekanntes, ähnlich wie die Tendenz der Fehlleistung, ein Ersatz für etwas, wovon das Wissen im Träumer vorhanden, aber ihm unzugänglich ist. Wir hoffen, dieselbe Auffassung auf den ganzen Traum, der aus solchen Elementen besteht, übertragen zu können. Unsere Technik besteht darin, durch freie Assoziation zu diesen Elementen andere Ersatzbildungen auftauchen zu lassen, aus denen wir das Verborgene erraten können.

Ich schlage Ihnen jetzt vor, eine Abänderung unserer Nomenklatur eintreten zu lassen, die unsere Beweglichkeit erleichtern soll. Anstatt verborgen, unzugänglich, uneigentlich sagen wir, indem wir die richtige Beschreibung geben, dem Bewußtsein des Träumers unzugänglich oder u n b e w u ß t. Wir meinen damit nichts anderes, als was Ihnen die Beziehung auf das entfallene Wort oder auf die störende Tendenz der Fehlleistung vorhalten kann, nämlich d e r z e i t u n b e w u ß t. Natürlich dürfen wir im Gegensatz hierzu die

Traumelemente selbst und die durch Assoziation neu gewonnenen Ersatzvorstellungen b e w u ß t e heißen. Irgendeine theoretische Konstruktion ist mit dieser Namengebung noch nicht verbunden. Der Gebrauch des Wortes „unbewußt" als einer zutreffenden und leicht verständlichen Beschreibung ist tadellos.

Übertragen wir unsere Auffassung vom einzelnen Element auf den ganzen Traum, so ergibt sich also, daß der Traum als Ganzes der entstellte Ersatz für etwas anderes, Unbewußtes, ist, und als die Aufgabe der Traumdeutung, dieses Unbewußte zu finden. Daraus leiten sich aber sofort drei wichtige Regeln ab, die wir während der Arbeit an der Traumdeutung befolgen sollen:

1) Man kümmere sich nicht um das, was der Traum zu besagen scheint, sei er verständig oder absurd, klar oder verworren, da es doch auf keinen Fall das von uns gesuchte Unbewußte ist (eine naheliegende Einschränkung dieser Regel wird sich uns aufdrängen): 2) man beschränke die Arbeit darauf, zu jedem Element die Ersatzvorstellungen zu erwecken, denke nicht über sie nach, prüfe sie nicht, ob sie etwas Passendes enthalten, kümmere sich nicht darum, wie weit sie vom Traumelement abführen; 3) man warte ab, bis sich das verborgene, gesuchte Unbewußte von selbst einstellt, genau so wie das entfallene Wort Monaco bei dem beschriebenen Versuch.

Wir verstehen jetzt auch, inwiefern es gleichgültig ist, wie viel, wie wenig, vor allem aber wie getreu oder wie unsicher man den Traum erinnert. Der erinnerte Traum ist ja doch nicht das Eigentliche, sondern ein entstellter Ersatz dafür, der uns dazu verhelfen soll, durch Erweckung von anderen Ersatzbildungen dem Eigentlichen näherzukommen, das Unbewußte des Traumes bewußt zu machen. War also unsere Erinnerung ungetreu, so hat sie einfach an diesem Ersatz eine weitere Entstellung vorgenommen, die übrigens auch nicht unmotiviert sein kann.

Man kann die Deutungsarbeit an eigenen Träumen wie an denen anderer vollziehen. An eigenen lernt man sogar mehr, der Vorgang fällt beweisender aus. Versucht man dies also, so bemerkt man, daß etwas sich der Arbeit widersetzt. Man bekommt zwar Einfälle, läßt sie aber nicht alle gewähren. Es machen sich prüfende und auswählende Einflüsse geltend. Bei dem einen Einfall sagt man sich: Nein, das paßt nicht dazu, gehört nicht hierher, bei einem anderen: das ist zu unsinnig, bei einem dritten: das ist ganz nebensächlich, und man kann ferner beobachten, wie man mit solchen Einwendungen die Einfälle, noch ehe sie ganz klar geworden sind, erstickt und endlich auch vertreibt. Also einerseits hängt man sich zu sehr an die Ausgangsvorstellung, ans Traumelement selbst, anderseits stört man durch eine Auswahl das Ergebnis der freien Assoziation. Ist man bei der Traumdeutung nicht allein, läßt man seinen Traum von einem anderen deuten, so wird man sehr deutlich noch ein anderes Motiv bemerken, welches man für diese unerlaubte Auswahl verwendet. Man sagt sich dann gelegentlich: Nein, dieser Einfall ist zu unangenehm, den will oder kann ich nicht mitteilen.

Diese Einwendungen drohen offenbar den Erfolg unserer Arbeit zu stören. Man muß sich gegen sie schützen, und man tut dies bei der eigenen Person durch den festen Vorsatz, ihnen nicht nachzugeben; wenn man den Traum eines anderen deutet, indem man ihm als unverbrüchliche Regel angibt, er dürfe keinen Einfall von der Mitteilung ausschließen, auch wenn sich eine der vier Einwendungen gegen ihn erhebe, er sei zu unwichtig, zu unsinnig, gehöre nicht hierher, oder er sei zu peinlich für die Mitteilung. Er verspricht diese Regel zu befolgen, und man darf sich dann darüber ärgern, wie schlecht er vorkommendenfalls dies Versprechen hält. Man wird sich dafür zuerst die Erklärung geben, daß ihm trotz der autoritativen Versicherung die Berechtigung der freien Assoziation nicht eingeleuchtet hat, und wird vielleicht daran denken, ihn zuerst theoretisch zu gewinnen, indem man ihm Schriften zu lesen gibt oder ihn in Vorlesungen schickt, durch welche er zum Anhänger unserer Anschauungen über die freie Assoziation umgewandelt werden kann. Aber von solchen Mißgriffen wird man durch die Beobachtung abgehalten, daß bei der eigenen Person, deren Überzeugung man doch sicher sein darf, die nämlichen kritischen Einwendungen gegen gewisse Einfälle auftauchen, die erst nachträglich, gewissermaßen in zweiter Instanz, beseitigt werden.

Anstatt sich über den Ungehorsam des Träumers zu ärgern, kann man diese Erfahrungen verwerten, um etwas Neues aus ihnen zu lernen, etwas, was umso wichtiger ist, je weniger man darauf vorbereitet war. Man versteht, die Arbeit der Traumdeutung vollzieht sich gegen einen Widerstand, der ihr entgegengesetzt wird, und dessen Äußerungen jene kritischen Einwendungen sind. Dieser Widerstand ist unabhängig von der theoretischen Überzeugung des Träumers. Ja, man lernt noch mehr. Man macht die Erfahrung, daß eine solche kritische Einwendung niemals recht behält. Im Gegenteile, die Einfälle, die man so unterdrücken möchte, erweisen sich ausnahmslos als die wichtigsten, für das Auffinden des Unbewußten entscheidenden. Es ist geradezu eine Auszeichnung, wenn ein Einfall von einer solchen Einwendung begleitet wird.

Dieser Widerstand ist etwas völlig Neues, ein Phänomen, welches wir auf Grund unserer Voraussetzungen gefunden haben, ohne daß es in diesen enthalten gewesen wäre. Wir sind von diesem neuen Faktor in unserer Rechnung nicht gerade angenehm überrascht. Wir ahnen schon, er wird unsere Arbeit nicht erleichtern. Er könnte uns dazu verführen, die ganze Bemühung um den Traum stehenzulassen. Etwas so Unwichtiges wie der Traum und dazu solche Schwierigkeiten anstatt einer glatten Technik! Aber anderseits könnten uns gerade diese Schwierigkeiten reizen und vermuten lassen, daß die Arbeit der Mühe wert sein wird. Wir stoßen regelmäßig auf Widerstände, wenn wir vom Ersatz, den das Traumelement bedeutet, zu seinem versteckten Unbewußten vordringen wollen. Also dürfen wir denken, es muß hinter dem Ersatz etwas Bedeutsames versteckt sein. Wozu sonst die Schwierigkeiten, die das Verbergen aufrecht erhalten wollen? Wenn ein Kind die geballte Hand nicht aufmachen will, um zu zeigen, was es in ihr hat, dann ist es gewiß etwas Unrechtes, was es nicht haben soll.

Im Augenblick, da wir die dynamische Vorstellung eines Widerstandes in unseren Sachverhalt einführen, müssen wir auch daran denken, daß dieses Moment etwas quantitativ Variables ist. Es kann größere und kleinere Widerstände geben, und wir sind darauf vorbereitet, daß sich diese Unterschiede auch während unserer Arbeit zeigen werden. Vielleicht bringen wir damit eine andere Erfahrung zusammen, die wir auch bei der Arbeit der Traumdeutung machen. Es bedarf nämlich manchmal nur eines einzigen oder einiger weniger Einfälle, um uns vom Traumelement zu seinem Unbewußten zu bringen, während andere Male lange Ketten von Assoziationen und die Überwindung vieler kritischer Einwendungen dazu erfordert wird. Wir werden uns sagen, diese Verschiedenheiten hängen mit den wechselnden Größen des Widerstandes zusammen, und werden wahrscheinlich recht behalten. Wenn der Widerstand gering ist, so ist auch der Ersatz vom Unbewußten nicht weit entfernt; ein großer Widerstand bringt aber große Entstellungen des Unbewußten und damit einen langen Rückzug vom Ersatz zum Unbewußten mit sich.

Jetzt wäre es vielleicht an der Zeit, einen Traum herzunehmen und unsere Technik an ihm zu versuchen, ob sich unsere an sie geknüpften Erwartungen bestätigen. Ja, aber welchen Traum sollen wir dazu wählen? Sie glauben nicht, wie schwer mir diese Entscheidung fällt, und ich kann Ihnen auch noch nicht begreiflich machen, worin die Schwierigkeiten liegen. Es muß offenbar Träume geben, die im ganzen wenig Entstellung erfahren haben, und es wäre das beste, mit solchen anzufangen. Aber welche Träume sind die am wenigsten entstellten? Die verständigen und nicht verworrenen, von denen ich Ihnen bereits zwei Beispiele vorgelegt habe? Da würden wir sehr irregehen. Die Untersuchung zeigt, daß diese Träume einen außerordentlich hohen Grad von Entstellung erfahren haben. Wenn ich aber unter Verzicht auf eine besondere Bedingung einen beliebigen Traum herausgreife, so werden Sie wahrscheinlich sehr enttäuscht werden. Es kann sein, daß wir eine solche Fülle von Einfällen zu den einzelnen Traumelementen zu merken oder zu verzeichnen haben, daß die Arbeit vollkommen unübersichtlich wird. Schreiben wir uns den Traum nieder und halten die Niederschrift aller dazu sich ergebenden Einfälle dagegen, so können diese leicht ein Vielfaches des Traumtextes ausmachen. Am zweckmäßigsten schiene es also, mehrere kurze Träume zur Analyse auszusuchen, von denen jeder uns wenigstens etwas sagen oder bestätigen kann. Dazu werden wir uns auch entschließen, wenn die Erfahrung uns nicht etwa anzeigen sollte, wo wir die wenig entstellten Träume wirklich finden können.

Ich weiß aber noch eine andere Erleichterung, die überdies auf unserem Wege liegt. Anstatt die Deutung ganzer Träume in Angriff zu nehmen, wollen wir uns auf einzelne Traumelemente beschränken und an einer Reihe von Beispielen verfolgen, wie diese durch die Anwendung unserer Technik Aufklärung finden.

a) Eine Dame erzählt, sie habe als Kind sehr oft geträumt, *der liebe Gott habe einen spitzen Papierhut auf dem Kopf.* Wie wollen Sie das ohne die Hilfe der Träumerin verstehen? Es klingt ja ganz unsinnig. Es ist nicht mehr unsinnig, wenn uns die Dame berichtet, daß man ihr als Kind bei Tische einen solchen Hut aufzusetzen pflegte, weil sie es nicht unterlassen konnte, auf die Teller der Geschwister zu schielen, ob eines von ihnen mehr bekommen habe als sie. Der Hut sollte also wie ein Scheuleder wirken. Übrigens eine historische Auskunft und ohne jede Schwierigkeit gegeben. Die Deutung dieses Elements und damit des ganzen kurzen Traumes ergibt sich leicht mit Hilfe eines weiteren Einfalls der Träumerin. „Da ich gehört hatte, der liebe Gott sei allwissend und sehe alles," sagt sie, „so kann der Traum nur bedeuten, daß ich alles weiß und alles sehe wie der liebe Gott, auch wenn man mich daran hindern will." Dieses Beispiel ist vielleicht zu einfach.

b) Eine skeptische Patientin hat einen längeren Traum, in dem es vorkommt, daß ihr gewisse Personen von meinem Buch über den „Witz" erzählen und es sehr loben. Dann wird etwas erwähnt von einem *„Kanal", vielleicht ein anderes Buch, in dem Kanal vorkommt, oder sonst etwas mit Kanal ... sie weiß es nicht ... es ist ganz unklar.*

Nun werden Sie gewiß zu glauben geneigt sein, daß das Element „Kanal" sich der Deutung entziehen wird, weil es selbst so unbestimmt ist. Sie haben mit der vermuteten Schwierigkeit recht, aber es ist nicht darum schwer, weil es undeutlich ist, sondern es ist undeutlich aus einem anderen Grund, demselben, der auch die Deutung schwer macht. Der Träumerin fällt zu Kanal nichts ein; ich weiß natürlich auch nichts zu sagen. Eine Weile später, in Wahrheit am nächsten Tage, erzählt sie, es sei ihr eingefallen, was vielleicht dazugehört. Auch ein Witz nämlich, den sie erzählen gehört hat. Auf einem Schiff zwischen Dover und Calais unterhält sich ein bekannter Schriftsteller mit einem Engländer, welcher in einem gewissen Zusammenhange den Satz zitiert: *Du sublime au ridicule il n'y a qu'un pas.* Der Schriftsteller antwortet: *Oui, le pas de Calais,* — womit er sagen will, daß er Frankreich großartig und England lächerlich findet. Der P a s de Calais ist aber doch ein Kanal, der Ärmelkanal nämlich, Canal la manche. Ob ich meine, daß dieser Einfall etwas mit dem Traum zu tun hat? Gewiß, meine ich, er gibt wirklich die Lösung des rätselhaften Traumelements. Oder wollen Sie bezweifeln, daß dieser Witz bereits vor dem Traum als das Unbewußte des Elements „Kanal" vorhanden war, können Sie annehmen, daß er nachträglich hinzugefunden wurde? Der Einfall bezeugt nämlich die Skepsis, die sich bei ihr hinter aufdringlicher Bewunderung verbirgt, und der Widerstand ist wohl der gemeinsame Grund für beides, sowohl, daß ihr der Einfall so zögernd gekommen, als auch dafür, daß das entsprechende Traumelement so unbestimmt ausgefallen ist. Blicken Sie hier auf das Verhältnis des Traumelements zu seinem Unbewußten. Es ist wie ein Stückchen dieses Unbewußten, wie eine Anspielung darauf; durch seine Isolierung ist es ganz unverständlich geworden.

c) Ein Patient träumt in längerem Zusammenhange: *Um einen Tisch von besonderer Form sitzen mehrere Mitglieder seiner Familie* usw. Zu diesem Tisch fällt ihm ein, daß er ein solches Möbelstück bei einem Besuch bei einer bestimmten Familie gesehen hat. Dann setzen sich seine Gedanken fort: In dieser Familie hat es ein besonderes Verhältnis zwischen Vater und Sohn gegeben, und bald setzt er hinzu, daß es eigentlich zwischen ihm und seinem Vater ebenso steht. Der Tisch ist also in den Traum aufgenommen, um diese Parallele zu bezeichnen.

Dieser Träumer war mit den Anforderungen der Traumdeutung längst vertraut. Ein anderer hätte vielleicht Anstoß daran genommen, daß ein so geringfügiges Detail wie die Form eines Tisches zum Objekt der Nachforschung genommen wird. Wir erklären wirklich nichts im Traum für zufällig oder gleichgültig und erwarten uns Aufschluß gerade von der Aufklärung so geringfügiger unmotivierter Details. Sie werden sich vielleicht noch darüber verwundern, daß die Traumarbeit den Gedanken „bei uns geht es ebenso zu wie bei denen" gerade durch die Auswahl des Tisches zum Ausdruck bringt. Aber auch das erklärt sich, wenn Sie hören, daß die betreffende Familie den Namen: Tischler trägt. Indem der Träumer seine Angehörigen an diesem Tisch Platz nehmen läßt, sagt er, sie seien auch Tischler. Bemerken Sie übrigens, wie man notgedrungen bei der Mitteilung solcher Traumdeutungen indiskret werden muß. Sie haben damit eine der Ihnen angedeuteten Schwierigkeiten in der Auswahl von Beispielen erraten. Ich hätte dieses Beispiel leicht durch ein anderes ersetzen können, aber wahrscheinlich hätte ich diese Indiskretion nur um den Preis vermieden, daß ich an ihrer Statt eine andere begehe.

Es scheint mir an der Zeit, zwei Termini einzuführen, die wir längst hätten verwenden können. Wir wollen das, was der Traum erzählt, den manifesten Trauminhalt nennen, das Verborgene, zu dem wir durch die Verfolgung der Einfälle kommen sollen, die latenten Traumgedanken. Wir achten dann auf die Beziehungen zwischen manifestem Trauminhalt und latenten Traumgedanken, wie sie sich in diesen Beispielen zeigen. Es können sehr verschiedene solche Beziehungen bestehen. In den Beispielen a) und b) ist das manifeste Element auch ein Bestandteil der latenten Ge-

danken, aber nur ein kleines Stück davon. Von einem großen zusammengesetzten psychischen Gebilde in den unbewußten Traumgedanken ist ein Stückchen auch in den manifesten Traum gelangt,
wie ein Fragment davon oder in anderen Fällen wie eine Anspielung
darauf, wie ein Stichwort, eine Verkürzung im Telegraphenstil.
Die Deutungsarbeit hat diesen Brocken oder diese Andeutung zum
Ganzen zu vervollständigen, wie es besonders schön im Beispiel b)
gelungen ist. Die eine Art der Entstellung, in welcher die Traumarbeit besteht, ist also der Ersatz durch ein Bruchstück oder eine
Anspielung. In c) ist überdies ein anderes Verhältnis zu erkennen,
welches wir in den nachfolgenden Beispielen reiner und deutlicher
ausgedrückt sehen.

d) Der Träumer *zieht eine* (bestimmte, ihm bekannte) *Dame hinter
dem Bett hervor.* Er findet selbst durch den ersten Einfall den Sinn
dieses Traumelements. Es heißt: er gibt dieser Dame den Vorzug.

e) Ein anderer träumt, *sein Bruder stecke in einem Kasten.* Der
erste Einfall ersetzt Kasten durch Schrank, und der zweite gibt
darauf die Deutung: der Bruder schränkt sich ein.

f) Der Träumer *steigt auf einen Berg, von dem er eine außerordentliche, weite Aussicht hat.* Das klingt ja ganz rationell, es ist
vielleicht nichts zu deuten daran, sondern nur zu erkunden, an
welche Reminiszenz der Traum rührt, und aus welchem Motiv sie
hier geweckt wurde. Allein Sie irren; es zeigt sich, daß dieser Traum
gerade so deutungsbedürftig war wie irgend ein anderer, ver-
worrener. Dem Träumer fällt dazu nämlich nichts von eigenen
Bergbesteigungen ein, sondern er gedenkt des Umstandes, daß ein
Bekannter von ihm eine „Rundschau" herausgibt, die sich mit
unseren Beziehungen zu den fernsten Erdteilen beschäftigt. Der
latente Traumgedanke ist also hier eine Identifizierung des Träumers
mit dem „Rundschauer".

Sie finden hier einen neuen Typus der Beziehung zwischen manifestem und latentem Traumelement. Das erstere ist nicht so sehr
eine Entstellung des letzteren als eine Darstellung desselben, eine

plastische, konkrete Verbildlichung, die ihren Ausgang vom Wort-
laute nimmt. Allerdings gerade dadurch wieder eine Entstellung,
denn wir haben beim Wort längst vergessen, aus welchem konkreten
Bild es hervorgegangen ist, und erkennen es darum in seiner Ersetzung durch das Bild nicht wieder. Wenn Sie daran denken, daß
der manifeste Traum vorwiegend aus visuellen Bildern, seltener aus
Gedanken und Worten besteht, können Sie erraten, daß dieser Art
der Beziehung eine besondere Bedeutung für die Traumbildung
zukommt. Sie sehen auch, daß es auf diesem Wege möglich wird,
für eine große Reihe abstrakter Gedanken Ersatzbilder im manifesten Traum zu schaffen, die doch der Absicht des Verbergens
dienen. Es ist dies die Technik unseres Bilderrätsels. Woher der
Anschein des Witzigen kommt, den solche Darstellungen an sich
tragen, das ist eine besondere Frage, die wir hier nicht zu berühren
brauchen.

Eine vierte Art der Beziehung zwischen manifestem und latentem
Element muß ich Ihnen noch verschweigen, bis ihr Stichwort in
der Technik gefallen ist. Ich werde Ihnen auch dann keine vollständige Aufzählung gegeben haben, aber es reicht so für unsere
Zwecke aus.

Haben Sie nun den Mut, die Deutung eines ganzen Traumes zu
wagen? Machen wir den Versuch, ob wir für diese Aufgabe gut
genug ausgerüstet sind. Ich werde natürlich keinen der dunkelsten
wählen, aber doch einen, der die Eigenschaften eines Traumes in
guter Ausprägung zeigt.

Also eine junge, aber schon seit vielen Jahren verheiratete Dame
träumt: *Sie sitzt mit ihrem Manne im Theater, eine Seite des Parketts
ist ganz unbesetzt. Ihr Mann erzählt ihr, Elise L. und ihr Bräutigam hätten auch gehen wollen, hätten aber nur schlechte Sitze bekommen, 3 für 1 fl. 50 kr., und die konnten sie ja nicht nehmen.
Sie meint, es wäre auch kein Unglück gewesen.*

Das erste, was uns die Träumerin berichtet, ist, daß der Anlaß
zum Traum im manifesten Inhalt desselben berührt wird Ihr Mann

hatte ihr wirklich erzählt, daß Elise L., eine ungefähr gleichaltrige Bekannte, sich jetzt verlobt hat. Der Traum ist die Reaktion auf diese Mitteilung. Wir wissen bereits, daß es für viele Träume leicht wird, einen solchen Anlaß vom Vortag für sie nachzuweisen, und daß diese Herleitungen vom Träumer oft ohne Schwierigkeiten angegeben werden. Auskünfte derselben Art stellt uns die Träumerin auch für andere Elemente des manifesten Traumes zur Verfügung. Woher das Detail, daß eine Seite des Parketts unbesetzt ist? Es ist eine Anspielung auf eine reale Begebenheit der vorigen Woche. Sie hatte sich vorgenommen, in eine gewisse Theatervorstellung zu gehen, und darum f r ü h z e i t i g Karten genommen, so früh, daß sie Vorverkaufsgebühr zahlen mußte. Als sie ins Theater kamen, zeigte es sich, wie überflüssig ihre Sorge gewesen war, denn e i n e S e i t e d e s P a r k e t t s w a r f a s t l e e r. Es wäre Zeit gewesen, wenn sie die Karten am Tage der Vorstellung selbst gekauft hätte. Ihr Mann unterließ es auch nicht, sie wegen dieser Vo r e i l i g k e i t zu necken. — Woher die 1 fl. 50 kr.? Aus einem ganz anderen Zusammenhange, der mit dem vorigen nichts zu tun hat, aber gleichfalls auf eine Nachricht vom letzten Tage anspielt. Ihre Schwägerin hatte von ihrem Mann die Summe von 150 fl. zum Geschenk bekommen und hatte nichts Eiligeres zu tun, die dumme Gans, als zum Juwelier zu laufen und das Geld gegen ein Schmuckstück einzutauschen. — Woher die 3? Dazu weiß sie nichts, wenn man nicht etwa den Einfall gelten lassen will, daß die Braut, Elise L., nur um 3 Monate jünger ist als sie, die seit fast zehn Jahren verheiratete Frau. Und der Unsinn, daß man drei Karten nimmt, wenn man nur zu zweien ist? Dazu sagt sie nichts, verweigert überhaupt alle weiteren Einfälle und Auskünfte.

Sie hat uns aber doch soviel Material in ihren wenigen Einfällen zugetragen, daß daraus das Erraten der latenten Traumgedanken möglich wird. Es muß uns auffallen, daß in ihren Mitteilungen zum Traum an mehreren Stellen Zeitbestimmungen hervortreten, die eine Gemeinsamkeit zwischen verschiedenen Partien des Materials begründen. Sie hat die Eintrittskarten ins Theater zu früh besorgt, voreilig genommen, so daß sie sie überzahlen mußte; die Schwägerin hat sich in ähnlicher Weise beeilt, ihr Geld zum Juwelier zu tragen, um sich einen Schmuck dafür zu kaufen, als ob sie es versäumen würde. Nehmen wir zu dem so betonten „zu früh", „voreilig" die Veranlassung des Traumes hinzu, die Nachricht, daß die nur um 3 Monate jüngere Freundin jetzt doch einen tüchtigen Mann bekommen hat, und die in dem Schimpf auf die Schwägerin ausgedrückte Kritik: es sei unsinnig, sich so zu übereilen, so tritt uns wie spontan folgende Konstruktion der latenten Traumgedanken entgegen, für welche der manifeste Traum ein arg entstellter Ersatz ist:

„Es war doch ein Unsinn von mir, mich mit der Heirat so zu beeilen! An dem Beispiel der Elise sehe ich, daß ich auch noch später einen Mann bekommen hätte." (Die Übereilung dargestellt durch ihr Benehmen beim Kartenkauf und das der Schwägerin beim Schmuckeinkauf. Für das Heiraten tritt als Ersatz das Instheatergehen ein.) Das wäre der Hauptgedanke; vielleicht können wir fortsetzen, obwohl mit geringerer Sicherheit, weil die Analyse an diesen Stellen auf Äußerungen der Träumerin nicht hätte verzichten sollen: „Und einen 100mal besseren hätte ich für das Geld bekommen!" (150 fl. ist 100mal mehr als 1 fl. 50.) Wenn wir für das Geld die Mitgift einsetzen dürften, so hieße es, daß man sich den Mann durch die Mitgift erkauft; sowohl der Schmuck wie auch die schlechten Karten stünden an Stelle des Mannes. Noch erwünschter wäre es, wenn gerade das Element „3 Karten" etwas mit einem Mann zu tun hätte. Aber soweit reicht unser Verständnis noch nicht. Wir haben nur erraten, der Traum drückt die Geringschätzung ihres eigenen Mannes und das Bedauern, so früh geheiratet zu haben, aus.

Mein Urteil ist, daß wir von dem Ergebnis dieser ersten Traumdeutung mehr überrascht und verwirrt als befriedigt sein werden. Zuviel auf einmal dringt da auf uns ein, mehr, als wir jetzt schon bewältigen können. Wir merken schon. daß wir die Lehren dieser

Traumdeutung nicht erschöpfen werden. Beeilen wir uns herauszugreifen, was wir als gesicherte neue Einsicht erkennen.

Erstens: Es ist merkwürdig, in den latenten Gedanken fällt der
Hauptakzent auf das Element der Voreiligkeit; im manifesten Traum
ist gerade davon nichts zu finden. Ohne die Analyse hätten wir keine
Ahnung haben können, daß dieses Moment irgendeine Rolle spielt.
Es scheint also möglich, daß gerade die Hauptsache, das Zentrale der
unbewußten Gedanken, im manifesten Traum ausbleibt. Dadurch
muß der Eindruck des ganzen Traumes gründlich verwandelt werden.
Zweitens: Im Traum findet sich eine unsinnige Zusammenstellung,
3 für 1 fl. 50; in den Traumgedanken erraten wir den Satz: Es war
ein Unsinn (so früh zu heiraten). Kann man es abweisen, daß dieser
Gedanke „es war ein Unsinn" gerade durch die Aufnahme eines absurden Elements in den manifesten Traum dargestellt wird? Drittens:
Ein vergleichender Blick lehrt, daß die Beziehung zwischen manifesten und latenten Elementen keine einfache ist, keinesfalls von der
Art, daß immer ein manifestes Element ein latentes ersetzt. Es muß
vielmehr eine Massenbeziehung zwischen beiden Lagern sein, innerhalb deren ein manifestes Element mehrere latente vertreten oder
ein latentes durch mehrere manifeste ersetzt sein kann.

Was den Sinn des Traumes und das Verhalten der Träumerin zu
ihm betrifft, wäre gleichfalls viel Überraschendes zu sagen. Sie anerkennt wohl die Deutung, aber sie wundert sich über sie. Sie hat
nicht gewußt, daß sie ihren Mann so geringschätzt; sie weiß auch
nicht, warum sie ihn so geringschätzen sollte. Daran ist also noch
vieles unverständlich. Ich glaube wirklich, wir sind noch nicht für
eine Traumdeutung ausgerüstet und müssen uns erst weitere Unterweisung und Vorbereitung holen.

KINDERTRÄUME

Meine Damen und Herren! Wir stehen unter dem Eindrucke, daß wir zu rasch vorgegangen sind. Greifen wir um ein Stück zurück. Ehe wir den letzten Versuch unternahmen, die Schwierigkeit der Traumentstellung durch unsere Technik zu bewältigen, hatten wir uns gesagt, es wäre das Beste, sie zu umgehen, indem wir uns an Träume halten, bei denen die Entstellung weggefallen oder sehr geringfügig ausgefallen ist, wenn es solche gibt. Wir weichen dabei wiederum von der Entwicklungsgeschichte unserer Erkenntnis ab, denn in Wirklichkeit ist man erst nach konsequenter Anwendung der Deutungstechnik und nach vollzogener Analyse der entstellten Träume auf die Existenz solcher von Entstellung freier aufmerksam geworden.

Die Träume, die wir suchen, finden sich bei Kindern. Sie sind kurz, klar, kohärent, leicht zu verstehen, unzweideutig und doch unzweifelhafte Träume. Glauben Sie aber nicht, daß alle Träume von Kindern dieser Art sind. Auch die Traumentstellung setzt sehr früh im Kindesalter ein, und es sind Träume von fünf- bis achtjährigen Kindern verzeichnet worden, die bereits alle Charaktere der späteren an sich tragen. Wenn Sie sich aber auf das Alter vom Beginn der kenntlichen seelischen Tätigkeit bis zum vierten oder fünften Jahr beschränken, werden Sie eine Reihe von Träumen aufbringen, die den infantil zu nennenden Charakter haben, und dann in späteren

Kinderjahren einzelne derselben Art finden können. Ja auch bei erwachsenen Personen fallen unter gewissen Bedingungen Träume
vor, die ganz den typisch infantilen gleichen.

An diesen Kinderträumen können wir nun mit großer Leichtigkeit und Sicherheit Aufschlüsse über das Wesen des Traumes gewinnen, von denen wir hoffen wollen, daß sie sich als entscheidend
und allgemein gültig erweisen werden.

1. Man bedarf zum Verständnis dieser Träume keiner Analyse,
keiner Anwendung einer Technik. Man braucht das Kind, welches
seinen Traum erzählt, nicht zu befragen. Aber man muß ein Stück
Erzählung aus dem Leben des Kindes dazu geben. Es gibt jedesmal
ein Erlebnis vom Tage vorher, welches uns den Traum erklärt. Der
Traum ist die Reaktion des Seelenlebens im Schlafe auf dieses Erlebnis des Tages.

Wir wollen uns einige Beispiele anhören, um unsere weiteren
Schlüsse an sie anzulehnen.

a) Ein Knabe von 22 Monaten soll als Gratulant einen Korb mit
Kirschen verschenken. Er tut es offenbar sehr ungern, obwohl man
ihm verspricht, daß er einige davon selbst bekommen wird. Am
nächsten Morgen erzählt er als seinen Traum: *He(r)mann alle Kir-
sch₍n₎ aufgessen.*

b) Ein Mädchen von 3¹/₄ Jahren wird zum erstenmal über den
See gefahren. Beim Aussteigen will sie das Boot nicht verlassen und
weint bitterlich. Die Zeit der Seefahrt scheint ihr zu rasch vergangen
zu sein. Am nächsten Morgen: *Heute nachts bin ich auf dem See
gefahren.* Wir dürfen wohl ergänzen, daß diese Fahrt länger ange-
dauert hat.

c) Ein 5¹/₄ jähriger Knabe wird auf einen Ausflug ins Eschern-
tal bei Hallstatt mitgenommen. Er hatte gehört, Hallstatt liege am
Fuße des Dachsteins. Für diesen Berg hatte er viel Interesse bezeugt. Von der Wohnung in Aussee war der Dachstein schön zu
sehen und mit dem Fernrohr konnte man die Simonyhütte auf
demselben ausnehmen. Das Kind hatte sich wiederholt bemüht, sie

durchs Fernrohr zu erblicken; es war unbekannt geblieben, mit welchem Erfolge. Der Ausflug begann in erwartungsvoll heiterer Stimmung. So oft ein neuer Berg in Sicht kam, fragte der Knabe: Ist das der Dachstein? Er wurde immer mehr verstimmt, je öfter man ihm diese Frage verneint hatte, verstummte später ganz und wollte einen kleinen Steig zum Wasserfall nicht mitmachen. Man hielt ihn für übermüdet, aber am nächsten Morgen erzählte er ganz selig: Heute nachts habe ich geträumt, *daß wir auf der Simonyhütte gewesen sind.* In dieser Erwartung hatte er sich also an dem Ausflug beteiligt. Von Einzelheiten gab er nur an, was er vorher gehört hatte: Man geht sechs Stunden lang auf Stufen hinauf.

Diese drei Träume werden für alle gewünschten Auskünfte hinreichen.

2. Wir sehen, diese Kinderträume sind nicht sinnlos; es sind verständliche, vollgültige, seelische Akte. Erinnern Sie sich an das, was ich Ihnen als das medizinische Urteil über den Traum vorgestellt habe, an das Gleichnis von den musikunkundigen Fingern, die über die Tasten des Klaviers hinfahren. Es wird Ihnen nicht entgehen, wie scharf sich diese Kinderträume dieser Auffassung widersetzen. Es wäre aber auch zu sonderbar, wenn gerade das Kind im Schlafe volle seelische Leistungen zustande brächte, wo sich der Erwachsene im gleichen Falle mit zuckungsartigen Reaktionen begnügt. Wir haben auch allen Grund, dem Kinde den besseren und tieferen Schlaf zuzutrauen.

3. Diese Träume entbehren der Traumentstellung; bedürfen darum auch keiner Deutungsarbeit. Manifester und latenter Traum fallen hier zusammen. Die Traumentstellung gehört also nicht zum Wesen des Traumes. Ich darf annehmen, daß Ihnen damit ein Stein vom Herzen fällt. Aber ein Stückchen Traumentstellung, eine gewisse Differenz zwischen dem manifesten Trauminhalt und den latenten Traumgedanken werden wir bei näherer Überlegung auch diesen Träumen zugestehen.

4. Der Kindertraum ist die Reaktion auf ein Erlebnis des Tages, welches ein Bedauern, eine Sehnsucht, einen unerledigten Wunsch zurückgelassen hat. Der Traum bringt die direkte, unverhüllte Erfüllung dieses Wunsches. Denken Sie nun an unsere Erörterungen über die Rolle körperlicher Reize von außen oder von innen als Schlafstörer und Anreger der Träume. Wir sind mit ganz sicheren Tatsachen darüber bekannt geworden, konnten uns aber nur eine kleine Anzahl von Träumen auf solche Art erklären. In diesen Kinderträumen deutet nichts auf die Einwirkung solcher somatischer Reize; wir können darin nicht irre gehen, denn die Träume sind voll verständlich und leicht zu übersehen. Aber darum brauchen wir die Reizätiologie des Traumes nicht aufzugeben. Wir können nur fragen, warum haben wir von Anfang an vergessen, daß es außer den körperlichen auch seelische schlafstörende Reize gibt? Wir wissen doch, daß es diese Erregungen sind, welche die Schlafstörung der Erwachsenen zumeist verschulden, indem sie ihn daran verhindern, die seelische Verfassung des Einschlafens, die Abziehung des Interesses von der Welt, bei sich herzustellen. Er möchte das Leben nicht unterbrechen, sondern lieber die Arbeit an den Dingen, die ihn beschäftigen, fortsetzen, und darum schläft er nicht. Ein solcher seelischer, den Schlaf störender Reiz ist also für das Kind der unerledigte Wunsch, auf welchen es mit dem Traum reagiert.

5. Von hier erhalten wir auf dem kürzesten Wege Aufschluß über die Funktion des Traumes. Der Traum als Reaktion auf den psychischen Reiz muß den Wert einer Erledigung dieses Reizes haben, so daß er beseitigt ist und der Schlaf fortgesetzt werden kann. Wie diese Erledigung durch den Traum dynamisch ermöglicht wird, wissen wir noch nicht, aber wir merken bereits, daß der Traum nicht der Schlafstörer ist, als den man ihn schilt, sondern der Schlafhüter, der Beseitiger von Schlafstörungen. Wir finden zwar, wir hätten besser geschlafen, wenn nicht der Traum gewesen wäre, aber wir haben unrecht; in Wirklichkeit

hätten wir ohne die Hilfe des Traumes überhaupt nicht geschlafen. Es ist sein Verdienst, daß wir soweit gut geschlafen haben. Er konnte es nicht vermeiden, uns etwas zu stören, sowie der Nachtwächter oft nicht umhin kann, einigen Lärm zu machen, während er die Ruhestörer verjagt, die uns durch den Lärm wecken wollen.

6. Daß ein Wunsch der Erreger des Traumes ist, die Erfüllung dieses Wunsches der Inhalt des Traumes, das ist der eine Hauptcharakter des Traumes. Der andere ebenso konstante ist, daß der Traum nicht einfach einen Gedanken zum Ausdruck bringt, sondern als halluzinatorisches Erlebnis diesen Wunsch als erfüllt darstellt. Ich möchte auf dem See fahren, lautet der Wunsch, der den Traum anregt; der Traum selbst hat zum Inhalt: ich fahre auf dem See. Ein Unterschied zwischen latentem und manifestem Traum, eine Entstellung des latenten Traumgedankens bleibt also auch für diese einfachen Kinderträume bestehen, die Umsetzung des Gedankens in Erlebnis. Bei der Deutung des Traumes muß vor allem dieses Stück Veränderung rückgängig gemacht werden. Wenn sich dies als ein allgemeinster Charakter des Traumes herausstellen sollte, dann ist das vorhin mitgeteilte Traumfragment „ich sehe meinen Bruder in einem Kasten" also nicht zu übersetzen „mein Bruder schränkt sich ein", sondern „ich möchte, daß mein Bruder sich einschränke, mein Bruder soll sich einschränken". Von den beiden hier aufgeführten allgemeinen Charakteren des Traumes hat offenbar der zweite mehr Aussicht auf Anerkennung ohne Widerspruch als der erstere. Wir werden erst durch weitausgreifende Untersuchungen sicherstellen können, daß der Erreger des Traumes immer ein Wunsch sein muß, und nicht auch eine Besorgnis, ein Vorsatz oder Vorwurf sein kann, aber davon wird der andere Charakter unberührt bleiben, daß der Traum diesen Reiz nicht einfach wiedergibt, sondern ihn durch eine Art von Erleben aufhebt, beseitigt, erledigt.

7. In Anknüpfung an diese Charaktere des Traumes können wir auch die Vergleichung des Traumes mit der Fehlleistung wieder auf-

nehmen. Bei letzterer unterscheiden wir eine störende Tendenz und eine gestörte, und die Fehlleistung war ein Kompromiß zwischen beiden. In dasselbe Schema fügt sich auch der Traum. Die gestörte Tendenz kann bei ihm keine andere sein als die zu schlafen. Die störende ersetzen wir durch den psychischen Reiz, sagen wir also durch den Wunsch, der auf seine Erledigung dringt, weil wir bisher keinen anderen schlafstörenden seelischen Reiz kennen gelernt haben. Der Traum ist auch hier ein Kompromißergebnis. Man schläft, aber man erlebt doch die Aufhebung eines Wunsches; man befriedigt einen Wunsch, setzt dabei aber den Schlaf fort. Beides ist zum Teil durchgesetzt und zum Teil aufgegeben.

8. Erinnern Sie sich, wir erhofften uns einmal einen Zugang zum Verständnis der Traumprobleme aus der Tatsache, daß gewisse für uns sehr durchsichtige Phantasiebildungen „Tagträume" genannt werden. Diese Tagträume sind nun wirklich Wunscherfüllungen, Erfüllungen von ehrgeizigen und erotischen Wünschen, die uns wohlbekannt sind, aber es sind gedachte, wenn auch lebhaft vorgestellte, niemals halluzinatorisch erlebte. Von den beiden Hauptcharakteren des Traumes wird also hier der minder gesicherte festgehalten, während der andere als vom Schlafzustand abhängig und im Wachleben nicht realisierbar ganz entfällt. Im Sprachgebrauch liegt also eine Ahnung davon, daß die Wunscherfüllung ein Hauptcharakter des Traumes ist. Nebenbei, wenn das Erleben im Traum nur ein durch die Bedingungen des Schlafzustandes ermöglichtes, umgewandeltes Vorstellen, also ein „nächtliches Tagträumen" ist, so verstehen wir bereits, daß der Vorgang der Traumbildung den nächtlichen Reiz aufheben und Befriedigung bringen kann, denn auch das Tagträumen ist eine mit Befriedigung verbundene Tätigkeit und wird ja nur dieser wegen gepflegt.

Aber nicht nur dieser, auch anderer Sprachgebrauch äußert sich in demselben Sinne. Bekannte Sprichwörter sagen: das Schwein träumt von Eicheln, die Gans vom Mais; oder fragen: wovon träumt das Huhn? von Hirse. Das Sprichwort steigt also noch weiter hinab als wir, vom Kind zum Tier, und behauptet, der Inhalt des Traumes sei die Befriedigung eines Bedürfnisses. So viele Redewendungen scheinen dasselbe anzudeuten, wie: „traumhaft schön", „das wäre mir im Traum nicht eingefallen", „das habe ich mir in meinen kühnsten Träumen nicht vorgestellt". Es liegt da eine offenbare Parteinahme des Sprachgebrauchs vor. Es gibt ja auch Angstträume und Träume mit peinlichem oder indifferentem Inhalt, aber sie haben den Sprachgebrauch nicht angeregt. Er kennt zwar „böse" Träume, aber der Traum schlechtweg ist ihm doch nur die holde Wunscherfüllung. Es gibt auch kein Sprichwort, das uns versichern würde, das Schwein oder die Gans träumen vom Geschlachtetwerden.

Es ist natürlich undenkbar, daß der wunscherfüllende Charakter des Traumes von den Autoren über den Traum nicht bemerkt worden wäre. Dies ist vielmehr sehr oft der Fall gewesen, aber es ist keinem von ihnen eingefallen, diesen Charakter als allgemeinen anzuerkennen und zum Angelpunkt der Traumerklärung zu nehmen. Wir können uns wohl denken und werden auch darauf eingehen, was sie davon abgehalten haben mag.

Sehen Sie nun aber, welche Fülle von Aufklärungen wir aus der Würdigung der Kinderträume gewonnen haben, und dies fast mühelos! Die Funktion des Traumes als Hüter des Schlafes, seine Entstehung aus zwei konkurrierenden Tendenzen, von denen die eine konstant bleibt, das Schlafverlangen, die andere einen psychischen Reiz zu befriedigen strebt, der Beweis, daß der Traum ein sinnreicher, psychischer Akt ist, seine beiden Hauptcharaktere: Wunscherfüllung und halluzinatorisches Erleben. Und dabei konnten wir fast vergessen, daß wir Psychoanalyse treiben. Außer der Anknüpfung an die Fehlleistungen hatte unsere Arbeit kein spezifisches Gepräge. Jeder Psychologe, der von den Voraussetzungen der Psychoanalyse nichts weiß, hätte diese Aufklärung der Kinderträume geben können. Warum hat es keiner getan?

Gäbe es nur solche Träume wie die infantilen, so wäre das Problem gelöst, unsere Aufgabe erledigt, und zwar ohne den Träumer auszufragen, ohne das Unbewußte heranzuziehen und ohne die freie Assoziation in Anspruch zu nehmen. Nun hier liegt offenbar die Fortsetzung unserer Aufgabe. Wir haben schon wiederholt die Erfahrung gemacht, daß Charaktere, die für allgemein gültig ausgegeben waren, sich dann nur für eine gewisse Art und Anzahl von Träumen bestätigt haben. Es handelt sich also für uns darum, ob die aus den Kinderträumen erschlossenen allgemeinen Charaktere haltbarer sind, ob sie auch für jene Träume gelten, die nicht durchsichtig sind, deren manifester Inhalt keine Beziehung zu einem erübrigten Tageswunsch erkennen läßt. Wir haben die Auffassung, daß diese anderen Träume eine weitgehende Entstellung erfahren haben und darum zunächst nicht zu beurteilen sind. Wir ahnen auch, zur Aufklärung dieser Entstellung werden wir der psychoanalytischen Technik bedürfen, die wir für das eben gewonnene Verständnis der Kinderträume entbehren konnten.

Es gibt jedenfalls noch eine Klasse von Träumen, die unentstellt sind und sich wie die Kinderträume leicht als Wunscherfüllungen erkennen lassen. Es sind jene, die das ganze Leben hindurch durch die imperativen Körperbedürfnisse hervorgerufen werden, den Hunger, den Durst, das Sexualbedürfnis, also Wunscherfüllungen als Reaktionen auf innere Körperreize. So habe ich von einem 19 Monate alten Mädchen einen Traum notiert, der aus einem Menü unter Hinzufügung ihres Namens bestand (*Anna F. . . ., Er(d)beer, Hochbeer, Eier(s)peis, Papp*) als Reaktion auf einen Hungertag wegen gestörter Verdauung, welche Erkrankung gerade auf die im Traum zweimal auftretende Frucht zurückgeführt worden war. Gleichzeitig mußte auch die Großmutter, deren Alter das der Enkelin eben zu siebzig ergänzte, infolge der Unruhe ihrer Wanderniere einen Tag lang fasten, und sie träumte in derselben Nacht, daß sie ausgebeten (zu Gaste) sei und die besten Leckerbissen vorgesetzt erhalte. Beobachtungen an Gefangenen, die man hungern läßt, und an Personen, die auf Reisen und Expeditionen Entbehrungen zu ertragen haben, lehren, daß unter diesen Bedingungen regelmäßig von der Befriedigung dieser

Bedürfnisse geträumt wird. So berichtet Otto Nordenskjöld in seinem Buche „Antarctic" (1904) über die mit ihm überwinterte Mannschaft (Bd. I, p. 336): „Sehr bezeichnend für die Richtung unserer innersten Gedanken waren unsere Träume, die nie lebhafter und zahlreicher waren als gerade jetzt. Selbst diejenigen unserer Kameraden, die sonst nur ausnahmsweise träumten, hatten jetzt des Morgens, wenn wir unsere letzten Erfahrungen aus dieser Phantasiewelt miteinander austauschten, lange Geschichten zu erzählen. Alle handelten sie von jener äußeren Welt, die uns jetzt so fern lag, waren aber oft unseren jetzigen Verhältnissen angepaßt . . . Essen und Trinken waren übrigens die Mittelpunkte, um die sich unsere Träume am häufigsten drehten. Einer von uns, der nächtlicherweise darin exzellierte, auf große Mittagsgesellschaften zu gehen, war seelenfroh, wenn er des Morgens berichten konnte, ‚daß er ein Diner von drei Gängen eingenommen habe'; ein anderer träumte von Tabak, von ganzen Bergen Tabak; wieder andere von dem Schiff, das mit vollen Segeln auf dem offenen Wasser daherkam. Noch ein anderer Traum verdient der Erwähnung: Der Briefträger kommt mit der Post und gibt eine lange Erklärung, warum diese so lange habe auf sich warten lassen, er habe sie verkehrt abgeliefert und erst nach großer Mühe sei es ihm gelungen, sie wieder zu erlangen. Natürlich beschäftigte man sich im Schlaf mit noch unmöglicheren Dingen, aber der Mangel an Phantasie in fast allen Träumen, die ich selbst träumte oder erzählen hörte, war ganz auffallend. Es würde sicher von großem psychologischen Interesse sein, wenn alle diese Träume aufgezeichnet würden. Man wird aber leicht verstehen können, wie ersehnt der Schlaf war, da er uns alles bieten konnte, was ein jeder von uns am glühendsten begehrte." Nach Du Prel zitiere ich noch: „Mungo Park, auf einer Reise in Afrika dem Verschmachten nahe, träumte ohne Aufhören von wasserreichen Tälern und Auen seiner Heimat. So sah sich auch der von Hunger gequälte Trenck in der Sternschanze zu Magdeburg von üppigen Mahlzeiten umgeben, und George Back, Teilnehmer der ersten Expedition Franklins, als er infolge furchtbarer

Entbehrungen dem Hungertode nahe war, träumte stets und gleich-
mäßig von reichen Mahlzeiten." Wer sich durch den Genuß scharf gewürzter Speisen zur Abend-
mahlzeit nächtlichen Durst erzeugt, der träumt dann leicht, daß er
trinke. Es ist natürlich unmöglich, ein stärkeres Eß- oder Trinkbe-
dürfnis durch den Traum zu erledigen; man wacht aus solchen Träumen
durstig auf und muß nun reales Wasser zu sich nehmen. Die Leistung
des Traumes ist in diesem Falle praktisch geringfügig, aber es ist
nicht minder klar, daß sie zu dem Zweck aufgeboten wurde, den
Schlaf gegen den zum Erwachen und zur Handlung drängenden
Reiz festzuhalten. Über geringere Intensitäten dieser Bedürfnisse helfen
die Befriedigungsträume oftmals hinweg.

Ebenso schafft der Traum unter dem Einfluß der Sexualreize Befriedigungen, die aber erwähnenswerte Besonderheiten zeigen. Infolge
der Eigenschaft des Sexualtriebs, von seinem Objekt um einen Grad
weniger abhängig zu sein als Hunger und Durst, kann die Befriedigung im Pollutionstraum eine reale sein, und infolge gewisser
später zu erwähnender Schwierigkeiten in der Beziehung zum Objekt
kommt es besonders häufig vor, daß sich die reale Befriedigung doch
mit einem undeutlichen oder entstellten Trauminhalt verbindet. Diese
Eigentümlichkeit der Pollutionsträume macht sie, wie O. Rank bemerkt hat, zu günstigen Objekten für das Studium der Traumentstellung. Alle Bedürfnisträume Erwachsener pflegen übrigens außer
der Befriedigung noch anderes zu enthalten, was rein psychischen
Reizquellen entstammt und zu seinem Verständnis der Deutung
bedarf.

Wir wollen übrigens nicht behaupten, daß die nach infantiler Art
gebildeten Wunscherfüllungsträume der Erwachsenen nur als Reaktionen auf die genannten imperativen Bedürfnisse vorkommen. Wir
kennen ebensowohl kurze und klare Träume dieser Art unter dem
Einfluß gewisser dominierender Situationen, die aus unzweifelhaft
psychischen Reizquellen herrühren. So z. B. die Ungeduldsträume,
wenn jemand die Vorbereitungen zu einer Reise, zu einer für ihn

bedeutsamen Schaustellung, zu einem Vortrag, Besuch getroffen hat und nun die verfrühte Erfüllung seiner Erwartung träumt, sich also in der Nacht vor dem Erlebnis an seinem Ziel angekommen, im Theater, im Gespräch mit dem Besuchten sieht. Oder, die mit Recht so genannten Bequemlichkeitsträume, wenn jemand, der gerne den Schlaf verlängert, träumt, daß er bereits aufgestanden ist, sich wäscht, oder sich in der Schule befindet, während er in Wirklichkeit weiterschläft, also lieber im Traum aufsteht als in Wirklichkeit. Der Wunsch zu schlafen, den wir als regelmäßig an der Traumbildung beteiligt erkannt haben, wird in diesen Träumen laut und zeigt sich in ihnen als der wesentliche Traumbildner. Das Bedürfnis zu schlafen stellt sich mit gutem Recht den anderen großen körperlichen Bedürfnissen zur Seite.

Ich zeige Ihnen hier an der Reproduktion eines S c h w i n d schen Bildes aus der S c h a c k galerie in München, wie richtig der Maler die Entstehung eines Traumes aus einer dominierenden Situation erfaßt hat.[1] Es ist der „Traum eines Gefangenen", der nichts anderes als seine Befreiung zum Inhalt haben kann. Es ist sehr hübsch, daß die Befreiung durch das Fenster erfolgen soll, denn durch das Fenster ist der Lichtreiz eingedrungen, der dem Schlaf des Gefangenen ein Ende macht. Die übereinander stehenden Gnomen repräsentieren wohl die eigenen sukzessiven Stellungen, die er beim Emporklettern zur Höhe des Fensters einzunehmen hätte, und irre ich nicht, lege ich dem Künstler dabei nicht zuviel Absichtlichkeit unter, so trägt der oberste der Gnomen, welcher das Gitter durchsägt, also das tut, was der Gefangene selbst möchte, die nämlichen Züge wie er selbst.

Bei allen anderen Träumen außer den Kinderträumen und denen von infantilem Typus tritt uns, wie gesagt, die Traumentstellung hindernd in den Weg. Wir können zunächst nicht sagen, ob auch sie Wunscherfüllungen sind, wie wir vermuten; wir erraten aus ihrem manifesten Inhalt nicht, welchem psychischen Reiz sie ihren Ursprung verdanken, und wir können nicht erweisen, daß sie sich gleichfalls

---

1) S. Beilage.

Schwind: Der Traum der Gefangenen

um die Wegschaffung oder Erledigung dieses Reizes bemühen. Sie müssen wohl gedeutet, d. h. übersetzt werden, ihre Entstellung rückgängig gemacht, ihr manifester Inhalt durch den latenten ersetzt, ehe wir ein Urteil darüber fällen können, ob das an den infantilen Träumen Gefundene für alle Träume Gültigkeit beanspruchen darf.

DIE TRAUMZENSUR

Meine Damen und Herren! Entstehung, Wesen und Funktion des Traumes haben wir aus dem Studium der Kinderträume kennen gelernt. Die Träume sind Beseitigungen schlafstörender (psychischer) Reize auf dem Wege der halluzinierten Befriedigung. Von den Träumen der Erwachsenen haben wir allerdings nur eine Gruppe aufklären können, jene, die wir als Träume von infantilem Typus bezeichnet haben. Was es mit den anderen ist, wissen wir noch nicht, aber wir verstehen sie auch nicht. Wir haben vorläufig ein Resultat gewonnen, dessen Bedeutung wir nicht unterschätzen wollen. Jedesmal, wenn uns ein Traum voll verständlich ist, erweist er sich als eine halluzinierte Wunscherfüllung. Dies Zusammentreffen kann nicht zufällig und nicht gleichgültig sein.

Von einem Traum anderer Art nehmen wir auf Grund verschiedener Überlegungen und in Analogie zur Auffassung der Fehlleistungen an, daß er ein entstellter Ersatz für einen unbekannten Inhalt ist und erst auf diesen zurückgeführt werden muß. Die Untersuchung, das Verständnis dieser Traumentstellung ist nun unsere nächste Aufgabe.

Die Traumentstellung ist dasjenige, was uns den Traum fremdartig und unverständlich erscheinen läßt. Wir wollen mehrerlei von ihr wissen: erstens, wovon sie herrührt, ihren Dynamismus, zweitens, was sie macht, und endlich, wie sie es macht. Wir können auch

sagen, die Traumentstellung ist das Werk der Traumarbeit. Wir
wollen die Traumarbeit beschreiben und auf die in ihr wirkenden
Kräfte zurückführen.

Und nun hören Sie folgenden Traum an. Er ist von einer Dame
unseres Kreises verzeichnet worden, stammt nach ihrer Auskunft
von einer hochangesehenen, feingebildeten älteren Dame her. Eine
Analyse dieses Traumes ist nicht angestellt worden. Unsere Refe-
rentin bemerkt, daß es für Psychoanalytiker keiner Deutung be-
dürfe. Die Träumerin selbst hat ihn auch nicht gedeutet, aber sie
hat ihn beurteilt und so verurteilt, als ob sie ihn zu deuten verstünde.
Denn sie äußerte über ihn: Und solches abscheuliche, dumme Zeug
träumt einer Frau von 50 Jahren, die Tag und Nacht keinen anderen
Gedanken hat als die Sorge um ihr Kind!

Und nun der Traum von den „Liebesdiensten". *„Sie geht
ins Garnisonsspital Nr. I und sagt dem Posten beim Tor, sie müsse
den Oberarzt .... (sie nennt einen ihr unbekannten Namen) sprechen,
da sie im Spitale Dienst tun wolle. Dabei betont sie das Wort ‚Dienst'
so, daß der Unteroffizier sofort merkt, es handle sich um ‚Liebes'-
dienste. Da sie eine alte Frau ist, läßt er sie nach einigem Zögern
passieren. Statt aber zum Oberarzt zu kommen, gelangt sie in ein
großes, düsteres Zimmer, in dem viele Offiziere und Militärärzte an
einem langen Tisch stehen und sitzen. Sie wendet sich mit ihrem An-
trag an einen Stabsarzt, der sie nach wenigen Worten schon versteht.
Der Wortlaut ihrer Rede im Traum ist: ‚Ich und zahlreiche andere
Frauen und junge Mädchen Wiens sind bereit, den Soldaten, Mannschaft und Offiziere ohne Unterschied,....' Hier folgt im Traum ein
Gemurmel. Daß dasselbe aber von allen Anwesenden richtig verstanden
wird, zeigen ihr die teils verlegenen, teils hämischen Mienen der Offiziere. Die Dame fährt fort: ‚Ich weiß, daß unser Entschluß befremdend klingt, aber es ist uns bitterernst. Der Soldat im Feld wird
auch nicht gefragt, ob er sterben will oder nicht.' Ein minutenlanges
peinliches Schweigen folgt. Der Stabsarzt legt ihr den Arm um die*

---

1) Frau Dr. von Hug-Hellmuth.

Mitte und sagt: ‚Gnädige Frau, nehmen Sie den Fall, es würde tat-
sächlich dazu kommen, . . .' (Gemurmel). Sie entzieht sich seinem Arm
mit dem Gedanken: Es ist doch einer wie der andere, und erwidert:
‚Mein Gott, ich bin eine alte Frau und werde vielleicht gar nicht in
die Lage kommen. Übrigens eine Bedingung müßte eingehalten werden:
die Berücksichtigung des Alters; daß nicht eine ältere Frau einem
ganz jungen Burschen . . . (Gemurmel); das wäre entsetzlich.' —
Der Stabsarzt: ‚Ich verstehe vollkommen.' Einige Offiziere, darunter
einer, der sich in jungen Jahren um sie beworben hatte, lachen hell
auf, und die Dame wünscht zu dem ihr bekannten Oberarzt geführt
zu werden, damit alles ins reine gebracht werde. Dabei fällt ihr zur
größten Bestürzung ein, daß sie seinen Namen nicht kennt. Der
Stabsarzt weist sie trotzdem sehr höflich und respektvoll an, über
eine sehr schmale eiserne Wendeltreppe, die direkt von dem Zimmer
aus in die oberen Stockwerke führt, in den zweiten Stock zu gehen.
Im Hinaufsteigen hört sie einen Offizier sagen: ‚Das ist ein kolossaler
Entschluß, gleichgültig, ob eine jung oder alt ist; alle Achtung!'

Mit dem Gefühle, einfach ihre Pflicht zu tun, geht sie eine end-
lose Treppe hinauf.

Dieser Traum wiederholt sich innerhalb weniger Wochen noch
zweimal mit — wie die Dame bemerkt — ganz unbedeutenden
und recht sinnlosen Abänderungen.“

Der Traum entspricht in seinem Fortlauf einer Tagesphantasie:
er hat nur wenige Bruchstellen, und manche Einzelheit in seinem
Inhalt hätte durch Erkundigung geklärt werden können, was, wie
Sie wissen, unterblieben ist. Das Auffällige und für uns Interessante
ist aber, daß der Traum mehrere Lücken zeigt, Lücken, nicht der
Erinnerung, sondern des Inhaltes. An drei Stellen ist der Inhalt wie
ausgelöscht; die Reden, in denen diese Lücken angebracht sind, werden durch ein Gemurmel unterbrochen. Da wir keine Analyse angestellt haben, steht uns strenge genommen auch kein Recht zu, etwas
über den Sinn des Traumes zu äußern. Allein es sind Andeutungen
gegeben, aus denen sich etwas folgern läßt, z. B. im Worte „Liebes-

dienste", und vor allem nötigen die Stücke der Reden, welche dem Gemurmel unmittelbar vorhergehen, zu Ergänzungen, welche nicht anders als eindeutig ausfallen können. Setzen wir diese ein, so ergibt sich eine Phantasie des Inhalts, daß die Träumerin bereit ist, in Erfüllung einer patriotischen Pflicht, ihre Person zur Befriedigung der Liebesbedürfnisse des Militärs, Offiziere wie Mannschaft, zur Verfügung zu stellen. Das ist gewiß höchst anstößig, ein Muster einer frech libidinösen Phantasie, aber — es kommt im Traume gar nicht vor. Gerade dort, wo der Zusammenhang dieses Bekenntnis fordern würde, findet sich im manifesten Traume ein undeutliches Gemurmel, ist etwas verloren gegangen oder unterdrückt worden.

Ich hoffe, Sie erkennen es als naheliegend, daß eben die Anstößigkeit dieser Stellen das Motiv zu ihrer Unterdrückung war. Wo finden Sie aber eine Parallele zu diesem Vorkommnis? Sie brauchen in unseren Tagen nicht weit zu suchen. Nehmen Sie irgend eine politische Zeitung zur Hand, Sie werden finden, daß von Stelle zu Stelle der Text weggeblieben ist und an seiner Statt die Weiße des Papiers schimmert. Sie wissen, das ist das Werk der Zeitungszensur. An diesen leer gewordenen Stellen stand etwas, was der hohen Zensurbehörde mißliebig war, und darum wurde es entfernt. Sie meinen, es ist schade darum, es wird wohl das Interessanteste gewesen sein, es war „die beste Stelle".

Andere Male hat die Zensur nicht auf den fertigen Satz gewirkt. Der Autor hat vorhergesehen, welche Stellen die Beanständung durch die Zensur zu erwarten haben, und hat sie darum vorbeugend gemildert, leicht modifiziert, oder sich mit Annäherungen und Anspielungen an das, was ihm eigentlich aus der Feder fließen wollte, begnügt. Dann hat auch das Blatt keine leeren Stellen, aber aus gewissen Umschweifen und Dunkelheiten des Ausdrucks werden Sie die im vorhinein geübte Rücksicht auf die Zensur erraten können.

Nun, wir halten diese Parallele fest. Wir sagen, auch die ausgelassenen, durch ein Gemurmel verhüllten Traumreden sind einer Zensur zum Opfer gebracht worden. Wir sprechen direkt von einer

Traumzensur, der ein Stück Anteil an der Traumentstellung zuzuschreiben ist. Überall, wo Lücken im manifesten Traum sind, hat die Traumzensur sie verschuldet. Wir sollten auch weitergehen und eine Äußerung der Zensur jedesmal dort erkennen, wo ein Traumelement besonders schwach, unbestimmt und zweifelhaft, unter anderen deutlicher ausgebildeten erinnert wird. Aber nur selten äußert sich diese Zensur so unverhohlen, so naiv, möchte man sagen, wie in dem Beispiel des Traumes von den „Liebesdiensten". Weit öfter bringt sich die Zensur nach dem zweiten Typus zur Geltung, durch die Produktion von Abschwächungen, Annäherungen, Anspielungen an Stelle des Eigentlichen.

Für eine dritte Wirkungsweise der Traumzensur weiß ich keine Parallele aus dem Walten der Zeitungszensur; ich kann aber gerade diese an dem einzigen bisher analysierten Traumbeispiel demonstrieren. Sie erinnern sich an den Traum von den „drei schlechten Theaterkarten für 1 fl. 50". In den latenten Gedanken dieses Traumes stand das Element „voreilig, zu früh" im Vordergrunde. Es hieß: Es war ein Unsinn, so früh zu heiraten, — es war auch unsinnig, sich so früh Theaterkarten zu besorgen, — es war lächerlich von der Schwägerin, ihr Geld so eilig auszugeben, um sich dafür einen Schmuck zu kaufen. Von diesem zentralen Element der Traumgedanken ist nichts in den manifesten Traum übergegangen; hier ist das Ins-Theater-Gehen und Karten-Bekommen in den Mittelpunkt gerückt. Durch diese Verschiebung des Akzents, diese Umgruppierung der Inhaltselemente, wird der manifeste Traum den latenten Traumgedanken so unähnlich, daß niemand diese letzteren hinter dem ersteren vermuten würde. Diese Akzentverschiebung ist ein Hauptmittel der Traumentstellung und gibt dem Traum jene Fremdartigkeit, deren wegen ihn der Träumer selbst nicht als seine eigene Produktion anerkennen möchte.

Auslassung, Modifikation, Umgruppierung des Materials sind also die Wirkungen der Traumzensur und die Mittel der Traumentstellung. Die Traumzensur selbst ist der Urheber oder einer der Urheber der Traumentstellung, deren Untersuchung uns jetzt beschäftigt. Modifikation und Umordnung sind wir auch gewohnt als „Ver-schiebung" zusammenzufassen.

Nach diesen Bemerkungen über die Wirkungen der Traumzensur wenden wir uns nun ihrem Dynamismus zu. Ich hoffe, Sie nehmen den Ausdruck nicht allzu anthropomorph und stellen sich unter dem Traumzensor nicht ein kleines gestrenges Männlein oder einen Geist vor, der in einem Gehirnkämmerlein wohnt und dort seines Amtes waltet, aber auch nicht allzu lokalisatorisch, so daß Sie an ein „Gehirnzentrum" denken, von dem ein solcher zensurierender Einfluß ausgeht, welcher mit der Beschädigung oder Entfernung dieses Zentrums aufgehoben wäre. Es ist vorläufig nichts weiter als ein gut brauchbarer Terminus für eine dynamische Beziehung. Dieses Wort hindert uns nicht zu fragen, von welchen Tendenzen solcher Einfluß geübt wird und auf welche; wir werden auch nicht überrascht sein zu erfahren, daß wir schon früher einmal auf die Traumzensur gestoßen sind, vielleicht ohne sie zu erkennen.

Das ist nämlich wirklich der Fall gewesen. Erinnern Sie sich, daß wir eine überraschende Erfahrung machten, als wir unsere Technik der freien Assoziation anzuwenden begannen. Wir bekamen da zu spüren, daß sich unseren Bemühungen, vom Traumelement zum unbewußten Element zu gelangen, dessen Ersatz es ist, ein Wider-stand entgegenstellte. Dieser Widerstand, sagten wir, kann verschieden groß sein, das eine Mal riesig, das andere Mal recht geringfügig. Im letzteren Falle brauchen wir für unsere Deutungsarbeit nur wenige Zwischenglieder zu passieren; wenn er aber groß ist, dann haben wir lange Assoziationsketten vom Element her zu durchmessen, werden weit von diesem weggeführt und müssen unterwegs alle die Schwierigkeiten überwinden, die sich als kritische Einwendungen gegen den Einfall ausgeben. Was uns bei der Deutungsarbeit als Widerstand entgegentritt, das müssen wir nun als Traumzensur in die Traumarbeit eintragen. Der Deutungswiderstand ist nur die Objektivierung der Traumzensur. Er beweist uns auch, daß die Kraft der Zensur sich nicht damit erschöpft hat, die Traumentstellung herbeizuführen, und seither erloschen ist, sondern daß diese Zensur als dauernde Institution mit der Absicht, die Entstellung aufrecht zu halten, fortbesteht. Übrigens wie der Widerstand bei der Deutung für jedes Element in seiner Stärke wechselte, so ist auch die durch Zensur herbeigeführte Entstellung in demselben Traume für jedes Element verschieden groß ausgefallen. Vergleicht man manifesten und latenten Traum, so sieht man, einzelne latente Elemente sind völlig eliminiert worden, andere mehr oder weniger modifiziert, und noch andere sind unverändert, ja vielleicht verstärkt in den manifesten Trauminhalt hinübergenommen worden.

Wir wollten aber untersuchen, welche Tendenzen die Zensur ausüben und gegen welche. Nun diese für das Verständnis des Traumes, ja vielleicht des Menschenlebens, fundamentale Frage ist, wenn wir die Reihe der zur Deutung gelangten Träume überblicken, leicht zu beantworten. Die Tendenzen, welche die Zensur ausüben, sind solche, welche vom wachen Urteilen des Träumers anerkannt werden, mit denen er sich einig fühlt. Seien Sie versichert, wenn Sie eine korrekt durchgeführte Deutung eines eigenen Traumes ablehnen, so tun Sie es aus denselben Motiven, mit denen die Traumzensur geübt, die Traumentstellung produziert und die Deutung notwendig gemacht wurde. Denken Sie an den Traum unserer 50-jährigen Dame. Sie findet ihren Traum, ohne ihn gedeutet zu haben, abscheulich, würde noch entrüsteter gewesen sein, wenn ihr Frau Dr. v. H u g etwas von der unerläßlichen Deutung mitgeteilt hätte, und eben dieser Verurteilung wegen haben sich in ihrem Traum die anstößigsten Stellen durch ein Gemurmel ersetzt.

Die Tendenzen aber, gegen welche sich die Traumzensur richtet, muß man zunächst vom Standpunkt dieser Instanz selbst beschreiben. Dann kann man nur sagen, sie seien durchaus verwerflicher Natur, anstößig in ethischer, ästhetischer, sozialer Hinsicht, Dinge, an die man gar nicht zu denken wagt oder nur mit Abscheu denkt. Vor allem sind diese zensurierten und im Traum zu einem entstellten

Ausdruck gelangten Wünsche Äußerungen eines schranken- und rücksichtslosen Egoismus. Und zwar kommt das eigene Ich in jedem Traum vor und spielt in jedem die Hauptrolle, auch wenn es sich für den manifesten Inhalt gut zu verbergen weiß. Dieser *„sacro egoismo"* des Traumes ist gewiß nicht außer Zusammenhang mit der Einstellung zum Schlafen; die ja in der Abziehung des Interesses von der ganzen Außenwelt besteht.

Das aller ethischen Fesseln entledigte Ich weiß sich auch einig mit allen Ansprüchen des Sexualstrebens, solchen, die längst von unserer ästhetischen Erziehung verurteilt worden sind, und solchen, die allen sittlichen Beschränkungsforderungen widersprechen. Das Lustbestreben — die Libido, wie wir sagen — wählt seine Objekte hemmungslos, und zwar die verbotenen am liebsten. Nicht nur das Weib des anderen, sondern vor allem inzestuöse, durch menschliche Übereinkunft geheiligte Objekte, die Mutter und die Schwester beim Manne, den Vater und den Bruder beim Weibe. (Auch der Traum unserer 50jährigen Dame ist ein inzestuöser, seine Libido unverkennbar auf den Sohn gerichtet.) Gelüste, die wir ferne von der menschlichen Natur glauben, zeigen sich stark genug, Träume zu erregen. Auch der Haß tobt sich schrankenlos aus. Rache- und Todeswünsche gegen die nächststehenden, im Leben geliebtesten Personen, die Eltern, Geschwister, den Ehepartner, die eigenen Kinder sind nichts Ungewöhnliches. Diese zensurierten Wünsche scheinen aus einer wahren Hölle aufzusteigen; keine Zensur scheint uns nach der Deutung im Wachen hart genug gegen sie zu sein.

Machen Sie aber aus diesem bösen Inhalt dem Traum selbst keinen Vorwurf. Sie vergessen doch nicht, daß er die harmlose, ja nützliche Funktion hat, den Schlaf vor Störung zu bewahren. Solche Schlechtigkeit liegt nicht im Wesen des Traumes. Sie wissen ja auch, daß es Träume gibt, die sich als Befriedigung berechtigter Wünsche und dringender körperlicher Bedürfnisse erkennen lassen. Diese haben allerdings keine Traumentstellung; sie brauchen sie aber auch nicht, sie können ihrer Funktion genügen, ohne die ethischen und ästhetischen Tendenzen des Ichs zu beleidigen. Auch halten Sie sich vor, daß die Traumentstellung zwei Faktoren proportional ist. Einerseits wird sie um so größer, je ärger der zu zensurierende Wunsch ist, anderseits aber auch, je strenger derzeit die Anforderungen der Zensur auftreten. Ein junges, strenge erzogenes und sprödes Mädchen wird darum mit unerbittlicher Zensur Traumregungen entstellen, welche wir Ärzte z. B. als gestattete, harmlos libidinöse Wünsche anerkennen müßten, und die die Träumerin selbst ein Dezennium später so beurteilen wird.

Im übrigen sind wir noch lange nicht so weit, uns über dies Ergebnis unserer Deutungsarbeit entrüsten zu dürfen. Ich glaube, daß wir es noch nicht recht verstehen; vor allem aber obliegt uns die Aufgabe, es gegen gewisse Anfechtungen sicherzustellen. Es ist gar nicht schwer, einen Haken daran zu finden. Unsere Traumdeutungen sind unter den Voraussetzungen gemacht, die wir vorhin einbekannt haben, daß der Traum überhaupt einen Sinn habe, daß man die Existenz derzeit unbewußter seelischer Vorgänge vom hypnotischen auf den normalen Schlaf übertragen dürfe und daß alle Einfälle determiniert seien. Wären wir auf Grund dieser Voraussetzungen zu plausiblen Resultaten der Traumdeutung gekommen, so hätten wir mit Recht geschlossen, diese Voraussetzungen seien richtig gewesen. Wie aber, wenn diese Ergebnisse so aussehen, wie ich es eben geschildert habe? Dann liegt es doch nahe zu sagen: Es sind unmögliche, unsinnige, zum mindesten sehr unwahrscheinliche Resultate, also war etwas an den Voraussetzungen falsch. Entweder ist der Traum doch kein psychisches Phänomen, oder es gibt nichts Unbewußtes im Normalzustand, oder unsere Technik hat irgendwo ein Leck. Ist das nicht einfacher und befriedigender anzunehmen als alle die Scheußlichkeiten, die wir auf Grund unserer Voraussetzungen angeblich aufgedeckt haben?

Beides! Sowohl einfacher als auch befriedigender, aber darum nicht notwendig richtiger. Lassen wir uns Zeit, die Sache ist noch nicht spruchreif. Vor allem können wir die Kritik gegen unsere Traumdeutungen noch verstärken. Daß die Ergebnisse derselben so unerfreulich und unappetitlich sind, fiele vielleicht nicht so schwer ins Gewicht. Ein stärkeres Argument ist es, daß die Träumer, denen wir aus der Deutung ihrer Träume solche Wunschtendenzen zuschieben, diese aufs nachdrücklichste und mit guten Gründen von sich weisen. Was? sagt der eine, Sie wollen mir aus dem Traume nachweisen, daß es mir leid um die Summen tut, die ich für die Ausstattung meiner Schwester und die Erziehung meines Bruders aufgewendet habe? Aber das kann ja nicht sein; ich arbeite ja nur für meine Geschwister, ich habe kein anderes Interesse im Leben, als meine Pflichten gegen sie zu erfüllen, wie ich es als Ältester unserer seligen Mutter versprochen habe. Oder eine Träumerin sagt: Ich soll meinem Manne den Tod wünschen. Das ist ja ein empörender Unsinn! Nicht nur, daß wir in der glücklichsten Ehe leben — das werden Sie mir wahrscheinlich nicht glauben —, sein Tod würde mich auch um alles bringen, was ich sonst in der Welt besitze. Oder ein anderer wird uns erwidern: Ich soll sinnliche Wünsche auf meine Schwester richten? Das ist lächerlich; ich mache mir gar nichts aus ihr; wir stehen schlecht miteinander und ich habe seit Jahren kein Wort mit ihr gewechselt. Wir würden es vielleicht noch leicht nehmen, wenn diese Träumer die ihnen zugedeuteten Tendenzen nicht bestätigten oder verleugneten; wir könnten sagen, das sind eben Dinge, die sie von sich nicht wissen. Aber daß sie das genaue Gegenteil eines solchen gedeuteten Wunsches in sich verspüren und uns die Vorherrschaft dieses Gegensatzes durch ihre Lebensführung beweisen können, das muß uns doch endlich stutzig machen. Wäre es jetzt nicht an der Zeit, die ganze Arbeit an der Traumdeutung als etwas, was durch seine Resultate ad absurdum geführt ist, bei Seite zu werfen?

Nein, noch immer nicht. Auch dieses stärkere Argument zerbricht, wenn wir es kritisch angreifen. Vorausgesetzt, daß es unbewußte Tendenzen im Seelenleben gibt, so hat es gar keine Beweiskraft, wenn die ihnen entgegengesetzten im bewußten Leben als herrschend nachgewiesen werden. Vielleicht gibt es im Seelenleben auch Raum für gegensätzliche Tendenzen, für Widersprüche, die nebeneinander bestehen; ja möglicherweise ist gerade die Vorherrschaft der einen Regung eine Bedingung für das Unbewußtsein ihres Gegensatzes. Es bleibt also doch bei den zuerst erhobenen Einwendungen, die Resultate der Traumdeutung seien nicht einfach und sehr unerfreulich. Aufs erste ist zu erwidern, daß Sie mit aller Schwärmerei für das Einfache nicht eines der Traumprobleme lösen können; Sie müssen sich da schon zur Annahme komplizierter Verhältnisse bequemen. Und zum zweiten, daß Sie offenbar unrecht daran tun, ein Wohlgefallen oder eine Abstoßung, die Sie verspüren, als Motiv für ein wissenschaftliches Urteil zu verwenden. Was macht es, daß Ihnen die Resultate der Traumdeutung unerfreulich, ja beschämend und widerwärtig erscheinen? *Ça n'empêche pas d'exister,* habe ich als junger Doktor meinen Meister Charcot in ähnlichem Falle sagen gehört. Es heißt demütig sein, seine Sympathien und Antipathien fein zurückstellen, wenn man erfahren will, was in dieser Welt real ist. Wenn Ihnen ein Physiker beweisen kann, daß das organische Leben dieser Erde binnen kurzer Frist einer völligen Erstarrung weichen muß, getrauen Sie sich auch ihm zu entgegnen: Das kann nicht sein; diese Aussicht ist zu unerfreulich? Ich meine, Sie werden schweigen, bis ein anderer Physiker kommt und dem ersten einen Fehler in seinen Voraussetzungen oder Berechnungen nachweist. Wenn Sie von sich weisen, was Ihnen unangenehm ist, so wiederholen Sie vielmehr den Mechanismus der Traumbildung, anstatt ihn zu verstehen und ihn zu überwinden.

Sie versprechen dann vielleicht, von dem abstoßenden Charakter der zensurierten Traumwünsche abzusehen, und ziehen sich auf das Argument zurück, es sei doch unwahrscheinlich, daß man dem Bösen in der Konstitution des Menschen einen so breiten Raum zugestehen solle. Aber berechtigen Sie Ihre eigenen Erfahrungen dazu, das zu sagen? Ich will nicht davon sprechen, wie Sie sich selbst erscheinen mögen, aber haben Sie so viel Wohlwollen bei Ihren Vorgesetzten und Konkurrenten gefunden, so viel Ritterlichkeit bei Ihren Feinden,

und so wenig Neid in Ihrer Gesellschaft, daß Sie sich verpflichtet
fühlen müssen, gegen den Anteil des egoistisch Bösen an der menschlichen Natur aufzutreten? Ist Ihnen nicht bekannt, wie unbeherrscht
und unzuverlässig der Durchschnitt der Menschen in allen Angelegenheiten des Sexuallebens ist? Oder wissen Sie nicht, daß alle
Übergriffe und Ausschreitungen, von denen wir nächtlich träumen,
alltäglich von wachen Menschen als Verbrechen wirklich begangen
werden? Was tut die Psychoanalyse hier anders als das alte Wort von
Plato bestätigen, daß die Guten diejenigen sind, welche sich begnügen, von dem zu träumen, was die anderen, die Bösen wirklich
tun?

Und nun blicken Sie vom Individuellen weg auf den großen Krieg,
der noch immer Europa verheert, denken Sie an das Unmaß von
Brutalität, Grausamkeit und Verlogenheit, das sich jetzt in der Kultur-
welt breitmachen darf. Glauben Sie wirklich, daß es einer Handvoll
gewissenloser Streber und Verführer geglückt wäre, all diese bösen
Geister zu entfesseln, wenn die Millionen von Geführten nicht mitschuldig wären? Getrauen Sie sich auch unter diesen Verhältnissen,
für den Ausschluß des Bösen aus der seelischen Konstitution des Menschen eine Lanze zu brechen?

Sie werden mir vorhalten, ich beurteile den Krieg einseitig; er
habe auch das Schönste und Edelste der Menschen zum Vorschein gebracht, ihren Heldenmut, ihre Selbstaufopferung, ihr soziales Fühlen.
Gewiß, aber machen Sie sich hier nicht mitschuldig an der Unge-
rechtigkeit, die man so oft an der Psychoanalyse begangen hat, indem
man ihr vorgeworfen, das eine zu leugnen, weil sie das andere behauptet. Es ist nicht unsere Absicht, die edlen Strebungen der menschlichen Natur abzuleugnen, noch haben wir je etwas dazu getan, sie
in ihrem Wert herabzusetzen. Im Gegenteile; ich zeige Ihnen nicht
nur die zensurierten bösen Traumwünsche, sondern auch die Zensur,
welche sie unterdrückt und unkenntlich macht. Bei dem Bösen im
Menschen verweilen wir nur darum mit stärkerem Nachdruck, weil
die anderen es verleugnen, wodurch das menschliche Seelenleben

zwar nicht besser, aber unverständlich wird. Wenn wir dann die einseitig ethische Wertung aufgeben, werden wir für das Verhältnis des Bösen zum Guten in der menschlichen Natur gewiß die richtigere Formel finden können. Es bleibt also dabei. Wir brauchen die Ergebnisse unserer Arbeit an der Traumdeutung nicht aufzugeben, wenn wir sie auch befremdend finden müssen. Vielleicht können wir uns später auf anderem Wege ihrem Verständnis nähern. Vorläufig halten wir fest: Die Traumentstellung ist eine Folge der Zensur, welche von anerkannten Tendenzen des Ichs gegen irgendwie anstößige Wunschregungen ausgeübt wird, die sich nächtlicherweile, während des Schlafes, in uns rühren. Freilich, warum gerade nächtlicherweile, und woher diese verwerflichen Wünsche stammen, daran bleibt noch viel zu fragen und zu erforschen.

Es wäre aber Unrecht, wenn wir jetzt versäumten, ein anderes Ergebnis dieser Untersuchungen gebührend hervorzuheben. Die Traumwünsche, die uns im Schlafe stören wollen, sind uns unbekannt, wir erfahren von ihnen ja erst durch die Traumdeutung; sie sind also als derzeit unbewußte im besprochenen Sinne zu bezeichnen. Aber wir müssen uns sagen, sie sind auch mehr als derzeit unbewußt. Der Träumer verleugnet sie ja auch, wie wir in so vielen Fällen erfahren haben, nachdem er sie durch die Deutung des Traumes kennen gelernt hat. Es wiederholt sich dann der Fall, dem wir zuerst bei der Deutung des Versprechens „Aufstoßen" begegnet sind, als der Toastredner empört versicherte, daß ihm weder damals noch je zuvor eine unehrerbietige Regung gegen seinen Chef bewußt geworden. Wir hatten schon damals an dem Wert einer solchen Versicherung gezweifelt und dieselbe durch die Annahme ersetzt, daß der Redner dauernd nichts von dieser in ihm vorhandenen Regung weiß. Solches wiederholt sich nun bei jeder Deutung eines stark entstellten Traumes und gewinnt somit an Bedeutung für unsere Auffassung. Wir sind nun bereit anzunehmen, daß es im Seelenleben Vorgänge, Tendenzen gibt, von denen man überhaupt nichts weiß, seit langer Zeit nichts weiß, vielleicht sogar niemals etwas gewußt hat. Das Unbewußte erhält damit für uns einen neuen Sinn; das „derzeit" oder „zeitweilig" schwindet aus seinem Wesen, es kann auch d a u e r n d unbewußt bedeuten, nicht bloß „derzeit latent". Natürlich werden wir auch darüber ein anderes Mal mehr hören müssen.

X. VORLESUNG

DIE SYMBOLIK IM TRAUM

Meine Damen und Herren! Wir haben gefunden, daß die Traumentstellung, welche uns im Verständnis des Traumes stört, Folge einer zensurierenden Tätigkeit ist, die sich gegen die unannehmbaren, unbewußten Wunschregungen richtet. Aber wir haben natürlich nicht behauptet, daß die Zensur der einzige Faktor ist, der die Traumentstellung verschuldet, und wirklich können wir bei weiterem Studium des Traumes die Entdeckung machen, daß an diesem Effekt noch andere Momente beteiligt sind. Das ist soviel, als sagten wir, auch wenn die Traumzensur ausgeschaltet wäre, wären wir doch nicht imstande, die Träume zu verstehen, wäre der manifeste Traum noch nicht mit den latenten Traumgedanken identisch.

Dieses andere Moment, das den Traum undurchsichtig macht, diesen neuen Beitrag zur Traumentstellung entdecken wir, indem wir auf eine Lücke in unserer Technik aufmerksam werden. Ich habe Ihnen schon zugestanden, daß den Analysierten zu einzelnen Elementen des Traumes mitunter wirklich nichts einfällt. Freilich geschieht dies nicht so oft, wie diese es behaupten; in sehr vielen Fällen läßt sich der Einfall doch noch durch Beharrlichkeit erzwingen. Aber es bleiben doch Fälle übrig, in denen die Assoziation versagt, oder, wenn erzwungen, nicht liefert, was wir von ihr erwarten. Geschieht dies während einer psychoanalytischen Behandlung, so kommt ihm eine besondere Bedeutung zu, mit welcher wir es hier nicht zu tun haben. Es ereignet sich aber auch bei der Traumdeutung mit normalen Personen oder bei der Deutung eigener Träume. Überzeugt man sich, daß in solchen Fällen alles Drängen nichts nützt, so macht man endlich die Entdeckung, daß der unerwünschte Zufall regelmäßig bei bestimmten Traumelementen eintrifft, und fängt an, eine neue Gesetzmäßigkeit dort zu erkennen, wo man zuerst nur ein ausnahmsweises Versagen der Technik zu erfahren glaubte.

Man kommt auf solche Weise zur Versuchung, diese „stummen" Traumelemente selbst zu deuten, aus eigenen Mitteln eine Übersetzung derselben vorzunehmen. Es drängt sich einem auf, daß man jedesmal einen befriedigenden Sinn erhält, wenn man sich dieser Ersetzung getraut, während der Traum sinnlos bleibt und der Zusammenhang unterbrochen ist, solange man sich zu solchem Eingriff nicht entschließt. Die Häufung vieler durchaus ähnlicher Fälle übernimmt es dann, unserem zunächst schüchternen Versuch die geforderte Sicherheit zu geben.

Ich stelle das alles ein bißchen schematisch dar, aber zu Unterrichtszwecken ist es doch gestattet, und es ist auch nicht verfälscht, sondern bloß vereinfacht.

Auf diese Weise erhält man für eine Reihe von Traumelementen konstante Übersetzungen, also ganz ähnlich, wie man es in unseren populären Traumbüchern für alle geträumten Dinge findet. Sie vergessen doch nicht, daß bei unserer Assoziationstechnik niemals konstante Ersetzungen der Traumelemente zu Tage kommen.

Sie werden nun sofort sagen, dieser Weg zur Deutung erscheine Ihnen noch weit unsicherer und angreifbarer als der frühere mittels der freien Einfälle. Aber es kommt doch noch etwas anderes hinzu. Wenn man nämlich durch die Erfahrung genug solcher konstanter Ersetzungen gesammelt hat, dann sagt man sich einmal, daß man diese Stücke der Traumdeutung tatsächlich aus eigener Kenntnis hätte bestreiten sollen, daß sie wirklich ohne die Einfälle des Träumers verständlich sein konnten. Woher man ihre Bedeutung kennen müßte, das wird sich in der zweiten Hälfte unserer Auseinandersetzung ergeben.

Eine solche konstante Beziehung zwischen einem Traumelement und seiner Übersetzung heißen wir eine s y m b o l i s c h e , das Traumelement selbst ein S y m b o l des unbewußten Traumgedankens. Sie erinnern sich, daß ich früher, bei der Untersuchung der Beziehungen zwischen Traumelementen und ihren Eigentlichen drei solcher Beziehungen unterschieden habe, die des Teils vom Ganzen, die der Anspielung und die der Verbildlichung. Eine vierte habe ich Ihnen damals angekündigt, aber nicht genannt. Diese vierte ist nun die hier eingeführte symbolische. An sie knüpfen sich sehr interessante Diskussionen, denen wir uns zuwenden wollen, ehe wir unsere speziellen Beobachtungen über Symbolik darlegen. Die Symbolik ist vielleicht das merkwürdigste Kapitel der Traumlehre.

Vor allem: Indem die Symbole feststehende Übersetzungen sind, realisieren sie im gewissen Ausmaße das Ideal der antiken wie der populären Traumdeutung, von dem wir uns durch unsere Technik weit entfernt hatten. Sie gestatten uns unter Umständen, einen Traum zu deuten, ohne den Träumer zu befragen, der ja zum Symbol ohnedies nichts zu sagen weiß. Kennt man die gebräuchlichen Traumsymbole und dazu die Person des Träumers, die Verhältnisse, unter denen er lebt, und die Eindrücke, nach welchen der Traum vorgefallen ist, so ist man oft in der Lage, einen Traum ohne weiteres zu deuten, ihn gleichsam vom Blatt weg zu übersetzen. Ein solches Kunststück schmeichelt dem Traumdeuter und imponiert dem Träumer; es sticht wohltuend von der mühseligen Arbeit beim Ausfragen des Träumers ab. Lassen Sie sich aber hierdurch nicht verführen. Es ist nicht unsere Aufgabe, Kunststücke zu machen. Die auf Symbolkenntnis beruhende Deutung ist keine Technik, welche die assoziative ersetzen oder sich mit ihr messen kann. Sie ist eine Ergänzung zu ihr und liefert nur in sie eingefügt brauchbare Resultate. Was aber die Kenntnis der psychischen Situation des Träumers betrifft, so wollen Sie erwägen, daß Sie nicht nur Träume von gut Bekannten zur Deutung bekommen, daß Sie in der Regel die Tagesereignisse, welche die Traumerreger sind, nicht kennen, und daß die

Einfälle des Analysierten Ihnen gerade die Kenntnis dessen, was man die psychische Situation heißt, zutragen.

Es ist ferner ganz besonders merkwürdig, auch mit Rücksicht auf später zu erwähnende Zusammenhänge, daß gegen die Existenz der Symbolbeziehung zwischen Traum und Unbewußtem wiederum die heftigsten Widerstände laut geworden sind. Selbst Personen von Urteil und Ansehen, die sonst ein weites Stück Weges mit der Psychoanalyse gegangen sind, haben hier die Gefolgschaft versagt. Um so merkwürdiger aber ist dies Verhalten, als erstens die Symbolik nicht allein dem Traum eigentümlich oder für ihn charakteristisch ist, und zweitens die Symbolik im Traume gar nicht von der Psychoanalyse entdeckt wurde, wiewohl diese sonst nicht arm an überraschenden Entdeckungen ist. Als Entdecker der Traumsymbolik ist, wenn man ihr überhaupt einen Anfang in modernen Zeiten zuschreiben will, der Philosoph K. A. S c h e r n e r (1861) zu nennen. Die Psychoanalyse hat die Funde S c h e r n e r s bestätigt und in allerdings einschneidender Weise modifiziert.

Nun werden Sie etwas vom Wesen der Traumsymbolik und Beispiele für sie hören wollen. Ich will Ihnen gerne mitteilen, was ich weiß, aber ich gestehe Ihnen, daß unser Verständnis nicht so weit reicht, wie wir gerne möchten.

Das Wesen der Symbolbeziehung ist ein Vergleich, aber nicht ein beliebiger. Man ahnt für diesen Vergleich eine besondere Bedingtheit, kann aber nicht sagen, worin diese besteht. Nicht alles, womit wir einen Gegenstand oder einen Vorgang vergleichen können, tritt auch im Traum als Symbol dafür auf. Anderseits symbolisiert der Traum auch nicht alles Beliebige, sondern nur bestimmte Elemente der latenten Traumgedanken. Es gibt also hier Beschränkungen nach beiden Seiten hin. Man muß auch zugeben, daß der Begriff des Symbols derzeit nicht scharf abzugrenzen ist, er verschwimmt gegen die Ersetzung, Darstellung u. dgl., nähert sich selbst der Anspielung. Bei einer Reihe von Symbolen ist der zu Grunde liegende Vergleich sinnfällig. Daneben gibt es andere Symbole, bei denen wir uns die

Frage stellen müssen, wo denn das Gemeinsame, das Tertium comparationis dieses vermutlichen Vergleichs zu suchen sei. Dann mögen wir es bei näherer Überlegung auffinden, oder es kann uns wirklich verborgen bleiben. Es ist ferner sonderbar, wenn das Symbol eine Vergleichung ist, daß dieser Vergleich sich nicht durch die Assoziation bloßlegen läßt, auch daß der Träumer den Vergleich nicht kennt, sich seiner bedient, ohne um ihn zu wissen. Ja noch mehr, daß der Träumer nicht einmal Lust hat, diesen Vergleich anzuerkennen, nachdem er ihm vorgeführt worden ist. Sie sehen also, eine Symbolbeziehung ist eine Vergleichung von ganz besonderer Art, deren Begründung von uns noch nicht klar erfaßt wird. Vielleicht lassen sich später Hinweise auf dieses Unbekannte finden.

Der Umfang der Dinge, die im Traume symbolische Darstellung finden, ist nicht groß. Der menschliche Leib als Ganzes, die Eltern, Kinder, Geschwister, Geburt, Tod, Nacktheit — und dann noch eines. Die einzig typische, d. h. regelmäßige Darstellung der menschlichen Person als Ganzes ist die als H a u s , wie S c h e r n e r erkannt hat, der diesem Symbol sogar eine überragende Bedeutung, die ihm nicht zukommt, zuteilen wollte. Es kommt im Traume vor, daß man, bald lustvoll, bald ängstlich von Häuserfassaden herabklettert. Die mit ganz glatten Mauern sind Männer; die aber mit Vorsprüngen und Ealkonen versehen sind, an welchen man sich anhalten kann, das sind Frauen. Die Eltern erscheinen im Traum als K a i s e r und K a i s e r i n , König und Königin oder als andere Respektspersonen; der Traum ist also hier sehr pietätsvoll. Minder zärtlich verfährt er gegen Kinder und Geschwister; diese werden als k l e i n e T i e r e , U n g e z i e f e r symbolisiert. Die Geburt findet fast regelmäßig eine Darstellung durch eine Beziehung zum W a s s e r ; entweder man stürzt ins Wasser oder man steigt aus ihm heraus, man rettet eine Person aus dem Wasser oder wird von ihr gerettet, d. h. man hat eine mütterliche Beziehung zu ihr. Das Sterben wird im Traum durch A b r e i s e n , m i t d e r E i s e n b a h n F a h r e n ersetzt, das Totsein durch verschiedene dunkle, wie zaghafte Andeutungen, die Nackt-

heit durch K l e i d e r und U n i f o r m e n. Sie sehen, wie hier die Grenzen
zwischen symbolischer und anspielungsartiger Darstellung ver-
schwimmen.

Im Vergleich zur Armseligkeit dieser Aufzählung muß es auffallen,
daß Objekte und Inhalte eines anderen Kreises durch eine außerordentlich reichhaltige Symbolik dargestellt werden. Es ist dies der
Kreis des Sexuallebens, der Genitalien, der Geschlechtsvorgänge, des
Geschlechtsverkehrs. Die übergroße Mehrzahl der Symbole im Traum
sind Sexualsymbole. Es stellt sich dabei ein merkwürdiges Mißver-
hältnis heraus. Der bezeichneten Inhalte sind nur wenige, der Symbole für sie ungemein viele, so daß jedes dieser Dinge durch zahlreiche, nahezu gleichwertige Symbole ausgedrückt werden kann.
Bei der Deutung ergibt sich dann etwas, was allgemein Anstoß erregt. Die Symboldeutungen sind im Gegensatze zur Mannigfaltigkeit
der Traumdarstellungen sehr monoton. Das mißfällt jedem, der davon
erfährt; aber was ist dagegen zu tun?

Da es das erstemal ist, daß in dieser Vorlesung von Inhalten des
Sexuallebens gesprochen wird, bin ich Ihnen Rechenschaft über die
Art schuldig, wie ich dieses Thema zu behandeln gedenke. Die Psychoanalyse findet keinen Anlaß zu Verhüllungen und Andeutungen, hält
es nicht für nötig, sich der Beschäftigung mit diesem wichtigen Stoff
zu schämen, meint, es sei korrekt und anständig, alles bei seinem
richtigen Namen zu nennen, und hofft, auf solche Weise störende
Nebengedanken am ehesten ferne zu halten. Daran kann der Umstand, daß man vor einem aus beiden Geschlechtern gemischten Zu-
hörerkreis spricht, nichts ändern. So wie es keine Wissenschaft in
usum delphini gibt, so auch keine für Backfischchen, und die Damen
unter Ihnen haben durch ihr Erscheinen in diesem Hörsaal zu verstehen gegeben, daß sie den Männern gleichgestellt werden wollen.

Für das männliche Genitale also hat der Traum eine Anzahl von
symbolisch zu nennenden Darstellungen, bei denen das gemeinsame
der Vergleichung meist sehr einleuchtend ist. Vor allem ist für das
männliche Genitale im ganzen die heilige Zahl 3 symbolisch bedeut-

sam. Der auffälligere und beiden Geschlechtern interessante Bestandteil des Genitales, das männliche Glied, findet symbolischen Ersatz
erstens durch Dinge, die ihm in der Form ähnlich, also lang und hoch-
ragend sind, wie: Stöcke, Schirme, Stangen, Bäume und dgl.
Ferner durch Gegenstände, die die Eigenschaft des In-den-Körper-
Eindringens und Verletzens mit dem Bezeichneten gemein haben,
also spitzige Waffen jeder Art, Messer, Dolche, Lanzen,
Säbel, aber ebenso durch Schießwaffen: Gewehre, Pistolen
und den durch seine Form so sehr dazu tauglichen Revolver. In
den ängstlichen Träumen der Mädchen spielt die Verfolgung durch
einen Mann mit einem Messer oder einer Schußwaffe eine große
Rolle. Es ist dies der vielleicht häufigste Fall der Traumsymbolik,
den Sie sich nun leicht übersetzen können. Ohne weiteres verständlich ist auch der Ersatz des männlichen Gliedes durch Gegenstände,
aus denen Wasser fließt: Wasserhähne, Gießkannen, Spring-
brunnen, und durch andere Objekte, die einer Verlängerung fähig
sind, wie Hängelampen, vorschiebbare Bleistifte usw. Daß
Bleistifte, Federstiele, Nagelfeilen, Hämmer und andere
Instrumente unzweifelhafte männliche Sexualsymbole sind, hängt
mit einer gleichfalls nicht ferne liegenden Auffassung des Organs
zusammen.

Die merkwürdige Eigenschaft des Gliedes, sich gegen die Schwer-
kraft aufrichten zu können, eine Teilerscheinung der Erektion, führt
zur Symboldarstellung durch Luftballone, Flugmaschinen und
neuesten Datums durch das Zeppelinsche Luftschiff. Der Traum
kennt aber noch eine andere, weit ausdrucksvollere Art, die Erektion
zu symbolisieren. Er macht das Geschlechtsglied zum Wesentlichen
der ganzen Person und läßt diese selbst fliegen. Lassen Sie sich's
nicht nahe gehen, daß die oft so schönen Flugträume, die wir alle
kennen, als Träume von allgemeiner sexueller Erregung, als Erektions-
träume gedeutet werden müssen. Unter den psychoanalytischen
Forschern hat P. Federn diese Deutung gegen jeden Zweifel sicher-
gestellt, aber auch der für seine Nüchternheit vielbelobte Mourly

Vold, der jene Traumexperimente mit künstlichen Stellungen der Arme und Beine durchgeführt hat, und der der Psychoanalyse wirklich ferne stand, vielleicht nichts von ihr wußte, ist durch seine Untersuchungen zu demselben Schluß gekommen. Machen Sie auch keinen Einwand daraus, daß Frauen dieselben Flugträume haben können. Erinnern Sie sich vielmehr daran, daß unsere Träume Wunscherfüllungen sein wollen, und daß der Wunsch, ein Mann zu sein, sich bei der Frau so häufig, bewußt oder unbewußt, findet. Auch daß es der Frau möglich ist, diesen Wunsch durch dieselben Sensationen wie der Mann zu realisieren, wird keinen der Anatomie Kundigen irremachen können. Das Weib besitzt in seinen Genitalien eben auch ein kleines Glied in der Ähnlichkeit des männlichen, und dieses kleine Glied, die Clitoris, spielt sogar im Kindesalter und im Alter vor dem Geschlechtsverkehr die nämliche Rolle wie das große Glied des Mannes.

Zu den weniger gut verständlichen männlichen Sexualsymbolen gehören gewisse R e p t i l i e n und F i s c h e, vor allem das berühmte Symbol der S c h l a n g e. Warum H u t und M a n t e l dieselbe Verwendung gefunden haben, ist gewiß nicht leicht zu erraten, aber deren Symbolbedeutung ist ganz unzweifelhaft. Endlich kann man sich noch fragen, ob man den Ersatz des männlichen Gliedes durch ein anderes Glied, den Fuß oder die Hand, als einen symbolischen bezeichnen darf. Ich glaube, man wird durch den Zusammenhang und durch die weiblichen Gegenstücke dazu genötigt.

Das weibliche Genitale wird symbolisch dargestellt durch alle jene Objekte, die seine Eigenschaft teilen, einen Hohlraum einzuschließen, der etwas in sich aufnehmen kann. Also durch S c h a c h t e, G r u b e n und H ö h l e n, durch G e f ä ß e und F l a s c h e n, durch S c h a c h t e l n, D o s e n, K o f f e r, B ü c h s e n, K i s t e n, T a s c h e n usw. Auch das S c h i f f gehört in diese Reihe. Manche Symbole haben mehr Beziehung auf den Mutterleib als auf das Genitale des Weibes, so: S c h r ä n k e, Ö f e n und vor allem das Z i m m e r. Die Zimmersymbolik stößt hier an die Haussymbolik, T ü r e und T o r werden wiederum zu Symbolen der Genitalöffnung. Aber auch Stoffe sind Symbole des Weibes, das H o l z, das P a p i e r, und Gegenstände, die aus diesen Stoffen bestehen, wie der Tisch und das Buch. Von Tieren sind wenigstens Schnecke und Muschel als unverkennbare weibliche Symbole anzuführen; von Körperteilen der Mund zur Vertretung der Genitalöffnung, von Bauwerken Kirche und Kapelle. Wie Sie sehen, sind nicht alle Symbole gleich gut verständlich.

Zu den Genitalien müssen die Brüste gerechnet werden, die wie die größeren Hemisphären des weiblichen Körpers ihre Darstellung finden in Äpfeln, Pfirsichen, Früchten überhaupt. Die Genitalbehaarung beider Geschlechter beschreibt der Traum als Wald und Gebüsch. Die komplizierte Topographie der weiblichen Geschlechtsteile macht es begreiflich, daß diese sehr häufig als Landschaft mit Fels, Wald und Wasser dargestellt werden, während der imposante Mechanismus des männlichen Geschlechtsapparates dazu führt, daß alle Arten von schwer zu beschreibenden komplizierten Maschinen Symbole desselben werden.

Ein erwähnenswertes Symbol des weiblichen Genitales ist noch das Schmuckkästchen; Schmuck und Schatz sind Bezeichnungen der geliebten Person auch im Traume; Süßigkeiten eine häufige Darstellung des Geschlechtsgenusses. Die Befriedigung am eigenen Genitale wird durch jede Art von Spielen angedeutet, auch durch das Klavierspiel. Exquisit symbolische Darstellungen der Onanie sind das Gleiten und Rutschen sowie das Abreißen eines Astes. Ein besonders merkwürdiges Traumsymbol ist der Zahnausfall oder das Zahnausziehen. Es bedeutet sicherlich zunächst die Kastration als Bestrafung für die Onanie. Besondere Darstellungen für den Verkehr der Geschlechter findet man im Traume weniger zahlreich, als man nach den bisherigen Mitteilungen erwarten konnte. Rhythmische Tätigkeiten wie Tanzen, Reiten und Steigen sind hier zu nennen, auch gewaltsame Erlebnisse wie das Überfahrenwerden. Dazu gewisse Handwerkstätigkeiten und natürlich die Bedrohung mit Waffen.

Sie müssen sich die Verwendung wie die Übersetzung dieser Symbole nicht ganz einfach vorstellen. Es kommt dabei allerlei vor, was unserer Erwartung widerspricht. So scheint es zum Beispiel kaum glaublich, daß in diesen symbolischen Darstellungen die Geschlechtsunterschiede oft nicht scharf auseinandergehalten werden. Manche Symbole bedeuten ein Genitale überhaupt, gleichgültig ob ein männliches oder weibliches, z. B. das k l e i n e Kind, der k l e i n e Sohn oder die k l e i n e Tochter. Ein andermal kann ein vorwiegend männliches Symbol für ein weibliches Genitale gebraucht werden oder umgekehrt. Man versteht das nicht, ehe man Einsicht in die Entwicklung der Sexualvorstellungen der Menschen gewonnen hat. In manchen Fällen mag diese Zweideutigkeit der Symbole eine nur scheinbare sein; die eklatantesten unter den Symbolen wie W a f f e n, T a s c h e, K i s t e sind auch von dieser bisexuellen Verwendung ausgenommen.

Ich will nun nicht von dem Dargestellten, sondern vom Symbol ausgehen, eine Übersicht geben, aus welchen Gebieten die Sexualsymbole zumeist entnommen werden, und einige Nachträge anfügen mit besonderer Rücksicht auf die Symbole mit unverstandenem Gemeinsamen. Solch ein dunkles Symbol ist der H u t, vielleicht die Kopfbedeckung überhaupt, in der Regel mit männlicher Bedeutung, doch auch der weiblichen fähig. Ebenso bedeutet der M a n t e l einen Mann, vielleicht nicht immer mit Genitalbeziehung. Es steht Ihnen frei, zu fragen, warum. Die herabhängende und vom Weib nicht getragene K r a w a t t e ist ein deutlich männliches Symbol. W e i ß e W ä s c h e, L e i n e n überhaupt ist weiblich; K l e i d e r, U n i f o r m e n sind, wie wir schon gehört haben, Ersatz für Nacktheit, Körperformen; der S c h u h, P a n t o f f e l, ein weibliches Genitale, T i s c h und H o l z wurden als rätselhafte, aber sicherlich weibliche Symbole bereits erwähnt. L e i t e r, S t i e g e, T r e p p e, respektive das Gehen auf ihnen, sind sichere Symbole des Geschlechtsverkehres. Bei näherer Überlegung wird uns die Rhythmik dieses Gehens als Gemeinsames auffallen, vielleicht auch das Anwachsen der Erregung, Atemnot, je höher man steigt.

Die Landschaft haben wir als Darstellung des weiblichen Genitales schon gewürdigt. Berg und Fels sind Symbole des männlichen Gliedes; der Garten ein häufiges Symbol des weiblichen Genitales. Die Frucht steht nicht für das Kind, sondern für die Brüste. Wilde Tiere bedeuten sinnlich erregte Menschen, des weiteren böse Triebe, Leidenschaften. Blüten und Blumen bezeichnen das Genitale des Weibes oder spezieller die Jungfräulichkeit. Sie vergessen nicht, daß die Blüten wirklich die Genitalien der Pflanzen sind.

Das Zimmer kennen wir bereits als Symbol. Die Darstellung kann sich hier fortsetzen, indem die Fenster, Ein- und Ausgänge des Zimmers die Bedeutung der Körperöffnungen übernehmen. Auch das Offen- oder Verschlossensein des Zimmers fügt sich dieser Symbolik, und der Schlüssel, der öffnet, ist ein sicheres männliches Symbol.

Das wäre nun Material zur Traumsymbolik. Es ist nicht vollständig und könnte sowohl vertieft als auch verbreitert werden. Aber ich meine, es wird Ihnen mehr als genug scheinen, vielleicht Sie unwillig machen. Sie werden fragen: Lebe ich also wirklich inmitten von Sexualsymbolen? Sind alle Gegenstände, die mich umgeben, alle Kleider, die ich anlege, alle Dinge, die ich in die Hand nehme, immer wieder Sexualsymbole und nichts anderes? Es gibt wirklich Anlaß genug zu verwunderten Fragen, und die erste derselben lautet: Woher wir denn eigentlich die Bedeutung dieser Traumsymbole kennen sollen, zu denen uns der Träumer selbst keine oder nur unzureichende Auskunft gibt?

Ich antworte: aus sehr verschiedenen Quellen, aus den Märchen und Mythen, Schwänken und Witzen, aus dem Folklore, d. i. der Kunde von den Sitten, Gebräuchen, Sprüchen und Liedern der Völker, aus dem poetischen und dem gemeinen Sprachgebrauch. Überall hier findet sich dieselbe Symbolik vor, und an manchen dieser Stellen verstehen wir sie ohne weitere Unterweisung. Wenn wir diesen Quellen im einzelnen nachgehen, werden wir so viele Parallelen zur

Traumsymbolik finden, daß wir unserer Deutungen sicher werden müssen.

Der menschliche Leib, sagten wir, findet nach Scherner im Traum häufig eine Darstellung durch das Symbol des Hauses. In der Fortführung dieser Darstellung sind dann Fenster, Türen und Tore, die Eingänge in die Körperhöhlen, die Fassaden glatt oder mit Balkonen und Vorsprüngen zum Anhalten versehen. Dieselbe Symbolik findet sich aber in unserem Sprachgebrauch, wenn wir einen gut Bekannten vertraulich als „altes Haus" begrüßen, wenn wir davon sprechen, einem eins aufs Dach l zu geben, oder von einem anderen behaupten, es sei bei ihm nicht richtig im Oberstübchen. In der Anatomie heißen die Körperöffnungen direkt die Leibespforten.

Daß wir die Eltern im Traume als kaiserliche und königliche Paare antreffen, ist ja zunächst überraschend. Aber es findet seine Parallele in der Märchen. Dämmert uns nicht die Einsicht, daß die vielen Märchen, die anheben: Es war einmal ein König und eine Königin, nichts anderes sagen wollen als: Es waren einmal ein Vater und eine Mutter? In der Familie heißen wir die Kinder scherzhaft Prinzen, den ältesten aber den Kronprinzen. Der König selbst nennt sich Landesvater. Kleine Kinder bezeichnen wir scherzhaft als Würmer und sagen mitleidig: das arme Wurm.

Kehren wir zur Haussymbolik zurück. Wenn wir die Vorsprünge der Häuser im Traume zum Anhalten benützen, mahnt das nicht an die bekannte Volksrede auf einen stark entwickelten Busen: Die hat etwas zum Anhalten? Das Volk äußert sich in solchem Falle noch anders, es sagt: Die hat viel Holz vor dem Haus, als wollte es unserer Deutung zu Hilfe kommen, daß Holz ein weibliches, mütterliches Symbol ist.

Zu Holz noch anderes. Wir werden nicht verstehen, wie dieser Stoff zur Vertretung des Mütterlichen, Weiblichen, gelangt ist. Da mag uns die Sprachvergleichung an die Hand gehen. Unser deutsches Wort Holz soll gleichen Stammes sein wie das griechische ὕλη, was Stoff, Rohstoff bedeutet. Es würde da der nicht gerade seltene

Fall vorliegen, daß ein allgemeiner Stoffname schließlich für einen besonderen Stoff reserviert worden ist. Nun gibt es eine Insel im Ozean, die den Namen Madeira führt. Diesen Namen haben ihr die Portugiesen bei der Entdeckung gegeben, weil sie damals über und über bewaldet war. Madeira heißt nämlich in der Sprache der Portugiesen: Holz. Sie erkennen aber, daß madeira nichts anderes ist, als das wenig veränderte lateinische Wort materia, das wiederum Stoff im allgemeinen bedeutet. Materia ist nun von mater, Mutter, abgeleitet. Der Stoff, aus dem etwas besteht, ist gleichsam sein mütterlicher Anteil. In dem symbolischen Gebrauch von Holz für Weib, Mutter, lebt also diese alte Auffassung fort.

Die Geburt wird im Traume regelmäßig durch eine Beziehung zum Wasser ausgedrückt; man stürzt ins Wasser oder kommt aus dem Wasser, das heißt: man gebärt oder man wird geboren. Nun vergessen wir nicht, daß sich dies Symbol in zweifacher Weise auf entwicklungsgeschichtliche Wahrheit berufen kann. Nicht nur, daß alle Landsäugetiere, auch die Vorahnen des Menschen, aus Wassertieren hervorgegangen sind, — das wäre die ferner liegende Tatsache, — auch jedes einzelne Säugetier, jeder Mensch, hat die erste Phase seiner Existenz im Wasser zugebracht, nämlich als Embryo im Fruchtwasser im Leib seiner Mutter gelebt und ist mit der Geburt aus dem Wasser gekommen. Ich will nicht behaupten, daß der Träumer dies weiß, dagegen vertrete ich, daß er es nicht zu wissen braucht. Etwas anderes weiß der Träumer wahrscheinlich daher, daß man es ihm in seiner Kindheit gesagt hat, und selbst dafür will ich behaupten, daß ihm dies Wissen nichts zur Symbolbildung beigetragen hat. Man hat ihm in der Kinderstube erzählt, daß der Storch die Kinder bringt, aber woher holt er sie? Aus dem Teich, aus dem Brunnen, also wiederum aus dem Wasser. Einer meiner Patienten, dem diese Auskunft gegeben worden war, damals ein kleines Gräflein, war hernach einen ganzen Nachmittag lang verschollen. Man fand ihn endlich am Rande des Schloßteichs liegend, das Gesichtchen über den Wasserspiegel gebeugt und eifrig spähend, ob er die Kindlein auf dem Grunde des Wassers erschauen könnte.

In den Mythen von der Geburt des Helden, die O. Rank einer vergleichenden Untersuchung unterzogen hat, — der älteste ist der des Königs Sargon von Agade, etwa 2800 v. Chr. — spielt die Aussetzung ins Wasser und die Rettung aus dem Wasser eine überwiegende Rolle. Rank hat erkannt, daß dies Darstellungen der Geburt sind, analog der im Traume üblichen. Wenn man im Traum eine Person aus dem Wasser rettet, macht man sich zu ihrer Mutter oder zur Mutter schlechtweg; im Mythus bekennt sich eine Person, die ein Kind aus dem Wasser rettet, als die richtige Mutter des Kindes. In einem bekannten Scherz wird der intelligente Judenknabe gefragt, wer denn die Mutter des Moses war. Er antwortet unbedenklich: die Prinzessin. Aber nein, wird ihm vorgehalten, die hat ihn ja nur aus dem Wasser gezogen. So sagt sie, repliziert er und beweist damit, daß er die richtige Deutung des Mythus gefunden hat.

Das Abreisen bedeutet im Traum Sterben. Es ist auch der Brauch der Kinderstube, wenn sich das Kind nach dem Verbleib eines Verstorbenen erkundigt, den es vermißt, ihm zu sagen, er sei verreist. Wiederum möchte ich dem Glauben widersprechen, daß das Traumsymbol von dieser gegen das Kind gebrauchten Ausrede stammt. Der Dichter bedient sich derselben Symbolbeziehung, wenn er vom Jenseits als vom unentdeckten Land spricht, von dessen Bezirk kein Reisender *(no traveller)* wiederkehrt. Auch im Alltag ist es uns durchaus gebräuchlich, von der letzten Reise zu sprechen. Jeder Kenner des alten Ritus weiß, wie ernst z. B. im altägyptischen Glauben die Vorstellung von einer Reise ins Land des Todes genommen wurde. In vielen Exemplaren ist uns das Totenbuch erhalten, welches wie ein Bädeker der Mumie auf diese Reise mitgegeben wurde. Seitdem die Begräbnisstätten von den Wohnstätten abgesondert worden sind, ist ja auch die letzte Reise des Verstorbenen eine Realität geworden.

Ebensowenig ist etwa die Genitalsymbolik etwas, was dem Traume allein zukommt. Jeder von Ihnen wird wohl einmal so unhöflich gewesen sein, eine Frau eine „alte Schachtel" zu nennen, vielleicht ohne zu wissen, daß er sich dabei eines Genitalsymbols bedient. Im Neuen Testament heißt es: Das Weib ist ein schwaches Gefäß. Die heiligen Schriften der Juden sind in ihrem dem poetischen so angenäherten Stil erfüllt von sexualsymbolischen Ausdrücken, die nicht immer richtig verstanden worden sind, und deren Auslegung z. B. im Hohen Lied zu manchen Mißverständnissen geführt hat. In der späteren hebräischen Literatur ist die Darstellung des Weibes al Haus, wobei die Tür die Geschlechtsöffnung vertritt, eine sehr verbreitete. Der Mann beklagt sich z. B. im Falle der fehlenden Jungfräulichkeit, daß er die Tür geöffnet gefunden hat. Auch das Symbol Tisch für Weib ist in dieser Literatur bekannt. Die Frau sagt von ihrem Manne: Ich ordnete ihm den Tisch, er aber wendete ihn um. Lahme Kinder sollen dadurch entstehen, daß der Mann den Tisch umwendet. Ich entnehme diese Belege einer Abhandlung von L. Levy in Brünn: Die Sexualsymbolik der Bibel und des Talmuds.

Daß auch die Schiffe des Traumes Weiber bedeuten, machen uns die Etymologen glaubwürdig, die behaupten, Schiff sei ursprünglich der Name eines tönernen Gefäßes gewesen und sei dasselbe Wort wie Schaff. Daß der Ofen ein Weib und Mutterleib ist, wird uns durch die griechische Sage von Periander von Korinth und seiner Frau Melissa bestätigt. Als nach Herodots Bericht der Tyrann den Schatten seiner heißgeliebten, aber aus Eifersucht von ihm ermordeten Gemahlin beschwor, um eine Auskunft von ihr zu bekommen, beglaubigte sich die Tote durch die Mahnung, daß er, Periander, sein Brot in einen kalten Ofen geschoben, als Verhüllung eines Vorganges, der keiner anderen Person bekannt sein konnte. In der von F. S. Krauß herausgegebenen „Anthropophyteia", einem unersetzlichen Quellenwerk für alles, was das Geschlechtsleben der Völker betrifft, lesen wir, daß man in einer bestimmten deutschen

Landschaft von einer Frau, die entbunden hat, sagt: Der Ofen ist
bei ihr zusammengebrochen. Die Feuerbereitung und alles,
was mit ihr zusammenhängt, ist auf das innigste von Sexualsymbolik
durchsetzt. Stets ist die Flamme ein männliches Genitale, und die
Feuerstelle, der Herd, ein weiblicher Schoß.

Wenn Sie sich vielleicht darüber verwundert haben, wie häufig
Landschaften im Traum zur Darstellung des weiblichen Genitales
verwendet werden, so lassen Sie sich von den Mythologen belehren,
welche Rolle Mutter Erde in den Vorstellungen und Kulten der
alten Zeit gespielt hat, und wie die Auffassung des Ackerbaues von
dieser Symbolik bestimmt wurde. Daß das Zimmer im Traum ein
Frauenzimmer vorstellt, werden Sie geneigt sein aus unserem Sprachgebrauch abzuleiten, der Frauenzimmer anstatt Frau setzt, also die
menschliche Person durch die für sie bestimmte Räumlichkeit vertreten werden läßt. So ähnlich sprechen wir von der „Hohen Pforte"
und meinen damit den Sultan und seine Regierung; auch der Name
des altägyptischen Herrschers Pharao bedeutete nichts anderes als
„großer Hofraum". (Im alten Orient sind die Höfe zwischen den
Doppeltoren der Stadt Orte der Zusammenkunft wie in der klassischen
Welt die Marktplätze.) Allein ich meine, diese Ableitung ist eine
allzu oberflächliche. Es ist mir wahrscheinlicher, daß das Zimmer
als der den Menschen umschließende Raum zum Symbol des Weibes
geworden ist. Das Haus kennen wir ja schon in solcher Bedeutung; aus
der Mythologie und aus dem poetischen Stil dürfen wir Stadt,
Burg, Schloß, Festung als weitere Symbole für das Weib hinzunehmen. Die Frage wäre an Träumen solcher Personen, die nicht
Deutsch sprechen, und es nicht verstehen, leicht zu entscheiden. Ich
habe in den letzten Jahren vorwiegend fremdsprachige Patienten
behandelt und glaube mich zu erinnern, daß in deren Träumen das
Zimmer gleichfalls ein Frauenzimmer bedeutete, obwohl sie keinen
analogen Sprachgebrauch in ihren Sprachen hatten. Es sind noch
andere Anzeichen dafür vorhanden, daß die Symbolbeziehung über
die Sprachgrenzen hinausgehen kann, was übrigens schon der alte

Traumforscher S c h u b e r t (1862) behauptet hat. Indes, keiner meiner Träumer war des Deutschen völlig unkundig, so daß ich diese Unterscheidung jenen Psychoanalytikern überlassen muß, die in anderen Ländern an einsprachigen Personen.Erfahrungen sammeln können. Unter den Symboldarstellungen des männlichen Genitales ist kaum eine, die nicht im scherzhaften, vulgären oder im poetischen Sprachgebrauch, zumal bei den altklassischen Dichtern, wiederkehrte. Es kommen hierfür aber nicht nur die im Traume auftretenden Symbole in Betracht, sondern auch neue, z. B. die Werkzeuge verschiedener Verrichtungen, in erster Reihe der Pflug. Im übrigen nahen wir mit der Symboldarstellung des Männlichen einem sehr ausgedehnten und vielumstrittenen Gebiet, von dem wir uns aus ökonomischen Motiven fernehalten wollen. Nur dem einen, gleichsam aus der Reihe fallenden Symbol der 3 möchte ich einige Bemerkungen widmen. Ob diese Zahl nicht etwa ihre Heiligkeit dieser Symbolbeziehung verdankt, bleibe dahingestellt. Gesichert scheint aber, daß manche in der Natur vorkommende dreiteilige Dinge ihre Verwendung zu Wappen und Emblemen von solcher Symbolbedeutung ableiten, z. B. das Kleeblatt. Auch die dreiteilige sogenannte französische Lilie und das sonderbare Wappen zweier so weit voneinander entfernten Inseln wie Sizilien und die Isle of Man, das T r i s k e l e s (drei halbgebeugte Beine von einem Mittelpunkt ausgehend) sollen nur Umstilisierungen eines männlichen Genitales sein. Ebenbilder des männlichen Gliedes galten im Altertum als die kräftigsten Abwehrmittel (A p o t r o p a e a) gegen böse Einflüsse, und es steht im Zusammenhange damit, daß die glückbringenden Amulette unserer Zeit sämtlich leicht als Genital- oder Sexualsymbole zu erkennen sind. Betrachten wir eine solche Sammlung, wie sie etwa in Form kleiner silberner Anhängsel getragen wird: ein vierblättriges Kleeblatt, ein Schwein, ein Pilz, ein Hufeisen, eine Leiter, ein Rauchfangkehrer. Das vierblättrige Kleeblatt ist an die Stelle des eigentlich zum Symbol geeigneten dreiblättrigen getreten; das Schwein ist ein altes Fruchtbarkeitssymbol; der Pilz ist ein unzweifelhaftes Penissymbol, es gibt Pilze, die ihrer

unverkennbaren Ähnlichkeit mit dem männlichen Glied ihren systematischen Namen verdanken (Phallus impudicus); das Hufeisen
wiederholt den Umriß der weiblichen Geschlechtsöffnung, und der
Rauchfangkehrer, der die Leiter trägt, taugt in diese Gemeinschaft,
weil er eine jener Hantierungen übt, mit denen der Geschlechtsverkehr vulgärerweise verglichen wird (S. die Anthropophyteia).
Seine Leiter haben wir im Traume als Sexualsymbol kennen gelernt;
der deutsche Sprachgebrauch kommt uns hier zu Hilfe, der uns zeigt,
wie das Wort „steigen" in exquisit sexuellem Sinn angewendet wird.
Man sagt: „Den Frauen nachsteigen" und „ein alter Steiger".
Im Französischen, wo die Stufe *la marche* heißt, finden wir ganz
analog für einen alten Lebemann den Ausdruck *„un vieux mar-
cheur"*. Daß der Geschlechtsverkehr vieler großer Tiere ein Steigen,
Besteigen des Weibchens, zur Voraussetzung hat, ist diesem Zusammenhang wahrscheinlich nicht fremd.

Das Abreißen eines Astes als symbolische Darstellung der Onanie
stimmt nicht nur zu vulgären Bezeichnungen des onanistischen Aktes,
sondern hat auch weitgehende mythologische Parallelen. Besonders
merkwürdig ist aber die Darstellung der Onanie oder besser der
Strafe dafür, der Kastration, durch Zahnausfall und Zahnausreißen,
weil sich dazu ein Gegenstück aus der Völkerkunde findet, das den
wenigsten Träumern bekannt sein dürfte. Es scheint mir nicht
zweifelhaft, daß die bei so vielen Völkern geübte Beschneidung ein
Äquivalent und eine Ablösung der Kastration ist. Und nun wird uns
berichtet, daß in Australien gewisse primitive Stämme die Beschneidung als Pubertätsritus ausführen (zur Mannbarkeitsfeier der Jugend),
während andere, ganz nahewohnende, an Stelle dieses Aktes das Aus-
schlagen eines Zahnes gesetzt haben.

Ich beende meine Darstellung mit diesen Proben. Es sind nur Proben; wir wissen mehr darüber, und Sie mögen sich vorstellen, um
wie viel reichhaltiger und interessanter eine derartige Sammlung ausfallen würde, die nicht von Dilettanten wie wir, sondern von den
richtigen Fachleuten in der Mythologie, Anthropologie, Sprachwissen-

schaft, im Folklore angestellt wäre. Es drängt uns zu einigen Folgerungen, die nicht erschöpfend sein können, aber uns viel zu denken geben werden.

Fürs erste sind wir vor die Tatsache gestellt, daß dem Träumer die symbolische Ausdrucksweise zu Gebote steht, die er im Wachen nicht kennt und nicht wiedererkennt. Das ist so verwunderlich, wie wenn Sie die Entdeckung machen würden, daß Ihr Stubenmädchen Sanskrit versteht, obwohl Sie wissen, daß sie in einem böhmischen Dorf geboren ist und es nie gelernt hat. Es ist nicht leicht, diese Tatsache mit unseren psychologischen Anschauungen zu bewältigen. Wir können nur sagen, die Kenntnis der Symbolik ist dem Träumer unbewußt, sie gehört seinem unbewußten Geistesleben an. Wir kommen aber auch mit dieser Annahme nicht nach. Bisher hatten wir nur notwendig, unbewußte Strebungen anzunehmen, solche, von denen man zeitweilig oder dauernd nichts weiß. Jetzt aber handelt es sich um mehr, geradezu um unbewußte Kenntnisse, um Denkbeziehungen, Vergleichungen zwischen verschiedenen Objekten, die dazu führen, daß das eine konstant an Stelle des anderen gesetzt werden kann. Diese Vergleichungen werden nicht jedesmal neu angestellt, sondern sie liegen bereit, sie sind ein- für allemal fertig; das geht ja aus ihrer Übereinstimmung bei verschiedenen Personen, ja vielleicht Übereinstimmung trotz der Sprachverschiedenheit, hervor.

Woher soll die Kenntnis dieser Symbolbeziehungen kommen? Der Sprachgebrauch deckt nur einen kleinen Teil derselben. Die vielfältigen Parallelen aus anderen Gebieten sind dem Träumer zumeist unbekannt; auch wir mußten sie erst mühsam zusammensuchen.

Zweitens sind diese Symbolbeziehungen nichts, was dem Träumer oder der Traumarbeit, durch die sie zum Ausdruck kommen, eigentümlich wäre. Wir haben ja erfahren, derselben Symbolik bedienen sich Mythen und Märchen, das Volk in seinen Sprüchen und Liedern, der gemeine Sprachgebrauch und die dichterische Phantasie. Das Gebiet der Symbolik ist ein ungemein großes, die Traumsymbolik ist nur ein kleiner Teil davon; es ist nicht einmal zweckmäßig, das ganze Problem vom Traum aus in Angriff zu nehmen. Viele der anderswo gebräuchlichen Symbole kommen im Traum nicht oder nur sehr selten vor; manche der Traumsymbole finden sich nicht auf allen anderen Gebieten wieder, sondern, wie Sie gesehen haben, nur hier oder dort. Man bekommt den Eindruck, daß hier eine alte, aber untergegangene Ausdrucksweise vorliegt, von welcher sich auf verschiedenen Gebieten Verschiedenes erhalten hat, das eine nur hier, das andere nur dort, ein drittes vielleicht in leicht veränderten Formen auf mehreren Gebieten. Ich muß hier der Phantasie eines interessanten Geisteskranken gedenken, welcher eine „Grundsprache" imaginiert hatte, von welcher all diese Symbolbeziehungen die Überreste wären.

Drittens muß Ihnen auffallen, daß die Symbolik auf den genannten anderen Gebieten keineswegs nur Sexualsymbolik ist, während im Traume die Symbole fast ausschließend zum Ausdruck sexueller Objekte und Beziehungen verwendet werden. Auch das ist nicht leicht erklärlich. Sollten ursprünglich sexuell bedeutsame Symbole später eine andere Anwendung erhalten haben, und hinge damit etwa noch die Abschwächung von der symbolischen zur andersartigen Darstellung zusammen? Diese Fragen sind offenbar nicht zu beantworten, wenn man sich nur mit der Traumsymbolik beschäftigt hat. Man darf nur an der Vermutung festhalten, daß eine besonders innige Beziehung zwischen den richtigen Symbolen und dem Sexuellen besteht.

Ein wichtiger Fingerzeig ist uns hier in den letzten Jahren gegeben worden. Ein Sprachforscher, H. Sperber (Upsala), der unabhängig von der Psychoanalyse arbeitet, hat die Behauptung aufgestellt, daß sexuelle Bedürfnisse an der Entstehung und Weiterbildung der Sprache den größten Anteil gehabt haben. Die anfänglichen Sprachlaute haben der Mitteilung gedient und den sexuellen Partner herbeigerufen: die weitere Entwicklung der Sprachwurzeln habe die Arbeitsverrichtungen der Urmenschen begleitet. Diese Arbeiten seien gemeinsame gewesen und unter rhythmisch wiederholten Sprachäußerungen vor sich gegangen. Dabei sei ein sexuelles Interesse auf die Arbeit verlegt worden. Der Urmensch habe sich gleichsam die Arbeit annehmbar gemacht, indem er sie als Äquivalent und Ersatz der Geschlechtstätigkeit behandelte. Das bei der gemeinsamen Arbeit hervorgestoßene Wort habe so zwei Bedeutungen gehabt, den Geschlechtsakt bezeichnet wie die ihm gleichgesetzte Arbeitstätigkeit. Mit der Zeit habe sich das Wort von der sexuellen Bedeutung losgelöst und an diese Arbeit fixiert. Generationen später sei es mit einem neuen Wort, das nun die Sexualbedeutung hatte und auf eine neue Art von Arbeit angewendet wurde, ebenso ergangen. Auf solche Weise hätte sich eine Anzahl von Sprachwurzeln gebildet, die alle sexueller Herkunft waren und ihre sexuelle Bedeutung abgegeben hatten. Wenn die hier skizzierte Aufstellung das Richtige trifft, eröffnet sich uns allerdings eine Möglichkeit des Verständnisses für die Traumsymbolik. Wir würden begreifen, warum es im Traum, der etwas von diesen ältesten Verhältnissen bewahrt, so außerordentlich viele Symbole für das Geschlechtliche gibt, warum allgemein Waffen und Werkzeuge immer für das Männliche, die Stoffe und das Bearbeitete fürs Weibliche stehen. Die Symbolbeziehung wäre der Überrest der alten Wortidentität; Dinge, die einmal gleich geheißen haben wie das Genitale, könnten jetzt im Traum als Symbole für dasselbe eintreten.

Aus unseren Parallelen zur Traumsymbolik können Sie aber auch Schätzung für den Charakter der Psychoanalyse gewinnen, der sie befähigt, Gegenstand des allgemeinen Interesses zu werden, wie weder die Psychologie noch die Psychiatrie es konnten. Es spinnen sich bei der psychoanalytischen Arbeit Beziehungen zu so vielen anderen Geisteswissenschaften an, deren Untersuchung die wertvollsten Aufschlüsse verspricht, zur Mythologie wie zur Sprachwissenschaft, zum Folklore, zur Völkerpsychologie und zur Religionslehre. Sie werden es verständlich finden, daß auf psychoanalytischem Boden eine Zeitschrift erwachsen ist, welche sich die Pflege dieser Beziehungen zur ausschließlichen Aufgabe gemacht hat, die 1912 gegründete, von Hanns Sachs und Otto Rank geleitete „Imago". In all diesen Beziehungen ist die Psychoanalyse zunächst der gebende, weniger der empfangende Teil. Sie hat zwar den Vorteil davon, daß uns ihre fremdartigen Ergebnisse durch das Wiederfinden auf anderen Gebieten vertrauter werden, aber im ganzen ist es die Psychoanalyse, welche die technischen Methoden und die Gesichtspunkte beistellt, deren Anwendung sich auf jenen anderen Gebieten fruchtbar erweisen soll. Das seelische Leben des menschlichen Einzelwesens ergibt uns bei psychoanalytischer Untersuchung die Aufklärungen, mit denen wir manches Rätsel im Leben der Menschenmassen lösen oder doch ins rechte Licht rücken können.

Übrigens habe ich Ihnen noch gar nicht gesagt, unter welchen Umständen wir die tiefste Einsicht in jene supponierte „Grundsprache" nehmen können, auf welchem Gebiet am meisten von ihr erhalten ist. Solange Sie dies nicht wissen, können Sie auch die ganze Bedeutung des Gegenstandes nicht würdigen. Dies Gebiet ist nämlich die Neurotik, sein Material die Symptome und andere Äußerungen der Nervösen, zu deren Aufklärung und Behandlung ja die Psychoanalyse geschaffen worden ist.

Mein vierter Gesichtspunkt kehrt nun wieder zu unserem Ausgang zurück und lenkt in die uns vorgezeichnete Bahn ein. Wir sagten, auch wenn es keine Traumzensur gäbe, würde der Traum uns doch noch nicht leicht verständlich sein, denn dann fänden wir uns vor der Aufgabe, die Symbolsprache des Traumes in die unseres wachen Denkens zu übersetzen. Die Symbolik ist also ein zweites und unabhängiges Moment der Traumentstellung neben der Traumzensur. Es liegt aber nahe anzunehmen, daß es der Traumzensur bequem ist, sich der Symbolik zu bedienen, da diese zu demselben Ende, zur Fremdartigkeit und Unverständlichkeit des Traumes, führt.

Ob wir bei weiterem Studium des Traumes nicht auf ein neues Moment, welches zur Traumentstellung beiträgt, stoßen werden, muß sich ja alsbald zeigen. Das Thema der Traumsymbolik möchte ich aber nicht verlassen, ohne nochmals das Rätsel zu berühren, daß sie auf so heftigen Widerstand bei den Gebildeten stoßen konnte, wo die Verbreitung der Symbolik in Mythus, Religion, Kunst und Sprache so unzweifelhaft ist. Ob nicht wiederum die Beziehung zur Sexualität die Schuld daran trägt?

DIE TRAUMARBEIT

Meine Damen und Herren! Wenn Sie die Traumzensur und die Symboldarstellung bewältigt haben, haben Sie die Traumentstellung zwar noch nicht gänzlich überwunden, aber Sie sind doch imstande, die meisten Träume zu verstehen. Sie bedienen sich dabei der beiden einander ergänzenden Techniken, rufen Einfälle des Träumers auf, bis Sie vom Ersatz zum Eigentlichen vorgedrungen sind, und setzen für die Symbole deren Bedeutung aus eigener Kenntnis ein. Von gewissen Unsicherheiten, die sich dabei ergeben, werden wir später handeln.

Wir können nun eine Arbeit wieder aufnehmen, die wir seinerzeit mit unzureichenden Mitteln versuchten, als wir die Beziehungen zwischen den Traumelementen und ihren Eigentlichen studierten und dabei vier solcher Hauptbeziehungen feststellten, die des Teils vom Ganzen, die der Annäherung oder Anspielung, die symbolische Beziehung und die plastische Wortdarstellung. Dasselbe wollen wir im größeren Maßstabe unternehmen, indem wir den manifesten Trauminhalt im ganzen mit dem durch Deutung gefundenen latenten Traum vergleichen.

Ich hoffe, Sie werden diese beiden nie wieder miteinander verwechseln. Wenn Sie das zustande bringen, haben Sie im Verständnis des Traumes mehr erreicht als wahrscheinlich die meisten Leser meiner „Traumdeutung". Lassen Sie sich auch noch einmal vorhalten, daß jene Arbeit, welche den latenten Traum in den manifesten umsetzt, die Traumarbeit heißt. Die in entgegengesetzter Richtung fortschreitende Arbeit, welche vom manifesten Traum zum latenten gelangen will, ist unsere Deutungsarbeit. Die Deutungsarbeit will die Traumarbeit aufheben. Die als evidente Wunscherfüllungen erkannten Träume vom infantilen Typus haben doch ein Stück der Traumarbeit an sich erfahren, nämlich die Umsetzung der Wunschform in die Realität und zumeist auch die der Gedanken in visuelle Bilder. Hier bedarf es keiner Deutung, nur der Rückbildung dieser beiden Umsetzungen. Was bei den anderen Träumen an Traumarbeit noch hinzugekommen ist, das heißen wir die Traumentstellung, und diese ist durch unsere Deutungsarbeit rückgängig zu machen.

Durch die Vergleichung vieler Traumdeutungen bin ich in die Lage versetzt, Ihnen in zusammenfassender Darstellung anzugeben, was die Traumarbeit mit dem Material der latenten Traumgedanken macht. Ich bitte Sie aber, davon nicht zuviel verstehen zu wollen. Es ist ein Stück Deskription, welches mit ruhiger Aufmerksamkeit angehört werden soll.

Die erste Leistung der Traumarbeit ist die Verdichtung. Wir verstehen darunter die Tatsache, daß der manifeste Traum weniger Inhalt hat als der latente, also eine Art von abgekürzter Übersetzung des letzteren ist. Die Verdichtung kann eventuell einmal fehlen, sie ist in der Regel vorhanden, sehr häufig enorm. Sie schlägt niemals ins Gegenteil um, d. h. es kommt nicht vor, daß der manifeste Traum umfang- und inhaltsreicher ist als der latente. Die Verdichtung kommt dadurch zustande, daß 1. gewisse latente Elemente überhaupt ausgelassen werden, 2. daß von manchen Komplexen des latenten Traumes nur ein Brocken in den manifesten übergeht, 3. daß latente Elemente, die etwas Gemeinsames haben, für den manifesten Traum zusammengelegt, zu einer Einheit verschmolzen werden.

Wenn Sie wollen, können Sie den Namen „Verdichtung" für diesen letzten Vorgang allein reservieren. Seine Effekte sind besonders leicht zu demonstrieren. Aus Ihren eigenen Träumen werden Sie sich mühelos an die Verdichtung verschiedener Personen zu einer einzigen erinnern. Eine solche Mischperson sieht etwa aus wie A, ist aber gekleidet wie B, tut eine Verrichtung, wie man sie von C erinnert, und dabei ist noch ein Wissen, daß es die Person D ist. Durch diese Mischbildung wird natürlich etwas den vier Personen Gemeinsames besonders hervorgehoben. Ebenso wie aus Personen kann man aus Gegenständen oder aus Örtlichkeiten eine Mischbildung herstellen, wenn die Bedingung erfüllt ist, daß die einzelnen Gegenstände und Örtlichkeiten etwas, was der latente Traum betont, miteinander gemein haben. Es ist das wie eine neue und flüchtige Begriffsbildung mit diesem Gemeinsamen als Kern. Durch das Übereinanderfallen der miteinander verdichteten Einzelnen entsteht in der Regel ein unscharfes, verschwommenes Bild, so ähnlich, wie wenn Sie mehrere Aufnahmen auf die nämliche Platte bringen.

Der Traumarbeit muß an der Herstellung solcher Mischbildungen viel gelegen sein, denn wir können nachweisen, daß die hierzu erforderten Gemeinsamkeiten absichtlich hergestellt werden, wo sie zunächst vermißt wurden, z. B. durch die Wahl des wörtlichen Ausdrucks für einen Gedanken. Wir haben solche Verdichtungen und Mischbildungen schon kennen gelernt; sie spielten in der Entstehung mancher Fälle von Versprechen eine Rolle. Erinnern Sie sich an den jungen Mann, der eine Dame b e g l e i t d i g e n wollte. Außerdem gibt es Witze, deren Technik sich auf eine solche Verdichtung zurückführt. Davon abgesehen, darf man aber behaupten, daß dieser Vorgang etwas ganz Ungewöhnliches und Befremdliches ist. Die Bildung der Mischpersonen des Traumes findet zwar Gegenstücke in manchen Schöpfungen unserer Phantasie, die leicht Bestandteile, welche in der Erfahrung nicht zusammengehören, zu einer Einheit zusammensetzt, also z. B. in den Centauren und Fabeltieren der alten Mythologie oder der B ö c k - l i n schen Bilder. Die „schöpferische" Phantasie kann ja überhaupt nichts erfinden, sondern nur einander fremde Bestandteile zusammensetzen. Aber das Sonderbare an dem Verfahren der Traumarbeit ist folgendes: Das Material, das der Traumarbeit vorliegt, sind ja Gedanken, Gedanken, von denen einige anstößig und unannehmbar sein mögen, die aber korrekt gebildet und ausgedrückt sind. Diese Gedanken werden durch die Traumarbeit in eine andere Form übergeführt, und es ist merkwürdig und unverständlich, daß bei dieser Übersetzung, Übertragung wie in eine andere Schrift oder Sprache, die Mittel der Verschmelzung und Kombination Anwendung finden. Eine Übersetzung ist doch sonst bestrebt, die im Text gegebenen Sonderungen zu achten und gerade Ähnlichkeiten auseinander zu halten. Die Traumarbeit bemüht sich ganz im Gegenteile, zwei verschiedene Gedanken dadurch zu verdichten, daß sie ähnlich wie der Witz ein mehrdeutiges Wort heraussucht, in dem sich die beiden Gedanken treffen können. Man muß diesen Zug nicht sofort verstehen wollen, aber er kann für die Auffassung der Traumarbeit bedeutungsvoll werden.

Obwohl die Verdichtung den Traum undurchsichtig macht, bekommt man doch nicht den Eindruck, daß sie eine Wirkung der Traumzensur sei. Eher möchte man sie auf mechanische oder ökonomische Momente zurückführen; aber die Zensur findet jedenfalls ihre Rechnung dabei.

Die Leistungen der Verdichtung können ganz außerordentliche sein. Mit ihrer Hilfe wird es gelegentlich möglich, zwei ganz verschiedene latente Gedankengänge in einem manifesten Traum zu vereinigen, so daß man eine anscheinend zureichende Deutung eines Traumes erhalten und dabei doch eine mögliche Überdeutung übersehen kann.

Die Verdichtung hat auch für das Verhältnis zwischen dem latenten und dem manifesten Traum die Folge, daß keine einfache Beziehung zwischen den Elementen hier und dort bestehen bleibt. Ein manifestes Element entspricht gleichzeitig mehreren latenten, und umgekehrt kann ein latentes Element an mehreren manifesten beteiligt sein, also nach Art einer Verschränkung. Bei der Deutung des Traumes zeigt es sich auch, daß die Einfälle zu einem einzelnen manifesten

Element nicht der Reihe nach zu kommen brauchen. Man muß oft abwarten, bis der ganze Traum gedeutet ist.

Die Traumarbeit besorgt also eine sehr ungewöhnliche Art von Transkription der Traumgedanken, nicht eine Übersetzung Wort für Wort oder Zeichen für Zeichen, auch nicht eine Auswahl nach bestimmter Regel, wie wenn nur die Konsonanten eines Wortes wiedergegeben, die Vokale aber ausgelassen würden, auch nicht, was man eine Vertretung heißen könnte, daß immer ein Element an Stelle mehrerer herausgegriffen wird, sondern etwas anderes und weit Komplizierteres.

Die zweite Leistung der Traumarbeit ist die Verschiebung. Für diese haben wir zum Glück schon vorgearbeitet; wir wissen ja, sie ist ganz das Werk der Traumzensur. Ihre beiden Äußerungen sind erstens, daß ein latentes Element nicht durch einen eigenen Bestandteil, sondern durch etwas Entfernteres, also durch eine Anspielung ersetzt wird, und zweitens, daß der psychische Akzent von einem wichtigen Element auf ein anderes, unwichtiges übergeht, so daß der Traum anders zentriert und fremdartig erscheint.

Die Ersetzung durch eine Anspielung ist auch in unserem wachen Denken bekannt, aber es ist ein Unterschied dabei. Im wachen Denken muß die Anspielung eine leicht verständliche sein, und der Ersatz muß in inhaltlicher Beziehung zu seinem Eigentlichen stehen. Auch der Witz bedient sich häufig der Anspielung, er läßt die Bedingung der inhaltlichen Assoziation fallen und ersetzt diese durch ungewohnte äußerliche Assoziationen wie Gleichklang und Wortvieldeutigkeit u. a. Die Bedingung der Verständlichkeit hält er aber fest; der Witz käme um jede Wirkung, wenn der Rückweg von der Anspielung zum Eigentlichen sich nicht mühelos ergeben würde. Von beiden Einschränkungen hat sich aber die Verschiebungsanspielung des Traumes frei gemacht. Sie hängt durch die äußerlichsten und entlegensten Beziehungen mit dem Element, das sie ersetzt, zusammen, ist darum unverständlich, und wenn sie rückgängig gemacht wird, macht ihre Deutung den Eindruck eines mißratenen Witzes oder einer gewaltsamen, gezwungenen, an den Haaren herbeigezogenen Auslegung. Die Traumzensur hat eben nur dann ihr Ziel erreicht, wenn es ihr gelungen ist, den Rückweg von der Anspielung zum Eigentlichen unauffindbar zu machen.

Die Akzentverschiebung ist als Mittel des Gedankenausdrucks unerhört. Wir lassen sie im wachen Denken manchmal zu, um einen komischen Effekt zu erzielen. Den Eindruck der Verirrung, den sie macht, kann ich etwa bei Ihnen hervorrufen, wenn ich Sie an die Anekdote erinnere, daß es in einem Dorf einen Schmied gab, der sich eines todeswürdigen Verbrechens schuldig gemacht hatte. Der Gerichtshof beschloß, daß die Schuld gesühnt werde, aber da der Schmied allein im Dorfe und unentbehrlich war, dagegen drei Schneider im Dorfe wohnten, wurde einer dieser drei an seiner Statt gehängt.

Die dritte Leistung der Traumarbeit ist die psychologisch interessanteste. Sie besteht in der Umsetzung von Gedanken in visuelle Bilder. Halten wir fest, daß nicht alles in den Traumgedanken diese Umsetzung erfährt; manches behält seine Form und erscheint auch im manifesten Traum als Gedanke oder als Wissen; auch sind visuelle Bilder nicht die einzige Form, in welche die Gedanken umgesetzt werden. Aber sie sind doch das Wesentliche an der Traumbildung; dieses Stück der Traumarbeit ist das zweitkonstanteste, wie wir schon wissen, und für einzelne Traumelemente haben wir die „plastische Wortdarstellung" bereits kennen gelernt.

Es ist klar, daß diese Leistung keine leichte ist. Um sich einen Begriff von ihren Schwierigkeiten zu machen, müssen Sie sich vorstellen, Sie hätten die Aufgabe übernommen, einen politischen Leitartikel einer Zeitung durch eine Reihe von Illustrationen zu ersetzen, Sie wären also von der Buchstabenschrift zur Bilderschrift zurückgeworfen. Was in diesem Artikel von Personen und konkreten Gegenständen genannt wird, das werden Sie leicht und vielleicht selbst mit Vorteil durch Bilder ersetzen, aber die Schwierigkeiten erwarten Sie bei der Darstellung aller abstrakten Worte und aller Redeteile, die Denkbeziehungen anzeigen wie der Partikeln, Konjunktionen u. dgl.

Bei den abstrakten Worten werden Sie sich durch allerlei Kunstgriffe helfen können. Sie werden z. B. bemüht sein, den Text des Artikels in anderen Wortlaut umzusetzen, der vielleicht ungewohnter klingt, aber mehr konkrete und der Darstellung fähige Bestandteile enthält. Dann werden Sie sich erinnern, daß die meisten abstrakten Worte abgeblaßte konkrete sind, und werden darum, so oft Sie können, auf die ursprüngliche konkrete Bedeutung dieser Worte zurückgreifen. Sie werden also froh sein, daß Sie ein „Besitzen" eines Objekts als ein wirkliches körperliches Daraufsitzen darstellen können. So macht es auch die Traumarbeit. Große Ansprüche an die Genauigkeit der Darstellung werden Sie unter solchen Umständen kaum machen können. Sie werden es also auch der Traumarbeit hingehen lassen, daß sie z. B. ein so schwer bildlich zu bewältigendes Element wie Ehebruch durch einen anderen Bruch, einen Beinbruch, ersetzt.' Auf

---

1) Der Zufall führt mir während der Korrektur dieser Bogen eine Zeitungsnotiz zu, die ich als unerwartete Erläuterung zu den obigen Sätzen hier abdrucke:
„DIE STRAFE GOTTES. (Armbruch für Ehebruch.) Frau Anna M., die Gattin eines Landstürmers, verklagte Frau Klementine K. wegen Ehebruches. In der Klage heißt es, daß die K. mit Karl M. ein strafbares Verhältnis gepflogen habe, während ihr eigener Mann im Felde steht, von wo er ihr sogar siebzig Kronen monatlich schickt. Die K. habe von dem Gatten der Klägerin viel Geld erhalten, während sie mit ihrem Kinde in Hunger und Elend leben müsse. Kameraden ihres Mannes hatten ihr hinterbracht, daß die K. mit M. Weinstuben besucht und dort bis in die späte Nacht hinein gezecht habe. Einmal habe die Angeklagte den Mann der Klägerin vor mehreren Infanteristen sogar gefragt, ob er sich denn nicht von seiner „Alten" schon bald scheiden lasse, um zu ihr zu ziehen. Auch die Hausbesorgerin der K. habe den Mann der Klägerin wiederholt im tiefsten Negligee in der Wohnung der K. gesehen.
Die K. leugnete gestern vor einem Richter der Leopoldstadt, den M. zu kennen, von intimen Beziehungen könne schon gar keine Rede sein.
Die Zeugin Albertine M. gab jedoch an, daß die K. den Gatten der Klägerin geküßt habe und dabei von ihr überrascht wurde.
Der schon in einer früheren Verhandlung als Zeuge vernommene M. hatte damals die intimen Beziehungen zur Angeklagten in Abrede gestellt. Gestern lag dem Richter ein Brief vor, worin der Zeuge seine in der ersten Verhandlung gemachten Aussagen widerrief und zugibt, bis vorigen Juni mit der K. ein Liebesverhältnis unterhalten zu haben. Er habe in der früheren Verhandlung seine Beziehungen zur Beschuldigten bloß deswegen in Abrede gestellt, weil diese vor der Verhandlung bei ihm erschienen sei und ihn kniefällig gebeten habe, er möge sie doch retten und nichts aussagen. „Heute" — schrieb der Zeuge — „fühle ich mich dazu gedrängt, dem Gerichte ein volles Geständnis abzulegen, da ich meinen linken Arm gebrochen habe und mir dies als eine Strafe Gottes für mein Vergehen erscheint."
Der Richter stellte fest, daß die strafbare Handlung bereits verjährt ist, worauf die Klägerin ihre Klage zurückzog und der Freispruch der Angeklagten erfolgte.

solche Weise werden Sie es dazu bringen, die Ungeschicklichkeiten der Bilderschrift, wenn sie die Buchstabenschrift ersetzen soll, einigermaßen auszugleichen.

Bei der Darstellung der Redeteile, welche Denkrelationen anzeigen, des „weil, darum, aber" usw., haben Sie keine derartigen Hilfsmittel; diese Bestandteile des Textes werden also für ihre Umsetzung in Bilder verloren gehen. Ebenso wird durch die Traumarbeit der Inhalt der Traumgedanken in sein Rohmaterial von Objekten und Tätigkeiten aufgelöst. Sie können zufrieden sein, wenn sich Ihnen die Möglichkeit ergibt, gewisse an sich nicht darstellbare Relationen in der feineren Ausprägung der Bilder irgendwie anzudeuten. Ganz so gelingt es der Traumarbeit, manches vom Inhalt der latenten Traumgedanken in formalen Eigentümlichkeiten des manifesten Traumes auszudrücken, in der Klarheit oder Dunkelheit desselben, in seiner Zerteilung in mehrere Stücke u. ä. Die Anzahl der Partialträume, in welche ein Traum zerlegt ist, korrespondiert in der Regel mit der Anzahl der Hauptthemen, der Gedankenreihen im latenten Traum; ein kurzer Vortraum steht zum nachfolgenden ausführlichen Haupttraum oft in der Beziehung einer Einleitung oder einer Motivierung; ein Nebensatz in den Traumgedanken wird durch einen eingeschalteten Szenenwechsel im manifesten Traum ersetzt usw. Die Form der Träume ist also an sich keineswegs bedeutungslos und fordert selbst zur Deutung heraus. Mehrfache Träume derselben Nacht haben oft die nämliche Bedeutung und zeigen die Bemühung an, einen Reiz von ansteigender Dringlichkeit immer besser zu bewältigen. Im einzelnen Traum selbst kann ein besonders schwieriges Element eine Darstellung durch „Doubletten", mehrfache Symbole, finden.

Bei fortgesetzten Vergleichungen der Traumgedanken mit den sie ersetzenden manifesten Träumen erfahren wir allerlei, worauf wir nicht vorbereitet sein konnten, z. B. daß auch der Unsinn und die Absurdität der Träume ihre Bedeutung haben. Ja, in diesem Punkte spitzt sich der Gegensatz der medizinischen und der psychoanalytischen Auffassung des Traumes zu einer sonst nicht erreichten Schärfe zu.

Nach ersterer ist der Traum unsinnig, weil die träumende Seelentätigkeit jede Kritik eingebüßt hat; nach unserer dagegen wird der Traum dann unsinnig, wenn eine in den Traumgedanken enthaltene Kritik, das Urteil „es ist unsinnig", zur Darstellung gebracht werden soll. Der Ihnen bekannte Traum vom Theaterbesuch (drei Karten für 1 fl. 50 kr.) ist ein gutes Beispiel dafür. Das so ausgedrückte Urteil lautet: Es war ein Unsinn, so früh zu heiraten.

Ebenso erfahren wir bei der Deutungsarbeit, was den so häufig vom Träumer mitgeteilten Zweifeln und Unsicherheiten entspricht, ob ein gewisses Element im Traume vorgekommen, ob es dies oder nicht vielmehr etwas anderes gewesen sei. Diesen Zweifeln und Unsicherheiten entspricht in der Regel in den latenten Traumgedanken nichts; sie rühren durchwegs von der Wirkung der Traumzensur her und sind einer versuchten, nicht voll gelungenen Ausmerzung gleichzusetzen.

Zu den überraschendsten Funden gehört die Art, wie die Traumarbeit Gegensätzlichkeiten des latenten Traumes behandelt. Wir wissen schon, daß Übereinstimmungen im latenten Material durch Verdichtungen im manifesten Traum ersetzt werden. Nun, Gegensätze werden ebenso behandelt wie Übereinstimmungen, mit besonderer Vorliebe durch das nämliche manifeste Element ausgedrückt. Ein Element im manifesten Traum, welches eines Gegensatzes fähig ist, kann also ebensowohl sich selbst bedeuten wie seinen Gegensatz oder beides zugleich; erst der Sinn kann darüber entscheiden, welche Übersetzung zu wählen ist. Damit hängt es dann zusammen, daß eine Darstellung des „Nein" im Traume nicht zu finden ist, wenigstens keine unzweideutige.

Eine willkommene Analogie für dies befremdende Benehmen der Traumarbeit hat uns die Sprachentwicklung geliefert. Manche Sprachforscher haben die Behauptung aufgestellt, daß in den ältesten Sprachen Gegensätze wie stark—schwach, licht—dunkel, groß—klein durch das nämliche Wurzelwort ausgedrückt wurden. („Der Gegensinn der Urworte".) So hieß im Altägyptischen *ken* ursprünglich stark und schwach. In der Rede schützte man sich vor Mißverständ-

nissen beim Gebrauch so ambivalenter Worte durch den Ton und
die beigefügte Geste, in der Schrift durch die Hinzufügung eines sogenannten Determinativs, d. h. eines Bildes, das selbst nicht zur Aussprache bestimmt war. *Ken* — stark wurde also geschrieben, indem
nach den Buchstabenzeichen das Bild eines aufrechten Männchens
hingesetzt wurde; wenn *ken* — schwach gemeint war, so folgte das
Bild eines nachlässig hockenden Mannes nach. Erst später wurden
durch leichte Modifikationen des gleichlautenden Urwortes zwei Bezeichnungen für die darin enthaltenen Gegensätze gewonnen. So
entstand aus *ken* stark—schwach, ein *ken* stark und ein *kan* schwach.
Nicht nur die ältesten Sprachen in ihren letzten Entwicklungen, sondern auch weit jüngere und selbst heute noch lebende Sprachen
sollen reichlich Überreste dieses alten Gegensinnes bewahrt haben.
Ich will Ihnen einige Belege hierfür nach K. Abel (1884) mitteilen.

Im Lateinischen sind solche immer noch ambivalente Worte: *altus*
(hoch—tief) und *sacer* (heilig—verrucht).

Als Beispiele für Modifikationen derselben Wurzel erwähne ich:
clamare — schreien, *clam* — leise, still, geheim; *siccus* — trocken,
succus — Saft. Dazu aus dem Deutschen: *Stimme* — *stumm*.

Bezieht man verwandte Sprachen aufeinander, so ergeben sich
reichliche Beispiele. Englisch *lock* — schließen: deutsch: *Loch, Lücke*.
Englisch: *cleave* — spalten; deutsch: *kleben*.

Das englische *without* eigentlich mit—ohne wird heute für ohne
verwendet; daß *with* außer seiner zuteilenden auch eine entziehende
Bedeutung hatte, geht noch aus den Zusammensetzungen *withdraw*—
withhold hervor. Ähnlich das deutsche *wieder*.

Noch eine andere Eigentümlichkeit der Traumarbeit findet in der
Sprachentwicklung ihr Gegenstück. In der altägyptischen kam es wie
in anderen späteren Sprachen vor, daß die Lautfolge der Worte für
denselben Sinn umgekehrt wurde. Solche Beispiele zwischen dem Englischen und dem Deutschen sind: *Topf* — *pot; boat* — *tub; hurry*
(eilen) — *Ruhe; Balken* — *Kloben, club; wait* (warten) — *täuwen*.

Zwischen dem Lateinischen und dem Deutschen: *capere — packen;*
ren — Niere.

Solche Umkehrungen, wie sie hier am einzelnen Wort genommen
werden, kommen durch die Traumarbeit in verschiedener Weise zustande. Die Umkehrung des Sinnes, Ersetzung durch das Gegenteil,
kennen wir bereits. Außerdem finden sich in Träumen Umkehrungen
der Situation, der Beziehung zwischen zwei Personen, also wie in der
„verkehrten Welt". Im Traum schießt häufig genug der Hase auf den
Jäger. Ferner Umkehrung in der Reihenfolge der Begebenheiten, so
daß die kausal vorangehende der ihr nachfolgenden im Traume nach-
gesetzt wird. Das ist dann wie in der Aufführung eines Stückes in
einer schlechten Schmiere, wo zuerst der Held hinfällt und erst nachher aus der Kulisse der Schuß abgefeuert wird, der ihn tötet. Oder
es gibt Träume, in denen die ganze Ordnung der Elemente verkehrt
ist, so daß man in der Deutung ihr letztes zuerst und ihr erstes zu-
letzt nehmen muß, um einen Sinn herauszubekommen. Sie erinnern
sich auch aus unseren Studien über die Traumsymbolik, daß ins
Wasser gehen oder fallen dasselbe bedeutet wie aus dem Wasser
kommen, nämlich gebären oder geboren werden, und daß eine Treppe,
Leiter, hinaufsteigen dasselbe ist wie sie heruntergehen. Es ist unverkennbar, welchen Vorteil die Traumentstellung aus solcher Darstel-
lungsfreiheit ziehen kann.

Diese Züge der Traumarbeit darf man als a r c h a i s c h e bezeichnen.
Sie haften ebenso den alten Ausdruckssystemen, Sprachen und Schriften an und bringen dieselben Erschwerungen mit sich, von denen
in einem kritischen Zusammenhange noch die Rede sein wird.

Nun noch einige andere Gesichtspunkte. Bei der Traumarbeit
handelt es sich offenbar darum, die in Worte gefaßten latenten Gedanken in sinnliche Bilder, meist visueller Natur, umzusetzen. Nun
sind unsere Gedanken aus solchen Sinnesbildern hervorgegangen;
ihr erstes Material und ihre Vorstufen waren Sinneseindrücke, richtiger gesagt, die Erinnerungsbilder von solchen. An diese wurden
erst später Worte geknüpft und diese dann zu Gedanken verbunden.

Die Traumarbeit läßt also die Gedanken eine r e g r e s s i v e Behandlung erfahren, macht deren Entwicklung rückgängig, und bei dieser Regression muß all das wegfallen, was bei der Fortentwicklung der Erinnerungsbilder zu Gedanken als neuer Erwerb dazugekommen ist. Dies wäre also die Traumarbeit. Gegen die Vorgänge, die wir bei ihr kennengelernt haben, mußte das Interesse am manifesten Traum weit zurücktreten. Ich will aber diesem letzteren, der doch das einzige uns unmittelbar Bekannte ist, noch einige Bemerkungen widmen. Es ist natürlich, daß der manifeste Traum für uns an Bedeutung verliert. Es muß uns gleichgültig erscheinen, ob er gut komponiert oder in eine Reihe von Einzelbildern ohne Zusammenhang aufgelöst ist. Selbst wenn er eine anscheinend sinnvolle Außenseite hat, wissen wir doch, daß diese durch Traumentstellung entstanden sein und zum inneren Gehalt des Traumes so wenig organische Beziehung haben kann wie die Fassade einer italienischen Kirche zu deren Struktur und Grundriß. Andere Male hat auch diese Fassade des Traumes ihre Bedeutung, indem sie einen wichtigen Bestandteil der latenten Traumgedanken wenig oder gar nicht entstellt wiederbringt. Aber wir können das nicht wissen, ehe wir den Traum der Deutung unterzogen und dadurch ein Urteil gewonnen haben, welches Maß von Entstellung Platz gegriffen hat. Ein ähnlicher Zweifel gilt für den Fall, daß zwei Elemente im Traum in nahe Beziehung zueinander gebracht scheinen. Es kann darin ein wertvoller Wink enthalten sein, daß man auch das diesen Elementen im latenten Traum Entsprechende zusammenfügen darf, aber andere Male kann man sich überzeugen, daß, was in Gedanken zusammengehört, im Traum auseinandergerissen worden ist.

Im allgemeinen muß man sich dessen enthalten, einen Teil des manifesten Traumes aus einem anderen erklären zu wollen, als ob der Traum kohärent konzipiert und eine pragmatische Darstellung wäre. Er ist vielmehr zumeist einem Brecciagestein vergleichbar, aus verschiedenen Gesteinsbrocken mit Hilfe eines Bindemittels hergestellt, so daß die Zeichnungen, die sich dabei ergeben, nicht den ursprünglichen Gesteinseinschlüssen angehören. Es gibt wirklich ein Stück der Traumarbeit, die sogenannte s e k u n d ä r e B e a r b e i t u n g, dem daran gelegen ist, aus den nächsten Ergebnissen der Traumarbeit etwas Ganzes, ungefähr Zusammenpassendes herzustellen. Dabei wird das Material nach einem oft ganz mißverständlichen Sinn angeordnet und, wo es nötig scheint, Einschübe vorgenommen. Anderseits darf man auch die Traumarbeit nicht überschätzen, ihr nicht zuviel zutrauen. Mit den aufgezählten Leistungen ist ihre Tätigkeit erschöpft; mehr als verdichten, verschieben, plastisch darstellen und das Ganze dann einer sekundären Bearbeitung unterziehen, kann sie nicht. Was sich im Traum von Urteilsäußerungen, von Kritik, Verwunderung, Folgerung findet, das sind nicht Leistungen der Traumarbeit, nur sehr selten Äußerungen des Nachdenkens über den Traum, sondern zumeist Stücke der latenten Traumgedanken, die mehr oder weniger modifiziert und dem Zusammenhange angepaßt in den manifesten Traum übergetreten sind. Auch Reden komponieren kann die Traumarbeit nicht. Bis auf wenige angebbare Ausnahmen sind die Traumreden Nachbildungen und Zusammensetzungen von Reden, die man am Traumtag gehört oder selbst gehalten hat, und die als Material oder als Traumanreger in die latenten Gedanken eingetragen worden sind. Ebensowenig kann die Traumarbeit Rechnungen anstellen; was sich davon im manifesten Traum findet, sind zumeist Zusammenstellungen von Zahlen, Scheinrechnungen, als Rechnungen ganz unsinnig und wiederum nur Kopien von Rechnungen in den latenten Traumgedanken. Bei diesen Verhältnissen ist es auch nicht zu verwundern, daß das Interesse, welches sich der Traumarbeit zugewendet hat, bald von ihr weg zu den latenten Traumgedanken strebt, die sich mehr oder weniger entstellt durch den manifesten Traum verraten. Es ist aber nicht zu rechtfertigen, wenn dieser Wandel so weit geht, daß man in der theoretischen Betrachtung die latenten Traumgedanken an Stelle des Traumes überhaupt setzt und von letzterem etwas aussagt, was nur für die ersteren gelten kann. Es ist sonderbar, daß die Ergebnisse der Psychoanalyse für eine solche Verwechslung mißbraucht werden konnten. „Traum" kann man nichts anderes nennen als das Ergebnis der Traumarbeit, d. h. also die Form, in welche die latenten Gedanken durch die T. aumarbeit überführt worden sind.

Die Traumarbeit ist ein Vorgang ganz singulärer Art, dessengleichen bisher im Seelenleben nicht bekannt geworden ist. Derartige Verdichtungen, Verschiebungen, regressive Umsetzungen von Gedanken in Bilder sind Neuheiten, deren Erkenntnis die psychoanalytischen Bemühungen bereits reichlich entlohnt. Sie entnehmen auch wiederum aus den Parallelen zur Traumarbeit, welche Zusammenhänge der psychoanalytischen Studien mit anderen Gebieten, speziell mit der Sprach- und Denkentwicklung, aufgedeckt werden. Die weitere Bedeutung dieser Einsichten können Sie erst ahnen, wenn Sie erfahren, daß die Mechanismen der Traumbildung vorbildlich für die Entstehungsweise der neurotischen Symptome sind.

Ich weiß auch, daß wir den ganzen Neuerwerb, der aus diesen Arbeiten für die Psychologie resultiert, noch nicht übersehen können. Wir wollen nur darauf hinweisen, welche neuen Beweise sich für die Existenz unbewußter seelischer Akte — das sind ja die latenten Traumgedanken — ergeben haben, und wie uns die Traumdeutung einen ungeahnt breiten Zugang zur Kenntnis des unbewußten Seelenlebens verspricht.

Nun wird es aber wohl an der Zeit sein, daß ich Ihnen an verschiedenen kleinen Traumbeispielen einzeln vorführe, worauf ich Sie im Zusammenhange vorbereitet habe.

ANALYSEN VON TRAUMBEISPIELEN

Meine Damen und Herren! Seien Sie nun nicht enttäuscht, wenn ich Ihnen wiederum Bruchstücke von Traumdeutungen vorlege, anstatt Sie zur Teilnahme an der Deutung eines schönen großen Traumes einzuladen. Sie werden sagen, nach so vielen Vorbereitungen hätten Sie ein Recht darauf, und werden Ihrer Überzeugung Ausdruck geben, daß es nach gelungener Deutung von soviel tausend Träumen längst hätte möglich werden müssen, eine Sammlung von ausgezeichneten Traumbeispielen zusammenzutragen, an welcher sich alle unsere Behauptungen über Traumarbeit und Traumgedanken demonstrieren ließen. Ja, aber der Schwierigkeiten, welche der Erfüllung Ihres Wunsches im Wege stehen, sind zu viele.

Vor allem muß ich Ihnen gestehen, daß es niemand gibt, der die Traumdeutung als seine Hauptbeschäftigung betreibt. Wann kommt man denn dazu, Träume zu deuten? Gelegentlich kann man sich ohne besondere Absicht mit den Träumen einer befreundeten Person beschäftigen, oder man arbeitet eine Zeitlang seine eigenen Träume durch, um sich für psychoanalytische Arbeit zu schulen; zumeist hat man es aber mit den Träumen nervöser Personen zu tun, die in analytischer Behandlung stehen. Diese letzteren Träume sind ausgezeichnetes Material und stehen in keiner Weise hinter denen Gesunder zurück, aber man ist durch die Technik der Behandlung genötigt, die Traumdeutung den therapeutischen Absichten unterzuordnen und eine ganze Anzahl von Träumen stehen zu lassen, nachdem man ihnen etwas für die Behandlung Brauchbares entnommen hat. Manche Träume, die in den Kuren vorfallen, entziehen sich überhaupt einer vollständigen Deutung. Da sie aus der Gesamtmenge des uns noch unbekannten psychischen Materials erwachsen sind, wird ihr Verständnis erst nach Abschluß der Kur möglich. Die Mitteilung solcher Träume würde auch die Aufdeckung aller Geheimnisse einer Neurose notwendig machen; das geht also nicht bei uns, die wir den Traum als Vorbereitung für das Studium der Neurosen in Angriff genommen haben.

Nun würden Sie gerne auf dieses Material verzichten und wollten lieber Träume von gesunden Menschen oder eigene Träume erläutert hören. Das geht aber wegen des Inhalts dieser Träume nicht an. Man kann weder sich selbst noch einen anderen, dessen Vertrauen man in Anspruch genommen hat, so rücksichtslos bloßstellen, wie es die eingehende Deutung seiner Träume mit sich brächte, die, wie Sie bereits wissen, das Intimste seiner Persönlichkeit betreffen. Außer dieser Schwierigkeit der Materialbeschaffung kommt für die Mitteilung eine andere in Betracht. Sie wissen, der Traum erscheint dem Träumer selbst fremdartig, geschweige denn einem anderen, dem die Person des Träumers unbekannt ist. Unsere Literatur ist nicht arm an guten und ausführlichen Traumanalysen; ich selbst habe einige im Rahmen von Krankengeschichten veröffentlicht; vielleicht das schönste Beispiel einer Traumdeutung ist das von O. Rank mitgeteilte, zwei aufeinander bezügliche Träume eines jungen Mädchens, die im Druck etwa zwei Seiten einnehmen; die Analyse dazu umfaßt aber 76 Seiten. Ich brauchte etwa ein ganzes Semester, um Sie durch eine solche Arbeit hindurch zu geleiten. Wenn man irgend einen längeren und stärker entstellten Traum vornimmt, so muß man soviel Aufklärungen dazugeben, soviel Material von Einfällen und Erinnerungen heranziehen, auf so viele Seitenwege eingehen, daß ein Vortrag darüber ganz unübersichtlich und unbefriedigend ausfallen würde. Ich muß Sie also bitten, sich mit dem zu begnügen, was leichter zu haben ist, mit der Mitteilung von kleinen Stücken aus Träumen von neurotischen Personen, an denen man dies oder jenes isoliert erkennen kann. Am leichtesten lassen sich die Traumsymbole demonstrieren, dann noch gewisse Eigentümlichkeiten der regressiven Traumdarstellung. Ich werde Ihnen von jedem der nun folgenden Träume angeben, weshalb ich ihn für mitteilenswert erachtet habe.

1) Ein Traum besteht nur aus zwei kurzen Bildern: *Sein Onkel raucht eine Zigarette, obwohl es Samstag ist. — Eine Frau streichelt und liebkost ihn wie ihr Kind.*

Zum ersten Bild bemerkt der Träumer (Jude), sein Onkel sei ein frommer Mann, der etwas derart Sündhaftes nie getan hat und nie tun würde. Zur Frau im zweiten Bild fällt ihm nichts anderes ein als seine Mutter. Diese beiden Bilder oder Gedanken sind offenbar in Beziehung zueinander zu setzen. Aber wie? Da er die Realität für das Tun des Onkels ausdrücklich abgestritten hat, so liegt es nahe, ein „Wenn" einzufügen. „Wenn mein Onkel, der heilige Mann, am Samstag eine Zigarette rauchen würde, dann dürfte ich mich auch von der Mutter liebkosen lassen." Das heißt offenbar, das Kosen mit der Mutter sei auch etwas Unerlaubtes wie das Rauchen am Samstag für den frommen Juden. Sie erinnern sich, daß ich Ihnen sagte, bei der Traumarbeit fielen alle Relationen zwischen den Traumgedanken weg; diese werden in ihr Rohmaterial aufgelöst, und es ist Aufgabe der Deutung, die weggelassenen Beziehungen wieder einzusetzen.

2) Durch meine Veröffentlichungen über den Traum bin ich in gewisser Hinsicht öffentlicher Konsulent für Traumangelegenheiten geworden und erhalte seit vielen Jahren Zuschriften von den verschiedensten Seiten, in denen mir Träume mitgeteilt oder zur Beurteilung vorgelegt werden. Ich bin natürlich allen jenen dankbar, die zum Traum soviel Material hinzufügen, daß eine Deutung möglich wird, oder die selbst eine solche Deutung geben. In diese Kategorie gehört nun der folgende Traum eines Mediziners aus München vom

Jahre 1910. Ich bringe ihn vor, weil er Ihnen beweisen kann, wie unzugänglich im allgemeinen ein Traum dem Verständnis ist, ehe der Träumer uns seine Auskünfte dazu gegeben hat. Ich vermute nämlich, daß Sie im Grunde die Traumdeutung durch Einsetzen der Symbolbedeutung für die ideale halten, die Technik der Assoziation zum Traum aber beiseite schieben möchten, und will Sie von diesem schädlichen Irrtum freimachen.

13. Juli 1910: Gegen Morgen träume ich: *Ich fahre mit dem Rad in Tübingen die Straße herunter, als ein brauner Dachshund hinter mir dreinrast und mich an einer Ferse faßt. Ein Stück weiter steige ich ab, setze mich auf eine Staffel und fange an, auf das Vieh loszutrommeln, das sich fest verbissen hat.* (Unangenehme Gefühle habe ich von dem Beißen und der ganzen Szene nicht.) *Gegenüber sitzen ein paar ältere Damen, die mir grinsend zusehen. Dann wache ich auf und, wie schon öfter, ist mir in diesem Moment des Übergangs zum Wachen der ganze Traum klar.*

Mit Symbolen ist hier wenig auszurichten. Der Träumer berichtet uns aber: „Ich habe mich in der letzten Zeit in ein Mädchen verliebt, nur so vom Sehen auf der Straße, habe aber keinerlei Anknüpfungspunkte gehabt. Dieser Anknüpfungspunkt hätte für mich am angenehmsten der Dachshund sein können, zumal ich ein großer Tierfreund bin und diese Eigenschaft auch bei dem Mädchen sympathisch empfunden habe." Er fügt auch hinzu, daß er wiederholt mit großem Geschick und oft zum Erstaunen der Zuschauer in die Kämpfe miteinander raufender Hunde eingegriffen habe. Wir erfahren also, daß das Mädchen, welches ihm gefiel, stets in Begleitung dieses besonderen Hundes zu sehen war. Dies Mädchen ist aber für den manifesten Traum beseitigt worden, nur der mit ihr assoziierte Hund ist geblieben. Vielleicht sind die älteren Damen, die ihn angrinsen, an die Stelle des Mädchens getreten. Was er sonst noch mitteilt, reicht zur Aufklärung dieses Punktes nicht aus. Daß er im Traume auf dem Rade fährt, ist direkte Wiederholung der erinnerten Situation. Er war dem Mädchen mit dem Hunde immer nur, wenn er zu Rade war, begegnet.

3) Wenn jemand einen seiner teueren Angehörigen verloren hat, so produziert er durch längere Zeit nachher Träume von besonderer Art, in denen das Wissen um den Tod mit dem Bedürfnis, den Toten wiederzubeleben, die merkwürdigsten Kompromisse abschließt. Bald ist der Verstorbene tot und lebt dabei doch weiter, weil er nicht weiß, daß er tot ist, und wenn er es wüßte, stürbe er erst ganz; bald ist er halb tot und halb lebendig, und jeder dieser Zustände hat seine besonderen Anzeichen. Man darf diese Träume nicht einfach unsinnige nennen, denn das Wiederbelebtwerden ist für den Traum nicht unannehmbarer als z. B. für das Märchen, in dem es als ein sehr gewöhnliches Schicksal vorkommt. Soweit ich solche Träume analysieren konnte, ergab es sich, daß sie einer vernünftigen Lösung fähig sind, aber daß der pietätvolle Wunsch, den Toten ins Leben zurückzurufen, mit den seltsamsten Mitteln zu arbeiten versteht. Ich lege Ihnen hier einen solchen Traum vor, der sonderbar und unsinnig genug klingt, und dessen Analyse Ihnen vieles von dem vorführen wird, worauf Sie durch unsere theoretischen Ausführungen vorbereitet sind. Der Traum eines Mannes, der seinen Vater vor mehreren Jahren verloren hatte:

Der Vater ist gestorben, aber exhumiert worden und sieht schlecht aus. Er lebt seitdem fort, und der Träumer tut alles, damit er es nicht merkt. (Dann übergeht der Traum auf andere, scheinbar sehr fernliegende Dinge.)

Der Vater ist gestorben, das wissen wir. Daß er exhumiert worden, entspricht nicht der Wirklichkeit, die ja auch für alles weitere nicht in Betracht kommt. Aber der Träumer erzählt: Nachdem er vom Begräbnis des Vaters zurückgekommen war, begann ihn ein Zahn zu schmerzen. Er wollte diesen Zahn nach der Vorschrift der jüdischen Lehre behandeln: Wenn dich dein Zahn ärgert, so reiße ihn aus, und begab sich zum Zahnarzt. Der aber sagte: Einen Zahn reißt man nicht, man muß Geduld mit ihm haben. Ich werde etwas einlegen, um ihn zu töten; nach drei Tagen kommen Sie wieder, dann werde ich's herausnehmen.

Dies „Herausnehmen", sagt der Träumer plötzlich, das ist das Exhumieren.

Sollte der Träumer Recht haben? Es stimmt zwar nicht ganz, nur so ungefähr, denn der Zahn wird ja nicht herausgenommen, sondern etwas, das Abgestorbene, aus ihm. Aber dergleichen Ungenauigkeiten darf man der Traumarbeit nach anderen Erfahrungen wohl zutrauen. Dann hätte der Träumer den verstorbenen Vater mit dem getöteten und doch erhaltenen Zahn verdichtet, zu einer Einheit verschmolzen. Kein Wunder dann, daß im manifesten Traum etwas Sinnloses zustande kommt, denn es kann doch nicht alles auf den Vater passen, was vom Zahn gesagt wird. Wo wäre überhaupt das Tertium comparationis zwischen Zahn und Vater, welches diese Verdichtung ermöglicht?

Es muß aber doch wohl so sein, denn der Träumer fährt fort, es sei ihm bekannt, wenn man von einem ausgefallenen Zahn träumt, so bedeutet es, daß man ein Familienmitglied verlieren werde.

Wir wissen, daß diese populäre Deutung unrichtig oder wenigstens nur in einem skurrilen Sinne richtig ist. Umsomehr wird es uns überraschen, das so angeschlagene Thema doch hinter den anderen Stücken des Trauminhalts aufzufinden.

Ohne weitere Aufforderung beginnt nun der Träumer von der Krankheit und dem Tode des Vaters sowie von seinem Verhältnis zu ihm zu erzählen. Der Vater war lange krank, die Pflege und Behandlung des Kranken kostete ihn, den Sohn, viel Geld. Und doch war es ihm nie zuviel, er wurde nie ungeduldig, hatte nie den Wunsch, es möge doch schon zu Ende sein. Er rühmt sich echt jüdischer Pietät gegen den Vater, der strengen Befolgung des jüdischen Gesetzes. Fällt uns da nicht ein Widerspruch in den zum Traum gehörigen Gedanken auf? Er hatte Zahn und Vater identifiziert. Gegen den Zahn wollte er nach dem jüdischen Gesetz verfahren, welches das Urteil mit sich brachte, ihn auszureißen, wenn er Schmerz und Ärgernis bereitete. Auch gegen den Vater wollte er nach der Vorschrift des Gesetzes verfahren sein, welches aber hier lautet, Aufwand und Ärgernis nicht

zu achten, alles Schwere auf sich zu nehmen und keine feindliche
Absicht gegen das Schmerz bereitende Objekt aufkommen zu lassen.
Wäre die Übereinstimmung nicht weit zwingender, wenn er wirklich gegen den kranken Vater ähnliche Gefühle entwickelt hätte wie
gegen den kranken Zahn, d. h. gewünscht hätte, ein baldiger Tod
möge seiner überflüssigen, schmerzlichen und kostspieligen Existenz
ein Ende setzen?

Ich zweifle nicht, daß dies wirklich seine Einstellung gegen den
Vater während dessen langwieriger Krankheit war, und daß die prahle-
rischen Versicherungen seiner frommen Pietät dazu bestimmt sind,
von diesen Erinnerungen abzulenken. Unter solchen Bedingungen
pflegt der Todeswunsch gegen den Erzeuger rege zu werden und sich
mit der Maske einer mitleidigen Erwägung wie: es wäre nur eine
Erlösung für ihn, zu decken. Bemerken Sie aber wohl, daß wir hier
in den latenten Traumgedanken selbst eine Schranke überschritten
haben. Der erste Anteil derselben war gewiß nur zeitweilig, d. h.
während der Traumbildung, unbewußt, die feindseligen Regungen
gegen den Vater dürften aber dauernd unbewußt gewesen sein, vielleicht aus Kinderzeiten stammen und sich während der Krankheit
des Vaters gelegentlich schüchtern und verkleidet ins Bewußtsein
geschlichen haben. Mit noch größerer Sicherheit können wir dies
von anderen latenten Gedanken behaupten, die unverkennbare Beiträge an den Trauminhalt abgegeben haben. Von den feindseligen
Regungen gegen den Vater ist ja nichts im Traum zu entdecken.
Indem wir aber der Wurzel solcher Feindseligkeit gegen den Vater
im Kinderleben nachforschen, erinnern wir uns, daß sich die Furcht
vor dem Vater herstellt, weil dieser sich schon in frühesten Jahren
der Sexualbetätigung des Knaben entgegensetzt, wie er es in der Regel
im Alter nach der Pubertät aus sozialen Motiven wiederholen muß.
Diese Beziehung zum Vater trifft auch für unseren Träumer zu; seiner
Liebe zu ihm war genug Respekt und Angst beigemengt gewesen,
die aus der Quelle der frühzeitigen Sexualeinschüchterung geflossen
waren.

Aus dem Onaniekomplex erklären sich nun die weiteren Sätze des manifesten Traumes. *Er sieht schlecht aus* spielt zwar auf eine weitere Rede des Zahnarztes an, daß es schlecht aussieht, wenn man einen Zahn an dieser Stelle eingebüßt hat; es bezieht sich aber gleichzeitig auf das schlechte Aussehen, durch welches der junge Mann in der Pubertät seine übermäßige Sexualbetätigung verrät oder zu verraten fürchtet. Nicht ohne eigene Erleichterung hat der Träumer im manifesten Inhalt das schlechte Aussehen von sich weg auf den Vater geschoben, eine der Ihnen bekannten Umkehrungen der Traumarbeit. *Er lebt seitdem fort* deckt sich mit dem Wiederbelebungswunsch wie mit dem Versprechen des Zahnarztes, daß der Zahn erhalten bleiben wird. Ganz raffiniert ist aber der Satz „der Träumer tut alles, *damit er (der Vater) es nicht merkt*", darauf hergerichtet, uns zur Ergänzung zu verleiten, daß er gestorben ist. Die einzig sinnreiche Ergänzung ergibt sich aber wieder aus dem Onaniekomplex, wo es selbstverständlich ist, daß der Jüngling alles tut, um sein Sexualleben vor dem Vater zu verbergen. Erinnern Sie sich nun zum Schluß, daß wir die sogenannten Zahnreizträume stets auf Onanie und auf die gefürchtete Bestrafung für sie deuten mußten.

Sie sehen nun, wie dieser unverständliche Traum zustande gekommen ist. Durch die Herstellung einer sonderbaren und irreführenden Verdichtung, durch die Übergehung aller Gedanken aus der Mitte des latenten Gedankenganges, und durch die Schaffung von mehrdeutigen Ersatzbildungen für die tiefsten und zeitlich entlegensten dieser Gedanken.

4) Wir haben schon wiederholt versucht, jenen nüchternen und banalen Träumen beizukommen, die nichts Unsinniges oder Befremdendes an sich tragen, bei denen sich aber die Frage erhebt: Wozu träumt man so gleichgültiges Zeug? Ich will also ein neues Beispiel dieser Art vorlegen, drei zusammengehörige, in einer Nacht vorgefallene Träume einer jungen Dame.

a) Sie geht durch die Halle ihres Hauses und stößt sich den Kopf blutig an dem tief herabhängenden Luster.

Keine Reminiszenz, nichts, was wirklich vorgefallen ist. Ihre Auskunft dazu leitet auf ganz andere Wege. „Sie wissen, wie stark mir die Haare ausgehen. Kind, hat die Mutter gestern zu mir gesagt, wenn das so weitergeht, wirst du einen Kopf bekommen wie einen Popo." Der Kopf steht also hier für das andere Körperende. Den Luster können wir ohne Nachhilfe symbolisch verstehen; alle der Verlängerung fähigen Gegenstände sind Symbole des männlichen Gliedes. Also handelt es sich um eine Blutung am unteren Körperende, die durch den Zusammenstoß mit dem Penis entsteht. Das könnte noch mehrdeutig sein; ihre weiteren Einfälle zeigen, daß es sich um den Glauben handelt, die Menstruationsblutung entstehe durch den Geschlechtsverkehr mit dem Mann, ein Stück der Sexualtheorie, das viele Gläubige unter den unreifen Mädchen hat.

b) Sie sieht im Weingarten eine tiefe Grube, von der sie weiß, daß sie durch Ausreißen eines Baumes entstanden ist. Dazu ihre Bemerkung, der Baum *fehle ihr* dabei. Sie meint, sie habe im Traum den Baum nicht gesehen, aber derselbe Wortlaut dient dem Ausdruck eines anderen Gedankens, der nun die symbolische Deutung vollends sicherstellt. Der Traum bezieht sich auf ein anderes Stück der infantilen Sexualtheorien, auf den Glauben, daß die Mädchen ursprünglich dasselbe Genitale hatten wie die Knaben, und daß dessen spätere Gestaltung durch Kastration (Ausreißen eines Baumes) entstanden ist.

c) Sie steht vor ihrer Schreibtischlade, in der sie sich so gut auskennt, daß sie sofort weiß, wenn jemand darüber gekommen ist. Die Schreibtischlade ist wie jede Lade, Kiste, Schachtel, ein weibliches Genitale. Sie weiß, daß man die Anzeichen des Sexualverkehrs (wie sie meint, auch der Berührung) am Genitale erkennen kann, und hat sich lange vor solcher Überführung gefürchtet. Ich meine, der Akzent ist in all diesen drei Träumen auf das Wissen zu legen. Sie gedenkt der Zeit ihrer kindlichen Sexualforschung, auf deren Ergebnisse sie damals recht stolz war.

5) Wiederum ein Stückchen Symbolik. Aber diesmal muß ich die psychische Situation in einem kurzen Vorbericht voranstellen. Ein

Herr, der mit einer Frau eine Liebesnacht verbracht hat, schildert seine Partnerin als eine jener mütterlichen Naturen, bei denen im Liebesverkehre mit dem Manne der Wunsch nach dem Kinde unwiderstehlich durchdringt. Die Verhältnisse jenes Zusammentreffens nötigen aber zu einer Vorsicht, durch welche der befruchtende Samenerguß vom weiblichen Schoß ferngehalten wird. Beim Erwachen aus dieser Nacht erzählt die Frau nachstehenden Traum:

Ein Offizier mit einer roten Kappe läuft ihr auf der Straße nach. Sie flieht vor ihm, läuft die Stiege hinauf, er immer nach. Atemlos erreicht sie ihre Wohnung und wirft die Türe hinter sich ins Schloß. Er bleibt draußen, und wie sie durchs Guckloch schaut, sitzt er draußen auf einer Bank und weint.

Sie erkennen wohl in der Verfolgung durch den Offizier mit der roten Kappe und in dem atemlosen Steigen die Darstellung des Geschlechtsaktes. Daß die Träumerin sich vor dem Verfolger verschließt, mag Ihnen als Beispiel der im Traum so häufig angewendeten Umkehrungen gelten, denn in Wirklichkeit hatte sich ja der Mann der Beendigung des Liebesaktes entzogen. Ebenso ist ihre Trauer auf den Partner verschoben, er ist es ja, der im Traume weint, womit gleichzeitig der Samenerguß angedeutet ist.

Sie werden gewiß einmal gehört haben, in der Psychoanalyse werde behauptet, daß alle Träume sexuelle Bedeutung haben. Nun sind Sie selbst in die Lage gekommen, sich über die Unkorrektheit dieses Vorwurfs ein Urteil zu bilden. Sie haben die Wunschträume kennengelernt, die von der Befriedigung der klarliegendsten Bedürfnisse, des Hungers, des Durstes, der Sehnsucht nach Freiheit handeln, die Bequemlichkeits- und Ungeduldsträume und ebenso rein habsüchtige und egoistische. Aber daß die stark entstellten Träume vorwiegend — wiederum nicht ausschließlich — sexuellen Wünschen Ausdruck geben, dürfen Sie allerdings als Ergebnis der psychoanalytischen Forschung im Gedächtnis behalten.

6) Ich habe ein besonderes Motiv, die Beispiele für die Symbolverwendung im Traume zu häufen. Ich habe mich bei unserem ersten

Zusammentreffen darüber beklagt, wie schwierig die Demonstration und damit das Erwecken von Überzeugungen in der Unterweisung der Psychoanalyse sei, und Sie haben mir seither gewiß beigestimmt. Nun hängen aber die einzelnen Behauptungen der Psychoanalyse doch so innig zusammen, daß die Überzeugung sich leicht von einem Punkt her auf einen größeren Teil des Ganzen fortsetzen kann. Man könnte von der Psychoanalyse sagen, wer ihr den kleinen Finger gibt, den hält sie schon bei der ganzen Hand. Schon wem die Aufklärung der Fehlleistungen eingeleuchtet hat, der kann sich logischerweise dem Glauben an alles andere nicht mehr entziehen. Eine zweite ebenso zugängliche Stelle ist in der Traumsymbolik gegeben. Ich werde Ihnen den bereits publizierten Traum einer Frau aus dem Volke vorlegen, deren Mann Wachmann ist und die gewiß niemals etwas von Traumsymbolik und Psychoanalyse gehört hat. Urteilen Sie dann selbst, ob dessen Auslegung mit Hilfe von Sexualsymbolen willkürlich und gezwungen genannt werden kann.

„. . . *Dann sei jemand in die Wohnung eingebrochen und sie habe angstvoll nach einem Wachmann gerufen. Dieser aber sei mit zwei „Pülchern" einträchtig in eine Kirche gegangen, zu der mehrere Stufen emporführten. Hinter der Kirche sei ein Berg gewesen und oben ein dichter Wald. Der Wachmann sei mit einem Helm, Ringkragen und Mantel versehen gewesen. Er habe einen braunen Vollbart gehabt. Die beiden Vaganten, die friedlich mit dem Wachmann gegangen seien, hätten sackartig aufgebundene Schürzen um die Lenden geschlungen gehabt. Von der Kirche habe zum Berge ein Weg geführt. Dieser sei beiderseits mit Gras und Gestrüpp verwachsen gewesen, das immer dichter wurde und auf der Höhe des Berges ein ordentlicher Wald geworden sei.*"

Die verwendeten Symbole erkennen Sie ohne Mühe. Das männliche Genitale ist durch eine Dreiheit von Personen dargestellt, das weibliche durch eine Landschaft mit Kapelle, Berg und Wald. Wiederum begegnen Sie den Stufen als Symbol des Sexualaktes. Was im Traume ein Berg genannt wird, heißt auch in der Anatomie so, nämlich Mons Veneris, Schamberg.

7. Wiederum ein mittels Symboleinsetzung zu lösender Traum, dadurch bemerkenswert und beweiskräftig, daß der Träumer selbst alle Symbole übersetzt hat, obwohl er keinerlei theoretische Vorkenntnisse für die Traumdeutung mitbrachte. Dies Verhalten ist recht ungewöhnlich, und die Bedingungen dafür sind nicht genau bekannt.

„Er geht mit seinem Vater an einem Ort spazieren, der gewiß der Prater ist, denn man sieht die Rotunde, vor dieser einen kleineren Vorbau, an dem ein Fesselballon angebracht ist, der aber ziemlich schlaff scheint. Sein Vater fragt ihn, wozu das alles ist; er wundert sich darüber, erklärt es ihm aber. Dann kommen sie in einen Hof, in dem eine große Platte von Blech ausgebreitet liegt. Sein Vater will sich ein großes Stück davon abreißen, sieht sich aber vorher um, ob es nicht jemand bemerken kann. Er sagt ihm, er braucht es doch nur dem Aufseher zu sagen, dann kann er sich ohne weiteres davon nehmen. Aus diesem Hof führt eine Treppe in einen Schacht herunter, dessen Wände weich ausgepolstert sind, etwa wie ein Lederfauteuil. Am Ende dieses Schachtes ist eine längere Plattform und dann beginnt ein neuer Schacht . . ."

Der Träumer deutet selbst: Die Rotunde ist mein Genitale, der Fesselballon davor mein Penis, über dessen Schlaffheit ich zu klagen habe. Man darf also eingehender übersetzen, die Rotunde sei das — vom Kind regelmäßig zum Genitale gerechnete — Gesäß, der kleinere Vorbau der Hodensack. Im Traum fragt ihn der Vater, was das alles ist, d. h. nach Zweck und Verrichtung der Genitalien. Es liegt nahe, diesen Sachverhalt umzukehren, so daß er der fragende Teil wird. Da eine solche Befragung des Vaters in Wirklichkeit nie stattgefunden hat, muß man den Traumgedanken als Wunsch auffassen oder ihn etwa konditionell nehmen: „Wenn ich den Vater um sexuelle Aufklärung gebeten hätte." Die Fortsetzung dieses Gedankens werden wir bald an anderer Stelle finden.

Der Hof, in dem das Blech ausgebreitet liegt, ist nicht in erster Linie symbolisch zu fassen, sondern stammt aus dem Geschäftslokal des Vaters. Aus Gründen der Diskretion habe ich das „Blech" für das andere Material, mit dem der Vater handelt, eingesetzt, ohne sonst etwas am Wortlaut des Traumes zu ändern. Der Träumer ist in das Geschäft des Vaters eingetreten und hat an den eher unkorrekten Praktiken, auf denen der Gewinn zum guten Teil beruht, gewaltigen Anstoß genommen. Daher dürfte die Fortsetzung des obigen Traumgedankens lauten: („Wenn ich ihn gefragt hätte), würde er mich betrogen haben, wie er seine Kunden betrügt." Für das Abreißen, welches der Darstellung der geschäftlichen Unredlichkeit dient, gibt der Träumer selbst die zweite Erklärung, es bedeute die Onanie. Dies ist uns nicht nur längst bekannt, sondern stimmt auch sehr gut dazu, daß das Geheimnis der Onanie durch das Gegenteil ausgedrückt ist (man darf es ja offen tun). Es entspricht dann allen Erwartungen, daß die onanistische Tätigkeit wieder dem Vater zugeschoben wird, wie die Befragung in der ersten Traumszene. Den Schacht deutet er sofort unter Berufung auf die weiche Polsterung der Wände als Vagina. Daß das Herabsteigen wie sonst das Aufsteigen den Koitusverkehr in der Vagina beschreiben will, setze ich eigenmächtig ein.

Die Einzelheiten, daß auf den ersten Schacht eine längere Platt-form folgt und dann ein neuer Schacht, erklärt er selbst biographisch. Er hat eine Zeitlang koitiert, dann den Verkehr infolge von Hemmungen aufgegeben und hofft ihn jetzt mit Hilfe der Kur wieder aufnehmen zu können.

8) Die beiden nachstehenden Träume eines Fremden mit sehr polygamer Veranlagung teile ich Ihnen als Beleg für die Behauptung mit, daß das eigene Ich in jedem Traume vorkommt, auch wo es sich für den manifesten Inhalt verborgen hat. Die Koffer in den Träumen sind Weibsymbole.

a) Er reist ab, sein Gepäck wird auf einem Wagen zur Bahn gebracht, viele Koffer aufgehäuft, darunter zwei große schwarze, wie Musterkoffer. Er sagt tröstend zu jemand: Nun, die fahren ja nur bis zum Bahnhof mit.

Er reist in Wirklichkeit mit sehr viel Gepäck, bringt aber auch sehr viel Geschichten von Frauen mit in die Behandlung. Die zwei schwarzen Koffer entsprechen zwei schwarzen Frauen, die gegenwärtig in seinem Leben die Hauptrolle spielen. Eine von ihnen wollte ihm nach Wien nachreisen; er hatte ihr auf meinen Rat telegraphisch abgesagt.

b) Eine Szene bei der Douane: *Ein Mitreisender macht seinen Koffer auf und sagt, gleichgültig eine Zigarette rauchend: Da ist nichts drin. Der Zollbeamte scheint ihm zu glauben, greift aber noch einmal hinein und findet etwas ganz besonders Verbotenes. Der Reisende sagt dann resigniert: Da ist nichts zu machen.* Er ist selbst der Reisende, ich der Zollbeamte. Er ist sonst sehr aufrichtig in seinen Bekenntnissen, hatte sich aber vorgenommen, mir eine neu angeknüpfte Beziehung zu einer Dame zu verschweigen, weil er mit Recht annehmen konnte, daß sie mir nicht unbekannt sei. Die peinliche Situation des Überführtwerdens verschiebt er auf eine fremde Person, so daß er selbst in diesem Traum nicht vorzukommen scheint.

9) Hier ein Beispiel für ein Symbol, das ich noch nicht erwähnt habe: *Er begegnet seiner Schwester in Begleitung von zwei Freundinnen, die selbst Schwestern sind. Er gibt beiden die Hand, der Schwester aber nicht.*

Keine Anknüpfung an eine wirkliche Begebenheit. Seine Gedanken führen ihn vielmehr in eine Zeit, zu welcher ihm die Beobachtung zu denken gab, daß sich der Busen der Mädchen so spät entwickelt. Die beiden Schwestern sind also die Brüste, er möchte sie gerne mit der Hand begreifen, wenn es nur nicht seine Schwester wäre.

10) Hier ein Beispiel für die Todessymbolik im Traum: *Er geht mit zwei Personen, deren Namen er weiß, aber beim Erwachen vergessen hat, über einen sehr hohen, steilen eisernen Steg. Plötzlich sind die beiden weg und er sieht einen gespenstischen Mann mit Kappe und im Leinenanzug. Er fragt ihn, ob er der Telegraphenbote sei... Nein. Ob er der Fuhrmann sei? Nein. Er geht dann weiter,* hat noch im Traume große Angst und setzt den Traum nach dem Erwachen mit der Phantasie fort, daß die eiserne Brücke plötzlich abbricht und er in den Abgrund stürzt.

Personen, bei denen man betont, daß sie unbekannt sind, daß man ihre Namen vergessen hat, sind meist sehr nahestehende. Der Träumer hat zwei Geschwister; wenn er diesen beiden den Tod gewünscht haben sollte, so wäre es nur gerecht, wenn ihn dafür die Todesangst heimsuchte. Zum Telegraphenboten bemerkt er, daß solche Leute immer Unheilsposten bringen. Es könnte auch nach der Uniform ein Laternenanzünder gewesen sein, der aber auch die Laternen auslöscht, also wie der Genius des Todes die Fackel verlöscht. Zum Fuhrmann assoziiert er das Uhlandsche Gedicht von König Karls Meerfahrt und erinnert an eine gefahrvolle Seefahrt mit zwei Genossen, auf welcher er die Rolle des Königs im Gedicht spielte. Zur Eisenbrücke fällt ihm ein Unfall der letzten Zeit ein und die dumme Redensart: Das Leben ist eine Kettenbrück'.

11) Als anderes Beispiel der Todesdarstellung mag der Traum gelten: *Ein unbekannter Herr gibt eine schwarzgeränderte Visitkarte für ihn ab.*

12) In mehrfacher Hinsicht wird Sie der folgende Traum interessieren, zu dessen Voraussetzungen allerdings auch ein neurotischer Zustand gehört.

Er fährt im Eisenbahnzug. Der Zug hält auf offenem Felde. Er meint, es steht ein Unfall bevor, man muß daran denken, sich zu flüchten, geht durch alle Abteile des Zuges und erschlägt alle, die ihm begegnen, Schaffner, Lokomotivführer usw.

Dazu die Erinnerung an die Erzählung eines Freundes. Auf einer Strecke in Italien wurde ein Wahnsinniger in einem Halbcoupé transportiert, aber aus Versehen ein Reisender zu ihm eingelassen. Der Verrückte erschlug den Mitreisenden. Er identifiziert sich also mit diesem Verrückten und begründet sein Anrecht darauf mit der Zwangsvorstellung, die ihn zeitweilig quält, daß er alle „Mitwisser beseitigen" müsse. Dann findet er aber selbst eine bessere Motivierung, die zum Anlaß des Traumes führt. Er hat gestern im Theater das Mädchen wiedergesehen, das er heiraten wollte, von der er sich aber, weil sie ihm Grund zur Eifersucht gegeben, zurückgezogen hat. Bei

der Intensität, zu welcher die Eifersucht bei ihm ansteigt, wäre er
wirklich verrückt, wenn er die heiraten wollte. Das heißt: Er hält
sie für so unverläßlich, daß er alle Leute, die ihm in den Weg
kommen, aus Eifersucht erschlagen müßte. Das Gehen durch eine
Reihe von Zimmern, hier von Abteilen, haben wir als Symbol des
Verheiratetseins (Gegensatz zur Einehe) bereits kennengelernt.
Zum Halten des Zuges auf offenem Felde und zur Befürchtung
eines Unfalles erzählt er: Als sich einmal auf einer Eisenbahnfahrt ein
solches plötzliches Stehenbleiben außerhalb einer Station ereignete,
erklärte eine n itreisende junge Dame, es stehe vielleicht ein Zusammenstoß bevor, und da sei die zweckmäßigste Vorsicht, die Beine
hoch zu heben. Dieses „die Beine hoch" hatte aber auch eine Rolle
in den vielen Spaziergängen und Ausflügen in die freie Natur gespielt,
die er in der glücklichen ersten Liebeszeit mit jenem Mädchen unternommen hatte. Ein neues Argument dafür, daß er verrückt sein
müßte, um sie jetzt zu heiraten. Daß ein Wunsch, so verrückt zu sein,
bei ihm dennoch bestand, durfte ich nach meiner Kenntnis der Situation
als gesichert annehmen.

ARCHAISCHE ZÜGE
UND INFANTILISMUS DES TRAUMES

Meine Damen und Herren! Lassen Sie uns wieder an unser Resultat anknüpfen, daß die Traumarbeit die latenten Traumgedanken unter dem Einfluß der Traumzensur in eine andere Ausdrucksweise überführt. Die latenten Gedanken sind nicht anders als die uns bekannten bewußten Gedanken unseres Wachlebens; die neue Ausdrucksweise ist uns durch vielfältige Züge unverständlich. Wir haben gesagt, daß sie auf Zustände unserer intellektuellen Entwicklung zurückgreift, die wir längst überwunden haben, auf die Bildersprache, die Symbolbeziehung, vielleicht auf Verhältnisse, die vor der Entwicklung unserer Denksprache bestanden haben. Wir nannten die Ausdrucksweise der Traumarbeit darum eine archaische oder regressive.

Sie können daraus den Schluß ableiten, daß es durch das vertieftere Studium der Traumarbeit gelingen müßte, wertvolle Aufschlüsse über die nicht gut gekannten Anfänge unserer intellektuellen Entwicklung zu gewinnen. Ich hoffe, es wird so sein, aber diese Arbeit ist bisher noch nicht in Angriff genommen worden. Die Vorzeit, in welche die Traumarbeit uns zurückführt, ist eine zweifache, erstens die individuelle Vorzeit, die Kindheit, anderseits, insofern jedes Individuum in seiner Kindheit die ganze Entwicklung der Menschenart irgendwie abgekürzt wiederholt, auch diese Vorzeit, die phylogenetische. Ob es gelingen wird zu unterscheiden, welcher Anteil der latenten seelischen Vorgänge aus der individuellen, und welcher aus der phylogenetischen· Urzeit stammt, — ich halte es nicht für unmöglich So scheint mir z. B. die Symbolbeziehung, die der Einzelne niemals erlernt hat, zum Anspruch berechtigt, als phylogenetisches Erbe betrachtet zu werden. Indes ist dies nicht der einzige archaische Charakter des Traumes. Sie kennen alle wohl aus der Erfahrung an sich die merkwürdige Amnesie der Kindheit. Ich meine die Tatsache, daß die ersten Lebensjahre, bis zum fünften, sechsten oder achten, nicht die Spuren im Gedächtnis hinterlassen haben wie das spätere Erleben. Man trifft zwar auf einzelne Menschen, welche sich einer kontinuierlichen Erinnerung vom frühen Anfang bis auf den heutigen Tag rühmen können, aber das andere Verhalten, das der Gedächtnislücke, ist das ungleich häufigere. Ich meine, über diese Tatsache hat man sich nicht genug verwundert. Das Kind kann mit zwei Jahren gut sprechen, es zeigt bald, daß es sich in komplizierten seelischen Situationen zurechtfindet, und gibt Äußerungen von sich, die ihm viele Jahre später wiedererzählt werden, die es selbst aber vergessen hat. Und dabei ist das Gedächtnis in frühen Jahren leistungsfähiger, weil weniger überladen als in späteren. Auch liegt kein Anlaß vor, die Gedächtnisfunktion für eine besonders hohe oder schwierige Seelenleistung zu halten; man kann im Gegenteile ein gutes Gedächtnis noch bei Personen finden, die intellektuell sehr niedrig stehen.

Als zweite Merkwürdigkeit, die dieser ersten aufgesetzt ist, muß ich aber anführen, daß aus der Erinnerungsleere, welche die ersten Kindheitsjahre umfaßt, sich einzelne gut erhaltene, meist plastisch empfundene Erinnerungen herausheben, welche diese Erhaltung nicht rechtfertigen können. Mit dem Material von Eindrücken, welche uns im späteren Leben treffen, verfährt unser Gedächtnis so, daß es eine Auslese vornimmt. Es behält das irgend Wichtige und läßt Unwichtiges fallen. Mit den erhaltenen Kindheitserinnerungen ist es anders. Sie entsprechen nicht notwendig wichtigen Erlebnissen der Kinderjahre, nicht einmal solchen, die vom Standpunkt des Kindes hätten

wichtig erscheinen müssen. Sie sind oft so banal und an sich bedeutungslos, daß wir uns nur verwundert fragen, warum gerade diese
Einzelheit dem Vergessen entgangen ist. Ich habe seinerzeit versucht,
das Rätsel der Kindheitsamnesie und der sie unterbrechenden Erinne-
rungsreste mit Hilfe der Analyse anzugreifen, und bin zu dem Ergebnis gekommen, daß doch auch beim Kinde nur das Wichtige in
der Erinnerung übriggeblieben ist. Nur daß durch die Ihnen bereits
bekannten Prozesse der Verdichtung und ganz besonders der Verschiebung dies Wichtige durch anderes, was unwichtig erscheint, in
der Erinnerung vertreten ist. Ich habe diese Kindheitserinnerungen
darum Deckerinnerungen genannt; man kann durch gründliche
Analyse alles Vergessene aus ihnen entwickeln.

In den psychoanalytischen Behandlungen ist ganz regelmäßig die
Aufgabe gestellt, die infantile Erinnerungslücke auszufüllen, und insoferne die Kur überhaupt einigermaßen gelingt, also überaus häufig,
bringen wir es auch zustande, den Inhalt jener vom Vergessen be-
deckten Kindheitsjahre wieder ans Licht zu ziehen. Diese Eindrücke
sind niemals wirklich vergessen gewesen, sie waren nur unzugänglich,
latent, haben dem Unbewußten angehört. Es kommt aber auch spontan
vor, daß sie aus dem Unbewußten auftauchen, und zwar geschieht
es im Anschluß an Träume. Es zeigt sich, daß das Traumleben den
Zugang zu diesen latenten, infantilen Erlebnissen zu finden weiß. Es
sind schöne Beispiele hierfür in der Literatur verzeichnet und ich
selbst habe einen solchen Beitrag leisten können. Ich träumte einmal
in einem gewissen Zusammenhange von einer Person, die mir einen
Dienst geleistet haben mußte, und die ich deutlich vor mir sah. Es
war ein einäugiger Mann von kleiner Gestalt, dick, den Kopf tief in
den Schultern steckend. Ich entnahm aus dem Zusammenhang, daß
er ein Arzt war. Zum Glück konnte ich meine noch lebende Mutter
befragen, wie der Arzt meines Geburtsortes, den ich mit drei Jahren
verlassen, ausgesehen, und erfuhr von ihr, daß er einäugig war, kurz,
dick, den Kopf tief in den Schultern steckend, lernte auch, bei welchem
von mir vergessenen Unfall er mir Hilfe geleistet hatte. Diese Ver-

fügung über das vergessene Material der ersten Kindheitsjahre ist also ein weiterer archaischer Zug des Traumes.

Dieselbe Auskunft setzt sich nun auf ein anderes der Rätsel, auf die wir bisher gestoßen sind, fort. Sie erinnern sich, mit welchem Staunen es aufgenommen wurde, als wir zur Einsicht kamen, die Erreger der Träume seien energisch böse und ausschweifend sexuelle Wünsche, welche Traumzensur und Traumentstellung notwendig gemacht haben. Wenn wir einen solchen Traum dem Träumer gedeutet haben und er im günstigsten Falle die Deutung selbst nicht angreift, so stellt er doch regelmäßig die Frage, woher ihm ein solcher Wunsch komme, da er ihn doch als fremd empfinde und sich des Gegenteils davon bewußt sei. Wir brauchen nicht zu verzagen, diese Herkunft nachzuweisen. Diese bösen Wunschregungen stammen aus der Vergangenheit, oft aus einer Vergangenheit, die nicht allzuweit zurückliegt. Es läßt sich zeigen, daß sie einmal bekannt und bewußt waren, wenn sie es auch heute nicht mehr sind. Die Frau, deren Traum bedeutet, daß sie ihre einzige, jetzt 17 jährige Tochter tot vor sich sehen möchte, findet unter unserer Anleitung, daß sie diesen Todeswunsch doch zu einer Zeit genährt hat. Das Kind ist die Frucht einer verunglückten, bald getrennten Ehe. Als sie die Tochter noch im Mutterleibe trug, schlug sie einmal nach einer heftigen Szene mit ihrem Manne im Wutanfall mit den Fäusten auf ihren Leib los, um das Kind darin zu töten. Wie viele Mütter, die ihre Kinder heute zärtlich, vielleicht überzärtlich lieben, haben sie doch ungerne empfangen und damals gewünscht, das Leben in ihnen möge sich nicht weiter entwickeln; ja sie haben auch diesen Wunsch in verschiedene, zum Glück unschädliche Handlungen umgesetzt. Der später so rätselhafte Todeswunsch gegen die geliebte Person stammt also aus der Frühzeit der Beziehung zu ihr.

Der Vater, dessen Traum zur Deutung berechtigt, er wünsche den Tod seines bevorzugten ältesten Kindes, muß sich ebenso daran erinnern lassen, daß ihm dieser Wunsch einmal nicht fremd war. Als dieses Kind noch Säugling war, dachte der mit seiner Ehewahl un-

zufriedene Mann oft, wenn das kleine Wesen, das ihm nichts bedeute, sterben sollte, dann wäre er wieder frei und würde von seiner
Freiheit einen besseren Gebrauch machen. Die gleiche Herkunft läßt
sich für eine große Anzahl ähnlicher Haßregungen erweisen; sie sind
Erinnerungen an etwas, was der Vergangenheit angehörte, einmal
bewußt war und seine Rolle im Seelenleben spielte. Sie werden daraus den Schluß ziehen wollen, daß es solche Wünsche und solche Träume
nicht geben darf, wenn derartige Wandlungen im Verhältnis zu einer
Person nicht vorgekommen sind, wenn dies Verhältnis von Anfang
an gleichsinnig war. Ich bin bereit, Ihnen diese Folgerung zuzugeben,
will Sie nur daran mahnen, daß Sie nicht den Wortlaut des Traumes,
sondern den Sinn desselben nach seiner Deutung in Betracht ziehen.
Es kann vorkommen, daß der manifeste Traum vom Tode einer geliebten Person nur eine schreckhafte Maske vorgenommen hat, aber
etwas ganz anderes bedeutet, oder daß die geliebte Person zum täuschenden Ersatz für eine andere bestimmt ist.

Derselbe Sachverhalt wird aber eine andere, weit ernsthaftere Frage
bei Ihnen wecken. Sie werden sagen: Wenn dieser Todeswunsch auch
einmal vorhanden war und von der Erinnerung bestätigt wird, so
ist das doch keine Erklärung: Er ist doch längst überwunden, er kann
heute doch nur als bloße affektlose Erinnerung im Unbewußten vorhanden sein, aber nicht als kräftige Regung. Für letzteres spricht
doch nichts. Wozu wird er also überhaupt vom Traume erinnert? Diese
Frage ist wirklich berechtigt; der Versuch, sie zu beantworten, würde
uns zu weit führen und zur Stellungnahme in einem der bedeutsamsten Punkte der Traumlehre nötigen. Aber ich bin genötigt, im Rahmen
unserer Erörterungen zu bleiben und Enthaltung zu üben. Bereiten
Sie sich auf den einstweiligen Verzicht vor. Begnügen wir uns mit dem
tatsächlichen Nachweis, daß dieser überwundene Wunsch als Traumerreger nachweisbar ist und setzen wir die Untersuchung fort, ob auch andere böse Wünsche dieselbe Ableitung aus der Vergangenheit zulassen.

Bleiben wir bei den Beseitigungswünschen, die wir ja zumeist auf
den uneingeschränkten Egoismus des Träumers zurückführen dürfen.

Ein solcher Wunsch ist als Traumbildner sehr häufig nachzuweisen. So oft uns irgend jemand im Leben in den Weg getreten ist, und wie häufig muß dies bei der Komplikation der Lebensbeziehungen der Fall sein, sofort ist der Traum bereit, ihn totzumachen, sei er auch der Vater, die Mutter, ein Geschwister, ein Ehepartner u. dgl. Wir hatten uns über diese Schlechtigkeit der menschlichen Natur genug verwundert und waren gewiß nicht geneigt, die Richtigkeit dieses Ergebnisses der Traumdeutung ohne weiteres anzunehmen. Wenn wir aber einmal darauf gewiesen werden, den Ursprung solcher Wünsche in der Vergangenheit zu suchen, so entdecken wir alsbald die Periode der individuellen Vergangenheit, in welcher solcher Egoismus und solche Wunschregungen auch gegen die Nächsten nichts Befremdendes mehr haben. Es ist das Kind gerade in jenen ersten Jahren, welche später von der Amnesie verhüllt werden, das diesen Egoismus häufig in extremer Ausprägung zeigt, regelmäßig aber deutliche Ansätze dazu oder richtiger Überreste davon erkennen läßt. Das Kind liebt eben sich selbst zuerst und lernt erst später andere lieben, von seinem Ich etwas an andere opfern. Auch die Personen, die es von Anfang an zu lieben scheint, liebt es zuerst darum, weil es sie braucht, sie nicht entbehren kann, also wiederum aus egoistischen Motiven. Erst später macht sich die Liebesregung vom Egoismus unabhängig. Es hat tatsächlich am Egoismus lieben gelernt.

Es wird in dieser Beziehung lehrreich sein, die Einstellung des Kindes gegen seine Geschwister mit der gegen seine Eltern zu vergleichen. Seine Geschwister liebt das kleine Kind nicht notwendigerweise, oft offenkundig nicht. Es ist unzweifelhaft, daß es in ihnen seine Konkurrenten haßt, und es ist bekannt, wie häufig diese Einstellung durch lange Jahre bis zur Zeit der Reife, ja noch späterhin ohne Unterbrechung anhält. Sie wird ja häufig genug durch eine zärtlichere abgelöst oder sagen wir lieber: überlagert, aber die feindselige scheint sehr regelmäßig die frühere zu sein. Am leichtesten kann man sie an Kindern von $2\frac{1}{2}$ bis 4 und 5 Jahren beobachten, wenn ein neues Geschwisterchen dazu kommt. Das hat meist einen sehr unfreundlichen Empfang. Äußerungen wie „ich mag es nicht, der Storch soll es wieder mitnehmen" sind recht gewöhnlich. In der Folge wird jede Gelegenheit benützt, um den Ankömmling herabzusetzen, und selbst Versuche ihn zu schädigen, direkte Attentate, sind nichts Unerhörtes. Ist die Altersdifferenz geringer, so findet das Kind beim Erwachen intensiverer Seelentätigkeit den Konkurrenten bereits vor und richtet sich mit ihm ein. Ist sie größer, so kann das neue Kind von Anfang an als ein interessantes Objekt, als eine Art von lebender Puppe, gewisse Sympathien erwecken, und bei einem Altersunterschied von acht Jahren und mehr können bereits, besonders bei den Mädchen, vorsorgliche, mütterliche Regungen ins Spiel treten. Aber aufrichtig gesagt, wenn man den Wunsch nach dem Tode der Geschwister hinter einem Traume aufdeckt, braucht man ihn selten rätselhaft zu finden und weist sein Vorbild mühelos im frühen Kindesalter, oft genug auch in späteren Jahren des Beisammenseins nach.

Es gibt wahrscheinlich keine Kinderstube ohne heftige Konflikte zwischen deren Einwohnern. Motive sind die Konkurrenz um die Liebe der Eltern, um den gemeinsamen Besitz, um den Wohnraum. Die feindseligen Regungen richten sich gegen ältere wie gegen jüngere Geschwister. Ich glaube, es war B e r n a r d   S h a w, der das Wort ausgesprochen hat: Wenn es jemand gibt, den eine junge englische Dame mehr haßt als ihre Mutter, so ist es ihre ältere Schwester. An diesem Ausspruch ist aber etwas, was uns befremdet. Geschwisterhaß und Konkurrenz fänden wir zur Not begreiflich, aber wie sollen sich Haßempfindungen in das Verhältnis zwischen Tochter und Mutter, Eltern und Kinder, eindrängen können?

Dies Verhältnis ist ohne Zweifel auch von Seite der Kinder betrachtet das günstigere. So fordert es auch unsere Erwartung; wir finden es weit anstößiger, wenn die Liebe zwischen Eltern und Kindern, als wenn sie zwischen Geschwistern mangelt. Wir haben sozusagen im ersten Falle etwas geheiligt, was wir im andern Falle profan gelassen haben. Doch kann uns die tägliche Beobachtung zeigen, wie häufig die Gefühlsbeziehungen zwischen Eltern und erwachsenen Kindern hinter dem von der Gesellschaft aufgestellten Ideal zurückbleiben, wieviel Feindseligkeit da bereitliegt und sich äußern würde, wenn nicht Zusätze von Pietät und von zärtlichen Regungen sie zurückhielten. Die Motive hierfür sind allgemein bekannt und zeigen eine Tendenz, die gleichen Geschlechter voneinander zu trennen, die Tochter von der Mutter, den Vater vom Sohn. Die Tochter findet in der Mutter die Autorität, welche ihren Willen beschränkt und mit der Aufgabe betraut ist, den von der Gesellschaft geforderten Verzicht auf Sexualfreiheit bei ihr durchzusetzen, in einzelnen Fällen auch noch die Konkurrentin, die der Verdrängung widerstrebt. Dasselbe wiederholt sich in noch grellerer Weise zwischen Sohn und Vater. Für den Sohn verkörpert sich im Vater jeder widerwillig ertragene soziale Zwang; der Vater versperrt ihm den Zugang zur Willensbetätigung, zum frühzeitigen Sexualgenuß und, wo gemeinsame Familiengüter bestehen, zum Genuß derselben. Das Lauern auf den Tod des Vaters wächst im Falle des Thronfolgers zu einer das Tragische streifenden Höhe. Minder gefährdet erscheint das Verhältnis zwischen Vater und Tochter, Mutter und Sohn. Das letztere gibt die reinsten Beispiele einer durch keinerlei egoistische Rücksicht gestörten, unwandelbaren Zärtlichkeit.

Wozu ich von diesen Dingen spreche, die doch banal und allgemein bekannt sind? Weil eine unverkennbare Neigung besteht, ihre Bedeutung im Leben zu verleugnen und das sozial geforderte Ideal weit öfter für erfüllt auszugeben, als es wirklich erfüllt wird. Es ist aber besser, daß der Psychologe die Wahrheit sagt, als daß diese Aufgabe dem Zyniker überlassen bleibt. Allerdings bezieht sich diese Verleugnung nur auf das reale Leben. Der Kunst der erzählenden und der dramatischen Dichtung bleibt es freigestellt, sich der Motive zu bedienen, die aus der Störung dieses Ideals hervorgehen.

Bei einer großen Anzahl von Menschen brauchen wir uns also nicht zu verwundern, wenn der Traum ihren Wunsch nach Beseiti-

gung der Eltern, speziell des gleichgeschlechtlichen Elternteiles, aufdeckt. Wir dürfen annehmen, er ist auch im Wachleben vorhanden
und wird sogar manchmal bewußt, wenn er sich durch ein anderes
Motiv maskieren kann, wie im Falle unseres Träumers im Beispiele 3
durch das Mitleid mit dem unnützen Leiden des Vaters. Selten beherrscht die Feindseligkeit das Verhältnis allein, weit häufiger tritt
sie hinter zärtlicheren Regungen zurück, von denen sie unterdrückt
wird, und muß warten, bis ein Traum sie gleichsam isoliert. Was uns
der Traum infolge solcher Isolierung übergroß zeigt, das schrumpft
dann wieder zusammen, wenn es nach der Deutung von uns in den
Zusammenhang des Lebens eingereiht wird (H. Sachs). Wir finden
diesen Traumwunsch aber auch dort, wo er im Leben keinen Anhalt
hat, und wo der Erwachsene sich im Wachen nie zu ihm bekennen
müßte. Dies hat seinen Grund darin, daß das tiefste und regelmäßigste
Motiv zur Entfremdung, besonders zwischen den gleichgeschlechtlichen Personen, sich bereits im frühen Kindesalter geltend gemacht hat.

Ich meine die Liebeskonkurrenz mit deutlicher Betonung des Ge-
schlechtscharakters. Der Sohn beginnt schon als kleines Kind eine
besondere Zärtlichkeit für die Mutter zu entwickeln, die er als sein
eigen betrachtet, und den Vater als Konkurrenten zu empfinden, der
ihm diesen Alleinbesitz streitig macht, und ebenso sieht die kleine
Tochter in der Mutter eine Person, die ihre zärtliche Beziehung zum
Vater stört und einen Platz einnimmt, den sie sehr gut selbst aus-
füllen könnte. Man muß aus den Beobachtungen erfahren, in wie
frühe Jahre diese Einstellungen zurückreichen, die wir als Ödipuskomplex bezeichnen, weil diese Sage die beiden extremen Wünsche,
welche sich aus der Situation des Sohnes ergeben, den Vater zu töten,
und die Mutter zum Weib zu nehmen, mit einer ganz geringfügigen
Abschwächung realisiert. Ich will nicht behaupten, daß der Ödipuskomplex die Beziehung der Kinder zu den Eltern erschöpft; diese kann
leicht viel komplizierter sein. Auch ist der Ödipuskomplex mehr oder
weniger stark ausgebildet, er kann selbst eine Umkehrung erfahren,
aber er ist ein regelmäßiger und sehr bedeutsamer Faktor des kind-

lichen Seelenlebens, und man läuft eher Gefahr, seinen Einfluß und den der aus ihm hervorgehenden Entwicklungen zu unterschätzen, als ihn zu überschätzen. Übrigens reagieren die Kinder mit der Ödipuseinstellung häufig auf eine Anregung der Eltern, die sich in ihrer Liebeswahl oft genug vom Geschlechtsunterschied leiten lassen, so daß der Vater die Tochter, die Mutter den Sohn bevorzugt oder im Falle von Erkaltung in der Ehe zum Ersatz für das entwertete Liebesobjekt nimmt.

Man kann nicht behaupten, daß die Welt der psychoanalytischen Forschung für die Aufdeckung des Ödipuskomplexes sehr dankbar gewesen ist. Diese hat im Gegenteile das heftigste Sträuben der Erwachsenen hervorgerufen, und Personen, die es versäumt hatten, an der Ableugnung dieser verpönten oder tabuierten Gefühlsbeziehung teilzunehmen, haben ihr Verschulden später gutgemacht, indem sie dem Komplex durch Umdeutungen seinen Wert entzogen. Nach meiner unveränderten Überzeugung ist daher nichts zu verleugnen und nichts zu beschönigen. Man befreunde sich mit der Tatsache, die von der griechischen Sage selbst als unabwendbares Verhängnis anerkannt wird. Interessant ist es wiederum, daß der aus dem Leben herausgeworfene Ödipuskomplex der Dichtung überlassen, gleichsam zur freien Verfügung abgetreten wurde. O. R a n k hat in einer sorgfältigen Studie gezeigt, wie gerade der Ödipuskomplex der dramatischen Dichtung reiche Motive in unendlichen Abänderungen, Abschwächungen und Verkleidungen geliefert hat, in solchen Entstellungen also, wie wir sie bereits als Werk einer Zensur erkennen. Diesen Ödipuskomplex dürfen wir also auch jenen Träumern zuschreiben, die so glücklich waren, im späteren Leben den Konflikten mit ihren Eltern zu entgehen, und an ihn innig geknüpft finden wir, was wir den K a s t r a t i o n s k o m p l e x heißen, die Reaktion auf die dem Vater zugeschriebene Sexualeinschüchterung oder Eindämmung der frühinfantilen Sexualtätigkeit.

Durch die bisherigen Ermittlungen auf das Studium des kindlichen Seelenlebens verwiesen, dürfen wir nun auch die Erwartung hegen, daß die Herkunft des anderen Anteils der verbotenen Traumwünsche, der exzessiven Sexualregungen, auf ähnliche Weise Aufklärung finden wird. Wir empfangen also den Antrieb, auch die Entwicklung des kindlichen Sexuallebens zu studieren und erfahren hierbei aus mehreren Quellen folgendes: Es ist vor allem ein unhaltbarer Irrtum, dem Kind ein Sexualleben abzusprechen und anzunehmen, daß die Sexualität erst zur Zeit der Pubertät mit der Reifung der Genitalien einsetze. Das Kind hat im Gegenteile von allem Anfang an ein reichhaltiges Sexualleben, welches sich von dem später als normal geltenden in vielen Punkten unterscheidet. Was wir im Leben der Erwachsenen „pervers" nennen, weicht vom Normalen in folgenden Stücken ab: erstens durch das Hinwegsetzen über die Artschranke (die Kluft zwischen Mensch und Tier), zweitens durch die Überschreitung der Ekelschranke, drittens der Inzestschranke (des Verbots, Sexualbefriedigung an nahen Blutsverwandten zu suchen), viertens der Gleichgeschlechtlichkeit, und fünftens durch die Übertragung der Genitalrolle an andere Organe und Körperstellen. Alle diese Schranken bestehen nicht von Anfang an, sondern werden erst allmählich im Laufe der Entwicklung und der Erziehung aufgebaut. Das kleine Kind ist frei von ihnen. Es kennt noch keine arge Kluft zwischen Mensch und Tier; der Hochmut, mit dem sich der Mensch vom Tier absondert, wächst ihm erst später zu. Es zeigt anfänglich keinen Ekel vor dem Exkrementellen, sondern erlernt diesen langsam unter dem Nachdruck der Erziehung; es legt keinen besonderen Wert auf den Unterschied der Geschlechter, mutet vielmehr beiden die gleiche Genitalbildung zu; es richtet seine ersten sexuellen Gelüste und seine Neugierde auf die ihm nächsten und aus anderen Gründen liebsten Personen, Eltern, Geschwister, Pflegepersonen, und endlich zeigt sich bei ihm, was späterhin auf der Höhe einer Liebesbeziehung wieder durchbricht, daß es nicht nur von den Geschlechtsteilen Lust erwartet, sondern daß viele andere Körperstellen dieselbe Empfindlichkeit für sich in Anspruch nehmen, analoge Lustempfindungen vermitteln und somit die Rolle von Genitalien spielen können. Das Kind kann also „polymorph pervers" genannt werden, und wenn es alle diese Regungen nur spurweise betätigt, so kommt dies einerseits von deren geringer Intensität im Vergleiche zu späteren Lebenszeiten, anderseits daher, daß die Erziehung alle sexuellen Äußerungen des Kindes sofort energisch unterdrückt. Diese Unterdrückung setzt sich sozusagen in die Theorie fort, indem die Erwachsenen sich bemühen, einen Anteil der kindlichen Sexualäußerungen zu übersehen und einen anderen durch Umdeutung seiner sexuellen Natur zu entkleiden, bis sie dann das Ganze ableugnen können. Es sind oft dieselben Leute, die erst in der Kinderstube hart gegen alle sexuellen Unarten der Kinder wüten und dann am Schreibtisch die sexuelle Reinheit derselben Kinder verteidigen. Wo Kinder sich selbst überlassen werden oder unter dem Einfluß der Verführung, bringen sie oft ganz ansehnliche Leistungen perverser Sexualbetätigung zustande. Natürlich haben die Erwachsenen recht, dies als „Kinderei" und „Spielerei" nicht schwer zu nehmen, denn das Kind ist weder vor dem Richterstuhl der Sitte noch vor dem Gesetz als vollwertig und verantwortlich zu beurteilen, aber diese Dinge existieren doch, sie haben ihre Bedeutung sowohl als Anzeichen mitgebrachter Konstitution sowie als Ursachen und Förderungen späterer Entwicklungen, sie geben uns Aufschlüsse über das kindliche Sexualleben und somit über das menschliche Sexualleben überhaupt. Wenn wir also hinter unseren entstellten Träumen alle diese perversen Wunschregungen wiederfinden, so bedeutet es nur, daß der Traum auch auf diesem Gebiet den Rückschritt zum infantilen Zustand vollzogen hat.

Eine besondere Hervorhebung unter diesen verbotenen Wünschen verdienen noch die inzestuösen, d. h. die auf Geschlechtsverkehr mit Eltern und Geschwistern gerichteten. Sie wissen, welcher Abscheu in der menschlichen Gemeinschaft gegen solchen Verkehr verspürt oder wenigstens vorgegeben wird, und welcher Nachdruck auf den dagegen gerichteten Verboten ruht. Es sind die ungeheuerlichsten Anstrengungen gemacht worden, diese Inzestscheu zu erklären. Die einen haben angenommen, daß es Züchtungsrücksichten der Natur sind, welche sich psychisch durch dieses Verbot repräsentieren lassen, weil Inzucht die Rassencharaktere verschlechtern würde, die anderen haben behauptet, daß durch das Zusammenleben von früher Kindheit an die sexuelle Begierde von den in Betracht kommenden Personen abgelenkt wird. In beiden Fällen wäre übrigens die Inzestvermeidung automatisch gesichert, und man verstünde nicht, wozu es der strengen Verbote bedürfte, die eher auf das Vorhandensein eines starken Begehrens deuten. Die psychoanalytischen Untersuchungen haben unzweideutig ergeben, daß die inzestuöse Liebeswahl vielmehr die erste und die regelmäßige ist, und daß erst später ein Widerstand gegen sie einsetzt, dessen Herleitung aus der individuellen Psychologie wohl abzulehnen ist.

Stellen wir zusammen, was uns die Vertiefung in die Kinderpsychologie für das Verständnis des Traumes gebracht hat. Wir fanden nicht nur, daß das Material der vergessenen Kindererlebnisse dem Traum zugänglich ist, sondern wir sahen auch, daß das Seelenleben der Kinder mit all seinen Eigenheiten, seinem Egoismus, seiner inzestuösen Liebeswahl usw. für den Traum, also im Unbewußten, noch fortbesteht, und daß uns der Traum allnächtlich auf diese infantile Stufe zurückführt. Es wird uns so bekräftigt, daß das Unbewußte des Seelenlebens das Infantile ist. Der befremdende Eindruck, daß soviel Böses im Menschen steckt, beginnt nachzulassen. Dieses entsetzlich Böse ist einfach das Anfängliche, Primitive, Infantile des Seelenlebens, das wir beim Kinde in Wirksamkeit finden können, das wir aber bei ihm zum Teil wegen seiner kleinen Dimensionen übersehen, zum Teil nicht schwer nehmen, weil wir vom Kinde keine ethische Höhe fordern. Indem der Traum auf diese Stufe regrediert, erweckt er den Anschein, als habe er das Böse in uns zum Vorschein gebracht. Es ist aber nur ein täuschender Schein, von dem wir uns haben schrecken lassen. Wir sind nicht so böse, wie wir nach der Deutung der Träume annehmen wollten.

Wenn die bösen Regungen der Träume nur Infantilismen sind, eine Rückkehr zu den Anfängen unserer ethischen Entwicklung, indem der Traum uns einfach wieder zu Kindern im Denken und Fühlen macht, so brauchen wir uns vernünftigerweise dieser bösen Träume nicht zu schämen. Allein das Vernünftige ist nur ein Anteil des Seelenlebens, es geht außerdem in der Seele noch mancherlei vor, was nicht vernünftig ist, und so geschieht es, daß wir uns unvernünftigerweise doch solcher Träume schämen. Wir unterwerfen sie der Traumzensur, schämen und ärgern uns, wenn es einem dieser Wünsche ausnahmsweise gelungen ist, in so unentstellter Form zum Bewußtsein zu dringen, daß wir ihn erkennen müssen, ja wir schämen uns gelegentlich der entstellten Träume genau so, als ob wir sie verstehen würden. Denken Sie nur an das entrüstete Urteil jener braven alten Dame über ihren nicht gedeuteten Traum von den „Liebesdiensten". Das Problem ist also noch nicht erledigt, und es bleibt möglich, daß wir bei weiterer Beschäftigung mit dem Bösen im Traum zu einem anderen Urteil und zu einer anderen Schätzung der menschlichen Natur gelangen.

Als Ergebnis der ganzen Untersuchung erfassen wir zwei Einsichten, die aber nur den Anfang von neuen Rätseln, neuen Zweifeln bedeuten. Erstens: Die Regression der Traumarbeit ist nicht nur eine formale, sondern auch eine materielle. Sie übersetzt nicht nur unsere Gedanken in eine primitive Ausdrucksform, sondern sie weckt auch die Eigentümlichkeiten unseres primitiven Seelenlebens wieder auf, die alte Übermacht des Ichs, die anfänglichen Regungen unseres Sexuallebens, ja selbst unseren alten intellektuellen Besitz, wenn wir die Symbolbeziehung als solchen auffassen dürfen. Und zweitens: All dies alte Infantile, was einmal herrschend und alleinherrschend war, müssen wir heute dem Unbewußten zurechnen, von dem unsere Vorstellungen sich nun verändern und erweitern. Unbewußt ist nicht mehr ein Name für das derzeit Latente, das Unbewußte ist ein besonderes seelisches Reich mit eigenen Wunschregungen, eigener Ausdrucksweise und ihm eigentümlichen seelischen Mechanismen, die sonst nicht in Kraft sind. Aber die latenten Traumgedanken, die wir durch die Traumdeutung erraten haben, sind doch nicht von diesem Reich; sie sind vielmehr so, wie wir sie auch im Wachen hätten denken können. Unbewußt sind sie aber doch; wie löst sich also dieser Widerspruch? Wir beginnen zu ahnen, daß hier eine Sonderung vorzunehmen ist. Etwas, was aus unserem bewußten Leben stammt und dessen Charaktere teilt — wir heißen es: die Tagesreste — tritt mit etwas anderem aus jenem Reich des Unbewußten zur Traumbildung zusammen. Zwischen diesen beiden Anteilen vollzieht sich die Traumarbeit. Die Beeinflussung der Tagesreste durch das hinzutretende Unbewußte enthält wohl die Bedingung für die Regression. Es ist dies die tiefste Einsicht über das Wesen des Traumes, zu welcher wir hier, ehe wir weitere seelische Gebiete durchforscht haben, gelangen können. Es wird aber bald an der Zeit sein, den unbewußten Charakter der latenten Traumgedanken mit einem anderen Namen zu belegen, zur Unterscheidung von dem Unbewußten aus jenem Reich des Infantilen.

Wir können natürlich auch die Frage aufwerfen: Was nötigt die psychische Tätigkeit während des Schlafens zu solcher Regression? Warum erledigt sie die schlafstörenden seelischen Reize nicht ohne diese? Und wenn sie aus Motiven der Traumzensur sich der Verkleidung durch die alte, jetzt unverständliche Ausdrucksform bedienen muß, wozu dient ihr die Wiederbelebung der alten, jetzt überwundenen Seelenregungen, Wünsche und Charakterzüge, also die materielle Regression, die zu der formalen hinzukommt? Die einzige Antwort, die uns befriedigen würde, wäre, daß nur auf solche Weise ein Traum gebildet werden kann, daß dynamisch die Aufhebung des Traumreizes nicht anders möglich ist. Aber wir haben vorläufig nicht das Recht, eine solche Antwort zu geben.

DIE WUNSCHERFÜLLUNG

Meine Damen und Herren! Soll ich Ihnen nochmals vorhalten, welchen Weg wir bisher zurückgelegt haben? Wie wir bei der Anwendung unserer Technik auf die Traumentstellung gestoßen sind, uns besonnen haben, ihr zunächst auszuweichen, und uns die entscheidenden Auskünfte über das Wesen des Traumes an den infantilen Träumen geholt haben? Wie wir dann, mit den Ergebnissen dieser Untersuchung ausgerüstet, die Traumentstellung direkt angegriffen und sie, ich hoffe es, auch schrittweise überwunden haben? Nun aber müssen wir uns sagen, was wir auf dem einen und auf dem anderen Weg gefunden, trifft nicht ganz zusammen. Es wird uns zur Aufgabe, beiderlei Ergebnisse zusammenzusetzen und gegeneinander auszugleichen.

Von beiden Seiten her hat sich uns ergeben, die Traumarbeit bestehe wesentlich in der Umsetzung von Gedanken in ein halluzinatorisches Erleben. Wie das geschehen kann, ist rätselhaft genug, aber es ist ein Problem der allgemeinen Psychologie, das uns hier nicht beschäftigen soll. Aus den Kinderträumen haben wir erfahren, die Traumarbeit beabsichtige die Beseitigung eines den Schlaf störenden seelischen Reizes durch eine Wunscherfüllung. Von den entstellten Träumen konnten wir nichts Ähnliches aussagen, ehe wir sie zu deuten verstanden. Unsere Erwartung ging aber von Anfang an dahin, die entstellten Träume unter dieselben Gesichtspunkte bringen zu können wie die infantilen. Die erste Erfüllung dieser Erwartung brachte uns die Einsicht, daß eigentlich alle Träume — die Träume von Kindern sind, mit dem infantilen Material, den kindlichen Seelenregungen und Mechanismen arbeiten. Nachdem wir die Traumentstellung für überwunden halten, müssen wir an die Untersuchung gehen, ob die Auffassung als Wunscherfüllungen auch für die entstellten Träume Geltung hat.

Wir haben erst kürzlich eine Reihe von Träumen der Deutung unterzogen, aber die Wunscherfüllung ganz außer Betracht gelassen. Ich bin überzeugt, daß sich Ihnen dabei wiederholt die Frage aufgedrängt hat: Wo bleibt denn die Wunscherfüllung, die angeblich das Ziel der Traumarbeit ist? Diese Frage ist bedeutsam; sie ist nämlich die Frage unserer Laienkritiker geworden. Wie Sie wissen, hat die Menschheit ein instinktives Abwehrbestreben gegen intellektuelle Neuheiten. Zu den Äußerungen desselben gehört, daß eine solche Neuheit sofort auf den geringsten Umfang reduziert, womöglich in ein Schlagwort komprimiert wird. Für die neue Traumlehre ist die Wunscherfüllung dies Schlagwort geworden. Der Laie stellt die Frage: Wo ist die Wunscherfüllung? Sofort, nachdem er gehört hat, daß der Traum eine Wunscherfüllung sein soll, und indem er sie stellt, beantwortet er sie ablehnend. Es fallen ihm sofort ungezählte eigene Traumerfahrungen ein, in denen sich Unlust bis zu schwerer Angst an das Träumen geknüpft hat, so daß ihm die Behauptung der psychoanalytischen Traumlehre recht unwahrscheinlich wird. Wir haben es leicht, ihm zu antworten, daß bei den entstellten Träumen die Wunscherfüllung nicht offenkundig sein kann, sondern erst gesucht werden muß, so daß sie vor der Deutung des Traumes nicht anzugeben ist. Wir wissen auch, daß die Wünsche dieser entstellten Träume verbotene, von der Zensur abgewiesene Wünsche sind, deren Existenz eben die Ursache der Traumentstellung, das Motiv für das Eingreifen der Traumzensur geworden ist. Aber dem Laienkritiker ist es schwer beizubringen, daß man vor der Deutung des Traumes nicht nach dessen Wunscherfüllung fragen darf. Er wird es doch immer wieder

vergessen. Seine ablehnende Haltung gegen die Theorie der Wunscherfüllung ist eigentlich nichts anderes als eine Konsequenz der Traumzensur, ein Ersatz und ein Ausfluß der Ablehnung dieser zensurierten
Traumwünsche.

Natürlich werden auch wir das Bedürfnis haben, uns zu erklären,
daß es so viele Träume mit peinlichem Inhalt und besonders, daß es
Angstträume gibt. Wir stoßen dabei zum erstenmal auf das Problem
der Affekte im Traum, welches ein Studium für sich verdiente, uns
aber leider nicht beschäftigen darf. Wenn der Traum eine Wunscherfüllung ist, so sollten peinliche Empfindungen im Traume unmöglich sein; darin scheinen die Laienkritiker recht zu haben. Es kommen
aber dreierlei Komplikationen in Betracht, an welche diese nicht
gedacht haben.

Erstens: es kann sein, daß es der Traumarbeit nicht voll gelungen
ist, eine Wunscherfüllung zu schaffen, so daß von dem peinlichen
Affekt der Traumgedanken ein Anteil für den manifesten Traum erübrigt wird. Die Analyse müßte dann zeigen, daß diese Traumgedanken noch weit peinlicher waren, als der aus ihnen gestaltete Traum.
Soviel läßt sich auch jedesmal nachweisen. Wir geben dann zu, die
Traumarbeit hat ihren Zweck nicht erreicht, so wenig wie der Trink-
traum auf den Durstreiz seine Absicht erreicht, den Durst zu löschen.
Man bleibt durstig und muß erwachen, um zu trinken. Aber es war
doch ein richtiger Traum, er hatte nichts von seinem Wesen aufgegeben. Wir müssen sagen: *Ut desint vires, tamen est laudanda vo-
luntas.* Die klar zu erkennende Absicht wenigstens bleibt lobenswert.
Solche Fälle des Mißlingens sind kein seltenes Vorkommnis. Es wirkt
dazu mit, daß es der Traumarbeit soviel schwerer gelingt, Affekte
als Inhalte in ihrem Sinne zu verändern; die Affekte sind manchmal
sehr resistent. So geschieht es denn, daß die Traumarbeit den peinlichen Inhalt der Traumgedanken zu einer Wunscherfüllung umgearbeitet hat, während sich der peinliche Affekt noch unverändert
durchsetzt. In solchen Träumen paßt der Affekt dann gar nicht zum
Inhalt, und unsere Kritiker können sagen, der Traum sei so wenig

eine Wunscherfüllung, daß in ihm selbst ein harmloser Inhalt peinlich empfunden werden kann. Wir werden gegen diese unverständige Bemerkung einwenden, daß die Wunscherfüllungstendenz der Traumarbeit gerade an solchen Träumen am deutlichsten, weil isoliert, zum Vorschein kommt. Der Irrtum kommt daher, daß, wer die Neurosen nicht kennt, sich die Verknüpfung von Inhalt und Affekt als eine zu innige vorstellt und darum nicht fassen kann, daß ein Inhalt abgeändert wird, ohne daß die dazu gehörige Affektäußerung mitverändert werde.

Ein zweites, weit wichtigeres und tiefer reichendes Moment, welches der Laie gleichfalls vernachlässigt, ist das folgende. Eine Wunscherfüllung müßte gewiß Lust bringen, aber es fragt sich auch, wem? Natürlich dem, der den Wunsch hat. Vom Träumer ist uns aber bekannt, daß er zu seinen Wünschen ein ganz besonderes Verhältnis unterhält. Er verwirft sie, zensuriert sie, kurz er mag sie nicht. Eine Erfüllung derselben kann ihm also keine Lust bringen, sondern nur das Gegenteil davon. Die Erfahrung zeigt dann, daß dieses Gegenteil, was noch zu erklären ist, in der Form der Angst auftritt. Der Träumer kann also in seinem Verhältnis zu seinen Traumwünschen nur einer Summation von zwei Personen gleichgestellt werden, die doch durch eine starke Gemeinsamkeit verbunden sind. Anstatt aller weiteren Ausführungen biete ich Ihnen ein bekanntes Märchen, in welchem Sie die nämlichen Beziehungen wiederfinden werden. Eine gute Fee verspricht einem armen Menschenpaar, Mann und Frau, die Erfüllung ihrer drei ersten Wünsche. Sie sind selig und nehmen sich vor, diese drei Wünsche sorgfältig auszuwählen. Die Frau läßt sich aber durch den Duft von Bratwürstchen aus der nächsten Hütte verleiten, sich ein solches Paar Würstchen herzuwünschen. Flugs sind sie auch da; das ist die erste Wunscherfüllung. Nun wird der Mann böse und wünscht in seiner Erbitterung, daß die Würste der Frau an der Nase hängen mögen. Das vollzieht sich auch, und die Würste sind von ihrem neuen Standort nicht wegzubringen, das ist nun die zweite Wunscherfüllung, aber der Wunsch ist der des Mannes; der Frau ist diese Wunscherfüllung sehr unangenehm. Sie wissen, wie es im Märchen weitergeht. Da die beiden im Grunde doch eines sind, Mann und Frau, muß der dritte Wunsch lauten, daß die Würstchen von der Nase der Frau weggehen mögen. Wir könnten dieses Märchen noch mehrmals in anderem Zusammenhange verwerten; hier diene es uns nur als Illustration der Möglichkeit, daß die Wunscherfüllung des einen zur Unlust für den anderen führen kann, wenn die beiden miteinander nicht einig sind.

Es wird uns nun nicht schwer werden, zu einem noch besseren Verständnis·der Angstträume zu kommen. Wir werden nur noch eine Beobachtung verwerten und uns dann zu einer Annahme entschließen, für die sich mancherlei anführen läßt. Die Beobachtung ist, daß die Angstträume häufig einen Inhalt haben, welcher der Entstellung völlig entbehrt, sozusagen der Zensur entgangen ist. Der Angsttraum ist oft eine unverhüllte Wunscherfüllung, natürlich nicht die eines genehmen, sondern eines verworfenen Wunsches. An Stelle der Zensur ist die Angstentwicklung getreten. Während man vom infantilen Traum aussagen kann, er sei die offene Erfüllung eines zugelassenen Wunsches, vom gemeinen entstellten Traum, er sei die verkappte Erfüllung eines verdrängten Wunsches, taugt für den Angsttraum nur die Formel, daß er die offene Erfüllung eines verdrängten Wunsches sei. Die Angst ist das Anzeichen dafür, daß der verdrängte Wunsch sich stärker gezeigt hat als die Zensur, daß er seine Wunscherfüllung gegen dieselbe durchgesetzt hat oder durchzusetzen im Begriffe war. Wir begreifen, daß, was für ihn Wunscherfüllung ist, für uns, die wir auf der Seite der Traumzensur stehen, nur Anlaß zu peinlichen Empfindungen und zur Abwehr sein kann. Die dabei im Traum auftretende Angst ist, wenn Sie so wollen, Angst vor der Stärke dieser sonst niedergehaltenen Wünsche. Warum diese Abwehr in der Form der Angst auftritt, das kann man aus dem Studium des Traumes allein nicht erraten; man muß die Angst offenbar an anderen Stellen studieren.

Dasselbe, was für die unentstellten Angstträume gilt, dürfen wir auch für diejenigen annehmen, die ein Teil Entstellung erfahren

haben, und für die sonstigen Unlustträume, deren peinliche Empfindungen wahrscheinlich Annäherungen an die Angst entsprechen.
Der Angsttraum ist gewöhnlich auch ein Wecktraum; wir pflegen
den Schlaf zu unterbrechen, ehe der verdrängte Wunsch des Traumes
seine volle Erfüllung gegen die Zensur durchgesetzt hat. In diesem
Falle ist die Leistung des Traumes mißglückt, aber sein Wesen ist
darum nicht verändert. Wir haben den Traum mit dem Nachtwächter
oder Schlafwächter verglichen, der unseren Schlaf vor Störung be-
hüten will. Auch der Nachtwächter kommt in die Lage, die Schlafenden
zu wecken, wenn er sich nämlich zu schwach fühlt, die Störung oder
Gefahr allein zu verscheuchen. Dennoch gelingt es uns manchmal,
den Schlaf festzuhalten, selbst wenn der Traum bedenklich zu werden
und sich zur Angst zu wenden beginnt. Wir sagen uns im Schlaf:
Es ist doch nur ein Traum und schlafen weiter.

Wann sollte es geschehen, daß der Traumwunsch in die Lage
kommt, die Zensur zu überwältigen? Die Bedingung hierfür kann
ebensowohl von Seiten des Traumwunsches wie der Traumzensur
erfüllt werden. Der Wunsch mag aus unbekannten Gründen einmal
überstark werden; aber man gewinnt den Eindruck, daß häufiger das
Verhalten der Traumzensur die Schuld an dieser Verschiebung des
Kräfteverhältnisses trägt. Wir haben schon gehört, daß die Zensur
in jedem einzelnen Falle mit verschiedener Intensität arbeitet, jedes
Element mit einem anderen Grade von Strenge behandelt; jetzt
möchten wir die Annahme hinzufügen, daß sie überhaupt recht
variabel ist und gegen das nämliche anstößige Element nicht jedesmal die gleiche Strenge anwendet. Hat es sich so gefügt, daß sie sich
einmal ohnmächtig gegen einen Traumwunsch fühlt, der sie zu über-
rumpeln droht, so bedient sie sich anstatt der Entstellung des letzten
Mittels, das ihr bleibt, den Schlafzustand unter Angstentwicklung
aufzugeben.

Dabei fällt uns auf, daß wir ja überhaupt noch nicht wissen, warum diese bösen, verworfenen Wünsche sich gerade zur Nachtzeit
regen, um uns im Schlafe zu stören. Die Antwort kann kaum anders

als in einer Annahme bestehen, die auf die Natur des Schlafzustandes zurückgreift. Bei Tage lastet der schwere Druck einer Zensur auf diesen Wünschen, der es ihnen in der Regel unmöglich macht, sich durch irgendeine Wirkung zu äußern. Zur Nachtzeit wird diese Zensur wahrscheinlich wie alle anderen Interessen des seelischen Lebens zu Gunsten des einzigen Schlafwunsches eingezogen oder wenigstens stark herabgesetzt. Diese Herabsetzung der Zensur zur Nachtzeit ist es dann, der die verbotenen Wünsche es verdanken, daß sie sich wiederum regen dürfen. Es gibt schlaflose Nervöse, die uns gestehen, daß ihre Schlaflosigkeit anfänglich eine gewollte war. Sie getrauten sich nicht einzuschlafen, weil sie sich vor ihren Träumen, also vor den Folgen dieser Verminderung der Zensur fürchteten. Daß diese Einziehung der Zensur darum doch keine grobe Unvorsichtigkeit bedeutet, sehen Sie wohl mit Leichtigkeit ein. Der Schlafzustand lähmt unsere Motilität; unsere bösen Absichten können, wenn sie sich auch zu rühren beginnen, doch nichts anderes machen als eben einen Traum, der praktisch unschädlich ist, und an diesen beruhigenden Sachverhalt mahnt die höchst vernünftige, zwar der Nacht, aber doch nicht dem Traumleben angehörige Bemerkung des Schläfers: Es ist ja nur ein Traum. Also lassen wir ihn gewähren und schlafen wir weiter.

Wenn Sie drittens sich an die Auffassung erinnern, daß der gegen seine Wünsche sich sträubende Träumer gleichzusetzen ist einer Summation von zwei gesonderten, aber irgendwie innig verbundenen Personen, so werden Sie eine andere Möglichkeit begreiflich finden, wie durch Wunscherfüllung etwas zustande kommen kann, was höchst unlustig ist, nämlich eine Bestrafung Hier kann uns wiederum das Märchen von den drei Wünschen zur Erläuterung dienen: die Bratwürstchen auf dem Teller sind die direkte Wunscherfüllung der ersten Person, der Frau; die Würstchen an ihrer Nase sind die Wunscherfüllung der zweiten Person, des Mannes, aber gleichzeitig auch die Strafe für den törichten Wunsch der Frau. Bei den Neurosen werden wir dann die Motivierung des dritten Wunsches, der im Märchen

allein noch übrig bleibt, wiederfinden. Solcher Straftendenzen gibt
es nun viele im Seelenleben des Menschen; sie sind sehr stark, und
man darf sie für einen Anteil der peinlichen Träume verantwortlich
machen. Vielleicht sagen Sie jetzt, auf diese Weise bleibt von der
gerühmten Wunscherfüllung nicht viel übrig. Aber bei näherem Zusehen werden Sie zugeben, daß Sie unrecht haben. Entgegen der
später anzuführenden Mannigfaltigkeit dessen, was der Traum sein
könnte, — und nach manchen Autoren auch ist, — ist die Lösung
Wunscherfüllung—Angsterfüllung—Straferfüllung doch eine recht
eingeengte. Dazu kommt, daß die Angst der direkte Gegensatz des
Wunsches ist, daß Gegensätze einander in der Assoziation besonders
nahe stehen und im Unbewußten, wie wir gehört haben, zusammenfallen. Ferner, daß die Strafe auch eine Wunscherfüllung ist, die der
anderen, zensurierenden Person.

Im ganzen habe ich also Ihrem Einspruch gegen die Theorie der
Wunscherfüllung keine Konzession gemacht. Wir sind aber verpflichtet, an jedem beliebigen entstellten Traum die Wunscherfüllung nachzuweisen, und wollen uns dieser Aufgabe gewiß nicht entziehen. Greifen wir auf jenen bereits gedeuteten Traum von den
drei schlechten Theaterkarten für 1 fl. 50 zurück, an dem wir schon
so manches gelernt haben. Ich hoffe, Sie erinnern sich noch an ihn.
Eine Dame, der ihr Mann am Tage mitgeteilt, daß ihre nur um drei
Monate jüngere Freundin Elise sich verlobt hat, träumt, daß sie mit
ihrem Manne im Theater sitzt. Eine Seite des Parketts ist fast leer.
Ihr Mann sagt ihr, die Elise und ihr Bräutigam hätten auch ins
Theater gehen wollen, konnten aber nicht, da sie nur schlechte Karten bekamen, drei um einen Gulden fünfzig. Sie meint, es wäre auch
kein Unglück gewesen. Wir hatten erraten, daß sich die Traumgedanken auf den Ärger, so früh geheiratet zu haben und auf die Un-
zufriedenheit mit ihrem Mann beziehen. Wir dürfen neugierig sein,
wie diese trüben Gedanken zu einer Wunscherfüllung umgearbeitet
worden sind, und wo sich deren Spur im manifesten Inhalt findet.
Nun wissen wir schon, daß das Element „zu früh, voreilig" durch

die Zensur aus dem Traum eliminiert wurde. Das leere Parkett ist eine Anspielung darauf. Das rätselhafte „3 um einen Gulden fünfzig" wird uns jetzt mit Hilfe der Symbolik, die wir seither gelernt haben, besser verständlich.¹ Die 3 bedeutet wirklich einen Mann und das manifeste Element ist leicht zu übersetzen: sich einen Mann für die Mitgift kaufen. („Einen zehnmal besseren hätte ich mir für meine Mitgift kaufen können.") Das Heiraten ist offenbar ersetzt durch das Ins-Theater-Gehen. Das „zu früh Theaterkarten besorgen" steht ja direkt an Stelle des zu früh Heiratens. Diese Ersetzung ist aber das Werk der Wunscherfüllung. Unsere Träumerin war nicht immer so unzufrieden mit ihrer frühen Heirat wie am Tage, da sie die Nachricht von der Verlobung ihrer Freundin erhielt. Sie war seinerzeit stolz darauf und fand sich vor der Freundin bevorzugt. Naive Mädchen sollen häufig nach ihrer Verlobung ihre Freude darüber verraten haben, daß sie nun bald zu allen bisher verbotenen Stücken ins Theater gehen, alles mitansehen dürfen. Das Stück Schaulust oder Neugierde, das hier zum Vorschein kommt, war gewiß anfänglich sexuelle Schaulust, dem Geschlechtsleben, besonders der Eltern, zugewendet, und wurde dann zu einem starken Motiv, das die Mädchen zum frühen Heiraten drängte. Auf solche Art wird der Theaterbesuch zu einem naheliegenden Andeutungsersatz für das Verheiratetsein. In dem gegenwärtigen Ärger über ihre frühe Heirat greift sie also auf jene Zeit zurück, in welcher ihr die frühe Heirat Wunscherfüllung war, weil sie ihre Schaulust befriedigte, und ersetzt von dieser alten Wunschregung geleitet das Heiraten durch das Ins-Theater-Gehen.

Wir können sagen, daß wir uns für den Nachweis einer versteckten Wunscherfüllung nicht gerade das bequemste Beispiel herausgesucht haben. In analoger Weise müßten wir bei anderen entstellten Träumen verfahren. Ich kann das vor Ihnen nicht tun und will bloß die Überzeugung aussprechen, daß es überall gelingen wird. Aber

---

1) Eine andere naheliegende Deutung dieser 3 bei der kinderlosen Frau erwähne ich nicht, weil diese Analyse kein Material hierfür brachte.

ich will bei diesem Punkte der Theorie noch länger verweilen. Die Erfahrung hat mich belehrt, daß er einer der gefährdetsten der ganzen Traumlehre ist, und daß viele Widersprüche und Mißverständnisse an ihn anknüpfen. Außerdem werden Sie vielleicht noch unter dem Eindruck stehen, daß ich bereits ein Stück meiner Behauptung zurückgenommen, indem ich äußerte, der Traum sei ein erfüllter Wunsch oder das Gegenteil davon, eine verwirklichte Angst oder Bestrafung, und werden meinen, es sei die Gelegenheit, mir weitere Einschränkungen abzunötigen. Ich habe auch den Vorwurf gehört, daß ich Dinge, die mir selbst evident scheinen, zu knapp und darum nicht überzeugend genug darstelle.

Wenn jemand in der Traumdeutung so weit. mit uns gegangen ist und alles angenommen hat, was sie bisher gebracht, so macht er nicht selten bei der Wunscherfüllung halt und fragt: Zugegeben, daß der Traum jedesmal einen Sinn hat, und daß dieser Sinn durch die psychoanalytische Technik aufgedeckt werden kann, warum muß dieser Sinn aller Evidenz zum Trotze immer wieder in die Formel der Wunscherfüllung gepreßt werden? Warum soll der Sinn dieses nächtlichen Denkens nicht so mannigfaltig sein können wie der des Denkens bei Tage, also der Traum das eine Mal einem erfüllten Wunsch entsprechen, das andere Mal, wie Sie selbst sagen, dem Gegenteil davon, einer verwirklichten Befürchtung, dann aber auch einen Vorsatz ausdrücken können, eine Warnung, eine Überlegung mit ihrem Für und Wider, oder einen Vorwurf, eine Gewissensmahnung, einen Versuch, sich für eine bevorstehende Leistung vorzubereiten usw? Warum gerade immer nur einen Wunsch oder höchstens noch sein Gegenteil?

Man könnte meinen, eine Differenz in diesem Punkte sei nicht wichtig, wenn man sonst einig ist. Genug, daß wir den Sinn des Traumes und die Wege, ihn zu erkennen, aufgefunden; es tritt dagegen zurück, wenn wir diesen Sinn zu enge bestimmt haben sollten; aber es ist nicht so. Ein Mißverständnis in diesem Punkte trifft das Wesen unserer Erkenntnis vom Traum und gefährdet dessen Wert für das Verständnis der Neurose. Auch ist jene Art von Entgegenkommen, die im kaufmännischen Leben als „Kulanz" geschätzt wird, im wissenschaftlichen Betrieb nicht an ihrem Platze und eher schädlich.

Meine erste Antwort auf die Frage, warum der Traum nicht im angegebenen Sinn vieldeutig sein soll, lautet wie gewöhnlich in solchen Fällen: Ich weiß nicht, warum es nicht so sein soll. Ich hätte nichts dagegen. Meinetwegen sei es so. Nur eine Kleinigkeit widersetzt sich dieser breiteren und bequemeren Auffassung des Traumes, daß es nämlich in Wirklichkeit nicht so ist. Meine zweite Antwort wird betonen, daß die Annahme, der Traum entspreche mannigfaltigen Denkformen und intellektuellen Operationen, mir selbst nicht fremd ist. Ich habe einmal in einer Krankengeschichte einen Traum berichtet, der drei Nächte hintereinander auftrat und dann nicht mehr, und habe dies Verhalten damit erklärt, daß der Traum einem Vorsatz entsprach, der nicht wiederzukehren brauchte, nachdem er ausgeführt worden war. Später habe ich einen Traum veröffentlicht, der einem Geständnis entsprach. Wie kann ich also doch widersprechen und behaupten, daß der Traum immer nur ein erfüllter Wunsch sei?

Ich tue das, weil ich ein einfältiges Mißverständnis nicht zulassen will, welches uns die Frucht unserer Bemühung um den Traum kosten kann, ein Mißverständnis, das den Traum mit den latenten Traumgedanken verwechselt und von ihm etwas aussagt, was einzig und allein zu den letzteren gehört. Es ist nämlich ganz richtig, daß der Traum all das vertreten und durch das ersetzt werden kann, was wir vorhin aufgezählt haben: einen Vorsatz, eine Warnung, Überlegung, Vorbereitung, einen Lösungsversuch einer Aufgabe usw. Aber wenn Sie richtig zusehen, erkennen Sie, daß dies alles nur von den latenten Traumgedanken gilt, die in den Traum umgewandelt worden sind. Sie erfahren aus den Deutungen der Träume, daß das unbewußte Denken der Menschen sich mit solchen Vorsätzen, Vorbereitungen, Überlegungen usw. beschäftigt, aus denen dann die Traumarbeit die Träume macht. Wenn Sie sich für die Traumarbeit derzeit nicht interessieren, für die unbewußte Denkarbeit des Menschen aber sehr interessieren, dann eliminieren Sie die Traumarbeit und sagen von dem Traum praktisch ganz richtig aus, er entspreche einer Warnung, einem Vorsatz u. dgl. In der psychoanalytischen Tätigkeit trifft dieser Fall oft zu: Man strebt meist nur danach, die Traumform wieder zu zerstören und die latenten Gedanken, aus denen der Traum geworden ist, an seiner statt in den Zusammenhang einzufügen.

So ganz nebenbei erfahren wir also aus der Würdigung der latenten Traumgedanken, daß alle die genannten, hoch komplizierten seelischen Akte unbewußt vor sich gehen können, ein ebenso großartiges wie verwirrendes Resultat!

Aber um zurückzukehren, Sie haben nur recht, wenn Sie sich klarmachen, daß Sie sich einer abgekürzten Redeweise bedient haben, und wenn Sie nicht glauben, daß Sie jene angeführte Mannigfaltigkeit auf das Wesen des Traumes beziehen müssen. Wenn Sie vom „Traum" sprechen, so müssen Sie entweder den manifesten Traum meinen, d. i. das Produkt der Traumarbeit, oder höchstens noch die Traumarbeit selbst, d. i. jenen psychischen Vorgang, der aus den latenten Traumgedanken den manifesten Traum formt. Jede andere Verwendung des Wortes ist Begriffsverwirrung, die nur Unheil stiften kann. Zielen Sie mit Ihren Behauptungen auf die latenten Gedanken hinter dem Traum, so sagen Sie es direkt und verhüllen Sie nicht das Problem des Traumes durch die lockere Ausdrucksweise, deren Sie sich bedienen. Die latenten Traumgedanken sind der Stoff, den die Traumarbeit zum manifesten Traum umbildet. Warum wollen Sie durchaus den Stoff mit der Arbeit verwechseln, die ihn formt? Haben Sie dann etwas vor jenen voraus, die nur das Produkt der Arbeit kannten und sich nicht erklären konnten, woher es stammt und wie es gemacht wird?

Das einzig Wesentliche am Traum ist die Traumarbeit, die auf den Gedankenstoff eingewirkt hat. Wir haben kein Recht, uns in der Theorie über sie hinwegzusetzen, wenn wir sie auch in gewissen praktischen Situationen vernachlässigen dürfen. Die analytische Beobachtung zeigt denn auch, daß die Traumarbeit sich nie darauf beschränkt, diese Gedanken in die Ihnen bekannte archaische oder regressive Ausdrucksweise zu übersetzen. Sondern sie nimmt regelmäßig etwas hinzu, was nicht zu den latenten Gedanken des Tages gehört, was aber der eigentliche Motor der Traumbildung ist. Diese unentbehrliche Zutat ist der gleichfalls unbewußte Wunsch, zu dessen Erfüllung der Trauminhalt umgebildet wird. Der Traum mag also alles mögliche sein, insoweit Sie nur die durch ihn vertretenen Gedanken berücksichtigen, Warnung, Vorsatz, Vorbereitung usw.; er ist immer auch die Erfüllung eines unbewußten Wunsches, und er ist nur dies, wenn Sie ihn als Ergebnis der Traumarbeit betrachten. Ein Traum ist also auch nie ein Vorsatz, eine Warnung schlechtweg, sondern stets ein Vorsatz u. dgl., mit Hilfe eines unbewußten Wunsches in die archaische Ausdrucksweise übersetzt und zur Erfüllung dieser Wünsche umgestaltet. Der eine Charakter, die Wunscherfüllung, ist der konstante; der andere mag variieren; er kann seinerseits auch ein Wunsch sein, so daß der Traum einen latenten Wunsch vom Tage mit Hilfe eines unbewußten Wunsches als erfüllt darstellt.

Ich verstehe das alles sehr gut, aber ich weiß nicht, ob es mir gelungen ist, es auch für Sie verständlich zu machen. Auch habe ich Schwierigkeiten, es Ihnen zu beweisen. Das geht einerseits nicht ohne die sorgfältige Analyse vieler Träume, und anderseits ist dieser heikelste und bedeutsamste Punkt unserer Auffassung des Traumes nicht ohne Beziehung auf Späteres überzeugend darzustellen. Können Sie es überhaupt glauben, daß man bei dem innigen Zusammenhang aller Dinge sehr tief in die Natur des einen eindringen kann, ohne sich um andere Dinge von ähnlicher Natur bekümmert zu haben? Da wir von den nächsten Verwandten des Traumes, von den neurotischen Symptomen, noch nichts wissen, müssen wir uns auch hier bei dem Erreichten bescheiden. Ich will nur noch ein Beispiel vor Ihnen erläutern und eine neue Betrachtung anstellen.

Nehmen wir wieder jenen Traum vor, zu dem wir schon mehrmals zurückgekehrt sind, den Traum von den 3 Theaterkarten für 1 fl. 50. Ich kann Ihnen versichern, daß ich ihn zuerst absichtslos als Beispiel aufgegriffen habe. Die latenten Traumgedanken kennen

Sie. Ärger, daß sie sich mit dem Heiraten so beeilt hatte bei der Nachricht, daß ihre Freundin sich erst jetzt verlobt hat; Geringschätzung ihres Mannes, die Idee, daß sie einen besseren bekommen, wenn sie nur gewartet hätte. Den Wunsch, der aus diesen Gedanken einen Traum gemacht hat, kennen wir auch bereits, es ist die Schaulust, ins Theater gehen zu können, sehr wahrscheinlich eine Abzweigung der alten Neugierde, endlich einmal zu erfahren, was denn vorgeht, wenn man verheiratet ist. Diese Neugierde richtet sich bei Kindern bekanntlich regelmäßig auf das Sexualleben der Eltern, ist also eine infantile, und soweit sie später noch vorhanden ist, eine mit ihren Wurzeln ins Infantile reichende Triebregung. Aber zur Erweckung dieser Schaulust gab die Nachricht vom Tage keinen Anlaß, bloß zum Ärger und zur Reue. Zu den latenten Traumgedanken gehörte diese Wunschregung zunächst nicht, und wir konnten das Ergebnis der Traumdeutung in die Analyse einreihen, ohne auf sie Rücksicht zu nehmen. Der Ärger war auch an sich nicht traumfähig; ein Traum konnte aus den Gedanken: Es war ein Unsinn, so früh zu heiraten, nicht eher werden, als bis von ihnen aus der alte Wunsch, endlich einmal zu sehen, was beim Heiraten vorgeht, erweckt worden war. Dann formte dieser Wunsch den Trauminhalt, indem er das Heiraten durch Ins-Theater-Gehen ersetzte, und gab ihm die Form einer früheren Wunscherfüllung: So, ich darf ins Theater gehen und alles Verbotene ansehen und du darfst es nicht; ich bin verheiratet und du mußt warten. Auf solche Weise wurde die gegenwärtige Situation in ihr Gegenteil verwandelt, ein alter Triumph an die Stelle der rezenten Niederlage gesetzt. Nebenbei eine Schaulustbefriedigung mit einer egoistischen Konkurrenzbefriedigung verquickt. Diese Befriedigung bestimmt nun den manifesten Trauminhalt, in dem es wirklich heißt, daß sie im Theater sitzt, während die Freundin nicht Einlaß finden konnte. Als unpassende und unverständliche Modifikation sind dieser Befriedigungssituation jene Stücke des Trauminhalts aufgesetzt, hinter welchen sich die latenten Traumgedanken noch verbergen. Die Traumdeutung hat von allem abzusehen, was zur Darstellung der Wunscherfüllung dient, und aus jenen Andeutungen die peinlichen latenten Traumgedanken wiederherzustellen.

Die eine Betrachtung, die ich vorbringen will, soll Ihre Aufmerksamkeit auf die jetzt in den Vordergrund gerückten latenten Traumgedanken einstellen. Ich bitte Sie, nicht zu vergessen, daß sie erstens dem Träumer unbewußt, zweitens vollkommen verständig und zusammenhängend sind, so daß sie sich als begreifliche Reaktionen auf den Traumanlaß verstehen lassen, drittens, daß sie den Wert einer beliebigen seelischen Regung oder intellektuellen Operation haben können. Ich werde diese Gedanken jetzt strenger als vorhin „Tagesreste" heißen, der Träumer mag sich zu ihnen bekennen oder nicht. Ich sondere jetzt Tagesreste und latente Traumgedanken, indem ich im Einklang mit unserem früheren Gebrauch als latente Traumgedanken alles bezeichne, was wir bei der Deutung des Traumes erfahren, während die Tagesreste nur ein Teil der latenten Traumgedanken sind. Dann geht unsere Auffassung eben dahin, zu den Tagesresten ist etwas hinzugekommen, etwas, was auch dem Unbewußten angehörte, eine starke, aber verdrängte Wunschregung, und diese allein ist es, die die Traumbildung ermöglicht hat. Die Einwirkung dieser Wunschregung auf die Tagesreste schafft den weiteren Anteil der latenten Traumgedanken, jenen, der nicht mehr rationell und aus dem Wachleben begreiflich erscheinen muß.

Für das Verhältnis der Tagesreste zu dem unbewußten Wunsch habe ich mich eines Vergleiches bedient, den ich hier nur wiederholen kann. Bei jeder Unternehmung bedarf es eines Kapitalisten, der den Aufwand bestreitet, und eines Unternehmers, der die Idee hat und sie auszuführen versteht. Die Rolle des Kapitalisten spielt für die Traumbildung immer nur der unbewußte Wunsch; er gibt die psychische Energie für die Traumbildung ab; der Unternehmer ist der Tagesrest, der über die Verwendung dieses Aufwandes entscheidet. Nun kann der Kapitalist selbst die Idee und die Sachkenntnis haben oder der Unternehmer selbst Kapital besitzen. Das vereinfacht die praktische Situation, erschwert aber ihr theoretisches Verständnis. In der Volkswirtschaft wird man immer wieder die eine Person in ihre beiden Aspekte als Kapitalist und als Unternehmer zerlegen und somit die Grundsituation, von der unser Vergleich ausgegangen ist, wiederherstellen. Bei der Traumbildung kommen dieselben Variationen vor, deren weitere Verfolgung ich Ihnen überlasse.

Weiter können wir hier nicht gehen, denn Sie sind wahrscheinlich schon längst durch ein Bedenken gestört worden, das angehört zu werden verdient. Sind die Tagesreste, fragen Sie, wirklich in demselben Sinne unbewußt wie der unbewußte Wunsch, der hinzukommen muß, um sie traumfähig zu machen? Sie ahnen richtig. Hier liegt der springende Punkt der ganzen Sache. Sie sind nicht unbewußt in demselben Sinne. Der Traumwunsch gehört einem anderen Unbewußten an, jenem, das wir als infantiler Herkunft, mit besonderen Mechanismen ausgestattet, erkannt haben. Es wäre durchaus angebracht, diese beiden Weisen des Unbewußten durch verschiedene Bezeichnungen voneinander zu sondern. Aber wir wollen doch lieber damit warten, bis wir uns mit dem Erscheinungsgebiet der Neurosen vertraut gemacht haben. Hält' man uns doch das eine Unbewußte als phantastisch vor; was wird man erst sagen, wenn wir bekennen, daß wir erst bei zweierlei Unbewußtem unser Auslangen finden?

Brechen wir hier ab. Sie haben wiederum nur Unvollständiges gehört; aber ist es nicht hoffnungsvoll zu denken, daß dieses Wissen eine Fortsetzung hat, die entweder wir selbst oder andere nach uns zutage fördern werden? Und haben wir selbst nicht Neues und Überraschendes genug erfahren?

UNSICHERHEITEN UND KRITIKEN

Meine Damen und Herren! Wir wollen das Gebiet des Traumes doch nicht verlassen, ohne die gewöhnlichsten Zweifel und Unsicherheiten zu behandeln, die sich an unsere bisherigen Neuheiten und Auffassungen geknüpft haben. Einiges Material hierzu werden aufmerksame Hörer unter Ihnen bei sich selbst zusammengetragen haben.

1. Es mag Ihr Eindruck geworden sein, daß die Resultate unserer Deutungsarbeit am Traume trotz korrekter Einhaltung der Technik so viel Unbestimmtheiten zulassen, daß dadurch eine sichere Übersetzung des manifesten Traumes in die latenten Traumgedanken doch vereitelt wird. Sie werden dafür anführen, daß man erstens nie weiß, ob ein bestimmtes Element des Traumes im eigentlichen Sinne oder symbolisch zu verstehen ist, denn die als Symbole verwendeten Dinge hören darum doch nicht auf, sie selbst zu sein. Hat man aber keinen objektiven Anhalt, um dies zu entscheiden, so bleibt die Deutung in diesem Punkte der Willkür des Traumdeuters überlassen. Ferner ist es infolge des Zusammenfallens von Gegensätzen bei der Traumarbeit jederzeit unbestimmt gelassen, ob ein gewisses Traumelement im positiven oder im negativen Sinne, als es selbst oder als sein Gegenteil verstanden werden soll. Eine neue Gelegenheit zur Betätigung der Willkür des Deutenden. Drittens steht es dem Traumdeuter infolge der im Traume so beliebten Umkehrungen jeder Art frei, an

ihm beliebigen Stellen des Traumes eine solche Umkehrung vorzunehmen. Endlich werden Sie sich darauf berufen, gehört zu haben, daß man selten sicher ist, die gefundene Deutung des Traumes sei die einzig mögliche. Man läuft Gefahr, eine durchaus zulässige Überdeutung desselben Traumes zu übersehen. Unter diesen Umständen, werden Sie schließen, bleibt der Willkür des Deuters ein Spielraum eingeräumt, dessen Weite mit der objektiven Sicherheit der Resultate unverträglich scheint. Oder Sie können auch annehmen, der Fehler liege nicht am Traume, sondern die Unzulänglichkeiten unserer Traumdeutung ließen sich auf Unrichtigkeiten unserer Auffassungen und Voraussetzungen zurückführen.

All Ihr Material ist untadelig gut, aber ich glaube, es rechtfertigt nicht Ihre Schlüsse nach den beiden Richtungen, daß die Traumdeutung, wie wir sie betreiben, der Willkür preisgegeben ist, und daß die Mängel der Ergebnisse die Berechtigung unseres Verfahrens in Frage stellen. Wenn Sie anstatt der Willkür des Deuters einsetzen wollen: der Geschicklichkeit, der Erfahrung, dem Verständnis desselben, so pflichte ich Ihnen bei. Ein solches persönliches Moment werden wir freilich nicht entbehren können, zumal nicht bei schwierigeren Aufgaben der Traumdeutung. Das ist aber bei anderen wissenschaftlichen Betrieben auch nicht anders. Es gibt kein Mittel, um hintanzuhalten, daß der eine eine gewisse Technik nicht schlechter handhabe oder nicht besser ausnütze als ein anderer. Was sonst, z. B. bei der Deutung der Symbole, als Willkür imponiert, das wird dadurch beseitigt, daß in der Regel der Zusammenhang der Traumgedanken untereinander, der des Traumes mit dem Leben des Träumers und die ganze psychische Situation, in welche der Traum fällt, von den gegebenen Deutungsmöglichkeiten die eine auswählt, die anderen als unbrauchbar zurückweist. Der Schluß aus den Unvollkommenheiten der Traumdeutung auf die Unrichtigkeit unserer Aufstellungen wird aber durch eine Bemerkung entkräftet, welche die Mehrdeutigkeit oder Unbestimmtheit des Traumes vielmehr als eine notwendig zu erwartende Eigenschaft desselben erweist.

Erinnern wir uns daran, daß wir gesagt haben, die Traumarbeit nehme eine Übersetzung der Traumgedanken in eine primitive, der Bilderschrift analoge Ausdrucksweise vor. Alle diese primitiven Ausdruckssysteme sind aber mit solchen Unbestimmtheiten und Zweideutigkeiten behaftet, ohne daß wir darum ein Recht hätten, deren Gebrauchsfähigkeit anzuzweifeln. Sie wissen, das Zusammenfallen der Gegensätze bei der Traumarbeit ist analog dem sogenannten „Gegensinn der Urworte" in den ältesten Sprachen. Der Sprachforscher K. A b e l (1884), dem wir diesen Gesichtspunkt verdanken, ersucht uns, ja nicht zu glauben, daß die Mitteilung, welche eine Person der anderen mit Hilfe so ambivalenter Worte machte, darum eine zweideutige gewesen sei. Ton und Geste müssen es vielmehr im Zusammenhang der Rede ganz unzweifelhaft gemacht haben, welchen der beiden Gegensätze der Sprecher zur Mitteilung im Sinne hatte. In der Schrift, wo die Geste entfällt, wurde sie durch ein hinzugesetztes, zur Aussprache nicht bestimmtes Bildzeichen ersetzt, z. B. durch das Bild eines lässig hockenden oder eines stramm dastehenden Männchens, je nachdem das zweideutige *ken* der Hieroglyphenschrift „schwach" oder „stark" bedeuten sollte. So wurde trotz der Mehrdeutigkeit der Laute und der Zeichen das Mißverständnis vermieden.

Die alten Ausdruckssysteme, z. B. die Schriften jener ältesten Sprachen, lassen uns eine Anzahl von Unbestimmtheiten erkennen, die wir in unserer heutigen Schrift nicht dulden würden. So werden in manchen semitischen Schriften nur die Konsonanten der Worte bezeichnet. Die weggelassenen Vokale hat der Leser nach seiner Kenntnis und nach dem Zusammenhange einzusetzen. Nicht ganz so, aber recht ähnlich verfährt die Hieroglyphenschrift, weshalb uns die Aussprache des Altägyptischen unbekannt geblieben ist. Die heilige Schrift der Ägypter kennt noch andre Unbestimmtheiten. So ist es z. B. der Willkür des Schreibers überlassen, ob er die Bilder von rechts nach links oder von links nach rechts aneinanderreihen will. Um lesen zu können, muß man sich an die Vorschrift halten, daß man auf die Gesichter der Figuren, Vögel u. dgl. hin zu lesen hat. Der Schreiber konnte

aber auch die Bilderzeichen in Vertikalreihen anordnen, und bei Inschriften an kleineren Objekten ließ er sich durch Rücksichten der
Gefälligkeit und der Raumausfüllung bestimmen, die Folge der Zeichen
noch anders abzuändern. Das Störendste an der Hieroglyphenschrift
ist wohl, daß sie eine Worttrennung nicht kennt. Die Bilder laufen
in gleichen Abständen voneinander über die Seite, und man kann
im allgemeinen nicht wissen, ob ein Zeichen noch zum vorstehenden
gehört oder den Anfang eines neuen Wortes macht. In der persischen
Keilschrift dient dagegen ein schräger Keil als „Wortteiler".

Eine überaus alte, aber heute noch von 400 Millionen gebrauchte
Sprache und Schrift ist die chinesische. Nehmen Sie nicht an, daß ich
etwas von ihr verstehe; ich habe mich nur über sie instruiert, weil
ich Analogien zu den Unbestimmtheiten des Traumes zu finden hoffte.
Meine Erwartung ist auch nicht getäuscht worden. Die chinesische
Sprache ist voll von solchen Unbestimmtheiten, die uns Schrecken
einjagen können. Sie besteht bekanntlich aus einer Anzahl von Sil-
benlauten, die für sich allein oder zu zweien kombiniert gesprochen
werden. Einer der Hauptdialekte hat etwa 400 solcher Laute. Da nun
der Wortschatz dieses Dialekts auf etwa 4000 Worte berechnet wird,
ergibt sich, daß jeder Laut im Durchschnitt zehn verschiedene Bedeutungen hat, einige davon weniger, aber andere dafür um so mehr.
Es gibt dann eine ganze Anzahl von Mitteln, um der Vieldeutigkeit
zu entgehen, da man nicht aus dem Zusammenhang allein erraten
kann, welche der zehn Bedeutungen des Silbenlautes der Sprecher
beim Hörer zu erwecken beabsichtigt. Darunter ist die Verbindung
zweier Laute zu einem zusammengesetzten Wort und die Verwendung von vier verschiedenen „Tönen", mit denen diese Silben gesprochen werden. Für unsere Vergleichung ist der Umstand noch
interessanter, daß es in dieser Sprache so gut wie keine Grammatik
gibt. Man kann von keinem der einsilbigen Worte sagen, ob es Haupt-,
Zeit-, Eigenschaftswort ist, und es fehlen alle Abänderungen der Worte,
durch welche man Geschlecht, Zahl, Endung, Zeit oder Modus erkennen könnte. Die Sprache besteht also sozusagen nur aus dem Roh-

material, ähnlich wie unsere Denksprache durch die Traumarbeit in ihr Rohmaterial unter Hinweglassung des Ausdrucks der Relationen aufgelöst wird. Im Chinesischen wird in allen Fällen von Unbestimmtheit die Entscheidung dem Verständnis des Hörers überlassen, der sich dabei vom Zusammenhange leiten läßt. Ich habe mir ein Beispiel eines chinesischen Sprichwortes notiert, das wörtlich übersetzt lautet:

Wenig was sehen viel was wunderbar.

Das ist nicht schwer zu verstehen. Es mag heißen: Je weniger einer gesehen hat, desto mehr findet er zu bewundern, oder: Vieles gibt's zu bewundern für den, der wenig gesehen hat. Eine Entscheidung zwischen diesen nur grammatikalisch verschiedenen Übersetzungen kommt natürlich nicht in Betracht. Trotz dieser Unbestimmtheiten, wird uns versichert, ist die chinesische Sprache ein ganz ausgezeichnetes Mittel des Gedankenausdrucks. Die Unbestimmtheit muß also nicht notwendig zur Vieldeutigkeit führen.

Nun müssen wir freilich zugestehen, daß die Sachlage für das Ausdruckssystem des Traumes weit ungünstiger liegt als für alle diese alten Sprachen und Schriften. Denn diese sind doch im Grunde zur Mitteilung bestimmt, d. h. darauf berechnet, auf welchen Wegen und mit welchen Hilfsmitteln immer verstanden zu werden. Gerade dieser Charakter geht aber dem Traume ab. Der Traum will niemandem etwas sagen, er ist kein Vehikel der Mitteilung, er ist im Gegenteile darauf angelegt, unverstanden zu bleiben. Darum dürften wir uns nicht verwundern und nicht irre werden, wenn sich herausstellen sollte, daß eine Anzahl von Vieldeutigkeiten und Unbestimmtheiten des Traumes der Entscheidung entzogen bleibt. Als sicherer Gewinn unserer Vergleichung bleibt uns nur die Einsicht, daß solche Unbestimmtheiten, wie man sie als Einwand gegen die Triftigkeit unserer Traumdeutungen verwerten wollte, vielmehr regelmäßige Charaktere aller primitiven Ausdruckssysteme sind.

Wie weit die Verständlichkeit des Traumes in Wirklichkeit reicht, läßt sich nur durch Übung und Erfahrung feststellen. Ich meine, sehr weit, und die Vergleichung der Resultate, welche sich korrekt geschulten Analytikern ergeben, bestätigt meine Ansicht. Das Laienpublikum, auch das wissenschaftliche Laienpublikum, gefällt sich bekanntlich darin, angesichts der Schwierigkeiten und Unsicherheiten einer wissenschaftlichen Leistung mit überlegener Skepsis zu prunken. Ich meine, mit Unrecht. Es ist Ihnen vielleicht nicht allen bekannt, daß sich eine ähnliche Situation in der Geschichte der Entzifferung der babylonisch-assyrischen Inschriften ergeben hat. Da gab es eine Zeit, zu welcher die öffentliche Meinung weit darin ging, die Keilschriftentzifferer für Phantasten und diese ganze Forschung für einen „Schwindel" zu erklären. Im Jahre 1857 machte aber die Royal Asiatic Society eine entscheidende Probe. Sie forderte vier der angesehensten Keilschriftforscher, Rawlinson, Hincks, Fox Talbot und Oppert, auf, ihr von einer neugefundenen Inschrift unabhängige Übersetzungen im versiegelten Kuvert einzusenden, und konnte nach der Vergleichung der vier Lesungen verkünden, die Übereinstimmung derselben gehe weit genug, um das Zutrauen in das bisher Erreichte und die Zuversicht auf weitere Fortschritte zu rechtfertigen. Der Spott der gelehrten Laienwelt nahm dann allmählich ein Ende, und die Sicherheit in der Lesung der Keilschriftdokumente ist seither außerordentlich gewachsen.

2. Eine zweite Reihe von Bedenken hängt tief an dem Eindruck, von dem wohl auch Sie nicht frei geblieben sind, daß eine Anzahl von Lösungen der Traumdeutung, zu denen wir uns genötigt sehen, gezwungen, erkünstelt, an den Haaren herbeigezogen, also gewaltsam oder selbst komisch und witzelnd erscheinen. Diese Äußerungen sind so häufig, daß ich aufs Geratewohl die letzte, von der mir Kunde geworden ist, herausgreifen will. Hören Sie also: In der freien Schweiz ist kürzlich ein Seminardirektor wegen Beschäftigung mit der Psychoanalyse seiner Stellung enthoben worden. Er hat Einspruch erhoben, und eine Berner Zeitung hat das Gutachten der Schulbehörde über ihn zur öffentlichen Kenntnis gebracht. Aus diesem Schriftstück ziehe ich einige Sätze, die sich auf die Psychoanalyse beziehen, aus: „Ferner überrascht das Gesuchte und Gekünstelte in vielen Beispielen, die sich

auch in dem angeführten Buche von Dr. Pfister in Zürich vorfinden . . . .
Es müßte also eigentlich überraschen, daß ein Seminardirektor alle
diese Behauptungen und Scheinbeweise kritiklos entgegennimmt."
Diese Sätze werden als die Entscheidung eines „ruhig Urteilenden"
hingestellt. Ich meine vielmehr, diese Ruhe ist „erkünstelt". Treten
wir diesen Äußerungen in der Erwartung näher, daß etwas Nachdenken und etwas Sachkenntnis auch einem ruhigen Urteil keinen
Nachteil bringen kann.

Es ist wahrhaft erfrischend zu sehen, wie rasch und unbeirrt jemand in einer heiklen Frage der Tiefenpsychologie nach seinen ersten
Eindrücken urteilen kann. Die Deutungen erscheinen ihm gesucht
und gezwungen, sie gefallen ihm nicht, also sind sie falsch und die
ganze Deuterei taugt nichts; nicht einmal ein flüchtiger Gedanke
streift an die andere Möglichkeit, daß diese Deutungen aus guten
Gründen so erscheinen müssen, woran sich die weitere Frage knüpfen
würde, welches diese guten Gründe sind.

Der beurteilte Sachverhalt bezieht sich wesentlich auf die Ergebnisse der Verschiebung, die Sie als das stärkste Mittel der Traumzensur kennengelernt haben. Mit Hilfe der Verschiebung schafft die
Traumzensur Ersatzbildungen, die wir als Anspielungen bezeichnet
haben. Es sind aber Anspielungen, die als solche nicht leicht zu erkennen sind, von denen der Rückweg zum Eigentlichen nicht leicht
auffindbar ist, und die mit diesem Eigentlichen durch die sonderbarsten,
ungebräuchlichsten, äußerlichen Assoziationen in Verbindung stehen.
In all diesen Fällen handelt es sich aber um Dinge, die versteckt
werden sollen, die zur Verheimlichung bestimmt sind; dies will ja
die Traumzensur erreichen. Etwas, das versteckt worden ist, darf man
aber nicht an seinem Orte, an der ihm zukommenden Stelle, zu finden
erwarten. Die heute amtierenden Grenzüberwachungskommissionen
sind in dieser Hinsicht schlauer als die Schweizer Schulbehörde. Sie
begnügen sich bei der Suche nach Dokumenten und Aufzeichnungen
nicht damit, in Mappen und Brieftaschen nachzusehen, sondern sie
ziehen die Möglichkeit in Betracht, daß die Spione und Schmuggler

solche verpönte Dinge an den verborgensten Stellen ihrer Kleidung tragen könnten, wo sie entschieden nicht hingehören, wie z. B. zwischen den doppelten Sohlen ihrer Stiefel. Finden sich die verheimlichten Dinge dort, so waren sie allerdings sehr gesucht, aber auch sehr — gefunden.

Wenn wir die entlegensten, sonderbarsten, bald komisch, bald witzig erscheinenden Verknüpfungen zwischen einem latenten Traumelement und seinem manifesten Ersatz als möglich anerkennen, so folgen wir dabei reichlichen Erfahrungen an Beispielen, deren Auflösung wir in der Regel nicht selbst gefunden haben. Es ist oft nicht möglich, solche Deutungen aus Eigenem zu geben; kein sinniger Mensch könnte die vorliegende Verknüpfung erraten. Der Träumer gibt uns die Übersetzung entweder mit einem Schlage durch seinen direkten Einfall — er kann es ja, denn bei ihm hat sich diese Ersatzbildung hergestellt, — oder er liefert uns so viel Material, daß die Lösung keinen besonderen Scharfsinn mehr fordert, sondern sich wie notwendig aufdrängt. Hilft uns der Träumer nicht auf eine dieser beiden Weisen, so bleibt uns das betreffende manifeste Element auch ewig unverständlich. Gestatten Sie, daß ich Ihnen noch ein solches kürzlich erlebtes Beispiel nachtrage. Eine meiner Patientinnen hat während der Behandlung ihren Vater verloren. Sie bedient sich seitdem jedes Anlasses, um ihn im Traume wieder zu beleben. In einem ihrer Träume kommt der Vater in einem gewissen, weiter nicht verwertbaren Zusammenhange vor und sagt: Es ist ein Viertel zwölf, es ist halb zwölf, es ist drei Viertel zwölf. Zur Deutung dieser Sonderbarkeit stellte sich nur der Einfall ein, daß der Vater es gerne gesehen hatte, wenn die erwachsenen Kinder die gemeinschaftliche Speisestunde pünktlich einhielten. Das hing gewiß mit dem Traumelement zusammen, gestattete aber keinen Schluß auf dessen Herkunft. Es bestand ein durch die damalige Situation der Kur gerechtfertigter Verdacht, daß eine sorgfältig unterdrückte, kritische Auflehnung gegen den geliebten und verehrten Vater ihren Anteil an diesem Traum hätte. In weiterer Verfolgung ihrer Einfälle, anscheinend weit vom Traum entfernt, erzählt die Träumerin, gestern sei in ihrer Gegenwart viel Psychologisches besprochen worden, und ein Verwandter habe die Äußerung getan: Der Urmensch lebt in uns allen fort. Jetzt glauben wir zu verstehen. Das gab eine ausgezeichnete Gelegenheit für sie, den verstorbenen Vater wieder einmal fortleben zu lassen. Sie machte ihn also im Traum zum Uhrmenschen, indem sie ihn die Viertelstunden der Mittagszeit ansagen ließ.

Sie werden an diesem Beispiel die Ähnlichkeit mit einem Witz nicht von sich weisen können, und es ist wirklich oft genug vorgekommen, daß man den Witz des Träumers für den des Deuters gehalten hat. Es gibt noch andere Beispiele, in denen es gar nicht leicht wird zu entscheiden, ob man es mit einem Witz oder einem Traum zu tun hat. Sie erinnern sich aber, daß uns der nämliche Zweifel bei manchen Fehlleistungen des Versprechens gekommen ist. Ein Mann erzählt als seinen Traum, sein Onkel habe ihm, während sie in dessen Auto (mobil) saßen, einen Kuß gegeben. Er fügt selbst sehr rasch die Deutung hinzu. Es bedeutet: Autoerotismus (ein Terminus aus der Libidolehre, der die Befriedigung ohne fremdes Objekt bezeichnet). Hat sich nun der Mann einen Scherz mit uns erlaubt und einen Witz, der ihm eingefallen ist, für einen Traum ausgegeben? Ich glaube es nicht; er hat wirklich so geträumt. Woher kommt aber diese verblüffende Ähnlichkeit? Diese Frage hat mich seinerzeit ein Stück von meinem Wege abgeführt, indem sie mir die Notwendigkeit auferlegte, den Witz selbst einer eingehenden Untersuchung zu unterziehen. Es hat sich dabei für die Entstehung des Witzes ergeben, daß ein vorbewußter Gedankengang für einen Moment der unbewußten Bearbeitung überlassen wird, aus welcher er dann als Witz auftaucht. Unter dem Einfluß des Unbewußten erfährt er die Einwirkung der dort waltenden Mechanismen, der Verdichtung und der Verschiebung, also derselben Vorgänge, die wir bei der Traumarbeit beteiligt fanden, und dieser Gemeinsamkeit ist die Ähnlichkeit von Witz und Traum, wo sie zustande kommt, zuzuschreiben. Vom Lustgewinn des Witzes bringt der unbeabsichtigte „Traumwitz" aber nichts mit. Warum, mag Sie die Vertiefung in das Studium des Witzes lehren. Der „Traumwitz" erscheint uns als schlechter Witz, er macht uns nicht lachen, läßt uns kalt.

Wir treten dabei aber auch in die Fußstapfen der antiken Traumdeutung, die uns neben vielem Unbrauchbaren manches gute Beispiel einer Traumdeutung hinterlassen hat, welches wir selbst nicht zu übertreffen wüßten. Ich erzähle Ihnen nun einen historisch bedeutsamen Traum, den mit gewissen Abweichungen P l u t a r c h und A r t e - m i d o r u s aus D a l d i s von Alexander dem Großen berichten. Als der König mit der Belagerung der hartnäckig verteidigten Stadt Tyrus beschäftigt war (322 v. Chr.), träumte er einmal, er sehe einen tanzenden Satyr. Der Traumdeuter A r i s t a n d r o s, der sich beim Heere befand, deutete ihm diesen Traum, indem er das Wort „Satyros" in σὰ Τύρος (dein ist Tyrus) zerlegte und ihm darum den Triumph über die Stadt versprach. Alexander ließ sich durch diese Deutung bestimmen, die Belagerung fortzusetzen, und nahm endlich Tyrus ein. Die Deutung, die gekünstelt genug aussieht, war unzweifelhaft die richtige.

3. Ich kann mir vorstellen, daß es Ihnen einen besonderen Eindruck machen wird zu hören, daß Einwendungen gegen unsere Auffassung des Traumes auch von solchen Personen erhoben worden sind, die sich selbst längere Zeit als Psychoanalytiker mit der Deutung von Träumen beschäftigt haben. Es wäre zu ungewöhnlich gewesen, daß ein so reichhaltiger Anreiz zu neuen Irrtümern ungenützt geblieben wäre, und so haben sich durch begriffliche Verwechslungen und unberechtigte Verallgemeinerungen Behauptungen ergeben, die hinter der medizinischen Auffassung des Traumes an Unrichtigkeit nicht weit zurückstehen. Die eine davon kennen Sie bereits. Sie sagt aus, daß sich der Traum mit Anpassungsversuchen an die Gegenwart und Lösungsversuchen der Zukunftsaufgaben beschäftige, also eine „prospektive Tendenz" verfolge (A. M a e d e r). Wir haben bereits angeführt, daß diese Behauptung auf Verwechslung des Traumes mit den latenten Traumgedanken beruht, also das Übersehen der Traumarbeit

zur Voraussetzung hat. Als Charakteristik der unbewußten Geistestätigkeit, der die latenten Traumgedanken angehören, ist sie einerseits
keine Neuheit, anderseits nicht erschöpfend, denn die unbewußte
Geistestätigkeit beschäftigt sich mit vielem anderen neben der Vorbereitung der Zukunft. Eine weit ärgere Verwechslung scheint der
Versicherung zugrunde zu liegen, daß man hinter jedem Traum die
„Todesklausel" finde. Ich weiß nicht genau, was diese Formel besagen
will, aber ich vermute, hinter ihr steckt die Verwechslung des Traumes
mit der ganzen Persönlichkeit des Träumers.

Eine ungerechtfertigte Verallgemeinerung aus wenigen guten Beispielen liegt in dem Satze, daß jeder Traum zwei Deutungen zulasse,
eine solche, wie wir sie aufgezeigt haben, die sogenannte psychoanalytische, und eine andere, die sogenannte anagogische, welche von
den Triebregungen absieht und auf eine Darstellung der höheren
Seelenleistungen hinzielt (H. Silberer). Es gibt solche Träume, aber
Sie werden diese Auffassung vergeblich auch nur auf eine Mehrzahl
der Träume auszudehnen versuchen. Ganz unbegreiflich wird Ihnen
nach allem, was Sie gehört haben, die Behauptung erscheinen, daß
alle Träume bisexuell zu deuten seien, als Zusammentreffen einer
männlichen mit einer weiblich zu nennenden Strömung (A. Adler).
Es gibt natülich auch einzelne solche Träume, und Sie könnten später
erfahren, daß diese so gebaut sind wie gewisse hysterische Symptome.
Ich erwähne alle diese Entdeckungen neuer allgemeiner Charaktere
des Traumes, um Sie vor ihnen zu warnen oder um Sie wenigstens
nicht im Zweifel zu lassen, wie ich darüber urteile.

4. Eines Tages schien der objektive Wert der Traumforschung
durch die Beobachtung in Frage gestellt, daß die analytisch behandelten Patienten den Inhalt ihrer Träume nach den Lieblingstheorien
ihrer Ärzte einrichten, indem die einen vorwiegend von sexuellen
Triebregungen träumen, die anderen vom Machtstreben und noch
andere sogar von der Wiedergeburt (W. Stekel). Das Gewicht dieser
Beobachtung wird durch die Erwägung verringert, daß die Menschen
bereits geträumt haben, ehe es eine psychoanalytische Behandlung

gab, die ihre Träume lenken konnte, und daß die jetzt in Behandlung Stehenden auch zur Zeit vor der Behandlung zu träumen pflegten. Das Tatsächliche dieser Neuheit läßt sich bald als selbstverständlich und für die Theorie des Traumes belanglos erkennen. Die den Traum anregenden Tagesreste erübrigen von den starken Interessen des Wachlebens. Wenn die Reden des Arztes und die Anregungen, die er gibt, für den Analysierten bedeutungsvoll geworden sind, so treten sie in den Kreis der Tagesreste ein, können die psychischen Reize für die Traumbildung abgeben wie die anderen affektbetonten unerledigten Interessen des Tages und wirken ähnlich wie die somatischen Reize, die während des Schlafes auf den Schläfer einwirken. Wie diese anderen Anreger des Traumes können auch die vom Arzt angeregten Gedankengänge im manifesten Trauminhalt erscheinen oder im latenten nachgewiesen werden. Wir wissen ja, daß man Träume experimentell erzeugen, richtiger gesagt, einen Teil des Traummaterials in den Traum einführen kann. Der Analytiker spielt also bei diesen Beeinflussungen seiner Patienten keine andere Rolle als der Experimentator, der wie M o u r l y V o l d den Gliedern seiner Versuchspersonen gewisse Stellungen erteilt.

Man kann oftmals den Träumer beeinflussen, w o r ü b e r er träumen soll, nie aber darauf einwirken, w a s er träumen wird. Der Mechanismus der Traumarbeit und der unbewußte Traumwunsch sind jedem fremden Einfluß entzogen. Wir haben bereits bei der Würdigung der somatischen Reizträume erkannt, daß die Eigenart und Selbständigkeit des Traumlebens sich in der Reaktion erweist, mit welcher der Traum auf die zugeführten körperlichen oder seelischen Reize antwortet. Der hier besprochenen Behauptung, welche die Objektivität der Traumforschung in Zweifel ziehen will, liegt also wiederum eine Verwechslung, die des Traumes mit dem Traummaterial, zugrunde.

Soviel, meine Damen und Herren, wollte ich Ihnen von den Problemen des Traumes erzählen. Sie ahnen, daß ich vieles übergangen habe, und haben selbst erfahren, daß ich fast in allen Punkten unvollständig sein mußte. Das liegt aber am Zusammenhang der Traumphänomene mit denen der Neurosen. Wir haben den Traum als Einführung in die Neurosenlehre studiert und das war gewiß richtiger, als wenn wir das Umgekehrte getan hätten. Aber wie der Traum für das Verständnis der Neurosen vorbereitet, so kann anderseits die richtige Würdigung des Traumes erst nach der Kenntnis der neurotischen Erscheinungen gewonnen werden.

Ich weiß nicht, wie Sie darüber denken werden, aber ich muß versichern, daß ich nicht bereue, soviel von Ihrem Interesse und von der für uns verfügbaren Zeit für die Probleme des Traumes in Anspruch genommen zu haben. An keinem anderen Objekt kann man sich so rasch die Überzeugung von der Richtigkeit der Behauptungen holen, mit denen die Psychoanalyse steht und fällt. Es bedarf der angestrengten Arbeit von vielen Monaten und selbst Jahren, um zu zeigen, daß die Symptome eines Falles von neurotischer Erkrankung ihren Sinn haben, einer Absicht dienen und aus den Schicksalen der leidenden Person hervorgehen. Dagegen kann es einer Bemühung von wenigen Stunden gelingen, denselben Sachverhalt für eine zunächst unverständlich verworrene Traumleistung zu erweisen und damit alle die Voraussetzungen der Psychoanalyse zu bestätigen, die Unbewußtheit seelischer Vorgänge, die besonderen Mechanismen, denen sie gehorchen, und die Triebkräfte, die sich in ihnen äußern. Und wenn wir die durchgreifende Analogie im Aufbau von Traum und neurotischem Symptom mit der Raschheit der Verwandlung zusammenhalten, die aus dem Träumer einen wachen und vernünftigen Menschen macht, gewinnen wir die Sicherheit, daß auch die Neurose nur auf verändertem Kräftespiel zwischen den Mächten des Seelenlebens beruht.

DRITTER TEIL

ALLGEMEINE NEUROSENLEHRE

PSYCHOANALYSE UND PSYCHIATRIE

Meine Damen und Herren! Ich freue mich, Sie nach Jahresfrist zur Fortsetzung unserer Besprechungen wiederzusehen. Ich habe Ihnen im Vorjahre die psychoanalytische Behandlung der Fehlleistungen und des Traumes vorgetragen; ich möchte Sie heuer in das Verständnis der neurotischen Erscheinungen einführen, die, wie Sie bald entdecken werden, mit beiden vielerlei Gemeinsames haben. Aber ich sage es Ihnen vorher, ich kann Ihnen diesmal nicht dieselbe Stellung mir gegenüber einräumen wie im Vorjahre. Damals lag mir daran, keinen Schritt zu tun, ohne mit Ihrem Urteil im Einvernehmen zu bleiben; ich diskutierte viel mit Ihnen, unterwarf mich Ihren Einwendungen, anerkannte eigentlich Sie und Ihren „gesunden Menschenverstand ' als entscheidende Instanz. Das geht jetzt nicht länger, und zwar wegen eines einfachen Sachverhaltes. Fehlleistungen und Träume waren Ihnen als Phänomene nicht fremd; man konnte sagen, Sie besaßen ebensoviel Erfahrung wie ich oder hatten es leicht, sich ebensoviel Erfahrung zu verschaffen. Das Erscheinungsgebiet der Neurosen ist Ihnen aber fremd; insofern Sie nicht selbst Ärzte sind, haben Sie keinen anderen Zugang dahin als eben meine Mitteilungen, und was hilft das beste Urteil, wenn die Vertrautheit mit dem zu beurteilenden Material nicht mit dabei ist.

Fassen Sie aber meine Ankündigung nicht in der Weise auf, als ob ich dogmatische Vorträge halten und Ihren unbedingten Glauben heischen würde. Das Mißverständnis täte mir grob Unrecht. Ich will keine Überzeugungen erwecken — ich will Anregungen geben und Vorurteile erschüttern. Wenn Sie infolge materieller Unkenntnis nicht in der Lage sind zu urteilen, so sollen Sie weder glauben noch verwerfen. Sie sollen anhören und auf sich wirken lassen, was ich Ihnen erzähle. Überzeugungen erwirbt man sich nicht so leicht, oder wenn man so mühelos zu ihnen gekommen ist, erweisen sie sich bald als wertlos und widerstandsunfähig. Ein Anrecht auf Überzeugung hat erst derjenige, der ähnlich wie ich viele Jahre lang an demselben Material gearbeitet und dabei dieselben neuen und überraschenden Erfahrungen selbst erlebt hat. Wozu denn überhaupt auf intellektuellem Gebiet diese raschen Überzeugungen, blitzähnlichen Bekehrungen, momentanen Abstoßungen? Merken Sie nicht, daß der „coup de foudre", die Liebe auf den ersten Blick, von einem ganz verschiedenen, affektiven Gebiet hergenommen sind? Wir verlangen nicht einmal von unseren Patienten, daß sie eine Überzeugung oder Anhängerschaft an die Psychoanalyse mitbringen. Das macht sie uns oft verdächtig. Eine wohlwollende Skepsis ist uns die erwünschteste Einstellung bei ihnen. Versuchen Sie also auch, die psychoanalytische Auffassung neben der populären oder der psychiatrischen ruhig in sich aufwachsen zu lassen, bis sich die Gelegenheiten ergeben, bei denen die beiden sich beeinflussen, sich messen und sich zu einer Entscheidung vereinigen können.

Anderseits sollen Sie aber auch keinen Augenblick meinen, daß das, was ich Ihnen als psychoanalytische Auffassung vortrage, ein spekulatives System ist. Es ist vielmehr Erfahrung, entweder direkter Ausdruck der Beobachtung oder Ergebnis einer Verarbeitung derselben. Ob diese Verarbeitung auf zureichende und auf berechtigte Weise erfolgt ist, das wird sich im weiteren Fortschritt der Wissenschaft herausstellen, und zwar darf ich, nach Ablauf von fast zweieinhalb Dezennien und im Leben ziemlich weit vorgerückt, ohne Ruhmredigkeit behaupten, daß es besonders schwere, intensive und vertiefte Arbeit war, welche diese Beobachtungen geliefert hat. Ich habe oft den

Eindruck empfangen, als ob unsere Gegner diese Herkunft unserer Behauptungen gar nicht in Rücksicht ziehen wollten, als meinten sie, es handle sich um nur subjektiv bestimmte Einfälle, denen ein anderer sein eigenes Belieben entgegensetzen kann. Ganz verständlich ist mir dieses gegnerische Benehmen nicht. Vielleicht kommt es daher, daß man sich als Arzt sonst so wenig mit den Nervösen einläßt, so unaufmerksam zuhört, was sie zu sagen haben, daß man sich der Möglichkeit entfremdet hat, aus ihren Mitteilungen etwas Wertvolles zu entnehmen, also an ihnen eingehende Beobachtungen zu machen. Ich verspreche Ihnen bei dieser Gelegenheit, daß ich im Verlaufe meiner Vorträge wenig polemisieren werde, am wenigsten mit einzelnen Personen. Ich habe mich von der Wahrheit des Satzes, daß der Streit der Vater aller Dinge sei, nicht überzeugen können. Ich glaube, er stammt von der griechischen Sophistik her und fehlt, wie diese, durch Überschätzung der Dialektik. Mir schien es im Gegenteil, als ob die sogenannte wissenschaftliche Polemik im ganzen recht unfruchtbar sei, abgesehen davon, daß sie fast immer höchst persönlich betrieben wird. Bis vor einigen Jahren konnte ich auch von mir rühmen, daß ich nur mit einem einzigen Forscher (Löwenfeld in München) einmal einen regelrechten wissenschaftlichen Streit eingegangen bin. Das Ende war, daß wir Freunde geworden und bis auf den heutigen Tag so geblieben sind. Aber ich habe den Versuch lange nicht wiederholt, weil ich des gleichen Ausganges nicht sicher war.

Sie werden nun gewiß urteilen, daß eine solche Ablehnung literarischer Diskussion einen besonders hohen Grad von Unzugänglichkeit gegen Einwürfe, von Eigensinn, oder wie man es in der liebenswürdigen wissenschaftlichen Umgangssprache ausdrückt, von „Verranntheit" bezeugt. Ich möchte Ihnen antworten, wenn Sie einmal eine Überzeugung mit so schwerer Arbeit erworben haben werden, wird Ihnen auch ein gewisses Recht zufallen, mit einiger Zähigkeit an dieser Überzeugung festzuhalten. Ich kann ferner geltend machen, daß ich im Laufe meiner Arbeiten meine Ansichten über einige wichtige Punkte modifiziert, geändert, durch neue ersetzt habe, wovon ich natürlich jedesmal öffentlich Mitteilung machte. Und der Erfolg dieser Aufrichtigkeit? Die einen haben von meinen Selbstkorrekturen überhaupt nicht Kenntnis genommen und kritisieren mich noch heute wegen Aufstellungen, die mir längst nicht mehr dasselbe bedeuten. Die anderen halten mir gerade diese Wandlungen vor und erklären mich darum für unzuverlässig. Nicht wahr, wer einige Male seine Ansichten geändert hat, der verdient überhaupt keinen Glauben, denn er legt es zu nahe, daß er sich auch mit seinen letzten Behauptungen geirrt haben kann? Wer aber an dem einmal Geäußerten unbeirrt festhält oder sich nicht rasch genug davon abbringen läßt, der heißt eigensinnig und verrannt. Was kann man angesichts dieser einander entgegengesetzten Einwirkungen der Kritik anderes tun als bleiben, wie man ist, und sich benehmen, wie das eigene Urteil es billigt? Dazu bin ich auch entschlossen und ich lasse mich nicht abhalten, an all meinen Lehren zu modeln und zurechtzurücken, wie es meine fortschreitende Erfahrung erfordert. An den grundlegenden Einsichten habe ich bisher nichts zu ändern gefunden und hoffe, es wird auch weiterhin so bleiben.

Ich soll Ihnen also die psychoanalytische Auffassung der neurotischen Erscheinungen vorführen. Es liegt mir dabei nahe, an die bereits behandelten Phänomene anzuknüpfen, sowohl der Analogie als auch des Kontrastes wegen. Ich greife eine Symptomhandlung auf, die ich viele Personen in meiner Sprechstunde begehen sehe. Mit den Leuten, die uns in der ärztlichen Ordination besuchen, um in einer Viertelstunde den Jammer ihres langen Lebens vor uns auszubreiten, weiß ja der Analytiker nicht viel anzufangen. Sein tieferes Wissen macht es ihm schwer, wie ein anderer Arzt das Gutachten von sich zu geben: Es fehlt ihnen nichts — und den Rat zu erteilen: Gebrauchen Sie eine leichte Wasserkur. Einer unserer Kollegen hat denn auch auf die Frage, was er mit seinen Ordinationspatienten anstelle, achselzuckend geantwortet: Er lege ihnen eine Mutwillensstrafe von soundsoviel Kronen auf. Es wird Sie also nicht verwundern zu hören, daß selbst bei beschäftigten Psychoanalytikern die Sprechstunde nicht sehr belebt zu sein pflegt. Ich habe die einfache Tür zwischen meinem Warte- und meinem Behandlungs- und Ordinationszimmer verdoppeln und durch einen Filzüberzug verstärken lassen. Die Absicht dieser kleinen Vorrichtung leidet ja keinen Zweifel. Nun geschieht es immer wieder, daß Personen, die ich aus dem Wartezimmer einlasse, es versäumen, die Türe hinter sich zu schließen, und zwar lassen sie fast immer beide Türen offen stehen. So wie ich das bemerke, bestehe ich in ziemlich unfreundlichem Ton darauf, daß der oder die Eintretende zurückgehe, um das Versäumte nachzuholen, mag es auch ein eleganter Herr oder eine sehr geputzte Dame sein. Das macht den Eindruck von unangebrachter Pedanterie. Ich habe mich auch gelegentlich mit solcher Forderung blamiert, da es sich um Personen handelte, die selbst keine Türklinke anfassen können und es gern sehen, wenn ihre Begleitung ihnen diese Berührung erspart. Aber in der Überzahl der Fälle hatte ich recht, denn wer sich so benimmt, wer die Türe vom Wartezimmer zum Sprechzimmer des Arztes offen stehen läßt, der gehört zum Pöbel und verdient, unfreundlich empfangen zu werden. Nehmen Sie jetzt nicht Partei, ehe Sie auch das Weitere angehört haben. Diese Nachlässigkeit des Patienten ereignet sich nämlich nur dann, wenn er sich allein im Wartezimmer befunden hat und also ein leeres Zimmer hinter sich zurückläßt, niemals wenn andere, Fremde, mit ihm gewartet haben. In diesem letzteren Falle versteht er sehr wohl, daß es in seinem Interesse liegt, nicht belauscht zu werden, während er mit dem Arzt spricht, und versäumt es nie, beide Türen sorgfältig zu schließen.

So determiniert ist das Versäumnis des Patienten weder zufällig noch sinnlos, ja nicht einmal unwichtig, denn wir werden sehen, es beleuchtet das Verhältnis des Eintretenden zum Arzt. Der Patient ist von der großen Menge jener, die weltliche Autorität verlangen, die geblendet, eingeschüchtert werden wollen. Er hat vielleicht durchs Telephon anfragen lassen, um welche Zeit er am leichtesten vorkommen kann, er hat sich auf ein Gedränge von Hilfesuchenden gefaßt gemacht, etwa wie vor einer Filiale von Julius Meinl. Nun tritt er in einen leeren, überdies höchst bescheiden ausgestatteten Warteraum und ist erschüttert. Er muß es den Arzt entgelten lassen, daß er ihm einen so überflüssigen Aufwand von Respekt entgegenbringen wollte, und da — unterläßt er es, die Türe zwischen Warte- und Ordinationszimmer zu schließen. Er will dem Arzt damit sagen: Ach, hier ist ja niemand und wahrscheinlich wird auch, so lange ich hier bin, niemand kommen. Er würde sich auch während der Besprechung ganz unmanierlich und respektlos benehmen, wenn man seine Überhebung nicht gleich anfangs durch eine scharfe Zurechtweisung eindämmen würde.

Sie finden an der Analyse dieser kleinen Symptomhandlung nichts, was Ihnen nicht bereits bekannt wäre: Die Behauptung, daß sie nicht zufällig ist, sondern ein Motiv hat, einen Sinn und eine Absicht, daß sie in einen angebbaren seelischen Zusammenhang gehört, und daß sie als ein kleines Anzeichen von einem wichtigeren seelischen Vorgang Kunde gibt. Vor allem anderen aber, daß dieser so angezeigte Vorgang dem Bewußtsein dessen, der ihn vollzieht, unbekannt ist, denn keiner der Patienten, welche die beiden Türen offen gelassen haben, würde zugeben können, daß er mir durch dieses Versäumnis seine Geringschätzung bezeugen wollte. Auf eine Regung von Enttäuschung beim Betreten des leeren Wartezimmers würde sich wahrscheinlich mancher besinnen, aber der Zusammenhang zwischen diesem Eindruck und der darauffolgenden Symptomhandlung ist seinem Bewußtsein sicherlich unerkannt geblieben.

Nun wollen wir dieser kleinen Analyse einer Symptomhandlung eine Beobachtung an einer Kranken an die Seite stellen. Ich wähle eine solche, die mir in frischer Erinnerung ist, auch darum, weil sie sich verhältnismäßig kurz darstellen läßt. Ein gewisses Maß von Ausführlichkeit ist bei jeder solchen Mitteilung unerläßlich.

Ein auf kurzen Urlaub heimgekehrter junger Offizier bittet mich, seine Schwiegermutter in Behandlung zu nehmen, die in den glücklichsten Verhältnissen sich und den Ihrigen das Leben durch eine unsinnige Idee vergällt. Ich lerne eine 53jährige, wohlerhaltene Dame von freundlichem, einfachem Wesen kennen, die ohne Widerstreben folgenden Bericht gibt. Sie lebt in glücklichster Ehe auf dem Lande mit ihrem Manne, der eine große Fabrik leitet. Sie weiß die liebenswürdige Sorgfalt ihres Mannes nicht genug zu loben. Liebesheirat vor 30 Jahren, seither nie eine Trübung, Zwist oder Anlaß zur Eifersucht. Ihre beiden Kinder gut verheiratet, der Mann und Vater will sich aus Pflichtgefühl noch nicht zur Ruhe setzen. Vor einem Jahre ereignete sich das Unglaubliche, ihr selbst Unverständliche, daß sie einem anonymem Briefe, welcher ihren ausgezeichneten Mann des Liebesverhältnisses mit einem jungen Mädchen bezichtigte, sofortigen Glauben schenkte, und seither ist ihr Glück zerstört. Der nähere Hergang war etwa der folgende: sie hatte ein Stubenmädchen, mit dem sie vielleicht zu oft Intimes besprach. Dieses Mädchen verfolgte ein anderes mit einer geradezu gehässigen Feindschaft, weil diese es im Leben soviel weiter gebracht hatte, obwohl sie von nicht besserer Herkunft war. Anstatt Dienst anzunehmen, hatte das Mädchen sich eine kommerzielle Ausbildung verschafft, war in die Fabrik eingetreten und infolge des Personalmangels durch die Einberufungen von Beamten zu einer guten Stellung vorgerückt. Sie wohnte jetzt in der Fabrik selbst, verkehrte mit allen Herren und hieß sogar Fräulein. Die im Leben Zurückgebliebene war natürlich bereit, der ehemaligen Schulkameradin alles mögliche Böse nachzusagen. Eines Tages unterhielt sich unsere Dame mit dem Stubenmädchen über einen alten Herrn, der zu Gast gewesen war, von dem man wußte, daß er nicht mit seiner Frau lebte, sondern ein Verhältnis mit einer anderen unterhielt. Sie weiß nicht, wie es kam, daß sie plötzlich äußerte: Für mich wäre es das Schrecklichste, wenn ich erfahren würde, daß mein guter Mann auch ein Verhältnis hat. Am nächsten Tage erhielt sie von der Post einen anonymen Brief, der ihr in verstellter Schrift diese gleichsam heraufbeschworene Mitteilung machte. Sie schloß — wahrscheinlich mit Recht —, daß der Brief das Werk ihres bösen Stubenmädchens sei, denn als Geliebte des Mannes war eben jenes Fräulein bezeichnet, das die Dienerin mit ihrem Haß verfolgte. Aber obwohl sie die Intrige sofort durchschaute und an ihrem Wohnorte Beispiele genug erlebt hatte, wie wenig Glauben solche feige Denunziationen verdienten, geschah es, daß jener Brief sie augenblicklich niederwarf. Sie geriet in eine schreckliche Aufregung und schickte sofort um ihren Mann, um ihm die heftigsten Vorwürfe zu machen. Der Mann wies die Beschuldigung lachend ab und tat das Beste, was zu tun war. Er ließ den Haus- und Fabrikarzt kommen, der sein Bemühen dazutat, um die unglückliche Frau zu beruhigen. Auch das weitere Vorgehen der beiden war durchaus verständig. Das Stubenmädchen wurde entlassen, die angebliche Nebenbuhlerin aber nicht. Seither will sich die Kranke wiederholt soweit beruhigt haben, daß sie an den Inhalt des anonymen Briefes nicht mehr glaubte, aber nie gründlich und nie für lange Zeit. Es reichte hin, den Namen des Fräuleins aussprechen zu hören oder ihr auf der Straße zu begegnen, um einen neuen Anfall von Mißtrauen, Schmerz und Vorwürfen bei ihr auszulösen.

Das ist nun die Krankengeschichte dieser braven Frau. Es gehörte nicht viel psychiatrische Erfahrung dazu, um zu verstehen, daß sie im Gegensatz zu anderen Nervösen ihren Fall eher zu milde darstellte, also wie wir sagen: dissimulierte, und daß sie den Glauben an die Beschuldigung des anonymen Briefes eigentlich niemals überwunden hatte.

Welche Stellung nimmt nun der Psychiater zu einem solchen Krankheitsfalle ein? Wie er sich gegen die Symptombehandlung des Patienten benehmen würde, der die Türen zum Wartezimmer nicht schließt, das wissen wir bereits. Er erklärt sie für eine Zufälligkeit ohne psychologisches Interesse, die ihn weiter nichts angeht. Aber dies Verhalten läßt sich auf den Krankheitsfall der eifersüchtigen Frau nicht fortsetzen. Die Symptomhandlung scheint etwas Gleichgültiges zu sein, das Symptom aber drängt sich als etwas Bedeutsames auf. Es ist mit intensivem subjektiven Leiden verbunden, es bedroht objektiv das Zusammenleben einer Familie; es ist also ein unabweisbarer Gegenstand des psychiatrischen Interesses. Der Psychiater versucht zunächst das Symptom durch eine wesentliche Eigenschaft zu charakterisieren. Die Idee, mit welcher diese Frau sich quält, ist nicht an sich unsinnig zu nennen; es kommt ja vor, daß ältere Ehemänner Liebesbeziehungen zu jungen Mädchen unterhalten. Aber etwas anderes daran ist unsinnig und unbegreiflich. Die Patientin hat gar keinen anderen Grund daran zu glauben, daß ihr zärtlicher und treuer Gatte zu dieser sonst nicht so seltenen Kategorie von Ehemännern gehört, als die Behauptung des anonymen Briefes. Sie weiß daß diesem Schriftstück keine Beweiskraft zukommt, sie kann sich dessen Herkunft befriedigend aufklären; sie sollte sich also sagen können, daß sie gar keinen Grund für ihre Eifersucht hat, sie sagt es sich auch, aber sie leidet trotzdem ebenso, als ob sie diese Eifersucht als vollberechtigt anerkennen würde. Ideen dieser Art, die logischen und aus der Realität geschöpften Argumenten unzugänglich sind, ist man übereingekommen, Wahnideen zu heißen. Die gute Dame leidet also an Eifersuchtswahn. Das ist wohl die wesentliche Charakteristik dieses Krankheitsfalles.

Nach dieser ersten Feststellung wird unser psychiatrisches Interesse sich noch lebhafter regen wollen. Wenn eine Wahnidee durch den Bezug auf die Realität nicht abzutun ist, so wird sie wohl auch nicht aus der Realität stammen. Woher stammt sie sonst? Es gibt Wahnideen des verschiedenartigsten Inhaltes; warum ist der Inhalt des Wahnes in unserem Falle gerade Eifersucht? Bei welchen Personen bilden sich Wahnideen oder besonders Wahnideen der Eifersucht? Hier möchten wir nun dem Psychiater lauschen, aber hier läßt er uns im Stiche. Er geht überhaupt nur auf eine einzige unserer Fragestellungen ein. Er wird in der Familiengeschichte dieser Frau nachforschen und uns vielleicht die Antwort bringen: Wahnideen kommen bei solchen Personen vor, in deren Familien ähnliche und andere psychische Störungen wiederholt vorgekommen sind. Mit anderen Worten, wenn diese Frau eine Wahnidee entwickelt hat, so war sie durch erbliche Übertragung dazu disponiert. Das ist gewiß etwas, aber ist das alles, was wir wissen wollen? Alles, was zur Verursachung

dieses Krankheitsfalles mitgewirkt hat? Sollen wir uns damit begnügen
anzunehmen, daß es gleichgültig, willkürlich oder unerklärlich ist,
wenn sich ein Eifersuchtswahn entwickelt hat an Stelle irgendeines
anderen? Und dürfen wir den Satz, der die Vorherrschaft des erb-
lichen Einflusses verkündet, auch im negativen Sinne dahin verstehen,
es sei gleichgültig, welche Erlebnisse an diese Seele herangetreten
sind, sie war dazu bestimmt, irgendeinmal einen Wahn zu produzieren? Sie werden wissen wollen, warum uns die wissenschaftliche
Psychiatrie keine weiteren Aufschlüsse geben will. Aber ich antworte
Ihnen: Ein Schelm, wer mehr gibt, als er hat. Der Psychiater kennt
eben keinen Weg, der in der Aufklärung eines solchen Falles weiter-
führt. Er muß sich mit der Diagnose und einer trotz reichlicher Erfahrung unsicheren Prognose des weiteren Verlaufes begnügen.

Kann aber die Psychoanalyse hier mehr leisten? Ja doch; ich hoffe
Ihnen zu zeigen, daß sie selbst in einem so schwer zugänglichen
Falle etwas aufzudecken vermag, was das nächste Verständnis ermöglicht. Zunächst bitte ich Sie, das unscheinbare Detail zu beachten,
daß die Patientin den anonymen Brief, der nun ihre Wahnidee stützt,
geradezu provoziert hat, indem sie tags zuvor gegen das intrigante
Mädchen die Äußerung tat, es wäre ihr größtes Unglück, wenn ihr
Mann ein Liebesverhältnis mit einem jungen Mädchen hätte. Dadurch brachte sie das Dienstmädchen erst auf die Idee, ihr den anonymen Brief zu schicken. Die Wahnidee gewinnt so eine gewisse
Unabhängigkeit von dem Briefe; sie ist schon vorher als Befürchtung
— oder als Wunsch? — in der Kranken vorhanden gewesen. Nehmen
Sie nun weiter hinzu, was nur zwei Stunden Analyse an weiteren
kleinen Anzeichen ergeben haben. Die Patientin verhielt sich zwar
sehr ablehnend, als sie aufgefordert wurde, nach der Erzählung ihrer
Geschichte ihre weiteren Gedanken, Einfälle und Erinnerungen mitzuteilen. Sie behauptete, es fiele ihr nichts ein, sie habe schon alles
gesagt, und nach zwei Stunden mußte der Versuch mit ihr wirklich
abgebrochen werden, weil sie verkündet hatte, sie fühle sich bereits
gesund und sei sicher, daß die krankhafte Idee nicht wiederkommen

werde. Das sagte sie natürlich nur aus Widerstand und aus Angst vor der Fortsetzung der Analyse. Aber in diesen zwei Stunden hatte sie doch einige Bemerkungen fallen lassen, die eine bestimmte Deutung gestatteten, ja unabweisbar machten, und diese Deutung wirft ein helles Licht auf die Genese ihres Eifersuchtswahnes. Es bestand bei ihr selbst eine intensive Verliebtheit in einen jungen Mann, in denselben Schwiegersohn, auf dessen Drängen sie mich als Patientin aufgesucht hatte. Von dieser Verliebtheit wußte sie nichts oder vielleicht nur sehr wenig; bei dem bestehenden Verwandtschaftsverhältnis hatte diese verliebte Neigung es leicht, sich als harmlose Zärtlichkeit zu maskieren. Nach all unseren sonstigen Erfahrungen wird es uns nicht schwer, uns in das Seelenleben dieser anständigen Frau und braven Mutter von 53 Jahren einzufühlen. Eine solche Verliebtheit konnte als etwas Ungeheuerliches, Unmögliches nicht bewußt werden; sie blieb aber bestehen und übte als unbewußte einen schweren Druck aus. Irgend etwas mußte mit ihr geschehen, irgendeine Abhilfe gesucht werden, und die nächste Linderung bot wohl der Verschiebungsmechanismus, der an der Entstehung der wahnhaften Eifersucht so regelmäßig Anteil hat. Wenn nicht nur sie alte Frau in einen jungen Mann verliebt war, sondern auch ihr alter Mann ein Liebesverhältnis mit einem jungen Mädchen unterhielt, dann war sie ja vom Gewissensdruck der Untreue entlastet. Die Phantasie von der Untreue des Mannes war also ein kühlendes Pflaster auf ihre brennende Wunde. Ihre eigene Liebe war ihr nicht bewußt geworden, aber die Spiegelung derselben, die ihr solche Vorteile brachte, wurde nun zwangsartig, wahnhaft, bewußt. Alle Argumente dagegen konnten natürlich nichts fruchten, denn sie richteten sich nur gegen das Spiegel-, nicht gegen das Urbild, dem jenes seine Stärke verdankte, und das unantastbar im Unbewußten geborgen lag.

Stellen wir nun zusammen, was eine kurze und erschwerte psychoanalytische Bemühung zum Verständnis dieses Krankheitsfalles gebracht hat. Vorausgesetzt natürlich, daß unsere Ermittlungen korrekt zustande gekommen sind, was ich hier Ihrem Urteil nicht unterwerfen kann. Fürs erste: Die Wahnidee ist nichts Unsinniges oder Unverständliches mehr, sie ist sinnreich, gut motiviert, gehört in den Zusammenhang eines affektvollen Erlebnisses der Kranken. Zweitens: Sie ist notwendig als Reaktion auf einen aus anderen Anzeichen erratenen unbewußten seelischen Vorgang und verdankt gerade dieser Beziehung ihren wahnhaften Charakter, ihre Resistenz gegen logische und reale Angriffe. Sie ist selbst etwas Erwünschtes, eine Art von Tröstung. Drittens: Es ist durch das Erlebnis hinter der Erkrankung unzweideutig bestimmt, daß es gerade eine eifersüchtige Wahnidee wurde und keine andere. Sie erinnern sich doch, daß sie tags zuvor gegen das intrigante Mädchen die Äußerung tat, es wäre ihr das Schrecklichste, wenn ihr Mann ihr untreu würde. Sie übersehen auch nicht die beiden wichtigen Analogien mit der von uns analysierten Symptomhandlung in der Aufklärung des Sinnes oder der Absicht und in der Beziehung auf ein in der Situation gegebenes Unbewußtes.

Natürlich sind damit nicht alle Fragen beantwortet, die wir aus Anlaß dieses Falles stellen durften. Der Krankheitsfall starrt vielmehr von weiteren Problemen, solchen, die überhaupt noch nicht lösbar geworden sind, und anderen, die sich wegen der Ungunst der besonderen Verhältnisse nicht lösen ließen. Z. B. warum erliegt diese in glücklicher Ehe lebende Frau einer Verliebtheit in ihren Schwiegersohn, und warum erfolgt die Erleichterung, die auch auf andere Weise möglich wäre, in der Form einer solchen Spiegelung, einer Projektion ihres eigenen Zustandes auf ihren Mann? Glauben Sie nicht, daß es müßig und mutwillig ist, solche Fragen aufzuwerfen. Es steht uns bereits manches Material für eine mögliche Beantwortung derselben zu Gebote. Die Frau befindet sich in dem kritischen Alter, das dem weiblichen Sexualbedürfnis eine unerwünschte plötzliche Steigerung bringt; das mag für sich allein hinreichen. Oder es mag hinzukommen, daß ihr guter und treuer Ehemann seit manchen Jahren nicht mehr im Besitze jener sexuellen Leistungsfähigkeit ist, deren die wohlerhaltene Frau zu ihrer Befriedigung bedürfte. Die Erfahrung hat uns darauf aufmerksam gemacht, daß gerade solche Männer, deren Treue dann selbstverständlich ist, sich durch besondere Zartheit in der Behandlung ihrer Frauen und durch ungewöhnliche Nachsicht mit deren nervösen Beschwerden auszeichnen. Oder es ist weiters nicht gleichgültig, daß es gerade der junge Ehemann einer Tochter ist, welcher zum Objekt dieser pathogenen Verliebtheit wurde. Eine starke erotische Bindung an die Tochter, die im letzten Grunde auf die Sexualkonstitution der Mutter zurückführt, findet oft den Weg dazu, sich in solcher Umwandlung fortzusetzen. Ich darf Sie vielleicht in diesem Zusammenhange daran erinnern, daß das Verhältnis zwischen Schwiegermutter und Schwiegersohn den Menschen von jeher als ein besonders heikles gegolten und bei den Primitiven Anlaß zu sehr mächtigen Tabuvorschriften und „Vermeidungen" gegeben hat.[1] Es geht häufig nach der positiven wie nach der negativen Seite über das kulturell erwünschte Maß hinaus. Welches dieser drei Momente nun in unserem Falle zur Wirkung gekommen ist, ob zwei davon, ob sie alle zusammengetroffen sind, das kann ich Ihnen freilich nicht sagen, aber nur darum nicht, weil es mir nicht gestattet war, die Analyse des Falles über die zweite Stunde hinaus fortzusetzen.

Ich merke jetzt, meine Herren, daß ich von lauter Dingen gesprochen habe, für die Ihr Verständnis noch nicht vorbereitet ist. Ich tat es, um die Vergleichung der Psychiatrie mit der Psychoanalyse durchzuführen. Aber eines darf ich Sie jetzt fragen: Haben Sie irgend etwas von einem Widerspruch zwischen den beiden bemerkt? Die Psychiatrie wendet die technischen Methoden der Psychoanalyse nicht an, sie unterläßt es, etwas an den Inhalt der Wahnidee anzuknüpfen, und sie gibt uns im Hinweis auf die Heredität eine sehr allgemeine und entfernte Ätiologie, anstatt zuerst die speziellere und näherliegende Verursachung aufzuzeigen. Aber liegt darin ein Widerspruch, ein Gegensatz? Ist's nicht vielmehr eine Vervollständigung? Widerspricht denn das hereditäre Moment der Bedeutung des Erlebnisses, setzen sich nicht vielmehr beide in der wirksamsten Weise zu-

---

1) Vgl. „Totem und Tabu". Band IX dieser Gesamtausgabe.

sammen? Sie werden mir zugeben, daß im Wesen der psychiatrischen Arbeit nichts liegt, was sich gegen die psychoanalytische Forschung sträuben könnte. Die Psychiater sind's also, die sich der Psychoanalyse widersetzen, nicht die Psychiatrie. Die Psychoanalyse verhält sich zur Psychiatrie etwa wie die Histologie zur Anatomie; die eine studiert die äußeren Formen der Organe, die andere den Aufbau derselben aus den Geweben und Elementarteilen. Ein Widerspruch zwischen diesen beiden Arten des Studiums, von denen das eine das andere fortsetzt, ist nicht gut denkbar. Sie wissen, die Anatomie gilt uns heute als die Grundlage einer wissenschaftlichen Medizin, aber es gab eine Zeit, in der es ebenso verboten war, menschliche Leichen zu zerlegen, um den inneren Bau des Körpers kennen zu lernen, wie es heute verpönt erscheint, Psychoanalyse zu üben, um das innere Getriebe des Seelenlebens zu erkunden. Und voraussichtlich bringt uns eine nicht zu ferne Zeit die Einsicht, daß eine wissenschaftlich vertiefte Psychiatrie nicht möglich ist ohne eine gute Kenntnis der tieferliegenden, der unbewußten Vorgänge im Seelenleben.

Vielleicht hat nun die viel befehdete Psychoanalyse auch Freunde unter Ihnen, welche es gern sehen, wenn sie sich auch von anderer, von der therapeutischen Seite her rechtfertigen ließe. Sie wissen, daß unsere bisherige psychiatrische Therapie Wahnideen nicht zu beeinflussen vermag. Kann es vielleicht die Psychoanalyse dank ihrer Einsicht in den Mechanismus dieser Symptome? Nein, meine Herren, sie kann es nicht; sie ist gegen diese Leiden — vorläufig wenigstens — ebenso ohnmächtig wie jede andere Therapie Wir können zwar verstehen, was in dem Kranken vor sich gegangen ist, aber wir haben kein Mittel, um es den Kranken selbst verstehen zu machen. Sie haben ja gehört, daß ich die Analyse dieser Wahnidee nicht über die ersten Ansätze hinaus fördern konnte. Werden Sie darum behaupten wollen, daß die Analyse solcher Fälle verwerflich ist, weil sie unfruchtbar bleibt? Ich glaube doch nicht. Wir haben das Recht, ja die Pflicht, die Forschung ohne Rücksicht auf einen unmittelbaren

Nutzeffekt zu betreiben. Am Ende — wir wissen nicht, wo und wann — wird sich jedes Stückchen Wissen in Können umsetzen, auch in therapeutisches Können. Zeigte sich die Psychoanalyse bei allen anderen Formen nervöser und psychischer Erkrankung ebenso erfolglos wie bei den Wahnideen, so bliebe sie doch als unersetzliches Mittel der wissenschaftlichen Forschung voll gerechtfertigt. Wir würden dann allerdings nicht in die Lage kommen, sie auszuüben; das Menschenmaterial, an dem wir lernen wollen, das lebt, seinen eigenen Willen hat und seiner Motive bedarf, um bei der Arbeit mit-zutun, würde sich uns verweigern. Lassen Sie mich darum für heute mit der Mitteilung schließen, daß es umfassende Gruppen von ner-vösen Störungen gibt, bei denen sich die Umsetzung unseres besseren Verstehens in therapeutisches Können tatsächlich erwiesen hat, und daß wir bei diesen sonst schwer zugänglichen Erkrankungen unter gewissen Bedingungen Erfolge erzielen, die hinter keinen anderen auf dem Gebiete der internen Therapie zurückstehen.

———————————

DER SINN DER SYMPTOME

Meine Damen und Herren! Ich habe Ihnen im vorigen Vortrag auseinandergesetzt, daß die klinische Psychiatrie sich um die Erscheinungsform und den Inhalt des einzelnen Symptoms wenig bekümmert, daß aber die Psychoanalyse gerade hier angesetzt und zunächst festgestellt hat, das Symptom sei sinnreich und hänge mit dem Erleben des Kranken zusammen. Der Sinn der neurotischen Symptome ist zuerst von J. Breuer aufgedeckt worden durch das Studium und die glückliche Herstellung eines seither berühmt gewordenen Falles von Hysterie (1880—82). Es ist richtig, daß P. Janet unabhängig denselben Nachweis erbracht hat; dem französischen Forscher gebührt sogar die literarische Priorität, denn Breuer hat seine Beobachtung erst mehr als ein Dezennium später (1893—95) während der Mitarbeiterschaft mit mir veröffentlicht. Es mag uns übrigens ziemlich gleichgültig sein, von wem diese Entdeckung herrührt, denn Sie wissen, jede Entdeckung wird mehr als einmal gemacht, und keine wird auf einmal gemacht, und der Erfolg geht ohnedies nicht mit dem Verdienst. Amerika heißt nicht nach Kolumbus. Vor Breuer und Janet hat der große Psychiater Leuret die Meinung ausgesprochen, selbst die Delirien der Geisteskranken müßten sich als sinnvoll erkennen lassen, wenn wir erst verstünden, sie zu übersetzen. Ich gestehe, daß ich lange Zeit bereit war, das Verdienst P. Janets an der Aufklärung der neurotischen Symptome sehr hoch anzuschlagen, weil er sie als Äußerungen von *idées inconscientes* auffaßte, welche die Kranken beherrschten. Aber Janet hat sich seitdem in übergroßer Zurückhaltung so geäußert, als ob er bekennen wollte, daß das Unbewußte für ihn weiter nichts gewesen sei als eine Redensart, ein Behelf, *une façon de parler*; er habe an nichts Reales dabei gedacht. Seither verstehe ich Janets Ausführungen nicht mehr, ich meine aber, daß er sich überflüssigerweise um viel Verdienst geschädigt hat.

Die neurotischen Symptome haben also ihren Sinn wie die Fehlleistungen, wie die Träume, und so wie diese ihren Zusammenhang mit dem Leben der Personen, die sie zeigen. Ich möchte Ihnen nun diese wichtige Einsicht durch einige Beispiele näher bringen. Daß es immer und in allen Fällen so ist, kann ich ja nur behaupten, nicht beweisen. Wer selbst Erfahrungen sucht, wird sich davon die Überzeugung verschaffen. Ich werde aber diese Beispiele aus gewissen Motiven nicht der Hysterie entnehmen, sondern einer anderen, höchst merkwürdigen, ihr im Grunde sehr nahestehenden Neurose, von der ich Ihnen einige einleitende Worte zu sagen habe. Diese, die sogenannte Zwangsneurose, ist nicht so populär wie die allbekannte Hysterie; sie ist, wenn ich mich so ausdrücken darf, nicht so aufdringlich lärmend, benimmt sich mehr wie eine Privatangelegenheit des Kranken, verzichtet fast völlig auf Erscheinungen am Körper und schafft alle ihre Symptome auf seelischem Gebiet. Die Zwangsneurose und die Hysterie sind diejenigen Formen neurotischer Erkrankung, auf deren Studium die Psychoanalyse zunächst aufgebaut wurde, in deren Behandlung unsere Therapie auch ihre Triumphe feiert. Aber die Zwangsneurose, welcher jener rätselhafte Sprung aus dem Seelischen ins Körperliche abgeht, ist uns durch die psychoanalytische Bemühung eigentlich durchsichtiger und heimlicher geworden als die Hysterie, und wir haben erkannt, daß sie gewisse extreme Charaktere der Neurotik weit greller zur Erscheinung bringt.

Die Zwangsneurose äußert sich darin, daß die Kranken von Gedanken beschäftigt werden, für die sie sich eigentlich nicht interessieren, Impulse in sich verspüren, die ihnen sehr fremdartig vorkommen.

und zu Handlungen veranlaßt werden, deren Ausführung ihnen zwar kein Vergnügen bereitet, deren Unterlassung ihnen aber ganz unmöglich ist. Die Gedanken (Zwangsvorstellungen) können an sich unsinnig sein oder auch nur für das Individuum gleichgültig, oft sind sie ganz und gar läppisch, in allen Fällen sind sie der Ausgang einer angestrengten Denktätigkeit, die den Kranken erschöpft, und der er sich nur sehr ungern hingibt. Er muß gegen seinen Willen grübeln und spekulieren, als ob es sich um seine wichtigsten Lebensaufgaben handelte. Die Impulse, die der Kranke in sich verspürt, können gleichfalls einen kindischen und unsinnigen Eindruck machen, meist haben sie aber den schreckhaftesten Inhalt wie Versuchungen zu schweren Verbrechen, so daß der Kranke sie nicht nur als fremd verleugnet, sondern entsetzt vor ihnen flieht und sich durch Verbote, Verzichte und Einschränkungen seiner Freiheit vor ihrer Ausführung schützt. Dabei dringen sie niemals, aber wirklich kein einziges Mal, zur Ausführung durch; der Erfolg ist immer, daß die Flucht und die Vorsicht siegen. Was der Kranke wirklich ausführt, die sogenannten Zwangshandlungen, das sind sehr harmlose, sicherlich geringfügige Dinge, meist Wiederholungen, zeremoniöse Verzierungen an Tätigkeiten des gewöhnlichen Lebens, wodurch aber diese notwendigen Verrichtungen, das Zubettegehen, das Waschen, Toilettemachen, Spazierengehen zu höchst langwierigen und kaum lösbaren Aufgaben werden. Die krankhaften Vorstellungen, Impulse und Handlungen sind in den einzelnen Formen und Fällen der Zwangsneurose keineswegs zu gleichen Anteilen vermengt; vielmehr ist es Regel, daß das eine oder das andere dieser Momente das Bild beherrscht und der Krankheit den Namen gibt, aber das Gemeinsame all dieser Formen ist unverkennbar genug.

Das ist doch gewiß ein tolles Leiden. Ich glaube, der ausschweifendsten psychiatrischen Phantasie wäre es nicht gelungen, etwas dergleichen zu konstruieren, und wenn man es nicht alle Tage vor sich sehen könnte, würde man sich nicht entschließen, daran zu glauben. Nun denken Sie aber nicht, daß Sie dem Kranken etwas leisten, wenn Sie ihm zureden sich abzulenken, sich nicht mit diesen dummen Gedanken zu beschäftigen und an Stelle seiner Spielereien etwas Vernünftiges zu tun. Das möchte er selbst, denn er ist vollkommen klar, teilt Ihr Urteil über seine Zwangssymptome, ja er trägt es Ihnen entgegen. Er kann nur nicht anders; was sich bei der Zwangsneurose zur Tat durchsetzt, das wird von einer Energie getragen, für die uns wahrscheinlich der Vergleich aus dem normalen Seelenleben abgeht. Er kann nur eines: verschieben, vertauschen, anstatt der einen dummen Idee eine andere, irgendwie abgeschwächte setzen, von einer Vorsicht oder Verbot zu einem anderen fortschreiten, anstatt des einen Zeremoniells ein anderes ausführen. Er kann den Zwang verschieben, aber nicht aufheben. Die Verschiebbarkeit aller Symptome, weit von ihrer ursprünglichen Gestaltung weg, ist ein Hauptcharakter seiner Krankheit; außerdem fällt es auf, daß die Gegensätze (Polaritäten), von denen das Seelenleben durchzogen ist, in seinem Zustand besonders scharf gesondert hervortreten. Neben dem Zwang mit positivem und negativem Inhalt macht sich auf intellektuellem Gebiet der Zweifel geltend, der allmählich auch das für gewöhnlich Gesichertste annagt. Das Ganze läuft in eine immer mehr zunehmende Unentschlossenheit, Energielosigkeit, Freiheitsbeschränkung aus. Dabei ist der Zwangsneurotiker ursprünglich ein sehr energisch angelegter Charakter gewesen, oft von außerordentlichem Eigensinn, in der Regel über das durchschnittliche Maß intellektuell begabt. Er hat es zumeist zu einer erfreulichen Höhe der ethischen Entwicklung gebracht, zeigt sich übergewissenhaft, mehr als gewöhnlich korrekt. Sie können sich denken, daß ein tüchtiges Stück Arbeit dazugehört, bis man sich in diesem widerspruchsvollen Ensemble von Charaktereigenschaften und Krankheitssymptomen halbwegs zurechtgefunden hat. Wir streben auch vorläufig gar nichts anderes an, als einige Symptome dieser Krankheit zu verstehen, deuten zu können.

Vielleicht wollen Sie im Hinblick auf unsere Besprechungen vorher wissen, wie sich die gegenwärtige Psychiatrie zu den Problemen der Zwangsneurose verhält. Das ist aber ein armseliges Kapitel. Die Psychiatrie gibt den verschiedenen Zwängen Namen, sagt sonst weiter nichts über sie. Dafür betont sie, daß die Träger solcher Symptome „Degenerierte" sind. Das ist wenig Befriedigung, eigentlich ein Werturteil, eine Verurteilung anstatt einer Erklärung. Wir sollen uns etwa denken, bei Leuten, die aus der Art geschlagen sind, kämen eben alle möglichen Sonderbarkeiten vor. Nun glauben wir ja, daß Personen, die solche Symptome entwickeln, von Natur aus etwas anders sein müssen als andere Menschen. Aber wir möchten fragen: Sind sie mehr „degeneriert" als andere Nervöse, z. B. die Hysteriker oder als die an Psychosen Erkrankenden? Die Charakteristik ist offenbar wieder zu allgemein. Ja man kann bezweifeln, ob sie auch nur berechtigt ist, wenn man erfährt, daß solche Symptome auch bei ausgezeichneten Menschen von besonders hoher und für die Allgemeinheit bedeutsamer Leistungsfähigkeit vorkommen. Für gewöhnlich erfahren wir ja, dank ihrer eigenen Diskretion und der Verlogenheit ihrer Biographen von unseren vorbildlich großen Männern wenig Intimes, aber es kommt doch vor, daß einer ein Wahrheitsfanatiker ist wie Émile Zola, und dann hören wir von ihm, an wieviel sonderbaren Zwangsgewohnheiten er sein Leben über gelitten hat.[1]

Die Psychiatrie hat sich da die Auskunft geschaffen, von *Dégénérés supérieurs* zu sprechen. Schön — aber durch die Psychoanalyse haben wir die Erfahrung gemacht, daß man diese sonderbaren Zwangssymptome wie andere Leiden und wie bei anderen nicht degenerierten Menschen dauernd beseitigen kann. Mir selbst ist solches wiederholt gelungen.

Ich will Ihnen nur zwei Beispiele von Analyse eines Zwangssymptoms mitteilen, eines aus alter Beobachtung, das ich durch kein schöneres zu ersetzen weiß, und ein kürzlich gewonnenes. Ich beschränke mich auf eine so geringe Anzahl, weil man bei einer solchen Mitteilung sehr weitläufig werden, in alle Einzelheiten eingehen muß.

Eine nahe an 30 Jahre alte Dame, die an den schwersten Zwangserscheinungen litt, und der ich vielleicht geholfen hätte, wenn ein tückischer Zufall nicht meine Arbeit zunichte gemacht hätte —

[1] E. Toulouse, Emile Zola. Enquête médico-psychologique, Paris 1896.

vielleicht erzähle ich ihnen noch davon —, führte unter anderen folgende merkwürdige Zwangshandlung vielmals im Tage aus. Sie lief aus ihrem Zimmer in ein anderes nebenan, stellte sich dort an eine bestimmte Stelle bei dem in der Mitte stehenden Tisch hin, schellte ihrem Stubenmädchen, gab ihr einen gleichgültigen Auftrag oder entließ sie auch ohne solchen und lief dann wieder zurück. Das war nun gewiß kein schweres Leidenssymptom, aber es durfte doch die Wißbegierde reizen. Die Aufklärung ergab sich auch auf die unbedenklichste, einwandfreieste Weise unter Ausschluß jedes. Beitrages von Seiten des Arztes. Ich weiß gar nicht, wie ich zu einer Vermutung über den Sinn dieser Zwangshandlung, zu einem Vorschlag ihrer Deutung hätte kommen können. So oft ich die Kranke gefragt hatte: Warum tun Sie das? Was hat das für einen Sinn? — hatte sie geantwortet: Ich weiß es nicht. Aber eines Tages, nachdem es mir gelungen war, ein großes prinzipielles Bedenken bei ihr niederzukämpfen, wurde sie plötzlich wissend und erzählte, was zur Zwangshandlung gehörte. Sie hatte vor mehr als zehn Jahren einen weitaus älteren Mann geheiratet, der sich in der Hochzeitsnacht impotent erwies. Er war ungezählte Male in dieser Nacht aus seinem Zimmer in ihres gelaufen, um den Versuch zu wiederholen, aber jedesmal erfolglos. Am Morgen sagte er ärgerlich: Da muß man sich ja vor dem Stubenmädchen schämen, wenn sie das Bett macht, ergriff eine Flasche roter Tinte, die zufällig im Zimmer war, und goß ihren Inhalt aufs Bettuch, aber nicht gerade auf eine Stelle, die ein Anrecht auf einen solchen Fleck gehabt hätte. Ich verstand anfangs nicht, was diese Erinnerung mit der fraglichen Zwangshandlung zu tun haben sollte, da ich nur in dem wiederholten Aus-einem-Zimmer-in-das-andere-Laufen eine Übereinstimmung fand und etwa noch im Auftreten des Stubenmädchens. Da führte mich die Patientin zu dem Tisch im zweiten Zimmer hin und ließ mich auf dessen Decke einen großen Fleck entdecken. Sie erklärte auch, sie stelle sich so zum Tisch hin, daß das zu ihr gerufene Mädchen den Fleck nicht übersehen könne. Nun war an der intimen Beziehung zwischen jener Szene nach der

Brautnacht und ihrer heutigen Zwangshandlung nicht mehr zu
zweifeln, aber auch noch allerlei daran zu lernen.

Vor allem wird es klar, daß sich die Patientin mit ihrem Mann
identifiziert; sie spielt ihn ja, indem sie sein Laufen aus einem Zimmer
ins andere nachahmt. Dann müssen wir, um in der Gleichstellung
zu bleiben, wohl zugeben, daß sie das Bett und Bettuch durch den
Tisch und die Tischdecke ersetzt. Das schiene willkürlich, aber wir
sollen nicht ohne Nutzen Traumsymbolik studiert haben. Im Traum
wird gleichfalls sehr häufig ein Tisch gesehen, der aber als Bett zu
deuten ist. Tisch und Bett machen mitsammen die Ehe aus, da steht
dann leicht eines für das andere.

Der Beweis, daß die Zwangshandlung sinnreich ist, wäre bereits
erbracht; sie scheint eine Darstellung, Wiederholung jener bedeutungsvollen Szene zu sein. Aber wir sind nicht genötigt, bei diesem Schein
Halt zu machen; wenn wir die Beziehung zwischen den beiden eingehender untersuchen, werden wir wahrscheinlich Aufschluß über
etwas Weitergehendes, über die Absicht der Zwangshandlung erhalten.
Der Kern derselben ist offenbar das Herbeirufen des Stubenmädchens,
dem sie den Fleck vor Augen führt, im Gegensatz zur Bemerkung
ihres Mannes: Da müßte man sich vor dem Mädchen schämen. Er
— dessen Rolle sie agiert — schämt sich also nicht vor dem Mädchen, der Fleck ist demnach an der richtigen Stelle. Wir sehen also,
sie hat die Szene nicht einfach wiederholt, sondern sie fortgesetzt
und dabei korrigiert, zum Richtigen gewendet. Damit korrigiert sie
aber auch das andere, was in jener Nacht so peinlich war und jene
Auskunft mit der roten Tinte notwendig machte, die Impotenz. Die
Zwangshandlung sagt also: Nein, es ist nicht wahr, er hatte sich nicht
vor dem Stubenmädchen zu schämen, er war nicht impotent; sie
stellt diesen Wunsch nach Art eines Traumes in einer gegenwärtigen
Handlung als erfüllt dar, sie dient der Tendenz, den Mann über sein
damaliges Mißgeschick zu erheben.

Dazu kommt alles andere, was ich Ihnen von dieser Frau erzählen
könnte; richtiger gesagt: alles, was wir sonst von ihr wissen, weist

uns den Weg zu dieser Deutung der an sich unbegreiflichen Zwangshandlung. Die Frau lebt seit Jahren von ihrem Mann getrennt und
kämpft mit der Absicht, ihre Ehe gerichtlich scheiden zu lassen. Es
ist aber keine Rede, daß sie frei von ihm wäre; sie ist gezwungen,
ihm treu zu bleiben, sie zieht sich von aller Welt zurück, um nicht
in Versuchung zu geraten, sie entschuldigt und vergrößert sein Wesen
in ihrer Phantasie. Ja, das tiefste Geheimnis ihrer Krankheit ist, daß
sie durch diese ihren Mann vor übler Nachrede deckt, ihre örtliche
Trennung von ihm rechtfertigt und ihm ein behagliches Sonderleben
ermöglicht. So führt die Analyse einer harmlosen Zwangshandlung
auf geradem Wege zum innersten Kern eines Krankheitsfalles, verrät uns aber gleichzeitig ein nicht unansehnliches Stück des Geheim-
nisses der Zwangsneurose überhaupt. Ich lasse Sie gern bei diesem
Beispiel verweilen, denn es vereinigt Bedingungen, die man billiger-
weise nicht von allen Fällen fordern wird. Die Deutung des Symptoms wurde hier von der Kranken mit einem Schlage gefunden
ohne Anleitung oder Einmengung des Analytikers, und sie erfolgte
durch die Beziehung auf ein Erlebnis, welches nicht, wie sonst, einer
vergessenen Kindheitsperiode angehört hatte, sondern im reifen Leben
der Kranken vorgefallen und unverlöscht in ihrer Erinnerung geblieben war. Alle die Einwendungen, welche die Kritik sonst gegen
unsere Symptomdeutungen vorzubringen pflegt, gleiten von diesem
Einzelfalle ab. So gut können wir es freilich nicht immer haben.

Und noch eines! Ist es Ihnen nicht aufgefallen, wie uns diese unscheinbare Zwangshandlung in die Intimitäten der Patientin eingeführt hat? Eine Frau hat nicht viel Intimeres zu erzählen als die
Geschichte ihrer Hochzeitsnacht, und daß wir gerade auf Intimitäten
des Geschlechtslebens gekommen sind, sollte das zufällig und ohne
weiteren Belang sein? Es könnte freilich die Folge der Auswahl sein,
die ich diesmal getroffen habe. Urteilen wir nicht zu rasch und
wenden wir uns dem zweiten Beispiel zu, welches von ganz anderer
Art ist, ein Muster einer häufig vorkommenden Gattung, nämlich
ein Schlafzeremoniell.

Ein 19jähriges, üppiges, begabtes Mädchen, das einzige Kind seiner
Eltern, denen es an Bildung und intellektueller Regsamkeit überlegen ist, war als Kind wild und übermütig und hat sich im Laufe
der letzten Jahre ohne sichtbare äußere Einwirkung zu einer Nervösen umgewandelt. Sie ist besonders gegen ihre Mutter sehr reiz-
bar, immer unzufrieden, deprimiert, neigt zur Unentschlossenheit
und zum Zweifel und macht endlich das Geständnis, daß sie auf
Plätzen und in größeren Straßen nicht mehr allein gehen kann. Wir
werden uns mit ihrem komplizierten Krankheitszustand, der zum
mindesten zwei Diagnosen erheischt, die einer Agoraphobie und einer
Zwangsneurose, nicht viel abgeben, sondern nur dabei verweilen, daß
dieses Mädchen auch ein Schlafzeremoniell entwickelt hat, unter
dem sie ihre Eltern leiden läßt. Man kann sagen, in gewissem Sinne
hat jeder Normale sein Schlafzeremoniell oder er hält auf die Herstellung von gewissen Bedingungen, deren Nichterfüllung ihn am
Einschlafen stört; er hat den Übergang aus dem Wachleben in den
Schlafzustand in gewisse Formen gebracht, die er allabendlich in
gleicher Weise wiederholt. Aber alles, was der Gesunde an Schlaf-
bedingung fordert, läßt sich rationell verstehen, und wenn die äußeren
Umstände eine Änderung notwendig machen, so fügt er sich leicht
und ohne Zeitaufwand. Das pathologische Zeremoniell ist aber un-
nachgiebig, es weiß sich mit den größten Opfern durchzusetzen, es
deckt sich gleichfalls mit einer rationellen Begründung und scheint
sich bei oberflächlicher Betrachtung nur durch eine gewisse über-
triebene Sorgfalt vom Normalen zu entfernen. Sieht man aber näher
zu, so kann man bemerken, daß die Decke zu kurz ist, daß das Zeremoniell Bestimmungen umfaßt, die weit über die rationelle Begründung
hinausgehen, und andere, die ihr direkt widersprechen. Unsere Patientin schützt als Motiv ihrer nächtlichen Vorsichten vor, daß sie
zum Schlafen Ruhe braucht und alle Quellen des Geräusches ausschließen muß. In dieser Absicht tut sie zweierlei: Die große Uhr
in ihrem Zimmer wird zum Stehen gebracht, alle anderen Uhren
aus dem Zimmer entfernt, nicht einmal ihre winzige Armbanduhr

wird im Nachtkästchen geduldet. Blumentöpfe und Vasen werden auf dem Schreibtische so zusammengestellt, daß sie nicht zur Nachtzeit herunterfallen, zerbrechen und sie im Schlafe stören können. Sie weiß, daß diese Maßregeln durch das Gebot der Ruhe nur eine scheinbare Rechtfertigung finden können; die kleine Uhr würde man nicht ticken hören, auch wenn sie auf dem Nachtkästchen liegen bliebe, und wir haben alle die Erfahrung gemacht, daß das regelmäßige Ticken einer Pendeluhr niemals eine Schlafstörung macht, sondern eher einschläfernd wirkt. Sie gibt auch zu, daß die Befürchtung, Blumentöpfe und Vasen könnten, an ihrem Platze gelassen, zur Nachtzeit von selbst herunterfallen und zerbrechen, jeder Wahrscheinlichkeit entbehrt. Für andere Bestimmungen des Zeremoniells wird die Anlehnung an das Ruhegebot fallen gelassen. Ja, die Forderung, daß die Türe zwischen ihrem Zimmer und dem Schlafzimmer der Eltern halb offen bleibe, deren Erfüllung sie dadurch sichert, daß sie verschiedene Gegenstände in die geöffnete Türe rückt, scheint im Gegenteil eine Quelle von störenden Geräuschen zu aktivieren. Die wichtigsten Bestimmungen beziehen sich aber auf das Bett selbst. Das Polster am Kopfende des Bettes darf die Holzwand des Bettes nicht berühren. Das kleine Kopfpolsterchen darf auf diesem großen Polster nicht anders liegen, als indem es eine Raute bildet; ihren Kopf legt sie dann genau in den Längsdurchmesser der Raute. Die Federdecke („Duchent", wie wir in Österreich sagen) muß vor dem Zudecken so geschüttelt werden, daß ihr Fußende ganz dick wird, dann aber versäumt sie es nicht, diese Anhäufung durch Zerdrücken wieder zu verteilen.

Lassen Sie mich die anderen, oft sehr kleinlichen Einzelheiten dieses Zeremoniells übergehen; sie würden uns nichts Neues lehren und zu weit von unseren Absichten abführen. Aber übersehen Sie nicht, daß dies alles sich nicht so glatt vollzieht. Es ist immer die Sorge dabei, daß nicht alles ordentlich gemacht worden ist; es muß nachgeprüft, wiederholt werden, der Zweifel zeichnet bald die eine, bald die andere der Sicherungen aus, und der Erfolg ist, daß ein bis zwei Stunden hingebracht werden, während welcher das Mädchen selbst nicht schlafen kann und die eingeschüchterten Eltern nicht schlafen läßt.

Die Analyse dieser Quälereien ging nicht so einfach von statten wie die der Zwangshandlung bei unserer früheren Patientin. Ich mußte dem Mädchen Andeutungen geben und Vorschläge zur Deutung machen, die von ihr jedesmal mit einem entschiedenen Nein abgelehnt oder mit geringschätzigem Zweifel aufgenommen wurden. Aber auf diese erste ablehnende Reaktion folgte eine Zeit, in welcher sie sich selbst mit den ihr vorgelegten Möglichkeiten beschäftigte, Einfälle zu ihnen sammelte, Erinnerungen produzierte, Zusammenhänge herstellte, bis sie alle Deutungen aus eigener Arbeit angenommen hatte. In dem Maße, als dies geschah, ließ sie auch in der Ausführung der Zwangsmaßregeln nach, und noch vor Ende der Behandlung hatte sie auf das gesamte Zeremoniell verzichtet. Sie müssen auch wissen, daß die analytische Arbeit, wie wir sie heute ausführen, die konsequente Bearbeitung des einzelnen Symptoms, bis man mit dessen Aufhellung zu Ende gekommen ist, geradezu ausschließt. Man ist vielmehr genötigt, das eine Thema immer wieder zu verlassen, und ist sicher, von anderen Zusammenhängen her von neuem darauf zurückzukommen. Die Symptomdeutung, die ich Ihnen jetzt mitteilen werde, ist also eine Synthese von Ergebnissen, deren Förderung sich, von anderen Arbeiten unterbrochen, über die Zeit von Wochen und Monaten erstreckt.

Unsere Patientin lernt allmählich verstehen, daß sie die Uhr als Symbol des weiblichen Genitales aus ihren Zurüstungen für die Nacht verbannt hatte. Die Uhr, für die wir sonst auch andere Symboldeutungen kennen, gelangt zu dieser genitalen Rolle durch ihre Beziehung zu periodischen Vorgängen und gleichen Intervallen. Eine Frau kann etwa von sich rühmen, ihre Menstruation benehme sich so regelmäßig wie ein Uhrwerk. Die Angst unserer Patientin richtete sich aber besonders dagegen, durch das Ticken der Uhr im Schlaf gestört zu werden. Das Ticken der Uhr ist dem Klopfen der Klitoris

bei sexueller Erregung gleichzusetzen. Durch diese ihr nun peinliche Empfindung war sie in der Tat wiederholt aus dem Schlafe geweckt worden, und jetzt äußerte sich diese Erektionsangst in dem
Gebot, welches gehende Uhren zur Nachtzeit aus ihrer Nähe entfernen hieß. Blumentöpfe und Vasen sind wie alle Gefäße gleichfalls
weibliche Symbole. Die Vorsicht, daß sie nicht zur Nachtzeit fallen
und zerbrechen, entbehrt also nicht eines guten Sinnes. Wir kennen
die vielverbreitete Sitte, daß bei Verlobungen ein Gefäß oder Teller
zerschlagen wird. Jeder der Anwesenden eignet sich ein Bruchstück
an, welches wir als Ablösung seiner Ansprüche an die Braut auf dem
Standpunkt einer Eheordnung vor der Monogamie auffassen dürfen.
Zu diesem Stück ihres Zeremoniells brachte das Mädchen auch eine
Erinnerung und mehrere Einfälle. Sie war einmal als Kind mit einem
Glas- oder Tongefäß hingefallen, hatte sich in die Finger geschnitten
und heftig geblutet. Als sie heranwuchs und von den Tatsachen des
Sexualverkehrs Kenntnis bekam, stellte sich die ängstliche Idee bei
ihr ein, sie werde in der Hochzeitsnacht nicht bluten und sich nicht
als Jungfrau erweisen. Ihre Vorsichten gegen das Zerbrechen der
Vasen bedeuten also eine Abweisung des ganzen Komplexes, der mit
der Virginität und dem Bluten beim ersten Verkehr zusammenhängt,
ebensowohl eine Abweisung der Angst zu bluten wie der entgegengesetzten, nicht zu bluten. Mit der Geräuschverhütung, welcher sie
diese Maßnahmen unterordnete, hatten sie nur entfernt etwas zu tun.

Den zentralen Sinn ihres Zeremoniells erriet sie eines Tages, als
sie plötzlich die Vorschrift, das Polster dürfe die Bettwand nicht berühren, verstand. Das Polster sei ihr immer ein Weib gewesen,
sagte sie, die aufrechte Holzwand ein Mann. Sie wollte also — auf
magische Weise, dürfen wir einschalten — Mann und Weib ausein-
anderhalten, das heißt die Eltern voneinander trennen, nicht zum ehelichen Verkehr kommen lassen. Dasselbe Ziel hatte sie in früheren
Jahren vor der Einrichtung des Zeremoniells auf direktere Weise zu
erreichen gesucht. Sie hatte Angst simuliert oder eine vorhandene
Angstneigung dahin ausgebeutet, daß die Verbindungstüre zwischen

dem Schlafzimmer der Eltern und dem Kinderzimmer nicht geschlossen werden dürfe. Dies Gebot war ja noch in ihrem heutigen Zeremoniell erhalten geblieben. Auf solche Art schaffte sie sich die Gelegenheit, die Eltern zu belauschen, zog sich aber in der Ausnützung derselben einmal eine durch Monate anhaltende Schlaflosigkeit zu. Nicht zufrieden mit solcher Störung der Eltern setzte sie es dann zeitweise durch, daß sie im Ehebett selbst zwischen Vater und Mutter schlafen durfte. „Polster" und „Holzwand" konnten dann wirklich nicht zusammenkommen. Endlich, als sie schon so groß war, daß ihr Körperliches nicht mehr bequem im Bette zwischen den Eltern Platz finden konnte, erreichte sie es durch bewußte Simulation von Angst, daß die Mutter den Schlafplatz mit ihr tauschte und ihr die eigene Stelle neben dem Vater abtrat. Diese Situation war gewiß der Ausgang von Phantasien geworden, deren Nachwirkung man im Zeremoniell verspürt.

Wenn ein Polster ein Weib war, so hatte auch das Schütteln der Federdecke, bis alle Federn unten waren und dort eine Anschwellung hervorriefen, einen Sinn. Es hieß, das Weib schwanger machen; aber sie versäumte es nicht, diese Schwangerschaft wieder wegzustreichen, denn sie hatte Jahre hindurch unter der Furcht gestanden, der Verkehr der Eltern werde ein anderes Kind zur Folge haben und ihr so eine Konkurrenz bescheren. Anderseits, wenn das große Polster ein Weib, die Mutter, war, so konnte das kleine Kopfpölsterchen nur die Tochter vorstellen. Warum mußte dieses Polster als Raute gelegt werden und ihr Kopf genau in die Mittellinie derselben kommen? Sie ließ sich leicht daran erinnern, daß die Raute die an allen Mauern wiederholte Rune des offenen weiblichen Genitales sei. Sie selbst spielte dann den Mann, den Vater, und ersetzte durch ihren Kopf das männliche Glied. (Vgl. die Symbolik des Köpfens für Kastration.)

Wüste Dinge, werden Sie sagen, die da in dem Kopf des jungfräulichen Mädchens spuken sollen. Ich gebe es zu, aber vergessen Sie nicht, ich habe diese Dinge nicht gemacht, sondern bloß gedeutet. Solch ein Schlafzeremoniell ist auch etwas Sonderbares, und Sie werden die Entsprechung zwischen dem Zeremoniell und den Phantasien, die uns die Deutung ergibt, nicht verkennen dürfen. Wichtiger ist mir aber, daß Sie bemerken, es habe sich da nicht eine einzige Phantasie im Zeremoniell niedergeschlagen, sondern eine Anzahl von solchen, die allerdings irgendwo ihren Knotenpunkt haben. Auch daß die Vorschriften des Zeremoniells die sexuellen Wünsche bald positiv, bald negativ wiedergeben, zum Teil der Vertretung und zum Teil der Abwehr derselben dienen.

Man könnte auch aus der Analyse dieses Zeremoniells mehr machen, wenn man es in die richtige Verknüpfung mit den anderen Symptomen der Kranken brächte. Aber unser Weg führt uns nicht dahin. Lassen Sie sich die Andeutung genügen, daß dieses Mädchen einer erotischen Bindung an den Vater verfallen ist, deren Anfänge in frühe Kinderjahre zurückgehen. Vielleicht benimmt sie sich auch darum so unfreundlich gegen ihre Mutter. Wir können auch nicht übersehen, daß uns die Analyse dieses Symptoms wiederum auf das Sexualleben der Kranken hingeführt hat. Vielleicht werden wir uns darüber um so weniger verwundern, je öfter wir in den Sinn und in die Absicht neurotischer Symptome Einsicht gewinnen.

So habe ich Ihnen denn an zwei ausgewählten Beispielen gezeigt, daß die neurotischen Symptome einen Sinn haben wie die Fehlleistungen und wie die Träume, und daß sie in intimer Beziehung zum Erleben der Patienten stehen. Kann ich erwarten, daß Sie mir diesen überaus bedeutsamen Satz auf zwei Beispiele hin glauben? Nein. Aber können Sie von mir verlangen, daß ich Ihnen soviel weitere Beispiele erzähle, bis Sie sich für überzeugt erklären? Auch nicht, denn bei der Ausführlichkeit, mit der ich den einzelnen Fall behandle, müßte ich ein fünfstündiges Semestralkolleg der Erledigung dieses einzelnen Punktes der Neurosenlehre widmen. Ich bescheide mich also damit, Ihnen eine Probe für meine Behauptung gegeben zu haben, und verweise Sie im übrigen auf die Mitteilungen in der Literatur, auf die klassischen Symptomdeutungen im ersten Fall von Breuer (Hysterie), auf die frappanten Aufhellungen ganz dunkler

Symptome bei der sogenannten Dementia praecox durch C. G. Jung aus der Zeit, da dieser Forscher bloß Psychoanalytiker war und noch nicht Prophet sein wollte, und auf alle die Arbeiten, die seither unsere Zeitschriften gefüllt haben. Wir haben gerade an solchen Untersuchungen keinen Mangel. Die Analyse, Deutung, Übersetzung der neurotischen Symptome hat die Psychoanalytiker so angezogen, daß sie zunächst die anderen Probleme der Neurotik dagegen vernachlässigten.

Wer von Ihnen sich einer solchen Bemühung unterzieht, der wird gewiß einen starken Eindruck von der Fülle des Beweismaterials empfangen. Aber er wird auch auf eine Schwierigkeit stoßen. Der Sinn eines Symptoms liegt, wie wir erfahren haben, in einer Beziehung zum Erleben des Kranken. Je individueller das Symptom ausgebildet ist, desto eher dürfen wir erwarten, diesen Zusammenhang herzustellen. Die Aufgabe stellt sich dann geradezu, für eine sinnlose Idee und eine zwecklose Handlung jene vergangene Situation aufzufinden, in welcher die Idee gerechtfertigt und die Handlung zweckentsprechend war. Die Zwangshandlung unserer Patientin, die zum Tisch lief und dem Stubenmädchen schellte, ist direkt vorbildlich für diese Art von Symptomen. Aber es gibt, und zwar sehr häufig, Symptome von ganz anderem Charakter. Man muß sie „typische" Symptome der Krankheit nennen, sie sind in allen Fällen ungefähr gleich, die individuellen Unterschiede verschwinden bei ihnen oder schrumpfen wenigstens so zusammen, daß es schwer fällt, sie mit dem individuellen Erleben der Kranken zusammenzubringen und auf einzelne erlebte Situationen zu beziehen. Richten wir unseren Blick wiederum auf die Zwangsneurose. Schon das Schlafzimmerzeremoniell unserer zweiten Patientin hat viel Typisches an sich, dabei allerdings genug individuelle Züge, um die sozusagen historische Deutung zu ermöglichen. Aber alle diese Zwangskranken haben die Neigung zu wiederholen, Verrichtungen zu rhythmieren und von anderen zu isolieren. Die meisten von ihnen waschen zu viel. Die Kranken, welche an Agoraphobie (Topophobie, Raumangst) leiden, was wir nicht mehr zur Zwangsneurose rechnen, sondern als Angsthysterie bezeichnen, wiederholen in ihren Krankheitsbildern oft in ermüdender Monotonie dieselben Züge, sie fürchten geschlossene Räume, große offene Plätze, lange sich hinziehende Straßen und Alleen. Sie halten sich für geschützt, wenn Bekannte sie begleiten oder wenn ein Wagen ihnen nachfährt usw. Auf diesem gleichartigen Untergrund tragen aber doch die einzelnen Kranken ihre individuellen Bedingungen, Launen, möchte man sagen, auf, die einander in den einzelnen Fällen direkt widersprechen. Der eine scheut nur enge Straßen, der andere nur weite, der eine kann nur gehen, wenn wenig, der andere, wenn viele Menschen auf der Straße sind. Ebenso hat die Hysterie bei allem Reichtum an individuellen Zügen einen Überfluß an gemeinsamen, typischen Symptomen, die einer leichten historischen Zurückführung zu widerstreben scheinen. Vergessen wir nicht, es sind ja diese typischen Symptome, nach denen wir uns für die Stellung der Diagnose orientieren. Haben wir nun wirklich in einem Falle von Hysterie ein typisches Symptom auf ein Erlebnis oder auf eine Kette von ähnlichen Erlebnissen zurückgeführt, z. B. ein hysterisches Erbrechen auf eine Folge von Ekeleindrücken, so werden wir irre, wenn uns die Analyse in einem anderen Fall von Erbrechen eine durchaus andersartige Reihe von angeblich wirksamen Erlebnissen aufdeckt. Es sieht dann bald so aus, als müßten die Hysterischen aus unbekannten Gründen Erbrechen äußern, und die von der Analyse gelieferten historischen Anlässe seien nur Vorwände, die von dieser inneren Notwendigkeit verwendet werden, wenn sie sich zufällig ergeben.

So kommen wir bald zur betrübenden Einsicht, daß wir zwar den Sinn der individuellen neurotischen Symptome durch die Beziehung zum Erleben befriedigend aufklären können, daß uns aber unsere Kunst für die weit häufigeren typischen Symptome derselben im Stiche läßt. Dazu kommt, daß ich Sie noch gar nicht mit allen Schwierigkeiten vertraut gemacht habe, die sich bei der konsequenten Verfolgung der historischen Symptomdeutung herausstellen. Ich will es auch nicht tun, denn ich habe zwar die Absicht, Ihnen nichts zu beschönigen oder zu verhehlen, aber ich darf Sie doch nicht zu Beginn unserer gemeinsamen Studien ratlos machen und in Verwirrung bringen. Es ist richtig, daß wir erst den Anfang zu einem Verständnis der Symptombedeutung gemacht haben, aber wir wollen an dem Gewonnenen festhalten und uns schrittweise zur Bewältigung des noch Unverstandenen durchringen. Ich versuche es also, Sie mit der Überlegung zu trösten, daß eine fundamentale Verschiedenheit zwischen der einen und der anderen Art von Symptomen doch kaum anzunehmen ist. Hängen die individuellen Symptome so unverkennbar vom Erleben des Kranken ab, so bleibt für die typischen Symptome die Möglichkeit, daß sie auf ein Erleben zurückgehen, das an sich typisch, allen Menschen gemeinsam ist. Andere in der Neurose regelmäßig wiederkehrende Züge mögen allgemeine Reaktionen sein, welche den Kranken durch die Natur der krankhaften Veränderung aufgezwungen werden, wie das Wiederholen oder das Zweifeln der Zwangsneurose. Kurz, wir haben keinen Grund zum vorzeitigen Verzagen; wir werden ja sehen, was sich weiter ergibt.

Vor einer ganz ähnlichen Schwierigkeit stehen wir auch in der Traumlehre. Ich konnte sie in unseren früheren Besprechungen über den Traum nicht behandeln. Der manifeste Inhalt der Träume ist ja ein höchst mannigfaltiger und individuell verschiedener, und wir haben ausführlich gezeigt, was man aus diesem Inhalt durch die Analyse gewinnt. Aber daneben gibt es Träume, die man gleichfalls „typische" heißt, die bei allen Menschen in gleicher Weise vorkommen, Träume von gleichförmigem Inhalt, welche der Deutung dieselben Schwierigkeiten entgegensetzen. Es sind dies die Träume vom Fallen, Fliegen, Schweben, Schwimmen, Gehemmtsein, vom Nacktsein und andere gewisse Angstträume, die uns bald diese, bald jene Deutung bei einzelnen Personen ergeben, ohne daß die Monotonie und das typische Vorkommen derselben dabei seine Aufklärung fände. Auch bei diesen Träumen beobachten wir aber, daß ein gemeinsamer Untergrund durch individuell wechselnde Zutaten belebt wird, und wahrscheinlich werden auch sie sich in das Verständnis des Traumlebens, das wir an den anderen Träumen gewonnen haben, ohne Zwang, aber unter Erweiterung unserer Einsichten einfügen lassen.

———————

DIE FIXIERUNG AN DAS TRAUMA,
DAS UNBEWUSSTE

Meine Damen und Herren! Ich sagte das letztemal, wir wollten die Fortsetzung unserer Arbeit nicht an unsere Zweifel, sondern an unsere Funde anknüpfen. Zwei der interessantesten Folgerungen, die sich aus den zwei vorbildlichen Analysen ableiten, haben wir überhaupt noch nicht ausgesprochen.

Fürs erste: Beide Patienten machen uns den Eindruck, als wären sie an ein bestimmtes Stück ihrer Vergangenheit fixiert, verständen nicht davon freizukommen, und seien deshalb der Gegenwart und der Zukunft entfremdet. Sie stecken nun in ihrer Krankheit, wie man sich in früheren Zeiten in ein Kloster zurückzuziehen pflegte, um dort ein schweres Lebensschicksal auszutragen. Für unsere erste Patientin ist es die in Wirklichkeit aufgegebene Ehe mit ihrem Manne, die ihr dieses Verhängnis bereitet hat. Durch ihre Symptome setzt sie den Prozeß mit ihrem Manne fort; wir haben jene Stimmen verstehen gelernt, die für ihn plaidieren, die ihn entschuldigen, erhöhen, seinen Verlust beklagen. Obwohl sie jung und für andere Männer begehrenswert ist, hat sie alle realen und imaginären (magischen) Vorsichten ergriffen, um ihm die Treue zu bewahren. Sie zeigt sich nicht vor fremden Augen, vernachlässigt ihre Erscheinung, aber sie vermag es auch nicht, so bald von einem Sessel aufzustehen, auf dem sie gesessen ist, und sie verweigert es, ihren Namen zu unterschreiben, kann keinem ein Geschenk machen, mit der Motivierung es dürfe niemand etwas von ihr haben.

Bei unserer zweiten Patientin, dem jungen Mädchen, ist es eine erotische Bindung an den Vater, welche sich in den Jahren vor der Pubertät hergestellt hatte, die für ihr Leben dasselbe leistet. Sie hat auch für sich den Schluß gezogen, daß sie nicht heiraten kann, solange sie so krank ist. Wir dürfen vermuten, sie ist so krank geworden, um nicht heiraten zu müssen und um beim Vater zu bleiben.

Wir dürfen die Frage nicht abweisen, wie, auf welchem Wege und kraft welcher Motive kommt man in eine so merkwürdige und so unvorteilhafte Einstellung zum Leben? Vorausgesetzt, daß dieses Verhalten ein allgemeiner Charakter der Neurose und nicht eine besondere Eigentümlichkeit dieser zwei Kranken ist. Es ist aber in der Tat ein allgemeiner, praktisch sehr bedeutsamer Zug einer jeden Neurose. Die erste hysterische Patientin von Breuer war in ähnlicher Weise an die Zeit fixiert, da sie ihren schwer erkrankten Vater pflegte. Sie hat trotz ihrer Herstellung seither in gewisser Hinsicht mit dem Leben abgeschlossen, sie ist zwar gesund und leistungsfähig geblieben, ist aber dem normalen Frauenschicksal ausgewichen. Bei jedem unserer Kranken können wir durch die Analyse ersehen, daß er sich in seinen Krankheitssymptomen und durch die Folgerungen aus ihnen in eine gewisse Periode seiner Vergangenheit zurückversetzt hat. In der Überzahl der Fälle hat er sogar eine sehr frühe Lebensphase dazu gewählt, eine Zeit seiner Kindheit, ja so lächerlich es klingen mag, selbst seiner Säuglingsexistenz.

Die nächste Analogie zu diesem Verhalten unserer Nervösen bieten Erkrankungen, wie sie gerade jetzt der Krieg in besonderer Häufigkeit entstehen läßt, die sogenannten traumatischen Neurosen. Es hat solche Fälle nach Eisenbahnzusammenstößen und anderen schreckhaften Lebensgefahren natürlich auch vor dem Kriege gegeben. Die traumatischen Neurosen sind im Grunde nicht dasselbe wie die spontanen Neurosen, die wir analytisch zu untersuchen und zu behandeln pflegen; es ist uns auch noch nicht gelungen, sie unseren Gesichtspunkten zu unterwerfen, und ich hoffe, Ihnen einmal klarmachen zu können, woran diese Einschränkung liegt. Aber in dem einen Punkt dürfen wir eine völlige Übereinstimmung hervorheben. Die traumatischen Neurosen geben deutliche Anzeichen dafür, daß ihnen eine Fixierung an den Moment des traumatischen Unfalles zu Grunde liegt. In ihren Träumen wiederholen diese Kranken regelmäßig die traumatische Situation; wo hysteriforme Anfälle vorkommen, die eine Analyse zulassen, erfährt man, daß der Anfall einer vollen Versetzung in diese Situation entspricht. Es ist so, als ob diese Kranken mit der traumatischen Situation nicht fertig geworden wären, als ob diese noch als unbezwungene aktuelle Aufgabe vor ihnen stände, und wir nehmen diese Auffassung in allem Ernst an; sie zeigt uns den Weg zu einer, heißen wir es ökonomischen Betrachtung der seelischen Vorgänge. Ja, der Ausdruck traumatisch hat keinen anderen als einen solchen ökonomischen Sinn. Wir nennen so ein Erlebnis, welches dem Seelenleben innerhalb kurzer Zeit einen so starken Reizzuwachs bringt, daß die Erledigung oder Aufarbeitung desselben in normal-gewohnter Weise mißglückt, woraus dauernde Störungen im Energie-betrieb resultieren müssen.

Diese Analogie muß uns dazu verlocken, auch jene Erlebnisse, an welche unsere Nervösen fixiert erscheinen, als traumatische zu bezeichnen. Auf solch Weise würde uns eine einfache Bedingung für die neurotische Erkrankung verheißen werden. Die Neurose wäre einer traumatischen Erkrankung gleichzusetzen und entstünde durch die Unfähigkeit, ein überstark affektbetontes Erlebnis zu erledigen. So lautete auch wirklich die erste Formel, in welcher Breuer und ich 1893/95 theoretische Rechenschaft von unseren neuen Beobachtungen ablegten. Ein Fall wie der unserer ersten Patientin, der jungen, von ihrem Mann getrennten Frau, unterwirft sich dieser Auffassung sehr gut. Sie hat die Undurchführbarkeit ihrer Ehe nicht verwunden und ist an diesem Trauma hängen geblieben. Aber schon unser zweiter Fall, das an ihren Vater fixierte Mädchen, zeigt uns, daß die Formel nicht umfassend genug ist. Einerseits ist eine solche Kleinmädchen-

verliebtheit in den Vater etwas so Gewöhnliches und so häufig Über-
wundenes, daß die Bezeichnung „traumatisch" allen Gehalt verlieren
würde, anderseits lehrt uns die Geschichte der Kranken, daß diese
erste erotische Fixierung zunächst anscheinend schadlos vorüberging
und erst mehrere Jahre später in den Symptomen der Zwangsneurose wieder zum Vorschein kam. Wir sehen da also Komplikationen,
eine größere Reichhaltigkeit der Erkrankungsbedingungen voraus,
aber wir ahnen auch, der traumatische Gesichtspunkt wird nicht
etwa als irrig aufzugeben sein; er wird sich anderswo einfügen und
unterordnen müssen.

Wir brechen hier wieder den Weg ab, den wir eingeschlagen
haben. Er führt zunächst nicht weiter, und wir haben allerlei anderes zu erfahren, ehe wir seine richtige Fortsetzung finden können.
Bemerken wir noch zum Thema der Fixierung an eine bestimmte Phase
der Vergangenheit, daß ein solches Vorkommen weit über die Neurose
hinausgeht. Jede Neurose enthält eine solche Fixierung, aber nicht jede
Fixierung führt zur Neurose, fällt mit Neurose zusammen oder stellt sich
auf dem Wege der Neurose her. Ein Mustervorbild einer affektiven
Fixierung an etwas Vergangenes ist die Trauer, die selbst die vollste
Abwendung von Gegenwart und Zukunft mit sich bringt. Aber die
Trauer scheidet sich selbst für das Laienurteil scharf von der Neurose. Dagegen gibt es Neurosen, die man als eine pathologische Form
der Trauer bezeichnen kann.

Es kommt auch vor, daß Menschen durch ein traumatisches, die
bisherigen Grundlagen ihres Lebens erschütterndes Ereignis so zum
Stillstand gebracht werden, daß sie jedes Interesse für Gegenwart
und Zukunft aufgeben und dauernd in der seelischen Beschäftigung
mit der Vergangenheit verharren, aber diese Unglücklichen brauchen
dabei nicht neurotisch zu werden. Wir wollen also diesen einen Zug
für die Charakteristik der Neurose nicht überschätzen, so regelmäßig
und so bedeutsam er sonst sein mag.

Nun aber zum zweiten Ergebnis unserer Analysen, für welches
wir eine nachträgliche Einschränkung nicht zu besorgen haben. Wir

haben von unserer ersten Patientin mitgeteilt, welche sinnlose Zwangshandlung sie ausführte und welche intime Lebenserinnerung sie als
dazugehörig erzählte, haben auch später das Verhältnis zwischen den
beiden untersucht und die Absicht der Zwangshandlung aus dieser
Beziehung zur Erinnerung erraten. Aber ein Moment haben wir
völlig beiseite gelassen, das unsere ganze Aufmerksamkeit verdient.
Solange die Patientin auch die Zwangshandlung wiederholte, wußte
sie nichts davon, daß sie mit ihr an jenes Erlebnis anknüpfte. Der
Zusammenhang zwischen den beiden war ihr verborgen; sie mußte
wahrheitsgemäß antworten, sie wisse nicht, unter welchen Antrieben
sie dies tue. Dann traf es sich unter dem Einflusse der Kurarbeit
plötzlich einmal, daß sie jenen Zusammenhang auffand und mitteilen
konnte. Aber noch immer wußte sie von der Absicht nichts, in deren
Dienst sie die Zwangshandlung ausführte, der Absicht, ein peinliches
Stück der Vergangenheit zu korrigieren und den von ihr geliebten
Mann auf ein höheres Niveau zu stellen. Es dauerte ziemlich lange
und kostete viel Mühe, bis sie begriffen und mir zugestanden hatte,
daß ein solches Motiv allein die treibende Kraft der Zwangshandlung
gewesen sein könnte.

Der Zusammenhang mit der Szene nach der verunglückten Hochzeitsnacht und das zärtliche Motiv der Kranken ergeben mitsammen
das, was wir den „Sinn" der Zwangshandlung genannt haben. Aber
dieser Sinn war ihr nach beiden Richtungen, dem „woher" wie dem
„wozu", unbekannt gewesen, während sie die Zwangshandlung ausführte. Es hatten also seelische Vorgänge in ihr gewirkt, die Zwangshandlung war eben deren Wirkung; sie hatte die Wirkung in normaler seelischer Verfassung wahrgenommen, aber nichts von den
seelischen Vorbedingungen dieser Wirkung war zur Kenntnis ihres
Bewußtseins gekommen. Sie hatte sich ganz ebenso benommen, wie
ein Hypnotisierter, dem Bernheim den Auftrag erteilte, fünf Minuten
nach seinem Erwachen im Krankensaal einen Regenschirm aufzu-
spannen, der diesen Auftrag im Wachen ausführte, aber kein Motiv
für sein Tun anzugeben wußte. Einen solchen Sachverhalt haben

wir im Auge, wenn wir von der Existenz unbewußter seelischer Vorgänge reden. Wir dürfen alle Welt herausfordern, von diesem Sachverhalt auf eine korrektere wissenschaftliche Art Rechenschaft zu geben, und wollen dann gern auf die Annahme unbewußter seelicher Vorgänge verzichten. Bis dahin werden wir aber an dieser Annahme festhalten und wir müssen es mit resigniertem Achselzucken als unbegreiflich abweisen, wenn uns jemand einwenden will, das Unbewußte sei hier nichts im Sinne der Wissenschaft Reales, ein Notbehelf, *une façon de parler*. Etwas nicht Reales, von dem so real greifbare Wirkungen ausgehen wie eine Zwangshandlung!

Im Grunde das nämliche treffen wir bei unserer zweiten Patientin an. Sie hat ein Gebot geschaffen, das Polster dürfe die Bettwand nicht berühren, und muß dieses Gebot befolgen, aber sie weiß nicht, woher es stammt, was es bedeutet und welchen Motiven es seine Macht verdankt. Ob sie es selbst als indifferent betrachtet oder sich dagegen sträubt, dagegen wütet, sich vornimmt, es zu übertreten, ist für seine Ausführung gleichgültig. Es muß befolgt werden, und sie fragt sich vergeblich, warum. Man muß doch bekennen, in diesen Symptomen der Zwangsneurose, diesen Vorstellungen und Impulsen, die auftauchen, man weiß nicht woher, sich so resistent gegen alle Einflüsse des sonst normalen Seelenlebens benehmen, den Kranken selbst den Eindruck machen, als wären sie übergewaltige Gäste aus einer fremden Welt, Unsterbliche, die sich in das Gewühl der Sterblichen gemengt haben, ist wohl der deutlichste Hinweis auf einen besonderen, vom übrigen abgeschlossenen Bezirk des Seelenlebens gegeben. Von ihnen aus führt ein nicht zu verfehlender Weg zur Überzeugung von der Existenz des Unbewußten in der Seele, und gerade darum weiß die klinische Psychiatrie, die nur eine Bewußtseinspsychologie kennt, mit ihnen nichts anderes anzufangen, als daß sie sie für die Anzeichen einer besonderen Degenerationsweise ausgibt. Natürlich sind die Zwangsvorstellungen und Zwangsimpulse nicht selbst unbewußt, so wenig wie die Ausführung der Zwangshandlungen der bewußten Wahrnehmung entgeht. Sie wären nicht

Symptome geworden, wenn sie nicht zum Bewußtsein durchgedrungen wären. Aber die psychischen Vorbedingungen, die wir durch die Analyse für sie erschließen, die Zusammenhänge, in welche wir sie durch die Deutung einsetzen, sind unbewußte, wenigstens so lange, bis wir sie dem Kranken durch die Arbeit der Analyse zu bewußten gemacht haben.

Nun nehmen Sie hinzu, daß dieser bei unseren beiden Fällen festgestellte Sachverhalt sich bei allen Symptomen aller neurotischen Erkrankungen bestätigt, daß immer und überall der Sinn der Symptome dem Kranken unbekannt ist, daß die Analyse regelmäßig zeigt, diese Symptome seien Abkömmlinge unbewußter Vorgänge, die sich aber unter mannigfaltigen günstigen Bedingungen bewußt machen lassen, so werden Sie verstehen, daß wir in der Psychoanalyse das unbewußte Seelische nicht entbehren können und gewohnt sind, mit ihm wie mit etwas sinnlich Greifbarem zu operieren. Sie werden aber vielleicht auch begreifen, wie wenig urteilsfähig in dieser Frage alle anderen sind, die das Unbewußte nur als Begriff kennen, die nie analysiert, nie Träume gedeutet oder neurotische Symptome in Sinn und Absicht umgesetzt haben. Um es für unsere Zwecke nochmals auszusprechen: Die Möglichkeit, den neurotischen Symptomen durch analytische Deutung einen Sinn zu geben, ist ein unerschütterlicher Beweis für die Existenz — oder, wenn Sie so lieber wollen, für die Notwendigkeit der Annahme — unbewußter seelischer Vorgänge.

Das ist aber nicht alles. Dank einer zweiten Entdeckung von Breuer, die mir sogar als die inhaltsreichere erscheint, und in welcher er keine Genossen hat, erfahren wir von der Beziehung zwischen dem Unbewußten und den neurotischen Symptomen noch mehr. Nicht nur, daß der Sinn der Symptome regelmäßig unbewußt ist; es besteht auch ein Verhältnis von Vertretung zwischen dieser Unbewußtheit und der Existenzmöglichkeit der Symptome. Sie werden mich bald verstehen. Ich will mit Breuer folgendes behaupten: Jedesmal, wenn wir auf ein Symptom stoßen, dürfen wir schließen, es bestehen bei dem Kranken bestimmte unbewußte Vorgänge, die

eben den Sinn des Symptoms enthalten. Aber es ist auch erforderlich, daß dieser Sinn unbewußt sei, damit das Symptom zustande
komme. Aus bewußten Vorgängen werden Symptome nicht gebildet;
sowie die betreffenden unbewußten bewußt geworden sind, muß das
Symptom verschwinden. Sie erkennen hier mit einem Male einen
Zugang zur Therapie, einen Weg, Symptome zum Verschwinden zu
bringen. Auf diesem Wege hat Breuer in der Tat seine hysterische
Patientin hergestellt, daß heißt von ihren Symptomen befreit; er
fand eine Technik, ihr die unbewußten Vorgänge, die den Sinn des
Symptoms enthielten, zum Bewußtsein zu bringen, und die Symptome verschwanden.

Diese Entdeckung von Breuer war nicht das Ergebnis einer Spekulation, sondern einer glücklichen, durch das Entgegenkommen des
Kranken ermöglichten Beobachtung. Sie sollen sich jetzt auch nicht
damit quälen wollen, sie durch Zurückführung auf etwas anderes,
bereits Bekanntes zu verstehen, sondern sollen eine neue fundamentale Tatsache in ihr erkennen, mit deren Hilfe vieles andere erklärlich werden wird. Gestatten Sie mir darum, daß ich Ihnen dasselbe
in anderen Ausdrucksweisen wiederhole.

Die Symptombildung ist ein Ersatz für etwas anderes, was unterblieben ist. Gewisse seelische Vorgänge hätten sich normalerweise
so weit entwickeln sollen, daß das Bewußtsein Kunde von ihnen er-
hielte. Das ist nicht geschehen, und dafür ist aus den unterbrochenen,
irgendwie gestörten Vorgängen, die unbewußt bleiben mußten, das
Symptom hervorgegangen. Es ist also etwas wie eine Vertauschung
vorgefallen; wenn es gelingt, diese rückgängig zu machen, hat die
Therapie der neurotischen Symptome ihre Aufgabe gelöst.

Der Breuersche Fund ist noch heute die Grundlage der psychoanalytischen Therapie. Der Satz, daß die Symptome verschwinden,
wenn man ihre unbewußten Vorbedingungen bewußt gemacht hat,
ist durch alle weitere Forschung bestätigt worden, obgleich man den
merkwürdigsten und unerwartetsten Komplikationen begegnet, wenn
man den Versuch seiner praktischen Durchführung unternimmt.

Unsere Therapie wirkt dadurch, daß sie Unbewußtes in Bewußtes verwandelt, und wirkt nur, insoweit sie in die Lage kommt, diese Verwandlung durchzusetzen.

Nun rasch eine kleine Abschweifung, damit Sie nicht in die Gefahr kommen, sich diese therapeutische Arbeit als zu leicht vorzustellen. Nach unseren bisherigen Ausführungen wäre ja die Neurose die Folge einer Art von Unwissenheit, des Nichtwissens um seelische Vorgänge, von denen man wissen sollte. Das würde eine starke Annäherung an bekannte sokratische Lehren sein, denen zufolge selbst die Laster auf einer Unwissenheit beruhen. Nun wird es dem in der Analyse erfahrenen Arzt in der Regel sehr leicht zu erraten, welche seelische Regungen bei dem einzelnen Kranken unbewußt geblieben sind. Es dürfte ihm also auch nicht schwer fallen, den Kranken herzustellen, indem er ihn durch Mitteilung seines Wissens von seiner eigenen Unwissenheit befreit. Wenigstens der eine Anteil des unbewußten Sinnes der Symptome wäre auf diese Weise leicht erledigt, vom anderen, vom Zusammenhang der Symptome mit den Erlebnissen des Kranken kann der Arzt freilich nicht viel erraten, denn er kennt diese Erlebnisse nicht, er muß warten, bis der Kranke sie erinnert und ihm erzählt. Aber auch dafür ließe sich in manchen Fällen ein Ersatz finden. Man kann sich bei den Angehörigen des Kranken nach dessen Erlebnissen erkundigen, und diese werden häufig in der Lage sein, die traumatisch wirksamen unter ihnen zu erkennen, vielleicht sogar solche Erlebnisse mitzuteilen, von denen der Kranke nichts weiß, weil sie in sehr frühe Jahre seines Lebens gefallen sind. Durch eine Vereinigung dieser beiden Verfahren hätte man also Aussicht, der pathogenen Unwissenheit des Kranken in kurzer Zeit und mit geringer Mühe abzuhelfen.

Ja, wenn das so ginge! Wir haben da Erfahrungen gemacht, auf welche wir anfangs nicht vorbereitet waren. Wissen und Wissen ist nicht dasselbe; es gibt verschiedene Arten von Wissen, die psychologisch gar nicht gleichwertig sind. *Il y a fagots et fagots*, heißt es einmal bei Molière. Das Wissen des Arztes ist nicht dasselbe wie das des Kranken und kann nicht dieselben Wirkungen äußern. Wenn der Arzt sein Wissen durch Mitteilung auf den Kranken überträgt, so hat dies keinen Erfolg. Nein, es wäre unrichtig, es so zu sagen. Es hat nicht den Erfolg, die Symptome aufzuheben, sondern den anderen, die Analyse in Gang zu bringen, wovon Äußerungen des Widerspruches häufig die ersten Anzeichen sind. Der Kranke weiß dann etwas, was er bisher nicht gewußt hat, den Sinn seines Symptoms, und er weiß ihn doch ebensowenig wie vorhin. Wir erfahren so, es gibt mehr als eine Art von Unwissenheit. Es wird eine gewisse Vertiefung unserer psychologischen Kenntnisse dazugehören, um uns zu zeigen, worin die Unterschiede bestehen. Aber unser Satz, daß die Symptome mit dem Wissen um ihren Sinn vergehen, bleibt darum doch richtig. Es kommt nur dazu, daß das Wissen auf einer inneren Veränderung im Kranken beruhen muß, wie sie nur durch eine psychische Arbeit mit bestimmtem Ziel hervorgerufen werden kann. Hier stehen wir vor Problemen, die sich uns bald zu einer Dynamik der Symptombildung zusammenfassen werden.

Meine Herren! Ich muß jetzt die Frage aufwerfen, ist Ihnen das, was ich Ihnen sage, nicht zu dunkel und kompliziert? Verwirre ich Sie nicht dadurch, daß ich so oft zurücknehme und einschränke, Gedankengänge anspinne und dann fallen lasse? Es sollte mir leid tun, wenn es so wäre. Ich habe aber eine starke Abneigung gegen Vereinfachungen auf Kosten der Wahrheitstreue, habe nichts dagegen, wenn Sie den vollen Eindruck von der Vielseitigkeit und Verwobenheit des Gegenstandes empfangen, und denke mir auch, es ist kein Schaden dabei, wenn ich Ihnen zu jedem Punkte mehr sage, als Sie augenblicklich verwerten können. Ich weiß doch, daß jeder Hörer und Leser das ihm Dargebotene in Gedanken zurichtet, verkürzt, vereinfacht und herauszieht, was er behalten möchte. Bis zu einem gewissen Maß ist es wohl richtig, daß um so mehr übrig bleibt, je reichlicher vorhanden war. Lassen Sie mich hoffen, daß Sie das Wesentliche an meinen Mitteilungen, das über den Sinn der Symptome, über das Unbewußte und die Beziehung zwischen beiden, trotz allen Beiwerkes klar erfaßt haben. Sie haben wohl auch verstanden, daß unsere weitere Bemühung nach zwei Richtungen gehen wird, erstens um zu erfahren, wie Menschen erkranken, zur Lebenseinstellung der Neurose gelangen können, was ein klinisches Problem ist, und zweitens, wie sich aus den Bedingungen der Neurose die krankhaften Symptome entwickeln, was ein Problem der seelischen Dynamik bleibt. Für die beiden Probleme muß es auch irgendwo einen Treffpunkt geben.

Ich will auch heute nicht weiter gehen, aber da unsere Zeit noch nicht um ist, gedenke ich, Ihre Aufmerksamkeit auf einen anderen Charakter unserer beiden Analysen zu lenken, dessen volle Würdigung wiederum erst später erfolgen kann, auf die Erinnerungslücken oder Amnesien. Sie haben gehört, daß man die Aufgabe der psychoanalytischen Behandlung in die Formel fassen kann, alles pathogene Unbewußte in Bewußtes umzusetzen. Nun werden Sie vielleicht erstaunt sein zu erfahren, daß man diese Formel auch durch die andere ersetzen kann, alle Erinnerungslücken der Kranken auszufüllen, seine Amnesien aufzuheben. Das käme auf dasselbe hinaus. Den Amnesien des Neurotikers wird also eine wichtige Beziehung zur Entstehung seiner Symptome zugeschrieben. Wenn Sie aber den Fall unserer ersten Analyse in Betracht ziehen, werden Sie diese Einschätzung der Amnesie nicht berechtigt finden. Die Kranke hat die Szene, an welche ihre Zwangshandlung anknüpft, nicht vergessen, im Gegenteil in lebhafter Erinnerung bewahrt, und etwas anderes Vergessenes ist bei der Entstehung dieses Symptoms auch nicht im Spiele. Minder deutlich, aber doch im ganzen analog ist die Sachlage bei unserer zweiten Patientin, dem Mädchen mit dem Zwangszeremoniell. Auch sie hat das Benehmen ihrer früheren Jahre, die Tatsachen, daß sie auf der Eröffnung der Türe zwischen dem Schlafzimmer der Eltern und ihrem eigenen bestand, und daß sie die Mutter aus ihrer Stelle im Ehebett vertrieb, eigentlich nicht vergessen; sie erinnert sich daran sehr deutlich, wenn auch zögernd und ungern. Als auffällig können wir nur betrachten, daß die erste Patientin, wenn sie ihre Zwangshandlung ungezählte Male ausführte, nicht ein Mal an deren Ähnlichkeit mit dem Erlebnis nach der Hochzeitsnacht gemahnt wurde, und daß sich diese Erinnerung auch nicht einstellte, als sie durch direkte Fragen zur Nachforschung über die Motivierung der Zwangshandlung aufgefordert wurde. Dasselbe gilt für das Mädchen, bei dem das Zeremoniell und seine Anlässe überdies auf die nämliche, allabendlich wiederholte Situation bezogen wird. In beiden Fällen besteht keine eigentliche Amnesie, kein Erinnerungsausfall, aber es ist ein Zusammenhang unterbrochen, der die Reproduktion, das Wiederauftauchen in der Erinnerung, herbeiführen sollte. Eine derartige Störung des Gedächtnisses reicht für die Zwangsneurose hin, bei der Hysterie ist es anders. Diese letztere Neurose ist meist durch ganz großartige Amnesien ausgezeichnet. In der Regel wird man bei der Analyse jedes einzelnen hysterischen Symptoms auf eine ganze Kette von Lebenseindrücken geleitet, die bei ihrer Wiederkehr ausdrücklich als bisher vergessen bezeichnet werden. Diese Kette reicht einerseits bis in die frühesten Lebensjahre zurück, so daß sich die hysterische Amnesie als unmittelbare Fortsetzung der infantilen Amnesie erkennen läßt, die uns Normalen die Anfänge unseres Seelenlebens verdeckt. Anderseits erfahren wir mit Erstaunen, daß auch die jüngsten Erlebnisse der Kranken dem Vergessen verfallen sein können, und daß insbesondere die Anlässe, bei denen die Krankheit ausgebrochen oder verstärkt worden ist, von der Amnesie angenagt, wenn nicht ganz verschlungen worden sind. Regelmäßig sind aus dem Gesamtbild einer solchen rezenten Erinnerung wichtige Einzelheiten geschwunden oder durch Erinnerungsfälschungen ersetzt worden. Ja es ereignet sich wiederum fast regelmäßig, daß erst kurz vor dem Abschluß einer Analyse gewisse Erinnerungen an frisch Erlebtes auftauchen, die so lange zurückgehalten werden konnten und fühlbare Lücken im Zusammenhange gelassen hatten.

Solche Beeinträchtigungen des Erinnerungsvermögens sind, wie gesagt, für die Hysterie charakteristisch, bei welcher ja auch als Symptome Zustände auftreten (die hysterischen Anfälle), die in der Erinnerung keine Spur zu hinterlassen brauchen. Wenn es bei der

Zwangsneurose anders ist, so mögen Sie daraus schließen, daß es sich bei diesen Amnesien um einen psychologischen Charakter der hysterischen Veränderung und nicht um einen allgemeinen Zug der Neurosen überhaupt handelt. Die Bedeutung dieser Differenz wird durch folgende Betrachtung eingeschränkt werden. Wir haben als den „Sinn" eines Symptoms zweierlei zusammengefaßt, sein Woher und sein Wohin oder Wozu, das heißt die Eindrücke und Erlebnisse, von denen es ausgeht, und die Absichten, denen es dient. Das Woher eines Symptoms löst sich also in Eindrücke auf, die von außen gekommen sind, die notwendigerweise einmal bewußt waren und seither durch Vergessen unbewußt geworden sein mögen. Das Wozu des Symptoms, seine Tendenz, ist aber jedesmal ein endopsychischer Vorgang, der möglicherweise zuerst bewußt geworden ist, aber ebensowohl niemals bewußt war und von jeher im Unbewußten verblieben ist. Es ist also nicht sehr wichtig, ob die Amnesie auch das Woher, die Erlebnisse, auf die sich das Symptom stützt, ergriffen hat, wie es bei der Hysterie geschieht; das Wohin, die Tendenz des Symptoms, die von Anfang an unbewußt gewesen sein kann, ist es, die die Abhängigkeit desselben vom Unbewußten begründet, und zwar bei der Zwangsneurose nicht weniger fest als bei der Hysterie.

Mit dieser Hervorhebung des Unbewußten im Seelenleben haben wir aber die bösesten Geister der Kritik gegen die Psychoanalyse aufgerufen Wundern Sie sich darüber nicht und glauben Sie auch nicht, daß der Widerstand gegen uns nur an der begreiflichen Schwierigkeit des Unbewußten oder an der relativen Unzugänglichkeit der Erfahrungen gelegen ist, die es erweisen. Ich meine, er kommt von tiefer her. Zwei große Kränkungen ihrer naiven Eigenliebe hat die Menschheit im Laufe der Zeiten von der Wissenschaft erdulden müssen. Die erste, als sie erfuhr, daß unsere Erde nicht der Mittelpunkt des Weltalls ist, sondern ein winziges Teilchen eines in seiner Größe kaum vorstellbaren Weltsystems. Sie knüpft sich für uns an den Namen Kopernikus, obwohl schon die alexandrinische Wissenschaft ähnliches verkündet hatte. Die zweite dann, als

die biologische Forschung das angebliche Schöpfungsvorrecht des
Menschen zunichte machte, ihn auf die Abstammung aus dem Tier-
reich und die Unvertilgbarkeit seiner animalischen Natur verwies.
Diese Umwertung hat sich in unseren Tagen unter dem Einfluß von
Ch. Darwin, Wallace und ihren Vorgängern nicht ohne das heftigste
Sträuben der Zeitgenossen vollzogen. Die dritte und empfindlichste
Kränkung aber soll die menschliche Größensucht durch die heutige
psychologische Forschung erfahren, welche dem Ich nachweisen will,
daß es nicht einmal Herr ist im eigenen Hause, sondern auf kärgliche
Nachrichten angewiesen bleibt von dem, was unbewußt in seinem
Seelenleben vorgeht. Auch diese Mahnung zur Einkehr haben wir
Psychoanalytiker nicht zuerst und nicht als die einzigen vorgetragen,
aber es scheint uns beschieden, sie am eindringlichsten zu vertreten und
durch Erfahrungsmaterial, das jedem einzelnen nahegeht, zu erhärten.
Daher die allgemeine Auflehnung gegen unsere Wissenschaft, die
Versäumnis aller Rücksichten akademischer Urbanität und die Ent-
fesselung der Opposition von allen Zügeln unparteiischer Logik, und
dazu kommt noch, daß wir den Frieden dieser Welt noch auf andere
Weise stören mußten, wie Sie bald hören werden.

WIDERSTAND UND VERDRÄNGUNG

Meine Damen und Herren! Um im Verständnis der Neurosen wei
ter zu kommen, bedürfen wir neuer Erfahrungen, und wir machen
deren zwei. Beide sehr merkwürdig und seinerzeit sehr überraschend.
Sie sind freilich auf beide durch unsere vorjährigen Besprechungen
vorbereitet.

Erstens: Wenn wir es unternehmen, einen Kranken herzustellen,
von seinen Leidenssymptomen zu befreien, so setzt er uns einen heftigen, zähen, über die ganze Dauer der Behandlung anhaltenden Widerstand entgegen. Das ist eine so sonderbare Tatsache, daß wir nicht
viel Glauben für sie erwarten dürfen. Den Angehörigen des Kranken
sagen wir am besten nichts davon, denn diese meinen nie etwas anderes, als es sei eine Ausrede von uns, um die lange Dauer oder den
Mißerfolg unserer Behandlung zu entschuldigen. Auch der Kranke
produziert alle Phänomene dieses Widerstandes, ohne ihn als solchen
zu erkennen, und es ist bereits ein großer Erfolg, wenn wir ihn dazu gebracht haben, sich in diese Auffassung zu finden und mit ihr zu
rechnen. Denken Sie doch, der Kranke, der unter seinen Symptomen
so leidet und seine Nächsten dabei mitleiden läßt, der so viele Opfer
an Zeit, Geld, Mühe und Selbstüberwindung auf sich nehmen will,
um von ihnen befreit zu werden, der sollte sich im Interesse seines
Krankseins gegen seinen Helfer sträuben. Wie unwahrscheinlich muß
diese Behauptung klingen! Und doch ist es so, und wenn man uns

diese Unwahrscheinlichkeit vorhält, so brauchen wir nur zu antworten, es sei nicht ohne seine Analogien, und jeder, der wegen un-
erträglicher Zahnschmerzen den Zahnarzt aufgesucht hat, sei diesem
wohl in den Arm gefallen, wenn er sich dem kranken Zahn mit der
Zange nähern wollte.

Der Widerstand der Kranken ist sehr mannigfaltig, höchst raffiniert,
oft schwer zu erkennen, wechselt proteusartig die Form seiner Erscheinung. Es heißt für den Arzt mißtrauisch sein und auf seiner
Hut gegen ihn bleiben. Wir wenden ja in der psychoanalytischen
Therapie die Technik an, die Ihnen von der Traumdeutung her bekannt ist. Wir legen es dem Kranken auf, sich in einen Zustand von
ruhiger Selbstbeobachtung ohne Nachdenken zu versetzen und alles
mitzuteilen, was er dabei an inneren Wahrnehmungen machen kann
Gefühle, Gedanken, Erinnerungen, in der Reihenfolge, in der sie in
ihm auftauchen. Wir warnen ihn dabei ausdrücklich, irgendeinem
Motiv nachzugeben, welches eine Auswahl oder Ausschließung unter
den Einfällen erzielen möchte, möge es lauten, das ist zu unangenehm oder zu indiskret, um es zu sagen, oder das ist zu unwichtig, es gehört nicht hierher, oder das ist unsinnig, braucht nicht
gesagt zu werden. Wir schärfen ihm ein, immer nur der Ober-
fläche seines Bewußtseins zu folgen, jede wie immer geartete Kritik
gegen das, was er findet, zu unterlassen, und vertrauen ihm an, daß
der Erfolg der Behandlung, vor allem aber die Dauer derselben von
der Gewissenhaftigkeit abhängt, mit der er diese technische Grundregel der Analyse befolgt. Wir wissen ja von der Technik der Traumdeutung, daß gerade solche Einfälle, gegen welche sich die aufgezählten Bedenken und Einwendungen erheben, regelmäßig das Material enthalten, welches zur Aufdeckung des Unbewußten hinführt.

Durch die Aufstellung dieser technischen Grundregel erreichen wir
zunächst, daß sie zum Angriffspunkt des Widerstandes wird. Der
Kranke sucht sich ihren Bestimmungen auf jede Art zu entwinden.
Bald behauptet er, es fiele ihm nichts ein, bald, es dränge sich ihm
so vieles auf, daß er nichts zu erfassen vermöge. Dann merken wir

mit mißvergnügtem Erstaunen, daß er bald dieser, bald jener kritischen Einwendung nachgegeben hat; er verrät sich uns nämlich durch die langen Pausen, die er in seinen Reden eintreten läßt. Er gesteht dann zu, das könne er wirklich nicht sagen, er schäme sich, und läßt dieses Motiv gegen sein Versprechen gelten. Oder es sei ihm etwas eingefallen, aber es betreffe eine andere Person als ihn selbst und sei darum von der Mitteilung ausgenommen. Oder, was ihm jetzt eingefallen, sei wirklich zu unwichtig, zu dumm und zu unsinnig; ich könne doch nicht gemeint haben, daß er auf solche Gedanken eingehen solle, und so geht es in unübersehbaren Variationen weiter, wogegen man zu erklären hat, daß alles sagen wirklich alles sagen bedeutet.

Man trifft kaum auf einen Kranken, der nicht den Versuch machte, irgendein Gebiet für sich zu reservieren, um der Kur den Zutritt zu demselben zu verwehren. Einer, den ich zu den Höchstintelligenten zählen mußte, verschwieg so wochenlang eine intime Liebesbeziehung und verteidigte sich, wegen der Verletzung der heiligen Regel zur Rede gestellt, mit dem Argument, er habe geglaubt, diese eine Geschichte sei seine Privatsache. Natürlich verträgt die analytische Kur ein solches Asylrecht nicht. Man versuche es etwa in einer Stadt wie Wien für einen Platz wie der Hohe Markt oder für die Stephanskirche die Ausnahme zuzulassen, daß dort keine Verhaftungen stattfinden dürfen, und mühe sich dann ab, einen bestimmten Missetäter einzufangen. Er wird an keiner anderen Stelle als an dem Asyl zu finden sein. Ich entschloß mich einmal, einem Mann, an dessen Leistungsfähigkeit objektiv viel gelegen war, ein solches Ausnahmsrecht zuzugestehen, denn er stand unter einem Diensteid, der ihm verbot, von bestimmten Dingen einem anderen Mitteilung zu machen. Er war allerdings mit dem Erfolg zufrieden, aber ich nicht; ich setzte mir vor, einen Versuch unter solchen Bedingungen nicht zu wiederholen.

Zwangsneurotiker verstehen es ausgezeichnet, die technische Regel fast unbrauchbar zu machen, dadurch, daß sie ihre Übergewissenhaftigkeit und ihren Zweifel auf sie einstellen. Angsthysteriker bringen es gelegentlich zustande, sie ad absurdum zu führen, indem sie nur Einfälle produzieren, die so weit von dem Gesuchten entfernt sind, daß sie der Analyse keinen Ertrag bringen. Aber ich beabsichtige nicht, Sie in die Behandlung dieser technischen Schwierigkeiten einzuführen. Genug, es gelingt endlich, durch Entschiedenheit und Beharrung dem Widerstand ein gewisses Ausmaß von Gehorsam gegen die technische Grundregel abzuringen, und dann wirft er sich auf ein anderes Gebiet. Er tritt als intellektueller Widerstand auf, kämpft mit Argumenten, bemächtigt sich der Schwierigkeiten und Unwahrscheinlich keiten, welche das normale, aber nicht unterrichtete Denken an den analytischen Lehren findet. Wir bekommen dann alle Kritiken und Einwendungen von dieser einzelnen Stimme zu hören, die uns in der wissenschaftlichen Literatur als Chorus umbrausen. Daher uns auch nichts unbekannt klingt, was man uns von draußen zuruft. Es ist ein richtiger Sturm im Wasserglas. Doch der Patient läßt mit sich reden; er will uns gern dazu bewegen, daß wir ihn unterrichten, belehren, widerlegen, ihn zur Literatur führen, an welcher er sich weiterbilden kann. Er ist gern bereit, ein Anhänger der Psychoanalyse zu werden, unter der Bedingung, daß die Analyse ihn persönlich verschont. Aber wir erkennen diese Wißbegierde als Widerstand, als Ablenkung von unseren speziellen Aufgaben, und weisen sie ab. Bei dem Zwangsneurotiker haben wir eine besondere Taktik des Widerstandes zu erwarten. Er läßt die Analyse oft ungehemmt ihren Weg machen, so daß sie eine immer zunehmende Helligkeit über die Rätsel des Krankheitsfalles verbreiten kann, aber wir wundern uns endlich, daß dieser Aufklärung kein praktischer Fortschritt, keine Abschwächung der Symptome entspricht. Dann können wir entdecken, daß der Widerstand sich auf den Zweifel der Zwangsneurose zurückgezogen hat und uns in dieser Position erfolgreich die Spitze bietet. Der Kranke hat sich ungefähr gesagt: Das ist ja alles recht schön und interessant. Ich will es auch gern weiter verfolgen. Es würde meine Krankheit sehr ändern, wenn es wahr wäre. Aber ich glaube ja gar nicht, daß es wahr ist, und solange ich es nicht glaube, geht es meine Krankheit nichts an. So kann es lange fortgehen, bis man endlich an diese reservierte Stellung selbst herangekommen ist, und nun der entscheidende Kampf losbricht.

Die intellektuellen Widerstände sind nicht die schlimmsten; man bleibt ihnen immer überlegen. Aber der Patient versteht es auch, indem er im Rahmen der Analyse bleibt, Widerstände herzustellen, deren Überwindung zu den schwierigsten technischen Aufgaben gehört. Anstatt sich zu erinnern, wiederholt er aus seinem Leben solche Einstellungen und Gefühlsregungen, die sich mittels der sogenannten „Übertragung" zum Widerstand gegen Arzt und Kur verwenden lassen. Er entnimmt dieses Material, wenn es ein Mann ist, in der Regel seinem Verhältnis zum Vater, an dessen Stelle er den Arzt treten läßt, und macht somit Widerstände aus seinem Bestreben nach Selbständigkeit der Person und des Urteiles, aus seinem Ehrgeiz, der sein erstes Ziel darin fand, es dem Vater gleichzutun oder ihn zu überwinden, aus seinem Unwillen, die Last der Dankbarkeit ein zweites Mal im Leben auf sich zu laden. Streckenweise empfängt man so den Eindruck, als hätte beim Kranken die Absicht, den Arzt ins Unrecht zu setzen, ihn seine Ohnmacht empfinden zu lassen, über ihn zu triumphieren, die bessere Absicht, der Krankheit ein Ende zu machen, völlig ersetzt. Die Frauen verstehen es meisterhaft, eine zärtliche, erotisch betonte Übertragung auf den Arzt für die Zwecke des Widerstandes auszubeuten. Bei einer gewissen Höhe dieser Zuneigung erlischt jedes Interesse für die aktuelle Situation der Kur, jede der Verpflichtungen, die sie beim Eingehen in dieselbe auf sich genommen hatten, und die nie ausbleibende Eifersucht sowie die Erbitterung über die unvermeidliche, wenn auch schonend vorgebrachte Abweisung müssen dazu dienen, das persönliche Einvernehmen mit dem Arzt zu verderben und so eine der mächtigsten Triebkräfte der Analyse auszuschalten.

Die Widerstände dieser Art dürfen nicht einseitig verurteilt werden. Sie enthalten so viel von dem wichtigsten Material aus der Vergangenheit des Kranken und bringen es in so überzeugender Art wieder, daß sie zu den besten Stützen der Analyse werden, wenn eine geschickte Technik es versteht, ihnen die richtige Wendung zu geben. Es bleibt nur bemerkenswert, daß dieses Material zunächst immer im Dienste des Widerstandes steht und seine der Behandlung feindselige Fassade voranstellt. Man kann auch sagen, es seien Charaktereigenschaften, Einstellungen des Ichs, welche zur Bekämpfung der angestrebten Veränderungen mobil gemacht werden. Man erfährt dabei, wie diese Charaktereigenschaften im Zusammenhang mit den Bedingungen der Neurose und in der Reaktion gegen deren Ansprüche gebildet worden sind, und erkennt Züge dieses Charakters, die sonst nicht, oder nicht in diesem Ausmaße, hervortreten können, die man als latent bezeichnen kann. Sie sollen auch nicht den Eindruck gewinnen, als erblickten wir in dem Auftreten dieser Widerstände eine unvorhergesehene Gefährdung der analytischen Beeinflussung. Nein, wir wissen, daß diese Widerstände zum Vorschein kommen müssen; wir sind nur unzufrieden, wenn wir sie nicht deutlich genug hervorrufen und dem Kranken nicht klarmachen können. Ja, wir verstehen endlich, daß die Überwindung dieser Widerstände die wesentliche Leistung der Analyse und jenes Stück der Arbeit ist, welches uns allein zusichert, daß wir etwas beim Kranken zustande gebracht haben.

Nehmen Sie noch hinzu, daß der Kranke alle Zufälligkeiten, die sich während der Behandlung ergeben, im Sinne einer Störung ausnützt, jedes ablenkende Ereignis außerhalb, jede Äußerung einer der Analyse feindseligen Autorität in seinem Kreise, eine zufällige oder die Neurose komplizierende organische Erkrankung, ja daß er selbst jede Besserung seines Zustandes als Motiv für ein Nachlassen seiner Bemühung verwendet, so haben Sie ein ungefähres, noch immer nicht vollständiges Bild der Formen und der Mittel des Widerstandes gewonnen, unter dessen Bekämpfung jede Analyse verläuft. Ich habe diesem Punkt eine so ausführliche Behandlung geschenkt, weil ich Ihnen mitzuteilen habe, daß diese unsere Erfahrung mit dem Widerstande der Neurotiker gegen die Beseitigung ihrer Symptome die

Grundlage unserer dynamischen Auffassung der Neurosen geworden ist. Breuer und ich selbst haben ursprünglich die Psychotherapie mit dem Mittel der Hypnose betrieben; Breuers erste Patientin ist durchwegs im Zustande hypnotischer Beeinflussung behandelt worden; ich bin ihm zunächst darin gefolgt. Ich gestehe, die Arbeit ging damals leichter und angenehmer, auch in viel kürzerer Zeit, vor sich. Die Erfolge aber waren launenhaft und nicht andauernd; darum ließ ich endlich die Hypnose fallen. Und dann verstand ich, daß eine Einsicht in die Dynamik dieser Affektionen nicht möglich gewesen war, solange man sich der Hypnose bedient hatte. Dieser Zustand wußte gerade die Existenz des Widerstandes der Wahrnehmung des Arztes zu entziehen. Er schob ihn zurück, machte ein gewisses Gebiet für die analytische Arbeit frei und staute ihn an den Grenzen dieses Gebietes so auf, daß er undurchdringlich wurde, ähnlich wie es der Zweifel bei der Zwangsneurose tut. Darum durfte ich auch sagen, die eigentliche Psychoanalyse hat mit dem Verzicht auf die Hilfe der Hypnose eingesetzt.

Wenn aber die Konstatierung des Widerstandes so bedeutsam geworden ist, so dürfen wir wohl einem vorsichtigen Zweifel Raum geben, ob wir nicht allzu leichtfertig in der Annahme von Widerständen sind. Vielleicht gibt es wirklich neurotische Fälle, in denen die Assoziationen sich aus anderen Gründen versagen, vielleicht verdienen die Argumente gegen unsere Voraussetzungen wirklich eine inhaltliche Würdigung und wir tun Unrecht daran, die intellektuelle Kritik der Analysierten so bequem als Widerstand beiseite zu schieben. Ja, meine Herren, wir sind aber nicht leichthin zu diesem Urteil gekommen. Wir haben Gelegenheit gehabt, jeden solchen kritischen Patienten bei dem Auftauchen und nach dem Schwinden eines Widerstandes zu beobachten. Der Widerstand wechselt nämlich im Laufe einer Behandlung beständig seine Intensität; er steigt immer an, wenn man sich einem neuen Thema nähert, ist am stärksten auf der Höhe der Bearbeitung desselben und sinkt mit der Erledigung des Themas wieder zusammen. Wir haben es auch niemals, wenn wir nicht be-

sondere technische Ungeschicklichkeiten begangen haben, mit dem
vollen Ausmaß des Widerstandes, den ein Patient leisten kann, zu
tun. Wir konnten uns also überzeugen, daß derselbe Mann ungezählte Male im Laufe der Analyse seine kritische Einstellung weg-
wirft und wieder aufnimmt. Stehen wir davor, ein neues und ihm
besonders peinliches Stück des unbewußten Materials zum Bewußtsein zu fördern, so ist er aufs äußerste kritisch; hatte er früher vieles
verstanden und angenommen, so sind diese Erwerbungen jetzt wie
weggewischt; er kann in seinem Bestreben nach Opposition um jeden
Preis völlig das Bild eines affektiv Schwachsinnigen ergeben. Ist es
gelungen, ihm zur Überwindung dieses neuen Widerstandes zu verhelfen, so bekommt er seine Einsicht und sein Verständnis wieder.
Seine Kritik ist also keine selbständige, als solche zu respektierende
Funktion, sie ist der Handlanger seiner affektiven Einstellungen und
wird von seinem Widerstand dirigiert. Ist ihm etwas nicht recht,
so kann er sich sehr scharfsinnig dagegen wehren und sehr kritisch
erscheinen; paßt ihm aber etwas in seinen Kram, so kann er sich dagegen sehr leichtgläubig zeigen. Vielleicht sind wir alle nicht viel
anders; der Analysierte zeigt diese Abhängigkeit des Intellekts vom
Affektleben nur darum so deutlich, weil wir ihn in der Analyse in
so große Bedrängnis bringen.

Auf welche Weise tragen wir nun der Beobachtung Rechnung,
daß sich der Kranke so energisch gegen die Abstellung seiner Symptome und die Herstellung eines normalen Ablaufes in seinen seelischen Vorgängen wehrt? Wir sagen uns, wir haben da starke Kräfte
zu spüren bekommen, die sich einer Veränderung des Zustandes
widersetzen; es müssen dieselben sein, die seinerzeit diesen Zustand
erzwungen haben. Es muß bei der Symptombildung etwas vor sich
gegangen sein, was wir nun aus unseren Erfahrungen bei der Sym-
ptomlösung rekonstruieren können. Wir wissen schon aus der Breuerschen Beobachtung, die Existenz des Symptoms hat zur Voraussetzung,
daß irgendein seelischer Vorgang nicht in normaler Weise zu Ende
geführt wurde, so daß er bewußt werden konnte. Das Symptom ist

ein Ersatz für das, was da unterblieben ist. Nun wissen wir, an welche Stelle wir die vermutete Kraftwirkung zu versetzen haben. Es muß sich ein heftiges Sträuben dagegen erhoben haben, daß der fragliche seelische Vorgang bis zum Bewußtsein vordringe; er blieb darum unbewußt. Als Unbewußtes hatte er die Macht, ein Symptom zu bilden. Dasselbe Sträuben widersetzt sich während der analytischen Kur dem Bemühen, das Unbewußte ins Bewußte überzuführen, von neuem. Dies verspüren wir als Widerstand. Der pathogene Vorgang, der uns durch den Widerstand erwiesen wird, soll den Namen Verdrängung erhalten.

Über diesen Prozeß der Verdrängung müssen wir uns nun bestimmtere Vorstellungen machen. Er ist die Vorbedingung der Symptombildung, aber er ist auch etwas, wozu wir nichts Ähnliches kennen. Nehmen wir einen Impuls, einen seelischen Vorgang mit dem Bestreben, sich in eine Handlung umzusetzen, als Vorbild, so wissen wir, daß er einer Abweisung unterliegen kann, die wir Verwerfung oder Verurteilung heißen. Dabei wird ihm die Energie, über die er verfügt, entzogen, er wird machtlos, aber er kann als Erinnerung bestehen bleiben. Der ganze Vorgang der Entscheidung über ihn läuft unter dem Wissen des Ichs ab. Ganz anders, wenn wir uns denken, daß derselbe Impuls der Verdrängung unterworfen würde. Dann behielte er seine Energie und es würde keine Erinnerung an ihn übrig bleiben; auch würde sich der Vorgang der Verdrängung vom Ich unbemerkt vollziehen. Durch diese Vergleichung kommen wir dem Wesen der Verdrängung also nicht näher.

Ich will Ihnen auseinandersetzen, welche theoretischen Vorstellungen sich allein brauchbar erwiesen haben, um den Begriff der Verdrängung an eine bestimmtere Gestalt zu binden. Es ist vor allem dazu notwendig, daß wir von dem rein deskriptiven Sinn des Wortes „unbewußt" zum systematischen Sinn desselben Wortes fortschreiten, das heißt wir entschließen uns zu sagen, die Bewußtheit oder Unbewußtheit eines psychischen Vorganges ist nur eine der Eigenschaften desselben und nicht notwendig eine unzweideutige. Wenn ein solcher

Vorgang unbewußt geblieben ist, so ist diese Abhaltung vom Bewußtsein vielleicht nur ein Anzeichen des Schicksals, das er erfahren hat,
und nicht dieses Schicksal selbst. Um uns dieses Schicksal zu versinn-
lichen, nehmen wir an, daß jeder seelische Vorgang — es muß da
eine später zu erwähnende Ausnahme zugegeben werden — zuerst
in einem unbewußten Stadium oder Phase existiert und erst aus diesem in die bewußte Phase übergeht, etwa wie ein photographisches
Bild zuerst ein Negativ ist und dann durch den Positivprozeß zum
Bild wird. Nun muß aber nicht aus jedem Negativ ein Positiv werden, und ebensowenig ist es notwendig, daß jeder unbewußte Seelen-
vorgang sich in einen bewußten umwandle. Wir drücken uns mit
Vorteil so aus, der einzelne Vorgang gehöre zuerst dem psychischen
System des Unbewußten an und könne dann unter Umständen in
das System des Bewußten übertreten.

Die roheste Vorstellung von diesen Systemen ist die für uns bequemste; es ist die räumliche. Wir setzen also das System des Unbewußten einem großen Vorraum gleich, in dem sich die seelischen
Regungen wie Einzelwesen tummeln. An diesen Vorraum schließe
sich ein zweiter, engerer, eine Art Salon, in welchem auch das Bewußtsein verweilt. Aber an der Schwelle zwischen beiden Räumlichkeiten
walte ein Wächter seines Amtes, der die einzelnen Seelenregungen
mustert, zensuriert und sie nicht in den Salon einläßt, wenn sie sein
Mißfallen erregen. Sie sehen sofort ein, daß es nicht viel Unterschied
macht, ob der Wächter eine einzelne Regung bereits von der Schwelle
abweist, oder ob er sie wieder über sie hinausweist, nachdem sie in
den Salon eingetreten ist. Es handelt sich dabei nur um den Grad
seiner Wachsamkeit und um sein frühzeitiges Erkennen. Das Festhalten an diesem Bilde gestattet uns nun eine weitere Ausbildung
unserer Nomenklatur. Die Regungen im Vorraum des Unbewußten
sind dem Blick des Bewußtseins, das sich ja im anderen Raum befindet, entzogen; sie müssen zunächst unbewußt bleiben. Wenn sie sich
bereits zur Schwelle vorgedrängt haben und vom Wächter zurückgewiesen worden sind, dann sind sie bewußtseinsunfähig; wir heißen

sie verdrängt. Aber auch die Regungen, welche der Wächter über die Schwelle gelassen, sind darum nicht notwendig auch bewußt geworden; sie können es bloß werden, wenn es ihnen gelingt, die Blicke des Bewußtseins auf sich zu ziehen. Wir heißen darum diesen zweiten Raum mit gutem Recht das System des Vorbewußten. Das Bewußtwerden behält dann seinen rein deskriptiven Sinn. Das Schicksal der Verdrängung besteht aber für eine einzelne Regung darin, daß sie vom Wächter nicht aus dem System des Unbewußten in das des Vorbewußten eingelassen wird. Es ist derselbe Wächter, den wir als Widerstand kennen lernen, wenn wir durch die analytische Behandlung die Verdrängung aufzuheben versuchen.

Nun weiß ich ja, Sie werden sagen, diese Vorstellungen sind ebenso roh wie phantastisch und in einer wissenschaftlichen Darstellung gar nicht zulässig. Ich weiß, daß sie roh sind; ja noch mehr, wir wissen auch, daß sie unrichtig sind, und wenn wir nicht sehr irren, so haben wir bereits einen besseren Ersatz für sie bereit. Ob sie Ihnen dann auch noch so phantastisch erscheinen werden, weiß ich nicht. Vorläufig sind es Hilfsvorstellungen wie die vom Ampèreschen Männchen, das im elektrischen Stromkreis schwimmt, und nicht zu verachten, insofern sie für das Verständnis der Beobachtungen brauchbar sind. Ich möchte Ihnen versichern, daß diese rohen Annahmen von den zwei Räumlichkeiten, dem Wächter an der Schwelle zwischen beiden und dem Bewußtsein als Zuschauer am Ende des zweiten Saales doch sehr weitgehende Annäherungen an den wirklichen Sachverhalt bedeuten müssen. Ich möchte auch von Ihnen das Zugeständnis hören, daß unsere Bezeichnungen: unbewußt, vorbewußt, bewußt weit weniger präjudizieren und leichter zu rechtfertigen sind als andere, die in Vorschlag oder in Gebrauch gekommen sind, wie: unterbewußt, nebenbewußt, binnenbewußt und dergleichen.

Bedeutsamer wird es mir darum sein, wenn Sie mich daran mahnen, daß eine solche Einrichtung des seelischen Apparates, wie ich sie hier zugunsten der Erklärung neurotischer Symptome angenommen habe, nur eine allgemein gültige sein und also auch über die normale

Funktion Auskunft geben müßte. Darin haben Sie natürlich recht. Wir können dieser Folgerung jetzt nicht nachgehen, aber unser Interesse für die Psychologie der Symptombildung muß eine außerordentliche Steigerung erfahren, wenn die Aussicht besteht, durch das Studium pathologischer Verhältnisse Aufschluß über das so gut verhüllte normale seelische Geschehen zu bekommen.

Erkennen Sie übrigens nicht, worauf sich unsere Aufstellungen von den beiden Systemen, dem Verhältnis zwischen ihnen und zum Bewußtsein stützen? Der Wächter zwischen dem Unbewußten und dem Vorbewußten ist doch nichts anderes als die Zensur, der wir die Gestaltung des manifesten Traumes unterworfen fanden. Die Tagesreste, in denen wir die Anreger des Traumes erkannten, waren vorbewußtes Material, welches zur Nachtzeit im Schlafzustande den Einfluß unbewußter und verdrängter Wunschregungen erfahren hatte und in Gemeinschaft mit ihnen, dank ihrer Energie, den latenten Traum hatte bilden können. Unter der Herrschaft des unbewußten Systems hatte dieses Material eine Verarbeitung gefunden — die Verdichtung und Verschiebung —, wie sie im normalen Seelenleben, das heißt im vorbewußten System, unbekannt oder nur ausnahmsweise zulässig ist. Diese Verschiedenheit der Arbeitsweisen wurde uns zur Charakteristik der beiden Systeme; das Verhältnis zum Bewußtsein, welches dem Vorbewußten anhängt, galt uns nur als Zeichen der Zugehörigkeit zu einem der beiden Systeme. Der Traum ist eben kein pathologisches Phänomen mehr; er kann bei allen Gesunden unter den Bedingungen des Schlafzustandes auftreten. Jene Annahme über die Struktur des seelischen Apparates, welche uns in einem die Bildung des Traumes und die der neurotischen Symptome verstehen läßt, hat einen unabweisbaren Anspruch darauf, auch für das normale Seelenleben in Betracht gezogen zu werden.

Soviel wollen wir jetzt von der Verdrängung sagen. Sie ist aber nur die Vorbedingung für die Symptombildung. Wir wissen, das Symptom ist ein Ersatz für etwas, was durch die Verdrängung verhindert wurde. Aber von der Verdrängung bis zum Verständnis dieser

Ersatzbildung ist noch ein weiter Weg. Auf der anderen Seite des Problems erheben sich im Anschluß an die Konstatierung der Verdrängung die Fragen: Welche Art von seelischen Regungen unterliegt der Verdrängung, von welchen Kräften wird sie durchgesetzt, aus welchen Motiven? Dazu ist uns bisher nur eines gegeben. Wir haben bei der Untersuchung des Widerstandes gehört, daß er von Kräften des Ichs ausgeht, von bekannten und latenten Charaktereigenschaften. Diese sind es also auch, die die Verdrängung besorgt haben, oder sie sind wenigstens an ihr beteiligt gewesen. Alles weitere ist uns noch unbekannt.

Da hilft uns nun die zweite Erfahrung, die ich angekündigt hatte, weiter. Wir können aus der Analyse ganz allgemein angeben, was die Absicht der neurotischen Symptome ist. Auch das wird Ihnen nichts Neues sein. Ich habe es Ihnen an zwei Fällen von Neurose schon gezeigt. Aber freilich, was bedeuten zwei Fälle? Sie haben das Recht zu verlangen, daß es Ihnen zweihundertmal, ungezählte Male gezeigt werde. Nur das eine, daß ich dies nicht kann. Da muß wieder die eigene Erfahrung dafür eintreten oder der Glaube, der sich in diesem Punkt auf die übereinstimmende Angabe aller Psychoanalytiker berufen kann.

Sie erinnern sich daran, daß in den zwei Fällen, deren Symptome wir einer eingehenden Untersuchung unterzogen, die Analyse uns in das Intimste des Sexuallebens dieser Kranken einweihte. Im ersten Falle haben wir außerdem die Absicht oder Tendenz des untersuchten Symptoms besonders deutlich erkannt; vielleicht war sie im zweiten Falle durch ein später zu erwähnendes Moment etwas verdeckt. Nun, dasselbe, was wir an diesen beiden Beispielen gesehen haben, würden uns alle anderen Fälle zeigen, welche wir der Analyse unterziehen. Jedesmal würden wir durch die Analyse in die sexuellen Erlebnisse und Wünsche des Kranken eingeführt werden, und jedesmal müßten wir feststellen, daß ihre Symptome der gleichen Absicht dienen. Als diese Absicht gibt sich uns die Befriedigung sexueller Wünsche zu erkennen; die Symptome dienen der Sexualbefriedigung der Kranken, sie sind ein Ersatz für solche Befriedigung, die sie im Leben entbehren.

Denken Sie an die Zwangshandlung unserer ersten Patientin. Die Frau entbehrt ihren intensiv geliebten Mann, mit dem sie wegen seiner Mängel und Schwächen das Leben nicht teilen kann. Sie muß ihm treu bleiben, sie kann keinen anderen an seine Stelle setzen. Ihr Zwangssymptom gibt ihr, wonach sie sich sehnt, erhöht ihren Mann, verleugnet, korrigiert seine Schwächen, vor allem seine Impotenz. Dieses Symptom ist im Grunde eine Wunscherfüllung, ganz wie ein Traum, und zwar, was der Traum nicht jedesmal ist, eine erotische Wunscherfüllung. Bei unserer zweiten Patientin konnten Sie wenigstens entnehmen, daß ihr Zeremoniell den Verkehr der Eltern verhindern oder hintanhalten will, daß aus demselben ein neues Kind hervorgehe. Sie haben wohl auch erraten, daß es im Grunde dahin strebt, sie selbst an die Stelle der Mutter zu setzen. Also wiederum Beseitigung von Störungen in der Sexualbefriedigung und Erfüllung eigener sexueller Wünsche. Von der angedeuteten Komplikation wird bald die Rede sein.

Meine Herren! Ich möchte dem vorbeugen, daß ich an der Allgemeinheit dieser Behauptungen nachträglich Abzüge anzubringen habe, und mache Sie darum aufmerksam, daß alles, was ich hier über Verdrängung, Symptombildung und Symptombedeutung sage, an drei Formen von Neurosen, der Angsthysterie, der Konversionshysterie und der Zwangsneurose gewonnen worden ist und zunächst auch nur für diese Formen gilt. Diese drei Affektionen, die wir als „Übertragungsneurosen" in einer Gruppe zu vereinigen gewohnt sind, umschreiben auch das Gebiet, auf welchem sich die psychoanalytische Therapie betätigen kann. Die anderen Neurosen sind von der Psychoanalyse weit weniger gut studiert worden; bei einer Gruppe derselben ist wohl die Unmöglichkeit einer therapeutischen Beeinflussung ein Grund für die Zurücksetzung gewesen. Vergessen Sie auch nicht, daß die Psychoanalyse eine noch sehr junge Wissenschaft ist, daß sie viel Mühe und Zeit zur Vorbereitung erfordert, und daß sie vor gar nicht

langer Zeit noch auf zwei Augen gestanden ist. Doch sind wir an
allen Stellen im Begriffe, in das Verständnis dieser anderen Affektionen,
die nicht Übertragungsneurosen sind, einzudringen. Ich hoffe, Ihnen
noch vorführen zu können, welche Erweiterungen unsere Annahmen
und Ergebnisse bei der Anpassung an dieses neue Material erfahren,
und Ihnen zu zeigen, daß diese weiteren Studien nicht zu Widersprüchen, sondern zur Herstellung von höheren Einheitlichkeiten
geführt haben. Wenn also jetzt alles, was hier gesagt wird, für die
drei Übertragungsneurosen gilt, so lassen Sie mich zunächst den Wert
der Symptome durch eine neue Mitteilung steigern. Eine verglei-
chende Untersuchung über die Anlässe der Erkrankung ergibt nämlich ein Resultat, welches sich in die Formel fassen läßt, diese Personen erkranken an der Versagung in irgend einer Weise, wenn
ihnen die Realität die Befriedigung ihrer sexuellen Wünsche vor-
enthält. Sie erkennen, wie vortrefflich diese beiden Ergebnisse miteinander stimmen. Die Symptome sind dann erst recht als Ersatzbefriedigung für die im Leben vermißte zu verstehen.

Gewiß sind noch allerlei Einwendungen gegen den Satz, daß die
neurotischen Symptome sexuelle Ersatzbefriedigungen sind, möglich.
Zwei davon will ich heute noch erörtern. Sie werden, wenn Sie selbst
eine größere Anzahl von Neurotikern analytisch untersucht haben,
mir vielleicht kopfschüttelnd berichten: bei einer Reihe von Fällen
treffe dies aber gar nicht zu; die Symptome scheinen da eher die
gegenteilige Absicht zu enthalten, die Sexualbefriedigung auszuschließen oder aufzuheben. Ich werde die Richtigkeit Ihrer Deutung
nicht bestreiten. Der psychoanalytische Sachverhalt pflegt gern etwas
komplizierter zu sein, als uns lieb ist. Wenn er so einfach wäre, hätte
es vielleicht nicht der Psychoanalyse bedurft, um ihn ans Licht zu
bringen. Wirklich lassen bereits einige Züge des Zeremoniells bei
unserer zweiten Patientin diesen asketischen, der Sexualbefriedigung
feindlichen Charakter erkennen, z. B. wenn sie die Uhren beseitigt,
was den magischen Sinn hat, nächtliche Erektionen zu vermeiden,
oder das Fallen und Brechen von Gefäßen verhüten will, was einem

Schutze ihrer Jungfräulichkeit gleichkommt. In anderen Fällen von Bettzeremoniell, die ich analysieren konnte, war dieser negative Charakter weit mehr ausgesprochen; das Zeremoniell konnte durchwegs aus Abwehrmaßregeln gegen sexuelle Erinnerungen und Versuchungen bestehen. Indessen haben wir schon so oft in der Psychoanalyse erfahren, daß Gegensätze keinen Widerspruch bedeuten. Wir könnten unsere Behauptung dahin erweitern, die Symptome beabsichtigen entweder eine sexuelle Befriedigung oder eine Abwehr derselben, und zwar wiegt bei der Hysterie der positive, wunscherfüllende, bei der Zwangsneurose der negative, asketische Charakter im ganzen vor. Wenn die Symptome sowohl der Sexualbefriedigung als auch ihrem Gegensatz dienen können, so hat diese Zweiseitigkeit oder Polarität eine ausgezeichnete Begründung in einem Stück ihres Mechanismus, welches wir noch nicht erwähnen konnten. Sie sind nämlich, wie wir hören werden, Kompromißergebnisse, aus der Interferenz zweier gegensätzlichen Strebungen hervorgegangen, und vertreten ebensowohl das Verdrängte wie das Verdrängende, das bei ihrer Entstehung mitgewirkt hat. Die Vertretung kann dann mehr zugunsten der einen oder anderen Seite geraten, nur selten fällt ein Einfluß völlig aus. Bei der Hysterie wird zumeist das Zusammentreffen beider Absichten in dem nämlichen Symptom erreicht. Bei der Zwangsneurose fallen beide Anteile oft auseinander; das Symptom wird dann zweizeitig, es besteht aus zwei Aktionen, einer nach der anderen, die einander aufheben.

Nicht so leicht werden wir ein zweites Bedenken erledigen. Wenn Sie eine größere Reihe von Symptomdeutungen überschauen, werden Sie wahrscheinlich zunächst urteilen, daß der Begriff einer sexuellen Ersatzbefriedigung bei ihnen bis zu seinen äußersten Grenzen gedehnt worden sei. Sie werden nicht versäumen zu betonen, daß diese Symptome nichts Reales an Befriedigung bieten, daß sie sich oft genug auf die Belebung einer Sensation oder die Darstellung einer Phantasie aus einem sexuellen Komplex beschränken. Ferner, daß die angebliche Sexualbefriedigung so häufig einen kindischen und unwürdigen

Charakter zeigt, sich etwa einem masturbatorischen Akt annähert, oder an die schmutzigen Unarten erinnert, die man schon den Kindern verbietet und abgewöhnt. Und darüber hinaus werden Sie auch Ihre Verwunderung äußern, daß man für eine Sexualbefriedigung ausgeben will, was vielleicht als Befriedigung von grausamen oder gräßlichen, selbst unnatürlich zu nennenden Gelüsten beschrieben werden müßte. Über diese letzteren Punkte, meine Herren, werden wir kein Einvernehmen erzielen, ehe wir nicht das menschliche Sexualleben einer gründlichen Untersuchung unterzogen und dabei festgestellt haben, was man berechtigt ist, sexuell zu nennen.

XX. VORLESUNG

DAS MENSCHLICHE SEXUALLEBEN

Meine Damen und Herren! Man sollte doch meinen, es sei nicht zweifelhaft, was man unter dem „Sexuellen" zu verstehen habe. Vor allem ist doch das Sexuelle das Unanständige, das, von dem man nicht sprechen darf. Man hat mir erzählt, daß die Schüler eines berühmten Psychiaters sich einmal die Mühe nahmen, ihren Meister davon zu überzeugen, daß die Symptome der Hysterischen so häufig sexuelle Dinge darstellen. In dieser Absicht führten sie ihn an das Bett einer Hysterika, deren Anfälle unverkennbar den Vorgang einer Entbindung mimten. Er aber äußerte abweisend: Nun, eine Entbindung ist doch nichts Sexuelles. Gewiß, eine Entbindung muß nicht unter allen Umständen etwas Unanständiges sein.

Ich bemerke, Sie verübeln es mir, daß ich in so ernsthaften Dingen scherze. Aber es ist nicht so ganz Scherz. Im Ernst, es ist nicht leicht anzugeben, was den Inhalt des Begriffes „sexuell" ausmacht. Alles, was mit dem Unterschied der zwei Geschlechter zusammenhängt, wäre vielleicht das einzig Treffende, aber Sie werden es farblos und zu umfassend finden. Wenn Sie die Tatsache des Sexualaktes in den Mittelpunkt stellen, werden Sie vielleicht aussagen, sexuell sei all das, was sich in der Absicht der Lustgewinnung mit dem Körper, speziell den Geschlechtsteilen des anderen Geschlechtes beschäftigt und im letzten Sinne auf die Vereinigung der Genitalien und die Ausführung des Geschlechtsaktes hinzielt. Aber dann sind Sie von der Gleichstellung, das Sexuelle sei das Unanständige, wirklich nicht weit entfernt und die Entbindung gehört wirklich nicht zum Sexuellen Machen Sie aber die Fortpflanzungsfunktion zum Kern der Sexualität, so laufen Sie Gefahr, eine ganze Anzahl von Dingen, die nicht auf die Fortpflanzung zielen und doch sicher sexuell sind, auszuschließen, wie die Masturbation oder selbst das Küssen. Aber wir sind ja bereits darauf gefaßt, daß Definitionsversuche immer zu Schwierigkeiten führen; verzichten wir darauf, es gerade in diesem Falle besser zu machen. Wir können ahnen, daß in der Entwicklung des Begriffes „sexuell" etwas vor sich gegangen ist, was nach einem guten Ausdruck von H. Silberer einen „Überdeckungsfehler" zur Folge hatte. Im ganzen sind wir ja nicht ohne Orientierung darüber, was die Menschen sexuell heißen.

Etwas, was aus der Berücksichtigung des Gegensatzes der Geschlechter, des Lustgewinnes, der Fortpflanzungsfunktion und des Charakters des geheimzuhaltenden Unanständigen zusammengesetzt ist, wird im Leben für alle praktischen Bedürfnisse genügen. Aber es genügt nicht mehr in der Wissenschaft. Denn wir sind durch sorgfältige, gewiß nur durch opferwillige Selbstüberwindung ermöglichte Untersuchungen mit Gruppen von menschlichen Individuen bekannt worden, deren „Sexualleben" in der auffälligsten Weise von dem gewohnten Durchschnittsbilde abweicht. Die einen von diesen „Perversen" haben sozusagen die Geschlechtsdifferenz aus ihrem Programm gestrichen. Nur das ihnen gleiche Geschlecht kann ihre sexuellen Wünsche erregen; das andere, zumal die Geschlechtsteile desselben, ist ihnen überhaupt kein Geschlechtsobjekt, in extremen Fällen ein Gegenstand des Abscheus. Sie haben damit natürlich auch auf jede Beteiligung an der Fortpflanzung verzichtet. Wir nennen solche Personen Homosexuelle oder Invertierte. Es sind Männer und Frauen, sonst oft — nicht immer — tadellos gebildet, intellektuell wie ethisch hochentwickelt, nur mit dieser einen verhängnisvollen Abweichung behaftet. Sie geben sich durch den Mund ihrer wissenschaftlichen Wortführer für eine besondere Varietät der Menschenart, für ein „drittes Geschlecht" aus, welches gleichberechtigt neben den beiden anderen steht. Wir werden vielleicht Gelegenheit haben, ihre Ansprüche kritisch zu prüfen. Natürlich sind sie nicht, wie sie auch gern behaupten möchten, eine „Auslese" der Menschheit, sondern enthalten mindestens ebensoviel minderwertige und nichtsnutzige Individuen wie die in sexueller Hinsicht anders Gearteten. Diese Perversen nehmen mit ihrem Sexualobjekt wenigstens noch ungefähr dasselbe vor wie die Normalen mit dem ihrigen. Aber nun folgt eine lange Reihe von Abnormen, deren sexuelle Betätigung sich immer weiter von dem entfernt, was einem vernünftigen Menschen begehrenswert erscheint. In ihrer Mannigfaltigkeit und Sonderbarkeit sind sie nur vergleichbar den grotesken Mißgestalten, die P. Breughel als Versuchung des heiligen Antonius gemalt hat, oder den verschollenen Göttern und Gläubigen, die G. Flaubert in langer Prozession an seinem frommen Büßer vorbeiziehen läßt. Ihr Gewimmel ruft nach einer Art von Ordnung, wenn es unsere Sinne nicht verwirren soll. Wir scheiden sie in solche, bei denen sich, wie bei den Homosexuellen, das Sexualobjekt gewandelt hat, und in andere, bei denen in erster Linie das Sexualziel verändert worden ist. Zur ersten Gruppe gehören die, welche auf die Vereinigung der beiden Genitalien verzichtet haben und bei dem einen Partner im Sexualakt das Genitale durch einen anderen Körperteil oder Körperregion ersetzen; sie setzen sich dabei über die Mängel der organischen Einrichtung wie über die Abhaltung des Ekels hinweg. (Mund, After an Stelle der Scheide.) Dann folgen andere, die zwar noch am Genitale festhalten, aber nicht wegen seiner sexuellen, sondern wegen anderer Funktionen, an denen es aus anatomischen Gründen und Anlässen der Nachbarschaft beteiligt ist. Wir erkennen an ihnen, daß die Ausscheidungsfunktionen, die in der Erziehung des Kindes als unanständig abseits geschafft worden sind, imstande bleiben, das volle sexuelle Interesse an sich zu reißen. Dann andere, die das Genitale überhaupt als Objekt aufgegeben haben, an seiner Statt einen anderen Körperteil zum begehrten Objekt erheben, die weibliche

Brust, den Fuß, den Haarzopf. In weiterer Folge die, denen auch ein Körperteil nichts bedeutet, aber ein Kleidungsstück alle Wünsche erfüllt, ein Schuh, ein Stück weißer Wäsche, die Fetischisten. Weiter im Zuge die Personen, die zwar das ganze Objekt verlangen, aber ganz bestimmte, seltsame oder gräßliche, Anforderungen an dasselbe stellen, auch die, daß es zur wehrlosen Leiche geworden sein muß, und die es in verbrecherischem Zwang dazu machen, um es genießen zu können. Genug der Greuel von dieser Seite!

Die andere Schar wird von den Perversen angeführt, die sich zum Ziele der sexuellen Wünsche gesetzt haben, was normalerweise nur einleitende und vorbereitende Handlung ist. Also die das Beschauen und Betasten der anderen Person oder das Zuschauen bei intimen Verrichtungen derselben anstreben, oder die ihre eigenen zu verbergenden Körperteile entblößen in einer dunkeln Erwartung, durch eine gleiche Gegenleistung belohnt zu werden. Dann folgen die rätselhaften Sadisten, deren zärtliches Streben kein anderes Ziel kennt, als ihrem Objekt Schmerzen und Qualen zu bereiten, von Andeutungen der Demütigung bis zu schweren körperlichen Schädigungen, und wie zur Ausgleichung ihre Gegenstücke, die Masochisten, deren einzige Lust es ist, von ihrem geliebten Objekt alle Demütigungen und Qualen in symbolischer wie in realer Form zu erleiden. Andere noch, bei denen mehrere solcher abnormer Bedingungen sich vereinigen und sich verschränken, und endlich müssen wir noch erfahren, daß jede dieser Gruppen zweifach vorhanden ist, daß es neben den einen, die ihre Sexualbefriedigung in der Realität suchen, noch andere gibt, die sich damit begnügen, sich solche Befriedigung bloß vorzustellen, die überhaupt kein wirkliches Objekt brauchen, sondern es sich durch die Phantasie ersetzen können.

Dabei kann es nicht den leisesten Zweifel leiden, daß in diesen Tollheiten, Sonderbarkeiten und Gräßlichkeiten wirklich die Sexualbetätigung dieser Menschen gegeben ist. Nicht nur, daß sie es selbst so auffassen und das Ersatzverhältnis verspüren, wir müssen uns auch sagen, es spielt die nämliche Rolle in ihrem Leben wie die normale

Sexualbefriedigung in unserem, sie bringen dafür die nämlichen, oft übergroßen Opfer, und es läßt sich im Groben wie im feineren Detail verfolgen, wo sich diese Abnormitäten an das Normale anlehnen und wo sie davon abgehen. Auch daß Sie den Charakter des Unanständigen, welcher der Sexualbetätigung anhaftet, hier wiederfinden, kann Ihnen nicht entgehen; er ist aber zumeist zum Schändlichen gesteigert.

Nun, meine Damen und Herren, wie stellen wir uns zu diesen ungewöhnlichen Arten der Sexualbefriedigung? Mit der Entrüstung, der Äußerung unseres persönlichen Widerwillens und der Versicherung, daß wir diese Gelüste nicht teilen, ist offenbar nichts getan. Danach werden wir ja nicht gefragt. Am Ende ist es ein Erscheinungsgebiet wie ein anderes. Eine ablehnende Ausflucht wie, es seien ja nur Raritäten und Kuriositäten, wäre selbst leicht abzuweisen. Es handelt sich im Gegenteil um recht häufige, weit verbreitete Phänomene. Wollte man uns aber sagen, wir brauchten unsere Ansichten über das Sexualleben durch sie nicht beirren zu lassen, weil sie samt und sonders Verirrungen uud Entgleisungen des Sexualtriebes darstellen, so wäre eine ernste Antwort am Platze. Wenn wir diese krankhaften Gestaltungen der Sexualität nicht verstehen und sie nicht mit dem normalen Sexualleben zusammenbringen können, so verstehen wir eben auch die normale Sexualität nicht. Kurz, es bleibt eine unabweisbare Aufgabe, von der Möglichkeit der genannten Perversionen und von ihrem Zusammenhang mit der sogenannt normalen Sexualität volle theoretische Rechenschaft zu geben.

Dazu werden uns eine Einsicht und zwei neue Erfahrungen verhelfen. Die erstere verdanken wir Iwan Bloch; sie berichtigt die Auffassung all dieser Perversionen als „Degenerationszeichen" durch den Nachweis, daß solche Abirrungen vom Sexualziel, solche Lockerungen des Verhältnisses zum Sexualobjekt von jeher, zu allen uns bekannten Zeiten, bei allen, den primitivsten wie den höchstzivilisierten Völkern vorgekommen sind und sich gelegentlich Duldung und allgemeine Geltung errungen haben. Die beiden Erfahrungen sind bei der psychoanalytischen Untersuchung der Neurotiker gemacht worden; sie müssen unsere Auffassung der sexuellen Perversionen in entscheidender Weise beeinflussen.

Wir haben gesagt, daß die neurotischen Symptome sexuelle Ersatzbefriedigungen sind, und ich habe Ihnen angedeutet, daß die Bestätigung dieses Satzes durch die Analyse der Symptome auf manche Schwierigkeiten stoßen wird. Er ist nämlich erst dann berechtigt, wenn wir unter „sexueller Befriedigung" die der sogenannten perversen sexuellen Bedürfnisse mit einschließen, denn eine solche Deutung der Symptome drängt sich uns mit überraschender Häufigkeit auf. Der Ausnahmsanspruch der Homosexuellen oder Invertierten sinkt sofort zusammen, wenn wir erfahren, daß der Nachweis homosexueller Regungen bei keinem einzigen Neurotiker mißlingt, und daß eine gute Anzahl von Symptomen dieser latenten Inversion Ausdruck gibt. Die sich selbst Homosexuelle nennen, sind eben nur die bewußt und manifest Invertierten, deren Anzahl neben jener der latent Homosexuellen verschwindet. Wir sind aber genötigt, die Objektwahl aus dem eigenen Geschlecht geradezu als eine regelmäßige Abzweigung des Liebeslebens zu betrachten, und lernen immer mehr, ihr eine besonders hohe Bedeutung zuzuerkennen. Gewiß sind die Unterschiede zwischen der manifesten Homosexualität und dem normalen Verhalten dadurch nicht aufgehoben; ihre praktische Bedeutung bleibt bestehen, aber ihr theoretischer Wert wird ungemein verringert. Von einer bestimmten Affektion, die wir nicht mehr zu den Übertragungsneurosen rechnen können, der Paranoia, nehmen wir sogar an, daß sie gesetzmäßig aus dem Versuch der Abwehr überstarker homosexueller Regungen hervorgeht. Vielleicht erinnern Sie sich noch, daß die eine unserer Patientinnen (S. 270) in ihrer Zwangshandlung einen Mann, ihren eigenen verlassenen Ehemann, agierte; eine solche Produktion von Symptomen in der Person eines Mannes ist bei neurotischen Frauen sehr gewöhnlich. Wenn es auch nicht selbst der Homosexualität zuzurechnen ist, so hat es doch mit den Voraussetzungen derselben viel zu tun.

Wie Sie wahrscheinlich wissen, kann die hysterische Neurose ihre Symptome an allen Organsystemen machen und dadurch alle Funktionen stören. Die Analyse zeigt, daß dabei alle pervers genannten Regungen zur Äußerung kommen, welche das Genitale durch andere Organe ersetzen wollen. Diese Organe benehmen sich dabei wie Ersatzgenitalien; wir sind gerade durch die Symptomatik der Hysterie zur Auffassung gelangt, daß den Körperorganen außer ihrer funktionellen Rolle eine sexuelle — erogene — Bedeutung zuzuerkennen ist, und daß sie in der Erfüllung dieser ersteren Aufgabe gestört werden, wenn die letztere sie allzusehr in Anspruch nimmt. Ungezählte Sensationen und Innervationen, welche uns als Symptome der Hysterie entgegentreten, an Organen, die anscheinend nichts mit der Sexualität zu tun haben, enthüllen uns so ihre Natur als Erfüllungen perverser Sexualregungen, bei denen andere Organe die Bedeutung der Geschlechtsteile an sich gerissen haben. Dann ersehen wir auch, in wie ausgiebiger Weise gerade die Organe der Nahrungsaufnahme und der Exkretion zu Trägern der Sexualerregung werden können. Es ist also dasselbe, was uns die Perversionen gezeigt haben, nur war es bei diesen ohne Mühe und unverkennbar zu sehen, während wir bei der Hysterie erst den Umweg über die Symptomdeutung machen müssen und dann die betreffenden perversen Sexualregungen nicht dem Bewußtsein der Individuen zuschreiben, sondern sie in das Unbewußte derselben versetzen.

Von den vielen Symptombildern, unter denen die Zwangsneurose auftritt, erweisen sich die wichtigsten als hervorgerufen durch den Drang überstarker sadistischer, also in ihrem Ziel perverser, Sexualregungen, und zwar dienen die Symptome, wie es der Struktur einer Zwangsneurose entspricht, vorwiegend der Abwehr dieser Wünsche, oder drücken den Kampf zwischen Befriedigung und Abwehr aus. Aber auch die Befriedigung selbst kommt dabei nicht zu kurz; sie weiß sich auf Umwegen im Benehmen der Kranken durchzusetzen und wendet sich mit Vorliebe gegen deren eigene Person, macht sie zu Selbstquälern. Andere Formen der Neurose, die grüblerischen, entsprechen einer übermäßigen Sexualisierung von Akten, die sich sonst als Vorbereitungen in den Weg zur normalen Sexualbefriedigung einfügen, vom Sehen-, Berührenwollen und Forschen. Die große Bedeutung der Berührungsangst und des Waschzwanges findet hier ihre Aufklärung. Von den Zwangshandlungen geht ein ungeahnt großer Anteil als verkappte Wiederholung und Modifikation auf die Masturbation zurück, welche bekanntlich als einzige, gleichförmige Handlung die verschiedenartigsten Formen des sexuellen Phantasierens begleitet.

Es würde mich nicht viel Mühe kosten, Ihnen die Beziehungen zwischen Perversion und Neurose noch weit inniger darzustellen, aber ich glaube, das Bisherige wird für unsere Absicht genügen. Wir müssen uns aber dagegen verwahren, daß wir nach diesen Aufklärungen über die Symptombedeutung Häufigkeit und Intensität der perversen Neigungen der Menschen überschätzen. Sie haben gehört, daß man an der Versagung der normalen Sexualbefriedigung neurotisch erkranken kann. Bei dieser realen Versagung wirft sich aber das Bedürfnis auf die abnormen Wege der Sexualerregung. Sie werden später einsehen können, wie das zugeht. Jedenfalls verstehen Sie, daß durch eine solche „kollaterale" Rückstauung die perversen Regungen stärker erscheinen müssen, als sie ausgefallen wären, wenn sich der normalen Sexualbefriedigung kein reales Hindernis entgegengestellt hätte. Ein ähnlicher Einfluß ist übrigens auch für die manifesten Perversionen anzuerkennen. Sie werden in manchen Fällen dadurch provoziert oder aktiviert, daß einer normalen Befriedigung des Sexualtriebes allzu große Schwierigkeiten gemacht werden, infolge vorübergehender Umstände oder dauernder sozialer Einrichtungen. In anderen Fällen sind die Perversionsneigungen freilich von solchen Begünstigungen ganz unabhängig; sie sind sozusagen für dieses Individuum die normale Art des Sexuallebens.

Vielleicht haben Sie im Augenblicke den Eindruck, als hätten wir das Verhältnis zwischen normaler und perverser Sexualität eher verwirrt als geklärt. Halten Sie sich aber an folgende Überlegung: Wenn

es richtig ist, daß die reale Erschwerung oder die Entbehrung einer
normalen Sexualbefriedigung bei Personen perverse Neigungen zum
Vorschein bringen, die sonst keine solchen gezeigt hatten, so muß
bei diesen Personen etwas anzunehmen sein, was den Perversionen
entgegenkommt; oder wenn Sie so wollen, sie müssen in latenter
Form bei ihnen vorhanden sein. Auf diesem Wege kommen wir aber
auf die zweite Neuheit, die ich Ihnen angekündigt habe. Die psychoanalytische Forschung ist nämlich genötigt worden, sich auch um
das Sexualleben des Kindes zu bekümmern, und zwar dadurch, daß
die Erinnerungen und Einfälle bei der Analyse der Symptome regelmäßig bis in frühe Jahre der Kindheit zurückführten. Was wir dabei
erschlossen haben, ist dann Punkt für Punkt durch unmittelbare Beobachtungen an Kindern bestätigt worden. Und da hat sich dann
ergeben, daß alle Perversionsneigungen in der Kindheit wurzeln, daß
die Kinder zu ihnen alle Anlage haben und sie in dem ihrer Unreife
entsprechenden Ausmaß betätigen, kurz, daß die perverse Sexualität
nichts anderes ist als die vergrößerte, in ihre Einzelregungen zerlegte
infantile Sexualität.

Jetzt werden Sie die Perversionen allerdings in einem anderen Lichte
sehen und deren Zusammenhang mit dem menschlichen Sexualleben
nicht mehr verkennen, aber auf Kosten welcher Überraschungen und
für Ihr Gefühl peinlichen Inkongruenzen! Sie werden gewiß geneigt
sein, zuerst alles zu bestreiten, die Tatsache, daß die Kinder etwas
haben, was man als Sexualleben bezeichnen darf, die Richtigkeit unserer Beobachtungen und die Berechtigung, an dem Benehmen der
Kinder eine Verwandtschaft mit dem, was späterhin als Perversion
verurteilt wird, zu finden. Gestatten Sie also, daß ich Ihnen zuerst
die Motive Ihres Sträubens aufkläre und dann die Summe unserer
Beobachtungen vorlege. Daß die Kinder kein Sexualleben — sexuelle
Erregungen, Bedürfnisse und eine Art der Befriedigung — haben,
sondern es plötzlich zwischen 12 und 14 Jahren bekommen sollten,
wäre — von allen Beobachtungen abgesehen — biologisch ebenso
unwahrscheinlich, ja unsinnig, wie daß sie keine Genitalien mit auf

die Welt brächten und die ihnen erst um die Zeit der Pubertät wüchsen. Was um diese Zeit bei ihnen erwacht, ist die Fortpflanzungsfunktion, die sich eines bereits vorhandenen körperlichen und seelischen Materials für ihre Zwecke bedient. Sie begehen den Irrtum, Sexualität und Fortpflanzung miteinander zu verwechseln, und versperren sich durch ihn den Weg zum Verständnis der Sexualität, der Perversionen und der Neurosen. Dieser Irrtum ist aber tendenziös. Er hat seine Quelle merkwürdigerweise darin, daß Sie selbst Kinder gewesen und als Kinder dem Einfluß der Erziehung unterlegen sind. Die Gesellschaft muß es nämlich unter ihre wichtigsten Erziehungsaufgaben aufnehmen, den Sexualtrieb, wenn er als Fortpflanzungsdrang hervorbricht, zu bändigen, einzuschränken, einem individuellen Willen zu unterwerfen, der mit dem sozialen Geheiß identisch ist. Sie hat auch Interesse daran, seine volle Entwicklung aufzuschieben, bis das Kind eine gewisse Stufe der intellektuellen Reife erreicht hat, denn mit dem vollen Durchbruch des Sexualtriebes findet auch die Erziehbarkeit praktisch ein Ende. Der Trieb würde sonst über alle Dämme brechen und das mühsam errichtete Werk der Kultur hinwegschwemmen. Die Aufgabe, ihn zu bändigen, ist auch nie eine leichte, sie gelingt bald zu wenig, bald allzu gut. Das Motiv der menschlichen Gesellschaft ist im letzten Grunde ein ökonomisches; da sie nicht genug Lebensmittel hat, um ihre Mitglieder ohne deren Arbeit zu erhalten, muß sie die Anzahl ihrer Mitglieder beschränken und ihre Energien von der Sexualbetätigung weg auf die Arbeit lenken. Also die ewige, urzeitliche, bis auf die Gegenwart fortgesetzte Lebensnot.

Die Erfahrung muß wohl den Erziehern gezeigt haben, daß die Aufgabe, den Sexualwillen der neuen Generation lenksam zu machen, nur dann lösbar ist, wenn man mit den Beeinflussungen sehr frühzeitig beginnt, nicht erst den Sturm der Pubertät abwartet, sondern bereits in das Sexualleben der Kinder eingreift, welches ihn vorbereitet. In dieser Absicht werden fast alle infantilen Sexualbetätigungen dem Kinde verboten und verleidet; man setzt sich das ideale Ziel, das Leben des Kindes asexuell zu gestalten, und hat es im Laufe der Zeit endlich dahin gebracht, daß man es wirklich für asexuell hält, was dann die Wissenschaft als ihre Lehre verkündet. Um sich mit seinem Glauben und seinen Absichten nicht in Widerspruch zu setzen, übersieht man dann die Sexualbetätigung des Kindes, was keine geringe Leistung ist, oder begnügt sich in der Wissenschaft damit, sie anders aufzufassen. Das Kind gilt als rein, als unschuldig, und wer es anders beschreibt, darf als ruchloser Frevler an zarten und heiligen Gefühlen der Menschheit verklagt werden.

Die Kinder sind die einzigen, die an diesen Konventionen nicht mittun, in aller Naivität ihre animalischen Rechte geltend machen und immer wieder beweisen, daß sie den Weg zur Reinheit erst zurückzulegen haben. Merkwürdig genug, daß die Leugner der kindlichen Sexualität darum in der Erziehung nicht nachlassen, sondern gerade die Äußerungen des Verleugneten unter dem Titel der „kindlichen Unarten" aufs strengste verfolgen. Von hohem theoretischen Interesse ist es auch, daß die Lebenszeit, welche dem Vorurteil einer asexuellen Kindheit am grellsten widerspricht, die Kinderjahre bis fünf oder sechs, dann bei den meisten Personen von dem Schleier einer Amnesie verhüllt wird, den erst eine analytische Erforschung gründlich zerreißt, der aber schon vorher für einzelne Traumbildungen durchlässig gewesen ist.

Nun will ich Ihnen vorführen, was sich vom Sexualleben des Kindes am deutlichsten erkennen läßt. Lassen Sie mich zweckmäßigkeithalber auch den Begriff der Libido einführen. Libido soll, durchaus dem Hunger analog, die Kraft benennen, mit welcher der Trieb, hier der Sexualtrieb wie beim Hunger der Ernährungstrieb, sich äußert. Andere Begriffe, wie Sexualerregung und Befriedigung, bedürfen keiner Erläuterung. Daß bei den Sexualbetätigungen des Säuglings die Deutung am meisten zu tun hat, werden Sie selbst leicht einsehen oder wahrscheinlich als Einwand benützen. Diese Deutungen ergeben sich auf Grund der analytischen Untersuchungen durch Rückverfolgung vom Symptom her. Die ersten Regungen der Sexualität zeigen sich beim Säugling in Anlehnung an andere lebenswichtige Funktionen. Sein Hauptinteresse ist, wie Sie wissen, auf die Nahrungsaufnahme gerichtet; wenn er an der Brust gesättigt einschläft, zeigt er den Ausdruck einer seligen Befriedigung, der sich später nach dem Erleben des sexuellen Orgasmus wiederholen wird. Das wäre zu wenig, um einen Schluß darauf zu gründen. Aber wir beobachten, daß der Säugling die Aktion der Nahrungsaufnahme wiederholen will, ohne neue Nahrung zu beanspruchen; er steht also dabei nicht unter dem Antrieb des Hungers. Wir sagen, er lutscht oder ludelt, und daß er bei diesem Tun wiederum mit seligem Ausdruck einschläft, zeigt uns, daß die Aktion des Lutschens ihm an und für sich Befriedigung gebracht hat. Bekanntlich richtet er sich's bald so ein, daß er nicht einschläft, ohne gelutscht zu haben. Die sexuelle Natur dieser Betätigung hat ein alter Kinderarzt in Budapest, Dr. Lindner, zuerst behauptet. Die Pflegepersonen des Kindes, die keine theoretische Stellungnahme beabsichtigen, scheinen das Lutschen ähnlich zu beurteilen. Sie zweifeln nicht daran, daß es nur einem Lustgewinn dient, stellen es zu den Unarten des Kindes und zwingen das Kind durch peinliche Eindrücke zum Verzicht darauf, wenn es die Unart nicht selbst aufgeben will. Wir erfahren also, daß der Säugling Handlungen ausführt, die keine andere Absicht als die des Lustgewinnes haben. Wir glauben, daß er diese Lust zuerst bei der Nahrungsaufnahme erlebt, aber bald gelernt hat, sie von dieser Bedingung abzutrennen. Wir können den Lustgewinn nur auf die Erregung der Mund- und Lippenzone beziehen, heißen diese Körperteile e r o g e n e Z o n e n und bezeichnen die durch Lutschen erzielte Lust als e i n e s e x u e l l e. Über die Berechtigung dieser Benennung werden wir gewiß noch diskutieren müssen.

Wenn der Säugling sich äußern könnte, würde er gewiß den Akt des Saugens an der Mutterbrust als das weitaus Wichtigste im Leben anerkennen. Er hat für sich nicht so unrecht, denn er befriedigt durch diesen Akt in einem beide großen Lebensbedürfnisse. Wir erfahren dann aus der Psychoanalyse nicht ohne Überraschung, wieviel von der psychischen Bedeutung des Aktes fürs ganze Leben erhalten bleibt. Das Saugen an der Mutterbrust wird der Ausgangspunkt des ganzen Sexuallebens, das unerreichte Vorbild jeder späteren Sexualbefriedigung, zu dem die Phantasie in Zeiten der Not oft genug zurückkehrt. Es schließt die Mutterbrust als erstes Objekt des Sexualtriebes ein; ich kann Ihnen keine Vorstellung davon vermitteln, wie bedeutsam dies erste Objekt für jede spätere Objektfindung ist, welch tiefgreifende Wirkungen es in seinen Wandlungen und Ersetzungen noch auf die entlegensten Gebiete unseres Seelenlebens äußert. Aber zunächst wird es vom Säugling in der Tätigkeit des Lutschens aufgegeben und durch einen Teil des eigenen Körpers ersetzt. Das Kind lutscht am Daumen, an der eigenen Zunge. Es macht sich dadurch für den Lustgewinn von der Zustimmung der Außenwelt unabhängig und zieht überdies die Erregung einer zweiten Körperzone zur Verstärkung heran. Die erogenen Zonen sind nicht gleich ausgiebig; es wird darum ein wichtiges Erlebnis, wenn der Säugling, wie Lindner berichtet, bei dem Herumsuchen am eigenen Körper die besonders erregbaren Stellen seiner Genitalien entdeckt und so den Weg vom Lutschen zur Onanie gefunden hat.

Durch die Würdigung des Lutschens sind wir bereits mit zwei entscheidenden Charakteren der infantilen Sexualität bekannt geworden. Sie erscheint in Anlehnung an die Befriedigung der großen organischen Bedürfnisse und sie benimmt sich autoerotisch, das heißt, sie sucht und findet ihre Objekte am eigenen Körper. Was sich am deutlichsten bei der Nahrungsaufnahme gezeigt hat, wiederholt sich zum Teil bei den Ausscheidungen. Wir schließen, daß der Säugling Lustempfinden bei der Entleerung von Harn und von Darminhalt hat, und daß er sich bald bemüht, diese Aktionen so einzurichten, da sie ihm durch entsprechende Erregungen der erogenen Schleimhautzonen einen möglichst großen Lustgewinn bringen. An diesem Punkte tritt ihm, wie die feinsinnige Lou Andreas ausgeführt hat, zuerst die Außenwelt als hemmende, seinem Luststreben feindliche Macht entgegen und läßt ihn spätere äußere wie innere Kämpfe ahnen. Er soll seine

Exkrete nicht in dem ihm beliebigen Moment von sich geben, sondern wann andere Personen es bestimmen. Um ihn zum Verzicht auf diese Lustquellen zu bewegen, wird ihm alles, was diese Funktionen betrifft, als unanständig, zur Geheimhaltung bestimmt, erklärt. Er soll hier zuerst soziale Würde für Lust eintauschen. Sein Verhältnis zu den Exkreten selbst ist von Anfang an ein ganz anderes. Er empfindet keinen Ekel vor seinem Kot, schätzt ihn als einen Teil seines Körpers, von dem er sich nicht leicht trennt, und verwendet ihn als erstes „Geschenk", um Personen auszuzeichnen, die er besonders schätzt. Noch nachdem der Erziehung die Absicht gelungen ist, ihn diesen Neigungen zu entfremden, setzt er die Wertschätzung des Kotes auf das „Geschenk" und auf das „Geld" fort. Seine Leistungen im Urinieren scheint er dagegen mit besonderem Stolz zu betrachten.

Ich weiß, daß Sie mich schon längst unterbrechen wollten, um mir zuzurufen: Genug der Ungeheuerlichkeiten! Die Stuhlentleerung soll eine Quelle der sexuellen Lustbefriedigung sein, die schon der Säugling ausbeutet! Der Kot eine wertvolle Substanz, der After eine Art von Genitale! Das glauben wir nicht, aber wir verstehen, warum Kinderärzte und Pädagogen die Psychoanalyse und ihre Resultate weit von sich weg gewiesen haben. Nein, meine Herren! Sie haben bloß vergessen, daß ich Ihnen die Tatsachen des infantilen Sexuallebens im Zusammenhang mit den Tatsachen der sexuellen Perversionen vorführen wollte. Warum sollen Sie nicht wissen, daß der After bei einer großen Anzahl von Erwachsenen, Homosexuellen wie Heterosexuellen, wirklich im Geschlechtsverkehr die Rolle der Scheide übernimmt? Und daß es viele Individuen gibt, welche die Wollustempfindung bei der Stuhlentleerung durch ihr ganzes Leben behalten und sie als gar nicht so gering beschreiben? Was das Interesse am Akt der Defäkation und das Vergnügen beim Zuschauen der Defäkation eines anderen betrifft, so können Sie es von den Kindern selbst bestätigt hören, wenn sie einige Jahre älter geworden sind und Mitteilung davon machen können. Natürlich dürfen Sie diese Kinder nicht vorher systematisch eingeschüchtert haben, sonst verstehen sie wohl, daß sie darüber zu schweigen haben. Und für die anderen Dinge, die Sie nicht glauben wollen, verweise ich Sie auf die Ergebnisse der Analyse und der direkten Kinderbeobachtung und sage Ihnen, es ist geradezu eine Kunst, dies alles nicht oder es anders zu sehen. Ich habe auch gar nichts dagegen, wenn Ihnen die Verwandtschaft der kindlichen Sexualtätigkeit mit den sexuellen Perversionen recht auffällig wird. Es ist eigentlich selbstverständlich; wenn das Kind überhaupt ein Sexualleben hat, so muß es von perverser Art sein, denn dem Kinde fehlt noch bis auf wenige dunkle Andeutungen, was die Sexualität zur Fortpflanzungsfunktion macht. Anderseits ist es der gemeinsame Charakter aller Perversionen, daß sie das Fortpflanzungsziel aufgegeben haben. In dem Falle heißen wir eine Sexualbetätigung eben pervers, wenn sie auf das Fortpflanzungsziel verzichtet hat und die Lustgewinnung als davon unabhängiges Ziel verfolgt. Sie verstehen also, der Bruch und Wendepunkt in der Entwicklung des Sexuallebens liegt in der Unterordnung desselben unter die Absichten der Fortpflanzung. Alles was vor dieser Wendung vorfällt, ebenso alles, was sich ihr entzogen hat, was allein dem Lustgewinn dient, wird mit dem nicht ehrenvollen Namen des „Perversen" belegt und als solches geächtet.

Lassen Sie mich darum in meiner knappen Schilderung der infantilen Sexualität fortfahren. Was ich von zwei Organsystemen berichtet habe, könnte ich durch die Berücksichtigung der anderen vervollständigen. Das Sexualleben des Kindes erschöpft sich eben in der Betätigung einer Reihe von Partialtrieben, die unabhängig voneinander teils am eigenen Körper teils schon am äußeren Objekt Lust zu gewinnen suchen. Unter diesen Organen treten die Genitalien sehr bald hervor; es gibt Menschen, bei denen sich die Lustgewinnung am eigenen Genitale, ohne Beihilfe eines anderen Genitales oder Objekts, ohne Unterbrechung von der Säuglingsonanie bis zur Notonanie der Pubertätsjahre fortsetzt und dann unbestimmt lange darüber hinaus anhält. Mit dem Thema der Onanie würden wir übrigens nicht so bald fertig werden; es ist ein Stoff für vielseitige Betrachtung.

Trotz meiner Neigung, das Thema noch weiter zu verkürzen, muß ich Ihnen doch noch einiges über die Sexualforschung der Kinder sagen. Sie ist zu charakteristisch für die kindliche Sexualität und zu bedeutsam für die Symptomatik der Neurosen. Die infantile Sexualforschung beginnt sehr früh, manchmal vor dem dritten Lebensjahr. Sie knüpft nicht an den Geschlechtsunterschied an, der dem Kinde nichts besagt, da es — wenigstens die Knaben — beiden Geschlechtern das nämliche männliche Genitale zuschreibt. Macht der Knabe dann an einer kleinen Schwester oder Gespielin die Entdeckung der Vagina, so versucht er zuerst das Zeugnis seiner Sinne zu verleugnen, denn er kann sich ein ihm ähnliches menschliches Wesen ohne den ihm so wertvollen Teil nicht vorstellen. Später erschrickt er über die ihm eröffnete Möglichkeit, und etwaige frühere Drohungen wegen zu intensiver Beschäftigung mit seinem kleinen Glied gelangen nachträglich zur Wirkung. Er gelangt unter die Herrschaft des Kastrationskomplexes, dessen Gestaltung an seiner Charakterbildung, wenn er gesund bleibt, an seiner Neurose, wenn er erkrankt, und an seinen Widerständen, wenn er in analytische Behandlung gerät, großen Anteil hat. Von dem kleinen Mädchen wissen wir, daß es sich wegen des Mangels eines großen sichtbaren Penis für schwer benachteiligt hält, dem Knaben diesen Besitz neidet und wesentlich aus diesem Motiv den Wunsch entwickelt, ein Mann zu sein, welcher Wunsch späterhin in der Neurose, die wegen Mißgeschicks in ihrer weiblichen Rolle auftritt, wieder aufgenommen wird. Die Clitoris des Mädchens spielt übrigens im Kindesalter durchaus die Rolle des Penis, sie ist der Träger einer besonderen Erregbarkeit, die Stelle, an welcher die autoerotische Befriedigung erzielt wird. Es kommt für die Weibwerdung des kleinen Mädchens viel darauf an, daß die Clitoris diese Empfindlichkeit rechtzeitig und vollständig an den Scheideneingang abgebe. In den Fällen von sogenannter sexueller Anästhesie der Frauen hat die Clitoris die Empfindlichkeit hartnäckig festgehalten.

Das sexuelle Interesse des Kindes wendet sich vielmehr zuerst dem Problem zu, woher die Kinder kommen, demselben, welches der

Fragestellung der thebaischen Sphinx zugrunde liegt, und wird meist durch egoistische Befürchtung bei der Ankunft eines neuen Kindes geweckt. Die Antwort, welche die Kinderstube bereit hält, daß der Storch die Kinder bringe, stößt viel häufiger, als wir wissen, schon bei kleinen Kindern auf Unglauben. Die Empfindung, von den Erwachsenen um die Wahrheit betrogen zu werden, trägt viel zur Vereinsamung des Kindes und zur Entwicklung seiner Selbständigkeit bei. Aber das Kind ist nicht imstande, dies Problem aus eigenen Mitteln zu lösen. Seiner Erkenntnisfähigkeit sind durch seine unentwickelte Sexualkonstitution bestimmte Schranken gesetzt. Es nimmt zuerst an, daß die Kinder davon kommen, daß man etwas Besonderes in der Nahrung zu sich nimmt, und weiß auch nichts davon, daß nur Frauen Kinder bekommen können. Später erfährt man von dieser Einschränkung und gibt die Ableitung des Kindes vom Essen auf, sie bleibt für das Märchen erhalten. Das größer gewordene Kind merkt bald, daß der Vater irgendeine Rolle beim Kinderbekommen spielen müsse, kann aber nicht erraten, welche. Wenn es zufällig Zeuge eines geschlechtlichen Aktes wird, so sieht es in ihm einen Versuch der Überwältigung, eine Rauferei, das sadistische Mißverständnis des Koitus. Es bringt diesen Akt aber zunächst nicht mit dem Werden des Kindes in Zusammenhang. Auch wenn es Blutspuren in Bett und Wäsche der Mutter entdeckt, nimmt es sie als Beweis einer durch den Vater zugefügten Verletzung. In noch späteren Kinderjahren ahnt es wohl, daß das Geschlechtsglied des Mannes einen wesentlichen Anteil an der Entstehung der Kinder hat, kann diesem Körperteil aber keine andere Leistung zutrauen als die der Harnentleerung.

Von Anfang an sind die Kinder darin einig, daß die Geburt des Kindes durch den Darm erfolgen müsse, das Kind also zum Vorschein komme wie ein Kotballen. Erst nach der Entwertung aller analen Interessen wird diese Theorie verlassen und durch die Annahme ersetzt, daß der Nabel sich öffne oder daß die Region der Brust zwischen beiden Mammae die Geburtsstätte sei. In solcher Weise nähert sich das forschende Kind der Kenntnis der sexuellen Tatsachen oder geht durch seine Unwissenheit beirrt an ihnen vorbei, bis es, meist in den Jahren der Vorpubertät, eine gewöhnlich herabsetzende und unvollständige Aufklärung erfährt, die nicht selten traumatische Wirkungen äußert.

Sie werden gewiß gehört haben, meine Herren, daß der Begriff des Sexuellen in der Psychoanalyse eine ungebührliche Erweiterung erleidet, in der Absicht, die Sätze von der sexuellen Verursachung der Neurosen und von der sexuellen Bedeutung der Symptome aufrecht zu erhalten. Sie können nun selbst darüber urteilen, ob diese Erweiterung eine unberechtigte ist. Wir haben den Begriff der Sexualität nur soweit ausgedehnt, daß er auch das Sexualleben der Perversen und das der Kinder umfassen kann. Das heißt, wir haben ihm seinen richtigen Umfang wiedergegeben. Was man außerhalb der Psychoanalyse Sexualität heißt, bezieht sich nur auf ein eingeschränktes, im Dienste der Fortpflanzung stehendes und normal genanntes Sexualleben.

LIBIDOENTWICKLUNG
UND SEXUALORGANISATIONEN

Meine Herren! Ich stehe unter dem Eindruck, daß es mir nicht gelungen ist, Ihnen die Bedeutung der Perversionen für unsere Auffassung der Sexualität so recht überzeugend nahe zu bringen. Ich möchte darum bessern und nachtragen, soviel ich nur kann.

Es verhält sich ja nicht so, daß die Perversionen allein uns zu jener Abänderung des Begriffes Sexualität genötigt hätten, welche uns so heftigen Widerspruch eingetragen hat. Das Studium der infantilen Sexualität hat noch mehr dazu getan, und die Übereinstimmung der beiden wurde für uns entscheidend. Aber die Äußerungen der infantilen Sexualität, so unverkennbar sie in den späteren Kinderjahren sein mögen, scheinen sich doch gegen ihre Anfänge hin ins Unbestimmbare zu verflüchtigen. Wer auf Entwicklungsgeschichte und analytischen Zusammenhang nicht achten will, wird ihnen den Charakter des Sexuellen bestreiten und ihnen dafür irgend einen undifferenzierten Charakter zuerkennen. Vergessen Sie nicht, wir sind derzeit nicht im Besitze eines allgemein anerkannten Kennzeichens für die sexuelle Natur eines Vorganges, es sei denn wiederum die Zugehörigkeit zur Fortpflanzungsfunktion, die wir als zu engherzig ablehnen müssen. Die biologischen Kriterien, wie die von W. Fließ aufgestellten Periodizitäten zu 23 und 28 Tagen, sind noch durchaus strittig; die chemischen Eigentümlichkeiten der Sexualvorgänge, die wir vermuten dürfen, harren

erst ihrer Entdeckung. Die sexuellen Perversionen der Erwachsenen
hingegen sind etwas Greifbares und Unzweideutiges. Wie schon ihre
allgemein zugestandene Benennung erweist, sind sie unzweifelhaft
Sexualität. Mag man sie Degenerationszeichen oder anders heißen,
es hat noch niemand den Mut gefunden, sie anderswohin als zu den
Phänomenen des Sexuallebens zu stellen. Um ihretwillen allein sind wir
zur Behauptung berechtigt, daß Sexualität und Fortpflanzung nicht
zusammenfallen, denn es ist offenkundig, daß sie sämtlich das Ziel
der Fortpflanzung verleugnen.

Ich sehe da eine nicht uninteressante Parallele. Während für die
meisten „bewußt" und „psychisch" dasselbe ist, waren wir genötigt,
eine Erweiterung des Begriffes „psychisch" vorzunehmen und ein
Psychisches anzuerkennen, das nicht bewußt ist. Und ganz ähnlich
ist es, wenn die anderen „sexuell" und „zur Fortpflanzung gehörig"
— oder wenn Sie es kürzer sagen wollen: „genital" — für identisch
erklären, während wir nicht umhin können, ein „sexuell" gelten zu
lassen, das nicht „genital" ist, nichts mit der Fortpflanzung zu tun
hat. Es ist nur eine formale Ähnlichkeit, aber nicht ohne tiefere Begründung.

Wenn aber die Existenz der sexuellen Perversionen ein so zwingendes
Argument in dieser Frage ist, warum hat es nicht bereits längst seine
Wirkung getan und diese Frage erledigt? Ich weiß es wirklich nicht
zu sagen. Es scheint mir daran zu liegen, daß diese sexuellen Perversionen mit einer ganz besonderen Acht belegt sind, die auf die Theorie
übergreift und auch ihrer wissenschaftlichen Würdigung in den Weg
tritt. Als ob niemand vergessen könnte, daß sie nicht nur etwas Ab-
scheuliches, sondern auch etwas Ungeheuerliches, Gefährliches sind,
als ob man sie für verführerisch hielte und im Grunde einen geheimen
Neid gegen die sie Genießenden niederzukämpfen hätte, etwa wie
ihn der strafende Landgraf in der berühmten Tannhäuserparodie ein-
gesteht:

„Im Venusberg vergaß er Ehr' und Pflicht!
— Merkwürdig, unser einem passiert so etwas nicht."

In Wahrheit sind die Perversen eher arme Teufel, die außerordentlich hart für ihre schwer zu erringende Befriedigung büßen.

Was die perverse Betätigung trotz aller Fremdheit des Objektes und der Ziele zu einer so unverkennbar sexuellen macht, ist der Umstand, daß der Akt der perversen Befriedigung doch zumeist in vollen Orgasmus und in Entleerung der Genitalprodukte ausgeht. Das ist natürlich nur die Folge der Erwachsenheit der Personen; beim Kinde sind Orgasmus und Genitalexkretion nicht gut möglich, sie werden durch Andeutungen ersetzt, die wiederum nicht als sicher sexuell anerkannt werden.

Ich muß noch etwas hinzufügen, um die Würdigung der sexuellen Perversionen zu vervollständigen. So verrufen sie auch sein mögen, so scharf man sie auch der normalen Sexualbetätigung gegenüberstellt, so zeigt doch die bequeme Beobachtung, daß dem Sexualleben der Normalen nur selten der eine oder andere perverse Zug abgeht. Schon der Kuß hat Anspruch auf den Namen eines perversen Aktes, denn er besteht in der Vereinigung zweier erogener Mundzonen an Stelle der beiderlei Genitalien. Aber niemand verwirft ihn als pervers, er wird im Gegenteil in der Bühnendarstellung als gemilderte Andeutung des Sexualaktes zugelassen. Gerade das Küssen kann aber leicht zur vollen Perversion werden, wenn es nämlich so intensiv ausfällt, daß sich Genitalentladung und Orgasmus direkt daranschließen, was gar nicht so selten vorkommt. Im übrigen kann man erfahren, daß Betasten und Beschauen des Objektes für den einen unentbehrliche Bedingungen des Sexualgenusses sind, daß ein anderer auf der Höhe der sexuellen Erregung kneift oder beißt, daß die größte Erregtheit beim Liebenden nicht immer durch das Genitale, sondern durch eine andere Körperregion des Objektes hervorgerufen wird, und ähnliches in beliebiger Auswahl mehr. Es hat gar keinen Sinn, Personen mit einzelnen solchen Zügen aus der Reihe der Normalen auszuscheiden und zu den Perversen zu stellen, vielmehr erkennt man immer deutlicher, daß das Wesentliche der Perversionen nicht in der Überschreitung des Sexualzieles, nicht in der Ersetzung der Genitalien, ja nicht einmal immer in der Variation des Objektes besteht, sondern allein in der Ausschließlichkeit, mit welcher sich diese Abweichungen vollziehen, und durch welche der der Fortpflanzung dienende Sexualakt beiseite geschoben wird. So wie sich die perversen Handlungen als vorbereitende oder als verstärkende Beiträge in die Herbeiführung des normalen Sexualaktes einfügen, sind sie eigentlich keine Perversionen mehr. Natürlich wird die Kluft zwischen der normalen und der perversen Sexualität durch Tatsachen dieser Art sehr verringert. Es ergibt sich ungezwungen, daß die normale Sexualität aus etwas hervorgeht, was vor ihr bestanden hat, indem sie einzelne Züge dieses Materials als unbrauchbar ausscheidet und die anderen zusammenfaßt, um sie einem neuen, dem Fortpflanzungsziel, unterzuordnen.

Ehe wir unsere Vertrautheit mit den Perversionen dazu verwenden, um uns mit geklärten Voraussetzungen neuerlich in das Studium der infantilen Sexualität zu vertiefen, muß ich Sie auf einen wichtigen Unterschied zwischen beiden aufmerksam machen. Die perverse Sexualität ist in der Regel ausgezeichnet zentriert, alles Tun drängt zu einem — meist zu einem einzigen — Ziel, ein Partialtrieb hat bei ihr die Oberhand, er ist entweder der einzig nachweisbare oder hat die anderen seinen Absichten unterworfen. In dieser Hinsicht ist zwischen der perversen und der normalen Sexualität kein anderer Unterschied, als daß die herrschenden Partialtriebe und somit die Sexualziele verschiedene sind. Es ist sozusagen hier wie dort eine gut organisierte Tyrannis, nur daß hier die eine, dort eine andere Familie die Herrschaft an sich gerissen hat. Die infantile Sexualität ist dagegen im großen und ganzen ohne solche Zentrierung und Organisation, ihre einzelnen Partialtriebe sind gleichberechtigt, ein jeder geht auf eigene Faust dem Lusterwerb nach. Der Mangel wie die Anwesenheit der Zentrierung stimmen natürlich gut zu der Tatsache, daß beide, die perverse wie die normale Sexualität aus der infantilen hervorgegangen sind. Es gibt übrigens auch Fälle von perverser Sexualität, die weit mehr Ähnlichkeit mit der infantilen haben, indem sich zahlreiche Partialtriebe unabhängig voneinander mit ihren Zielen durchgesetzt oder besser: fortgesetzt haben. Man spricht in diesen Fällen richtiger von Infantilismus des Sexuallebens als von Perversion.

So vorbereitet können wir an die Erörterung eines Vorschlages gehen, der uns sicherlich nicht erspart werden wird. Man wird uns sagen: Warum steifen Sie sich darauf, die nach ihrem eigenen Zeugnis unbestimmbaren Äußerungen der Kindheit, aus denen später Sexuelles wird, auch schon Sexualität zu nennen? Warum wollen Sie sich nicht lieber mit der physiologischen Beschreibung begnügen und einfach sagen, beim Säugling beobachte man bereits Tätigkeiten, wie das Lutschen oder das Zurückhalten der Exkremente, die uns zeigen, daß er nach Organlust strebt? Dadurch würden Sie doch die jedes Gefühl beleidigende Aufstellung eines Sexuallebens für das kleinste Kind vermieden haben. — Ja, meine Herren, ich habe gar nichts gegen die Organlust einzuwenden; ich weiß, daß die höchste Lust der sexuellen Vereinigung auch nur eine an die Tätigkeit der Genitalien gebundene Organlust ist. Aber können Sie mir sagen, wann diese ursprünglich indifferente Organlust den sexuellen Charakter bekommt, den sie in späteren Phasen der Entwicklung unzweifelhaft besitzt? Wissen wir von der „Organlust" mehr als von der Sexualität? Sie werden antworten, der sexuelle Charakter käme eben hinzu, wenn die Genitalien ihre Rolle zu spielen beginnen; sexuell deckt sich mit genital. Sie werden selbst die Einwendung der Perversionen ablehnen, indem Sie mir vorhalten, daß es bei den meisten Perversionen doch auf die Erzielung des genitalen Orgasmus ankomme, wenn auch auf einem anderen Wege als durch die Vereinigung der Genitalien. Sie schaffen sich wirklich eine weit bessere Position, wenn Sie aus der Charakteristik des Sexuellen die infolge der Perversionen unhaltbare Beziehung zur Fortpflanzung streichen und dafür die Genitaltätigkeit voranstellen. Aber dann sind wir nicht mehr weit auseinander; es stehen einfach die Genitalorgane gegen die anderen Organe. Was machen Sie nun aber gegen die vielfachen Erfahrungen, die Ihnen zeigen, daß die Genitalien für die Lustgewinnung durch andere Organe vertreten werden können, wie beim normalen Kuß, wie in den perversen Prak-

tiken der Lebewelt, wie in der Symptomatik der Hysterie? Bei dieser
Neurose ist es ganz gewöhnlich, daß Reizerscheinungen, Sensationen
und Innervationen, selbst die Vorgänge der Erektion, die an den
Genitalien daheim sind, auf andere entfernte Körperregionen verschoben werden (z. B. bei der Verlegung nach oben auf Kopf und
Gesicht). In solcher Weise überführt, daß Sie nichts haben, was Sie
zur Charakteristik Ihres Sexuellen festhalten können, werden Sie sich
wohl entschließen müssen, meinem Beispiel zu folgen und die Bezeichnung „sexuell" auch auf die nach Organlust strebenden Betätigungen der frühen Kindheit auszudehnen.

Und nun wollen Sie zu meiner Rechtfertigung noch zwei weiteren
Erwägungen Raum geben. Wie Sie wissen, heißen wir die zweifel-
haften und unbestimmbaren Lustbetätigungen der frühesten Kindheit sexuell, weil wir auf dem Wege der Analyse von den Symptomen
aus über unbestreitbar sexuelles Material zu ihnen gelangen. Es müßte
nicht darum auch selbst sexuell sein, zugestanden. Aber nehmen Sie
einen analogen Fall. Stellen Sie sich vor, wir hätten keinen Weg, die
Entwicklung zweier dikotyledonen Pflanzen, des Apfelbaumes und
der Bohne, aus ihren Samen zu beobachten, aber es sei uns in beiden
Fällen möglich, ihre Entwicklung vom voll ausgebildeten pflanzlichen
Individuum bis zum ersten Keimling mit zwei Keimblättern rück-
schreitend zu verfolgen. Die beiden Keimblättchen sehen indifferent
aus, sind in beiden Fällen ganz gleichartig. Werde ich darum annehmen,
daß sie wirklich gleichartig sind, und daß die spezifische Differenz
zwischen Apfelbaum und Bohne erst später in die Vegetation eintritt?
Oder ist es biologisch korrekter zu glauben, daß diese Differenz schon
im Keimling vorhanden ist, obwohl ich den Keimblättern eine Verschiedenheit nicht ansehen kann. Dasselbe tun wir aber, wenn wir
die Lust bei Säuglingsbetätigungen eine sexuelle heißen. Ob alle und
jede Organlust eine sexuelle genannt werden darf, oder ob es neben
der sexuellen eine andere gibt, welche diesen Namen nicht verdient,
das kann ich hier nicht diskutieren. Ich weiß zu wenig von der Organlust und von ihren Bedingungen und darf mich bei dem rückschreitenden

Charakter der Analyse überhaupt nicht verwundern, wenn ich am letzten Ende bei derzeit unbestimmbaren Momenten anlange.

Und noch eins! Sie haben im ganzen für das, was Sie behaupten wollen, für die sexuelle Reinheit des Kindes, sehr wenig gewonnen, auch wenn Sie mich davon überzeugen können, daß die Säuglingsbetätigungen besser als nicht sexuelle eingeschätzt werden sollen. Denn schon vom dritten Lebensjahre an ist das Sexualleben des Kindes all diesen Zweifeln entzogen; um diese Zeit beginnen bereits die Genitalien sich zu regen, es ergibt sich vielleicht regelmäßig eine Periode von infantiler Masturbation, also Genitalbefriedigung. Die seelischen und sozialen Äußerungen des Sexuallebens brauchen nicht mehr vermißt zu werden; Objektwahl, zärtliche Bevorzugung einzelner Personen, ja Entscheidung für eines der beiden Geschlechter, Eifersucht, sind durch unparteiische Beobachtungen unabhängig und vor der Zeit der Psychoanalyse festgestellt worden und können von jedem Beobachter, der es sehen will, bestätigt werden. Sie werden einwenden, an dem frühen Erwachen der Zärtlichkeit haben Sie nicht gezweifelt, nur daran, daß diese Zärtlichkeit den „sexuellen" Charakter trägt. Diesen zu verbergen haben die Kinder allerdings zwischen drei und acht Jahren bereits gelernt, aber wenn Sie aufmerksam sind, können Sie für die „sinnlichen" Absichten dieser Zärtlichkeit immerhin genug Beweise sammeln, und was Ihnen dann noch abgeht, werden die analytischen Ausforschungen mühelos in reichem Maße ergeben. Die Sexualziele dieser Lebenszeit stehen in innigstem Zusammenhang mit der gleichzeitigen Sexualforschung, von der ich Ihnen einige Proben gegeben habe. Der perverse Charakter einiger dieser Ziele hängt natürlich von der konstitutionellen Unreife des Kindes ab, welches das Ziel des Begattungsaktes noch nicht entdeckt hat.

Etwa vom sechsten bis achten Lebensjahr an macht sich ein Stillstand und Rückgang in der Sexualentwicklung bemerkbar, der in den kulturell günstigsten Fällen den Namen einer Latenzzeit verdient. Die Latenzzeit kann auch entfallen, sie braucht keine Unterbrechung der Sexualbetätigung und der Sexualinteressen auf der ganzen Linie mit sich zu bringen. Die meisten Erlebnisse und seelischen Regungen vor dem Eintritt der Latenzzeit verfallen dann der infantilen Amnesie, dem bereits erörterten Vergessen, welches unsere erste Jugend verhüllt und uns ihr entfremdet. In jeder Psychoanalyse stellt sich die Aufgabe her, diese vergessene Lebensperiode in die Erinnerung zurückzuführen; man kann sich der Vermutung nicht erwehren, daß die in ihr enthaltenen Anfänge des Sexuallebens das Motiv zu diesem Vergessen ergeben haben, daß dies Vergessen also ein Erfolg der Verdrängung ist.

Das Sexualleben des Kindes zeigt vom dritten Lebensjahr an viel Übereinstimmung mit dem des Erwachsenen; es unterscheidet sich von dem letzteren, wie wir bereits wissen, durch den Mangel einer festen Organisation unter dem Primat der Genitalien, durch die unvermeidlichen Züge von Perversion und natürlich auch durch weit geringere Intensität der ganzen Strebung. Aber die für die Theorie interessantesten Phasen der Sexual-, oder wie wir sagen wollen, der Libidoentwicklung, liegen hinter diesem Zeitpunkt. Diese Entwicklung wird so rasch durchlaufen, daß es der direkten Beobachtung wahrscheinlich niemals gelungen wäre, ihre flüchtigen Bilder festzuhalten. Erst mit Hilfe der psychoanalytischen Durchforschung der Neurosen ist es möglich geworden, noch weiter zurückliegende Phasen der Libidoentwicklung zu erraten. Es sind dies gewiß nichts anderes als Konstruktionen, aber wenn Sie die Psychoanalyse praktisch betreiben, werden Sie finden, daß es notwendige und nutzbringende Konstruktionen sind. Wie es zugeht, daß die Pathologie uns hier Verhältnisse verraten kann, welche wir am normalen Objekt übersehen müssen, werden Sie bald verstehen.

Wir können also jetzt angeben, wie sich das Sexualleben des Kindes gestaltet, ehe der Primat der Genitalien hergestellt ist, der sich in der ersten infantilen Epoche vor der Latenzzeit vorbereitet und von der Pubertät an dauernd organisiert. Es besteht in dieser Vorzeit eine Art von lockerer Organisation, die wir prägenital nennen wollen.

Im Vordergrunde dieser Phase stehen aber nicht die genitalen Partialtriebe, sondern die sadistischen und analen. Der Gegensatz von männlich und weiblich spielt hier noch keine Rolle; seine Stelle nimmt der Gegensatz zwischen aktiv und passiv ein, den man als den Vorläufer der sexuellen Polarität bezeichnen kann, mit welcher er sich auch späterhin verlötet. Was uns an den Betätigungen dieser Phase als männlich erscheint, wenn wir sie von der Genitalphase her betrachten, erweist sich als Ausdruck eines Bemächtigungstriebes, der leicht ins Grausame übergreift. Strebungen mit passivem Ziel knüpfen sich an die um diese Zeit sehr bedeutsame erogene Zone des Darmausganges. Schau- und Wißtrieb regen sich kräftig; das Genitale nimmt am Sexualleben eigentlich nur in seiner Rolle als Exkretionsorgan für den Harn Anteil. Es fehlt den Partialtrieben dieser Phase nicht an Objekten, aber diese Objekte fallen nicht notwendig zu einem Objekt zusammen. Die sadistisch-anale Organisation ist die nächste Vorstufe für die Phase des Genitalprimats. Ein eingehenderes Studium weist nach, wieviel von ihr für die spätere endgültige Gestaltung erhalten bleibt, und auf welchen Wegen ihre Partialtriebe zur Einreihung in die neue Genitalorganisation genötigt werden. Hinter der sadistisch-analen Phase der Libidoentwicklung gewinnen wir noch den Ausblick auf eine frühere, noch mehr primitive Organisationsstufe, auf welcher die erogene Mundzone die Hauptrolle spielt. Sie können erraten, daß die Sexualbetätigung des Lutschens ihr angehört, und dürfen das Verständnis der alten Ägypter bewundern, deren Kunst das Kind, auch den göttlichen Horus, durch den Finger im Munde charakterisiert. Abraham hat erst kürzlich Mitteilungen darüber gemacht, welche Spuren diese primitive orale Phase für das Sexualleben späterer Jahre hinterläßt.

Meine Herren! Ich kann ja vermuten, daß die letzten Mitteilungen über die Sexualorganisationen Ihnen mehr Belastung als Belehrung gebracht haben. Vielleicht bin ich auch wieder zu weit in Einzelheiten eingegangen. Aber haben Sie Geduld; was Sie da gehört haben, wird Ihnen durch spätere Verwendung wertvoller werden. Halten

Sie für jetzt an dem Eindruck fest, daß das Sexualleben — wie wir sagen: die Libidofunktion — nicht als etwas Fertiges auftritt, auch nicht in seiner eigenen Ähnlichkeit weiterwächst, sondern eine Reihe von aufeinanderfolgenden Phasen durchmacht, die einander nicht gleichsehen, daß es also eine mehrmals wiederholte Entwicklung ist wie von der Raupe zum Schmetterling. Wendepunkt der Entwicklung ist die Unterordnung aller sexuellen Partialtriebe unter den Primat der Genitalien und damit die Unterwerfung der Sexualität unter die Fortpflanzungsfunktion. Vorher ein sozusagen zerfahrenes Sexualleben, selbständige Betätigung der einzelnen nach Organlust strebenden Partialtriebe. Diese Anarchie gemildert durch Ansätze zu „prägenitalen" Organisationen, zunächst die sadistisch-anale Phase, hinter ihr die orale, vielleicht die primitivste. Dazu die verschiedenen, noch ungenau bekannten Prozesse, welche die eine Organisationsstufe in die spätere und nächsthöhere überführen. Welche Bedeutung es für die Einsicht in die Neurosen hat, daß die Libido einen so langen und absatzreichen Entwicklungsweg zurücklegt, werden wir ein nächstes Mal erfahren.

Heute werden wir noch eine andere Seite dieser Entwicklung verfolgen, nämlich die Beziehung der sexuellen Partialtriebe zum Objekt. Vielmehr wir werden einen flüchtigen Überblick über diese Entwicklung nehmen, um bei einem ziemlich späten Ergebnis derselben länger zu verweilen. Also einige der Komponenten des Sexualtriebes haben von vorneherein ein Objekt und halten es fest, so der Bemächtigungstrieb (Sadismus), der Schau- und Wißtrieb. Andere, die deutlicher an bestimmte erogene Körperzonen geknüpft sind, haben es nur im Anfang, solange sie sich noch an die nicht sexuellen Funktionen anlehnen, und geben es auf, wenn sie sich von diesen loslösen. So ist das erste Objekt der oralen Komponente des Sexualtriebes die Mutterbrust, welche das Nahrungsbedürfnis des Säuglings befriedigt. Im Akte des Lutschens macht sich die beim Saugen mitbefriedigte erotische Komponente selbständig, gibt das fremde Objekt auf und ersetzt es durch eine Stelle am eigenen Körper. Der orale

Trieb wird a u t o e r o t i s c h, wie es die analen und die anderen erogenen Triebe von vornherein sind. Die weitere Entwicklung hat,
um es aufs knappste auszudrücken, zwei Ziele: erstens den Autoerotismus zu verlassen, das Objekt am eigenen Körper wiederum gegen
ein fremdes Objekt zu vertauschen, und zweitens: die verschiedenen
Objekte der einzelnen Triebe zu unifizieren, durch ein einziges Objekt zu ersetzen. Das kann natürlich nur gelingen, wenn dies eine
Objekt wiederum ein ganzer, dem eigenen ähnlicher Körper ist. Es
kann sich auch nicht vollziehen, ohne daß eine Anzahl der autoero-
tischen Triebregungen als unbrauchbar zurückgelassen wird.

Die Prozesse der Objektfindung sind ziemlich verwickelt, haben
bisher auch noch keine übersichtliche Darstellung gefunden. Heben
wir für unsere Absicht hervor, daß, wenn der Prozeß in den Kinderjahren vor der Latenzzeit einen gewissen Abschluß erreicht hat, das
gefundene Objekt sich als fast identisch erweist mit dem ersten, durch
Anlehnung gewonnenen Objekt des oralen Lusttriebes. Es ist, wenn
auch nicht die Mutterbrust, so doch die Mutter. Wir nennen die
Mutter das erste L i e b e s objekt. Von Liebe sprechen wir nämlich,
wenn wir die seelische Seite der Sexualstrebungen in den Vordergrund rücken und die zu Grunde liegenden körperlichen oder „sinnlichen" Triebanforderungen zurückdrängen oder für einen Moment
vergessen wollen. Um die Zeit, da die Mutter Liebesobjekt wird, hat
auch bereits beim Kinde die psychische Arbeit der Verdrängung begonnen, welche seinem Wissen die Kenntnis eines Teiles seiner
Sexualziele entzieht. An diese Wahl der Mutter zum Liebesobjekt
knüpft nun all das an, was unter dem Namen des „Ö d i p u s komplexes" in der psychoanalytischen Aufklärung der Neurosen zu so
großer Bedeutung gekommen ist und einen vielleicht nicht geringeren
Anteil an dem Widerstand gegen die Psychoanalyse gewonnen hat.

Hören Sie eine kleine Begebenheit an, die sich im Laufe dieses
Krieges zugetragen hat: Einer der wackeren Jünger der Psychoanalyse befindet sich als Arzt an der deutschen Front irgendwo in Polen
und erregt die Aufmerksamkeit der Kollegen dadurch, daß er ge-

legentlich eine unerwartete Beeinflussung eines Kranken zu stande bringt. Auf Befragen bekennt er, daß er mit den Mitteln der Psychoanalyse arbeitet, und muß sich bereit erklären, den Kollegen von seinem Wissen mitzuteilen. Allabendlich versammeln sich nun die Ärzte des Korps, Kollegen und Vorgesetzte, um den Geheimlehren der Analyse zu lauschen. Das geht eine Weile gut, aber nachdem er den Hörern vom Ödipuskomplex gesprochen hat, erhebt sich ein Vorgesetzter und äußert, das glaube er nicht, es sei eine Gemeinheit des Vortragenden, ihnen, braven Männern, die für ihr Vaterland kämpfen, und Familienvätern, solche Dinge zu erzählen, und er verbiete die Fortsetzung der Vorträge. Damit war es zu Ende. Der Analytiker ließ sich an einen anderen Teil der Front versetzen. Ich glaube aber, es steht schlecht, wenn der deutsche Sieg einer solchen „Organisation" der Wissenschaft bedarf, und die deutsche Wissenschaft wird diese Organisation nicht gut vertragen.

Nun werden Sie darauf gespannt sein zu erfahren, was dieser schreckliche Ödipuskomplex enthält. Der Name sagt es Ihnen. Sie kennen alle die griechische Sage vom König Ödipus, der durch das Schicksal dazu bestimmt ist, seinen Vater zu töten und seine Mutter zum Weibe zu nehmen, der alles tut, um dem Orakelspruch zu entgehen, und sich dann durch Blendung bestraft, nachdem er erfahren, daß er diese beiden Verbrechen unwissentlich doch begangen hat. Ich hoffe, viele von Ihnen haben die erschütternde Wirkung der Tragödie, in welcher Sophokles diesen Stoff behandelt, an sich selbst erlebt. Das Werk des attischen Dichters stellt dar, wie die längst vergangene Tat des Ödipus durch eine kunstvoll verzögerte und durch immer neue Anzeichen angefachte Untersuchung allmählich enthüllt wird; es hat insofern eine gewisse Ähnlichkeit mit dem Fortgang einer Psychoanalyse. Im Verlaufe des Dialogs kommt es vor, daß die verblendete Mutter-Gattin Jokaste sich der Fortsetzung der Untersuchung widersetzt. Sie beruft sich darauf, daß vielen Menschen im Traum zuteil geworden, daß sie der Mutter beiwohnen, aber Träume dürfe man gering achten. Wir achten Träume nicht gering, am wenigsten typische Träume, solche, die sich vielen Menschen ereignen, und zweifeln nicht daran, daß der von Jokaste erwähnte Traum innig mit dem befremdenden und erschreckenden Inhalt der Sage zusammenhängt.

Es ist zu verwundern, daß die Tragödie des Sophokles nicht vielmehr empörte Ablehnung beim Zuhörer hervorruft, eine ähnliche und weit mehr berechtigte Reaktion als die unseres schlichten Militärarztes. Denn sie ist im Grunde ein unmoralisches Stück, sie hebt die sittliche Verantwortlichkeit des Menschen auf, zeigt göttliche Mächte als die Anordner des Verbrechens und die Ohnmacht der sittlichen Regungen des Menschen, die sich gegen das Verbrechen wehren. Man könnte leicht glauben, daß der Sagenstoff eine Anklage der Götter und des Schicksals beabsichtige, und in den Händen des kritischen, mit den Göttern zerfallenen, Euripides wäre es wahrscheinlich eine solche Anklage geworden. Aber beim gläubigen Sophokles ist von dieser Verwendung keine Rede; eine fromme Spitzfindigkeit, es sei die höchste Sittlichkeit, sich dem Willen der Götter, auch wenn er Verbrecherisches anordne, zu beugen, hilft über die Schwierigkeit hinweg. Ich kann nicht finden, daß diese Moral zu den Stärken des Stückes gehört, aber sie ist für die Wirkung desselben gleichgültig. Der Zuhörer reagiert nicht auf sie, sondern auf den geheimen Sinn und Inhalt der Sage. Er reagiert so, als hätte er durch Selbstanalyse den Ödipuskomplex in sich erkannt und den Götterwillen sowie das Orakel als erhöhende Verkleidungen seines eigenen Unbewußten entlarvt. Als ob er sich der Wünsche, den Vater zu beseitigen und an seiner Statt die Mutter zum Weibe zu nehmen, erinnern und sich über sie entsetzen müßte. Er versteht auch die Stimme des Dichters so, als ob sie ihm sagen wollte: Du sträubst dich vergebens gegen deine Verantwortlichkeit und beteuerst, was du gegen diese verbrecherischen Absichten getan hast. Du bist doch schuldig, denn du hast sie nicht vernichten können; sie bestehen noch unbewußt in dir. Und darin ist psychologische Wahrheit enthalten. Auch wenn der Mensch seine bösen Regungen ins Unbewußte verdrängt hat und sich dann sagen möchte, daß er für sie nicht verantwortlich ist, wird er doch gezwungen, diese Verantwortlichkeit als ein Schuldgefühl von ihm unbekannter Begründung zu verspüren.

Es ist ganz unzweifelhaft, daß man in dem Ödipuskomplex eine der wichtigsten Quellen des Schuldbewußtseins sehen darf, von dem die Neurotiker so oft gepeinigt werden. Aber noch mehr: in einer Studie über die Anfänge der menschlichen Religion und Sittlichkeit, die ich 1913 unter dem Titel „Totem und Tabu" veröffentlicht habe, ist mir die Vermutung nahe gekommen, daß vielleicht die Menschheit als Ganzes ihr Schuldbewußtsein, die letzte Quelle von Religion und Sittlichkeit, zu Beginn ihrer Geschichte am Ödipuskomplex erworben hat. Ich möchte Ihnen gerne mehr darüber sagen, aber ich unterlasse es besser. Es ist schwer, von diesem Thema abzubrechen, wenn man mit ihm begonnen hat, und wir müssen zur individuellen Psychologie zurückkehren.

Was läßt also die direkte Beobachtung des Kindes zur Zeit der Objektwahl vor der Latenzzeit vom Ödipuskomplex erkennen? Nun, man sieht leicht, daß der kleine Mann die Mutter für sich allein haben will, die Anwesenheit des Vaters als störend empfindet, unwillig wird, wenn dieser sich Zärtlichkeiten gegen die Mutter erlaubt, seine Zufriedenheit äußert, wenn der Vater verreist oder abwesend ist. Häufig gibt er seinen Gefühlen direkten Ausdruck in Worten, verspricht der Mutter, daß er sie heiraten wird. Man wird meinen, das sei wenig im Vergleich zu den Taten des Ödipus, aber es ist tatsächlich genug, es ist im Keime dasselbe. Die Beobachtung wird häufig durch den Umstand verdunkelt, daß dasselbe Kind gleichzeitig bei anderen Gelegenheiten eine große Zärtlichkeit für den Vater kundgibt; allein solche gegensätzliche — oder besser gesagt: ambivalente — Gefühlseinstellungen, die beim Erwachsenen zum Konflikt führen würden, vertragen sich beim Kinde eine lange Zeit ganz gut miteinander, wie sie später im Unbewußten dauernd nebeneinander Platz finden. Man wird auch einwenden wollen, daß das Benehmen des kleinen Knaben egoistischen Motiven entspringt und keine Berechtigung zur

Aufstellung eines erotischen Komplexes gibt. Die Mutter sorgt für alle Bedürfnisse des Kindes, und das Kind hat darum ein Interesse daran, daß sie sich um keine andere Person bekümmere. Auch das ist richtig, aber es wird bald klar, daß in dieser wie in ähnlichen Situationen das egoistische Interesse nur die Anlehnung bietet, an welche die erotische Strebung anknüpft. Zeigt der Kleine die unverhüllteste sexuelle Neugierde für seine Mutter, verlangt er, nachts bei ihr zu schlafen, drängt sich zur Anwesenheit bei ihrer Toilette auf oder unternimmt er gar Verführungsversuche, wie es die Mutter so oft feststellen und lachend berichten kann, so ist die erotische Natur der Bindung an die Mutter doch gegen jeden Zweifel gesichert. Man darf auch nicht vergessen, daß die Mutter dieselbe Fürsorge für ihr Töchterchen entfaltet, ohne dieselbe Wirkung zu erzielen, und daß der Vater oft genug mit ihr in der Bemühung um den Knaben wetteifert, ohne daß es ihm gelänge, sich dieselbe Bedeutung wie die Mutter zu erwerben. Kurz, daß das Moment der geschlechtlichen Bevorzugung durch keine Kritik aus der Situation zu eliminieren ist. Vom Standpunkt des egoistischen Interesses wäre es nur unklug von dem kleinen Mann, wenn er nicht lieber zwei Personen in seinen Diensten dulden würde, als nur eine von ihnen.

Ich habe, wie Sie merken, nur das Verhältnis des Knaben zu Vater und Mutter geschildert. Für das kleine Mädchen gestaltet es sich mit den notwendigen Abänderungen ganz ähnlich. Die zärtliche Anhänglichkeit an den Vater, das Bedürfnis, die Mutter als überflüssig zu beseitigen und ihre Stelle einzunehmen, eine bereits mit den Mitteln der späteren Weiblichkeit arbeitende Koketterie ergeben gerade beim kleinen Mädchen ein reizvolles Bild, welches uns an den Ernst und die möglichen schweren Folgen hinter dieser infantilen Situation vergessen läßt. Versäumen wir nicht hinzuzufügen, daß häufig die Eltern selbst einen entscheidenden Einfluß auf die Erweckung der Ödipuseinstellung des Kindes üben, indem sie selbst der geschlechtlichen Anziehung folgen, und wo mehrere Kinder sind, in der deutlichsten Weise der Vater das Töchterchen und die Mutter den Sohn in ihrer

Zärtlichkeit bevorzugen. Aber die spontane Natur des kindlichen Ödipuskomplexes kann nicht einmal durch dieses Moment ernstlich erschüttert werden. Der Ödipuskomplex erweitert sich zum Familien-
komplex, wenn andere Kinder dazukommen. Er motiviert nun mit
neuerlicher Anlehnung an die egoistische Schädigung, daß diese Geschwister mit Abneigung empfangen und unbedenklich durch den
Wunsch beseitigt werden. Diesen Haßempfindungen geben die Kinder
sogar in der Regel weit eher wörtlichen Ausdruck als den aus dem
Elternkomplex entspringenden. Geht ein solcher Wunsch in Erfüllung
und nimmt der Tod den unerwünschten Zuwachs binnen kurzem
wieder weg, so kann man aus späterer Analyse erfahren, ein wie
wichtiges Erlebnis dieser Todesfall für das Kind gewesen ist, wiewohl
er im Gedächtnis desselben nicht gehaftet zu haben braucht. Das
durch die Geburt eines Geschwisterchens in die zweite Linie ge-
drängte, für die erste Zeit von der Mutter fast isolierte Kind, vergißt
ihr diese Zurückstellung nur schwer; Gefühle, die man beim Erwachsenen als schwere Erbitterung bezeichnen würde, stellen sich
bei ihm ein und werden oft zur Grundlage einer dauernden Entfremdung. Daß die Sexualforschung mit all ihren Konsequenzen gewöhnlich an diese Lebenserfahrung des Kindes anknüpft, haben wir
schon erwähnt. Mit dem Heranwachsen dieser Geschwister erfährt
die Einstellung zu ihnen die bedeutsamsten Wandlungen. Der Knabe
kann die Schwester zum Liebesobjekt nehmen als Ersatz für die treu-
lose Mutter; zwischen mehreren Brüdern, die um ein jüngeres Schwe-
sterchen werben, ergeben sich schon in der Kinderstube die für das
spätere Leben bedeutsamen Situationen einer feindseligen Rivalität.
Ein kleines Mädchen findet im älteren Bruder einen Ersatz für den
Vater, der sich nicht mehr wie in den frühesten Jahren zärtlich um
sie kümmert, oder sie nimmt eine jüngere Schwester zum Ersatz für
das Kind, das sie sich vergeblich vom Vater gewünscht hat.

Solches und sehr viel mehr von ähnlicher Natur zeigt Ihnen die
direkte Beobachtung der Kinder und die Würdigung ihrer klar erhaltenen, von der Analyse nicht beeinflußten Erinnerungen aus den

Kinderjahren. Sie werden daraus unter anderem den Schluß ziehen, daß die Stellung eines Kindes in der Kinderreihe ein für die Gestaltung seines späteren Lebens überaus wichtiges Moment ist, welches in jeder Lebensbeschreibung Rücksicht finden sollte. Aber, was wichtiger ist, Sie werden sich angesichts dieser mühelos zu gewinnenden Aufklärungen der Äußerungen der Wissenschaft zur Erklärung des Inzestverbotes nicht ohne Lächeln erinnern können. Was ist da nicht alles erfunden worden! Die geschlechtliche Neigung soll durch das Zusammenleben von Kindheit her von den andersgeschlechtlichen Mitgliedern derselben Familie abgelenkt worden sein, oder eine biologische Tendenz zur Vermeidung der Inzucht soll in der angeborenen Inzestscheu ihre psychische Repräsentanz finden! Wobei noch ganz vergessen wird, daß es keines so unerbittlichen Verbotes durch Gesetz und Sitte bedürfte, wenn es irgend verläßliche natürliche Schranken gegen die Inzestversuchung gäbe. Im Gegenteil liegt die Wahrheit. Die erste Objektwahl der Menschen ist regelmäßig eine inzestuöse, beim Manne auf Mutter und Schwester gerichtete, und es bedarf der schärfsten Verbote, um diese fortwirkende infantile Neigung von der Wirklichkeit abzuhalten. Bei den heute noch lebenden Primitiven, den wilden Völkern, sind die Inzestverbote noch viel schärfer als bei uns, und kürzlich hat Th. Reik in einer glänzenden Arbeit gezeigt, daß die Pubertätsriten der Wilden, die eine Wiedergeburt darstellen, den Sinn haben, die inzestuöse Bindung der Knaben an ihre Mutter aufzuheben und ihre Versöhnung mit dem Vater herzustellen.

Die Mythologie belehrt Sie, daß der von den Menschen angeblich so verabscheute Inzest unbedenklich den Göttern zugestanden wird, und aus der alten Geschichte können Sie erfahren, daß die inzestuöse Schwesterehe für die Person des Herrschers geheiligte Vorschrift war (bei den alten Pharaonen, den Incas von Peru). Es handelt sich also um ein der gemeinen Menge versagtes Vorrecht.

Der Mutterinzest ist das eine Verbrechen des Ödipus, der Vatermord das andere. Nebenbei erwähnt, es sind auch die beiden großen Verbrechen, welche die erste sozial-religiöse Institution der Menschen, der Totemismus, verpönt. Wenden wir uns nun von der direkten Beobachtung des Kindes zur analytischen Erforschung des neurotisch gewordenen Erwachsenen. Was leistet die Analyse zur weiteren Kenntnis des Ödipuskomplexes? Nun, das ist kurz zu sagen. Sie weist ihn so auf, wie ihn die Sage erzählt; sie zeigt, daß jeder dieser Neurotiker selbst ein Ödipus war oder, was auf dasselbe ausgeht, in der Reaktion auf den Komplex ein Hamlet geworden ist. Natürlich ist die analytische Darstellung des Ödipuskomplexes eine Vergrößerung und Vergröberung der infantilen Skizze. Der Haß gegen den Vater, die Todeswünsche gegen ihn, sind nicht mehr schüchtern angedeutet, die Zärtlichkeit für die Mutter bekennt sich zum Ziel, sie als Weib zu besitzen. Dürfen wir diese grellen und extremen Gefühlsregungen wirklich jenen zarten Kinderjahren zutrauen oder täuscht uns die Analyse durch die Einmengung eines neuen Moments? Es ist nicht schwer, ein solches aufzufinden. Jedesmal, wenn ein Mensch über Vergangenes berichtet, und sei er auch ein Geschichtschreiber, haben wir in Betracht zu ziehen, was er unabsichtlich aus der Gegenwart oder aus dazwischenliegenden Zeiten in die Vergangenheit zurückversetzt, so daß er das Bild derselben fälscht. Im Falle des Neurotikers ist es sogar fraglich, ob diese Rückversetzung eine ganz und gar unabsichtliche ist; wir werden Motive für sie später kennenlernen und der Tatsache des „Rückphantasierens" in frühe Vergangenheit überhaupt gerecht werden müssen. Wir entdecken auch leicht, daß der Haß gegen den Vater durch eine Anzahl von Motiven verstärkt ist, die aus späteren Zeiten und Beziehungen stammen, daß die sexuellen Wünsche auf die Mutter in Formen gegossen sind, die dem Kinde noch fremd sein mußten. Aber es wäre ein vergebliches Bemühen, wenn wir das Ganze des Ödipuskomplexes durch Rückphantasieren erklären und auf spätere Zeiten beziehen wollten. Der infantile Kern und auch mehr oder weniger vom Beiwerk bleibt bestehen, wie ihn die direkte Beobachtung des Kindes bestätigt.

Die klinische Tatsache, die uns hinter der analytisch festgestellten Form des Ödipuskomplexes entgegentritt, ist nun von der höchsten praktischen Bedeutung. Wir erfahren, daß zur Zeit der Pubertät, wenn der Sexualtrieb zuerst in voller Stärke seine Ansprüche erhebt, die alten familiären und inzestuösen Objekte wieder aufgenommen und von neuem libidinös besetzt werden. Die infantile Objektwahl war nur ein schwächliches, aber Richtung gebendes Vorspiel der Objektwahl in der Pubertät. Hier spielen sich nun sehr intensive Gefühlsvorgänge in der Richtung des Ödipuskomplexes oder in der Reaktion auf ihn ab, die aber, weil ihre Voraussetzungen unerträglich geworden sind, zum großen Teil dem Bewußtsein ferne bleiben müssen. Von dieser Zeit an muß sich das menschliche Individuum der großen Aufgabe der Ablösung von den Eltern widmen, nach deren Lösung es erst aufhören kann Kind zu sein, um ein Mitglied der sozialen Gemeinschaft zu werden. Die Aufgabe besteht für den Sohn darin, seine libidinösen Wünsche von der Mutter zu lösen, um sie für die Wahl eines realen fremden Liebesobjektes zu verwenden, und sich mit dem Vater zu versöhnen, wenn er in Gegnerschaft zu ihm verblieben ist, oder sich von seinem Druck zu befreien, wenn er in Reaktion auf die infantile Auflehnung in die Unterwürfigkeit gegen ihn geraten ist. Diese Aufgaben ergeben sich für jedermann; es ist beachtenswert, wie selten ihre Erledigung in idealer Weise, d. h. psychologisch wie sozial korrekt, gelingt. Den Neurotikern aber gelingt diese Lösung überhaupt nicht, der Sohn bleibt sein lebelang unter die Autorität des Vaters gebeugt und ist nicht imstande, seine Libido auf ein fremdes Sexualobjekt zu übertragen. Dasselbe kann mit Veränderung der Beziehung das Los der Tochter werden. In diesem Sinne gilt der Ödipuskomplex mit Recht als der Kern der Neurosen.

Sie ahnen, meine Herren, wie flüchtig ich über eine große Anzahl von praktisch wie theoretisch bedeutsamen Verhältnissen, die mit dem Ödipuskomplex zusammenhängen, hinwegsetze. Ich gehe auch auf seine Variationen und seine mögliche Umkehrung nicht ein. Von den entfernteren Beziehungen desselben will ich Ihnen nur noch andeuten, daß er sich als höchst bestimmend für die dichterische Produktion erwiesen hat. Otto Rank hat in einem verdienstvollen Buch gezeigt, daß die Dramatiker aller Zeiten ihre Stoffe hauptsächlich dem Ödipus- und Inzestkomplex, dessen Variationen und Verschleierungen, entnommen haben. Es soll auch nicht unerwähnt bleiben, daß die beiden verbrecherischen Wünsche des Ödipuskomplexes längst vor der Zeit der Psychoanalyse als die richtigen Repräsentanten des ungehemmten Trieblebens erkannt worden sind. Unter den Schriften des Enzyklopädisten Diderot finden Sie einen berühmten Dialog „Le neveu de Rameau", den kein Geringerer als Goethe deutsch bearbeitet hat. Dort können Sie den merkwürdigen Satz lesen: *Si le petit sauvage était abandonné à lui-même, qu'il conserva toute son imbecillité et qu'il réunit au peu de raison de l'enfant au berceau la violence des passions de l'homme de trente ans, il tordrait le cou à son père et coucherait avec sa mère.*

Aber etwas anderes kann ich nicht übergehen. Die Mutter-Gattin des Ödipus soll uns nicht vergeblich an den Traum gemahnt haben. Erinnern Sie sich noch des Resultates unserer Traumanalysen, daß die traumbildenden Wünsche so häufig perverser, inzestuöser Natur sind oder eine nicht geahnte Feindseligkeit gegen nächste und geliebte Angehörige verraten? Wir haben es damals unaufgeklärt gelassen, woher diese bösen Regungen stammen. Nun können Sie sich's selbst sagen. Es sind frühinfantile, fürs bewußte Leben längst aufgegebene Unterbringungen der Libido und Objektbesetzungen, die sich nächtlicherweile noch als vorhanden und als in gewissem Sinne leistungsfähig erweisen. Da aber alle Menschen solche perverse, inzestuöse und todeswütige Träume haben, nicht bloß die Neurotiker, dürfen wir den Schluß ziehen, daß auch die heute Normalen den Entwicklungsweg über die Perversionen und die Objektbesetzungen des Ödipuskomplexes zurückgelegt haben, daß dieser Weg der der normalen Entwicklung ist, daß die Neurotiker uns nur vergrößert und vergröbert zeigen, was uns die Traumanalyse auch beim Gesunden verrät. Und dies ist eines der Motive, weshalb wir das Studium der Träume dem der neurotischen Symptome vorangeschickt haben.

GESICHTSPUNKTE DER ENTWICKLUNG
UND REGRESSION. ÄTIOLOGIE

Meine Damen und Herren! Wir haben gehört, daß die Libido-funktion eine weitläufige Entwicklung durchmacht, bis sie in der normal genannten Weise in den Dienst der Fortpflanzung treten kann. Ich möchte Ihnen nun vorführen, welche Bedeutung diese Tatsache für die Verursachung der Neurosen hat.

Ich glaube, wir befinden uns im Einklang mit den Lehren der allgemeinen Pathologie, wenn wir annehmen, daß eine solche Entwicklung zweierlei Gefahren mit sich bringt, erstens die der Hemmung und zweitens die der Regression. Das heißt, bei der allgemeinen Neigung biologischer Vorgänge zur Variation wird es sich ereignen müssen, daß nicht alle vorbereitenden Phasen gleich gut durchlaufen und vollständig überwunden werden; Anteile der Funktion werden dauernd auf diesen frühen Stufen zurückgehalten werden, und dem Gesamtbild der Entwicklung wird ein gewisses Maß von Entwicklungshemmung beigemengt sein.

Suchen wir uns Analogien zu diesen Vorgängen auf anderen Gebieten. Wenn ein ganzes Volk seine Wohnsitze verläßt, um neue aufzusuchen, wie es in früheren Perioden der Menschengeschichte oftmals geschah, so ist es gewiß nicht in seiner Vollzahl an dem neuen Orte angekommen. Von anderen Verlusten abgesehen, muß es sich regelmäßig zugetragen haben, daß kleine Haufen oder Verbände der

Wanderer unterwegs Halt machten und sich an diesen Stationen nie-
derließen, während die Hauptmenge weiterzog. Oder, um näherliegende Vergleiche zu suchen, Sie wissen, daß bei den höchsten Säugetieren die männlichen Keimdrüsen, die ursprünglich tief im Inneren
des Bauchraumes lagern, zu einer gewissen Zeit des Intrauterinlebens
eine Wanderung antreten, die sie fast unmittelbar unter die Haut
des Beckenendes geraten läßt. Als Folge dieser Wanderung findet
man bei einer Anzahl von männlichen Individuen, daß eines der
paarigen Organe in der Beckenhöhle zurückgeblieben ist, oder daß
es eine dauernde Lagerung im sogenannten Leistenkanal gefunden
hat, den beide auf ihrer Wanderung passieren müssen, oder daß wenigstens dieser Kanal offen geblieben ist, der normalerweise nach Abschluß des Lagewechsels der Keimdrüsen verwachsen soll. Als ich als
junger Student meine erste wissenschaftliche Arbeit unter der Leitung
v. Brückes ausführte, beschäftigte ich mich mit dem Ursprung
der hinteren Nervenwurzeln im Rückenmark eines kleinen, noch
sehr archaisch gebildeten Fisches. Ich fand, daß die Nervenfasern dieser Wurzeln aus großen Zellen im Hinterhorn der grauen Substanz
hervorgehen, was bei anderen Rückenmarktieren nicht mehr der
Fall ist. Aber ich entdeckte auch bald darauf, daß solche Nervenzellen
sich außerhalb der grauen Substanz an der ganzen Strecke bis zum
sogenannten Spinalganglion der hinteren Wurzel vorfinden, woraus
ich den Schluß zog, daß die Zellen dieser Ganglienhaufen aus dem
Rückenmark in die Wurzelstrecke der Nerven gewandert sind. Dies
zeigt auch die Entwicklungsgeschichte; bei diesem kleinen Fisch war
aber der ganze Weg der Wanderung durch zurückgebliebene Zellen
kenntlich gemacht. Bei tieferem Eingehen wird es Ihnen nicht schwer
fallen, die schwachen Punkte dieser Vergleichungen aufzuspüren.
Wir wollen es darum direkt aussprechen, daß wir es für jede einzelne
Sexualstrebung für möglich halten, daß einzelne Anteile von ihr auf
früheren Stufen der Entwicklung zurückgeblieben sind, wenngleich
andere Anteile das Endziel erreicht haben mögen. Sie erkennen
dabei, daß wir uns jede solche Strebung als eine seit Lebensbeginn

kontinuierliche Strömung vorstellen, die wir gewissermaßen künstlich in gesondert aufeinanderfolgende Schübe zerlegen. Ihr Eindruck, daß diese Vorstellungen einer weiteren Klärung bedürftig sind, hat Recht, aber der Versuch würde uns zu weit abführen. Lassen Sie uns noch feststellen, daß ein solches Verbleiben einer Partialstrebung auf einer früheren Stufe eine Fixierung (des Triebes nämlich) heißen soll.

Die zweite Gefahr einer so stufenweisen Entwicklung liegt darin, daß auch die Anteile, die es weiter gebracht haben, leicht in rückläufiger Bewegung auf eine dieser früheren Stufen zurückkehren können, was wir eine Regression nennen. Zu einer solchen Regression wird sich die Strebung veranlaßt finden, wenn die Ausübung ihrer Funktion, also die Erreichung ihres Befriedigungszieles, in der späteren oder höher entwickelten Form auf starke äußere Hindernisse stößt. Es liegt uns nahe anzunehmen, daß Fixierung und Regression nicht unabhängig voneinander sind. Je stärker die Fixierungen auf dem Entwicklungsweg, desto eher wird die Funktion den äußeren Schwierigkeiten durch Regression bis zu jenen Fixierungen ausweichen, desto widerstandsunfähiger erweist sich also die ausgebildete Funktion gegen äußere Hindernisse ihres Ablaufes. Denken Sie daran, wenn ein Volk in Bewegung starke Abteilungen an den Stationen seiner Wanderung zurückgelassen hat, so wird es den weiter Vorgerückten naheliegen, sich bis zu diesen Stationen zurückzuziehen, wenn sie geschlagen werden oder auf einen überstarken Feind stoßen. Sie werden aber auch um so eher in die Gefahr der Niederlage kommen, je mehr sie von ihrer Anzahl auf der Wanderung zurückgelassen haben.

Es ist für Ihr Verständnis der Neurosen wichtig, daß Sie dies Verhältnis zwischen Fixierung und Regression nicht aus den Augen lassen. Sie gewinnen dann einen sicheren Halt in der Frage nach der Verursachung der Neurosen, in der Frage der Neurosenätiologie, an welche wir bald herantreten werden.

Zunächst wollen wir noch bei der Regression verbleiben. Nach dem, was Ihnen von der Entwicklung der Libidofunktion bekannt

geworden ist, dürfen Sie Regressionen von zweierlei Art erwarten,
Rückkehr zu den ersten von der Libido besetzten Objekten, die bekanntlich inzestuöser Natur sind, und Rückkehr der gesamten Sexualorganisation zu früheren Stufen. Beide kommen bei den Übertragungsneurosen vor und spielen in deren Mechanismus eine große Rolle.
Besonders die Rückkehr zu den ersten inzestuösen Objekten der
Libido ist ein Zug, der sich bei den Neurotikern mit geradezu ermüdender Regelmäßigkeit findet. Weit mehr läßt sich über die Regressionen der Libido sagen, wenn man eine andere Gruppe der
Neurosen, die sogenannten narzißtischen, mit heranzieht, was wir
ja gegenwärtig nicht beabsichtigen. Diese Affektionen geben uns
Aufschluß über noch andere, bisher nicht erwähnte Entwicklungs-
vorgänge der Libidofunktion und zeigen uns dementsprechend auch
neue Arten der Regression. Ich glaube aber, daß ich Sie jetzt vor
allem mahnen muß, Regression und Verdrängung nicht zu
verwechseln, und Ihnen dazu verhelfen muß, sich die Beziehungen
zwischen den beiden Prozessen zu klären. Verdrängung ist, wie Sie
sich erinnern, jener Vorgang, durch welchen ein bewußtseinsfähiger
Akt, also einer, der dem System Vbw. angehört, unbewußt gemacht,
also in das System Ubw. zurückgeschoben wird. Und ebenso nennen
wir es Verdrängung, wenn der unbewußte seelische Akt überhaupt
nicht ins nächste vorbewußte System zugelassen, sondern an der
Schwelle von der Zensur zurückgewiesen wird. Dem Begriff der Verdrängung haftet also keine Beziehung zur Sexualität an; bitte, bemerken Sie das wohl. Er bezeichnet einen rein psychologischen Vorgang, den wir noch besser charakterisieren können, wenn wir ihn
einen topischen heißen. Wir wollen damit sagen, er habe mit den
angenommenen psychischen Räumlichkeiten zu tun, oder, wenn wir
diese grobe Hilfsvorstellung wieder fallen lassen, mit dem Aufbau
des seelischen Apparates aus gesonderten psychischen Systemen.

    Durch die angestellte Vergleichung werden wir erst aufmerksam
gemacht, daß wir das Wort „Regression" bisher nicht in seiner allgemeinen, sondern in einer ganz speziellen Bedeutung gebraucht

haben. Geben Sie ihm seinen allgemeinen Sinn, den einer Rückkehr von einer höheren zu einer niedrigeren Stufe der Entwicklung, so ordnet sich auch die Verdrängung der Regression unter, denn sie kann auch als Rückkehr zu einer früheren und tieferen Stufe in der Entwicklung eines psychischen Aktes beschrieben werden. Nur daß es uns bei der Verdrängung auf diese rückläufige Richtung nicht ankommt, denn wir heißen es auch Verdrängung im dynamischen Sinne, wenn ein psychischer Akt auf der niedrigeren Stufe des Unbewußten festgehalten wird. Verdrängung ist eben ein topisch-dynamischer Begriff, Regression ein rein deskriptiver. Was wir aber bisher Regression genannt und zur Fixierung in Beziehung gebracht haben, damit meinten wir ausschließlich die Rückkehr der Libido zu früheren Stationen ihrer Entwicklung, also etwas, was von der Verdrängung im Wesen ganz verschieden und von ihr ganz unabhängig ist. Wir können die Libidoregression auch nicht einen rein psychischen Vorgang heißen und wissen nicht, welche Lokalisation im seelischen Apparat wir ihr anweisen sollen. Wenn sie auch den stärksten Einfluß auf das seelische Leben ausübt, so ist doch der organische Faktor an ihr der hervorragendste.

Erörterungen wie diese, meine Herren, müssen etwas dürr geraten. Wenden wir uns an die Klinik, um etwas eindrucksvollere Anwendungen von ihnen zu machen. Sie wissen, daß Hysterie und Zwangsneurose die beiden Hauptvertreter der Gruppe der Übertragungsneurosen sind. Bei der Hysterie gibt es nun zwar eine Regression der Libido zu den primären inzestuösen Sexualobjekten, und diese ganz regelmäßig, aber so gut wie keine Regression auf eine frühere Stufe der Sexualorganisation. Dafür fällt der Verdrängung im hysterischen Mechanismus die Hauptrolle zu. Wenn ich mir gestatten darf, unsere bisherige gesicherte Kenntnis dieser Neurose durch eine Konstruktion zu vervollständigen, so könnte ich den Sachverhalt in folgender Weise beschreiben: Die Einigung der Partialtriebe unter dem Primat der Genitalien ist vollzogen, ihre Ergebnisse stoßen aber auf den Widerstand des mit dem Bewußtsein verknüpften vorbewußten Systems. Die Genitalorganisation gilt also fürs Unbewußte, nicht ebenso fürs Vorbewußte, und diese Ablehnung von seiten des Vorbewußten bringt ein Bild zustande, welches mit dem Zustand vor dem Genitalprimat gewisse Ähnlichkeiten hat. Es ist aber doch etwas ganz anderes. — Von den beiden Libidoregressionen ist die auf eine frühere Phase der Sexualorganisation die bei weitem auffälligere. Da sie bei der Hysterie fehlt und unsere ganze Auffassung der Neurosen noch viel zu sehr unter dem Einflusse des Studiums der Hysterie steht, welches zeitlich voranging, so ist die Bedeutung der Libidoregression uns auch viel später klar geworden als die der Verdrängung. Seien wir gefaßt darauf, daß unsere Gesichtspunkte noch andere Erweiterungen und Umwertungen erfahren werden, wenn wir außer Hysterie und Zwangsneurose noch die anderen, narzißtischen Neurosen in unsere Betrachtungen einbeziehen können.

Bei der Zwangsneurose ist im Gegenteil die Regression der Libido auf die Vorstufe der sadistisch-analen Organisation das auffälligste und das für die Äußerung in Symptomen maßgebende Faktum. Der Liebesimpuls muß sich dann als sadistischer Impuls maskieren. Die Zwangsvorstellung: ich möchte dich ermorden, heißt im Grunde, wenn man sie von gewissen, aber nicht zufälligen, sondern unerläßlichen Zutaten befreit hat, nichts anderes als: ich möchte dich in Liebe genießen. Nehmen Sie dazu, daß gleichzeitig eine Objektregression stattgehabt hat, so daß diese Impulse nur den nächsten und den geliebtesten Personen gelten, so können Sie sich von dem Entsetzen eine Vorstellung machen, welches diese Zwangsvorstellungen beim Kranken erwecken, und gleichzeitig von der Fremdartigkeit, in welcher sie seiner bewußten Wahrnehmung entgegentreten. Aber auch die Verdrängung hat an dem Mechanismus dieser Neurosen ihren großen Anteil, der in einer flüchtigen Einführung wie der unserigen allerdings nicht leicht auseinanderzusetzen ist. Regression der Libido ohne Verdrängung würde nie eine Neurose ergeben, sondern in eine Perversion auslaufen. Daraus ersehen Sie, daß die Verdrängung jener Prozeß ist, welcher der Neurose am ehesten eigen-

tümlich zukommt und sie am besten charakterisiert. Vielleicht habe
ich aber auch einmal Gelegenheit, Ihnen vorzuführen, was wir über
den Mechanismus der Perversionen wissen, und Sie werden dann
sehen, daß auch hier nichts so einfach vor sich geht, wie man es sich
gerne konstruieren möchte.

Meine Herren! Ich meine, Sie werden sich mit den eben ange-
hörten Ausführungen über Fixierung und Regression der Libido am
ehesten versöhnen, wenn Sie sie als Vorbereitung für die Erforschung
der Ätiologie der Neurosen gelten lassen wollen. Ich habe Ihnen
hierüber erst eine einzige Mitteilung gemacht, nämlich daß die
Menschen neurotisch erkranken, wenn ihnen die Möglichkeit benommen ist, ihre Libido zu befriedigen, also an der „Versagung",
wie ich mich ausdrückte, und daß ihre Symptome eben der Ersatz
für die versagte Befriedigung sind. Natürlich sollte das nicht heißen,
daß jede Versagung der libidinösen Befriedigung jeden, den sie trifft,
neurotisch macht, sondern bloß, daß in allen untersuchten Fällen
von Neurose das Moment der Versagung nachweisbar war. Der Satz
ist also nicht umkehrbar. Sie werden wohl auch verstanden haben,
daß jene Behauptung nicht das ganze Geheimnis der Neurosenätiologie aufdecken sollte, sondern eben nur eine wichtige und unerläßliche Bedingung hervorhob.

Man weiß jetzt nicht, soll man sich für die weitere Diskussion
dieses Satzes an die Natur der Versagung oder an die Eigenart des
von ihr Betroffenen halten. Die Versagung ist doch höchst selten
eine allseitige und absolute; um pathogen wirksam zu werden, muß
sie wohl jene Weise der Befriedigung betreffen, nach der die Person
allein verlangt, deren sie allein fähig ist. Es gibt im allgemeinen
sehr viele Wege, die Entbehrung der libidinösen Befriedigung zu
vertragen, ohne an ihr zu erkranken. Vor allem kennen wir Menschen, die imstande sind, eine solche Entbehrung ohne Schaden auf
sich zu nehmen; sie sind dann nicht glücklich, sie leiden an Sehnsucht, aber sie werden nicht krank. Sodann müssen wir in Betracht
ziehen, daß gerade die sexuellen Triebregungen außerordentlich

p l a s t i s c h sind, wenn ich so sagen darf. Sie können die eine für
die andere eintreten, eine kann die Intensität der anderen auf sich
nehmen; wenn die Befriedigung der einen durch die Realität versagt ist, kann die Befriedigung einer anderen volle Entschädigung
bieten. Sie verhalten sich zueinander wie ein Netz von kommuni-
zierenden, mit Flüssigkeit gefüllten Kanälen, und dies trotz ihrer
Unterwerfung unter den Genitalprimat, was gar nicht so bequem
in einer Vorstellung zu vereinen ist. Ferner zeigen die Partialtriebe
der Sexualität, ebenso wie die aus ihnen zusammengefaßte Sexualstrebung, eine große Fähigkeit, ihr Objekt zu wechseln, es gegen ein
anderes, also auch gegen ein bequemer erreichbares, zu vertauschen;
diese Verschiebbarkeit und Bereitwilligkeit, Surrogate anzunehmen,
müssen der pathogenen Wirkung einer Versagung mächtig entgegen-
arbeiten. Unter diesen gegen die Erkrankung durch Entbehrung
schützenden Prozessen hat einer eine besondere kulturelle Bedeutung
gewonnen. Er besteht darin, daß die Sexualbestrebung ihr auf Par-
tiallust oder Fortpflanzungslust gerichtetes Ziel aufgibt und ein anderes annimmt, welches genetisch mit dem aufgegebenen zusammenhängt, aber selbst nicht mehr sexuell, sondern sozial genannt werden
muß. Wir heißen den Prozeß „Sublimierung", wobei wir uns der
allgemeinen Schätzung fügen, welche soziale Ziele höher stellt als
die im Grunde selbstsüchtigen sexuellen. Die Sublimierung ist übrigens nur ein Spezialfall der Anlehnung von Sexualstrebungen an
andere nicht sexuelle. Wir werden in anderem Zusammenhange
nochmals von ihr reden müssen.

Sie werden nun den Eindruck haben, daß die Entbehrung durch
alle diese Mittel, sie zu ertragen, zur Bedeutungslosigkeit herabge-
drückt worden sei. Aber nein, sie behält ihre pathogene Macht. Die
Gegenmittel sind allgemein nicht ausreichend. Das Maß von unbefriedigter Libido, das die Menschen im Durchschnitt auf sich nehmen
können, ist begrenzt. Die Plastizität oder freie Beweglichkeit der
Libido ist keineswegs bei allen voll erhalten, und die Sublimierung
kann immer nur einen gewissen Bruchteil der Libido erledigen, ab-

gesehen davon, daß die Fähigkeit zu sublimieren vielen Menschen nur in geringem Ausmaße zugeteilt ist. Die wichtigste unter diesen Einschränkungen ist offenbar die in der Beweglichkeit der Libido, da sie die Befriedigung des Individuums von der Erreichung einer sehr geringen Anzahl von Zielen und Objekten abhängig macht. Erinnern Sie sich nur daran, daß eine unvollkommene Libidoentwicklung sehr ausgiebige, eventuell auch mehrfache Libidofixierungen an frühe Phasen der Organisation und Objektfindung hinterläßt, welche einer realen Befriedigung meist nicht fähig sind, so werden Sie in der Libidofixierung den zweiten mächtigen Faktor erkennen, der mit der Versagung zur Krankheitsverursachung zusammentritt. In schematischer Verkürzung können Sie es aussprechen, daß die Libidofixierung den disponierenden, internen, die Versagung den akzidentellen, externen Faktor der Neurosenätiologie repräsentiert.

Ich ergreife hier die Gelegenheit, Sie vor der Parteinahme in einem ganz überflüssigen Streit zu warnen. Im wissenschaftlichen Betrieb ist es sehr beliebt, einen Anteil der Wahrheit herauszugreifen, ihn an die Stelle des Ganzen zu setzen und nun zu seinen Gunsten das übrige, was nicht minder wahr ist, zu bekämpfen. Auf diesem Wege haben sich auch bereits aus der psychoanalytischen Bewegung mehrere Richtungen abgespalten, von denen die eine nur die egoistischen Triebe anerkennt, die sexuellen dagegen verleugnet, die andere nur den Einfluß der realen Lebensaufgaben würdigt, den der individuellen Vergangenheit aber übersieht u. dgl. mehr. Nun bietet sich hier ein Anlaß zu einer ähnlichen Entgegenstellung und Streitfrage: Sind die Neurosen e x o g e n e oder e n d o g e n e Krankheiten, die unausbleibliche Folge einer gewissen Konstitution oder das Produkt gewisser schädigender (traumatischer) Lebenseindrücke, im besonderen: werden sie durch die Libidofixierung (und die sonstige Sexualkonstitution) oder durch den Druck der Versagung hervorgerufen? Dies Dilemma scheint mir im ganzen nicht weiser als ein anderes, das ich Ihnen vorlegen könnte: Entsteht das Kind durch die Zeugung des Vaters oder durch die Empfängnis von seiten der Mutter? Beide Bedingungen sind gleich unentbehrlich, werden Sie mit Recht antworten. In der Verursachung der Neurosen ist das Verhältnis, wenn nicht ganz das nämliche, doch ein sehr ähnliches. Für die Betrachtung der Verursachung ordnen sich die Fälle der neurotischen Erkrankungen zu einer Reihe, innerhalb welcher beide Momente — Sexualkonstitution und Erleben, oder wenn Sie wollen: Libidofixierung und Versagung — so vertreten sind, daß das eine wächst, wenn das andere abnimmt. An dem einen Ende der Reihe stehen die extremen Fälle, von denen Sie mit Überzeugung sagen können: Diese Menschen wären infolge ihrer absonderlichen Libidoentwicklung auf jeden Fall erkrankt, was immer sie erlebt hätten, wie sorgfältig sie das Leben auch geschont hätte. Am anderen Ende stehen die Fälle, bei denen Sie umgekehrt urteilen müssen, sie wären gewiß der Krankheit entgangen, wenn das Leben sie nicht in diese oder jene Lage gebracht hätte. Bei den Fällen innerhalb der Reihe trifft ein Mehr oder Minder von disponierender Sexualkonstitution mit einem Minder oder Mehr von schädigenden Lebensanforderungen zusammen. Ihre Sexualkonstitution hätte ihnen nicht die Neurose gebracht, wenn sie nicht solche Erlebnisse gehabt hätten, und diese Erlebnisse hätten nicht traumatisch auf sie gewirkt, wenn die Verhältnisse der Libido andere gewesen wären. Ich kann in dieser Reihe vielleicht ein gewisses Übergewicht an Bedeutung für die disponierenden Momente zugestehen, aber auch dies Zugeständnis hängt davon ab, wie weit Sie die Grenzen der Nervosität abstecken wollen.

Meine Herren! Ich mache Ihnen den Vorschlag, Reihen wie diese als E r g ä n z u n g s r e i h e n zu bezeichnen, und bereite Sie darauf vor, daß wir Anlaß finden werden, noch andere solche Reihen aufzustellen.

Die Zähigkeit, mit welcher die Libido an bestimmten Richtungen und Objekten haftet, sozusagen die K l e b r i g k e i t der Libido, erscheint uns als ein selbständiger, individuell variabler Faktor, dessen Abhängigkeiten uns völlig unbekannt sind, dessen Bedeutung für die Ätiologie der Neurosen wir gewiß nicht mehr unterschätzen werden. Wir sollen aber auch die Innigkeit dieser Beziehung nicht überschätzen. Eine ebensolche „Klebrigkeit" der Libido — aus unbekannten Gründen — kommt nämlich unter zahlreichen Bedingungen beim Normalen vor und wird als bestimmendes Moment bei den Personen gefunden, welche in gewissem Sinne der Gegensatz der Nervösen sind, bei den Perversen. Es war schon vor der Zeit der Psychoanalyse bekannt (Binet), daß in der Anamnese der Perversen recht häufig ein sehr frühzeitiger Eindruck von abnormer Triebrichtung oder Objektwahl aufgedeckt wird, an dem nun die Libido dieser Person fürs Leben haften geblieben ist. Man weiß oft nicht zu sagen, was diesen Eindruck dazu befähigt hat, eine so intensive Anziehung auf die Libido auszuüben. Ich will Ihnen einen selbstbeobachteten Fall dieser Art erzählen. Ein Mann, dem heute das Genitale und alle anderen Reize des Weibes nichts bedeuten, der nur durch einen beschuhten Fuß von gewisser Form in unwiderstehliche sexuelle Erregung versetzt werden kann, weiß sich an ein Erlebnis aus seinem sechsten Jahre zu erinnern, welches maßgebend für die Fixierung seiner Libido geworden ist. Er saß auf einem Schemel neben der Gouvernante, bei der er englische Stunde nehmen sollte. Die Gouvernante, ein altes, dürres, unschönes Mädchen mit wasserblauen Augen und aufgestülpter Nase, hatte an diesem Tage einen kranken Fuß und ließ ihn darum, mit einem Samtpantoffel bekleidet, ausgestreckt auf einem Polster ruhen; ihr Bein selbst war dabei in dezentester Weise verhüllt. Ein so magerer sehniger Fuß, wie er ihn damals an der Gouvernante gesehen, wurde nun, nach einem schüchternen Versuch normaler Sexualbetätigung in der Pubertät, sein einziges Sexualobjekt, und der Mann war widerstandslos hingerissen, wenn sich zu diesem Fuß noch andere Züge gesellten, welche an den Typus der englischen Gouvernante erinnerten. Durch diese Fixierung seiner Libido wurde der Mann aber nicht zum Neurotiker, sondern zum Perversen, zum Fußfetischisten, wie wir sagen. Sie sehen also, obwohl die übermäßige, zudem noch vorzeitige, Fixierung der Libido für die Verursachung der Neurosen unentbehrlich ist, geht ihr Wirkungskreis doch weit über das Gebiet der Neurosen hinaus. Auch diese Bedingung ist für sich allein so wenig entscheidend, wie die früher erwähnte der Versagung. Das Problem der Verursachung der Neurosen scheint sich also zu komplizieren. In der Tat macht uns die psychoanalytische Untersuchung mit einem neuen Moment bekannt, welches in unserer ätiologischen Reihe nicht berücksichtigt ist, und das man am besten bei Fällen erkennt, deren bisheriges Wohlbefinden plötzlich durch die neurotische Erkrankung gestört wird. Man findet bei diesen Personen regelmäßig die Anzeichen eines Widerstreites von Wunschregungen oder, wie wir zu sagen gewohnt sind, eines psychischen Konfliktes. Ein Stück der Persönlichkeit vertritt gewisse Wünsche, ein anderes sträubt sich dagegen und wehrt sie ab. Ohne solchen Konflikt gibt es keine Neurose. Das schiene nun nichts Besonderes. Sie wissen, daß unser seelisches Leben unaufhörlich von Konflikten bewegt wird, deren Entscheidung wir zu treffen haben. Es müssen also wohl besondere Bedingungen erfüllt sein, wenn ein solcher Konflikt pathogen werden soll. Wir dürfen fragen, welches diese Bedingungen sind, zwischen welchen seelischen Mächten sich diese pathogenen Konflikte abspielen, welche Beziehung der Konflikt zu den anderen verursachenden Momenten hat.

Ich hoffe, Ihnen auf diese Fragen ausreichende Antworten geben zu können, wenn sie auch schematisch verkürzt sein mögen. Der Konflikt wird durch die Versagung heraufbeschworen, indem die ihrer Befriedigung verlustige Libido nun darauf angewiesen ist, sich andere Objekte und Wege zu suchen. Er hat zur Bedingung, daß diese anderen Wege und Objekte bei einem Anteil der Persönlichkeit ein Mißfallen erwecken, so daß ein Veto erfolgt, welches die neue Weise der Befriedigung zunächst unmöglich macht. Von hier aus geht der Weg zur Symptombildung weiter, den wir später verfolgen werden. Die abgewiesenen libidinösen Strebungen bringen es zustande, sich auf gewissen Umwegen doch durchzusetzen, allerdings nicht ohne dem Einspruch durch gewisse Entstellungen und

Milderungen Rechnung zu tragen. Die Umwege sind die Wege der Symptombildung, die Symptome sind die neue oder Ersatzbefriedigung, die durch die Tatsache der Versagung notwendig geworden ist. Man kann der Bedeutung des psychischen Konflikts auch durch eine andere Ausdrucksweise gerecht werden, indem man sagt: zur ä u ß e r e n Versagung muß, damit sie pathogen wirke, noch die i n n e r e Versagung hinzutreten. Äußere und innere Versagung beziehen sich dann natürlich auf verschiedene Wege und Objekte. Die äußere Versagung nimmt die eine Möglichkeit der Befriedigung weg, die innere Versagung möchte eine andere Möglichkeit ausschließen, um welche dann der Konflikt losbricht. Ich gebe dieser Art der Darstellung den Vorzug, weil sie einen geheimen Gehalt besitzt. Sie deutet nämlich auf die Wahrscheinlichkeit hin, daß die inneren Abhaltungen in den Vorzeiten menschlicher Entwicklung aus realen äußeren Hindernissen hervorgegangen sind.

Welches sind aber die Mächte, von denen der Einspruch gegen die libidinöse Strebung ausgeht, die andere Partei im pathogenen Konflikt? Es sind, ganz allgemein gesagt, die nicht sexuellen Triebkräfte. Wir fassen sie als „Ichtriebe" zusammen; die Psychoanalyse der Übertragungsneurosen gibt uns keinen guten Zugang zu ihrer weiteren Zerlegung, wir lernen sie höchstens einigermaßen durch die Widerstände kennen, die sich der Analyse entgegensetzen. Der pathogene Konflikt ist also ein solcher zwischen den Ichtrieben und den Sexualtrieben. Es hat in einer ganzen Reihe von Fällen den Anschein, als ob es auch ein Konflikt zwischen verschiedenen, rein sexuellen Strebungen sein könnte; aber das ist im Grunde dasselbe, denn von den beiden im Konflikt befindlichen Sexualstrebungen ist immer die eine sozusagen ichgerecht, während die andere die Abwehr des Ichs herausfordert. Es bleibt also beim Konflikt zwischen Ich und Sexualität.

Meine Herren! Oft und oft, wenn die Psychoanalyse ein seelisches Geschehen als Leistung der Sexualtriebe in Anspruch genommen hat, wurde ihr in ärgerlicher Abwehr vorgehalten, der Mensch bestehe nicht nur aus Sexualität, es gebe im Seelenleben noch andere Triebe und Interessen als die sexuellen, man dürfe nicht „alles" von der Sexualität ableiten u. dgl. Nun, es ist hocherfreulich, sich auch einmal eines Sinnes mit seinen Gegnern zu finden. Die Psychoanalyse hat nie vergessen, daß es auch nicht sexuelle Triebkräfte gibt, sie hat sich auf der scharfen Sonderung der sexuellen Triebe von den Ichtrieben aufgebaut und vor jedem Einspruch behauptet, nicht daß die Neurosen aus der Sexualität hervorgehen, sondern daß sie dem Konflikt zwischen Ich und Sexualität ihren Ursprung danken. Sie hat auch gar kein denkbares Motiv, Existenz oder Bedeutung der Ichtriebe zu bestreiten, während sie die Rolle der sexuellen Triebe in der Krankheit und im Leben verfolgt. Nur daß es ihr Schicksal geworden ist, sich in erster Linie mit den Sexualtrieben zu beschäftigen, weil diese durch die Übertragungsneurosen der Einsicht am ehesten zugänglich geworden sind, und weil es ihr obgelegen hat, das zu studieren, was andere vernachlässigt hatten.

Es trifft auch nicht zu, daß sich die Psychoanalyse um den nicht sexuellen Anteil der Persönlichkeit gar nicht gekümmert hat. Gerade die Sonderung von Ich und Sexualität hat uns mit besonderer Klarheit erkennen lassen, daß auch die Ichtriebe eine bedeutsame Entwicklung durchmachen, eine Entwicklung, die weder ganz unabhängig von der Libido, noch ohne Gegenwirkung auf diese ist. Wir kennen allerdings die Ichentwicklung sehr viel schlechter als die der Libido, weil nämlich erst das Studium der narzißtischen Neurosen eine Einsicht in den Aufbau des Ichs verspricht. Doch liegt bereits ein beachtenswerter Versuch von F e r e n c z i vor, die Entwicklungsstufen des Ichs theoretisch zu konstruieren, und an wenigstens zwei Stellen haben wir feste Anhaltspunkte für die Beurteilung dieser Entwicklung gewonnen. Wir denken ja nicht daran, daß sich die libidinösen Interessen einer Person von vornherein im Gegensatz zu ihren Selbsterhaltungsinteressen befinden; vielmehr wird das Ich auf jeder Stufe bestrebt sein, mit seiner derzeitigen Sexualorganisation im Einklang zu bleiben und sie sich einzuordnen. Die Ab-

lösung der einzelnen Phasen in der Libidoentwicklung folgt wahrscheinlich einem vorgeschriebenen Programm; es ist aber nicht abzuweisen, daß dieser Ablauf von seiten des Ichs beeinflußt werden
kann, und ein gewisser Parallelismus, eine bestimmte Entsprechung
der Entwicklungsphasen von Ich und Libido dürfte gleichfalls vor-
gesehen sein; ja, die Störung dieser Entsprechung könnte ein patho-
genes Moment ergeben. Ein für uns wichtiger Gesichtspunkt ist es
nun, wie sich das Ich verhält, wenn seine Libido an einer Stelle
ihrer Entwicklung eine starke Fixierung hinterläßt. Es kann dieselbe
zulassen und wird dann in dem entsprechenden Maß pervers oder,
was dasselbe ist, infantil. Es kann sich aber auch ablehnend gegen
diese Festsetzung der Libido verhalten, und dann hat das Ich dort
eine Verdrängung, wo die Libido eine Fixierung erfahren hat.

Auf diesem Wege gelangen wir zur Kenntnis, daß der dritte Faktor der Neurosenätiologie, die Konfliktneigung, von der Entwicklung des Ichs ebensosehr abhängt wie von der der Libido.
Unsere Einsicht in die Verursachung der Neurosen hat sich also vervollständigt. Zuerst als allgemeinste Bedingung die Versagung, dann
die Fixierung der Libido, welche sie in bestimmte Richtungen drängt,
und zu dritt die Konfliktneigung aus der Ichentwicklung, die solche
Libidoregungen abgelehnt hat. Der Sachverhalt ist also nicht so sehr
verworren und schwer zu durchschauen, wie es Ihnen wahrscheinlich während des Fortschrittes meiner Ausführungen erschienen ist.
Aber freilich, wir werden finden, daß wir noch nicht fertig sind.
Wir müssen noch etwas Neues hinzufügen und etwas bereits Bekanntes weiter zerlegen.

Um Ihnen den .Einfluß der Ichentwicklung auf die Konfliktbil-
dung und somit auf die Verursachung der Neurosen zu demonstrieren, möchte ich Ihnen ein Beispiel vorführen. das zwar durchaus
erfunden ist, aber sich in keinem Punkte von der Wahrscheinlichkeit entfernt. Ich will es in Anlehnung an den Titel einer Nestroy-
schen Posse mit der Charakteristik „Zu ebener Erde und im ersten

Stock" versehen. Zu ebener Erde wohnt der Hausbesorger, im ersten Stock der Hausherr, ein reicher und vornehmer Mann. Beide haben Kinder, und wir wollen annehmen, daß es dem Töchterchen des Hausherrn gestattet ist, unbeaufsichtigt mit dem Proletarierkind zu spielen. Dann kann es sehr leicht geschehen, daß die Spiele der Kinder einen ungezogenen, das heißt sexuellen Charakter annehmen, daß sie „Vater und Mutter" spielen, einander bei den intimen Verrichtungen beschauen und an den Genitalien reizen. Das Hausmeistermädchen, das trotz seiner fünf oder sechs Jahre manches von der Sexualität der Erwachsenen beobachten konnte, mag dabei die Rolle der Verführerin übernehmen. Diese Erlebnisse reichen hin, auch wenn sie sich nicht über lange Zeit fortsetzen, um bei beiden Kindern gewisse sexuelle Regungen zu aktivieren, die sich nach dem Aufhören der gemeinsamen Spiele einige Jahre hindurch als Masturbation äußern. Soweit die Gemeinsamkeit; der endliche Erfolg wird bei beiden Kindern sehr verschieden sein. Die Tochter des Hausbesorgers wird die Masturbation etwa bis zum Auftreten der Periode fortsetzen, sie dann ohne Schwierigkeit aufgeben, wenige Jahre später einen Geliebten nehmen, vielleicht auch ein Kind bekommen, diesen oder jenen Lebensweg einschlagen, der sie vielleicht zur populären Künstlerin führt, die als Aristokratin endigt. Wahrscheinlich wird ihr Schicksal minder glänzend ausfallen, aber jedenfalls wird sie ungeschädigt durch die vorzeitige Betätigung ihrer Sexualität, frei von Neurose, ihr Leben erfüllen. Anders das Töchterchen des Hausherrn. Dies wird frühzeitig und noch als Kind die Ahnung bekommen, daß es etwas Unrechtes getan habe, wird nach kürzerer Zeit, aber vielleicht erst nach hartem Kampf, auf die masturbatorische Befriedigung verzichten und trotzdem etwas Gedrücktes in seinem Wesen behalten. Wenn sie in den Jungmädchenjahren in die Lage kommt, etwas vom menschlichen Sexualverkehr zu erfahren, wird sie sich mit unerklärtem Abscheu davon abwenden und unwissend bleiben wollen. Wahrscheinlich unterliegt sie jetzt auch einem von neuem auftretenden unbezwingbaren Drang zur Masturbation, über den sich zu beklagen sie nicht wagt. In den Jahren, da sie einem Manne als Weib gefallen soll, wird die Neurose bei ihr losbrechen, die sie um Ehe und Lebenshoffnung betrügt. Gelingt es nun durch Analyse Einsicht in diese Neurose zu gewinnen, so zeigt sich, daß dies wohlerzogene, intelligente und hochstrebende Mädchen seine Sexualregungen vollkommen verdrängt hat, daß diese aber, ihr unbewußt, an den armseligen Erlebnissen mit ihrer Kinderfreundin haften.

Die Verschiedenheit der beiden Schicksale trotz gleichen Erlebens rührt daher, daß das Ich der einen eine Entwicklung erfahren hat, welche bei der anderen nicht eingetreten ist. Der Tochter des Hausbesorgers ist die Sexualbetätigung später ebenso natürlich und unbedenklich erschienen wie in der Kindheit. Die Tochter des Hausherrn hat die Einwirkung der Erziehung erfahren und deren Ansprüche angenommen. Ihr Ich hat aus den ihm dargebotenen Anregungen Ideale von weiblicher Reinheit und Unbedürftigkeit gebildet, mit denen sich die sexuelle Betätigung nicht verträgt; ihre intellektuelle Ausbildung hat ihr Interesse für die weibliche Rolle, zu der sie bestimmt ist, erniedrigt. Durch diese höhere moralische und intellektuelle Entwicklung ihres Ich ist sie in den Konflikt mit den Ansprüchen ihrer Sexualität geraten.

Ich will heute noch bei einem zweiten Punkt in der Ichentwicklung verweilen, sowohl wegen gewisser weitschauender Ausblicke, als auch darum, weil gerade das Folgende geeignet ist, die von uns beliebte, scharfe und nicht selbstverständliche Sonderung der Ichtriebe von den Sexualtrieben zu rechtfertigen. In der Beurteilung der beiden Entwicklungen, des Ichs wie der Libido, müssen wir einen Gesichtspunkt voranstellen, der bisher noch nicht oft gewürdigt worden ist. Beide sind ja im Grunde Erbschaften, abgekürzte Wiederholungen der Entwicklung, welche die ganze Menschheit von ihren Urzeiten an durch sehr lange Zeiträume zurückgelegt hat. Der Libidoentwicklung, möchte ich meinen, sieht man diese p h y l o - g e n e t i s c h e Herkunft ohne weiteres an. Denken Sie daran, wie bei der einen Tierklasse der Genitalapparat in die innigste Beziehung zum Mund gebracht ist, bei der anderen sich vom Exkretionsapparat nicht sondern läßt, bei noch anderen an die Bewegungsorgane geknüpft ist, Dinge, die Sie in dem wertvollen Buch von W. B ö l s c h e anziehend geschildert finden. Man sieht bei den Tieren sozusagen alle Arten von Perversion zur Sexualorganisation erstarrt. Nur wird der phylogenetische Gesichtspunkt beim Menschen zum Teil durch den Umstand verschleiert, daß das, was im Grunde vererbt ist, doch in der individuellen Entwicklung neu erworben wird, wahrscheinlich darum, weil dieselben Verhältnisse noch fortbestehen und auf jeden einzelnen wirken, die seinerzeit zur Erwerbung genötigt haben. Ich möchte sagen, sie haben seinerzeit schaffend gewirkt, sie wirken jetzt hervorrufend. Außerdem ist es unzweifelhaft, daß der Lauf der vorgezeichneten Entwicklung bei jedem einzelnen durch rezente Einflüsse von außen gestört und abgeändert werden kann. Die Macht aber, welche der Menschheit eine solche Entwicklung aufgenötigt hat und ihren Druck nach der gleichen Richtung heute ebenso aufrechthält, kennen wir; es ist wiederum die Versagung der Realität, oder wenn wir ihr ihren richtigen großen Namen geben, die N o t des Lebens: die 'Ανάγκη. Sie ist eine strenge Erzieherin gewesen und hat viel aus uns gemacht. Die Neurotiker gehören zu den Kindern, bei welchen diese Strenge üble Erfolge gebracht hat, aber das ist bei jeder Erziehung zu riskieren. — Diese Würdigung der Lebensnot als des Motors der Entwicklung braucht uns übrigens nicht gegen die Bedeutung von „inneren Entwicklungstendenzen" einzunehmen, wenn sich solche beweisen lassen.

Nun ist es sehr beachtenswert, daß Sexualtriebe und Selbsterhaltungstriebe sich nicht in gleicher Weise gegen die reale Not benehmen. Die Selbsterhaltungstriebe und alles, was mit ihnen zusammenhängt, sind leichter zu erziehen; sie lernen es frühzeitig, sich der Not zu fügen und ihre Entwicklungen nach den Weisungen der Realität einzurichten. Das ist begreiflich, denn sie können sich die Objekte, deren sie bedürfen, auf keine andere Art verschaffen; ohne diese

Objekte muß das Individuum zugrunde gehen. Die Sexualtriebe sind schwerer erziehbar, denn sie kennen zu Anfang die Objektnot nicht. Da sie sich gleichsam schmarotzend an die anderen Körperfunktionen anlehnen und am eigenen Körper autoerotisch befriedigen, sind sie dem erziehlichen Einfluß der realen Not zunächst entzogen, und sie behaupten diesen Charakter der Eigenwilligkeit, Unbeeinflußbarkeit, das, was wir „Unverständigkeit" nennen, bei den meisten Menschen in irgend einer Hinsicht durchs ganze Leben. Auch hat die Erziehbarkeit einer jugendlichen Person in der Regel ein Ende, wenn ihre Sexualbedürfnisse in endgültiger Stärke erwachen. Das wissen die Erzieher und handeln danach; aber vielleicht lassen sie sich durch die Ergebnisse der Psychoanalyse noch dazu bewegen, den Hauptnachdruck der Erziehung auf die ersten Kinderjahre, vom Säuglingsalter an, zu verlegen. Der kleine Mensch ist oft mit dem vierten oder fünften Jahr schon fertig und bringt später nur allmählich zum Vorschein, was bereits in ihm steckt.

Um die volle Bedeutung des angezeigten Unterschiedes zwischen beiden Triebgruppen zu würdigen, müssen wir weit ausholen und eine jener Betrachtungen einführen, die ökonomische genannt zu werden verdienen. Wir begeben uns damit auf eines der wichtigsten, aber leider auch dunkelsten Gebiete der Psychoanalyse. Wir stellen uns die Frage, ob an der Arbeit unseres seelischen Apparates eine Hauptabsicht zu erkennen sei, und beantworten sie in erster Annäherung, daß diese Absicht auf Lustgewinnung gerichtet ist. Es scheint, daß unsere gesamte Seelentätigkeit darauf gerichtet ist, Lust zu erwerben und Unlust zu vermeiden, daß sie automatisch durch das Lustprinzip reguliert wird. Nun wüßten wir um alles in der Welt gerne, welches die Bedingungen der Entstehung von Lust und Unlust sind, aber daran fehlt es uns eben. Nur soviel darf man sich getrauen zu behaupten, daß die Lust irgendwie an die Verringerung, Herabsetzung oder das Erlöschen der im Seelenapparat waltenden Reizmenge gebunden ist, die Unlust aber an eine Erhöhung derselben. Die Untersuchung der intensivsten Lust, welche dem Menschen zugänglich ist, der Lust bei der Vollziehung des Sexualaktes, läßt über diesen einen Punkt wenig Zweifel. Da es sich bei solchen Lustvorgängen um die Schicksale von Quantitäten seelischer Erregung oder Energie handelt, bezeichnen wir Betrachtungen dieser Art als ökonomische. Wir merken, daß wir die Aufgabe und Leistung des Seelenapparates auch anders und allgemeiner beschreiben können als durch die Betonung des Lustgewinnes. Wir können sagen, der seelische Apparat diene der Absicht, die von außen und von innen an ihn herantretenden Reizmengen, Erregungsgrößen, zu bewältigen und zu erledigen. Von den Sexualtrieben ist es ohne weiteres evident, daß sie zu Anfang wie zu Ende ihrer Entwicklung auf Lustgewinn arbeiten; sie behalten diese ursprüngliche Funktion ohne Abänderung bei. Das nämliche streben auch die anderen, die Ichtriebe, anfänglich an. Aber unter dem Einfluß der Lehrmeisterin Not lernen die Ichtriebe bald, das Lustprinzip durch eine Modifikation zu ersetzen. Die Aufgabe, Unlust zu verhüten, stellt sich für sie fast gleichwertig neben die des Lustgewinns; das Ich erfährt, daß es unvermeidlich ist, auf unmittelbare Befriedigung zu verzichten, den Lustgewinn aufzuschieben, ein Stück Unlust zu ertragen und bestimmte Lustquellen überhaupt aufzugeben. Das so erzogene Ich ist „verständig" geworden, es läßt sich nicht mehr vom Lustprinzip beherrschen, sondern folgt dem **Realitätsprinzip**, das im Grunde auch Lust erzielen will, aber durch die Rücksicht auf die Realität gesicherte, wenn auch aufgeschobene und verringerte Lust.

Der Übergang vom Lust- zum Realitätsprinzip ist einer der wichtigsten Fortschritte in der Entwicklung des Ichs. Wir wissen schon, daß die Sexualtriebe dieses Stück der Ichentwicklung spät und nur widerstrebend mitmachen, und werden später hören, welche Folgen es für den Menschen hat, daß seine Sexualität sich mit einem so lockeren Verhältnis zur äußeren Realität begnügt. Und nun zum Schlusse noch eine hierher gehörige Bemerkung. Wenn das Ich des Menschen seine Entwicklungsgeschichte hat wie die Libido, so werden Sie nicht überrascht sein zu hören, daß es auch „Ichregressionen" gibt, und werden auch wissen wollen, welche Rolle diese Rückkehr des Ichs zu früheren Entwicklungsphasen bei den neurotischen Erkrankungen spielen kann.

———————

DIE WEGE DER SYMPTOMBILDUNG

Meine Damen und Herren! Für den Laien sind es die Symptome, die das Wesen der Krankheit bilden, und Heilung ist ihm die Aufhebung der Symptome. Der Arzt legt Wert darauf, die Symptome von der Krankheit zu unterscheiden, und sagt, daß die Beseitigung der Symptome noch nicht die Heilung der Krankheit ist. Aber was nach Beseitigung der Symptome Greifbares von der Krankheit übrigbleibt, ist nur die Fähigkeit, neue Symptome zu bilden. Darum wollen wir uns für jetzt auf den Standpunkt des Laien stellen und die Ergründung der Symptome für gleichbedeutend mit dem Verständnis der Krankheit halten.

Die Symptome — wir handeln hier natürlich von psychischen (oder psychogenen) Symptomen und psychischem Kranksein — sind für das Gesamtleben schädliche oder wenigstens nutzlose Akte, häufig von der Person als widerwillig beklagt und mit Unlust oder Leiden für sie verbunden. Ihr Hauptschaden liegt in dem seelischen Aufwand, den sie selbst kosten, und in dem weiteren, der durch ihre Bekämpfung notwendig wird. Diese beiden Kosten können bei ausgiebiger Symptombildung eine außerordentliche Verarmung der Person an verfügbarer seelischer Energie und somit eine Lähmung derselben für alle wichtigen Lebensaufgaben zur Folge haben. Da es für diesen Erfolg hauptsächlich auf die Quantität der so in Anspruch genommenen Energie ankommt, so erkennen Sie leicht, daß „Kranksein" ein im Wesen praktischer Begriff ist. Stellen Sie sich aber auf einen theoretischen Standpunkt und sehen von diesen Quantitäten ab, so können Sie leicht sagen, daß wir aile krank, d. i. neurotisch sind, denn die Bedingungen für die Symptombildung sind auch bei den Normalen nachzuweisen.

Von den neurotischen Symptomen wissen wir bereits, daß sie der Erfolg eines Konflikts sind, der sich um eine neue Art der Libidobefriedigung erhebt. Die beiden Kräfte, die sich entzweit haben, treffen im Symptom wieder zusammen, versöhnen sich gleichsam durch das Kompromiß der Symptombildung. Darum ist das Symptom auch so widerstandsfähig; es wird von beiden Seiten her gehalten. Wir wissen auch, daß der eine der beiden Partner des Konflikts die unbefriedigte, von der Realität abgewiesene Libido ist, die nun andere Wege zu ihrer Befriedigung suchen muß. Bleibt die Realität unerbittlich, auch wenn die Libido bereit ist, ein anderes Objekt an Stelle des versagten anzunehmen, so wird diese endlich genötigt sein, den Weg der Regression einzuschlagen und die Befriedigung in einer der bereits überwundenen Organisationen oder durch eines der früher aufgegebenen Objekte anzustreben. Auf den Weg der Regression wird die Libido durch die Fixierung gelockt, die sie an diesen Stellen ihrer Entwicklung zurückgelassen hat.

Nun scheidet sich der Weg zur Perversion scharf von dem der Neurose. Erwecken diese Regressionen nicht den Widerspruch des Ichs, so kommt es auch nicht zur Neurose, und die Libido gelangt zu irgendeiner realen, wenn auch nicht mehr normalen Befriedigung. Wenn aber das Ich, das nicht nur über das Bewußtsein, sondern auch über die Zugänge zur motorischen Innervation und somit zur Realisierung der seelischen Strebungen verfügt, mit diesen Regressionen nicht einverstanden ist, dann ist der Konflikt gegeben. Die Libido ist wie abgeschnitten und muß versuchen irgendwohin auszuweichen, wo sie nach der Forderung des Lustprinzips einen Abfluß für ihre Energiebesetzung findet. Sie muß sich dem Ich entziehen. Ein solches Ausweichen gestatten ihr aber die Fixierungen auf ihrem jetzt regressiv beschrittenen Entwicklungsweg, gegen welche sich das Ich seinerzeit durch Verdrängungen geschützt hatte. Indem die Libido rückströmend diese verdrängten Positionen besetzt, hat sie sich dem Ich und seinen Gesetzen entzogen, dabei aber auch auf alle unter dem Einfluß dieses Ichs erworbene Erziehung verzichtet. Sie war lenksam, solange ihr Befriedigung winkte; unter dem doppelten Druck der äußern und der innern Versagung wird sie unbotmäßig und besinnt sich früherer besserer Zeiten. Das ist so ihr im Grund unveränderlicher Charakter. Die Vorstellungen, denen jetzt die Libido ihre Energie als Besetzung überträgt, gehören dem System des Unbewußten an und unterliegen den Vorgängen, die daselbst möglich sind, insbesondere der Verdichtung und Verschiebung. Hiermit sind nun Verhältnisse hergestellt, die vollkommen denen bei der Traumbildung gleichen. Wie dem im Unbewußten fertig gewordenen eigentlichen Traum, der die Erfüllung einer unbewußten Wunschphantasie ist, ein Stück (vor)bewußter Tätigkeit entgegenkommt, welches die Zensurtätigkeit ausübt und nach deren Abfindung die Bildung eines manifesten Traumes als Kompromiß gestattet, so hat auch noch die Libidovertretung im Unbewußten mit der Macht des vorbewußten Ichs zu rechnen. Der Widerspruch, der sich gegen sie im Ich erhoben hatte, geht ihr als „Gegenbesetzung" nach und nötigt sie, jenen Ausdruck zu wählen, der gleichzeitig sein eigener Ausdruck werden kann. So entsteht denn das Symptom als vielfach entstellter Abkömmling der unbewußten libidinösen Wuncherfüllung, eine kunstvoll ausgewählte Zweideutigkeit mit zwei einander voll widersprechenden Bedeutungen. Allein in diesem letzteren Punkte ist ein Unterschied zwischen der Traum- und der Symptombildung zu erkennen, denn die vorbewußte Absicht bei der Traumbildung geht nur dahin, den Schlaf zu erhalten, nichts, was ihn stören würde, zum Bewußtsein dringen zu lassen; sie besteht aber nicht darauf, der unbewußten Wunschregung ein scharfes: Nein, im Gegenteile! entgegenzurufen. Sie darf toleranter sein, weil die Situation des Schlafenden eine minder gefährdete ist. Der Ausweg in die Realität ist durch den Schlafzustand allein gesperrt.

Sie sehen, das Ausweichen der Libido unter den Bedingungen des Konflikts ist durch das Vorhandensein von Fixierungen ermöglicht. Die regressive Besetzung dieser Fixierungen führt zur Umgehung der Verdrängung und zu einer Abfuhr — oder Befriedigung — der Libido, bei welcher die Bedingungen des Kompromisses eingehalten werden müssen. Auf dem Umwege über das Unbewußte und die alten Fixierungen ist es der Libido endlich gelungen, zu einer allerdings außerordentlich eingeschränkten und kaum mehr kenntlichen realen Befriedigung durchzudringen. Lassen Sie mich zwei Bemerkungen zu diesem Endausgang hinzufügen. Wollen Sie erstens beachten, wie enge sich hier die Libido und das Unbewußte einerseits, das Ich, das Bewußtsein und die Realität anderseits verbunden erweisen, obwohl sie von Anfang an keineswegs zusammengehören, und hören Sie ferner meine Mitteilung an, daß alles hier Gesagte und im weiteren Folgende sich nur auf die Symptombildung bei der hysterischen Neurose bezieht.

Wo findet nun die Libido die Fixierungen, deren sie zum Durchbruch der Verdrängungen bedarf? In den Betätigungen und Erlebnissen der infantilen Sexualität, in den verlassenen Partialbestrebungen und aufgegebenen Objekten der Kinderzeit. Zu ihnen kehrt die Libido also wieder zurück. Die Bedeutung dieser Kinderzeit ist eine zweifache, einerseits haben sich in ihr die Triebrichtungen zuerst gezeigt, die das Kind in seiner angeborenen Anlage mitbrachte, und zweitens sind durch äußere Einwirkungen, akzidentelle Erlebnisse, andere seiner Triebe zuerst geweckt, aktiviert worden. Ich glaube, es ist kein Zweifel daran, daß wir ein Recht haben, diese Zweiteilung aufzustellen. Die Äußerung der angeborenen Anlage unterliegt ja keinem kritischen Bedenken, aber die analytische Erfahrung nötigt uns geradezu anzunehmen, daß rein zufällige Erlebnisse der Kindheit imstande sind, Fixierungen der Libido zu hinterlassen. Ich sehe auch keine theoretische Schwierigkeit darin. Die konstitutionellen Anlagen sind sicherlich auch die Nachwirkungen der Erlebnisse früherer Vorfahren, auch sie sind einmal erworben worden; ohne solche Erwer-

bung gäbe es keine Heredität. Und ist es denkbar, daß solche zur
Vererbung führende Erwerbung gerade bei der von uns betrachteten
Generation ein Ende nimmt? Die Bedeutung der infantilen Erlebnisse sollte aber nicht, wie es mit Vorliebe geschieht, gegen die der
Erlebnisse der Vorfahren und der eigenen Reife völlig vernachlässigt
werden, sondern im Gegenteile eine besondere Würdigung finden.
Sie sind um so folgenschwerer, weil sie in die Zeiten der unvollen-
deten Entwicklung fallen, und gerade durch diesen Umstand geeignet,
traumatisch zu wirken. Die Arbeiten über Entwicklungsmechanik
von R o u x und anderen haben uns gezeigt, daß ein Nadelstich in die
in Zellteilung begriffene Keimanlage eine schwere Entwicklungs-
störung zur Folge hat. Dieselbe Verletzung, der Larve oder dem fertigen Tier zugefügt, würde schadlos vertragen werden.

Die Libidofixierung des Erwachsenen, die wir als Repräsentanten
des konstitutionellen Faktors in die ätiologische Gleichung der Neurosen eingeführt haben, zerlegt sich also jetzt für uns in zwei weitere
Momente, in die ererbte Anlage und in die in der frühen Kindheit
erworbene Disposition. Wir wissen, daß ein Schema der Sympathie
des Lernenden sicher ist. Fassen wir also diese Verhältnisse in einem
Schema zusammen:

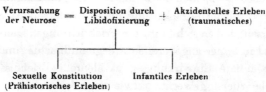

$$\frac{\text{Verursachung}}{\text{der Neurose}} = \frac{\text{Disposition durch}}{\text{Libidofixierung}} + \frac{\text{Akzidentelles Erleben}}{\text{(traumatisches)}}$$

Sexuelle Konstitution   Infantiles Erleben
(Prähistorisches Erleben)

Die hereditäre Sexualkonstitution bietet uns eine große Mannigfaltigkeit von Anlagen, je nachdem dieser oder jener Partialtrieb für sich
allein oder im Verein mit anderen in besonderer Stärke angelegt ist.
Mit dem Faktor des infantilen Erlebens bildet die Sexualkonstitution
wiederum eine „Ergänzungsreihe", ganz ähnlich der uns zuerst bekannt gewordenen zwischen Disposition und akzidentellem Erleben
des Erwachsenen. Hier wie dort finden sich dieselben extremen Fälle
und die nämlichen Beziehungen der Vertretung. Es liegt nahe, hier

die Frage aufzuwerfen, ob die auffälligste der Libidoregressionen, die auf frühere Stufen der Sexualorganisation, nicht überwiegend durch das hereditär konstitutionelle Moment bedingt wird; aber die Beantwortung der Frage wird am besten aufgeschoben, bis man eine größere Reihe der neurotischen Erkrankungsformen in Betracht ziehen kann.

Verweilen wir nun bei der Tatsache, daß die analytische Untersuchung die Libido der Neurotiker an ihre infantilen Sexualerlebnisse gebunden zeigt. Sie verleiht diesen so den Schein einer enormen Bedeutsamkeit für das Leben und die Erkrankung des Menschen. Solche Bedeutung verbleibt ihnen ungeschmälert, insoweit die therapeutische Arbeit in Betracht kommt. Sehen wir aber von dieser Aufgabe ab, so erkennen wir doch leicht, daß hier die Gefahr eines Mißverständnisses vorliegt, das uns verleiten könnte, das Leben allzu einseitig nach der neurotischen Situation zu orientieren. Man muß doch von der Bedeutung der Infantilerlebnisse in Abzug bringen, daß die Libido regressiv zu ihnen zurückgekehrt ist, nachdem sie aus ihren späteren Positionen vertrieben wurde. Dann liegt aber der Schluß nach der Gegenseite sehr nahe, daß die Libidoerlebnisse zu ihrer Zeit gar keine Bedeutung gehabt, sondern sie erst regressiv erworben haben. Erinnern Sie sich, daß wir zu einer solchen Alternative bereits bei der Erörterung des Ödipuskomplexes Stellung genommen haben.

Die Entscheidung wird uns auch diesmal nicht schwer werden. Die Bemerkung, daß die Libidobesetzung — und also die pathogene Bedeutung — der Infantilerlebnisse in großem Maße durch die Libidoregression verstärkt worden ist, hat unzweifelhaft recht, aber sie würde zum Irrtum führen, wenn man sie einzig maßgebend werden ließe. Man muß noch andere Erwägungen gelten lassen. Fürs erste zeigt die Beobachtung in einer jeden Zweifel ausschließenden Weise, daß die infantilen Erlebnisse ihre eigene Bedeutung haben und sie auch bereits in den Kinderjahren beweisen. Es gibt ja auch Kinderneurosen, bei denen das Moment der zeitlichen Zurückschiebung notwendigerweise sehr herabgesetzt wird oder ganz entfällt, indem die Erkrankung als unmittelbare Folge an die traumatischen Erlebnisse anschließt. Das Studium dieser infantilen Neurosen schützt gegen manch ein gefährliches Mißverständnis der Neurosen Erwachsener, ähnlich wie uns die Träume der Kinder den Schlüssel zum Verständnis der Träume von Erwachsenen gegeben haben. Die Neurosen der Kinder sind nun sehr häufig, viel häufiger, als man glaubt. Sie werden oft übersehen, als Zeichen von Schlimmheit oder Unartigkeit beurteilt, oft auch durch die Autoritäten der Kinderstube niedergehalten, aber sie lassen sich in der Rückschau von später her immer leicht erkennen. Sie treten zumeist in der Form einer A n g s t h y s t e r i e auf. Was das heißt, werden wir noch bei einer anderen Gelegenheit erfahren. Wenn in späteren Lebenszeiten eine Neurose ausbricht, so enthüllt sie sich durch die Analyse regelmäßig als die direkte Fortsetzung jener vielleicht nur schleierhaften, nur andeutungsweise ausgebildeten infantilen Erkrankung. Es gibt aber, wie gesagt, Fälle, in denen sich diese kindliche Nervosität ohne jede Unterbrechung in lebenslanges Kranksein fortsetzt. Einige wenige Beispiele von Kinderneurosen haben wir noch am Kind selbst — im Zustande der Aktualität — analysieren können; weit häufiger mußte es uns genügen, daß uns der im reifen Leben Erkrankte eine nachträgliche Einsicht in seine Kinderneurose gestattete, wobei wir dann gewisse Korrekturen und Vorsichten nicht vernachlässigen durften.

An zweiter Stelle muß man doch sagen, daß es unbegreiflich wäre, daß die Libido so regelmäßig auf Zeiten der Kindheit regrediert, wenn dort nichts wäre, was eine Anziehung auf sie ausüben könnte. Die Fixierung, die wir an den einzelnen Stellen des Entwicklungsweges annehmen, hat nur dann einen Gehalt, wenn wir sie in der Festlegung eines bestimmten Betrages von libidinöser Energie bestehen lassen. Endlich kann ich Sie daran mahnen, daß hier zwischen der Intensität und pathogenen Bedeutung der infantilen und der späteren Erlebnisse ein ähnliches Ergänzungsverhältnis besteht wie in den früher von uns studierten Reihen. Es gibt Fälle, in denen das ganze Schwergewicht der Verursachung auf die Sexualerlebnisse der Kindheit fällt, in denen diese Eindrücke eine sicher traumatische

Wirkung äußern und keiner anderen Unterstützung dabei bedürfen, als ihnen die durchschnittliche Sexualkonstitution und deren Unfertigkeit bieten kann. Daneben andere, bei welchen aller Akzent auf den späteren Konflikten liegt und die analytische Betonung der Kindereindrücke durchaus als das Werk der Regression erscheint; also Extreme der „Entwicklungshemmung" und der „Regression" und zwischen ihnen jedes Ausmaß von Zusammenwirken der beiden Momente.

Diese Verhältnisse haben ein gewisses Interesse für die Pädagogik, die sich eine Verhütung der Neurosen durch frühzeitiges Eingreifen in die Sexualentwicklung des Kindes zum Vorsatz nimmt. Solange man seine Aufmerksamkeit vorwiegend auf die infantilen Sexualerlebnisse gerichtet hält, muß man meinen, man habe alles für die Prophylaxe nervöser Erkrankungen getan, wenn man dafür sorgt, daß diese Entwicklung verzögert werde, und daß dem Kinde derartige Erlebnisse erspart bleiben. Allein wir wissen schon, daß die Bedingungen der Verursachung für die Neurosen komplizierte sind und durch die Berücksichtigung eines einzigen Faktors nicht allgemein beeinflußt werden können. Die strenge Behütung der Kindheit verliert an Wert, weil sie gegen den konstitutionellen Faktor ohnmächtig ist; sie ist überdies schwerer durchzuführen, als die Erzieher sich vorstellen, und sie bringt zwei neue Gefahren mit sich, die nicht gering zu schätzen sind: daß sie zu viel erreicht, nämlich ein für die Folge schädliches Übermaß von Sexualverdrängung begünstigt, und daß sie das Kind widerstandslos gegen den in der Pubertät zu erwartenden Ansturm der Sexualforderungen ins Leben schickt. So bleibt es durchaus zweifelhaft, wie weit die Kindheitsprophylaxe mit Vorteil gehen kann, und ob nicht eine veränderte Einstellung zur Aktualität einen besseren Angriffspunkt zur Verhütung der Neurosen verspricht.

Kehren wir nun zu den Symptomen zurück. Sie schaffen also Ersatz für die versagte Befriedigung durch eine Regression der Libido auf frühere Zeiten, womit die Rückkehr zu früheren Entwicklungs-

stufen der Objektwahl oder der Organisation untrennbar verbunden
ist. Wir haben frühzeitig gehört, daß der Neurotiker irgendwo in
seiner Vergangenheit festhaftet; wir wissen jetzt, daß es eine Periode
seiner Vergangenheit ist, in welcher seine Libido die Befriedigung
nicht vermißte, in der er glücklich war. Er sucht so lange in seiner
Lebensgeschichte, bis er eine solche Zeit gefunden hat, und müßte
er auch bis in seine Säuglingszeit zurückgehen, wie er sie erinnert
oder sich nach späteren Anregungen vorstellt. Das Symptom wiederholt irgendwie jene frühinfantile Art der Befriedigung, entstellt durch
die aus dem Konflikt hervorgehende Zensur, in der Regel zur Empfindung des Leidens gewendet und mit Elementen aus dem Anlaß
der Erkrankung vermengt. Die Art der Befriedigung, welche das
Symptom bringt, hat viel Befremdendes an sich. Wir sehen davon
ab, daß sie für die Person unkenntlich ist, welche die angebliche Befriedigung vielmehr als Leiden empfindet und beklagt. Diese Verwandlung gehört dem psychischen Konflikt an, unter dessen Druck
sich das Symptom bilden mußte. Was dereinst dem Individuum eine
Befriedigung war, muß eben heute seinen Widerstand oder seinen Abscheu erwecken. Wir kennen für solche Sinnesänderung ein unschein-
bares, aber lehrreiches Vorbild. Dasselbe Kind, das mit Gier die Milch
aus der Mutterbrust gesogen hat, pflegt einige Jahre später einen
starken Widerwillen gegen Milchgenuß zu äußern, dessen Überwindung der Erziehung Schwierigkeiten bereitet. Dieser Widerwille
steigert sich bis zum Abscheu, wenn die Milch oder das mit ihr ver-
setzte Getränk von einem Häutchen überzogen ist. Es ist vielleicht
nicht abzuweisen, daß diese Haut die Erinnerung an die einst so
heiß begehrte Mutterbrust heraufbeschwört. Dazwischen liegt allerdings das traumatisch wirkende Erlebnis der Abgewöhnung.

Es ist noch etwas anderes, was uns die Symptome merkwürdig und
als Mittel der libidinösen Befriedigung unverständlich erscheinen
läßt. Sie erinnern uns so gar nicht an all das, wovon wir normalerweise eine Befriedigung zu erwarten pflegen. Sie sehen meist vom
Objekt ab und geben damit die Beziehung zur äußeren Realität auf.

Wir verstehen dies als Folge der Abwendung vom Realitäts- und der
Rückkehr zum Lustprinzip. Es ist aber auch eine Rückkehr zu einer
Art von erweitertem Autoerotismus, wie er dem Sexualtrieb die ersten
Befriedigungen bot. Sie setzen an die Stelle einer Veränderung der
Außenwelt eine Körperveränderung, also eine innere Aktion an die
Stelle einer äußeren, eine Anpassung anstatt einer Handlung, was
wiederum einer in phylogenetischer Hinsicht höchst bedeutsamen
Regression entspricht. Wir werden das erst im Zusammenhange mit
einer Neuheit verstehen, die wir noch aus den analytischen Untersuchungen über die Symptombildung zu erfahren haben. Ferner erinnern wir uns, daß bei der Symptombildung die nämlichen Prozesse
des Unbewußten wie bei der Traumbildung mitgewirkt haben, die
Verdichtung und Verschiebung. Das Symptom stellt wie der Traum
etwas als erfüllt dar, eine Befriedigung nach Art der infantilen, aber
durch äußerste Verdichtung kann diese Befriedigung in eine einzige
Sensation oder Innervation gedrängt, durch extreme Verschiebung
auf eine kleine Einzelheit des ganzen libidinösen Komplexes eingeschränkt sein. Es ist kein Wunder, wenn auch wir häufig Schwierigkeiten haben, in dem Symptom die vermutete und jedesmal bestätigte libidinöse Befriedigung zu erkennen.

Ich habe Ihnen angekündigt, daß wir noch etwas Neues zu erfahren haben; es ist wirklich etwas Überraschendes und Verwirrendes.
Sie wissen, durch die Analyse von den Symptomen aus kommen wir
zur Kenntnis der infantilen Erlebnisse, an welche die Libido fixiert
ist, und aus denen die Symptome gemacht werden. Nun, die Überraschung liegt darin, daß diese Infantilszenen nicht immer wahr
sind. Ja, sie sind in der Mehrzahl der Fälle nicht wahr, und in einzelnen Fällen im direkten Gegensatz zur historischen Wahrheit. Sie
sehen ein, daß dieser Fund wie kein anderer dazu geeignet ist, entweder die Analyse zu diskreditieren, die zu solchem Ergebnis geführt
hat, oder die Kranken, auf deren Aussagen die Analyse wie das ganze
Verständnis der Neurosen aufgebaut ist. Außerdem ist aber noch
etwas ungemein Verwirrendes dabei. Wenn die durch die Analyse

zutage geförderten infantilen Erlebnisse jedesmal real wären, hätten wir das Gefühl, uns auf sicherem Boden zu bewegen, wenn sie regelmäßig gefälscht wären, sich als Erfindungen, als Phantasien der Kranken enthüllten, müßten wir diesen schwankenden Boden verlassen und uns auf einen anderen retten. Aber es ist weder so noch so, sondern der Sachverhalt ist nachweisbar der, daß die in der Analyse konstruierten oder erinnerten Kindererlebnisse einmal unstreitig falsch sind, das andere Mal aber ebenso sicher richtig und in den meisten Fällen aus Wahrem und Falschem gemengt. Die Symptome sind also dann bald die Darstellung von Erlebnissen, die wirklich stattgefunden haben, und denen man einen Einfluß auf die Fixierung der Libido zuschreiben darf, und bald die Darstellung von Phantasien des Kranken, die sich zu einer ätiologischen Rolle natürlich gar nicht eignen. Es ist schwer, sich darin zurechtzufinden. Einen ersten Anhalt finden wir vielleicht an einer ähnlichen Entdeckung, daß nämlich die vereinzelten Kindheitserinnerungen, welche die Menschen von jeher und vor jeder Analyse bewußt in sich getragen haben, gleichfalls gefälscht sein können oder wenigstens reichlich Wahres mit Falschem vermengen. Der Nachweis der Unrichtigkeit macht hier selten Schwierigkeiten, und so haben wir wenigstens die eine Beruhigung, daß an dieser unerwarteten Enttäuschung nicht die Analyse, sondern irgendwie die Kranken die Schuld tragen.

Nach einiger Überlegung verstehen wir leicht, was uns an dieser Sachlage so verwirrt. Es ist die Geringschätzung der Realität, die Vernachlässigung des Unterschiedes zwischen ihr und der Phantasie. Wir sind in Versuchung beleidigt zu sein, daß uns der Kranke mit erfundenen Geschichten beschäftigt hat. Die Wirklichkeit erscheint uns als etwas von der Erfindung himmelweit Verschiedenes, und sie genießt bei uns eine ganz andere Einschätzung. Denselben Standpunkt nimmt übrigens auch der Kranke in seinem normalen Denken ein. Wenn er jenes Material vorbringt, welches hinter den Symptomen zu den Wunschsituationen führt, die den Kindererlebnissen nachgebildet sind, so sind wir allerdings anfangs im Zweifel, ob es sich um Wirklichkeit oder um Phantasien handelt. Später wird uns die Entscheidung durch gewisse Kennzeichen ermöglicht, und wir stehen vor der Aufgabe, sie auch dem Kranken bekanntzugeben. Dabei geht es nun auf keinen Fall ohne Schwierigkeiten ab. Eröffnen wir ihm gleich zu Beginn, daß er jetzt im Begriffe ist, die Phantasien zum Vorschein zu bringen, mit denen er sich seine Kindheitsgeschichte verhüllt hat, wie jedes Volk durch Sagenbildung seine vergessene Vorzeit, so bemerken wir, daß sein Interesse für die weitere Verfolgung des Themas plötzlich in unerwünschter Weise absinkt. Er will auch Wirklichkeiten erfahren und verachtet alle „Einbildungen". Lassen wir ihn aber bis zur Erledigung dieses Stückes der Arbeit im Glauben, daß wir mit der Erforschung der realen Begebenheiten seiner Kinderjahre beschäftigt sind, so riskieren wir, daß er uns später Irrtum vorwirft und uns wegen unserer scheinbaren Leichtgläubigkeit verlacht. Für den Vorschlag, Phantasie und Wirklichkeit gleichzustellen und sich zunächst nicht darum zu kümmern, ob die zu klärenden Kindererlebnisse das eine oder das andere seien, hat er lange Zeit kein Verständnis. Und doch ist dies offenbar die einzig richtige Einstellung zu diesen seelischen Produktionen. Auch sie besitzen eine Art von Realität; es bleibt eine Tatsache, daß der Kranke sich solche Phantasien geschaffen hat, und diese Tatsache hat kaum geringere Bedeutung für seine Neurose, als wenn er den Inhalt dieser Phantasien wirklich erlebt hätte. Diese Phantasien besitzen p s y c h i s c h e Realität im Gegensatz zur m a t e r i e l l e n, und wir lernen allmählich verstehen, daß i n d e r W e l t d e r N e u - r o s e n d i e p s y c h i s c h e R e a l i t ä t d i e m a ß g e b e n d e i s t.

Unter den Begebenheiten, die in der Jugendgeschichte der Neurotiker immer wiederkehren, kaum je zu fehlen scheinen, sind einige von besonderer Wichtigkeit, die ich darum auch einer Hervorhebung vor den anderen für würdig halte. Ich zähle Ihnen als Muster dieser Gattung auf: die Beobachtung des elterlichen Verkehres, die Verführung durch eine erwachsene Person und die Kastrationsandrohung. Es wäre ein großer Irrtum anzunehmen, daß ihnen niemals materielle

Realität zukommt; diese ist im Gegenteil oft einwandfrei durch Nachforschung bei älteren Angehörigen zu erweisen. So ist es z. B. gar keine Seltenheit, daß dem kleinen Knaben, welcher unartig mit seinem Glied zu spielen beginnt und noch nicht weiß, daß man solche Beschäftigung verbergen muß, von Eltern oder von Pflegepersonen gedroht wird, man werde ihm das Glied oder die sündigende Hand abschneiden. Die Eltern gestehen es auf Nachfrage oft ein, da sie mit solcher Einschüchterung etwas Zweckmäßiges getan zu haben glauben; manche Menschen haben eine korrekte, bewußte Erinnerung an diese Drohung, besonders dann, wenn sie in etwas späteren Jahren erfolgt ist. Wenn die Mutter oder eine andere weibliche Person die Drohung ausspricht, so schiebt sie ihre Ausführung gewöhnlich dem Vater oder dem — Arzt zu. In dem berühmten „Struwwelpeter" des Frankfurter Kinderarztes Hoffmann, der seine Beliebtheit gerade dem Verständnis für die sexuellen und andere Komplexe des Kindesalters verdankt, finden Sie die Kastration gemildert, durch das Abschneiden der Daumen als Strafe für hartnäckiges Lutschen ersetzt. Es ist aber in hohem Grade unwahrscheinlich, daß die Kastrationsdrohung so oft an die Kinder ergeht, als sie in den Analysen der Neurotiker vorkommt. Wir sind damit zufrieden zu verstehen, daß sich das Kind eine solche Drohung auf Grund von Andeutungen, mit Hilfe des Wissens, daß die autoerotische Befriedigung verboten ist, und unter dem Eindruck seiner Entdeckung des weiblichen Genitales in der Phantasie zusammensetzt. Ebenso ist es keineswegs ausgeschlossen, daß das kleine Kind, solange man ihm kein Verständnis und kein Gedächtnis zutraut, auch in anderen als Proletarierfamilien zum Zeugen eines Geschlechtsaktes zwischen den Eltern oder anderen Erwachsenen wird, und es ist nicht abzuweisen, daß das Kind nachträglich diesen Eindruck verstehen und auf ihn reagieren kann. Wenn aber dieser Verkehr mit den ausführlichsten Details beschrieben wird, die der Beobachtung Schwierigkeiten bereiten, oder wenn er sich, wie überwiegend häufig, als ein Verkehr von rückwärts, more ferarum, herausstellt, so bleibt wohl kein Zweifel über die

Anlehnung dieser Phantasie an die Beobachtung des Verkehres von
Tieren (Hunden) und die Motivierung derselben durch die unbefriedigte Schaulust des Kindes in den Pubertätsjahren. Die äußerste Leistung dieser Art ist dann die Phantasie von der Beobachtung des
elterlichen Koitus, während man sich noch ungeboren im Mutterleib
befunden hat. Besonderes Interesse hat die Phantasie der Verführung,
weil sie nur zu oft keine Phantasie, sondern reale Erinnerung ist.
Aber zum Glück ist sie doch nicht so häufig real, wie es nach den
Ergebnissen der Analyse zuerst den Anschein hatte. Die Verführung
durch ältere oder gleichaltrige Kinder ist immer noch häufiger als
die durch Erwachsene, und wenn bei den Mädchen, welche diese
Begebenheit in ihrer Kindergeschichte vorbringen, ziemlich regelmäßig der Vater als Verführer auftritt, so leidet weder die phantastische Natur dieser Beschuldigung noch das zu ihr drängende
Motiv einen Zweifel. Mit der Verführungsphantasie, wo keine Verführung stattgehabt hat, deckt das Kind in der Regel die autoerotische
Periode seiner Sexualbetätigung. Es erspart sich die Beschämung über
die Masturbation, indem es ein begehrtes Objekt in diese frühesten
Zeiten zurückphantasiert. Glauben Sie übrigens nicht, daß sexueller
Mißbrauch des Kindes durch die nächsten männlichen Verwandten
durchaus dem Reiche der Phantasie angehört. Die meisten Analytiker
werden Fälle behandelt haben, in denen solche Beziehungen real
waren und einwandfrei festgestellt werden konnten; nur gehörten
sie auch dann späteren Kindheitsjahren an und waren in frühere eingetragen worden.

Man empfängt keinen anderen Eindruck, als daß solche Kinderbegebenheiten irgendwie notwendig verlangt werden, zum eisernen
Bestand der Neurose gehören. Sind sie in der Realität enthalten, dann
ist es gut; hat sie die Realität verweigert, so werden sie aus Andeutungen hergestellt und durch die Phantasie ergänzt. Das Ergebnis
ist das gleiche, und es ist uns bis heute nicht gelungen, einen Unterschied in den Folgen nachzuweisen, wenn die Phantasie oder die
Realität den größeren Anteil an diesen Kinderbegebenheiten hat.

Hier besteht eben wieder nur eines der so oft erwähnten Ergänzungs-
verhältnisse; es ist allerdings das Befremdendste von allen, die wir
kennen gelernt haben. Woher rührt das Bedürfnis nach diesen Phantasien und das Material für sie? Über die Triebquellen kann wohl
kein Zweifel sein, aber es ist zu erklären, daß jedesmal die nämlichen
Phantasien mit demselben Inhalt geschaffen werden. Ich habe hier
eine Antwort bereit, von der ich weiß, daß sie Ihnen gewagt erscheinen wird. Ich meine, diese Urphantasien — so möchte ich
sie und gewiß noch einige andere nennen — sind phylogenetischer
Besitz. Das Individuum greift in ihnen über sein eigenes Erleben hinaus in das Erleben der Vorzeit, wo sein eigenes Erleben allzu rudi-
mentär geworden ist. Es scheint mir sehr wohl möglich, daß alles,
was uns heute in der Analyse als Phantasie erzählt wird, die Kinder-
verführung, die Entzündung der Sexualerregung an der Beobachtung
des elterlichen Verkehrs, die Kastrationsdrohung — oder vielmehr
die Kastration, — in den Urzeiten der menschlichen Familie einmal
Realität war, und daß das phantasierende Kind einfach die Lücken
der individuellen Wahrheit mit prähistorischer Wahrheit ausgefüllt
hat. Wir sind wiederholt auf den Verdacht gekommen, daß uns die
Neurosenpsychologie mehr von den Altertümern der menschlichen
Entwicklung aufbewahrt hat als alle anderen Quellen.

Meine Herren! Die letzterörterten Dinge nötigen uns, auf die Entstehung und Bedeutung jener Geistestätigkeit näher einzugehen, die
„Phantasie" genannt wird. Sie genießt, wie Ihnen bekannt ist, allgemein eine hohe Schätzung, ohne daß man über ihre Stellung im
Seelenleben klar geworden wäre. Ich kann Ihnen folgendes darüber
sagen. Wie Sie wissen, wird das Ich des Menschen durch die Einwirkung der äußeren Not langsam zur Schätzung der Realität und
zur Befolgung des Realitätsprinzips erzogen und muß dabei auf verschiedene Objekte und Ziele seines Luststrebens — nicht allein des
sexuellen — vorübergehend oder dauernd verzichten. Aber Lustver-
zicht ist dem Menschen immer schwer gefallen; er bringt ihn nicht
ohne eine Art von Entschädigung zustande. Er hat sich daher eine

seelische Tätigkeit vorbehalten, in welcher all diesen aufgegebenen Lustquellen und verlassenen Wegen der Lustgewinnung eine weitere Existenz zugestanden ist, eine Form der Existenz, in welcher sie von dem Realitätsanspruch und dem, was wir Realitätsprüfung nennen, frei gelassen sind. Jedes Streben erreicht bald die Form einer Erfüllungsvorstellung; es ist kein Zweifel, daß das Verweilen bei den Wunscherfüllungen der Phantasie eine Befriedigung mit sich bringt, obwohl das Wissen, es handle sich nicht um Realität, dabei nicht getrübt ist. In der Phantasietätigkeit genießt also der Mensch die Freiheit vom äußeren Zwang weiter, auf die er in Wirklichkeit längst verzichtet hat. Er hat es zustande gebracht, abwechselnd noch Lusttier zu sein und dann wieder ein verständiges Wesen. Er findet mit der kargen Befriedigung, die er der Wirklichkeit abringen kann, eben nicht sein Auskommen. „Es geht überhaupt nicht ohne Hilfskonstruktionen," hat Th. Fontane einmal gesagt. Die Schöpfung des seelischen Reiches der Phantasie findet ein volles Gegenstück in der Einrichtung von „Schonungen", „Naturschutzparks" dort, wo die Anforderungen des Ackerbaues, des Verkehres und der Industrie das ursprüngliche Gesicht der Erde rasch bis zur Unkenntlichkeit zu verändern drohen. Der Naturschutzpark erhält diesen alten Zustand, welchen man sonst überall mit Bedauern der Notwendigkeit geopfert hat. Alles darf darin wuchern und wachsen, wie es will, auch das Nutzlose, selbst das Schädliche. Eine solche dem Realitätsprinzip entzogene Schonung ist auch das seelische Reich der Phantasie.

Die bekanntesten Produktionen der Phantasie sind die sogenannten „Tagträume", die wir schon kennen, vorgestellte Befriedigungen ehrgeiziger, großsüchtiger, erotischer Wünsche, die um so üppiger gedeihen, je mehr die Wirklichkeit zur Bescheidung oder zur Geduldung mahnt. Das Wesen des Phantasieglücks, die Wiederherstellung der Unabhängigkeit der Lustgewinnung von der Zustimmung der Realität, zeigt sich in ihnen unverkennbar. Wir wissen, solche Tagträume sind Kern und Vorbilder der nächtlichen Träume. Der Nachttraum ist im Grunde nichts anderes als ein durch die nächtliche Freiheit der Triebregungen verwendbar gewordener, durch die nächtliche Form der seelischen Tätigkeit entstellter Tagtraum. Wir haben uns bereits mit der Idee vertraut gemacht, daß auch ein Tagtraum nicht notwendig bewußt ist, daß es auch unbewußte Tagträume gibt. Solche unbewußte Tagträume sind also ebensowohl die Quelle der nächtlichen Träume wie — der neurotischen Symptome.

Die Bedeutung der Phantasie für die Symptombildung wird Ihnen durch die folgende Mitteilung klar werden. Wir haben gesagt, im Falle der Versagung besetze die Libido regressiv die von ihr aufgelassenen Positionen, an denen sie doch mit gewissen Beträgen haften geblieben ist. Das werden wir nicht zurücknehmen oder korrigieren, aber wir haben ein Zwischenglied einzusetzen. Wie findet die Libido ihren Weg zu diesen Fixierungsstellen? Nun, alle aufgegebenen Objekte und Richtungen der Libido sind noch nicht in jedem Sinne aufgegeben. Sie oder ihre Abkömmlinge werden noch mit einer gewissen Intensität in den Phantasievorstellungen festgehalten. Die Libido braucht sich also nur auf die Phantasien zurückzuziehen, um von ihnen aus den Weg zu allen verdrängten Fixierungen offen zu finden. Diese Phantasien erfreuten sich einer gewissen Duldung, es kam nicht zum Konflikt zwischen ihnen und dem Ich, so scharf auch die Gegensätze sein mochten, solange eine gewisse Bedingung eingehalten wurde. Eine Bedingung quantitativer Natur, die nun durch das Rückfluten der Libido auf die Phantasien gestört wird. Durch diesen Zuschuß wird die Energiebesetzung der Phantasien so erhöht, daß sie anspruchsvoll werden, einen Drang nach der Richtung der Realisierung entwickeln. Das macht aber den Konflikt zwischen ihnen und dem Ich unvermeidlich. Ob sie früher vorbewußt oder bewußt waren, sie unterliegen jetzt der Verdrängung von seiten des Ichs und sind der Anziehung von seiten des Unbewußten preisgegeben. Von den jetzt unbewußten Phantasien wandert die Libido bis zu deren Ursprüngen im Unbewußten, bis zu ihren eigenen Fixierungsstellen zurück.

Der Rückgang der Libido auf die Phantasie ist eine Zwischenstufe des Weges zur Symptombildung, welche wohl eine besondere Bezeichnung verdient. C. G. Jung hat den sehr geeigneten Namen der Introversion für sie geprägt, ihn aber in unzweckmäßiger Weise auch anderes bedeuten lassen. Wir wollen daran festhalten, daß die Introversion die Abwendung der Libido von den Möglichkeiten der realen Befriedigung und die Überbesetzung der bisher als harmlos geduldeten Phantasien bezeichnet. Ein Introvertierter ist noch kein Neurotiker, aber er befindet sich in einer labilen Situation; er muß bei der nächsten Kräfteverschiebung Symptome entwickeln, wenn er nicht noch für seine gestaute Libido andere Auswege findet. Der irreale Charakter der neurotischen Befriedigung und die Vernachlässigung des Unterschiedes zwischen Phantasie und Wirklichkeit sind hingegen bereits durch das Verweilen auf der Stufe der Introversion bestimmt.

Sie haben gewiß bemerkt, daß ich in den letzten Erörterungen einen neuen Faktor in das Gefüge der ätiologischen Verkettung eingeführt habe, nämlich die Quantität, die Größe der in Betracht kommenden Energien; diesen Faktor müssen wir überall noch in Rechnung bringen. Mit rein qualitativer Analyse der ätiologischen Bedingungen reichen wir nicht aus. Oder um es anders zu sagen, eine bloß dynamische Auffassung dieser seelischen Vorgänge ist ungenügend, es bedarf noch des ökonomischen Gesichtspunktes. Wir müssen uns sagen, daß der Konflikt zwischen zwei Strebungen nicht losbricht, ehe nicht gewisse Besetzungsintensitäten erreicht sind, mögen auch die inhaltlichen Bedingungen längst vorhanden sein. Ebenso richtet sich die pathogene Bedeutung der konstitutionellen Faktoren danach, wie viel mehr von dem einen Partialtrieb als von einem anderen in der Anlage gegeben ist; man kann sich sogar vorstellen, die Anlagen aller Menschen seien qualitativ gleichartig und unterscheiden sich nur durch diese quantitativen Verhältnisse. Nicht minder entscheidend ist das quantitative Moment für die Widerstandsfähigkeit gegen neurotische Erkrankung. Es kommt darauf an, welchen Betrag der unverwendeten Libido eine Person in Schwebe erhalten kann, und einen wie großen Bruchteil ihrer Libido sie vom Sexuellen weg auf die Ziele der Sublimierung zu lenken vermag. Das Endziel der seelischen Tätigkeit, das sich

qualitativ als Streben nach Lustgewinn und Unlustvermeidung beschreiben läßt, stellt sich für die ökonomische Betrachtung als die
Aufgabe dar, die im seelischen Apparat wirkenden Erregungsgrößen
(Reizmengen)· zu bewältigen und deren Unlust schaffende Stauung
hintanzuhalten.

Soviel wollte ich Ihnen also über die Symptombildung bei den
Neurosen sagen. Ja aber, daß ich nicht versäume, es nochmals aus-
drücklich zu betonen: Alles hier Gesagte bezieht sich nur auf die
Symptombildung bei der Hysterie. Schon bei der Zwangsneurose ist
— bei Erhaltung des Grundsätzlichen — vieles anders zu finden.
Die Gegenbesetzungen gegen die Triebanforderungen, von denen
wir auch bei der Hysterie gesprochen haben, drängen sich bei der
Zwangsneurose vor und beherrschen durch sogenannte „Reaktions-
bildungen" das klinische Bild. Ebensolche und noch weiter reichende
Abweichungen entdecken wir bei den anderen Neurosen, wo die
Untersuchungen über die Mechanismen der Symptombildung noch an
keinem Punkte abgeschlossen sind.

Ehe ich Sie heute entlasse, möchte ich aber Ihre Aufmerksamkeit
noch eine Weile für eine Seite des Phantasielebens in Anspruch nehmen, die des allgemeinsten Interesses würdig ist. Es gibt nämlich
einen Rückweg von der Phantasie zur Realität, und das ist — die
Kunst. Der Künstler ist im Ansatze auch ein Introvertierter, der es
nicht weit zur Neurose hat. Er wird von überstarken Triebbedürf-
nissen gedrängt, möchte Ehre, Macht, Reichtum, Ruhm und die Liebe
der Frauen erwerben; es fehlen ihm aber die Mittel, um diese Befriedigungen zu erreichen. Darum wendet er sich wie ein anderer
Unbefriedigter von der Wirklichkeit ab und überträgt all sein Interesse, auch seine Libido, auf die Wunschbildungen seines Phantasielebens, von denen aus der Weg zur Neurose führen könnte. Es muß
wohl vielerlei zusammentreffen, damit dies nicht der volle Ausgang
seiner Entwicklung werde; es ist ja bekannt, wie häufig gerade Künstler an einer partiellen Hemmung ihrer Leistungsfähigkeit durch
Neurosen leiden. Wahrscheinlich enthält ihre Konstitution eine

starke Fähigkeit zur Sublimierung und eine gewisse Lockerheit der
den Konflikt entscheidenden Verdrängungen. Den Rückweg zur Realität findet der Künstler aber auf folgende Art. Er ist ja nicht der
einzige, der ein Phantasieleben führt. Das Zwischenreich der Phantasie ist durch allgemein menschliche Übereinkunft gebilligt, und
jeder Entbehrende erwartet von daher Linderung und Trost. Aber
den Nichtkünstlern ist der Bezug von Lustgewinn aus den Quellen
der Phantasie sehr eingeschränkt. Die Unerbittlichkeit ihrer Verdrängungen nötigt sie, sich mit den spärlichen Tagträumen, die noch bewußt werden dürfen, zu begnügen. Wenn einer ein rechter Künstler
ist, dann verfügt er über mehr. Er versteht es erstens, seine Tagträume so zu bearbeiten, daß sie das allzu Persönliche, welches Fremde
abstößt, verlieren und für die anderen mitgenießbar werden. Er weiß
sie auch soweit zu mildern, daß sie ihre Herkunft aus den verpönten
Quellen nicht leicht verraten. Er besitzt ferner das rätselhafte Vermögen, ein bestimmtes Material zu formen, bis es zum getreuen Eben-
bilde seiner Phantasievorstellung geworden ist, und dann weiß er an
diese Darstellung seiner unbewußten Phantasie so viel Lustgewinn
zu knüpfen, daß durch sie die Verdrängungen wenigstens zeitweilig
überwogen und aufgehoben werden. Kann er das alles leisten, so ermöglicht er es den Anderen, aus den eigenen unzugänglich gewordenen Lustquellen ihres Unbewußten wiederum Trost und Linderung zu schöpfen, gewinnt ihre Dankbarkeit und Bewunderung und
hat nun durch seine Phantasie erreicht, was er vorerst nur in seiner
Phantasie erreicht hatte: Ehre, Macht und Liebe der Frauen.

DIE GEMEINE NERVOSITÄT

Meine Damen und Herren! Nachdem wir in den letzten Besprechungen ein so schweres Stück Arbeit hinter uns gebracht haben, verlasse ich für eine Weile den Gegenstand und wende mich zu Ihnen. Ich weiß nämlich, daß Sie unzufrieden sind. Sie haben sich eine „Einführung in die Psychoanalyse" anders vorgestellt. Sie haben lebensvolle Beispiele zu hören erwartet, nicht Theorie. Sie sagen mir, das eine Mal, da ich Ihnen die Parallele vortrug „Zu ebener Erde und im ersten Stock", da haben Sie etwas von der Verursachung der Neurosen begriffen, nur· hätten es wirkliche Beobachtungen sein sollen und nicht konstruierte Geschichten. Oder als ich Ihnen zu Beginn zwei — hoffentlich nicht auch erfundene — Symptome erzählte, deren Auflösung und Beziehung zum Leben der Kranken entwickelte, da leuchtete Ihnen der „Sinn" der Symptome ein; Sie hofften, ich würde in dieser Art fortsetzen. Anstatt dessen gab ich Ihnen weitläufige, schwer übersehbare Theorien, die nie vollständig waren, zu denen immer noch etwas Neues hinzukam, arbeitete mit Begriffen, die ich Ihnen noch nicht vorgestellt hatte, fiel aus der deskriptiven Darstellung in die dynamische Auffassung, aus dieser in eine sogenannte „ökonomische", machte es Ihnen schwer zu verstehen, wie viele von den angewendeten Kunstworten dasselbe bedeuten und nur aus Gründen des Wohllautes miteinander abwechseln, ließ so weitausgreifende Gesichtspunkte wie das Lust- und Realitätsprinzip und den phylogenetisch ererbten Besitz vor Ihnen auftauchen, und anstatt Sie in etwas einzuführen, ließ ich etwas, was sich immer mehr von Ihnen entfernte, vor Ihren Augen vorüberziehen.

Warum habe ich die Einführung in die Neurosenlehre nicht mit dem begonnen, was Sie selbst von der Nervosität kennen und was längst Ihr Interesse erweckt hat? Mit dem eigentümlichen Wesen der Nervösen, ihren unverständlichen Reaktionen auf menschlichen Verkehr und äußere Einflüsse, ihrer Reizbarkeit, Unberechenbarkeit und Untauglichkeit? Warum Sie nicht schrittweise vom Verständnis der einfacheren alltäglichen Formen bis zu den Problemen der rätselhaften extremen Erscheinungen der Nervosität geführt?

Ja, meine Herren, ich kann Ihnen nicht einmal Unrecht geben. Ich bin nicht so vernarrt in meine Darstellungskunst, daß ich jeden ihrer Schönheitsfehler für einen besonderen Reiz ausgeben sollte. Ich glaube selbst, es hätte sich mit mehr Vorteil für Sie anders machen lassen; es lag auch in meiner Absicht. Aber man kann seine verständigen Absichten nicht immer durchführen. Im Stoff selbst ist oft etwas, wodurch man kommandiert und von seinen ersten Absichten abgelenkt wird. Selbst eine so unscheinbare Leistung wie die Anordnung eines wohlbekannten Materials unterwirft sich nicht ganz der Willkür des Autors; sie gerät, wie sie will, und man kann sich nur nachträglich befragen, warum sie so und nicht anders ausgefallen ist.

Einer der Gründe ist wahrscheinlich, daß der Titel „Einführung in die Psychoanalyse" für diesen Abschnitt, der die Neurosen behandeln soll, nicht mehr zutrifft. Die Einführung in die Psychoanalyse gibt das Studium der Fehlleistungen und des Traumes; die Neurosenlehre ist die Psychoanalyse selbst. Ich glaube nicht, daß ich vom Inhalt der Neurosenlehre in so kurzer Zeit Ihnen anders als in so konzentrierter Form hätte Kenntnis geben können. Es handelte sich darum, Ihnen Sinn und Bedeutung der Symptome, äußere und innere Bedingungen und Mechanismus der Symptombildung im Zusammenhange vorzuführen. Das habe ich zu tun versucht; es ist so ziemlich der Kern dessen, was die Psychoanalyse heute zu lehren hat. Dabei war von der Libido und ihrer Entwicklung vieles zu sagen, einiges auch von der des Ichs. Auf die Voraussetzungen unserer Technik, auf die großen Gesichtspunkte des Unbewußten und der Verdrängung (des Widerstandes) waren Sie schon durch die Einführung vorbereitet. Sie werden in einer der nächsten Vorlesungen erfahren, an welchen Stellen die psychoanalytische Arbeit ihren organischen Fortgang nimmt. Vorläufig habe ich Ihnen nicht verheimlicht, daß alle unsere Ermittlungen nur aus dem Studium einer einzigen Gruppe von nervösen Affektionen, den sogenannten Übertragungsneurosen, stammen. Den Mechanismus der Symptombildung habe ich sogar nur für die hysterische Neurose verfolgt. Wenn Sie auch kein solides Wissen erworben und nicht jede Einzelheit behalten haben sollten, so hoffe ich doch, daß Sie so ein Bild davon gewonnen haben, mit welchen Mitteln die Psychoanalyse arbeitet, welche Fragen sie angreift, und welche Ergebnisse sie geliefert hat.

Ich habe Ihnen den Wunsch unterlegt, daß ich die Darstellung der Neurosen mit dem Gehaben der Nervösen hätte beginnen sollen, mit der Schilderung der Art, wie sie unter ihrer Neurose leiden, wie sie sich ihrer erwehren und sich mit ihr einrichten. Das ist gewiß ein interessanter und wissenswerter Stoff, auch nicht sehr schwierig zu behandeln, aber es ist nicht unbedenklich, mit ihm zu beginnen. Man läuft Gefahr, das Unbewußte nicht zu entdecken, dabei die große Bedeutung der Libido zu übersehen und alle Verhältnisse so zu beurteilen, wie sie dem Ich des Nervösen erscheinen. Daß dieses Ich keine verläßliche und unparteiische Instanz ist, liegt auf der Hand. Das Ich ist ja die Macht, welche das Unbewußte verleugnet und es zum Verdrängten herabgesetzt hat, wie sollte man ihm zutrauen, diesem Unbewußten gerecht zu werden? Unter diesem Verdrängten stehen die abgewiesenen Ansprüche der Sexualität in erster Linie; es ist ganz selbstverständlich, daß wir deren Umfang und Bedeutung nie aus den Auffassungen des Ichs erraten können. Von dem Moment an, da uns der Gesichtspunkt der Verdrängung aufdämmert, sind wir auch gewarnt davor, daß wir nicht die eine der beiden streitenden

Parteien, überdies noch die siegreiche, zum Richter über den Streit einsetzen. Wir sind vorbereitet darauf, daß uns die Aussagen des Ichs irreführen werden. Wenn man dem Ich glauben will, so war es in allen Stücken aktiv, so hat es selbst seine Symptome gewollt und gemacht. Wir wissen, daß es ein gutes Stück Passivität über sich ergehen ließ, die es sich dann verheimlichen und beschönigen will. Allerdings getraut es sich dieses Versuches nicht immer; bei den Symptomen der Zwangsneurose muß es sich eingestehen, daß etwas Fremdes sich ihm entgegenstellt, dessen es sich nur mühsam erwehrt.

Wer sich durch diese Mahnungen nicht abhalten läßt, die Verfälschungen des Ichs für bare Münze zu nehmen, der hat freilich dann ein leichtes Spiel und ist all den Widerständen entgangen, die sich der psychoanalytischen Betonung des Unbewußten, der Sexualität und der Passivität des Ichs entgegensetzen. Der kann wie A l f r e d A d l e r behaupten, daß der „nervöse Charakter" die Ursache der Neurose sei, anstatt die Folge derselben, aber er wird auch nicht imstande sein, ein einziges Detail der Symptombildung oder einen einzelnen Traum zu erklären.

Sie werden fragen: Sollte es denn nicht möglich sein, dem Anteil des Ichs an der Nervosität und an der Symptombildung gerecht zu werden, ohne dabei die von der Psychoanalyse aufgedeckten Momente in gröblicher Weise zu vernachlässigen? Ich antworte: Gewiß muß es möglich sein und es wird auch irgend einmal geschehen; es liegt aber nicht in der Arbeitsrichtung der Psychoanalyse, gerade damit zu beginnen. Es läßt sich wohl vorhersagen, wann diese Aufgabe an die Psychoanalyse herantreten wird. Es gibt Neurosen, bei welchen das Ich weit intensiver beteiligt ist als bei den bisher von uns studierten; wir nennen sie „narzißtische" Neurosen. Die analytische Bearbeitung dieser Affektionen wird uns befähigen, die Beteiligung des Ichs an der neurotischen Erkrankung in unparteiischer und zuverlässiger Weise zu beurteilen.

Eine der Beziehungen des Ichs zu seiner Neurose ist aber so augenfällig, daß sie von Anfang an Berücksichtigung finden konnte. Sie

scheint in keinem Falle zu fehlen; man erkennt sie aber am deutlichsten bei einer Affektion, die unserem Verständnis heute noch
fernsteht, bei der t r a u m a t i s c h e n N e u r o s e. Sie müssen nämlich
wissen, daß in der Verursachung und im Mechanismus aller möglichen Formen von Neurosen immer wieder dieselben Momente in
Tätigkeit treten, nur fällt hier dem einen, dort dem anderen dieser
Momente die Hauptbedeutung für die Symptombildung zu. Es ist
wie mit dem Personal einer Schauspielertruppe, unter dem jeder sein
festes Rollenfach hat: Held, Vertrauter, Intrigant usw.; es wird aber
jeder ein anderes Stück für seine Benefizvorstellung wählen. So sind
die Phantasien, die sich in die Symptome umsetzen, nirgends greifbarer als in der Hysterie; die Gegenbesetzungen oder Reaktionsbil-
dungen des Ichs beherrschen das Bild bei der Zwangsneurose; was wir
für den Traum s e k u n d ä r e B e a r b e i t u n g genannt haben, steht
als Wahn obenan in der Paranoia usw.

So drängt sich uns bei den traumatischen Neurosen, besonders bei
solchen, wie sie durch die Schrecken des Krieges entstehen, unverkennbar ein selbstsüchtiges, nach Schutz und Nutzen strebendes Ich-
motiv auf, welches die Krankheit nicht etwa allein schaffen kann,
aber seine Zustimmung zu ihr gibt und sie erhält, wenn sie einmal
zustande gekommen ist. Dies Motiv will das Ich vor den Gefahren
bewahren, deren Drohung der Anlaß der Erkrankung ward, und wird
die Genesung nicht eher zulassen, als bis die Wiederholung dieser
Gefahren ausgeschlossen scheint, oder erst nachdem eine Entschädigung für die ausgestandene Gefahr erreicht ist.

Aber ein ähnliches Interesse nimmt das Ich in allen anderen Fällen an der Entstehung und dem Fortbestand der Neurose. Wir haben
schon gesagt, daß das Symptom auch vom Ich gehalten wird, weil
es eine Seite hat, mit welcher es der verdrängenden Ichtendenz Befriedigung bietet. Überdies ist die Erledigung des Konflikts durch
die Symptombildung die bequemste und die dem Lustprinzip ge-
nehmste Auskunft; sie erspart dem Ich unzweifelhaft eine große und
peinlich empfundene innere Arbeit. Ja, es gibt Fälle, in denen selbst

der Arzt zugestehen muß, daß der Ausgang eines Konflikts in Neurose die harmloseste und sozial erträglichste Lösung darstellt. Erstaunen Sie nicht, wenn Sie hören, daß also selbst der Arzt mitunter die Partei der von ihm bekämpften Krankheit nimmt. Es steht ihm ja nicht an, sich gegen alle Situationen des Lebens auf die Rolle des Gesundheitsfanatikers einzuengen, er weiß, daß es nicht nur neurotisches Elend in der Welt gibt, sondern auch reales, unabstellbares Leiden, daß die Notwendigkeit von einem Menschen auch fordern kann, daß er seine Gesundheit zum Opfer bringe, und er erfährt, daß durch ein solches Opfer eines einzelnen oft unübersehbares Unglück für viele andere hintangehalten wird. Wenn man also sagen konnte, daß der Neurotiker jedesmal vor einem Konflikt die Flucht in die Krankheit nimmt, so muß man zugeben, in manchen Fällen sei diese Flucht vollberechtigt, und der Arzt, der diesen Sachverhalt erkannt hat, wird sich schweigend und schonungsvoll zurückziehen.

Aber sehen wir von diesen Ausnahmefällen für die weitere Erörterung ab. Unter durchschnittlichen Verhältnissen erkennen wir, daß dem Ich durch das Ausweichen in die Neurose ein gewisser innerer Krankheitsgewinn zuteil wird. Zu diesem gesellt sich in manchen Lebenslagen ein greifbarer äußerer, in der Realität mehr oder weniger hoch einzuschätzender Vorteil. Betrachten Sie den häufigsten Fall dieser Art. Eine Frau, die von ihrem Manne roh behandelt und schonungslos ausgenützt wird, findet ziemlich regelmäßig den Ausweg in die Neurose, wenn ihre Anlagen es ihr ermöglichen, wenn sie zu feige oder zu sittlich ist, um sich im geheimen bei einem anderen Manne zu trösten, wenn sie nicht stark genug ist, sich gegen alle äußeren Abhaltungen von ihrem Mann zu trennen, wenn sie nicht die Aussicht hat, sich selbst zu erhalten oder einen besseren Mann zu gewinnen, und wenn sie überdies durch ihr sexuelles Empfinden noch an diesen brutalen Mann gebunden ist. Ihre Krankheit wird nun ihre Waffe im Kampfe gegen den überstarken Mann, eine Waffe, die sie zu ihrer Verteidigung gebrauchen und für ihre Rache mißbrauchen kann. Sie darf über ihre Krankheit klagen, während sie sich wahrscheinlich über ihre Ehe nicht beklagen dürfte. Sie findet einen Helfer im Arzt, sie nötigt den sonst rücksichtslosen Mann, sie zu schonen, Aufwendungen für sie zu machen, ihr Zeiten der Abwesenheit vom Hause und somit der Befreiung von der ehelichen Unterdrückung zu gestatten. Wo ein solcher äußerer oder akzidenteller Krankheitsgewinn recht erheblich ist und keinen realen Ersatz finden kann, da werden Sie die Möglichkeit einer Beeinflussung der Neurose durch Ihre Therapie nicht groß veranschlagen dürfen.

Sie werden mir vorhalten, was ich Ihnen da vom Krankheitsgewinn erzählt habe, spricht ja durchaus zu Gunsten der von mir zurückgewiesenen Auffassung, daß das Ich selbst die Neurose will und sie schafft. Gemach, meine Herren, es bedeutet vielleicht weiter nichts, als daß das Ich sich die Neurose gefallen läßt, die es doch nicht verhindern kann, und daß es das Beste aus ihr macht, wenn sich überhaupt etwas aus ihr machen läßt. Es ist nur die eine Seite der Sache, die angenehme allerdings. Soweit die Neurose Vorteile hat, ist das Ich wohl mit ihr einverstanden, aber sie hat nicht nur Vorteile. In der Regel stellt sich bald heraus, daß das Ich ein schlechtes Geschäft gemacht hat, indem es sich auf die Neurose einließ. Es hat eine Erleichterung des Konflikts zu teuer erkauft, und die Leidensempfindungen, welche an den Symptomen haften, sind vielleicht ein äquivalenter Ersatz für die Qualen des Konflikts, wahrscheinlich aber ein Mehrbetrag von Unlust. Das Ich möchte diese Unlust der Symptome loswerden, den Krankheitsgewinn aber nicht herausgeben, und das bringt es eben nicht zustande. Dabei erweist sich dann, daß es nicht so durchaus aktiv war, wie es sich geglaubt hat, und das wollen wir uns gut merken.

Meine Herren, wenn Sie als Arzt mit Neurotikern umgehen, werden Sie bald die Erwartung aufgeben, daß diejenigen, die über ihre Krankheit am stärksten jammern und klagen, der Hilfeleistung am bereitwilligsten entgegenkommen und ihr die geringsten Widerstände bereiten werden. Eher das Gegenteil. Wohl aber werden Sie es leicht verstehen, daß alles, was zum Krankheitsgewinn beiträgt, den Verdrängungswiderstand verstärken und die therapeutische Schwierigkeit vergrößern wird. Zu dem Stück des Krankheitsgewinnes, welches sozusagen mit dem Symptom geboren wird, haben wir aber auch noch ein anderes hinzuzufügen, das sich später ergibt. Wenn solch eine psychische Organisation wie die Krankheit durch längere Zeit bestanden hat, so benimmt sie sich endlich wie ein selbständiges Wesen; sie äußert etwas wie einen Selbsterhaltungstrieb, es bildet sich eine Art von modus vivendi zwischen ihr und anderen Anteilen des Seelenlebens, selbst solchen, die ihr im Grunde feindselig sind, und es kann kaum fehlen, daß sich Gelegenheiten ergeben, bei denen sie sich wieder nützlich und verwertbar erweist, gleichsam eine Sekundärfunktion erwirbt, die ihren Bestand von neuem kräftigt. Nehmen Sie anstatt eines Beispiels aus der Pathologie eine grelle Erläuterung aus dem täglichen Leben. Ein tüchtiger Arbeiter, der seinen Unterhalt erwirbt, wird durch einen Unfall in seiner Beschäftigung zum Krüppel; mit der Arbeit ist es jetzt aus, aber der Verunglückte empfängt mit der Zeit eine kleine Unfallsrente und lernt es, seine Verstümmlung als Bettler zu verwerten. Seine neue, wiewohl verschlechterte Existenz gründet sich jetzt gerade auf dasselbe, was ihn um seine erste Existenz gebracht hat. Wenn Sie seine Verunstaltung beheben können, so machen Sie ihn zunächst subsistenzlos; es eröffnet sich die Frage, ob er noch fähig ist, seine frühere Arbeit wieder aufzunehmen. Was bei der Neurose einer solchen sekundären Nutzung der Krankheit entspricht, können wir als sekundären Krankheitsgewinn zum primären hinzuschlagen.

Im allgemeinen aber möchte ich Ihnen sagen, unterschätzen Sie die praktische Bedeutung des Krankheitsgewinnes nicht und lassen Sie sich in theoretischer Hinsicht nicht von ihm imponieren. Von jenen früher anerkannten Ausnahmen abgesehen, mahnt er doch immer an die Beispiele „von der Klugheit der Tiere", die Oberländer in den „Fliegenden Blättern" illustriert hat. Ein Araber reitet auf seinem Kamel einen schmalen Pfad, der in die steile Bergwand eingeschnitten ist. Bei einer Wendung des Weges sieht er sich plötzlich einem Löwen gegenüber, der sich sprungbereit macht. Er sieht keinen Ausweg; auf der einen Seite die senkrechte Wand, auf der anderen der Abgrund; Umkehr und Flucht sind unmöglich; er gibt sich verloren. Anders das Tier. Es macht mit seinem Reiter einen Satz in den Abgrund — und der Löwe hat das Nachsehen. Besseren Erfolg für den Kranken haben in der Regel auch die Hilfeleistungen der Neurose nicht. Es mag daher kommen, daß die Erledigung eines Konflikts durch Symptombildung doch ein automatischer Vorgang ist, der sich den Anforderungen des Lebens nicht gewachsen zeigen kann, und bei dem der Mensch auf die Verwertung seiner besten und höchsten Kräfte verzichtet hat. Wenn es eine Wahl gäbe, sollte man es vorziehen, im ehrlichen Kampf mit dem Schicksal unterzugehen.

Meine Herren! Ich bin Ihnen aber noch die weitere Motivierung schuldig, weshalb ich in einer Darstellung der Neurosenlehre nicht von der gemeinen Nervosität ausgegangen bin. Vielleicht nehmen Sie an, ich tat es darum, weil mir dann der Nachweis der sexuellen Verursachung der Neurosen größere Schwierigkeiten bereitet hätte. Aber da würden Sie irre gehen. Bei den Übertragungsneurosen muß man sich erst durch die Symptomdeutung durcharbeiten, um zu dieser Einsicht zu kommen. Bei den gemeinen Formen der sogenannten Aktualneurosen ist die ätiologische Bedeutung des Sexuallebens eine grobe, der Beobachtung entgegenkommende Tatsache. Ich bin vor mehr als zwanzig Jahren auf sie gestoßen, als ich mir eines Tages die Frage vorlegte, warum man denn beim Examen der Nervösen so regelmäßig ihre sexuellen Betätigungen von der Berücksichtigung ausschließt. Ich habe damals diesen Untersuchungen meine Beliebtheit bei den Kranken zum Opfer gebracht, aber ich konnte schon nach kurzer Bemühung den Satz aussprechen, daß es bei normaler vita sexualis keine Neurose — ich meinte: Aktualneurose — gibt. Gewiß, der Satz setzt sich zu leicht über die individuellen Verschiedenheiten der Menschen hinweg, er leidet auch an der Unbestimmtheit, die von dem Urteil „normal" nicht zu trennen ist, aber er hat für die grobe Orientierung noch heute seinen Wert behalten. Ich bin damals so weit gekommen, spezifische Beziehungen zwischen be-

stimmten Formen der Nervosität und besonderen sexuellen Schädlich-
keiten aufzustellen, und ich zweifle nicht daran, daß ich heute dieselben Beobachtungen wiederholen könnte, wenn mir noch ein ähnliches Material von Kranken zu Gebote stünde. Ich erfuhr oft genug,
daß ein Mann, der sich mit einer gewissen Art von unvollständiger
sexueller Befriedigung begnügte, z. B. mit der manuellen Onanie, an
einer bestimmten Form von Aktualneurose erkrankt war, und daß
diese Neurose prompt einer anderen den Platz räumte, wenn er ein
anderes, ebensowenig untadeliges sexuelles Regime an die Stelle treten ließ. Ich war dann imstande, aus der Änderung im Zustand des
Kranken den Wechsel in seiner sexuellen Lebensweise zu erraten. Ich
erlernte es damals auch, hartnäckig bei meinen Vermutungen zu verharren, bis ich die Unaufrichtigkeit der Patienten überwunden und
sie zur Bestätigung gezwungen hatte. Es ist wahr, sie zogen es dann
vor, zu anderen Ärzten zu gehen, die sich nicht so eifrig nach ihrem
Sexualleben erkundigten.

Es konnte mir auch damals nicht entgehen, daß die Verursachung
der Erkrankung nicht immer auf das Sexualleben hinwies. Der eine
war zwar direkt an einer sexuellen Schädlichkeit erkrankt, der andere
aber, weil er sein Vermögen verloren oder eine erschöpfende organische Krankheit durchgemacht hatte. Die Erklärung für diese
Mannigfaltigkeit ergab sich später, als wir in die vermuteten Wech-
selbeziehungen zwischen dem Ich und der Libido Einsicht bekamen,
und sie wurde um so befriedigender, je tiefer diese Einsicht reichte.
Eine Person erkrankt nur dann neurotisch, wenn ihr Ich die Fähigkeit eingebüßt hat, die Libido irgendwie unterzubringen. Je stärker
das Ich ist, desto leichter wird ihm die Erledigung dieser Aufgabe;
jede Schwächung des Ichs aus irgendeiner Ursache muß dieselbe Wirkung tun wie eine übergroße Steigerung des Anspruches der Libido,
also die neurotische Erkrankung ermöglichen. Es gibt noch andere und
intimere Beziehungen zwischen Ich und Libido, die aber noch nicht in
unseren Gesichtskreis getreten sind, und die ich darum zur Erklärung
hier nicht heranziehe. Wesentlich und aufklärend für uns bleibt, daß

in jedem Falle und gleichgültig, auf welchem Wege die Erkrankung hergestellt wurde, die Symptome der Neurose von der Libido bestritten werden und so eine abnorme Verwendung derselben bezeugen Nun muß ich Sie aber auf den entscheidenden Unterschied zwischen den Symptomen der Aktualneurosen und denen der Psychoneurosen aufmerksam machen, von denen uns die erste Gruppe, die der Übertragungsneurosen, bisher so viel beschäftigt hat. In beiden Fällen gehen die Symptome aus der Libido hervor, sind also abnorme Verwendungen derselben, Befriedigungsersatz. Aber die Symptome der Aktualneurosen, ein Kopfdruck, eine Schmerzempfindung, ein Reizzustand in einem Organ, die Schwächung oder Hemmung einer Funktion haben keinen „Sinn", keine psychische Bedeutung. Sie äußern sich nicht nur vorwiegend am Körper, wie auch z. B. die hysterischen Symptome, sondern sie sind auch selbst durchaus körperliche Vorgänge, bei deren Entstehung alle die komplizierten seelischen Mechanismen, die wir kennengelernt haben, entfallen. Sie sind also wirklich das, wofür man die psychoneurotischen Symptome so lange gehalten hat. Aber wie können sie dann Verwendungen der Libido entsprechen, die wir als eine im Psychischen wirkende Kraft kennengelernt haben? Nun, meine Herren, das ist sehr einfach. Lassen Sie mich einen der allerersten Einwürfe auffrischen, die man gegen die Psychoanalyse vorgebracht hat. Man sagte damals, sie bemühe sich um eine rein psychologische Theorie der neurotischen Erscheinungen, und das sei ganz aussichtslos, denn psychologische Theorien könnten nie eine Krankheit erklären. Man hatte zu vergessen beliebt, daß die Sexualfunktion nichts rein Seelisches ist, ebensowenig wie etwas bloß Somatisches. Sie beeinflußt das körperliche wie das seelische Leben. Haben wir in den Symptomen der Psychoneurosen die Äußerungen der Störung in ihren psychischen Wirkungen kennen gelernt, so werden wir nicht erstaunt sein, in den Aktualneurosen die direkten somatischen Folgen der Sexualstörungen zu finden.

Für die Auffassung der letzteren gibt uns die medizinische Klinik einen wertvollen, auch von verschiedenen Forschern berücksichtigten

Fingerzeig. Die Aktualneurosen bekunden in den Einzelheiten ihrer Symptomatik, aber auch in der Eigentümlichkeit, alle Organsysteme und alle Funktionen zu beeinflussen, eine unverkennbare Ähnlichkeit mit den Krankheitszuständen, die durch den chronischen Einfluß von fremden Giftstoffen und durch die akute Entziehung derselben entstehen, mit den Intoxikationen und Abstinenzzuständen. Noch enger werden die beiden Gruppen von Affektionen aneinandergerückt durch die Vermittlung von solchen Zuständen, die wir wie den M. Basedowii gleichfalls auf die Wirkung von Giftstoffen zu beziehen gelernt haben, aber von Giften, die nicht als fremd in den Körper eingeführt werden, sondern in seinem eigenen Stoffwechsel entstehen. Ich meine, wir können nach diesen Analogien nicht umhin, die Neurosen als Folgen von Störungen in einem Sexualstoffwechsel anzusehen, sei es, daß von diesen Sexualtoxinen mehr produziert wird, als die Person bewältigen kann, sei es, daß innere und selbst psychische Verhältnisse die richtige Verwendung dieser Stoffe beeinträchtigen. Die Volksseele hat von jeher solchen Annahmen für die Natur des sexuellen Verlangens gehuldigt, sie nennt die Liebe einen „Rausch" und läßt die Verliebtheit durch Liebestränke entstehen, wobei sie das wirkende Agens gewissermaßen nach außen verlegt. Für uns wäre hier der Anlaß, der erogenen Zonen und der Behauptung zu gedenken, daß die Sexualerregung in den verschiedensten Organen entstehen kann. Im übrigen aber ist uns das Wort „Sexualstoffwechsel" oder „Chemismus der Sexualität" ein Fach ohne Inhalt; wir wissen nichts darüber und können uns nicht einmal entscheiden, ob wir zwei Sexualstoffe annehmen sollen, die dann „männlich" und „weiblich" heißen würden, oder ob wir uns mit einem Sexualtoxin bescheiden können, in dem wir den Träger aller Reizwirkungen der Libido zu erblicken haben. Das Lehrgebäude der Psychoanalyse, das wir geschaffen haben, ist in Wirklichkeit ein Überbau, der irgend einmal auf sein organisches Fundament aufgesetzt werden soll; aber wir kennen dieses noch nicht.

Die Psychoanalyse wird als Wissenschaft nicht durch den Stoff, den sie behandelt, sondern durch die Technik, mit der sie arbeitet, charakterisiert. Man kann sie auf Kulturgeschichte, Religionswissenschaft und Mythologie ebensowohl anwenden wie auf die Neurosenlehre, ohne ihrem Wesen Gewalt anzutun. Sie beabsichtigt und leistet nichts anderes als die Aufdeckung des Unbewußten im Seelenleben. Die Probleme der Aktualneurosen, deren Symptome wahrscheinlich durch direkte toxische Schädigung entstehen, bieten der Psychoanalyse keine Angriffspunkte, sie kann nur wenig für deren Aufklärung leisten und muß diese Aufgabe der biologisch-medizinischen Forschung überlassen. Sie verstehen jetzt vielleicht besser, warum ich keine andere Anordnung meines Stoffes gewählt habe. Hätte ich Ihnen eine „Einführung in die Neurosenlehre" zugesagt, so wäre der Weg von den einfachen Formen der Aktualneurosen zu den komplizierteren psychischen Erkrankungen durch Libidostörung der unzweifelhaft richtige gewesen. Ich hätte bei den ersteren zusammentragen müssen, was wir von verschiedenen Seiten her erfahren haben oder zu wissen glauben, und bei den Psychoneurosen wäre dann die Psychoanalyse als das wichtigste technische Hilfsmittel zur Durchleuchtung dieser Zustände zur Sprache gekommen. Ich hatte aber eine „Einführung in die Psychoanalyse" beabsichtigt und angekündigt; es war mir wichtiger, daß Sie eine Vorstellung von der Psychoanalyse, als daß Sie gewisse Kenntnisse von den Neurosen gewinnen, und da durfte ich die für die Psychoanalyse unfruchtbaren Aktualneurosen nicht mehr in den Vordergrund rücken. Ich glaube auch, ich habe die für Sie günstigere Wahl getroffen, denn die Psychoanalyse verdient wegen ihrer tiefgreifenden Voraussetzungen und weitumfassenden Beziehungen einen Platz im Interesse eines jeden Gebildeten; die Neurosenlehre aber ist ein Kapitel der Medizin wie andere auch.

Sie werden indes mit Recht erwarten, daß wir auch für die Aktualneurosen einiges Interesse aufbringen müssen. Schon ihr intimer klinischer Zusammenhang mit den Psychoneurosen nötigt uns dazu. Ich will Ihnen also berichten, daß wir drei reine Formen der Aktualneurosen unterscheiden: die Neurasthenie, die Angstneurose und die Hypochondrie. Auch diese Aufstellung ist nicht ohne Widerspruch geblieben. Die Namen sind zwar alle im Gebrauch, aber ihr Inhalt ist unbestimmt und schwankend. Es gibt auch Ärzte, die jeder Sonderung in der wirren Welt von neurotischen Erscheinungen, jeder Heraushebung von klinischen Einheiten, Krankheitsindividuen, widerstreben und selbst die Scheidung von Aktual- und Psychoneurosen nicht anerkennen. Ich meine, sie gehen zu weit und haben nicht den Weg eingeschlagen, der zum Fortschritt führt. Die genannten Formen von Neurose kommen gelegentlich rein vor; häufiger vermengen sie sich allerdings miteinander und mit einer psychoneurotischen Affektion. Dieses Vorkommen braucht uns nicht zu bewegen, ihre Sonderung aufzugeben. Denken Sie an den Unterschied von Mineralkunde und Gesteinkunde in der Mineralogie. Die Mineralien werden als Individuen beschrieben, gewiß mit Anlehnung an den Umstand, daß sie häufig als Kristalle, von ihrer Umgebung scharf abgegrenzt, auftreten. Die Gesteine bestehen aus Gemengen von Mineralien, die sicherlich nicht zufällig, sondern infolge ihrer Entstehungsbedingungen zusammengetroffen sind. In der Neurosenlehre verstehen wir noch zu wenig von dem Hergang der Entwicklung, um etwas der Gesteinlehre Ähnliches zu schaffen. Wir tun aber gewiß das Richtige, wenn wir zunächst aus der Masse die für uns kenntlichen klinischen Individuen isolieren, die den Mineralien vergleichbar sind.

Eine beachtenswerte Beziehung zwischen den Symptomen der Aktual- und der Psychoneurosen bringt uns noch einen wichtigen Beitrag zur Kenntnis der Symptombildung bei den letzteren; das Symptom der Aktualneurose ist nämlich häufig der Kern und die Vorstufe des psychoneurotischen Symptoms. Man beobachtet ein solches Verhältnis am deutlichsten zwischen der Neurasthenie und der Konversionshysterie genannten Übertragungsneurose, zwischen der Angstneurose und der Angsthysterie, aber auch zwischen der Hypochondrie und den später als Paraphrenie (Dementia praecox und Paranoia) zu erwähnenden Formen. Nehmen wir als Beispiel den Fall eines hysterischen Kopf- oder Kreuzschmerzes. Die Analyse zeigt uns, daß er durch Verdichtung und Verschiebung zum Befriedigungsersatz für eine ganze Reihe von libidinösen Phantasien oder Erinnerungen geworden ist. Aber dieser Schmerz war auch einmal real, und damals war er ein direkt sexualtoxisches Symptom, der körperliche Ausdruck einer libidinösen Erregung. Wir wollen keineswegs behaupten, daß alle hysterischen Symptome einen solchen Kern enthalten, aber es bleibt bestehen, daß es besonders häufig der Fall ist, und daß alle — normalen oder pathologischen — Beeinflussungen des Körpers durch die libidinöse Erregung geradezu für die Symptombildung der Hysterie bevorzugt sind. Sie spielen dann die Rolle jenes Sandkorns, welches das Muscheltier mit den Schichten von Perlmuttersubstanz umhüllt hat. In derselben Weise werden die vorübergehenden Zeichen der sexuellen Erregung, welche den Geschlechtsakt begleiten, von der Psychoneurose als das bequemste und geeignetste Material zur Symptombildung verwendet.

Ein ähnlicher Vorgang bietet ein besonderes diagnostisches und therapeutisches Interesse. Es kommt bei Personen, die zur Neurose disponiert sind, ohne gerade an einer floriden Neurose zu leiden, gar nicht selten vor, daß eine krankhafte Körperveränderung — etwa durch Entzündung oder Verletzung — die Arbeit der Symptombildung weckt, so daß diese das ihr von der Realität gegebene Symptom eiligst zum Vertreter aller jener unbewußten Phantasien macht, die nur darauf gelauert hatten, sich eines Ausdrucksmittels zu bemächtigen. Der Arzt wird in solchem Falle bald den einen, bald den anderen Weg der Therapie einschlagen, entweder die organische Grundlage wegschaffen wollen, ohne sich um deren lärmende neurotische Verarbeitung zu bekümmern, oder die zur Gelegenheit entstandene Neurose bekämpfen und deren organischen Anlaß gering achten. Der Erfolg wird bald dieser bald jener Art der Bemühung recht oder unrecht geben; allgemeine Vorschriften lassen sich für solche Mischfälle kaum aufstellen.

XXV. VORLESUNG

DIE ANGST

Meine Damen und Herren! Was ich Ihnen in der letzten Vorlesung über die allgemeine Nervosität gesagt habe, werden Sie sicherlich als die unvollständigste und unzulänglichste meiner Mitteilungen erkannt haben. Ich weiß das und ich denke mir, nichts anderes wird Sie mehr verwundert haben, als daß darin von der Angst nicht die Rede war, über die doch die meisten Nervösen klagen, die sie selbst als ihr schrecklichstes Leiden bezeichnen, und die wirklich die großartigste Intensität bei ihnen erreichen und die tollsten Maßnahmen zur Folge haben kann. Aber darin wenigstens wollte ich Sie nicht verkürzen; ich habe mir im Gegenteil vorgenommen, das Problem der Angst bei den Nervösen besonders scharf einzustellen und es ausführlich vor Ihnen zu erörtern.

Die Angst selbst brauche ich Ihnen ja nicht vorzustellen; jeder von uns hat diese Empfindung, oder richtiger gesagt, diesen Affektzustand irgend einmal aus eigenem kennengelernt. Aber ich meine, man hat sich nie ernsthaft genug gefragt, warum gerade die Nervösen so viel mehr und so viel stärkere Angst haben als die anderen. Vielleicht hielt man es für selbstverständlich; man verwendet ja gewöhnlich die Worte „nervös" und „ängstlich" so für einander, als ob sie dasselbe bedeuten würden. Dazu hat man aber kein Recht; es gibt ängstliche Menschen, die sonst gar nicht nervös sind, und außerdem

Nervöse, die an vielen Symptomen leiden, unter denen aber die Neigung zur Angst nicht aufgefunden wird.

Wie immer das sein mag, es steht fest, daß das Angstproblem ein Knotenpunkt ist, an welchem die verschiedensten und wichtigsten Fragen zusammentreffen, ein Rätsel, dessen Lösung eine Fülle von Licht über unser ganzes Seelenleben ergießen müßte. Ich werde nicht behaupten, daß ich Ihnen diese volle Lösung geben kann, aber Sie werden gewiß erwarten, daß die Psychoanalyse auch dieses Thema ganz anders angreifen wird als die Medizin der Schulen. Dort scheint man sich vor allem dafür zu interessieren, auf welchen anatomischen Wegen der Angstzustand zustande gebracht wird. Es heißt, die Medulla oblongata sei gereizt, und der Kranke erfährt, daß er an einer Neurose des Nervus vagus leidet. Die Medulla oblongata ist ein sehr ernsthaftes und schönes Objekt. Ich erinnere mich ganz genau, wieviel Zeit und Mühe ich vor Jahren ihrem Studium gewidmet habe. Aber heute muß ich sagen, ich weiß nichts, was mir für das psychologische Verständnis der Angst gleichgültiger sein könnte als die Kenntnis des Nervenweges, auf dem ihre Erregungen ablaufen.

Von der Angst kann man zunächst eine ganze Weile handeln, ohne der Nervosität überhaupt zu gedenken. Sie verstehen mich ohne weiteres, wenn ich diese Angst als Realangst bezeichne, im Gegensatz zu einer neurotischen. Die Realangst erscheint uns nun als etwas sehr Rationelles und Begreifliches. Wir werden von ihr aussagen, sie ist eine Reaktion auf die Wahrnehmung einer äußeren Gefahr, d. h. einer erwarteten, vorhergesehenen Schädigung, sie ist mit dem Fluchtreflex verbunden, und man darf sie als Äußerung des Selbsterhaltungstriebes ansehen. Bei welchen Gelegenheiten, d. h. vor welchen Objekten und in welchen Situationen die Angst auftritt, wird natürlich zum großen Teil von dem Stande unseres Wissens und von unserem Machtgefühl gegen die Außenwelt abhängen. Wir finden es ganz begreiflich, daß der Wilde sich vor einer Kanone fürchtet und bei einer Sonnenfinsternis ängstigt, während der Weiße, der das Instrument handhaben und das Ereignis vorhersagen kann, unter diesen

Bedingungen angstfrei bleibt. Ein andermal ist es gerade das Mehrwissen, was die Angst befördert, weil es die Gefahr frühzeitig erkennen läßt. So wird der Wilde vor einer Fährte im Walde erschrecken, die dem Unkundigen nichts sagt, ihm aber die Nähe eines reißenden Tieres verrät, und der erfahrene Schiffer mit Entsetzen ein Wölkchen am Himmel betrachten, das dem Passagier unscheinbar dünkt, während es ihm das Herannahen des Orkans verkündet.

Bei weiterer Überlegung muß man sich sagen, daß das Urteil über die Realangst, sie sei rationell und zweckmäßig, einer gründlichen Revision bedarf. Das einzig zweckmäßige Verhalten bei drohender Gefahr wäre nämlich die kühle Abschätzung der eigenen Kräfte im Vergleich zur Größe der Drohung und darauf die Entscheidung, ob die Flucht oder die Verteidigung, möglicherweise selbst der Angriff, größere Aussicht auf einen guten Ausgang verspricht. In diesem Zusammenhang ist aber für die Angst überhaupt keine Stelle; alles, was geschieht, würde ebensowohl und wahrscheinlich besser vollzogen werden, wenn es nicht zur Angstentwicklung käme. Sie sehen ja auch, wenn die Angst übermäßig stark ausfällt, dann erweist sie sich als äußerst unzweckmäßig, sie lähmt dann jede Aktion, auch die der Flucht. Für gewöhnlich besteht die Reaktion auf die Gefahr aus einer Vermengung von Angstaffekt und Abwehraktion. Das geschreckte Tier ängstigt sich und flieht, aber das Zweckmäßige daran ist die „Flucht", nicht das „sich ängstigen".

Man fühlt sich also versucht zu behaupten, daß die Angstentwicklung niemals etwas Zweckmäßiges ist. Vielleicht verhilft es zu besserer Einsicht, wenn man sich die Angstsituation sorgfältiger zerlegt. Das erste an ihr ist die Bereitschaft auf die Gefahr, die sich in gesteigerter sensorischer Aufmerksamkeit und motorischer Spannung äußert. Diese Erwartungsbereitschaft ist unbedenklich als vorteilhaft anzuerkennen, ja ihr Wegfall mag für ernste Folgen verantwortlich gemacht werden. Aus ihr geht nun einerseits die motorische Aktion hervor, zunächst Flucht, auf einer höheren Stufe tätige Abwehr, anderseits das, was wir als den Angstzustand empfinden. Je mehr sich die

Angstentwicklung auf einen bloßen Ansatz, auf ein Signal einschränkt, desto ungestörter vollzieht sich die Umsetzung der Angstbereitschaft in Aktion, desto zweckmäßiger gestaltet sich der ganze Ablauf. Die Angstbereitschaft scheint mir also das Zweckmäßige, die Angstentwicklung das Zweckwidrige an dem, was wir Angst heißen, zu sein.

Ich vermeide es, auf die Frage näher einzugehen, ob unser Sprachgebrauch mit Angst, Furcht, Schreck das Nämliche oder deutlich Verschiedenes bezeichnen will. Ich meine nur, Angst bezieht sich auf den Zustand und sieht vom Objekt ab, während Furcht die Aufmerksamkeit gerade auf das Objekt richtet. Schreck scheint hingegen einen besonderen Sinn zu haben, nämlich die Wirkung einer Gefahr hervorzuheben, welche nicht von einer Angstbereitschaft empfangen wird. So daß man sagen könnte, der Mensch schütze sich durch die Angst vor dem Schreck.

Die gewisse Vieldeutigkeit und Unbestimmtheit im Gebrauche des Wortes „Angst" wird Ihnen nicht entgangen sein. Zumeist versteht man unter Angst den subjektiven Zustand, in den man durch die Wahrnehmung der „Angstentwicklung" gerät, und heißt diesen einen Affekt. Was ist nun im dynamischen Sinne ein Affekt? Jedenfalls etwas sehr Zusammengesetztes. Ein Affekt umschließt erstens bestimmte motorische Innervationen oder Abfuhren, zweitens gewisse Empfindungen, und zwar von zweierlei Art, die Wahrnehmungen der stattgehabten motorischen Aktionen und die direkten Lust- und Unlustempfindungen, die dem Affekt, wie man sagt, den Grundton geben. Ich glaube aber nicht, daß mit dieser Aufzählung das Wesen des Affektes getroffen ist. Bei einigen Affekten glaubt man tiefer zu blicken und zu erkennen, daß der Kern, welcher das genannte Ensemble zusammenhält, die Wiederholung eines bestimmten bedeutungsvollen Erlebnisses ist. Dies Erlebnis könnte nur ein sehr frühzeitiger Eindruck von sehr allgemeiner Natur sein, der in die Vorgeschichte nicht des Individuums, sondern der Art zu verlegen ist. Um mich verständlicher zu machen, der Affektzustand wäre ebenso gebaut wie ein hysterischer Anfall, wie dieser der Niederschlag einer Reminiszenz.

Der hysterische Anfall ist also vergleichbar einem neugebildeten individuellen Affekt, der normale Affekt dem Ausdruck einer generellen, zur Erbschaft gewordenen Hysterie.

Nehmen Sie nicht an, daß dasjenige, was ich Ihnen hier über die Affekte gesagt habe, ein anerkanntes Gut der Normalpsychologie ist. Es sind im Gegenteil Auffassungen, die auf dem Boden der Psychoanalyse erwachsen und nur dort heimisch sind. Was Sie in der Psychologie über die Affekte erfahren können, z. B. die James-Langesche Theorie, ist für uns Psychoanalytiker geradezu unverständlich und undiskutierbar. Für sehr gesichert halten wir aber unser Wissen um die Affekte auch nicht; es ist ein erster Versuch, sich auf diesem dunkeln Gebiet zu orientieren. Ich setze nun fort: Beim Angstaffekt glauben wir zu wissen, welchen frühzeitigen Eindruck er als Wiederholung wiederbringt. Wir sagen uns, es ist der Geburtsakt, bei welchem jene Gruppierung von Unlustempfindungen, Abfuhrregungen und Körpersensationen zustande kommt, die das Vorbild für die Wirkung einer Lebensgefahr geworden ist und seither als Angstzustand von uns wiederholt wird. Die enorme Reizsteigerung durch die Unterbrechung der Bluterneuerung (der inneren Atmung) war damals die Ursache des Angsterlebnisses, die erste Angst also eine toxische. Der Name Angst — angustiae, Enge — betont den Charakter der Beengung im Atmen, die damals als Folge der realen Situation vorhanden war und heute im Affekt fast regelmäßig wiederhergestellt wird. Wir werden es auch als beziehungsreich erkennen, daß jener erste Angstzustand aus der Trennung von der Mutter hervorging. Natürlich sind wir der Überzeugung, die Disposition zur Wiederholung des ersten Angstzustandes sei durch die Reihe unzählbarer Generationen dem Organismus so gründlich einverleibt, daß ein einzelnes Individuum dem Angstaffekt nicht entgehen kann, auch wenn es wie der sagenhafte Macduff „aus seiner Mutter Leib geschnitten wurde", den Geburtsakt selbst also nicht erfahren hat. Was bei anderen als Säugetieren das Vorbild des Angstzustandes geworden ist, können wir nicht sagen. Dafür wissen wir auch nicht, welcher Empfindungskomplex bei diesen Geschöpfen unserer Angst äquivalent ist.

Es wird Sie vielleicht interessieren zu hören, wie man auf eine solche Idee kommen kann, wie daß der Geburtsakt die Quelle und das Vorbild des Angstaffektes ist. Die Spekulation hat den geringsten Anteil daran; ich habe vielmehr bei dem naiven Denken des Volkes eine Anleihe gemacht. Als wir vor langen Jahren junge Spitalärzte um den Mittagstisch im Wirtshause saßen, erzählte ein Assistent der geburtshilflichen Klinik, was für lustige Geschichte sich bei der letzten Hebammenprüfung zugetragen. Eine Kandidatin wurde gefragt, was es bedeute, wenn sich bei der Geburt Mekonium (Kindspech, Exkremente) im abgehenden Wasser zeigen, und sie antwortete prompt: Daß das Kind Angst habe. Sie wurde ausgelacht und war durchgefallen. Aber ich nahm im Stillen ihre Partei und begann zu ahnen, daß das arme Weib aus dem Volke unbeirrten Sinnes einen wichtigen Zusammenhang bloßgelegt hatte.

Übergehen wir nun zur neurotischen Angst, welche neue Erscheinungsformen und Verhältnisse zeigt uns die Angst bei den Nervösen? Da ist viel zu beschreiben. Wir finden erstens eine allgemeine Ängstlichkeit, eine sozusagen frei flottierende Angst, die bereit ist, sich an jeden irgendwie passenden Vorstellungsinhalt anzuhängen, die das Urteil beeinflußt, die Erwartungen auswählt, auf jede Gelegenheit lauert, um sich rechtfertigen zu lassen. Wir heißen diesen Zustand „Erwartungsangst" oder „ängstliche Erwartung". Personen, die von dieser Art Angst geplagt werden, sehen von allen Möglichkeiten immer die schrecklichste voraus, deuten jeden Zufall als Anzeige eines Unheils, nützen jede Unsicherheit im schlimmen Sinne aus. Die Neigung zu solcher Unheilserwartung findet sich als Charakterzug bei vielen Menschen, die man sonst nicht als krank bezeichnen kann, man schilt sie überängstlich oder pessimistisch; ein auffälliges Maß von Erwartungsangst gehört aber regelmäßig einer nervösen Affektion an, die ich als „Angstneurose" benannt habe und zu den Aktualneurosen rechne.

Eine zweite Form der Angst ist im Gegensatze zu der eben beschriebenen vielmehr psychisch gebunden und an gewisse Objekte oder Situationen geknüpft. Es ist die Angst der überaus mannigfaltigen und oft sehr sonderbaren „Phobien". Stanley Hall, der angesehene amerikanische Psychologe, hat sich erst kürzlich die Mühe genommen, uns die ganze Reihe dieser Phobien in prunkender griechischer Namengebung vorzuführen. Das klingt wie die Aufzählung der zehn ägyptischen Plagen, nur daß ihre Anzahl weit über die Zehn hinausgeht. Hören Sie, was alles Objekt oder Inhalt einer Phobie werden kann: Finsternis, freie Luft, offene Plätze, Katzen, Spinnen, Raupen, Schlangen, Mäuse, Gewitter, scharfe Spitzen, Blut, geschlossene Räume, Menschengedränge, Einsamkeit, Überschreiten von Brücken; See- und Eisenbahnfahrt usw. Bei einem ersten Versuch der Orientierung in diesem Gewimmel liegt es nahe, drei Gruppen zu unterscheiden. Manche der gefürchteten Objekte und Situationen haben auch für uns Normale etwas Unheimliches, eine Beziehung zur Gefahr, und diese Phobien erscheinen uns darum nicht unbegreiflich, wiewohl in ihrer Stärke sehr übertrieben. So empfinden die meisten von uns ein widerwärtiges Gefühl beim Zusammentreffen mit einer Schlange. Die Schlangenphobie, kann man sagen, ist eine allgemein menschliche, und Ch. Darwin hat sehr eindrucksvoll beschrieben, wie er sich der Angst vor einer auf ihn losfahrenden Schlange nicht erwehren konnte, wiewohl er sich durch eine dicke Glasscheibe vor ihr geschützt wußte. Zu einer zweiten Gruppe stellen wir die Fälle, in denen noch eine Beziehung zu einer Gefahr besteht, wobei wir aber gewöhnt sind, diese Gefahr geringzuschätzen und sie nicht voranzustellen. Hierher gehören die meisten Situationsphobien. Wir wissen, daß es auf der Eisenbahnfahrt eine Chance des Verunglückens mehr gibt, als wenn wir zu Hause bleiben, nämlich die des Eisenbahnzusammenstoßes, wissen auch, daß ein Schiff untergehen kann, wobei man dann in der Regel ertrinkt, aber wir denken nicht an diese Gefahren und reisen angstfrei mit Eisenbahn und Schiff. Es ist auch nicht zu leugnen, daß man in den

Fluß stürzen würde, wenn die Brücke in dem Moment einstürzte, in dem man sie passiert, aber das geschieht so überaus selten, daß es als Gefahr gar nicht in Betracht kommt. Auch die Einsamkeit hat ihre Gefahren, und wir vermeiden sie auch unter gewissen Umständen; es ist aber nicht die Rede davon, daß wir sie unter irgendwelcher Bedingung auch nur einen Moment lang nicht vertragen. Ähnliches gilt für das Menschengedränge, für den geschlossenen Raum, das Gewitter u. dgl. Was uns an diesen Phobien der Neurotiker befremdet, ist überhaupt nicht so sehr der Inhalt als die Intensität derselben. Die Angst der Phobien ist geradezu inappellabel! Und manchmal bekommen wir den Eindruck, als ängstigten sich die Neurotiker gar nicht vor denselben Dingen und Situationen, die unter gewissen Umständen auch bei uns Angst hervorrufen können, und die sie mit denselben Namen belegen.

Es erübrigt uns eine dritte Gruppe von Phobien, denen unser Verständnis überhaupt nicht mehr nachkommt. Wenn ein starker, erwachsener Mann vor Angst nicht durch eine Straße oder über einen Platz der ihm so wohlvertrauten Heimatstadt gehen kann, wenn eine gesunde, gut entwickelte Frau in eine besinnungslose Angst verfällt, weil eine Katze an ihren Kleidersaum gestreift hat oder ein Mäuschen durchs Zimmer gehuscht ist, wie sollen wir da die Verbindung mit der Gefahr herstellen, die offenbar doch für die Phobischen besteht? Bei den hierher gehörigen Tierphobien kann es sich nicht um die Steigerung allgemein menschlicher Antipathien handeln, denn es gibt wie zur Demonstration des Gegensatzes zahlreiche Menschen, die an keiner Katze vorbeigehen können, ohne sie zu locken und zu streicheln. Die von den Frauen so gefürchtete Maus ist gleichzeitig ein Zärtlichkeitsname erster Ordnung; manches Mädchen, das sich mit Befriedigung von seinem Geliebten so nennen hört, schreit doch entsetzt auf, wenn es das niedliche Tierchen dieses Namens erblickt. Für den Mann mit Straßen- oder Platzangst drängt sich uns die einzige Erklärung auf, daß er sich benehme wie ein kleines Kind. Ein Kind wird durch die Erziehung direkt angehalten, solche Situationen

als gefährlich zu vermeiden, und unser Agoraphobiker ist wirklich
vor seiner Angst geschützt, wenn man ihn über den Platz begleitet.
Die beiden hier beschriebenen Formen der Angst, die frei flottierende Erwartungsangst und die an Phobien gebundene, sind unabhängig voneinander. Die eine ist nicht etwa eine höhere Stufe der
anderen, sie kommen auch nur ausnahmsweise und dann wie zufällig
miteinander vor. Die stärkste allgemeine Ängstlichkeit braucht sich
nicht in Phobien zu äußern; Personen, deren ganzes Leben durch
eine Agoraphobie eingeschränkt wird, können von der pessimistischen
Erwartungsangst völlig frei sein. Manche der Phobien, z. B. Platzangst,
Eisenbahnangst, werden nachweisbar erst in reiferen Jahren erworben,
andere, wie Angst vor Dunkelheit, Gewitter, Tieren, scheinen von Anfang an bestanden zu haben. Die der ersteren Art haben die Bedeutung von schweren Krankheiten; die letzteren erscheinen eher wie
Sonderbarkeiten, Launen. Wer eine von diesen letzteren zeigt, bei
dem darf man in der Regel noch andere, ähnliche vermuten. Ich
muß hinzufügen, daß wir diese Phobien sämtlich zur Angsthysterie
rechnen, d. h. also sie als eine der bekannten Konversionshysterie
sehr verwandte Affektion betrachten.

Die dritte der Formen neurotischer Angst stellt uns vor das Rätsel,
daß wir den Zusammenhang zwischen Angst und drohender Gefahr
völlig aus den Augen verlieren. Diese Angst tritt z. B. bei der Hysterie
auf als Begleitung der hysterischen Symptome, oder unter beliebigen
Bedingungen der Aufregung, wo wir zwar eine Affektäußerung erwarten würden, aber gerade den Angstaffekt am wenigsten, oder losgelöst von allen Bedingungen, für uns und den Kranken gleich unverständlich, als freier Angstanfall. Von einer Gefahr oder einem
Anlaß, der durch Übertreibung dazu erhoben werden könnte, ist dann
weit und breit keine Rede. Bei diesen spontanen Anfällen erfahren
wir dann, daß der Komplex, den wir als Angstzustand bezeichnen,
einer Aufsplitterung fähig ist. Das Ganze des Anfalles kann durch
ein einzelnes, intensiv ausgebildetes Symptom vertreten werden, durch
ein Zittern, einen Schwindel, eine Herzpalpitation, eine Atemnot,

und das Gemeingefühl, an dem wir die Angst erkennen, kann dabei fehlen oder undeutlich geworden sein. Und doch sind diese Zustände, die wir als „Angstäquivalente" beschreiben, in allen klinischen und ätiologischen Beziehungen der Angst gleichzustellen.

Nun erheben sich zwei Fragen. Kann man die neurotische Angst, bei welcher die Gefahr keine oder eine so geringe Rolle spielt, in Zusammenhang mit der Realangst bringen, welche durchwegs eine Reaktion auf die Gefahr ist? Und wie läßt sich die neurotische Angst verstehen? Wir werden doch zunächst die Erwartung festhalten wollen: wo Angst ist, muß auch etwas vorhanden sein, vor dem man sich ängstigt.

Für das Verständnis der neurotischen Angst ergeben sich nun aus der klinischen Beobachtung mehrere Hinweise, deren Bedeutung ich vor Ihnen erörtern will.

a) Es ist nicht schwer festzustellen, daß die Erwartungsangst oder allgemeine Ängstlichkeit in enger Abhängigkeit von bestimmten Vorgängen im Sexualleben, sagen wir: von gewissen Verwendungen der Libido, steht. Der einfachste und lehrreichste Fall dieser Art ergibt sich bei Personen, die sich der sogenannten frustranen Erregung aussetzen, d. h. bei denen heftige sexuelle Erregungen keine genügende Abfuhr erfahren, nicht zu einem befriedigenden Abschluß geführt werden. Also z. B. bei Männern während des Brautstandes, und bei Frauen, deren Männer ungenügend potent sind oder die den Geschlechtsakt aus Vorsicht verkürzt oder verkümmert ausführen. Unter diesen Umständen schwindet die libidinöse Erregung und an ihrer Stelle tritt Angst auf, sowohl in der Form der Erwartungsangst als auch in Anfällen und Anfallsäquivalenten. Die vorsichtige Unterbrechung des Geschlechtsaktes wird, wenn sie als sexuelles Regime geübt wird, so regelmäßig Ursache der Angstneurose bei Männern, besonders aber bei Frauen, daß es sich in der ärztlichen Praxis empfiehlt, bei derartigen Fällen in erster Linie nach dieser Ätiologie zu forschen. Man kann dann auch ungezählte Male die Erfahrung machen, daß die Angstneurose erlischt, wenn der sexuelle Mißbrauch abgestellt wird.

Die Tatsache eines Zusammenhanges zwischen sexueller Zurückhaltung und Angstzuständen wird, soviel ich weiß, auch von Ärzten, die der Psychoanalyse fernestehen, nicht mehr bestritten. Allein ich kann mir wohl denken, daß der Versuch nicht unterlassen wird, die Beziehung umzukehren, indem man die Auffassung vertritt, es handle sich dabei um Personen, die von vornherein zur Ängstlichkeit neigen und darum auch in sexuellen Dingen Zurückhaltung üben. Dagegen spricht aber mit Entschiedenheit das Verhalten der Frauen, deren Sexualbetätigung ja wesentlich passiver Natur ist, d. h. durch die Behandlung von seiten des Mannes bestimmt wird. Je temperamentvoller, also je geneigter zum Sexualverkehr und befähigter zur Befriedigung eine Frau ist, desto sicherer wird sie auf die Impotenz des Mannes oder auf den Coitus interruptus mit Angsterscheinungen reagieren, während solche Mißhandlung bei anästhetischen oder wenig libidinösen Frauen eine weit geringere Rolle spielt.

Dieselbe Bedeutung für die Entstehung von Angstzuständen hat die jetzt von den Ärzten so warm empfohlene sexuelle Abstinenz natürlich nur dann, wenn die Libido, der die befriedigende Abfuhr versagt wird, entsprechend stark und nicht zum größten Teil durch Sublimierung erledigt ist. Die Entscheidung über den Krankheitserfolg liegt ja immer bei den quantitativen Faktoren. Auch wo nicht Krankheit sondern Charaktergestaltung in Betracht kommt, erkennt man leicht, daß sexuelle Einschränkung mit einer gewissen Ängstlichkeit und Bedenklichkeit Hand in Hand geht, während Unerschrockenheit und kecker Wagemut ein freies Gewährenlassen der sexuellen Bedürftigkeit mit sich bringen. So sehr sich diese Beziehungen durch mannigfache Kultureinflüsse abändern und komplizieren lassen, so bleibt es doch für den Durchschnitt der Menschen bestehen, daß die Angst mit der sexuellen Beschränkung zusammengehörig ist.

Ich habe Ihnen noch lange nicht alle Beobachtungen mitgeteilt, die für die behauptete genetische Beziehung zwischen Libido und Angst sprechen. Dazu gehört z. B. noch der Einfluß gewisser Lebensphasen auf die Angsterkrankungen, denen man, wie der Pubertät und der Zeit der Menopause, eine erhebliche Steigerung in der Produktion der Libido zuschreiben darf. In manchen Zuständen von Aufregung kann man auch die Vermengung von Libido und Angst und die endliche Ersetzung der Libido durch die Angst direkt beobachten. Der Eindruck, den man von all diesen Tatsachen empfängt, ist ein zweifacher, erstens daß es sich um eine Anhäufung von Libido handelt, die von ihrer normalen Verwendung abgehalten wird, zweitens, daß man sich dabei durchaus auf dem Gebiete somatischer Vorgänge befindet. Wie aus der Libido die Angst entsteht, ist zunächst nicht ersichtlich; man stellt nur fest, daß Libido vermißt und an ihrer Statt Angst beobachtet wird.

b) Einen zweiten Fingerzeig entnehmen wir aus der Analyse der Psychoneurosen, speziell der Hysterie. Wir haben gehört, daß bei dieser Affektion häufig Angst in Begleitung der Symptome auftritt, aber auch ungebundene Angst, die sich als Anfall oder als Dauerzustand äußert. Die Kranken wissen nicht zu sagen, wovor sie sich ängstigen, und verknüpfen sie durch eine unverkennbare sekundäre Bearbeitung mit den nächstliegenden Phobien, wie: Sterben, Verrücktwerden, Schlaganfall. Wenn wir die Situation, aus welcher die Angst oder von Angst begleitete Symptome hervorgegangen sind, der Analyse unterziehen, so können wir in der Regel angeben, welcher normale psychische Ablauf unterblieben ist und sich durch das Angstphänomen ersetzt hat. Drücken wir uns anders aus: Wir konstruieren den unbewußten Vorgang so, als ob er keine Verdrängung erfahren und sich ungehindert zum Bewußtsein fortgesetzt hätte. Dieser Vorgang wäre auch von einem bestimmten Affekt begleitet gewesen, und nun erfahren wir zu unserer Überraschung, daß dieser den normalen Ablauf begleitende Affekt nach der Verdrängung in jedem Falle durch Angst ersetzt wird, gleichgültig, was seine eigene Qualität ist. Wenn wir also einen hysterischen Angstzustand vor uns haben, so kann sein unbewußtes Korrelat eine Regung von ähnlichem Charakter sein, also von Angst, Scham, Verlegenheit, ebensowohl eine positiv libidinöse Erregung oder eine feindselig aggressive, wie Wut und Ärger. Die Angst ist also die allgemein gangbare Münze, gegen welche alle Affektregungen eingetauscht werden oder werden können, wenn der dazugehörige Vorstellungsinhalt der Verdrängung unterlegen ist.

c) Eine dritte Erfahrung machen wir bei den Kranken mit Zwangshandlungen, die in bemerkenswerter Weise von der Angst verschont zu sein scheinen. Wenn wir sie an der Ausführung ihrer Zwangshandlung, ihres Waschens, ihres Zeremoniells zu hindern versuchen, oder wenn sie selbst den Versuch wagen, einen ihrer Zwänge aufzugeben, so werden sie durch eine entsetzliche Angst zur Gefügigkeit gegen den Zwang genötigt. Wir verstehen, daß die Angst durch die Zwangshandlung gedeckt war, und daß diese nur ausgeführt wurde, um die Angst zu ersparen. Es wird also bei der Zwangsneurose die Angst, die sich sonst einstellen müßte, durch Symptombildung ersetzt, und wenn wir uns zur Hysterie wenden, finden wir bei dieser Neurose eine ähnliche Beziehung: als Erfolg des Verdrängungsvorganges entweder reine Angstentwicklung oder Angst mit Symptombildung oder vollkommenere Symptombildung ohne Angst. Es schiene also in einem abstrakten Sinne nicht unrichtig zu sagen, daß Symptome überhaupt nur gebildet werden, um der sonst unvermeidlichen Angstentwicklung zu entgehen. Durch diese Auffassung wird die Angst gleichsam in den Mittelpunkt unseres Interesses für die Neurosenprobleme gerückt.

Aus den Beobachtungen an der Angstneurose hatten wir geschlossen, daß die Ablenkung der Libido von ihrer normalen Verwendung, welche die Angst entstehen läßt, auf dem Boden der somatischen Vorgänge erfolgt. Aus den Analysen der Hysterie und der Zwangsneurose ergibt sich der Zusatz, daß die nämliche Ablenkung mit demselben Ergebnis auch die Wirkung einer Verweigerung der psychischen Instanzen sein kann. Soviel wissen wir also über die Entstehung der neurotischen Angst; es klingt noch ziemlich unbestimmt. Ich sehe aber vorläufig keinen Weg, der weiterführen würde. Die zweite Aufgabe, die wir uns gestellt haben, die Herstellung einer Verbindung zwischen der neurotischen Angst, die abnorm verwendete Libido ist, und der Realangst, welche einer Reaktion auf die Gefahr entspricht, scheint noch schwieriger lösbar. Man möchte glauben, es handle sich da um ganz disparate Dinge, und doch haben wir kein Mittel, Realangst und neurotische Angst in der Empfindung voneinander zu unterscheiden.

Die gesuchte Verbindung stellt sich endlich her, wenn wir den oft behaupteten Gegensatz zwischen Ich und Libido zur Voraussetzung nehmen. Wie wir wissen, ist die Angstentwicklung die Reaktion des Ichs auf die Gefahr und das Signal für die Einleitung der Flucht; da liegt uns denn die Auffassung nahe, daß bei der neurotischen Angst das Ich einen ebensolchen Fluchtversuch vor dem Anspruch seiner Libido unternimmt, diese innere Gefahr so behandelt, als ob sie eine äußere wäre. Damit wäre die Erwartung erfüllt, daß dort, wo sich Angst zeigt, auch etwas vorhanden ist, wovor man sich ängstigt. Die Analogie ließe sich aber weiter fortführen. So wie der Fluchtversuch vor der äußeren Gefahr abgelöst wird durch Standhalten und zweckmäßige Maßnahmen zur Verteidigung, so weicht auch die neurotische Angstentwicklung der Symptombildung, welche eine Bindung der Angst herbeiführt.

Die Schwierigkeit des Verständnisses liegt jetzt an anderer Stelle. Die Angst, welche eine Flucht des Ichs vor seiner Libido bedeutet, soll doch aus dieser Libido selbst hervorgegangen sein. Das ist undurchsichtig und enthält die Mahnung, nicht zu vergessen, daß die Libido einer Person doch im Grunde zu ihr gehört und sich ihr nicht wie etwas Äußerliches entgegenstellen kann. Es ist die topische Dynamik der Angstentwicklung, die uns noch dunkel ist, was für seelische Energien dabei ausgegeben werden und von welchen psychischen Systemen her. Ich kann Ihnen nicht versprechen, auch diese Frage zu beantworten, aber wir wollen es nicht unterlassen, zwei andere Spuren zu verfolgen und uns dabei wieder der direkten Beobachtung und der analytischen Forschung zu bedienen, um unserer Spekulation zu Hilfe zu kommen. Wir wenden uns zur Entstehung der Angst beim Kinde und zur Herkunft der neurotischen Angst, welche an Phobien gebunden ist.

Die Ängstlichkeit der Kinder ist etwas sehr Gewöhnliches, und die Unterscheidung, ob sie neurotische oder Realangst ist, scheint recht schwierig. Ja, der Wert dieser Unterscheidung wird durch das Verhalten der Kinder in Frage gestellt. Denn einerseits verwundern wir uns nicht, wenn sich das Kind vor allen fremden Personen, neuen Situationen und Gegenständen ängstigt, und erklären uns diese Reaktion sehr leicht durch seine Schwäche und Unwissenheit. Wir schreiben also dem Kinde eine starke Neigung zur Realangst zu und würden es für ganz zweckmäßig ansehen, wenn es diese Ängstlichkeit als Erbschaft mitgebracht hätte. Das Kind würde hierin nur das Verhalten des Urmenschen und des heutigen Primitiven wiederholen, der infolge seiner Unwissenheit und Hilflosigkeit vor allem Neuen Angst hat und vor so viel Vertrautem, was uns heute keine Angst mehr einflößt. Auch entspräche es durchaus unserer Erwartung, wenn die Phobien des Kindes wenigstens zum Teil noch dieselben wären, die wir jenen Urzeiten der menschlichen Entwicklung zutrauen dürfen.

Anderseits können wir nicht übersehen, daß nicht alle Kinder in gleichem Maße ängstlich sind, und daß gerade die Kinder, welche eine besondere Scheu vor allen möglichen Objekten und Situationen äußern, sich späterhin als Nervöse erweisen. Die neurotische Disposition verrät sich also auch durch eine ausgesprochene Neigung zur Realangst, die Ängstlichkeit erscheint als das Primäre, und man gelangt zum Schlusse, das Kind und später der Heranwachsende ängstigen sich vor der Höhe ihrer Libido, weil sie sich eben vor allem ängstigen. Die Entstehung der Angst aus der Libido wäre hiemit abgelehnt, und wenn man den Bedingungen der Realangst nachforschte, gelangte man konsequent zu der Auffassung, daß das Bewußtsein der eigenen Schwäche und Hilflosigkeit — Minderwertigkeit in der Terminologie von A. Adler — auch der letzte Grund der Neurose ist, wenn es sich aus der Kinderzeit ins reifere Leben fortsetzen kann.

Das klingt so einfach und bestechend, daß es ein Anrecht auf unsere Aufmerksamkeit hat. Es würde allerdings eine Verschiebung des Rätsels der Nervosität mit sich bringen. Der Fortbestand des Minderwertigkeitsgefühls — und damit der Angstbedingung und der Symptombildung — scheint so gut gesichert, daß es vielmehr einer Erklärung bedarf, wenn ausnahmsweise das, was wir als Gesundheit kennen, zustande kommen sollte. Was läßt aber eine sorgfältige Beobachtung der Ängstlichkeit der Kinder erkennen? Das kleine Kind ängstigt sich zu allererst vor fremden Personen; Situationen werden erst dadurch bedeutsam, daß sie Personen enthalten, und Gegenstände kommen überhaupt erst später in Betracht. Vor diesen Fremden ängstigt sich das Kind aber nicht etwa darum, weil es ihnen böse Absichten zutraut und seine Schwäche mit deren Stärke vergleicht, sie also als Gefahren für seine Existenz, Sicherheit und Schmerzfreiheit agnosziert. Ein derart mißtrauisches, von dem weltbeherrschenden Aggressionstrieb geschrecktes Kind ist eine recht verunglückte theoretische Konstruktion. Sondern das Kind erschrickt vor der fremden Gestalt, weil es auf den Anblick der vertrauten und geliebten Person, im Grunde der Mutter, eingestellt ist. Es ist seine Enttäuschung und Sehnsucht, welche sich in Angst umsetzt, also unverwendbar gewordene Libido, die derzeit nicht in Schwebe gehalten werden kann, sondern als Angst abgeführt wird. Es kann auch kaum zufällig sein, daß in dieser für die kindliche Angst vorbildlichen Situation die Bedingung des ersten Angstzustandes während des Geburtsaktes, nämlich die Trennung von der Mutter, wiederholt wird.

Die ersten Situationsphobien der Kinder sind die vor der Dunkelheit und der Einsamkeit; die erstere bleibt oft durchs Leben bestehen, beiden gemeinsam ist das Vermissen der geliebten Pflegeperson, der Mutter also. Ein Kind, das sich in der Dunkelheit ängstigte, hörte ich ins Nebenzimmer rufen: „Tante, sprich doch zu mir, ich fürchte mich." „Aber was hast Du davon? Du siehst mich ja nicht"; darauf das Kind: „Wenn jemand spricht, wird es heller." Die Sehnsucht in der Dunkelheit wird also zur Angst vor der Dunkelheit umgebildet.

Weit entfernt, daß die neurotische Angst nur sekundär und ein Spezialfall der Realangst wäre, sehen wir vielmehr beim kleinen Kinde, daß sich etwas als Realangst gebärdet, was mit der neurotischen Angst den wesentlichen Zug der Entstehung aus unverwendeter Libido gemein hat. Von richtiger Realangst scheint das Kind wenig mitzubringen. In all den Situationen, die später die Bedingungen von Phobien werden können, auf Höhen, schmalen Stegen über dem Wasser, auf der Eisenbahnfahrt und im Schiff, zeigt das Kind keine Angst, und zwar um so weniger, je unwissender es ist. Es wäre sehr wünschenswert, wenn es mehr von solchen lebenschützenden Instinkten zur Erbschaft bekommen hätte; die Aufgabe der Überwachung, die es daran verhindern muß, sich einer Gefahr nach der anderen auszusetzen, wäre dadurch sehr erleichtert. In Wirklichkeit aber überschätzt das Kind anfänglich seine Kräfte und benimmt sich angstfrei, weil es die Gefahren nicht kennt. Es wird an den Rand des Wassers laufen, auf die Fensterbrüstung steigen, mit scharfen Gegenständen und mit dem Feuer spielen, kurz alles tun, was ihm Schaden bringen und seinen Pflegern Sorge bereiten muß. Es ist durchaus das Werk der Erziehung, wenn endlich die Realangst bei ihm erwacht, da man ihm nicht erlauben kann, die belehrende Erfahrung selbst zu machen.

Wenn es nun Kinder gibt, die dieser Erziehung zur Angst ein Stück weit entgegenkommen, und die dann auch selbst Gefahren finden, vor denen man sie nicht gewarnt hat, so reicht für sie die Erklärung aus, daß sie ein größeres Maß von libidinöser Bedürftigkeit in ihrer Konstitution mitgebracht haben oder frühzeitig mit libidinöser Befriedigung verwöhnt worden sind. Kein Wunder, wenn sich unter diesen Kindern auch die späteren Nervösen befinden; wir wissen ja, die größte Erleichterung für die Entstehung einer Neurose liegt in der Unfähigkeit, eine ansehnlichere Libidostauung durch längere Zeit zu ertragen. Sie merken, daß hier auch das konstitutionelle Moment zu seinem Recht kommt, dem wir seine Rechte ja nie bestreiten wollen. Wir verwahren uns nur dagegen, wenn jemand über diesem Anspruch alle anderen vernachlässigt und das konstitutionelle Moment auch dort einführt, wo es nach den vereinten Ergebnissen von Beobachtung und Analyse nicht hingehört oder an die letzte Stelle zu rücken hat. Lassen Sie uns aus den Beobachtungen über die Ängstlichkeit der Kinder die Summe ziehen: Die infantile Angst hat sehr wenig mit der Realangst zu schaffen, ist dagegen der neurotischen Angst der Erwachsenen nahe verwandt. Sie entsteht wie diese aus unverwendeter Libido und ersetzt das vermißte Liebesobjekt durch einen äußeren Gegenstand oder eine Situation.

Nun werden Sie es gerne hören, daß uns die Analyse der Phobien nicht mehr viel Neues zu lehren hat. Bei diesen geht nämlich dasselbe vor wie bei der Kinderangst; es wird unausgesetzt unverwendbare Libido in eine scheinbare Realangst umgewandelt und so eine winzige äußere Gefahr zur Vertretung der Libidoansprüche eingesetzt. Die Übereinstimmung hat nichts Befremdliches, denn die infantilen Phobien sind nicht nur das Vorbild für die späteren, die wir zur „Angsthysterie" rechnen, sondern die direkte Vorbedingung und das Vorspiel derselben. Jede hysterische Phobie geht auf eine Kinderangst zurück und setzt sie fort, auch wenn sie einen anderen Inhalt hat und also anders benannt werden muß. Der Unterschied der beiden Affektionen liegt im Mechanismus. Beim Erwachsenen reicht es für die Verwandlung der Libido in Angst nicht mehr hin, daß die Libido als Sehnsucht augenblicklich unverwendbar geworden ist. Er hat es längst erlernt, solche Libido schwebend zu erhalten oder anders zu verwenden. Aber wenn die Libido einer psychischen Regung angehört, welche die Verdrängung erfahren hat, dann sind ähnliche Verhältnisse wiederhergestellt wie beim Kind, das noch keine Scheidung zwischen Bewußtem und Unbewußtem besitzt, und durch die Regression auf die infantile Phobie ist gleichsam der Paß eröffnet, über den sich die Verwandlung der Libido in Angst bequem vollziehen kann. Wir haben ja, wie Sie sich erinnern, viel von der Verdrängung gehandelt, aber dabei immer nur das Schicksal der zu verdrängenden Vorstellung verfolgt, natürlich weil dieses leichter zu

erkennen und darzustellen war. Was mit dem Affekt geschieht, der an
der verdrängten Vorstellung hing, das haben wir immer beiseite gelassen, und wir erfahren erst jetzt, daß es das nächste Schicksal dieses
Affektes ist, in Angst verwandelt zu werden, in welcher Qualität
immer er sich sonst bei normalem Ablauf gezeigt hätte. Diese Affekt-
verwandlung ist aber das bei weitem wichtigere Stück des Verdrängungsvorganges. Es ist nicht so leicht davon zu reden, weil wir die
Existenz unbewußter Affekte nicht in demselben Sinne behaupten
können wie die unbewußter Vorstellungen. Eine Vorstellung bleibt
bis auf einen Unterschied dasselbe, ob sie bewußt oder unbewußt
ist; wir können angeben, was einer unbewußten Vorstellung entspricht. Ein Affekt aber ist ein Abfuhrvorgang, ganz anders zu beurteilen als eine Vorstellung; was ihm im Unbewußten entspricht,
ist ohne tiefergehende Überlegungen und Klärung unserer Voraussetzungen über die psychischen Vorgänge nicht zu sagen. Das können
wir hier nicht unternehmen. Wir wollen aber den Eindruck hoch-
halten, den wir nun gewonnen haben, daß die Angstentwicklung
innig an das System des Unbewußten geknüpft ist.

Ich sagte, die Verwandlung in Angst, besser: die Abfuhr in der
Form der Angst, sei das nächste Schicksal der von der Verdrängung
betroffenen Libido. Ich muß hinzufügen: nicht das einzige oder endgültige. Es sind bei den Neurosen Prozesse im Gange, welche sich
bemühen, diese Angstentwicklung zu binden, und denen dies auch
auf verschiedenen Wegen gelingt. Bei den Phobien z. B. kann man
deutlich zwei Phasen des neurotischen Vorganges unterscheiden. Die
erste besorgt die Verdrängung und die Überführung der Libido in
Angst, welche an eine äußere Gefahr gebunden wird. Die zweite
besteht in dem Aufbau all jener Vorsichten und Sicherungen, durch
welche eine Berührung mit dieser wie eine Äußerlichkeit behandelten Gefahr vermieden werden soll. Die Verdrängung entspricht einem
Fluchtversuch des Ichs vor der als Gefahr empfundenen Libido. Die
Phobie kann man einer Verschanzung gegen die äußere Gefahr vergleichen, die nun die gefürchtete Libido vertritt. Die Schwäche des

Verteidigungssystems bei den Phobien liegt natürlich darin, daß die Festung, die sich nach außen hin so verstärkt hat, von innen her angreifbar geblieben ist. Die Projektion der Libidogefahr nach außen kann nie gut gelingen. Bei den anderen Neurosen sind darum andere Systeme der Verteidigung gegen die Möglichkeit der Angstentwicklung im Gebrauch. Das ist ein sehr interessantes Stück der Neurosenpsychologie, leider führt es uns zu weit und setzt gründlichere Spezialkenntnisse voraus. Ich will nur noch eines beifügen. Ich habe Ihnen doch bereits von der „Gegenbesetzung" gesprochen, die das Ich bei einer Verdrängung aufwendet und dauernd unterhalten muß, damit die Verdrängung Bestand habe. Dieser Gegenbesetzung fällt die Aufgabe zu, die verschiedenen Formen der Verteidigung gegen die Angstentwicklung nach der Verdrängung durchzuführen.

Kehren wir zu den Phobien zurück. Ich darf nun sagen, Sie sehen ein, wie unzureichend es ist, wenn man an ihnen nur den Inhalt erklären will, sich für nichts anderes interessiert, als woher es kommt, daß dies oder jenes Objekt oder eine beliebige Situation zum Gegenstand der Phobie gemacht wird. Der Inhalt einer Phobie hat für diese ungefähr dieselbe Bedeutung wie die manifeste Traumfassade für den Traum. Es ist mit den notwendigen Einschränkungen zuzugeben, daß unter diesen Inhalten der Phobien sich manche befinden, die, wie Stanley Hall hervorhebt, durch phylogenetische Erbschaft zu Angstobjekten geeignet sind. Ja es stimmt dazu, daß viele dieser Angstdinge ihre Verbindung mit der Gefahr nur durch eine symbolische Beziehung herstellen können.

Wir haben uns so überzeugt, welche geradezu zentral zu nennende Stelle das Angstproblem in den Fragen der Neurosenpsychologie einnimmt. Wir haben einen starken Eindruck davon empfangen, wie die Angstentwicklung mit den Schicksalen der Libido und dem System des Unbewußten verknüpft ist. Nur einen Punkt empfanden wir als unverbunden, als eine Lücke in unserer Auffassung, die eine doch schwer bestreitbare Tatsache, daß die Realangst als eine Äußerung der Selbsterhaltungstriebe des Ichs gewertet werden muß.

DIE LIBIDOTHEORIE UND DER NARZISSMUS

Meine Damen und Herren! Wir haben wiederholt und erst vor kurzem wieder mit der Sonderung der Ichtriebe und der Sexualtriebe zu tun gehabt. Zuerst hat uns die Verdrängung gezeigt, daß die beiden in Gegensatz zueinander treten können, daß dann die Sexualtriebe formell unterliegen und genötigt sind, sich auf regressiven Umwegen Befriedigung zu holen, wobei sie dann in ihrer Unbezwingbarkeit eine Entschädigung für ihre Niederlage finden. Sodann haben wir gelernt, daß die beiden von Anfang an ein verschiedenes Verhältnis zur Erzieherin Not haben, so daß sie nicht dieselbe Entwicklung durchmachen und nicht in die nämliche Beziehung zum Realitätsprinzip geraten. Endlich glauben wir zu erkennen, daß die Sexualtriebe durch weit engere Bande mit dem Affektzustand der Angst verknüpft sind als die Ichtriebe, ein Resultat, welches nur noch in einem wichtigen Punkte unvollständig erscheint. Wir wollen darum zu seiner Verstärkung noch die bemerkenswerte Tatsache heranziehen, daß die Unbefriedigung von Hunger und Durst, der zwei elementarsten Selbsterhaltungstriebe, niemals deren Umschlag in Angst zur Folge hat, während die Umsetzung von unbefriedigter Libido in Angst, wie wir gehört haben, zu den bestbekannten und am häufigsten beobachteten Phänomenen gehört.

An unserem guten Recht, Ich- und Sexualtriebe zu sondern, kann doch wohl nicht gerüttelt werden. Es ist ja mit der Existenz des

Sexuallebens als einer besonderen Betätigung des Individuums gegeben. Es kann sich nur fragen, welche Bedeutung wir dieser Sonderung beilegen, für wie tief einschneidend wir sie halten wollen. Die Beantwortung dieser Frage wird sich aber nach dem Ergebnis der Feststellung richten, inwiefern sich die Sexualtriebe in ihren somatischen und seelischen Äußerungen anders verhalten als die anderen, die wir ihnen gegenüberstellen, und wie bedeutsam die Folgen sind, die sich aus diesen Differenzen ergeben. Eine übrigens nicht recht faßbare Wesensverschiedenheit der beiden Triebgruppen zu behaupten, dazu fehlt uns natürlich jedes Motiv. Beide treten uns nur als Benennungen für Energiequellen des Individuums entgegen, und die Diskussion ob sie im Grunde eins oder wesensverschieden sind, und wenn eines, wann sie sich voneinander getrennt haben, kann nicht an den Begriffen geführt werden, sondern muß sich an die biologischen Tatsachen hinter ihnen halten. Darüber wissen wir vorläufig zu wenig, und wüßten wir selbst mehr, es käme für unsere analytische Aufgabe nicht in Betracht.

Wir profitieren offenbar auch sehr wenig, wenn wir nach dem Vorgang von Jung die uranfängliche Einheit aller Triebe betonen und die in allem sich äußernde Energie „Libido" nennen. Da sich die Sexualfunktion durch keinerlei Kunststück aus dem Seelenleben eliminieren läßt, sehen wir uns dann genötigt, von sexueller und von asexueller Libido zu sprechen. Der Name Libido bleibt aber mit Recht für die Triebkräfte des Sexuallebens vorbehalten, wie wir es bisher geübt haben.

Ich meine also, die Frage, wie weit die unzweifelhaft berechtigte Sonderung von Sexual- und Selbsterhaltungstrieben fortzusetzen ist, hat für die Psychoanalyse nicht viel Belang; sie ist auch nicht kompetent dafür. Von seiten der Biologie ergeben sich allerdings verschiedene Anhaltspunkte dafür, daß sie etwas Wichtiges bedeutet. Die Sexualität ist ja die einzige Funktion des lebenden Organismus, welche über das Individuum hinausgeht und seine Anknüpfung an die Gattung besorgt. Es ist unverkennbar, daß ihre Ausübung dem

Einzelwesen nicht immer Nutzen bringt wie seine anderen Leistungen, sondern ihn um den Preis einer ungewöhnlich hohen Lust in Gefahren bringt, die sein Leben bedrohen und es oft genug verwirken. Es werden auch wahrscheinlich ganz besondere, von allen anderen abweichende Stoffwechselvorgänge erforderlich sein, um einen Anteil des individuellen Lebens als Disposition für die Nachkommenschaft zu erhalten. Und endlich ist das Einzelwesen, das sich selbst als Hauptsache und seine Sexualität als ein Mittel zu seiner Befriedigung wie andere betrachtet, in biologischer Anschauung nur eine Episode in einer Generationsreihe, ein kurzlebiges Anhängsel an ein mit virtueller Unsterblichkeit begabtes Keimplasma, gleichsam der zeitweilige Inhaber eines ihn überdauernden Fideikommisses.

Indes braucht es für die psychoanalytische Aufklärung der Neurosen nicht so weitreichender Gesichtspunkte. Mit Hilfe der gesonderten Verfolgung von Sexual- und Ichtrieben haben wir den Schlüssel zum Verständnis der Gruppe der Übertragungsneurosen gewonnen. Wir konnten sie auf die grundlegende Situation zurückführen, daß die Sexualtriebe in Zwist mit den Erhaltungstrieben geraten oder biologisch — wenn auch ungenauer ausgedrückt —, daß die eine Position des Ichs als selbständiges Einzelwesen mit der anderen als Glied einer Generationsreihe in Widerstreit tritt. Zu solcher Entzweiung kommt es vielleicht nur beim Menschen, und darum mag im ganzen und großen die Neurose sein Vorrecht vor den Tieren sein. Die überstarke Entwicklung seiner Libido und die vielleicht gerade dadurch ermöglichte Ausbildung eines reich gegliederten Seelenlebens scheinen die Bedingungen für die Entstehung eines solchen Konflikts geschaffen zu haben. Es ist ohne weiteres ersichtlich, daß dies auch die Bedingungen der großen Fortschritte sind, die der Mensch über seine Gemeinschaft mit den Tieren hinaus gemacht hat, so daß seine Fähigkeit zur Neurose nur die Kehrseite seiner sonstigen Begabung wäre. Aber auch das sind nur Spekulationen, die uns von unserer nächsten Aufgabe ablenken.

Es war bisher die Voraussetzung unserer Arbeit, daß wir Ich- und Sexualtriebe nach ihren Äußerungen voneinander unterscheiden können. Bei Übertragungsneurosen gelang dies ohne Schwierigkeit. Wir nannten die Energiebesetzungen, die das Ich den Objekten seiner Sexualstrebungen zuwendet, „Libido", alle anderen, die von den Selbsterhaltungstrieben ausgeschickt werden, „Interesse" und konnten uns durch die Verfolgung der Libidobesetzungen, ihrer Umwandlungen und ihrer endlichen Schicksale eine erste Einsicht in das Getriebe der seelischen Kräfte verschaffen. Die Übertragungsneurosen boten uns hierfür den günstigsten Stoff. Das Ich aber, seine Zusammensetzung aus verschiedenen Organisationen, deren Aufbau und Funktionsweise, blieb uns verhüllt, und wir durften vermuten, daß erst die Analyse anderer neurotischer Störungen uns diese Einsicht bringen könnte.

Wir haben frühzeitig damit begonnen, die psychoanalytischen Anschauungen auf diese anderen Affektionen auszudehnen. Schon 1908 sprach K. Abraham nach einem Gedankenaustausch mit mir den Satz aus, es sei der Hauptcharakter der (zu den Psychosen gerechneten) Dementia praecox, daß ihr die Libidobesetzung der Objekte abgehe. („Die psychosexuellen Differenzen der Hysterie und der Dementia praecox.") Dann erhob sich aber die Frage, was geschieht mit der von den Objekten abgewandten Libido der Dementen? Abraham zögerte nicht, die Antwort zu geben: sie wird auf das Ich zurückgewandt, und diese reflexive Rückwendung ist die Quelle des Größenwahns der Dementia praecox. Der Größenwahn ist durchaus der im Liebesleben bekannten Sexualüberschätzung des Objektes zu vergleichen. Wir haben so zum erstenmal einen Zug einer psychotischen Affektion durch die Beziehung auf das normale Liebesleben verstehen gelernt.

Ich sage es Ihnen gleich, diese ersten Auffassungen von Abraham haben sich in der Psychoanalyse erhalten und sind die Grundlage für unsere Stellungnahme zu den Psychosen geworden. Man machte sich also langsam mit der Vorstellung vertraut, daß die Libido, die wir an den Objekten haftend finden, die der Ausdruck eines Bestrebens ist, an diesen Objekten eine Befriedigung zu gewinnen, auch von diesen Objekten ablassen und an ihrer Ştatt das eigene Ich setzen kann, und man baute diese Vorstellung allmählich immer konsequenter aus. Den Namen für diese Unterbringung der Libido — Narzißmus — entlehnten wir einer von P. Näcke beschriebenen Perversion, bei welcher das erwachsene Individuum den eigenen Leib mit all den Zärtlichkeiten bedenkt, die man sonst für ein fremdes Sexualobjekt aufwendet.

Man sagt sich dann alsbald, wenn es eine solche Fixierung der Libido an den eigenen Leib und die eigene Person anstatt an ein Objekt gibt, so kann dies kein ausnahmsweises und kein geringfügiges Vorkommnis sein. Es ist vielmehr wahrscheinlich, daß dieser Narzißmus der allgemeine und ursprüngliche Zustand ist, aus welchem sich erst später die Objektliebe herausbildete, ohne daß darum der Narzißmus zu verschwinden brauchte. Man mußte sich ja aus der Entwicklungsgeschichte der Objektlibido daran erinnern, daß viele Sexualtriebe sich anfänglich am eigenen Körper, wie wir sagen: autoerotisch befriedigen, und daß diese Fähigkeit zum Autoerotismus das Zurückbleiben der Sexualität in der Erziehung zum Realitätsprinzip begründet. So war also der Autoerotismus die Sexualbetätigung des narzißtischen Stadiums der Libidounterbringung.

Um es kurz zu fassen, wir machten uns von dem Verhältnis der Ichlibido zur Objektlibido eine Vorstellung, die ich Ihnen durch ein Gleichnis aus der Zoologie veranschaulichen kann. Denken Sie an jene einfachsten Lebewesen, die aus einem wenig differenzierten Klümpchen protoplasmatischer Substanz bestehen. Sie strecken Fortsätze aus, Pseudopodien genannt, in welche sie ihre Leibessubstanz hinüberfließen lassen. Sie können diese Fortsätze aber auch wieder einziehen und sich zum Klumpen ballen. Das Ausstrecken der Fortsätze vergleichen wir nun der Aussendung von Libido auf die Objekte, während die Hauptmenge der Libido im Ich verbleiben kann, und wir nehmen an, daß unter normalen Verhältnissen Ichlibido ungehindert in Objektlibido umgesetzt und diese wieder ins Ich aufgenommen werden kann.

Mit Hilfe dieser Vorstellungen können wir nun eine ganze Anzahl von seelischen Zuständen erklären oder, bescheidener ausgedrückt, in der Sprache der Libidotheorie beschreiben, Zustände, die wir dem normalen Leben zurechnen müssen, wie das psychische Verhalten in der Verliebtheit, bei organischem Kranksein, im Schlaf. Wir haben für den Schlafzustand die Annahme gemacht, daß er auf Abwendung von der Außenwelt und Einstellung auf den Schlafwunsch beruhe. Was sich als nächtliche Seelentätigkeit im Traume äußerte, fanden wir im Dienste eines Schlafwunsches und überdies von durchaus egoistischen Motiven beherrscht. Wir führen jetzt im Sinne der Libidotheorie aus, daß der Schlaf ein Zustand ist, in welchem alle Objektbesetzungen, die libidinösen ebensowohl wie die egoistischen, aufgegeben und ins Ich zurückgezogen werden. Ob damit nicht ein neues Licht auf die Erholung durch den Schlaf und auf die Natur der Ermüdung überhaupt geworfen wird? Das Bild der seligen Isolierung im Intrauterinleben, welches uns der Schlafende allnächtlich wieder heraufbeschwört, wird so auch nach der psychischen Seite vervollständigt. Beim Schlafenden hat sich der Urzustand der Libidoverteilung wiederhergestellt, der volle Narzißmus, bei dem Libido und Ichinteresse noch vereint und ununterscheidbar in dem sich selbst genügenden Ich wohnen.

Hier ist Raum für zwei Bemerkungen. Erstens, wie unterscheiden sich Narzißmus und Egoismus begrifflich? Nun, ich meine, Narzißmus ist die libidinöse Ergänzung zum Egoismus. Wenn man von Egoismus spricht, hat man nur den Nutzen für das Individuum ins Auge gefaßt; sagt man Narzißmus, so zieht man auch seine libidinöse Befriedigung in Betracht. Als praktische Motive lassen sich die beiden ein ganzes Stück weit gesondert verfolgen. Man kann absolut egoistisch sein und doch starke libidinöse Objektbesetzungen unterhalten, insofern die libidinöse Befriedigung am Objekt zu den Bedürfnissen des Ichs gehört. Der Egoismus wird dann darauf achten, daß die Strebung nach dem Objekt dem Ich keinen Schaden bringe. Man kann egoistisch sein und dabei auch überstark narzißtisch, d. h. ein sehr geringes Objektbedürfnis haben und dies wiederum entweder in der direkten

Sexualbefriedigung oder auch in jenen höheren, vom Sexualbedürfnis abgeleiteten Strebungen, die wir gelegentlich als „Liebe" in einen Gegensatz zur „Sinnlichkeit" zu bringen pflegen. Der Egoismus ist in all diesen Beziehungen das Selbstverständliche, Konstante, der Narzißmus das variable Element. Der Gegensatz von Egoismus, Altruismus, deckt sich begrifflich nicht mit libidinöser Objektbesetzung, er sondert sich von ihr durch den Wegfall der Strebungen nach sexueller Befriedigung. In der vollen Verliebtheit trifft aber der Altruismus mit der libidinösen Objektbesetzung zusammen. Das Sexualobjekt zieht in der Regel einen Anteil des Narzißmus des Ichs auf sich, was als die sogenannte „Sexualüberschätzung" des Objektes bemerkbar wird. Kommt noch die altruistische Überleitung vom Egoismus auf das Sexualobjekt hinzu, so wird das Sexualobjekt übermächtig; es hat das Ich gleichsam aufgesogen.

Ich denke, Sie werden es als Erholung empfinden, wenn ich Ihnen nach der im Grunde trockenen Phantastik der Wissenschaft eine poetische Darstellung des ökonomischen Gegensatzes von Narzißmus und Verliebtheit vorlege. Ich entnehme sie dem Westöstlichen Divan Goethes:

> Suleika: Volk und Knecht und Überwinder
> Sie gestehn zu jeder Zeit:
> Höchstes Glück der Erdenkinder
> Sei nur die Persönlichkeit.
> Jedes Leben sei zu führen,
> Wenn man sich nicht selbst vermißt;
> Alles könne man verlieren,
> Wenn man bliebe, was man ist.
>
> Hatem: Kann wohl sein! So wird gemeinet;
> Doch ich bin auf andrer Spur:
> Alles Erdenglück vereinet
> Find' ich in Suleika nur.
> Wie sie sich an mich verschwendet,
> Bin ich mir ein wertes Ich;
> Hätte sie sich weggewendet,
> Augenblicks verlör' ich mich.

Nun mit Hatem wär's zu Ende;
Doch schon hab' ich umgelost;
Ich verkörpere mich behende
In den Holden, den sie kost.

Die zweite Bemerkung ist eine Ergänzung zur Traumtheorie. Wir können uns die Entstehung des Traumes nicht erklären, wenn wir nicht die Annahme einfügen, daß das verdrängte Unbewußte eine gewisse Unabhängigkeit vom Ich gewonnen hat, so daß es sich dem Schlafwunsch nicht fügt und seine Besetzungen behält, auch wenn alle vom Ich abhängigen Objektbesetzungen zugunsten des Schlafes eingezogen werden. Erst dann ist zu verstehen, daß dies Unbewußte sich die nächtliche Aufhebung oder Herabsetzung der Zensur zu nutze machen kann, und daß es sich der Tagesreste zu bemächtigen weiß, um mit ihrem Stoff einen verbotenen Traumwunsch zu bilden. Anderseits mögen schon die Tagesreste ein Stück ihrer Resistenz gegen die vom Schlafwunsch verfügte Libidoeinziehung einer bereits bestehenden Verbindung mit diesem verdrängten Unbewußten verdanken. Diesen dynamisch wichtigen Zug wollen wir also in unsere Auffassung von der Traumbildung nachträglich einfügen.

Organische Erkrankung, schmerzhafte Reizung, Entzündung von Organen schafft einen Zustand, der deutlich eine Ablösung der Libido von ihren Objekten zur Folge hat. Die eingezogene Libido findet sich im Ich wieder als verstärkte Besetzung des erkrankten Körperteiles. Ja man kann die Behauptung wagen, daß unter diesen Bedingungen die Abziehung der Libido von ihren Objekten auffälliger ist als die Abwendung des egoistischen Interesses von der Außenwelt. Von hier aus scheint sich ein Weg zum Verständnis der Hypochondrie zu eröffnen, bei welcher ein Organ in gleicher Weise das Ich beschäftigt, ohne für unsere Wahrnehmung krank zu sein. Aber ich widerstehe der Versuchung, hier weiterzugehen oder andere Situationen zu erörtern, die uns durch die Annahme einer Wanderung der Objektlibido in das Ich verständlich oder darstellbar werden, weil es mich drängt, zwei Einwendungen zu begegnen, die, wie

ich weiß, jetzt Ihr Gehör haben. Sie wollen mich erstens zur Rede
stellen, warum ich beim Schlaf, in der Krankheit und in den ähnlichen Situationen durchaus Libido und Interesse, Sexualtriebe und
Ichtriebe unterscheiden will, wo sich die Beobachtungen durchwegs
mit der Annahme einer einzigen und einheitlichen Energie erledigen
lassen, die, frei beweglich, bald das Objekt, bald das Ich besetzt, sowohl in den Dienst des einen wie des anderen Triebes tritt. Und
zweitens, wie ich mich getrauen kann, die Ablösung der Libido vom
Objekt als Quelle eines pathologischen Zustandes zu behandeln, wenn
solche Umsetzung der Objektlibido in Ichlibido — oder allgemeiner
in Ichenergie — zu den normalen und täglich, allnächtlich, wiederholten Vorgängen in der seelischen Dynamik gehört.

Darauf ist zu erwidern: Ihr erster Einwand klingt gut. Die Erörterung der Zustände des Schlafes, des Krankseins, der Verliebtheit
hätte uns an sich wahrscheinlich niemals zur Unterscheidung einer
Ichlibido von einer Objektlibido oder der Libido vom Interesse geführt. Aber Sie vernachlässigen dabei die Untersuchungen, von denen
wir ausgegangen sind, und in deren Licht wir jetzt die in Rede stehenden seelischen Situationen betrachten. Die Unterscheidung von
Libido und Interesse, also von Sexual- und Selbsterhaltungstrieben,
ist uns durch die Einsicht in den Konflikt aufgedrängt worden, aus
welchem die Übertragungsneurosen hervorgehen. Wir können sie
seitdem nicht wieder aufgeben. Die Annahme, daß sich Objektlibido
in Ichlibido umsetzen kann, daß man also mit einer Ichlibido zu
rechnen hat, ist uns als die einzige erschienen, welche das Rätsel der
sogenannten narzißtischen Neurosen, z. B. der Dementia praecox, zu
lösen vermag, von deren Ähnlichkeiten und Verschiedenheiten im
Vergleich mit Hysterie und Zwang Rechenschaft geben kann. Auf
Krankheit, Schlaf und Verliebtheit wenden wir nun an, was wir
anderwärts als unabweisbar bewährt gefunden haben. Wir dürfen
mit solchen Anwendungen fortfahren und sehen, wie weit wir damit
reichen. Die einzige Behauptung, die nicht direkter Niederschlag
unserer analytischen Erfahrung ist, geht dahin, daß Libido Libido

bleibt, ob sie nun auf Objekte oder auf das eigene Ich gewendet wird, und sich niemals in egoistisches Interesse umsetzt und ebenso das Umgekehrte. Diese Behauptung ist aber gleichwertig mit der bereits kritisch gewürdigten Sonderung von Sexual- und Ichtrieben, an der wir bis zum möglichen Scheitern aus heuristischen Motiven festhalten wollen.

Auch Ihre zweite Einwendung greift eine berechtigte Frage auf, aber sie zielt in falsche Richtung. Gewiß ist die Einziehung der Objektlibido ins Ich nicht direkt pathogen; wir sehen ja, daß sie jedesmal vor dem Schlafengehen vorgenommen wird, um mit dem Wachen wieder rückgängig zu werden. Das Protoplasmatierchen zieht seine Fortsätze ein, um sie beim nächsten Anlaß wieder auszuschicken. Aber etwas ganz anderes ist es, wenn ein bestimmter, sehr energischer Prozeß die Abziehung der Libido von den Objekten erzwingt. Die narzißtisch gewordene Libido kann dann den Rückweg zu den Objekten nicht finden, und diese Behinderung in der Beweglichkeit der Libido wird allerdings pathogen. Es scheint, daß die Anhäufung der narzißtischen Libido über ein gewisses Maß hinaus nicht vertragen wird. Wir können uns auch vorstellen, daß es eben darum zur Objektbesetzung gekommen ist, daß das Ich seine Libido ausschicken mußte, um nicht an ihrer Stauung zu erkranken. Wenn es in unserem Plane läge, uns mit der Dementia praecox eingehender zu beschäftigen, würde ich Ihnen zeigen, daß jener Prozeß, der die Libido von den Objekten ablöst und ihr den Rückweg zu ihnen absperrt, dem Verdrängungsprozeß nahesteht, als ein Seitenstück zu ihm aufzufassen ist. Vor allem aber würden Sie bekannten Boden unter Ihren Füßen spüren, indem Sie erfahren, daß die Bedingungen dieses Prozesses fast identisch sind — soviel wir bis jetzt erkennen — mit denen der Verdrängung. Der Konflikt scheint der nämliche zu sein und sich zwischen denselben Mächten abzuspielen. Wenn der Ausgang ein so anderer ist als z. B. bei der Hysterie, so kann der Grund davon nur in einer Verschiedenheit der Disposition liegen. Die Libidoentwicklung hat bei diesen Kranken ihre schwache Stelle an einer anderen Phase; die maßgebende Fixierung, welche, wie Sie sich erinnern, den Durchbruch zur Symptombildung gestattet, liegt anderswo, wahrscheinlich im Stadium des primitiven Narzißmus, zu welchem die Dementia praecox in ihrem Endausgang zurückkehrt. Es ist ganz bemerkenswert, daß wir für alle narzißtischen Neurosen Fixierungsstellen der Libido annehmen müssen, welche in weit frühere Phasen der Entwicklung zurückreichen als bei der Hysterie oder der Zwangsneurose. Sie haben aber gehört, daß die Begriffe, die wir im Studium der Übertragungsneurosen erworben haben, auch zur Orientierung in den praktisch so viel schwereren narzißtischen Neurosen ausreichen. Die Gemeinsamkeiten gehen sehr weit; es ist im Grunde dasselbe Erscheinungsgebiet. Sie können sich aber auch vorstellen, wie aussichtslos die Aufklärung dieser schon der Psychiatrie zufallenden Affektionen sich für den gestaltet, der nicht die analytische Kenntnis der Übertragungsneurosen für diese Aufgabe mitbringt.

Das Symptombild der Dementia praecox, das übrigens sehr wechselvoll ist, wird nicht ausschließlich durch die Symptome bestimmt, welche aus der Abdrängung der Libido von den Objekten und deren Anhäufung als narzißtische Libido im Ich hervorgehen. Einen breiten Raum nehmen vielmehr andere Phänomene ein, die sich auf das Bestreben der Libido zurückführen, wieder zu den Objekten zu gelangen, die also einem Restitutions- oder Heilungsversuch entsprechen. Diese Symptome sind sogar die auffälligeren, die lärmenden; sie zeigen eine unzweifelhafte Ähnlichkeit mit denen der Hysterie oder seltener der Zwangsneurose, sind aber doch in jedem Punkte anders. Es scheint, daß die Libido bei der Dementia praecox in ihrem Bemühen, wieder zu den Objekten, d. h. zu den Vorstellungen der Objekte zu kommen, wirklich etwas von ihnen erhascht, aber gleichsam nur ihre Schatten, ich meine, die ihnen zugehörigen Wortvorstellungen. Ich kann hier nicht mehr darüber sagen, aber ich meine, dies Benehmen der rückstrebenden Libido hat uns gestattet, eine Einsicht in das zu gewinnen, was wirklich den Unterschied zwischen einer bewußten und einer unbewußten Vorstellung ausmacht.

Ich habe Sie nun in das Gebiet geführt, auf welchem die nächsten Fortschritte der analytischen Arbeit zu erwarten sind. Seitdem wir uns getrauen, den Begriff der Ichlibido zu handhaben, sind uns die narzißtischen Neurosen zugänglich geworden; es hat sich die Aufgabe ergeben, eine dynamische Aufklärung dieser Affektionen zu gewinnen und gleichzeitig unsere Kenntnis des Seelenlebens durch das Verständnis des Ichs zu vervollständigen. Die Ichpsychologie, die wir anstreben, soll nicht auf die Daten unserer Selbstwahrnehmungen, sondern wie bei der Libido auf die Analyse der Störungen und Zerstörungen des Ichs begründet sein. Wahrscheinlich werden wir von unserer bisherigen Kenntnis der Libidoschicksale, die wir aus dem Studium der Übertragungsneurosen geschöpft haben, gering denken, wenn jene größere Arbeit geleistet ist. Aber dafür sind wir in ihr auch noch nicht weit gekommen. Die narzißtischen Neurosen sind für die Technik, welche uns bei den Übertragungsneurosen gedient hat, kaum angreifbar. Sie werden bald hören, warum. Es geht uns mit ihnen immer so, daß wir nach kurzem Vordringen vor eine Mauer zu stehen kommen, die uns Halt gebietet. Sie wissen, auch bei den Übertragungsneurosen sind wir auf solche Widerstandsschranken gestoßen, aber wir konnten sie Stück für Stück abtragen. Bei den narzißtischen Neurosen ist der Widerstand unüberwindbar; wir dürfen höchstens einen neugierigen Blick über die Höhe der Mauer werfen, um zu erspähen, was jenseits derselben vor sich geht. Unsere technischen Methoden müssen also durch andere ersetzt werden; wir wissen noch nicht, ob uns ein solcher Ersatz gelingen wird. Es fehlt uns allerdings auch bei diesen Kranken nicht an Material. Sie geben vielerlei Äußerungen von sich, wenn auch nicht als Antworten auf unsere Fragen, und wir sind vorläufig darauf angewiesen, diese Äußerungen mit Hilfe des Verständnisses, das wir an den Symptomen der Übertragungsneurosen gewonnen haben, zu deuten. Die Übereinstimmung ist groß genug, um uns einen Anfangsgewinn zuzusichern. Wie weit diese Technik reichen wird, bleibt dahingestellt.

Andere Schwierigkeiten kommen hinzu, um unseren Fortschritt aufzuhalten. Die narzißtischen Affektionen und die an sie anschließenden Psychosen können nur von Beobachtern enträtselt werden, die sich durch das analytische Studium der Übertragungsneurosen geschult haben. Aber unsere Psychiater studieren keine Psychoanalyse und wir Psychoanalytiker sehen zu wenig psychiatrische Fälle. Es muß erst ein Geschlecht von Psychiatern herangewachsen sein, welches durch die Schule der Psychoanalyse als vorbereitender Wissenschaft gegangen ist. Der Anfang dazu wird gegenwärtig in Amerika gemacht, wo sehr viele leitende Psychiater den Studenten die psychoanalytischen Lehren vortragen, und wo Anstaltsbesitzer und Irrenhausdirektoren sich bemühen, ihre Kranken im Sinne dieser Lehren zu beobachten. Immerhin ist es auch uns hier einige Male geglückt, einen Blick über die narzißtische Mauer zu werfen, und ich will Ihnen im Folgenden einiges berichten, was wir erhascht zu haben glauben.

Die Krankheitsform der Paranoia, der chronischen systematischen Verrücktheit, nimmt in den Klassifikationsversuchen der heutigen Psychiatrie eine schwankende Stellung ein. An ihrer nahen Verwandtschaft mit der Dementia praecox ist indes kein Zweifel. Ich habe mir einmal den Vorschlag erlaubt, Paranoia und Dementia praecox unter der gemeinsamen Bezeichnung der Paraphrenie zusammenzufassen. Die Formen der Paranoia werden nach ihrem Inhalt als: Größenwahn, Verfolgungswahn, Liebeswahn (Erotomanie), Eifersuchtswahn usw. beschrieben. Erklärungsversuche werden wir von der Psychiatrie nicht erwarten. Als Beispiel eines solchen, allerdings ein veraltetes und nicht ganz vollwertiges Beispiel, erwähne ich Ihnen den Versuch, ein Symptom mittels einer intellektuellen Rationalisierung aus einem anderen abzuleiten: Der Kranke, der sich aus primärer Neigung verfolgt glaubt, soll aus dieser Verfolgung den Schluß ziehen, er müsse doch eine ganz besonders wichtige Persönlichkeit sein, und darum den Größenwahn entwickeln. Für unsere analytische Auffassung ist der Größenwahn die unmittelbare Folge

der Ichvergrößerung durch die Einziehung der libidinösen Objektbesetzungen, ein sekundärer Narzißmus als Wiederkehr des ursprünglichen frühinfantilen. An den Fällen von Verfolgungswahn haben
wir aber einiges beobachtet, was uns veranlaßte, eine gewisse Spur
zu verfolgen. Es fiel uns zunächst auf, daß in der überwiegenden
Mehrzahl der Fälle der Verfolger von demselben Geschlecht war wie
der Verfolgte. Das war immer noch einer harmlosen Erklärung fähig,
aber in einigen gut studierten Fällen zeigte es sich klar, daß die in
normalen Zeiten am besten geliebte Person des gleichen Geschlechtes
sich seit der Erkrankung zum Verfolger umgewandelt hatte. Eine
weitere Entwicklung wird dadurch möglich, daß die geliebte Person
nach bekannten Affinitäten durch eine andere ersetzt wird, z. B. der
Vater durch den Lehrer, den Vorgesetzten. Wir zogen aus solchen,
sich immer vermehrenden Erfahrungen den Schluß, daß die Paranoia persecutoria die Form ist, in der sich das Individuum gegen
eine überstark gewordene homosexuelle Regung zur Wehre setzt.
Die Verwandlung der Zärtlichkeit in Haß, die bekanntlich zur ernsthaften Lebensbedrohung für das geliebte und gehaßte Objekt werden kann, entspricht dann der Umsetzung libidinöser Regungen in
Angst, die ein regelmäßiges Ergebnis des Verdrängungsvorganges ist.
Hören Sie z. B. den wiederum letzten Fall meiner diesbezüglichen
Beobachtungen. Ein junger Arzt mußte aus seinem Heimatsort ver-
schickt werden, weil er den Sohn eines dortigen Universitätsprofes-
sors, der bis dahin sein bester Freund gewesen war, am Leben bedroht hatte. Er schrieb diesem einstigen Freund wahrhaft teuflische
Absichten und eine dämonische Macht zu. Er war schuld an allem
Unglück, das in den letzten Jahren die Familie des Kranken getroffen
hatte, an jedem familiären und sozialen Mißgeschick. Aber nicht
genug damit, der böse Freund und sein Vater, der Professor, hatten
auch den Krieg verursacht, die Russen ins Land gerufen. Er hatte
sein Leben tausendmal verwirkt, und unser Kranker war überzeugt,
daß mit dem Tode des Missetäters alles Unheil zu Ende gebracht
wäre. Und doch war seine alte Zärtlichkeit für ihn noch so stark,

daß sie seine Hand gelähmt hatte, als sich ihm einmal die Gelegenheit bot, den Feind aus nächster Nähe niederzuschießen. In den
kurzen Besprechungen, die ich mit dem Kranken hatte, kam zum
Vorschein, daß das freundschaftliche Verhältnis zwischen den beiden
weit in die Gymnasialjahre zurückreichte. Wenigstens einmal hatte
es die Grenzen der Freundschaft überschritten; ein nächtliches Bei-
sammensein war ihnen der Anlaß zu vollem sexuellen Verkehr geworden. Unser Patient hatte nie die Gefühlsbeziehung zu den Frauen
gewonnen, die seiner Altersphase und seiner einnehmenden Persönlichkeit entsprochen hätte. Er war einmal mit einem schönen und
vornehmen Mädchen verlobt, aber dieses brach das Verlöbnis ab,
weil es bei seinem Bräutigam keine Zärtlichkeit fand. Jahre später
brach seine Krankheit gerade in dem Momente aus, als es ihm zum
erstenmal geglückt war, ein Weib voll zu befriedigen. Als diese Frau
ihn dankbar und hingebungsvoll umarmte, bekam er plötzlich einen
rätselhaften Schmerz, der wie ein scharfer Schnitt um die Schädel-
decke lief. Er deutete sich diese Sensation später, als ob an ihm der
Schnitt ausgeführt wurde, mit dem man bei einer Sektion das Ge-
hirn bloßlegt, und da sein Freund pathologischer Anatom geworden
war, entdeckte er langsam, daß nur dieser ihm diese letzte Frau zur
Versuchung geschickt haben könne. Von da an gingen ihm auch die
Augen über die anderen Verfolgungen auf, deren Opfer er durch
das Betreiben des einstigen Freundes werden sollte.

Wie ist es nun aber mit den Fällen, bei denen der Verfolger nicht
desselben Geschlechtes ist wie der Verfolgte, deren Anschein also
unserer Erklärung einer Abwehr homosexueller Libido widerspricht?
Ich habe vor einiger Zeit Gelegenheit gehabt, einen solchen Fall zu
untersuchen, und habe aus dem scheinbaren Widerspruch eine Bestätigung entnehmen können. Das junge Mädchen, welches sich von
dem Manne verfolgt glaubt, dem sie zwei zärtliche Zusammen-
künfte zugestanden, hatte in der Tat zuerst eine Wahnidee gegen
eine Frau gerichtet, die man als Mutterersatz auffassen kann. Erst
nach·der zweiten Zusammenkunft machte sie den Fortschritt, die-

selbe Wahnidee von der Frau abzulösen und auf den Mann zu übertragen. Die Bedingung des gleichen Geschlechtes für den Verfolger war also ursprünglich auch in diesem Falle eingehalten worden. In ihrer Klage vor dem Rechtsfreund und dem Arzt hatte die Patientin dieses Vorstadium ihres Wahnes nicht erwähnt und so den Anschein eines Widerspruches gegen unser Verständnis der Paranoia erweckt. Die homosexuelle Objektwahl liegt dem Narzißmus ursprünglich näher als die heterosexuelle. Wenn es dann gilt, eine unerwünscht starke homosexuelle Regung abzuweisen, so ist der Rückweg zum Narzißmus besonders erleichtert. Ich habe bisher sehr wenig Gelegenheit gehabt, Ihnen von den Grundlagen des Liebeslebens, soweit wir sie erkannt haben, zu sprechen, kann es auch jetzt nicht nachholen. Ich will nur so viel herausheben, daß die Objektwahl, der Fortschritt in der Libidoentwicklung, der nach dem narzißtischen Stadium gemacht wird, nach zwei verschiedenen Typen erfolgen kann. Entweder nach dem narzißtischen Typus, indem an die Stelle des eigenen Ichs ein ihm möglichst ähnliches tritt, oder nach dem Anlehnungstypus, indem die Personen, die durch Befriedigung der anderen Lebensbedürfnisse wertvoll geworden sind, auch von der Libido zu Objekten gewählt werden. Eine starke Libidofixierung an den narzißtischen Typus der Objektwahl rechnen wir auch in die Disposition zur manifesten Homosexualität ein.

Sie erinnern sich, daß ich Ihnen in der ersten Zusammenkunft dieses Semesters von einem Fall von Eifersuchtswahn bei einer Frau erzählt habe. Nun da wir so nahe dem Ende sind, möchten Sie gewiß gerne hören, wie wir psychoanalytisch eine Wahnidee erklären. Aber ich habe Ihnen dazu weniger zu sagen, als Sie erwarten. Die Unangreifbarkeit der Wahnidee durch logische Argumente und reale Erfahrungen erklärt sich ebenso wie die eines Zwanges durch die Beziehung zum Unbewußten, welches durch die Wahnidee oder Zwangsidee repräsentiert und niedergehalten wird. Der Unterschied zwischen beiden ist in der verschiedenen Topik und Dynamik der beiden Affektionen begründet.

Wie bei der Paranoia, so haben wir auch bei der Melancholie, von der übrigens sehr verschiedene klinische Formen beschrieben werden, eine Stelle gefunden, an welcher ein Einblick in die innere Struktur der Affektion möglich wird. Wir haben erkannt, daß die Selbstvorwürfe, mit denen sich diese Melancholiker in der erbarmungslosesten Weise quälen, eigentlich einer anderen Person gelten, dem Sexualobjekt, welches sie verloren haben, oder das ihnen durch seine Schuld entwertet worden ist. Daraus konnten wir schließen, der Melancholiker habe zwar seine Libido von dem Objekt zurückgezogen, aber durch einen Vorgang, den man „narzißtische Identifizierung" heißen muß, sei das Objekt im Ich selbst errichtet, gleichsam auf das Ich projiziert worden. Ich kann Ihnen hier nur eine bildliche Schilderung, nicht eine topisch-dynamisch geordnete Beschreibung geben. Nun wird das eigene Ich wie das aufgegebene Objekt behandelt und erleidet alle die Aggressionen und Äußerungen der Rachsucht, die dem Objekt zugedacht waren. Auch die Selbstmordneigung der Melancholiker wird durch die Erwägung begreiflicher, daß die Erbitterung des Kranken mit demselben Schlage das eigene Ich wie das geliebtgehaßte Objekt trifft. Bei der Melancholie wie bei anderen narzißtischen Affektionen kommt in sehr ausgeprägter Weise ein Zug des Gefühlslebens zum Vorschein, den wir seit Bleuler als Ambivalenz zu bezeichnen gewohnt sind. Wir meinen damit die Richtung entgegengesetzter, zärtlicher und feindseliger, Gefühle gegen dieselbe Person. Ich bin im Verlaufe dieser Besprechungen leider nicht in die Lage gekommen, Ihnen mehr von der Gefühlsambivalenz zu erzählen.

Außer der narzißtischen Indentifizierung gibt es eine hysterische, die uns seit sehr viel längerer Zeit bekannt ist. Ich wollte, es wäre schon möglich, Ihnen die Verschiedenheiten der beiden durch einige klargestellte Bestimmungen zu erläutern. Von den periodischen und zyklischen Formen der Melancholie kann ich Ihnen etwas mitteilen, was Sie gewiß gerne hören werden. Es ist nämlich unter günstigen Umständen möglich — ich habe die Erfahrung zweimal gemacht —, durch analytische Behandlung in den freien Zwischenzeiten der Wiederkehr des Zustandes in der gleichen oder entgegengesetzten Stimmungslage vorzubeugen. Man erfährt dabei, daß es sich auch bei der Melancholie und Manie um eine besondere Art der Erledigung eines Konfliktes handelt, dessen Voraussetzungen durchaus mit denen der anderen Neurosen übereinstimmen. Sie können sich denken, wieviel es auf diesem Gebiete noch für die Psychoanalyse zu erfahren gibt.

Ich sagte Ihnen auch, daß wir durch die Analyse der narzißtischen Affektionen eine Kenntnis von der Zusammensetzung unseres Ichs und seinem Aufbau aus Instanzen zu gewinnen hoffen. An einer Stelle haben wir den Anfang dazu gemacht. Aus der Analyse des Beobachtungswahnes haben wir den Schluß gezogen, daß es im Ich wirklich eine Instanz gibt, die unausgesetzt beobachtet, kritisiert und vergleicht und sich solcherart dem anderen Anteil des Ichs entgegenstellt. Wir meinen also, daß der Kranke uns eine noch nicht genug gewürdigte Wahrheit verrät, wenn er sich beklagt, daß jeder seiner Schritte ausgespäht und beobachtet, jeder seiner Gedanken gemeldet und kritisiert wird. Er irrt nur darin, daß er diese unbequeme Macht als etwas ihm Fremdes nach außen verlegt. Er verspürt das Walten einer Instanz in seinem Ich, welche sein aktuelles Ich und jede seiner Betätigungen an einem Ideal-Ich mißt, das er sich im Laufe seiner Entwicklung geschaffen hat. Wir meinen auch, diese Schöpfung geschah in der Absicht, jene Selbstzufriedenheit wiederherzustellen, die mit dem primären infantilen Narzißmus verbunden war, die aber seither so viel Störungen und Kränkungen erfahren hat. Die selbstbeobachtende Instanz kennen wir als den Ichzensor, das Gewissen; sie ist dieselbe, die nächtlicherweile die Traumzensur ausübt, von der die Verdrängungen gegen unzulässige Wunschregungen ausgehen. Wenn sie beim Beobachtungswahn zerfällt, so deckt sie uns dabei ihre Herkunft auf aus den Einflüssen von Eltern, Erziehern und sozialer Umgebung, aus der Identifizierung mit einzelnen dieser vorbildlichen Personen.

Dies wären einige der Ergebnisse, welche uns die Anwendung der Psychoanalyse auf die narzißtischen Affektionen bisher geliefert hat.

Es sind gewiß noch zu wenige, und sie entbehren oft noch jener Schärfe, die erst durch sichere Vertrautheit auf einem neuen Gebiete erreicht werden kann. Wir verdanken sie alle der Ausnützung des Begriffes der Ichlibido oder narzißtischen Libido, mit dessen Hilfe wir die Auffassungen, die sich bei den Übertragungsneurosen bewährt haben, auf die narzißtischen Neurosen erstrecken. Nun werden Sie aber die Frage stellen: ist es möglich, daß es uns gelingt, alle Störungen der narzißtischen Affektionen und der Psychosen der Libidotheorie unterzuordnen, daß wir überall den libidinösen Faktor des Seelenlebens als den an der Erkrankung schuldigen erkennen und niemals eine Abänderung in der Funktion der Selbsterhaltungstriebe verantwortlich zu machen brauchen? Nun, meine Damen und Herren, diese Entscheidung scheint mir nicht dringlich und vor allem nicht spruchreif zu sein. Wir können sie ruhig dem Fortschritt der wissenschaftlichen Arbeit überlassen. Ich würde mich nicht verwundern, wenn sich das Vermögen der pathogenen Wirkung wirklich als ein Vorrecht der libidinösen Triebe herausstellte, so daß die Libidotheorie auf der ganzen Linie von den einfachsten Aktualneurosen bis zur schwersten psychotischen Entfremdung des Individuums ihren Triumph feiern könnte. Kennen wir es doch als charakteristischen Zug der Libido, daß sie der Unterordnung unter die Realität der Welt, die Ananke, widerstrebt. Aber ich halte es für überaus wahrscheinlich, daß die Ichtriebe durch die pathogenen Anregungen der Libido sekundär mitgerissen und zur Funktionsstörung genötigt werden. Und ich kann kein Scheitern unserer Forschungsrichtung darin erblicken, wenn uns die Erkenntnis bevorsteht, daß bei den schweren Psychosen die Ichtriebe selbst in primärer Weise irregeführt werden; die Zukunft wird es, Sie wenigstens, lehren. Lassen Sie mich aber noch für einen Moment zur Angst zurückkehren, um eine letzte Dunkelheit, die wir dort gelassen haben, zu erleuchten. Wir sagten, es stimme uns nicht zu der sonst so gut erkannten Beziehung zwischen Angst und Libido, daß die Realangst angesichts einer Gefahr die Äußerung der Selbsterhaltungstriebe sein sollte, was sich aber doch kaum bestreiten läßt. Wie wäre es aber, wenn der Angstaffekt nicht von den egoistischen Ichtrieben, sondern von der Ichlibido bestritten würde? Der Angstzustand ist doch auf alle Fälle unzweckmäßig, und seine Unzweckmäßigkeit wird offenkundig, wenn er einen höheren Grad erreicht. Er stört dann die Aktion, sei es der Flucht oder der Abwehr, die allein zweckmäßig ist und der Selbsterhaltung dient. Wenn wir also den affektiven Anteil der Realangst der Ichlibido, die Aktion dabei dem Icherhaltungstrieb zuschreiben, haben wir jede theoretische Schwierigkeit beseitigt. Sie werden übrigens doch nicht im Ernst glauben, daß man sich flüchtet, weil man Angst verspürt? Nein, man verspürt die Angst und man ergreift die Flucht aus dem gemeinsamen Motiv, das durch die Wahrnehmung der Gefahr geweckt wird. Menschen, die große Lebensgefahren bestanden haben, erzählen, sie haben sich gar nicht geängstigt, bloß gehandelt, z. B. das Gewehr auf das Raubtier angelegt, und das war gewiß das Zweckmäßigste.

XXVII. VORLESUNG
DIE ÜBERTRAGUNG

Meine Damen und Herren! Da wir uns jetzt dem Abschluß unserer Besprechungen nähern, wird eine bestimmte Erwartung bei Ihnen rege werden, die Sie nicht irreführen soll. Sie denken es sich wohl, daß ich Sie nicht durch Dick und Dünn des psychoanalytischen Stoffes geführt habe, um Sie am Ende zu entlassen, ohne Ihnen ein Wort von der Therapie zu sagen, auf welcher doch die Möglichkeit beruht, überhaupt Psychoanalyse zu treiben. Ich kann Ihnen dieses Thema auch unmöglich vorenthalten, denn dabei sollen Sie aus der Beobachtung eine neue Tatsache kennenlernen, ohne welche das Verständnis der von uns untersuchten Erkrankungen in fühlbarster Weise unvollständig bliebe.

Ich weiß, Sie erwarten keine Anleitung in der Technik, wie man die Analyse zu therapeutischen Zwecken ausüben soll. Sie wollen nur im allgemeinsten wissen, auf welchem Wege die psychoanalytische Therapie wirkt und was sie ungefähr leistet. Und das zu erfahren, haben Sie ein unbestreitbares Recht. Ich will es Ihnen aber nicht mitteilen, sondern bestehe darauf, daß Sie es selbst erraten.

Denken Sie nach! Sie haben alles Wesentliche von den Bedingungen der Erkrankung sowie alle die Faktoren, die bei der erkrankten Person zur Geltung kommen, kennengelernt. Wo bleibt da ein Raum für eine therapeutische Einwirkung? Da ist zunächst die hereditäre Disposition; — wir kommen nicht oft auf sie zu sprechen, weil sie von anderer Seite energisch betont wird und wir nichts Neues zu ihr zu sagen haben. Aber glauben Sie nicht, daß wir sie unterschätzen; gerade als Therapeuten bekommen wir ihre Macht deutlich genug zu spüren. Jedenfalls können wir nichts an ihr ändern; sie bleibt auch für uns etwas Gegebenes, was unserer Bemühung Schranken setzt. Dann der Einfluß der frühen Kindererlebnisse, den wir in der Analyse voranzustellen gewohnt sind; sie gehören der Vergangenheit an, wir können sie nicht ungeschehen machen. Dann all das, was wir als die „reale Versagung" zusammengefaßt haben, als das Unglück des Lebens, aus dem die Entbehrung an Liebe hervorgeht, die Armut, der Familienzwist, das Ungeschick in der Ehewahl, die Ungunst der sozialen Verhältnisse und die Strenge der sittlichen Anforderungen, unter deren Druck eine Person steht. Da wären freilich Handhaben genug für eine sehr wirksame Therapie, aber es müßte eine Therapie sein, wie sie nach der Wiener Volkssage Kaiser Josef geübt hat, das wohltätige Eingreifen eines Mächtigen, vor dessen Willen Menschen sich beugen und Schwierigkeiten verschwinden. Aber wer sind wir, daß wir solches Wohltun als Mittel in unsere Therapie aufnehmen könnten? Selbst arm und gesellschaftlich ohnmächtig, genötigt von unserer ärztlichen Tätigkeit unseren Unterhalt zu bestreiten, sind wir nicht einmal in der Lage, unsere Bemühung auch dem Mittellosen zuzuwenden, wie es doch andere Ärzte bei anderen Behandlungsmethoden können. Unsere Therapie ist dafür zu zeitraubend und zu langwierig. Aber vielleicht klammern Sie sich an eines der angeführten Momente und glauben dort den Angriffspunkt für unsere Beeinflussung gefunden zu haben. Wenn die sittliche Beschränkung, die von der Gesellschaft gefordert wird, ihren Anteil an der dem Kranken auferlegten Entbehrung hat, so kann ihm ja die Behandlung den Mut oder direkt die Anweisung geben, sich über diese Schranken hinauszusetzen, sich Befriedigung und Genesung zu holen unter Verzicht auf die Erfüllung eines von der Gesellschaft hochgehaltenen, doch so oft nicht eingehaltenen Ideals. Man wird also dadurch gesund, daß man sich sexuell „auslebt". Allerdings fällt dabei auf die analytische

Behandlung der Schatten, daß sie nicht der allgemeinen Sittlichkeit dient. Was sie dem Einzelnen zuwendet, hat sie der Allgemeinheit entzogen.

Aber, meine Damen und Herren, wer hat Sie denn so falsch berichtet? Es ist nicht die Rede davon, daß der Rat, sich sexuell auszuleben, in der analytischen Therapie eine Rolle spielen könnte. Schon darum nicht, weil wir selbst verkündet haben, bei den Kranken bestehe ein hartnäckiger Konflikt zwischen der libidinösen Regung und der Sexualverdrängung, zwischen der sinnlichen und der asketischen Richtung. Dieser Konflikt wird dadurch nicht aufgehoben, daß man einer dieser Richtungen zum Sieg über die gegnerische verhilft. Wir sehen es ja, daß beim Nervösen die Askese die Oberhand behalten hat. Die Folge davon ist gerade, daß sich die unterdrückte Sexualstrebung in Symptomen Luft schafft. Wenn wir jetzt im Gegenteil der Sinnlichkeit den Sieg verschaffen würden, so müßte sich die beiseite geschobene Sexualverdrängung durch Symptome ersetzen. Keine der beiden Entscheidungen kann den inneren Konflikt beenden, jedesmal bliebe ein Anteil unbefriedigt. Es gibt nur wenige Fälle, in denen der Konflikt so labil ist, daß ein Moment wie die Parteinahme des Arztes den Ausschlag geben kann, und diese Fälle bedürfen eigentlich keiner analytischen Behandlung. Personen, bei welchen dem Arzt ein solcher Einfluß zufallen kann, hätten denselben Weg auch ohne den Arzt gefunden. Sie wissen doch, wenn ein abstinenter junger Mann sich zum illegitimen Sexualverkehr entschließt oder eine unbefriedigte Frau bei einem anderen Manne Entschädigung sucht, so haben sie in der Regel nicht auf die Erlaubnis eines Arztes oder gar des Analytikers gewartet.

Man übersieht an dieser Sachlage gewöhnlich den einen wesentlichen Punkt, daß der pathogene Konflikt der Neurotiker nicht mit einem normalen Kampf seelischer Regungen, die auf demselben psychologischen Boden stehen, zu verwechseln ist. Es ist ein Widerstreit zwischen Mächten, von denen die eine es zur Stufe des Vorbewußten und Bewußten gebracht hat, die andere auf der Stufe des Unbewußten

zurückgehalten worden ist. Darum kann der Konflikt zu keinem Aus-
trag gebracht werden; die Streitenden kommen so wenig zueinander
wie in dem bekannten Beispiel der Eisbär und der Walfisch. Eine
wirkliche Entscheidung kann erst fallen, wenn sich die beiden auf
demselben Boden treffen. Ich denke, dies zu ermöglichen, ist die einzige Aufgabe der Therapie.

Und überdies kann ich Ihnen versichern, daß Sie falsch berichtet
sind, wenn Sie annehmen, Rat und Leitung in den Angelegenheiten
des Lebens sei ein integrierendes Stück der analytischen Beeinflussung.
Im Gegenteil, wir lehnen eine solche Mentorrolle nach Möglichkeit
ab, wollen nichts lieber erreichen, als daß der Kranke selbständig seine
Entscheidungen treffe. In dieser Absicht fordern wir auch, daß er alle
lebenswichtigen Entschlüsse über Berufswahl, wirtschaftliche Unter-
nehmungen, Eheschließung oder Trennung über die Dauer der Behandlung zurückstelle und erst nach Beendigung derselben zur Ausführung bringe. Gestehen Sie nur, das ist alles anders, als Sie es sich
vorgestellt haben. Nur bei gewissen sehr jugendlichen oder ganz hilf-
und haltlosen Personen können wir die gewollte Beschränkung nicht
durchsetzen. Bei ihnen müssen wir die Leistung des Arztes mit der
des Erziehers kombinieren; wir sind uns dann unserer Verantwortung
wohl bewußt und benehmen uns mit der notwendigen Vorsicht.

Aus dem Eifer, mit dem ich mich gegen den Vorwurf verteidige,
daß der Nervöse in der analytischen Kur zum Sichausleben angeleitet
wird, dürfen Sie aber nicht den Schluß ziehen, daß wir zu Gunsten
der gesellschaftlichen Sittsamkeit auf ihn wirken. Das liegt uns zum
mindesten ebenso ferne. Wir sind zwar keine Reformer, sondern bloß
Beobachter, aber wir können nicht umhin, mit kritischen Augen zu
beobachten, und haben es unmöglich gefunden, für die konventionelle
Sexualmoral Partei zu nehmen, die Art, wie die Gesellschaft die Probleme des Sexuallebens praktisch zu ordnen versucht, hoch einzu-
schätzen. Wir können es der Gesellschaft glatt vorrechnen, daß das,
was sie ihre Sittlichkeit heißt, mehr Opfer kostet, als es wert ist, und
daß ihr Verfahren weder auf Wahrhaftigkeit beruht noch von Klugheit

zeugt. Wir ersparen es unseren Patienten nicht, diese Kritik mitanzuhören, wir gewöhnen sie an vorurteilsfreie Erwägung der sexuellen Angelegenheiten wie aller anderen, und wenn sie, nach Vollendung ihrer Kur selbständig geworden, sich aus eigenem Ermessen zu irgend einer mittleren Position zwischen dem vollen Ausleben und der unbedingten Askese entschließen, fühlen wir unser Gewissen durch keinen dieser Ausgänge belastet. Wir sagen uns, wer die Erziehung zur Wahrheit gegen sich selbst mit Erfolg durchgemacht hat, der ist gegen die Gefahr der Unsittlichkeit dauernd geschützt, mag sein Maßstab der Sittlichkeit auch von dem in der Gesellschaft gebräuchlichen irgendwie abweichen. Übrigens, hüten wir uns davor, die Bedeutung der Abstinenzfrage für die Beeinflussung der Neurosen zu überschätzen. Nur in einer Minderzahl kann der pathogenen Situation der Versagung mit darauffolgender Libidostauung durch die Art von Sexualverkehr ein Ende gemacht werden, die mit geringer Mühe zu erreichen ist.

Durch die Gestattung des sexuellen Auslebens können Sie also die therapeutische Wirkung der Psychoanalyse nicht erklären. Sehen Sie sich nach anderem um. Ich denke, während ich diese Ihre Mutmaßung abwies, hat eine Bemerkung von mir Sie auf die richtige Spur geführt. Es nuß wohl die Ersetzung des Unbewußten durch Bewußtes, die Übersetzung des Unbewußten in Bewußtes sein, wodurch wir nützen. Richtig, das ist es auch. Indem wir das Unbewußte zum Bewußten fortsetzen, heben wir die Verdrängungen auf, beseitigen wir die Bedingungen für die Symptombildung, verwandeln wir den pathogenen Konflikt in einen normalen, der irgendwie eine Entscheidung finden muß. Nichts anderes als diese eine psychische Veränderung rufen wir beim Kranken hervor: so weit diese reicht, so weit trägt unsere Hilfeleistung. Wo keine Verdrängung oder ein ihr analoger psychischer Vorgang rückgängig zu machen ist, da hat auch unsere Therapie nichts zu suchen.

Wir können das Ziel unserer Bemühung in verschiedenen Formeln ausdrücken: Bewußtmachen des Unbewußten, Aufhebung der Ver-

drängungen, Ausfüllung der amnestischen Lücken, das kommt alles
auf das gleiche hinaus. Aber vielleicht werden Sie von diesem Bekenntnis unbefriedigt sein. Sie haben sich unter dem Gesundwerden
eines Nervösen etwas anderes vorgestellt, daß er ein anderer Mensch
werde, nachdem er sich der mühseligen Arbeit einer Psychoanalyse
unterzogen hat, und dann soll das ganze Ergebnis sein, daß er etwas
weniger Unbewußtes und etwas mehr Bewußtes in sich hat als vorher. Nun, Sie unterschätzen wahrscheinlich die Bedeutung einer solchen inneren Veränderung. Der geheilte Nervöse ist wirklich ein
anderer Mensch geworden, im Grunde ist er aber natürlich derselbe
geblieben, d. h. er ist so geworden, wie er bestenfalls unter den günstigsten Bedingungen hätte werden können. Aber das ist sehr viel.
Wenn Sie dann hören, was man alles tun muß und welcher Anstren-
gung es bedarf, um jene anscheinend geringfügige Veränderung in
seinem Seelenleben durchzusetzen, wird Ihnen die Bedeutung eines
solchen Unterschiedes im psychischen Niveau wohl glaubhaft erscheinen

Ich schweife für einen Augenblick ab, um zu fragen, ob Sie wissen,
was man eine kausale Therapie nennt? So heißt man nämlich ein
Verfahren, welches nicht die Krankheitserscheinungen zum Angriffspunkt nimmt, sondern sich die Beseitigung der Krankheitsursachen
vorsetzt. Ist nun unsere psychoanalytische eine kausale Therapie oder
nicht? Die Antwort ist nicht einfach, gibt aber vielleicht Gelegenheit, uns von dem Unwert einer solchen Fragestellung zu überzeugen.
Insoferne die analytische Therapie sich nicht die Beseitigung der
Symptome zur nächsten Aufgabe setzt, benimmt sie sich wie eine
kausale. In anderer Hinsicht können Sie sagen, sie sei es nicht. Wir
haben nämlich die Kausalverkettung längst über die Verdrängungen
hinaus verfolgt bis zu den Triebanlagen, deren relativen Intensitäten
in der Konstitution und den Abweichungen ihres Entwicklungsganges.
Nehmen Sie nun an, es wäre uns etwa auf chemischem Wege möglich, in dies Getriebe einzugreifen, die Quantität der jeweils vorhandenen Libido zu erhöhen oder herabzusetzen oder den einen Trieb

auf Kosten eines anderen zu verstärken, so wäre dies eine im eigentlichen Sinne kausale Therapie, für welche unsere Analyse die unentbehrliche Vorarbeit der Rekognoszierung geleistet hätte. Von solcher
Beeinflussung der Libidovorgänge ist derzeit, wie Sie wissen, keine
Rede; mit unserer psychischen Therapie greifen wir an einer anderen
Stelle des Zusammenhanges an, nicht gerade an den uns ersicht-
lichen Wurzeln der Phänomene, aber doch weit genug weg von den
Symptomen, an einer Stelle, die uns durch sehr merkwürdige Verhältnisse zugänglich geworden ist.

Was müssen wir also tun, um das Unbewußte bei unserem Patienten durch Bewußtes zu ersetzen? Wir haben einmal gemeint, das
ginge ganz einfach, wir brauchten nur dies Unbewußte zu erraten
und es ihm vorzusagen. Aber wir wissen schon, das war ein kurz-
sichtiger Irrtum. Unser Wissen um das Unbewußte ist nicht gleichwertig mit seinem Wissen; wenn wir ihm unser Wissen mitteilen,
so hat er es nicht an S t e l l e seines Unbewußten, sondern n e b e n demselben, und es ist sehr wenig geändert. Wir müssen uns vielmehr
dieses Unbewußte t o p i s c h vorstellen, müssen es in seiner Erinnerung dort aufsuchen, wo es durch eine Verdrängung zustande gekommen ist. Diese Verdrängung ist zu beseitigen, dann kann sich der
Ersatz des Unbewußten durch Bewußtes glatt vollziehen. Wie hebt
man nun eine solche Verdrängung auf? Unsere Aufgabe tritt hier in
eine zweite Phase. Zuerst das Aufsuchen der Verdrängung, dann die
Beseitigung des Widerstandes, welcher diese Verdrängung aufrecht hält.

Wie schafft man den Widerstand weg? In der nämlichen Weise:
indem man ihn errät und dem Patienten vorhält. Der Widerstand
stammt ja auch aus einer Verdrängung, aus der nämlichen, die wir
zu lösen suchen, oder aus einer früher vorgefallenen. Er wird ja von
der Gegenbesetzung hergestellt, die sich zur Verdrängung der an-
stößigen Regung erhob. Wir tun also jetzt dasselbe, was wir schon
anfangs tun wollten, deuten, erraten und es mitteilen; aber wir tun
es jetzt an der richtigen Stelle. Die Gegenbesetzung oder der Widerstand gehört nicht dem Unbewußten, sondern dem Ich an, welches

unser Mitarbeiter ist, und dies, selbst wenn sie nicht bewußt sein sollte. Wir wissen, es handelt sich hier um den Doppelsinn des Wortes „unbewußt", einerseits als Phänomen, anderseits als System. Das scheint sehr schwierig und dunkel; aber nicht wahr, es ist doch nur Wiederholung? Wir sind längst darauf vorbereitet. — Wir erwarten, daß dieser Widerstand aufgegeben, die Gegenbesetzung eingezogen werden wird, wenn wir dem Ich die Erkenntnis desselben durch unsere Deutung ermöglicht haben. Mit welchen Triebkräften arbeiten wir denn in einem solchen Falle? Erstens mit dem Streben des Patienten gesund zu werden, das ihn bewogen hat, sich in die gemeinschaftliche Arbeit mit uns zu fügen, und zweitens mit der Hilfe seiner Intelligenz, welche wir durch unsere Deutung unterstützen. Es ist kein Zweifel, daß die Intelligenz des Kranken es leichter hat, den Widerstand zu erkennen und die dem Verdrängten entsprechende Übersetzung zu finden, wenn wir ihr die dazu passenden Erwartungsvorstellungen gegeben haben. Wenn ich Ihnen sage: schauen Sie auf den Himmel, da ist ein Luftballon zu sehen, so werden Sie ihn auch viel leichter finden, als wenn ich Sie bloß auffordere hinaufzuschauen, ob Sie irgend etwas entdecken. Auch der Student, der die ersten Male ins Mikroskop guckt, wird vom Lehrer unterrichtet, was er sehen soll, sonst sieht er es überhaupt nicht, obwohl es da und sichtbar ist.

Und nun die Tatsache. Bei einer ganzen Anzahl von Formen nervöser Erkrankung, bei den Hysterien, Angstzuständen, Zwangsneurosen trifft unsere Voraussetzung zu. Durch solches Aufsuchen der Verdrängung, Aufdecken der Widerstände, Andeuten des Verdrängten gelingt es wirklich, die Aufgabe zu lösen, also die Widerstände zu überwinden, die Verdrängung aufzuheben und das Unbewußte in Bewußtes zu verwandeln. Dabei gewinnen wir den klarsten Eindruck davon, wie sich um die Überwindung eines jeden Widerstandes ein heftiger Kampf in der Seele des Patienten abspielt, ein normaler Seelenkampf auf gleichem psychologischen Boden zwischen den Motiven, welche die Gegenbesetzung aufrechthalten wollen, und denen, die bereit sind, sie aufzugeben. Die ersteren sind die alten Motive, die

seinerzeit die Verdrängung durchgesetzt haben; unter den letzteren
befinden sich die neu hinzugekommenen, die hoffentlich den Konflikt
in unserem Sinne entscheiden werden. Es ist uns gelungen, den alten
Verdrängungskonflikt wieder aufzufrischen, den damals erledigten
Prozeß zur Revision zu bringen. Als neues Material bringen wir
erstens hinzu die Mahnung, daß die frühere Entscheidung zur Krankheit geführt hat, und das Versprechen, daß eine andere den Weg zur
Genesung bahnen wird, zweitens die großartige Veränderung aller
Verhältnisse seit dem Zeitpunkt jener ersten Abweisung. Damals war
das Ich schwächlich, infantil, und hatte vielleicht Grund, die Libido-
forderung als Gefahr zu ächten. Heute ist es erstarkt und erfahren
und hat überdies in dem Arzt einen Helfer zur Seite. So dürfen wir
erwarten, den aufgefrischten Konflikt zu einem besseren Ausgang als
dem in Verdrängung zu leiten, und wie gesagt, bei den Hysterien,
Angst- und Zwangsneurosen gibt der Erfolg uns prinzipiell recht.

Nun gibt es aber andere Krankheitsformen, bei denen trotz der
Gleichheit der Verhältnisse unser therapeutisches Vorgehen niemals
Erfolg bringt. Es hat sich auch bei ihnen um einen ursprünglichen
Konflikt zwischen dem Ich und der Libido gehandelt, der zur Verdrängung geführt hat — mag diese auch topisch anders zu charakterisieren sein —, es ist auch hier möglich, die Stellen aufzuspüren, an
denen im Leben des Kranken die Verdrängungen vorgefallen sind, wir
wenden das nämliche Verfahren an, sind zu denselben Versprechungen
bereit, leisten dieselbe Hilfe durch Mitteilung von Erwartungsvorstellungen, und wiederum läuft die Zeitdifferenz zwischen der Gegenwart und jenen Verdrängungen zu Gunsten eines anderen Ausganges
des Konflikts. Und doch gelingt es uns nicht, einen Widerstand aufzuheben oder eine Verdrängung zu beseitigen. Diese Patienten, Paranoiker, Melancholiker, mit Dementia paraecox Behaftete, bleiben im
ganzen ungerührt und gegen die psychoanalytische Therapie gefeit.
Woher kann das kommen? Nicht von dem Mangel an Intelligenz;
ein gewisses Maß von intellektueller Leistungsfähigkeit wird bei
unseren Patienten natürlich erforderlich sein, aber daran fehlt es z. B.

den so scharfsinnig kombinierenden Paranoikern sicherlich nicht. Auch von den anderen Triebkräften können wir keine vermissen. Die Melancholiker z. B. haben das Bewußtsein, krank zu sein und darum so schwer zu leiden, das den Paranoikern abgeht, in sehr hohem Maße, aber sie sind darum nicht zugänglicher. Wir stehen hier vor einer Tatsache, die wir nicht verstehen, und die uns darum auch zweifeln heißt, ob wir den möglichen Erfolg bei den anderen Neurosen wirklich in all seinen Bedingungen verstanden haben.

Bleiben wir bei der Beschäftigung mit unseren Hysterikern und Zwangsneurotikern, so tritt uns alsbald eine zweite Tatsache entgegen, auf die wir in keiner Weise vorbereitet waren. Nach einer Weile müssen wir nämlich bemerken, daß diese Kranken sich gegen uns in ganz besonderer Art benehmen. Wir glaubten ja, uns von allen bei der Kur in Betracht kommenden Triebkräften Rechenschaft gegeben zu haben, die Situation zwischen uns und dem Patienten voll rationalisiert zu haben, so daß sie sich übersehen läßt wie ein Rechenexempel, und dann scheint sich doch etwas einzuschleichen, was in dieser Rechnung nicht in Anschlag gebracht worden ist. Dieses unerwartete Neue ist selbst vielgestaltig, ich werde zunächst die häufigere und leichter verständliche seiner Erscheinungsformen beschreiben.

Wir bemerken also, daß der Patient, der nichts anderes suchen soll als einen Ausweg aus seinen Leidenskonflikten, ein besonderes Interesse für die Person des Arztes entwickelt. Alles, was mit dieser Person zusammenhängt, scheint ihm bedeutungsvoller zu sein als seine eigenen Angelegenheiten und ihn von seinem Kranksein abzulenken. Der Verkehr mit ihm gestaltet sich demnach für eine Weile sehr angenehm; er ist besonders verbindlich, sucht sich, wo er kann, dankbar zu erweisen, zeigt Feinheiten und Vorzüge seines Wesens, die wir vielleicht nicht bei ihm gesucht hätten. Der Arzt faßt dann auch eine günstige Meinung vom Patienten und preist den Zufall, der ihm gestattet hat, gerade einer besonders wertvollen Persönlichkeit Hilfe zu leisten. Hat der Arzt Gelegenheit, mit Angehörigen des Patienten zu sprechen, so hört er mit Vergnügen, daß dies Gefallen gegenseitig ist. Der Patient wird zu Hause nicht müde, den Arzt zu loben, immer neue Vorzüge an ihm zu rühmen. „Er schwärmt für Sie, er vertraut Ihnen blind; alles, was Sie sagen, ist für ihn wie eine Offenbarung," erzählen die Angehörigen. Hie und da sieht einer aus diesem Chorus schärfer und äußert: Es wird schon langweilig, wie er von nichts anderem spricht als von Ihnen und immer nur Sie im Munde führt.

Wir wollen hoffen, daß der Arzt bescheiden genug ist, diese Schätzung seiner Persönlichkeit durch den Patienten auf die Hoffnungen zurückzuführen, die er ihm machen kann, und auf die Erweiterung seines intellektuellen Horizonts durch die überraschenden und befreienden Eröffnungen, die die Kur mit sich bringt. Die Analyse macht unter diesen Bedingungen auch prächtige Fortschritte, der Patient versteht, was man ihm andeutet, vertieft sich in die Aufgaben, die ihm von der Kur gestellt werden, das Material von Erinnerungen und Einfällen strömt ihm reichlich zu, er überrascht den Arzt durch die Sicherheit und Triftigkeit seiner Deutungen, und dieser kann nur mit Genugtuung feststellen, wie bereitwillig ein Kranker alle die psychologischen Neuheiten aufnimmt, die bei den Gesunden in der Welt draußen den erbittertsten Widerspruch zu erregen pflegen. Dem guten Einvernehmen während der analytischen Arbeit entspricht auch eine objektive, von allen Seiten anerkannte Besserung des Krankheitszustandes.

So schönes Wetter kann es aber nicht immer geben. Eines Tages trübt es sich. Es stellen sich Schwierigkeiten in der Behandlung ein; der Patient behauptet, es falle ihm nichts mehr ein. Man hat den deutlichsten Eindruck, daß sein Interesse nicht mehr bei der Arbeit ist, und daß er sich leichten Sinnes über die ihm gegebene Vorschrift hinaussetzt, alles zu sagen, was ihm durch den Sinn fährt, und keiner kritischen Abhaltung dagegen nachzugeben. Er benimmt sich wie außerhalb der Kur, so als ob er jenen Vertrag mit dem Arzt nicht abgeschlossen hätte; er ist offenbar von etwas eingenommen, was er aber für sich behalten will. Das ist eine für die Behandlung gefähr-

liche Situation. Man steht unverkennbar vor einem gewaltigen Widerstand. Aber was ist da vorgefallen?

Wenn man imstande ist, die Situation wieder zu klären, so erkennt
man als die Ursache der Störung, daß der Patient intensive zärtliche
Gefühle auf den Arzt übertragen hat, zu denen ihn weder das Benehmen des Arztes noch die in der Kur entstandene Beziehung berechtigt. In welcher Form sich diese Zärtlichkeit äußert und welche
Ziele sie anstrebt, das hängt natürlich von den persönlichen Verhältnissen der beiden Beteiligten ab. Handelt es sich um ein junges Mädchen
und einen jüngeren Mann, so werden wir den Eindruck einer normalen
Verliebtheit bekommen, werden es begreiflich finden, daß sich ein
Mädchen in einen Mann verliebt, mit dem es viel allein sein und
Intimes besprechen kann, der ihm in der vorteilhaften Position des
überlegenen Helfers entgegentritt, und werden darüber wahrscheinlich übersehen, daß bei dem neurotischen Mädchen eher eine Störung
der Liebesfähigkeit zu erwarten wäre. Je weiter sich dann die persönlichen Verhältnisse von Arzt und Patient von diesem angenommenen
Fall entfernen, desto mehr wird es uns befremden, wenn wir trotzdem immer wieder dieselbe Gefühlsbeziehung hergestellt finden. Es
mag noch angehen, wenn die junge, in der Ehe unglückliche Frau
von einer ernsten Leidenschaft für ihren selbst noch freien Arzt erfaßt scheint, wenn sie bereit ist, die Scheidung ihrer Ehe anzustreben,
um ihm anzugehören, oder im Falle sozialer Hemmnisse selbst kein
Bedenken äußert, ein heimliches Liebesverhältnis mit ihm einzugehen.
Dergleichen kommt ja auch sonst außerhalb der Psychoanalyse vor.
Man hört nun aber unter diesen Umständen mit Erstaunen Äußerungen
von seiten der Frauen und Mädchen, welche eine ganz bestimmte
Stellungnahme zum therapeutischen Problem bekunden: sie hätten
immer gewußt, daß sie nur durch die Liebe gesund werden können,
und von Beginn der Behandlung an erwartet, daß ihnen durch diesen
Verkehr endlich geschenkt werde, was ihnen das Leben bisher vorenthalten. Nur dieser Hoffnung wegen hätten sie sich so viel Mühe
in der Kur gegeben und alle Schwierigkeiten der Mitteilung über-

wunden. Wir werden für uns hinzusetzen: und alles, was sonst zu glauben schwer fällt, so leicht verstanden. Aber ein solches Geständnis überrascht uns; es wirft unsere Berechnungen über den Haufen. Könnte es sein, daß wir den wichtigsten Posten aus unserem Ansatz weggelassen haben?

Und wirklich, je weiter wir in der Erfahrung kommen, desto weniger können wir dieser für unsere Wissenschaftlichkeit beschämenden Korrektur widerstreben. Die ersten Male konnte man etwa glauben, die analytische Kur sei auf eine Störung durch ein zufälliges, d. h. nicht in ihrer Absicht liegendes und von ihr nicht hervorgerufenes Ereignis gestoßen. Aber wenn sich eine solche zärtliche Bindung des Patienten an den Arzt regelmäßig bei jedem neuen Falle wiederholt, wenn sie unter den ungünstigsten Bedingungen, bei geradezu grotesken Mißverhältnissen immer wieder zum Vorschein kommt, auch bei der gealterten Frau, auch gegen den graubärtigen Mann, auch dort, wo nach unserem Urteil keinerlei Verlockungen bestehen, dann müssen wir doch die Idee eines störenden Zufalles aufgeben und erkennen, daß es sich um ein Phänomen handelt, welches mit dem Wesen des Krankseins selbst im Innersten zusammenhängt.

Die neue Tatsache, welche wir also widerstrebend anerkennen, heißen wir die Übertragung. Wir meinen eine Übertragung von Gefühlen auf die Person des Arztes, weil wir nicht glauben, daß die Situation der Kur eine Entstehung solcher Gefühle rechtfertigen könne. Vielmehr vermuten wir, daß die ganze Gefühlsbereitschaft anderswoher stammt, in der Kranken vorbereitet war und bei der Gelegenheit der analytischen Behandlung auf die Person des Arztes übertragen wird. Die Übertragung kann als stürmische Liebesforderung auftreten oder in gemäßigteren Formen; an Stelle des Wunsches, Geliebte zu sein, kann zwischen dem jungen Mädchen und dem alten Mann der Wunsch auftauchen, als bevorzugte Tochter angenommen zu werden, das libidinöse Streben kann sich zum Vorschlag einer unzertrennlichen, aber ideal unsinnlichen Freundschaft

mildern. Manche Frauen verstehen es, die Übertragung zu sublimieren und an ihr zu modeln, bis sie eine Art von Existenzfähigkeit
gewinnt; andere müssen sie in ihrer rohen, ursprünglichen, zumeist
unmöglichen Gestalt äußern. Aber es ist im Grunde immer das
gleiche und läßt die Herkunft aus derselben Quelle nie verkennen.
Ehe wir uns fragen, wo wir die neue Tatsache der Übertragung
unterbringen wollen, wollen wir ihre Beschreibung vervollständigen.
Wie ist es denn bei männlichen Patienten? Da dürfte man doch
hoffen, der lästigen Einmengung der Geschlechtsverschiedenheit und
Geschlechtsanziehung zu entgehen. Nun, nicht viel anders als bei
weiblichen, muß die Antwort lauten. Dieselbe Bindung an den Arzt,
dieselbe Überschätzung seiner Eigenschaften, das nämliche Aufgehen
in dessen Interessen, die gleiche Eifersucht gegen alle, die ihm im
Leben nahestehen. Die sublimierten Formen der Übertragung sind
zwischen Mann und Mann in dem Maße häufiger und die direkte
Sexualforderung seltener, in welchem die manifeste Homosexualität
gegen die anderen Verwendungen dieser Triebkomponente zurück-
tritt. Bei seinen männlichen Patienten beobachtet der Arzt auch
häufiger als bei Frauen eine Erscheinungsform der Übertragung,
welche auf den ersten Blick allem bisher Beschriebenen zu widersprechen scheint, die feindselige oder negative Übertragung.

Machen wir uns zunächst klar, daß die Übertragung sich vom
Anfang der Behandlung an beim Patienten ergibt und eine Weile
die stärkste Triebfeder der Arbeit darstellt. Man verspürt nichts von
ihr und braucht sich auch nicht um sie zu bekümmern, solange sie zu
Gunsten der gemeinsam betriebenen Analyse wirkt. Wandelt sie sich
dann zum Widerstand, so muß man ihr Aufmerksamkeit zuwenden
und erkennt, daß sie unter zwei verschiedenen und entgegengesetzten Bedingungen ihr Verhältnis zur Kur geändert hat, erstens wenn
sie als zärtliche Neigung so stark geworden ist, so deutlich die Zeichen
ihrer Herkunft aus dem Sexualbedürfnis verraten hat, daß sie ein
inneres Widerstreben gegen sich wachrufen muß, und zweitens,
wenn sie aus feindseligen anstatt aus zärtlichen Regungen besteht.

Die feindseligen Gefühle kommen in der Regel später als die zärtlichen und hinter ihnen zum Vorschein; in ihrem gleichzeitigen
Bestand ergeben sie eine gute Spiegelung der Gefühlsambivalenz,
welche in den meisten unserer intimen Beziehungen zu anderen
Menschen herrscht. Die feindlichen Gefühle bedeuten ebenso eine
Gefühlsbindung wie die zärtlichen, ebenso wie der Trotz dieselbe
Abhängigkeit bedeutet wie der Gehorsam, wenn auch mit entgegen-
gesetztem Vorzeichen. Daß die feindlichen Gefühle gegen den Arzt
den Namen einer „Übertragung" verdienen, kann uns nicht zweifelhaft sein, denn zu ihrer Entstehung gibt die Situation der Kur gewiß
keinen zureichenden Anlaß; die notwendige Auffassung der negativen Übertragung versichert uns so, daß wir in der Beurteilung der
positiven oder zärtlichen nicht irregegangen sind.

Woher die Übertragung stammt, welche Schwierigkeiten sie uns
bereitet, wie wir sie überwinden, und welchen Nutzen wir schließlich aus ihr ziehen, das ist ausführlich in einer technischen Unterweisung zur Analyse zu behandeln und soll heute von mir nur gestreift werden. Es ist ausgeschlossen, daß wir den aus der Übertragung folgenden Forderungen des Patienten nachgeben, es wäre
widersinnig, sie unfreundlich oder gar entrüstet abzuweisen; wir
überwinden die Übertragung, indem wir dem Kranken nachweisen,
daß seine Gefühle nicht aus der gegenwärtigen Situation stammen
und nicht der Person des Arztes gelten, sondern daß sie wiederholen,
was bei ihm bereits früher einmal vorgefallen ist. Auf solche Weise
nötigen wir ihn, seine Wiederholung in Erinnerung zu verwandeln.
Dann wird die Übertragung, die, ob zärtlich oder feindselig, in jedem
Falle die stärkste Bedrohung der Kur zu bedeuten schien, zum besten
Werkzeug derselben, mit dessen Hilfe sich die verschlossensten
Fächer des Seelenlebens eröffnen lassen. Ich möchte Ihnen aber
einige Worte sagen, um Sie von dem Befremden über das Auftreten
dieses unerwarteten Phänomens zu befreien. Wir wollen doch nicht
vergessen, daß die Krankheit des Patienten, den wir zur Analyse
übernehmen, nichts Abgeschlossenes, Erstarrtes ist, sondern weiter-

wächst und ihre Entwicklung fortsetzt wie ein lebendes Wesen. Der Beginn der Behandlung macht dieser Entwicklung kein Ende, aber wenn die Kur sich erst des Kranken bemächtigt hat, dann ergibt es sich, daß die gesamte Neuproduktion der Krankheit sich auf eine einzige Stelle wirft, nämlich auf das Verhältnis zum Arzt. Die Übertragung wird so der Cambiumschicht zwischen Holz und Rinde eines Baumes vergleichbar, von welcher Gewebsneubildung und Dickenwachstum des Stammes ausgehen. Hat sich die Übertragung erst zu dieser Bedeutung aufgeschwungen, so tritt die Arbeit an den Erinnerungen des Kranken weit zurück. Es ist dann nicht unrichtig zu sagen, daß man es nicht mehr mit der früheren Krankheit des Patienten zu tun hat, sondern mit einer neugeschaffenen und umgeschaffenen Neurose, welche die erstere ersetzt. Diese Neuauflage der alten Affektion hat man von Anfang an verfolgt, man hat sie entstehen und wachsen gesehen und findet sich in ihr besonders gut zurecht, weil man selbst als Objekt in ihrem Mittelpunkt steht. Alle Symptome des Kranken haben ihre ursprüngliche Bedeutung aufgegeben und sich auf einen neuen Sinn eingerichtet, der in einer Beziehung zur Übertragung besteht. Oder es sind nur solche Symptome bestehen geblieben, denen eine solche Umarbeitung gelingen konnte. Die Bewältigung dieser neuen künstlichen Neurose fällt aber zusammen mit der Erledigung der in die Kur mitgebrachten Krankheit, mit der Lösung unserer therapeutischen Aufgabe. Der Mensch, der im Verhältnis zum Arzt normal und frei von der Wirkung verdrängter Triebregungen geworden ist, bleibt auch so in seinem Eigenleben, wenn der Arzt sich wieder ausgeschaltet hat.

Diese außerordentliche, für die Kur geradezu zentrale Bedeutung hat die Übertragung bei den Hysterien, Angsthysterien und Zwangsneurosen, die darum mit Recht als „Übertragungsneurosen" zusammengefaßt werden. Wer sich aus der analytischen Arbeit den vollen Eindruck von der Tatsache der Übertragung geholt hat, der kann nicht mehr bezweifeln, von welcher Art die unterdrückten Regungen sind, die sich in den Symptomen dieser Neurosen Aus-

druck verschaffen, und verlangt nach keinem kräftigeren Beweis für
deren libidinöse Natur. Wir dürfen sagen, unsere Überzeugung von
der Bedeutung der Symptome als libidinöse Ersatzbefriedigungen
ist erst durch die Einreihung der Übertragung endgültig gefestigt
worden.

Nun haben wir allen Grund, unsere frühere dynamische Auffassung des Heilungsvorganges zu verbessern und sie mit der neuen
Einsicht in Einklang zu bringen. Wenn der Kranke den Normal-
konflikt mit den Widerständen durchzukämpfen hat, die wir ihm
in der Analyse aufgedeckt haben, so bedarf er eines mächtigen An-
triebes, der die Entscheidung in dem von uns gewünschten, zur
Genesung führenden Sinne beeinflußt. Sonst könnte es geschehen,
daß er sich für die Wiederholung des früheren Ausganges entscheidet
und das ins Bewußtsein Gehobene wieder in die Verdrängung gleiten
läßt. Den Ausschlag in diesem Kampfe gibt dann nicht seine intellektuelle Einsicht — die ist weder stark noch frei genug für solche
Leistung —, sondern einzig sein Verhältnis zum Arzt. Soweit seine
Übertragung von positivem Vorzeichen ist, bekleidet sie den Arzt
mit Autorität, setzt sie sich in Glauben an seine Mitteilungen und
Auffassungen um. Ohne solche Übertragung, oder wenn sie negativ
ist, würde er den Arzt und dessen Argumente nicht einmal zu Gehör
kommen lassen. Der Glaube wiederholt dabei seine eigene Entste-
hungsgeschichte; er ist ein Abkömmling der Liebe und hat zuerst der
Argumente nicht bedurft. Erst später hat er ihnen so viel eingeräumt,
daß er sie in prüfende Betrachtung zieht, wenn sie von einer ihm
lieben Person vorgebracht werden. Argumente ohne solche Stütze
haben nicht gegolten, gelten bei den meisten Menschen niemals im
Leben etwas. Der Mensch ist also im allgemeinen auch von der
intellektuellen Seite her nur insoweit zugänglich, als er der libidinösen Objektbesetzung fähig ist, und wir haben guten Grund, in
dem Ausmaß seines Narzißmus eine Schranke für seine Beeinfluß-
barkeit auch für die beste analytische Technik zu erkennen und zu
fürchten.

Die Fähigkeit, libidinöse Objektbesetzungen auch auf Personen zu richten, muß ja allen normalen Menschen zugesprochen werden. Die Übertragungsneigung der genannten Neurotiker ist nur eine außerordentliche Steigerung dieser allgemeinen Eigenschaft. Nun wäre es doch sehr sonderbar, wenn ein menschlicher Charakterzug von solcher Verbreitung und Bedeutung nie bemerkt und nie verwertet worden wäre. Das ist auch wirklich geschehen. Bernheim hat die Lehre von den hypnotischen Erscheinungen mit unbeirrtem Scharfblick auf den Satz begründet, daß alle Menschen irgendwie suggerierbar, „suggestibel" sind. Seine Suggestibilität ist nichts anderes als die Neigung zur Übertragung, etwas zu enge gefaßt, so daß die negative Übertragung keinen Raum darin fand. Aber Bernheim konnte nie sagen, was die Suggestion eigentlich ist und wie sie zustande kommt. Sie war für ihn eine Grundtatsache, für deren Herkunft er keinen Nachweis geben konnte. Er hat die Abhängigkeit der „suggestibilité" von der Sexualität, von der Betätigung der Libido nicht erkannt. Und wir müssen gewahr werden, daß wir in unserer Technik die Hypnose nur aufgegeben haben, um die Suggestion in der Gestalt der Übertragung wiederzuentdecken.

Jetzt halte ich aber ein und lasse Ihnen das Wort. Ich merke, eine Einwendung schwillt bei Ihnen so mächtig an, daß sie Ihnen die Fähigkeit rauben würde zuzuhören, würde man sie nicht zu Worte kommen lassen: „Also Sie haben endlich zugestanden, daß Sie mit der Hilfskraft der Suggestion arbeiten wie die Hypnotiker Das haben wir uns ja schon lange gedacht. Aber dann, wozu der Umweg über die Erinnerungen der Vergangenheit, die Aufdeckung des Unbewußten, die Deutung und Rückübersetzung der Entstellungen, der ungeheure Aufwand an Mühe, Zeit und Geld, wenn das einzig Wirksame doch nur die Suggestion ist? Warum suggerieren Sie nicht direkt gegen die Symptome, wie es die anderen tun, die ehrlichen Hypnotiseure? Und ferner, wenn Sie sich entschuldigen wollen, auf dem Umweg, den Sie gehen, haben Sie zahlreiche bedeutsame psychologische Funde gemacht, die sich bei der direkten Suggestion verbergen: wer steht denn jetzt für die Sicherheit dieser Funde ein? Sind die nicht auch ein Ergebnis der Suggestion, der unbeabsichtigten nämlich; können Sie denn nicht dem Kranken auch auf diesem Gebiete aufdrängen, was Sie wollen und was Ihnen richtig scheint?"

Was Sie mir da einwerfen, ist ungemein interessant und muß beantwortet werden. Aber heute kann ich's nicht mehr, es fehlt uns die Zeit. Auf nächstes Mal also. Sie werden sehen, ich stehe Ihnen Rede. Für heute muß ich noch das Begonnene zu Ende bringen. Ich habe versprochen, Ihnen mit Hilfe der Tatsache der Übertragung verständlich zu machen, warum unsere therapeutische Bemühung bei den narzißtischen Neurosen keinen Erfolg hat.

Ich kann es mit wenigen Worten tun, und Sie werden sehen, wie einfach sich das Rätsel löst, und wie gut alles zusammenstimmt. Die Beobachtung läßt erkennen, daß die an narzißtischen Neurosen Erkrankten keine Übertragungsfähigkeit haben oder nur ungenügende Reste davon. Sie lehnen den Arzt ab, nicht in Feindseligkeit, sondern in Gleichgültigkeit. Darum sind sie auch nicht durch ihn zu beeinflussen; was er sagt, läßt sie kalt, macht ihnen keinen Eindruck, darum kann sich der Heilungsmechanismus, den wir bei den anderen durchsetzen, die Erneuerung des pathogenen Konfliktes und die Überwindung des Verdrängungswiderstandes bei ihnen nicht herstellen. Sie bleiben, wie sie sind. Sie haben häufig bereits Herstellungsversuche auf eigene Faust unternommen, die zu pathologischen Ergebnissen geführt haben; wir können nichts daran ändern.

Auf Grund unserer klinischen Eindrücke von diesen Kranken hatten wir behauptet, bei ihnen müsse die Objektbesetzung aufgegeben und die Objektlibido in Ichlibido umgesetzt worden sein. Durch diesen Charakter hatten wir sie von der ersten Gruppe von Neurotikern (Hysterie, Angst- und Zwangsneurose) geschieden. Ihr Verhalten beim therapeutischen Versuch bestätigt nun diese Vermutung. Sie zeigen keine Übertragung und darum sind sie auch für unsere Bemühung unzugänglich, durch uns nicht heilbar.

XXVIII. VORLESUNG

DIE ANALYTISCHE THERAPIE

Meine Damen und Herren! Sie wissen, worüber wir heute sprechen werden. Sie haben mich gefragt, warum wir uns in der psychoanalytischen Therapie nicht der direkten Suggestion bedienen, wenn wir zugeben, daß unser Einfluß wesentlich auf Übertragung, d. i. auf Suggestion, beruht, und haben daran den Zweifel geknüpft, ob wir bei einer solchen Vorherrschaft der Suggestion noch für die Objektivität unserer psychologischen Funde einstehen können. Ich habe versprochen, Ihnen ausführliche Antwort zu geben.

Direkte Suggestion, das ist Suggestion gegen die Äußerung der Symptome gerichtet, Kampf zwischen Ihrer Autorität und den Motiven des Krankseins. Sie kümmern sich dabei um diese Motive nicht, fordern vom Kranken nur, daß er deren Äußerung in Symptomen unterdrücke. Es macht dann keinen prinzipiellen Unterschied, ob Sie den Kranken in Hypnose versetzen oder nicht. Bernheim hat wiederum mit der ihn auszeichnenden Schärfe behauptet, daß die Suggestion das Wesentliche an den Erscheinungen des Hypnotismus sei, die Hypnose aber selbst schon ein Erfolg der Suggestion, ein suggerierter Zustand, und er hat mit Vorliebe die Suggestion im Wachen geübt, die dasselbe leisten kann wie die Suggestion in der Hypnose.

Was wollen Sie nun in dieser Frage zuerst anhören, die Aussagung der Erfahrung oder theoretische Überlegungen?

Beginnen wir mit der ersteren. Ich war Schüler von Bernheim, den ich 1889 in Nancy aufgesucht und dessen Buch über die Suggestion ich ins Deutsche übersetzt habe. Ich habe Jahre hindurch die hypnotische Behandlung geübt, zunächst mit Verbotsuggestion und später mit der Breuerschen Ausforschung des Patienten kombiniert. Ich darf also über die Erfolge der hypnotischen oder suggestiven Therapie aus guter Erfahrung sprechen. Wenn nach einem alten Ärztewort eine ideale Therapie rasch, verläßlich und für den Kranken nicht unangenehm sein soll, so erfüllte die Bernheimsche Methode allerdings zwei dieser Anforderungen. Sie ließ sich viel rascher, daß heißt unsagbar rascher, durchführen als die analytische, und sie brachte dem Kranken weder Mühe noch Beschwerden. Für den Arzt wurde es auf die Dauer — monoton; bei jedem Fall in gleicher Weise, mit dem nämlichen Zeremoniell den verschiedenartigsten Symptomen die Existenz zu verbieten, ohne von deren Sinn und Bedeutung etwas erfassen zu können. Es war eine Handlangerarbeit, keine wissenschaftliche Tätigkeit und erinnerte an Magie, Beschwörung und Hokuspokus; aber das kam ja gegen das Interesse des Kranken nicht in Betracht. Am dritten fehlte es; verläßlich war das Verfahren nach keiner Richtung. Bei dem einen ließ es sich anwenden, bei dem anderen nicht; bei einem gelang vieles, beim anderen sehr wenig, man wußte nie warum. Ärger als diese Launenhaftigkeit des Verfahrens war der Mangel an Dauer der Erfolge. Nach einiger Zeit war, wenn man von den Kranken wieder hörte, das alte Leiden wieder da, oder es hatte sich durch ein neues ersetzt. Man konnte von neuem hypnotisieren. Im Hintergrunde stand die von erfahrener Seite ausgesprochene Mahnung, den Kranken nicht durch häufige Wiederholung der Hypnose um seine Selbständigkeit zu bringen und ihn an diese Therapie zu gewöhnen wie an ein Narkotikum. Zugegeben, manchmal gelang es auch ganz nach Wunsch; nach wenigen Bemühungen hatte man vollen und dauernden Erfolg. Aber die Bedingungen eines so günstigen Ausganges blieben unbekannt. Einmal geschah es mir, daß ein schwerer Zustand, den ich durch kurze hypnotische Behandlung gänz-

lich beseitigt hatte, unverändert wiederkehrte, nachdem mir die Kranke
ohne mein Dazutun gram geworden war, daß ich ihn nach der Versöhnung von neuem und weit gründlicher zum Verschwinden brachte,
und daß er doch wiederkam, nachdem sie sich mir ein zweites Mal
entfremdet hatte. Ein andermal erlebte ich, daß eine Kranke, der ich
wiederholt von nervösen Zuständen durch Hypnose geholfen hatte,
mir während der Behandlung eines besonders hartnäckigen Zufalles
plötzlich die Arme um den Hals schlang. Das nötigte einen doch, sich
mit der Frage nach Natur und Herkunft seiner suggestiven Autorität,
ob man wollte oder nicht, zu beschäftigen.

Soweit die Erfahrungen. Sie zeigen uns, daß wir mit dem Verzicht
auf die direkte Suggestion nichts Unersetzliches aufgegeben haben.
Nun lassen sie uns einige Erwägungen daran knüpfen. Die Ausübung
der hypnotischen Therapie legt dem Patienten wie dem Arzt nur eine
sehr geringfügige Arbeitsleistung auf. Diese Therapie ist in schönster
Übereinstimmung mit einer Einschätzung der Neurosen, zu der sich
noch die Mehrzahl der Ärzte bekennt. Der Arzt sagt dem Nervösen:
Es fehlt Ihnen ja nichts, es ist nur nervös, und darum kann ich auch
Ihre Beschwerden mit einigen Worten in wenigen Minuten weg-
blasen. Es widerstrebt aber unserem energetischen Denken, daß man
durch eine winzige Kraftanstrengung eine große Last sollte bewegen
können, wenn man sie direkt und ohne fremde Hilfe geeigneter Vor-
richtungen angreift. Soweit die Verhältnisse vergleichbar sind, lehrt
auch die Erfahrung, daß dieses Kunststück bei den Neurosen nicht
gelingt. Ich weiß aber, dieses Argument ist nicht unangreifbar; es
gibt auch „Auslösungen".

Im Lichte der Erkenntnis, welche wir aus der Psychoanalyse gewonnen haben, können wir den Unterschied zwischen der hypnotischen
und der psychoanalytischen Suggestion in folgender Art beschreiben:
Die hypnotische Therapie sucht etwas im Seelenleben zu verdecken
und zu übertünchen, die analytische etwas freizulegen und zu entfernen. Die erstere arbeitet wie eine Kosmetik, die letztere wie eine
Chirurgie. Die erstere benützt die Suggestion, um die Symptome zu

verbieten, sie verstärkt die Verdrängungen, läßt aber sonst alle Vorgänge, die zur Symptombildung geführt haben, ungeändert. Die analytische Therapie greift weiter wurzelwärts an, bei den Konflikten, aus denen die Symptome hervorgegangen sind, und bedient sich der Suggestion, um den Ausgang dieser Konflikte abzuändern. Die hypnotische Therapie läßt den Patienten untätig und ungeändert, darum auch in gleicher Weise widerstandslos gegen jeden neuen Anlaß zur Erkrankung. Die analytische Kur legt dem Arzt wie dem Kranken schwere Arbeitsleistung auf, die zur Aufhebung innerer Widerstände verbraucht wird. Durch die Überwindung dieser Widerstände wird das Seelenleben des Kranken dauernd verändert, auf eine höhere Stufe der Entwicklung gehoben und bleibt gegen neue Erkrankungsmöglichkeiten geschützt. Diese Überwindungsarbeit ist die wesentliche Leistung der analytischen Kur, der Kranke hat sie zu vollziehen, und der Arzt ermöglicht sie ihm durch die Beihilfe der im Sinne einer Erziehung wirkenden Suggestion. Man hat darum auch mit Recht gesagt, die psychoanalytische Behandlung sei eine Art von Nacherziehung.

Ich hoffe, Ihnen nun klargemacht zu haben, worin sich unsere Art, die Suggestion therapeutisch zu verwenden, von der bei der hypnotischen Therapie allein möglichen unterscheidet. Sie verstehen auch durch die Zurückführung der Suggestion auf die Übertragung die Launenhaftigkeit, die uns an der hypnotischen Therapie auffiel, während die analytische bis zu ihren Schranken berechenbar bleibt. Bei der Anwendung der Hypnose sind wir von dem Zustande der Übertragungsfähigkeit des Kranken abhängig, ohne daß wir auf diese selbst einen Einfluß üben könnten. Die Übertragung des zu Hypnotisierenden mag negativ oder, wie zu allermeist, ambivalent sein, er kann sich durch besondere Einstellungen gegen seine Übertragung geschützt haben; wir erfahren nichts davon. In der Psychoanalyse arbeiten wir an der Übertragung selbst, lösen auf, was ihr entgegensteht, richten uns das Instrument zu, mit dem wir einwirken wollen. So wird es uns möglich, aus der Macht der Suggestion einen ganz anderen Nutzen

zu ziehen; wir bekommen sie in die Hand; nicht der Kranke sugge-
riert sich allein, wie es in seinem Belieben steht, sondern wir lenken
seine Suggestion, soweit er ihrem Einfluß überhaupt zugänglich ist.

Nun werden Sie sagen, gleichgültig, ob wir die treibende Kraft
unserer Analyse Übertragung oder Suggestion heißen, es besteht doch
die Gefahr, daß die Beeinflussung des Patienten die objektive Sicherheit unserer Befunde zweifelhaft macht. Was der Therapie zugute
kommt, bringt die Forschung zu Schaden. Es ist die Einwendung,
welche am häufigsten gegen die Psychoanalyse erhoben worden ist,
und man muß zugestehen, wenn sie auch unzutreffend ist, so kann
man sie doch nicht als unverständig abweisen. Wäre sie aber berechtigt, so würde die Psychoanalyse doch nichts anderes als eine besonders gut verkappte, besonders wirksame Art der Suggestionsbehand-
lung sein, und wir dürften alle ihre Behauptungen über Lebensein-
flüsse, psychische Dynamik, Unbewußtes leicht nehmen. So meinen
es auch die Gegner; besonders alles, was sich auf die Bedeutung der
sexuellen Erlebnisse bezieht, wenn nicht gar diese selbst, sollen wir
den Kranken „eingeredet" haben, nachdem uns in der eigenen ver-
derbten Phantasie solche Kombinationen gewachsen sind. Die Widerlegung dieser Anwürfe gelingt leichter durch die Berufung auf die
Erfahrung als mit Hilfe der Theorie. Wer selbst Psychoanalysen ausgeführt hat, der konnte sich ungezählte Male davon überzeugen, daß
es unmöglich ist, den Kranken in solcher Weise zu suggerieren.
Es hat natürlich keine Schwierigkeit, ihn zum Anhänger einer gewissen Theorie zu machen und ihn so auch an einem möglichen Irrtum des Arztes teilnehmen zu lassen. Er verhält sich dabei wie ein
anderer, wie ein Schüler, aber man hat dadurch auch nur seine Intelligenz, nicht seine Krankheit beeinflußt. Die Lösung seiner Konflikte und die Überwindung seiner Widerstände glückt doch nur,
wenn man ihm solche Erwartungsvorstellungen gegeben hat, die mit
der Wirklichkeit in ihm übereinstimmen. Was an den Vermutungen
des Arztes unzutreffend war, das fällt im Laufe der Analyse wieder
heraus, muß zurückgezogen und durch Richtigeres ersetzt werden.

Durch eine sorgfältige Technik sucht man das Zustandekommen von vorläufigen Suggestionserfolgen zu verhüten; aber es ist auch unbedenklich, wenn sich solche einstellen, denn man begnügt sich nicht mit dem ersten Erfolg. Man hält die Analyse nicht für beendigt, wenn nicht die Dunkelheiten des Falles aufgeklärt, die Erinnerungslücken ausgefüllt, die Gelegenheiten der Verdrängungen aufgefunden sind. Man erblickt in Erfolgen, die sich zu früh einstellen, eher Hindernisse als Förderungen der analytischen Arbeit und zerstört diese Erfolge wieder, indem man die Übertragung, auf der sie beruhen, immer wieder auflöst. Im Grunde ist es dieser letzte Zug, welcher die analytische Behandlung von der rein suggestiven scheidet und die analytischen Ergebnisse von dem Verdacht befreit, suggestive Erfolge zu sein. Bei jeder anderen suggestiven Behandlung wird die Übertragung sorgfältig geschont, unberührt gelassen; bei der analytischen ist sie selbst Gegenstand der Behandlung und wird in jeder ihrer Erscheinungsformen zersetzt. Zum Schlusse einer analytischen Kur muß die Übertragung selbst abgetragen sein, und wenn der Erfolg jetzt sich einstellt oder erhält, so beruht er nicht auf der Suggestion, sondern auf der mit ihrer Hilfe vollbrachten Leistung der Überwindung innerer Widerstände, auf der in dem Kranken erzielten inneren Veränderung.

Der Entstehung von Einzelsuggestionen wirkt wohl entgegen, daß wir während der Kur unausgesetzt gegen Widerstände anzukämpfen haben, die sich in negative (feindselige) Übertragungen zu verwandeln wissen. Wir werden es auch nicht versäumen, uns darauf zu berufen, daß eine große Anzahl von Einzelergebnissen der Analyse, die man sonst als Produkte der Suggestion verdächtigen würde, uns von anderer einwandfreier Seite bestätigt werden. Unsere Gewährsmänner sind in diesem Falle die Dementen und Paranoiker, die über den Verdacht suggestiver Beeinflussung natürlich hoch erhaben sind. Was uns diese Kranken an Symbolübersetzungen und Phantasien erzählen, die bei ihnen zum Bewußtsein durchgedrungen sind, deckt sich getreulich mit den Ergebnissen unserer Untersuchungen an dem

Unbewußten der Übertragungsneurotiker und bekräftigt so die objektive Richtigkeit unserer oft bezweifelten Deutungen. Ich glaube, Sie werden nicht irregehen, wenn Sie in diesen Punkten der Analyse Ihr Zutrauen schenken.

Wir wollen jetzt unsere Darstellung vom Mechanismus der Heilung vervollständigen, indem wir sie in die Formeln der Libidotheorie kleiden. Der Neurotiker ist genuß- und leistungsunfähig, das erstere, weil seine Libido auf kein reales Objekt gerichtet ist, das letztere, weil er sehr viel von seiner sonstigen Energie aufwenden muß, um die Libido in der Verdrängung zu erhalten und sich ihres Ansturmes zu erwehren. Er würde gesund, wenn der Konflikt zwischen seinem Ich und seiner Libido ein Ende hätte und sein Ich wieder die Verfügung über seine Libido besäße. Die therapeutische Aufgabe besteht also darin, die Libido aus ihren derzeitigen, dem Ich entzogenen Bindungen zu lösen und sie wieder dem Ich dienstbar zu machen. Wo steckt nun die Libido des Neurotikers? Leicht zu finden; sie ist an die Symptome gebunden, die ihr die derzeit einzig mögliche Ersatzbefriedigung gewähren. Man muß also der Symptome Herr werden, sie auflösen, gerade dasselbe, was der Kranke von uns fordert. Zur Lösung der Symptome wird es nötig, bis auf deren Entstehung zurückzugehen, den Konflikt, aus dem sie hervorgegangen sind, zu erneuern und ihn mit Hilfe solcher Triebkräfte, die seinerzeit nicht verfügbar waren, zu einem anderen Ausgang zu lenken. Diese Revision des Verdrängungsprozesses läßt sich nur zum Teil an den Erinnerungsspuren der Vorgänge vollziehen, welche zur Verdrängung geführt haben. Das entscheidende Stück der Arbeit wird geleistet, indem man im Verhältnis zum Arzt, in der „Übertragung", Neuauflagen jener alten Konflikte schafft, in denen sich der Kranke benehmen möchte, wie er sich seinerzeit benommen hat, während man ihn durch das Aufgebot aller verfügbaren seelischen Kräfte zu einer anderen Entscheidung nötigt. Die Übertragung wird also das Schlachtfeld, auf welchem sich alle miteinander ringenden Kräfte treffen sollen.

Alle Libido wie alles Widerstreben gegen sie wird auf das eine Verhältnis zum Arzt gesammelt; dabei ist es unvermeidlich, daß die Symptome von der Libido entblößt werden. An Stelle der eigenen Krankheit des Patienten tritt die künstlich hergestellte der Übertragung, die Übertragungskrankheit, an Stelle der verschiedenartigen irrealen Libidoobjekte das eine wiederum phantastische Objekt der ärztlichen Person. Der neue Kampf um dieses Objekt wird aber mit Hilfe der ärztlichen Suggestion auf die höchste psychische Stufe gehoben, er verläuft als normaler seelischer Konflikt. Durch die Vermeidung einer neuerlichen Verdrängung wird der Entfremdung zwischen Ich und Libido ein Ende gemacht, die seelische Einheit der Person wieder hergestellt. Wenn die Libido von dem zeitweiligen Objekt der ärztlichen Person wieder abgelöst wird, kann sie nicht zu ihren früheren Objekten zurückkehren, sondern steht zur Verfügung des Ichs. Die Mächte, die man während dieser therapeutischen Arbeit bekämpft hat, sind einerseits die Abneigung des Ichs gegen gewisse Richtungen der Libido, die sich als Verdrängungsneigung geäußert hat, und anderseits die Zähigkeit oder Klebrigkeit der Libido, die einmal von ihr besetzte Objekte nicht gerne verläßt

Die therapeutische Arbeit zerlegt sich also in zwei Phasen; in der ersten wird alle Libido von den Symptomen her in die Übertragung gedrängt und dort konzentriert, in der zweiten der Kampf um dies neue Objekt durchgeführt und die Libido von ihm freigemacht. Die für'den guten Ausgang entscheidende Veränderung ist die Ausschaltung der Verdrängung bei diesem erneuerten Konflikt, so daß sich die Libido nicht durch die Flucht ins Unbewußte wiederum dem Ich entziehen kann. Ermöglicht wird sie durch die Iehveränderung, welche sich unter dem Einfluß der ärztlichen Suggestion vollzieht. Das Ich wird durch die Deutungsarbeit, welche Unbewußtes in Bewußtes umsetzt, auf Kosten dieses Unbewußten vergrößert, es wird durch Belehrung gegen die Libido versöhnlich und geneigt gemacht, ihr irgendeine Befriedigung einzuräumen, und seine Scheu vor den Ansprüchen der Libido wird durch die Möglichkeit, einen Teilbetrag von ihr durch Sublimierung zu erledigen, verringert. Je besser sich die Vorgänge bei der Behandlung mit dieser idealen Beschreibung decken, desto größer wird der Erfolg der psychoanalytischen Therapie. Seine Schranke findet er an dem Mangel an Beweglichkeit der Libido, die sich sträuben kann, von ihren Objekten abzulassen, und an der Starrheit des Narzißmus, der die Objektübertragung nicht über eine gewisse Grenze anwachsen läßt. Vielleicht werfen wir ein weiteres Licht auf die Dynamik des Heilungsvorganges durch die Bemerkung, daß wir die ganze der Herrschaft des Ichs entzogene Libido auffangen, indem wir durch die Übertragung ein Stück von ihr auf uns ziehen.

Es ist auch die Mahnung nicht unangebracht, daß wir aus den Verteilungen der Libido, die sich während und durch die Behandlung herstellen, keinen direkten Schluß auf die Unterbringung der Libido während des Krankseins ziehen dürfen. Angenommen, es sei uns gelungen, den Fall durch die Herstellung und Lösung einer starken Vaterübertragung auf den Arzt glücklich zu erledigen, so ginge der Schluß fehl, daß der Kranke vorher an einer solchen unbewußten Bindung seiner Libido an den Vater gelitten hat. Die Vaterübertragung ist nur das Schlachtfeld, auf welchem wir uns der Libido bemächtigen; die Libido des Kranken ist von anderen Positionen her dorthin gelenkt worden. Dies Schlachtfeld muß nicht notwendig mit einer der wichtigen Festungen des Feindes zusammenfallen. Die Verteidigung der feindlichen Hauptstadt braucht nicht gerade vor deren Toren zu geschehen. Erst nachdem man die Übertragung wieder gelöst hat, kann man die Libidoverteilung, welche während des Krankseins bestanden hatte, in Gedanken rekonstruieren.

Vom Standpunkt der Libidotheorie können wir auch noch ein letztes Wort über den Traum sagen. Die Träume der Neurotiker dienen uns wie ihre Fehlleistungen und ihre freien Einfälle dazu, den Sinn der Symptome zu erraten und die Unterbringung der Libido aufzudecken. Sie zeigen uns in der Form der Wunscherfüllung, welche Wunschregungen der Verdrängung verfallen sind, und an welche Objekte sich die dem Ich entzogene Libido gehängt hat. Die Deutung der Träume spielt darum in der psychoanalytischen Behandlung eine große Rolle und ist in manchen Fällen durch lange Zeiten das wichtigste Mittel der Arbeit. Wir wissen bereits, daß der Schlafzustand an sich einen gewissen Nachlaß der Verdrängungen herbeiführt. Durch diese Ermäßigung des auf ihr lastenden Druckes wird es möglich, daß sich die verdrängte Regung im Traume einen viel deutlicheren Ausdruck schafft, als ihn während des Tages das Symptom gewähren kann. Das Studium des Traumes wird so zum bequemsten Zugang für die Kenntnis des verdrängten Unbewußten, dem die dem Ich entzogene Libido angehört.

Die Träume der Neurotiker sind aber in keinem wesentlichen Punkte von denen der Normalen verschieden; ja sie sind von ihnen vielleicht überhaupt nicht unterscheidbar. Es wäre widersinnig, von den Träumen Nervöser auf eine Weise Rechenschaft zu geben, welche nicht auch für die Träume Normaler Geltung hätte. Wir müssen also sagen, der Unterschied zwischen Neurose und Gesundheit gilt nur für den Tag, er setzt sich nicht ins Traumleben fort. Wir sind genötigt, eine Anzahl von Annahmen, die sich beim Neurotiker infolge des Zusammenhanges zwischen seinen Träumen und seinen Symptomen ergeben, auch auf den gesunden Menschen zu übertragen. Wir können es nicht in Abrede stellen, daß auch der Gesunde in seinem Seelenleben das besitzt, was allein die Traumbildung wie die Symptombildung ermöglicht, und müssen den Schluß ziehen, daß auch er Verdrängungen vorgenommen hat, einen gewissen Aufwand treibt, um sie zu unterhalten, daß sein System des Unbewußten verdrängte und noch energiebesetzte Regungen verbirgt, und daß ein Anteil seiner Libido der Verfügung seines Ichs entzogen ist. Auch der Gesunde ist also virtuell ein Neurotiker, aber der Traum scheint das einzige Symptom zu sein, das zu bilden er fähig ist. Unterwirft man sein Wachleben einer schärferen Prüfung, so entdeckt man freilich — was diesen Anschein widerlegt —, daß dies angeblich gesunde Leben von einer Unzahl geringfügiger, praktisch nicht bedeutsamer Symptombildungen durchsetzt ist.

Der Unterschied zwischen nervöser Gesundheit und Neurose schränkt sich also aufs Praktische ein und bestimmt sich nach dem Erfolg, ob der Person ein genügendes Maß von Genuß- und Leistungsfähigkeit verblieben ist. Er führt sich wahrscheinlich auf das relative Verhältnis zwischen den freigebliebenen und den durch Verdrängung gebundenen Energiebeträgen zurück und ist von quantitativer, nicht von qualitativer Art. Ich brauche Sie nicht daran zu mahnen, daß diese Einsicht die Überzeugung von der prinzipiellen Heilbarkeit der Neurosen, trotz ihrer Begründung in der konstitutionellen Anlage, theoretisch begründet.

Soviel dürfen wir aus der Tatsache der Identität der Träume bei Gesunden und bei Neurotikern für die Charakteristik der Gesundheit erschließen. Für den Traum selbst ergibt sich aber die weitere Folgerung, daß wir ihn nicht aus seinen Beziehungen zu den neurotischen Symptomen lösen dürfen, daß wir nicht glauben sollen, sein Wesen sei durch die Formel einer Übersetzung von Gedanken in eine archaische Ausdrucksform erschöpft, daß wir annehmen müssen, er zeige uns wirklich vorhandene Libidounterbringungen und Objektbesetzungen.

Wir sind nun bald zu Ende gekommen. Vielleicht sind Sie enttäuscht, daß ich Ihnen zum Kapitel der psychoanalytischen Therapie nur Theoretisches erzählt habe, nichts von den Bedingungen, unter denen man die Kur einschlägt, und von den Erfolgen, die sie erzielt. Ich unterlasse aber beides. Das erstere, weil ich Ihnen ja keine praktische Anleitung zur Ausübung der Psychoanalyse zu geben gedenke, und das letztere, weil mehrfache Motive mich davon abhalten. Ich habe es zu Eingang unserer Besprechungen betont, daß wir unter günstigen Umständen Heilerfolge erzielen, die hinter den schönsten auf dem Gebiete der internen Therapie nicht zurückstehen, und ich kann etwa noch hinzusetzen, daß dieselben durch kein anderes Verfahren erreicht worden wären. Würde ich mehr sagen, so käme ich in den Verdacht, daß ich die laut gewordenen Stimmen der Herabsetzung durch Reklame übertönen wollte. Es ist gegen die Psychoanalytiker wiederholt, auch auf öffentlichen Kongressen, von ärztlichen

„Kollegen" die Drohung ausgesprochen worden, man werde durch eine Sammlung der analytischen Mißerfolge und Schädigungen dem leidenden Publikum die Augen über den Unwert dieser Behandlungsmethode öffnen. Aber eine solche Sammlung wäre, abgesehen von dem gehässigen, denunziatorischen Charakter der Maßregel, nicht einmal geeignet, ein richtiges Urteil über die therapeutische Wirksamkeit der Analyse zu ermöglichen. Die analytische Therapie ist, wie Sie wissen, jung; es hat lange Zeit gebraucht, bis man ihre Technik feststellen konnte, und dies konnte auch nur während der Arbeit und unter dem Einfluß der zunehmenden Erfahrung geschehen. Infolge der Schwierigkeiten der Unterweisung ist der ärztliche Anfänger in der Psychoanalyse in größerem Ausmaße als ein anderer Spezialist auf seine eigene Fähigkeit zur Fortbildung angewiesen, und die Erfolge seiner ersten Jahre werden nie die Leistungsfähigkeit der analytischen Therapie beurteilen lassen.

Viele Behandlungsversuche mißlangen in der Frühzeit der Analyse, weil sie an Fällen unternommen waren, die sich überhaupt nicht für das Verfahren eignen, und die wir heute durch unsere Indikationsstellung ausschließen. Aber diese Indikationen konnten auch nur durch den Versuch gewonnen werden. Von vornherein wußte man seinerzeit nicht, daß Paranoia und Dementia praecox in ausgeprägten Formen unzugänglich sind, und hatte noch das Recht, die Methode an allerlei Affektionen zu erproben. Die meisten Mißerfolge jener ersten Jahre sind aber nicht durch die Schuld des Arztes oder wegen der ungeeigneten Objektwahl, sondern durch die Ungunst der äußeren Bedingungen zustande gekommen. Wir haben nur von den inneren Widerständen gehandelt, denen des Patienten, die notwendig und überwindbar sind. Die äußeren Widerstände, die der Analyse von den Verhältnissen des Kranken, von seiner Umgebung bereitet werden, haben ein geringes theoretisches Interesse, aber die größte praktische Wichtigkeit. Die psychoanalytische Behandlung ist einem chirurgischen Eingriff gleichzusetzen und hat wie dieser den Anspruch, unter den für das Gelingen günstigsten

Veranstaltungen vorgenommen zu werden. Sie wissen, welche Vorkehrungen der Chirurg dabei zu treffen pflegt: geeigneter Raum, gutes Licht, Assistenz, Ausschließung der Angehörigen usw. Nun fragen Sie sich selbst, wie viele dieser Operationen gut ausgehen würden, wenn sie im Beisein aller Familienmitglieder stattfinden müßten, die ihre Nasen in das Operationsfeld stecken und bei jedem Messerschnitt laut aufschreien würden. Bei den psychoanalytischen Behandlungen ist die Dazwischenkunft der Angehörigen geradezu eine Gefahr, und zwar eine solche, der man nicht zu begegnen weiß. Man ist gegen die inneren Widerstände des Patienten, die man als notwendig erkennt, gerüstet, aber wie soll man sich gegen jene äußeren Widerstände wehren? Den Angehörigen des Patienten kann man durch keinerlei Aufklärung beikommen, man kann sie nicht dazu bewegen, sich von der ganzen Angelegenheit fernzuhalten, und man darf nie gemeinsame Sache mit ihnen machen, weil man dann Gefahr läuft, das Vertrauen des Kranken zu verlieren, der — übrigens mit Recht — fordert, daß sein Vertrauensmann auch seine Partei nehme. Wer überhaupt weiß, von welchen Spaltungen oft eine Familie zerklüftet wird, der kann auch als Analytiker nicht von der Wahrnehmung überrascht werden, daß die dem Kranken Nächsten mitunter weniger Interesse daran verraten, daß er gesund werde, als daß er so bleibe, wie er ist. Wo, wie so häufig, die Neurose mit Konflikten zwischen Familienmitgliedern zusammenhängt, da bedenkt sich der Gesunde nicht lange bei der Wahl zwischen seinem Interesse und dem der Wiederherstellung des Kranken. Es ist ja nicht zu verwundern, wenn der Ehemann eine Behandlung nicht gerne sieht, in welcher, wie er mit Recht vermuten darf, sein Sündenregister aufgerollt werden wird; wir verwundern uns auch nicht darüber, aber wir können uns dann keinen Vorwurf machen, wenn unsere Bemühung erfolglos bleibt und vorzeitig abgebrochen wird, weil sich der Widerstand des Mannes zu dem der kranken Frau hinzuaddiert hat. Wir hatten eben etwas unternommen, was unter den bestehenden Verhältnissen undurchführbar war.

Ich will Ihnen anstatt vieler Fälle nur einen einzigen erzählen, in dem ich durch ärztliche Rücksichten zu einer leidenden Rolle verurteilt wurde. Ich nahm — vor vielen Jahren — ein junges Mädchen in analytische Behandlung, welches schon seit längerer Zeit aus Angst nicht auf die Straße gehen und zu Hause nicht allein bleiben konnte. Die Kranke rückte langsam mit dem Geständnis heraus, daß ihre Phantasie durch zufällige Beobachtungen des zärtlichen Verkehres zwischen ihrer Mutter und einem wohlhabenden Hausfreund ergriffen worden sei. Sie war aber so ungeschickt — oder so raffiniert — der Mutter einen Wink von dem zu geben, was in den Analysenstunden besprochen wurde, indem sie ihr Benehmen gegen die Mutter änderte, darauf bestand, von keiner anderen als der Mutter gegen die Angst des Alleinseins beschützt zu werden, und ihr angstvoll die Türe vertrat, wenn sie das Haus verlassen wollte. Die Mutter war früher selbst sehr nervös gewesen, hatte aber in einer Wasserheilanstalt vor Jahren die Heilung gefunden. Setzen wir dafür ein, sie hatte in jener Anstalt die Bekanntschaft des Mannes gemacht, mit dem sie ein sie nach jeder Richtung befriedigendes Verhältnis eingehen konnte. Durch die stürmischen Anforderungen des Mädchens stutzig gemacht, verstand die Mutter plötzlich, was die Angst ihrer Tochter bedeutete. Sie ließ sich krank werden, um die Mutter zur Gefangenen zu machen und ihr die für den Verkehr mit dem Geliebten notwendige Bewegungsfreiheit zu rauben. Rasch entschlossen machte die Mutter der schädlichen Behandlung ein Ende. Das Mädchen wurde in eine Nervenheilanstalt gebracht und durch lange Jahre als „armes Opfer der Psychoanalyse" demonstriert. Ebensolange ging mir die üble Nachrede wegen des schlechten Ausganges dieser Behandlung nach. Ich bewahrte das Schweigen, weil ich mich durch die Pflicht der ärztlichen Diskretion gebunden glaubte. Lange Zeit nachher erfuhr ich von einem Kollegen, der jene Anstalt besucht und das agoraphobische Mädchen dort gesehen hatte, daß das Verhältnis zwischen ihrer Mutter und dem vermögenden Hausfreund stadtbekannt sei und wahrscheinlich die Billigung des Gatten und

Vaters habe. Diesem „Geheimnis" war also die Behandlung geopfert worden.

In den Jahren vor dem Kriege, als der Zulauf aus vieler Herren Ländern mich von der Gunst oder Mißgunst der Vaterstadt unabhängig machte, befolgte ich die Regel, keinen Kranken in Behandlung zu nehmen, der nicht sui juris, in seinen wesentlichen Lebensbeziehungen von anderen unabhängig wäre. Das kann sich nun nicht jeder Psychoanalytiker gestatten. Vielleicht ziehen Sie aus meiner Warnung vor den Angehörigen den Schluß, man solle die Kranken zum Zwecke der Psychoanalyse aus ihren Familien nehmen, diese Therapie also auf die Insassen von Nervenheilanstalten beschränken. Allein ich könnte Ihnen hierin nicht beistimmen; es ist weit vorteilhafter, wenn die Kranken — insoferne sie nicht in einer Phase schwerer Erschöpfung sind — während der Behandlung in jenen Verhältnissen bleiben, in denen sie mit den ihnen gestellten Aufgaben zu kämpfen haben. Nur sollten die Angehörigen diesen Vorteil nicht durch ihr Benehmen wettmachen und sich überhaupt nicht der ärztlichen Bemühung feindselig widersetzen. Aber wie wollen Sie diese für uns unzugänglichen Faktoren dazu bewegen! Sie werden natürlich auch erraten, wieviel von den Aussichten einer Behandlung durch das soziale Milieu und den kulturellen Zustand einer Familie bestimmt wird.

Nicht wahr, das gibt für die Wirksamkeit der Psychoanalyse als Therapie einen trüben Prospekt, selbst wenn wir die überwiegende Mehrzahl unserer Mißerfolge durch solche Rechenschaft von den störenden äußeren Momenten aufklären können! Freunde der Analyse haben uns dann geraten, einer Sammlung von Mißerfolgen durch eine von uns entworfene Statistik der Erfolge zu begegnen. Ich bin auch darauf nicht eingegangen. Ich machte geltend, daß eine Statistik wertlos sei, wenn die aneinander gereihten Einheiten derselben zu wenig gleichartig seien, und die Fälle von neurotischer Erkrankung, die man in Behandlung genommen hatte, waren wirklich nach den verschiedensten Richtungen nicht gleichwertig. Außerdem war

der Zeitraum, den man überschauen konnte, zu kurz, um die Haltbarkeit der Heilungen zu beurteilen, und von vielen Fällen konnte
man überhaupt nicht Mitteilung machen. Sie betrafen Personen, die
ihre Krankheit wie ihre Behandlung geheim gehalten hatten, und
deren Herstellung gleichfalls verheimlicht werden mußte. Die stärkste
Abhaltung lag aber in der Einsicht, daß die Menschen sich in Dingen
der Therapie höchst irrationell benehmen, so daß man keine Aussicht hat, durch verständige Mittel etwas bei ihnen auszurichten.
Eine therapeutische Neuerung wird entweder mit rauschartiger
Begeisterung aufgenommen, wie z. B. damals, als K o c h sein erstes
Tuberkulin gegen die Tuberkulose in die Öffentlichkeit brachte, oder
mit abgrundtiefem Mißtrauen behandelt, wie die wirklich segens-
reiche J e n n e r sche Impfung, die heute noch ihre unversöhnlichen
Gegner hat. Gegen die Psychoanalyse lag offenbar ein Vorurteil vor.
Wenn man einen schwierigen Fall hergestellt hatte, so konnte man
hören: Das ist kein Beweis, der wäre auch von selbst in dieser Zeit
gesund geworden. Und wenn eine Kranke, die bereits vier Zyklen
von Verstimmung und Manie absolviert hatte, in einer Pause nach
der Melancholie in meine Behandlung gekommen war und drei
Wochen später sich wieder zu Beginn einer Manie befand, so waren
alle Familienmitglieder, aber auch die zu Rate gezogene hohe ärztliche Autorität, überzeugt, daß der neuerliche Anfall nur die Folge
der an ihr versuchten Analyse sein könne. Gegen Vorurteile kann
man nichts tun; Sie sehen es ja jetzt wieder an den Vorurteilen, die
die eine Gruppe von kriegführenden Völkern gegen die andere entwickelt hat. Das Vernünftigste ist, man wartet und überläßt sie der
Zeit, welche sie abnützt. Eines Tages denken dieselben Menschen
über dieselben Dinge ganz anders als bisher; warum sie nicht schon
früher so gedacht haben, bleibt ein dunkles Geheimnis.

Möglicherweise ist das Vorurteil gegen die analytische Therapie
schon jetzt in Abnahme begriffen. Die stete Ausbreitung der analytischen Lehren, die Zunahme analytisch behandelnder Ärzte in manchen Ländern scheint es zu verbürgen. Als ich ein junger Arzt war,

geriet ich in einen ebensolchen Entrüstungssturm der Ärzte gegen
die hypnotische Suggestivbehandlung, die heute von den „Nüchternen" der Psychoanalyse entgegengehalten wird. Der Hypnotismus
hat aber als therapeutisches Agens nicht gehalten, was er anfangs
versprach; wir Psychoanalytiker dürfen uns für seine rechtmäßigen
Erben ausgeben und vergessen nicht, wie viel Aufmunterung und
theoretische Aufklärung wir ihm verdanken. Die der Psychoanalyse
nachgesagten Schädigungen schränken sich im wesentlichen auf vor-
übergehende Erscheinungen von Konfliktsteigerung ein, wenn die
Analyse ungeschickt gemacht, oder wenn sie mittendrin abgebrochen
wird. Sie haben ja Rechenschaft darüber gehört, was wir mit den
Kranken anstellen, und können sich ein eigenes Urteil darüber bilden,
ob unsere Bemühungen geeignet sind, zu einer dauernden Schädigung
zu führen. Mißbrauch der Analyse ist nach verschiedenen Richtungen
möglich; zumal die Übertragung ist ein gefährliches Mittel in den
Händen eines nicht gewissenhaften Arztes. Aber vor Mißbrauch ist
kein ärztliches Mittel oder Verfahren geschützt; wenn ein Messer
nicht schneidet, kann es auch nicht zur Heilung dienen.

Ich bin nun zu Ende, meine Damen und Herren. Es ist mehr als die
gebräuchliche Redensart, wenn ich bekenne, daß die vielen Mängel
der Vorträge, die ich Ihnen gehalten habe, mich selbst empfindlich
bedrücken. Vor allem tut es mir leid, daß ich so oft versprochen habe,
auf ein kurz berührtes Thema an anderer Stelle wieder zurückzukommen, und dann hat der Zusammenhang es nicht ergeben, daß ich
mein Versprechen halten konnte. Ich habe es unternommen, Ihnen
von einer noch unfertigen, in Entwicklung begriffenen Sache Bericht
zu geben, und meine kürzende Zusammenfassung ist dann selbst eine
unvollkommene geworden. An manchen Stellen habe ich das Material
für eine Schlußfolgerung bereit gelegt und diese dann nicht selbst
gezogen. Aber ich konnte es nicht beanspruchen, Sie zu Sachkundigen
zu machen; ich wollte Ihnen nur Aufklärung und Anregung bringen.

BIBLIOGRAPHISCHE ANMERKUNG

Deutsche Ausgaben:
1917 Ausgabe in 3 Teilen. Oktav. Verlag Hugo Heller & Cie., Leipzig und Wien. 1. Teil 1916, 2. und 3. Teil 1917.
1918 Die vorige Ausgabe in einem Band im gleichen Verlag.
1920 Die 3. durchgesehene Auflage (mit Sachregister). Oktav. Internationaler Psychoanalytischer Verlag, Leipzig, Wien, Zürich.
1922 4. Auflage. Oktav. (5.-11. Tausend, mit Sachregister.) Im gleichen Verlag. (Der 2. und 3. Teil, "Vorlesungen über den Traum" und "Allgemeine Neurosenlehre" auch separat.)
1922 Taschenausgabe (mit Sachregister). Int. Psa. Verlag, Leipzig, Wien, Zürich.
1922 Taschenausgabe, 2. durchgesehene Auflage (3.-7. Tausend der Taschenausgabe, mit Sachregister).
1924 Als Band VII der "Gesammelten Schriften" Lexikonoktav. Int. Psa. Verlag, Leipzig, Wien, Zürich.
1926 5. durchgesehene Auflage (12.-15. Tausend). Lexikonoktav. In der gleichen Ausstattung wie die vorige. Int. Psa. Verlag, Leipzig, Wien, Zürich.
1930 Kleinoktavausgabe (31.-45. Tausend der gesamten bisherigen Auflage).
1933 Kleinoktav. Verlag Gustav Kiepenheuer, Berlin: 1.-40. Tausend der Lizenzausgabe; 46.-48. Tausend der Gesamtauflage.
1940 Als Band XI der "Gesammelten Werke" (49.-50. Tausend der Gesamtauflage). Imago Publishing Co., Ltd., London.
1948 Band XI der "Gesammelten Werke" (51.-52. Tausend).

In englischer Sprache:
1920 "A General Introduction to Psychoanalysis." Vorw. v. Stanley Hall. Boni & Liveright, New York.
1922 "Introductory Lectures on Psycho-Analysis." Übers. v. Joan Riviere, Vorw. v. Ernest Jones, Sachregister. George Allen & Unwin Ltd., London.
1923 Second impression.
1929 Revised second edition (third impression).
1933 Fourth impression.
1936 Fifth impression.
1935 "A General Introduction to Psycho-Analysis." Liveright Publishing Corporation, New York.

In französischer Sprache:
1922 "Introduction a la Psychanalyse." Übers. v. Dr. S. Jankélévitch. Payot & Cie., Paris.

In italienischer Sprache:
1922 "Introduzione allo Studio della Psicoanalisi," autor. Ausgabe nach d. 3. deutschen Auflage v. 1920. 3 Teile in 2 Bänden, übers. v. Edoardo Weiss, Vorw. v. M. Levi Bianchini. Casa Ed. V. Idelson, Napoli.

In spanischer Sprache:
1923 Als Band IV und V der "Obras Completas," übers. v. Luis Lopez-Ballesteros Y De Torres. Biblioteca Nueva, Madrid.

In russischer Sprache:
1922–1923 In 2 Bänden, übers. v. Dr. J. Wulff. Staatsverlag, Moskau.

In holländischer Sprache:
1917 "Psychoanalyse." Übersetzt von A. W. Van Renterghem, mit einem Vorwort des Übersetzers. De Wereldbibliotek.
1933 2. Auflage.

In norwegischer Sprache:
1929 "Forelaesninger til indførelse i psykoanalysen." Übers. v. K. Schjelderup. Gyldendal Norsk Forlag, Oslo.
1930 2. Auflage.

In ungarischer Sprache:
1932 "Bevezetés a pszichoanalizisbe." Erschienen Wien, Int. Psa. Verlag und Budapest, Verlag B. Somló (als I. Band der ungar. Gesamtausgabe "Osszegyüjtott müvei." Übers. v. I. Hollós, revid. v. S. Ferenczi.

In czechischer Sprache:
1936 "Uvod Do Psychoanalysy." Übers. v. O. Friedmann. Julius Albert Verl., Prag.

In polnischer Sprache:
1935 "Wstep Do Psychoanalizy." Übers. v. S. Kempner und W. Zaniewicki, herausg. v. G. Bychowski. Wydawnictwo J. Przeworskiego, Warschau.

In serbo-kroatischer Sprache:
1933 "Uvod u Psihoanalizu." Übers. v. B. Lorenz. "Kosmos"-Verlag, Belgrad.

In japanischer Sprache:
1928 Übersetzt nach der englischen Ausgabe von Jokutaro Yasuda. Ars-Verlag.
1929 2. Auflage.

In hebräischer Sprache:
1930 Autorisierte Übers. v. J. Debutis (?). Verlag J. Stiebel (?).

In jiddischer Sprache:
1936–1938 "Arainfir in Psychoanalys." Übers. v. M. Weinreich. Verlag d. Jüd. Wissensch. Instituts, Wilna. Teil I und II der Vorlesungen in drei Heften.

In chinesischer Sprache:
1934 "Einführung in eine Zergliederung der Seele" (mit Sachregister).

In Blindenpunktdruck:
Ohne Jahr "Vorlesungen zur Einführung in die Psychoanalyse." Verlag Hohe Warte, Wien.

INDEX

INHALT DES ELFTEN BANDES

Vorlesungen zur Einführung in die Psychoanalyse

KUNSTBEILAGEN

INHALTSVERZEICHNIS

DER GESAMMELTEN WERKE VON SIGM. FREUD

Brief an Dr. Friedrich S. Krauss über die „Anthropophyteia".
Beispiele des Verrats pathogener Phantasien bei Neurotikern.
Formulierungen über die zwei Prinzipien des psychischen Geschehens.
Psychoanalytische Bemerkungen über einen autobiographisch beschrie-
benen Fall von Paranoia (Dementia paranoides).
Über neurotische Erkrankungstypen.
Zur Einleitung der Onanie-Diskussion. Schlußwort.
Die Bedeutung der Vokalfolge.
Die Handhabung der Traumdeutung in der Psychoanalyse.
„Gross ist die Diana der Epheser."
Zur Dynamik der Übertragung.
Ratschläge für den Arzt bei der psychoanalytischen Behandlung.
Das Interesse an der Psychoanalyse.
Zwei Kinderlügen.
Einige Bemerkungen über den Begriff des Unbewußten in der Psycho-
analyse.
Die Disposition zur Zwangsneurose.
Zur Einleitung der Behandlung.

9. BAND, (1912)

Inhalt: Totem und Tabu.

10. BAND, (1913–1917) *mit einer Kunstbeilage*

Inhalt: Märchenstoffe in Träumen.
Ein Traum als Beweismittel.
Das Motiv der Kästchenwahl.
Erfahrungen und Beispiele aus der analytischen Praxis.
Zur Geschichte der psychoanalytischen Bewegung.
Über Fausse Reconnaissance („Déjà raconté") während der psycho-
analytischen Arbeit.
Erinnern, Wiederholen und Durcharbeiten.
Zur Einführung des Narzißmus.
Der Moses des Michelangelo.
Zur Psychologie des Gymnasiasten.
Triebe und Triebschicksale.
Mitteilung eines der psychoanalytischen Theorie widersprechenden Falles
von Paranoia.
Die Verdrängung.
Das Unbewußte.
Bemerkungen über die Übertragungsliebe.
Zeitgemäßes über Krieg und Tod.
Vergänglichkeit.
Einige Charaktertypen aus der psychoanalytischen Arbeit.
Eine Beziehung zwischen einem Symbol und einem Symptom.
Mythologische Parallele zu einer plastischen Zwangsvorstellung.
Über Triebumsetzungen, insbesondere der Analerotik.
Metapsychologische Ergänzung zur Traumlehre.
Trauer und Melancholie
Geleitwort zu „Die psychanalytische Methode" von Dr. Oskar Pfister
Zürich.
Vorwort zu „Die psychischen Störungen der männlichen Potenz" von Dr.
Maxim. Steiner.

Geleitwort zu J. Varendonck. Über das vorbewußte phantasierende Denken.
Vorwort zu Max Eitingon, Bericht über die Berliner psychoanalytische
   Poliklinik.
Brief an Luis Lopez-Ballesteros y de Torres.
Dr. Ferenczi Sandor (Zum 50. Geburtstag).
Zuschrift an die Zeitschrift, *Le Disque Vert*.

14. BAND, (1925–1931) *mit drei Kunstbeilagen*

Inhalt: Notiz über den „Wunderblock".
Die Verneinung.
Einige psychische Folgen des anatomischen Geschlechtsunterschieds
   „Selbstdarstellung".
Die Widerstände gegen die Psychoanalyse.
Hemmung, Symptom und Angst.
Die Frage der Laienanalyse.
Psycho-Analysis.
Fetischismus.
Nachtrag zur Arbeit über den Moses des Michelangelo.
Die Zukunft einer Illusion.
Der Humor.
Ein religiöses Erlebnis.
Dostojewski und die Vatertötung.
Das Unbehagen in der Kultur.
Über libidinöse Typen.
Über die weibliche Sexualität.
Das Fakultätsgutachten im Prozess Halsmann.
Goethe-Preis 1930—Brief an Dr. Alfons Paquet. Ansprache im Frank-
   furter Goethe-Haus.
An Romain Rolland.
Ernest Jones zum 50. Geburtstag.
Brief an den Herausgeber der „Jüdischen Preßzentrale Zürich".
To the Opening of the Hebrew University.
Brief an Maxim Leroy über einen Traum des Cartesius.
Brief an den Bürgermeister der Stadt Pribor.
Josef Breuer†.
Karl Abraham†.
Geleitwort zu „Verwahrloste Jugend" von August Aichhorn.
Bemerkung zu E. Pickworth Farrow's „Eine Kindheitserinnerung aus
   dem 6. Lebensmonat".
Vorrede zur hebräischen Ausgabe von „Totem und Tabu".
Geleitwort zu "Medical Review of Reviews", Vol. XXXVI, 1930.
Vorwort zu „Zehn Jahre Berliner Psychoanalytisches Institut".
Geleitwort zu „Elementi di Psicoanalisi" von Edoardo Weiss.
Enthalten im I. Bande:
   Einige Nachträge zum Ganzen der Traumdeutung.
      Die grenzen der Deutbarkeit.
      Die sittliche Verantwortung für den Inhalt der Träume.
      Die okkulte Bedeutung des Traumes.

15. BAND, (1932)

Inhalt: Neue Folge der Vorlesungen zur Einführung in die Psychoanalyse.

16. Band, (1932–1939)

17. Band, (Schriften aus dem Nachlass: 1892–1939)

18. Band

INDEX DER BÄNDE 1–17